Herderbücherei

Band 312

Über das Buch

Heute dringen soziologische Begriffe und Modelle in viele Bereiche unseres Lebens ein: Man findet sie im Bildungswesen, in Erziehung, Politik, Recht, Wirtschaft und Werbung, bei internationalen Fragen.
Anomie, Bezugsgruppe, Entfremdung, Statusinkonsistenz, Subkultur, relative Deprivation, Innovation, Interaktion: diese und andere Fachausdrücke der Soziologie tauchen heute bereits in verschiedenen Fachgebieten auf: Pädagogik, Medizin, Psychologie, Rechtswissenschaften, Kriminologie, Publizistik, Theologie, Geschichte u. a.
Darüber hinaus sind zahlreiche Kunstworte der jüngsten Zeit über ihren Gebrauch in der Soziologie in die allgemeine Sprache eingegangen: z. B. Image, Stereotyp, Eskalation, Diffussion, Establishment, Feedback, Kybernetik, Automatisierung.
Die Soziologie entnimmt aber auch viele Worte aus der Alltagssprache, deren genaue soziologische Bedeutung man kennen muß: z. B. Gruppe, Clique, Elite, Mobilität, Organisation, Hierarchie, Herrschaft, Bürokratisierung, Prestige, Rolle, Revolution, Wert, Zivilisation.

Über den Autor

Prof. Dr. Helmut Schoeck, geb. 1922 in Graz, studierte in München und Tübingen, promovierte 1948 bei Eduard Spranger, war 1950 bis 1965 Professor an amerikanischen Universitäten und lehrte seit 1965 als ordentlicher Professor für Soziologie an der Universität Mainz. Internationale Anerkennung fand sein 1966 erstmals veröffentlichtes Werk „Der Neid. Eine Theorie der Gesellschaft". 1970 erschienen davon Ausgaben in englischer Sprache in Nordamerika und England, eine spanische Übersetzung in Südamerika. Die Taschenbuchausgabe vom „Neid" liegt in 4. Auflage in der Herderbücherei (Band 395) vor. Eine italienische Übersetzung der Taschenbuchausgabe vom „Neid" erschien 1974 in Mailand.
Vorliegendes „Soziologisches Wörterbuch" gibt es jetzt auch in spanischer Übersetzung in Leinen- und Paperbackausgabe als „Diccionario de Sociología" (Editorial Herder: Barcelona 1973).
Die jüngsten Veröffentlichungen Schoecks sind das Taschenbuch „Entwicklungshilfe" (Langen Müller, 1972), der vieldiskutierte Essay „Ist Leistung unanständig?" (A. Fromm Verlag, Osnabrück, [1]1974); „Vorsicht Schreibtischtäter. Politik und Presse in der Bundesrepublik" (Seewald, 1972); „Die Lust am schlechten Gewissen" (Herderbücherei Band 464, [3]1973); „Geschichte der Soziologie" (Herderbücherei Band 475, 1974); „Umverteilung als Klassenkampf? Zur Politik und Psychologie der Vermögensbildung" (Verlag A. Fromm, Osnabrück, [2]1974) und „Das Geschäft mit dem Pessimismus" (Herderbücherei Band 534, 1975).

Helmut Schoeck
Die Lust am schlechten Gewissen

Band 464 · 160 Seiten, 3. Auflage

„Schoeck durchleuchtet Teilaspekte der gesellschaftlichen Wirklichkeit der Bundesrepublik mit polemischer Schärfe, doch immer untermauert mit empirisch nachweisbaren Fakten. Schoecks Thesen zur Steuergesetzgebung, Sprache, Bildungspolitik u. a. m. nehmen sich im Chor der „veröffentlichten Meinung" erfrischend unkonventionell aus; sie sind wichtig, weil sie fundiertem Wissen, zahlreichen, konkreten Fakten und starker Anteilnahme am Leben in der Bundesrepublik entspringen."

Die Tat, Zürich

Helmut Schoeck
Der Neid und die Gesellschaft

Band 395 ::: 320 Seiten, 4. Auflage

„Dieses Buch kann man ohne Übertreibung in einem Atemzug mit den klassischen Arbeiten von Max Weber, Vilfredo Pareto oder Arnold Gehlen nennen. Schoeck besitzt die seltene Gabe, seine Erkenntnisse in einer allgemeinverständlichen Sprache zu formulieren. Mit seinem Landsmann Wittgenstein meint er, daß alles, was sich sagen läßt, auch in einfachen Worten gesagt werden kann." *Die Welt, Hamburg*

„Die Wirkung dieses Buches ist dramatisch, ähnlich wie die erste Bekanntschaft mit Marx oder Freud: wie Klasse oder Sex enthüllt sich der Neid überall, und man spürt, daß die Welt, einschließlich der intimsten eigenen Erlebnisse in ihr, nie mehr dieselbe sein kann." *The British Journal of Sociology*

in der Herderbücherei

Helmut Schoeck

Soziologisches Wörterbuch

Herderbücherei

Originalausgabe
erstmals veröffentlicht als Herder-Taschenbuch

1. Auflage 1969
2. Auflage Februar 1970
3. Auflage August 1970
4. Auflage Oktober 1971
5. Auflage März 1972
6. Auflage August 1972
7. Auflage Mai 1973
8. Auflage Mai 1974
9. Auflage Oktober 1975

Herder Freiburg · Basel · Wien
Freiburger Graphische Betriebe 1975
ISBN 3-451-01812-8

VORWORT

Ein „Kleines soziologisches Wörterbuch" kann nicht jedes wünschenswerte Stichwort aus dem Bereich der Soziologie und der anderen Sozial- und Verhaltenswissenschaften bringen. Verschiedene Begriffe, die der Soziologe heute laufend verwendet, stammen ja u. a. aus der Psychologie, Ethnologie, Wirtschaftswissenschaft, aber auch aus der Politik. Die Auswahl der Stichworte für diesen Band wurde auf ihre Zweckmäßigkeit und relative Vollständigkeit an Hand mehrerer großer sozialwissenschaftlicher Nachschlagewerke in deutscher und englischer Sprache sowie an den Sachregistern zahlreicher soziologischer Lehrbücher und Monographien überprüft.

Von der Länge des Textes zu einem Stichwort darf nicht immer auf seine Bedeutung für das Fach geschlossen werden. Bei einigen an sich sehr wichtigen Stichworten war es möglich, den Text knapp zu halten, weil vieles von dem, was man noch hätte hinzufügen können, auch bei anderen Stichworten behandelt wird, auf die durch Pfeile verwiesen werden konnte. Wenn der Leser diesen Verweisungen folgt, vermittelt ihm die Lektüre der mit dem ersten Stichwort verknüpften Stichworte in vielen Fällen auch Einblick in die gerade für die Sozialwissenschaften so charakteristischen Verflechtungen und Überschneidungen der Begriffe.

Nach Möglichkeit nennt die Literaturangabe zu einem Stichwort deutschsprachige Publikationen aus jüngster Zeit. In ihnen findet sich in der Regel eine ausführlichere Bibliographie, die auch ältere und vor allem die ausländische Literatur enthält. In erster Linie, wo Raumgründe eine Auswahl vorschrieben, berücksichtigt unsere Literaturangabe neuere Veröffentlichungen in deutscher Sprache. Publikationen in fremden Sprachen oder Zeitschriftenaufsätze werden meist nur dann genannt, wenn zu dem betreffenden Stichwort neuere Bücher in deutscher Sprache nicht vorliegen. Bei einigen älteren Werken (Klassiker der Soziologie) ist nicht das Erscheinungsjahr der 1. Auflage, sondern das einer Neuauflage gegeben, um das gegenwärtige Interesse an dem betreffenden Autor hervorzuheben.

Bei der Benutzung des Wörterbuches ist folgendes zu beachten: Das Eigenschaftswort „sozial", das mit vielen soziologischen Begriffen verbunden ist (z. B. sozialer Prozeß, soziale Klasse, sozialer Wandel usw.), war *nicht* maßgebend für die Einordnung solcher Stichworte. Man suche also stets das Hauptwort an seiner alphabetischen Stelle (z. B. *Schichtung*, soziale). Die Verweisungen auf andere Stichworte beziehen sich manchmal nur auf die erste Hälfte eines zusammengesetzten Wortes (z. B. verweist ↗Rollenspiel auf Rolle).

Mainz, im November 1969 *Helmut Schoeck*

VORWORT ZUR 4. AUFLAGE

Nur sechzehn Monate nach Erscheinen der 1. Auflage geht jetzt die 4. Auflage in die Herstellung. Sie wurde durch ein Personen- und Sachregister ergänzt. Das *Personenverzeichnis* enthält neben den Namen, die im Text vorkommen, auch sämtliche Verfassernamen aus den Literaturangaben zu den einzelnen Stichworten. Damit ergibt sich zwar keine Vollständigkeit der Information über einzelne Soziologen, aber in vielen Fällen kann man über wichtigere Autoren (z. B. Comte, Durkheim, Marx, Pareto, Max Weber, Karl Mannheim, Parsons, Robert K. Merton, Leopold v. Wiese, George C. Homans, Sorokin) an Hand des Personenregisters aus dem ganzen Wörterbuch Informationen rasch zusammenziehen. Ebenso ist es jetzt möglich, Auskunft über Buchveröffentlichungen vieler jüngerer Soziologen zu bekommen, wenn man vom Personenregister aus die von einem bestimmten Verfasser zu verschiedenen Stichworten genannten Veröffentlichungen nachschlägt. Somit erschließt das Personenregister *zum Teil* auch Informationen, die ein Autorenlexikon der Soziologie enthalten würde. Das *Sachregister* führt den Benutzer zu weiteren Begriffen, die kein eigenes Stichwort erhalten haben und die bisher auch nicht durch Verweise von Stichworten aus zu finden waren (z. B. Aspektstruktur, Ultrastabilität, Reakte, totales soziales Phänomen, Serendipity-Phänomen, Dreistadiengesetz, Allokation, Homeostasis, wildcat-Streik). Zu allen Begriffen des Wörterbuchs erschließt das Sachregister ein zusätzliches und differenziertes Informationsangebot, weil sie sich nun auch außerhalb des eigenen Stichworts in zahlreichen anderen Zusammenhängen und mit Anwendungsbeispielen nachschlagen lassen.

Mainz, im Sommer 1971 *Helmut Schoeck*

A

Aberglaube kann es im Gegensatz zur ↗Magie, zum magischen Weltbild der Naturvölker, nur in einer Gesellschaft geben, die bereits unterschiedliche Auffassungen (hauptsächlich über Ursachenzusammenhänge und Prognosen) zuläßt, die ein rationales, aufgeklärtes oder wissenschaftlich begründbares Zweckwissen und ein von diesem Niveau aus betrachtet weniger aufgeklärtes, irrationales Wissen kennt. A. wird immer abschätzig anderen Personen, Gruppen, Schichten zugeschrieben, doch ist es möglich, auch im Kreise aufgeklärter, „moderner" Menschen sich selbst zu einem bestimmten A., u. U. zwecks Entschuldigung eines merkwürdigen Verhaltens, zu bekennen. Man bittet einen Geschäftspartner, eine wichtige Transaktion lieber doch nicht an einem Freitag, dem 13. des Monats, vorzunehmen, man verschiebt einen Reisetermin, man vermeidet die Zahl 13 usw. Hotel- und Bürohochhäuser selbst in den USA verzichten heute oft auf die Bezeichnung „13. Stockwerk". A. wird vom modernen Menschen der Industriegesellschaften auch gerne als zusätzliche Versicherung, nur halb geglaubt, geübt: man beugt einer Gefahr, einem Unheil sowohl durch eine sachliche, zweckmäßige Maßnahme als auch durch eine abergläubische vor. Der A. verlangt, wie auch die Magie der Naturvölker, bestimmte Handlungen oder Unterlassungen, deren häufigste Absicht die Kontrolle, die Abwehr uns feindlich gesonnener Mächte, Dämonen und Mitmenschen ist. Wer Holz berührt, sobald er über sich eine günstige, optimistische zuversichtliche Aussage macht, fürchtet sich insgeheim vor dem ↗Neid, dem Fluch jener, die ihm diese Gunst des Schicksals verargen und deshalb schaden wollen. Man darf den A., der sich zu allen Zeiten und in allen Kulturen findet, nicht allein als Überbleibsel primitiver Stufen der Menschheit und somit als grundsätzlich durch Propagierung eines wissenschaftlichen Weltbildes ausrottbar ansehen. Unter anderem kinderpsychologische Studien deuten darauf hin, daß A. eine sehr gefühlsbetonte, meist aus Angst entstandene Zwangshandlung zur Beeinflussung der Umwelt ist, zu der Menschen weitgehend unabhängig von ihrer Kenntnis wissenschaftlich begründbarer Zusammenhänge getrieben werden. Allerdings strebt der kommerzialisierte A. heute auch nach einer Pseudowissenschaftlichkeit, z. B. dann, wenn er in Konkurrenz zur Schulmedizin steht.

K. Zucker, Psychologie des A. (1948); G. Mensching, Das Wunder im Glauben und A. der Völker (1957).

Abstammung bezeichnet die biologische Herkunft eines einzelnen, einer Gruppe, eines Volks oder des Menschen als solchen von seinen Vorfahren. Genaue Kenntnis, möglichst zuverlässige Belegung der Abstammung lebender Personen, oft über Jahrhunderte zurück, spielt bei Adel und Aristokratie eine Rolle, und zwar zur Legitimierung einer Machtausübung oder Machtanstrebung. Selbst in Ländern, wo der Adel, die Aristokratie ihre Macht verloren haben, verleiht die A. unter Umständen noch Prestige und damit auch Kredit und Anziehungskraft auf Kunden, z. B. Fürsten als Bankiers oder Weinproduzenten. Während außerhalb des Adels in den heutigen Industriegesellschaften für den einzelnen die A. von geringerem Interesse ist, beschäftigen sich sämtliche Naturvölker in einer weit über unsere Klassifikationssysteme hinausgehenden Differenzierung mit der A. jedes einzelnen innerhalb des Stammes, weil die damit festgestellten Verwandtschaftsverhältnisse eine wichtige Grundlage des sozialen Kontrollsystems im Stamm bilden, d. h. die zu erwartenden Verhaltensweisen eines jeden Stammesmitglieds einem jeden anderen gegenüber festlegen. A. kann allgemein als Regulator sozialer Beziehungen, als Mittel der Statuszuweisung verstanden werden. Vielfach ist blutsmäßige A. relativ unwichtig, verglichen mit der Übertragung von bedeutenden „Namen". Bei Naturvölkern spielen künstliche Verwandte oft eine erhebliche Rolle (Blutsbrüderschaft, Adoption). Die A. des Menschen von vormenschlichen Lebewesen ist für die Soziologie durch die Forschungen der vergleichenden Verhaltensphysiologie insofern bedeutsam geworden, als manche allgemeinmenschliche Verhaltensformen (↗Aggression, Revierverteidigung, Imponiergehaben usw.) von tierischen Verhaltensweisen abgeleitet werden können. Diese Ergebnisse der vergleichenden Tiersoziologie lassen Zweifel aufkommen, ob und inwieweit der Mensch durch soziale Entwicklungen bestimmte, heute als negativ gewertete Verhaltensformen verlieren wird.

A. Gehlen, Der Mensch (⁷1962); Th. G. Dobzhansky, Vererbung und Menschenbild (1966); ders., Die Entwicklung zum Menschen (aus dem Engl. 1958); G. Heberer (Hrsg.), Menschliche Abstammungslehre 1863–1964 (1965).

Abstand, sozialer ↗Distanz.

Abstieg, sozialer ↗Mobilität.

Abweichendes Verhalten (Deviant Behaviour) weisen Personen oder Gruppen auf, die sich in ihrem Verhalten überwiegend und regelmäßig im Widerspruch zu den allgemein anerkannten Normen ihrer Gesellschaft befinden. Da in den USA und in anderen angelsächsischen Ländern die Kriminologie Teil der Soziologie ist, entstand die Neigung, jegliches normwidrige Verhalten unter einen wertfreien Begriff zu bringen. Gleiche Verhaltensformen können in der einen Gesellschaft, gemäß den rechtskräftig gewordenen Normen ihrer Kultur, als Verbrechen gelten, in einer anderen als normale Tätigkeit angesehen werden (z. B. die strafrechtliche Verfolgung jeder Art von Glücksspiel, von Wetten in den meisten Gliedstaaten der USA im Gegensatz zu europäischen Ländern). Während manche Autoren als a. V. nur die Erscheinungen *zwischen* normalem, geduldetem Verhalten und den eigentlichen Verbrechen ansehen (z. B. Prostitution,

Alkoholismus, Homosexualität), wollen andere Autoren sämtliche von einer Gesellschaft als negativ abweichend angesehenen Verhaltensformen, bis hin etwa zum Mord, als a. V. zusammenfassen. Entgegen der Absicht seiner Urheber, einen wertfreien Begriff zu verwenden, hat a. V. heute doch im wesentlichen die Bedeutung unliebsamen Verhaltens. Fichter schlägt vor, den Begriff a. V. für sämtliche Arten einer normabweichenden Verhaltensweise zu verwenden, auch für positiv gewertete Abweichungen, wie die des Asketen, Mönchs, all jener, die in einem anerkannten Wert (z. B. Altruismus, Selbstaufopferung) als unerreichbares Vorbild wirken.
Kein Deviant und keine Deviantengruppe verzichtet je völlig auf Konformität mit den Rollenerwartungen der Gesellschaft. A. V. ist immer nur relativ, meist in der Absicht eines materiellen Vorteils oder Lustgewinns (Rauschgiftgenuß). Innerhalb ihrer eigenen Gruppe (↗Subkultur) halten sich die Devianten (z. B. Bandenmitglieder) in der Regel peinlich genau an die soziale ↗Kontrolle eines jeden sozialen Systems: ↗Status, ↗Rollen und ↗Hierarchie, Sanktionen für Normverletzungen. A. V. liegt also immer vor, wenn ein Verhalten von den in einer ganzen Gesellschaft als verbindlich angesehenen bedeutsameren Normen abweicht, selbst dann, wenn es den Verhaltensmustern irgendeiner Gruppe oder Subkultur entspricht. Wer sich oder abhängige Familienmitglieder beispielweise im Krankheitsfalle der ärztlichen Behandlung durch die Schulmedizin zugunsten eines Quacksalbers oder einer Heilsekte entzieht, verhält sich ebenfalls abweichend und kann in Einzelfällen auch strafbar werden. Ebenso kann ein breites Spektrum von Verhaltensformen psychopathologischer Art (von Neurosen bis zu manchen Psychopathien) soziologisch als a. V. bezeichnet und auch z. T. erklärt werden. Da verschiedene Sozialschichten eine unterschiedliche Toleranz für a. V. haben, werden z. B. aus der Unterschicht bestimmte Formen psychopathischen Verhaltens seltener einer Behandlung zugeführt als aus der Mittel- und Oberschicht. Als a. V. faßt die Soziologie auch radikale soziale Bewegungen und Randseitergruppen auf, wie Beatniks, Hippies, Clochards, manche Sekten usw. Auch ein betontes Desinteresse, ein Rückzug aus der Gesellschaft, etwa in Form einer Koloniegründung gemäß sozialutopischen Vorstellungen, zählt als a. V. Aber auch die individuelle Flucht in die Krankheit, in Rolle und Status des Kranken, der es gestattet, sich verschiedenen Anforderungen der Gesellschaft legitim zu entziehen, kann vom a. V. her verstanden werden (Talcott Parsons, Hollingshead, Redlich). Eine Systematik oder Typologie der Formen des a. V. hat T. Parsons (1951) versucht. Er unterscheidet Verhaltensformen aktiver Art (sowohl zwanghaft übertriebenes normgerechtes Handeln als auch Rebellion, Aggression, Normverletzungen) und passive Verhaltensformen, wie eine zwanghafte Fügsamkeit, Rückzug aus der Gesellschaft, Ausweichen vor Normen.
Die Erforschung der Ursachen für a. V. steht noch in den Anfängen. Man möchte einerseits wissen, weshalb sich in einer Gesellschaft im

Verhalten abweichende Individuen überhaupt finden (auch die Naturvölker haben in der Regel schon a. V. und erkennen es als solches; es läßt sich also nicht allein durch die verstädterte Industriegesellschaft erklären); danach möchte man aber auch wissen, welche Bedingungen individualpsychologischer oder gesellschaftlicher Art zu einer bestimmten Form des a. V. führen. In manchen Fällen dürfte es sich um ein Ausweichverhalten handeln, weil ein Individuum bestimmten Anforderungen seiner Gesellschaft, eines Berufes, der Arbeitswelt, des Militärdienstes usw. nicht genügen zu können glaubt; solche Individuen können sich dann auch zu Gruppen mit gemeinsamem Interesse zusammenschließen. Im allgemeinen nimmt man Spannungen, Widersprüche zwischen den Bereichen der Person, dem sozialen und kulturellen System als Ursache für a. V. an. Aber auch der Begriff der ↗Statusinkonsistenz, der ungenügenden Statuskristallisation (Gerhard Lenski) kann als Erklärungsmodell dienen. Auch Durkheims Begriff der ↗Anomie und ihre Theorie gehört zu den ersten Erklärungsversuchen von a. V.

M. B. Clinard, Sociology of Deviant Behavior (New York[2]1963,[3]1965); H. S. Becker, The Other Side. Perspectives on Deviance (New York 1964); ders. Outsiders. Studies in the Sociology of Deviance (New York 1966); A. K. Cohen, Abweichung und Kontrolle (1968).

Adoption nennt man die endgültige, dauernde Aufnahme einer Person in eine ↗Gruppe, in der ihr ohne den formalen Akt der A. kein ↗Status mit Rechten und Pflichten zustände. A. an Kindes statt spielt vor allem erbrechtlich eine Rolle und kann, beim Fehlen eines natürlichen Nachkommen, die einzige Möglichkeit bieten, z. B. einen dynastischen Anspruch über das eigene Lebensende hinaus aufrechtzuerhalten. Gerade bei den Naturvölkern, deren soziales Leben weitgehend durch genau einzuhaltende Verwandtschaftsbeziehungen geregelt wird, ist die Möglichkeit der A. unerläßlich, um sozial erwünschte oder notwendige Verwandtschaft herbeizuführen. Auch Eingliederung ganzer Fremdgruppen, etwa bei Schutzsuche, kann als A. verstanden werden.

Aggression ist jeder Akt, Aggressivität die erkennbare Neigung zu ihm, sich, mit der Absicht zu schaden, auf einen anderen selbst (oder durch Mittel) „hinzubewegen", wobei es sich beim Aggressor und dem Angegriffenen um Einzelpersonen oder Kollektive aller Größen bis hin zur Nation oder einer Staatengruppe handeln kann. An sich bedeutet A. nur das Zuschreiten auf einen anderen, wobei die Feindseligkeit als Motiv unterstellt wird. Von der Früh- und Stammesgeschichte des Menschen her gesehen, wird im Zweifelsfalle die physische Annäherung eines anderen stets als Bedrohung ausgelegt werden. In der neueren, insbesondere amerikanischen Soziologie deckt der Begriff A. zahlreiche Handlungen und Unterlassungen, deren Folge meist eine beabsichtigte Schädigung des Betroffenen ist; so kann auch Diskriminierung, Verleumdung, betontes Schweigen, (u. U. sublimierte A.formen) usw. als A. gelten. Die Frustrations-Aggressions-Theorie (John Dollard, 1939) ist heute umstritten. Sie verlegt die Ursache der Aggression vorwiegend in deren Opfer, dessen Verhalten einen legitimen oder menschlich begreiflichen Anspruch, wie Ehrgeiz oder Selbstachtung des Aggressors absichtlich oder unabsichtlich vereitelt (frustriert) habe. Einige Ethnologen haben versucht, mehr oder weniger aggressive Kulturen und Stämme der Menschheit festzustellen. Eine analytische Untergliederung des Aggressionsphänomens nach unterscheidbaren Grundphänomenen wie Neid, Geschlechtstrieb, Habgier, vorbeugende Selbstverteidigung usw. wäre erforderlich. Wird die A. eines Individuums, (u. U. auch einer Gruppe, Rasse, meist einer Minderheit) in der sozialen Umwelt vereitelt, muß sie unterdrückt, zurückgenommen, verheimlicht werden, kann diese angestaute A. sich auch gegen die A. übende Person selbst wenden (Selbsthaß, im Extremfall kann auch Selbstmord als A. verstanden werden). Freud hielt A. anfänglich für eine Reaktion auf Frustration, kam dann später zur Auffassung der A. als einer unabhängigen, instinktartigen Verhaltenstendenz. Triebquelle der A. ist bei Freud der Trieb, mit dem Ziel der Zerstörung.

J. Dollard u. a., Frustration and Aggression (New Haven 1939); A. H. Buss, The Psychology of Aggression (New York 1961); L. Berkowitz, Aggression: A Social Psychological Analysis (New York 1962); K. Lorenz, Das sogenannte Böse (7–11 1965).

Agrarsoziologie (↗Bauer, ↗Dorf, ↗Entwicklungsländer, ↗*folk society*, ↗Gemeinschaft, ↗Stadt, ↗Wandel), auch ländliche Soziologie *(rural sociology)* genannt, entwickelte sich in größerem Umfang als Spezialgebiet vor allem in den USA, im wesentlichen als eine praktische, aufgabenorientierte Disziplin. Ein wesentliches Forschungsgebiet war die ↗Innovation (Annahme, Ausbreitung, Verhinderung) in der Landwirtschaft. Von großem Einfluß auf die Theorie der A. auch in Nordamerika war bis zur Mitte des 20. Jahrhunderts die „Gemeinschaft-Gesellschaft-Dichotomie" von F. Tönnies. Sie trug zu den idealisierenden, romantischen Fehlvorstellungen über den ländlichen, bäuerlichen Menschentyp, im Gegensatz zum Städter, bei. Um 1950 war die A. auch in den USA in eine Krise ihres Selbstverständnisses geraten, aus der sie durch die damals beginnende weltweite Beschäftigung mit den Entwicklungsländern erlöst wurde. Seither ist die A., als Teil der soziologischen Erforschung des sozialen Wandels und der Innovationsmöglichkeit, wieder aktueller geworden. Die A. untersucht die ↗Akkulturation ländlicher Bevölkerungen im Bereich der industrialisierten und verstädterten Gebiete. Das Aufgabengebiet der A. überschneidet sich zunehmend mit dem der Stadtsoziologie.

H. Kötter, Landbevölkerung im sozialen Wandel (1958); C. P. Loomis u. J. A. Beegle, Rural Sociology. The Strategy of Change (Princeton 2 1960); G. Wurzbacher, Das Dorf im Spannungsfeld industrieller Entwicklung (2 1961); P. v. Blanckenburg, Einführung in die Agrarsoziologie (1962); U. Planck, Der bäuerliche Familienbetrieb zwischen Patriarchat und Partnerschaft (1964); E. W. Buchholz, Ländliche Bevölkerung an der Schwelle des Industriezeitalters (1966).

Akkulturation findet statt, wenn Individuen oder Gruppen (Einwanderer, Gastarbeiter usw.), meist schon als Herangewachsene, in ihrer eigenen ursprünglichen Kultur verankert, Elemente einer fremden Kultur übernehmen (meist innere und äußere Verhaltensmuster, Werte). A. kann freiwillig angestrebt, widerwillig erlitten, gleichgültig hingenommen werden. Ein politisches oder soziales Machtgefälle bringt meist im Sinne einer Überlagerung die A. der schwächeren im Bereich der mächtigeren Kultur mit sich. Elemente der fremden Religion, Kunst, Sprache usw. können bei der A. ebenso eine Rolle spielen wie Elemente der materiellen Kultur (Werkzeuge, Genußmittel, Verkehrsmittel). Geschwindigkeit und Richtung von A.-Prozessen läßt sich nicht allgemein vorhersagen; meist findet eine kulturelle Siebung, eine Auswahl aus dem fremden Kulturbereich statt, wobei jedoch das praktischere, das passendste Kulturelement nicht notwendigerweise bevorzugt übernommen werden muß.

M. J. Herskovits, (Hrsg.), Acculturation (New York 1938); R. Linton, Acculturation in Seven American Indian Tribes (New York 1940); R. Thurnwald in: W. E. Mühlmann und E. W. Müller (Hrsg.); Kulturanthropologie (1966).

Akt, sozialer, zeitlich begrenzte, durch das Ichbewußtsein zielgerichtet gelenkte Handlung, meist eines einzelnen, die vom Handelnden und dem dadurch Betroffenen als absichtlich verstanden wird. Der soziale Akt ist die kleinste, meist sehr kurzfristige Einheit eines sozialen Handlungsablaufes. W. Hellpach beschreibt auch unbewußte und Spiegelreakte (Reakte: kleinste Einheit eines Reaktionsablaufes), z. B. wird bei vielen Grußformen die gerichtete Bewegung des einen durch eine spiegelbildliche des anderen erwidert.

G. H. Mead, The Philosophy of the Act (Chicago 1938); H. Becker, Soziologie als Wissenschaft vom sozialen Handeln (o. J.)

Altersgliederung ist ein Aspekt der sozialbiologischen Bevölkerungsstruktur. Der Aufbau jeder Bevölkerung nach dem unterschiedlichen Umfang ihrer Altersgruppen muß bei Prognosen über Berufschancen, Tragfähigkeit eines Systems der „sozialen Sicherheit" (Altersrenten usw.), Zu- oder Abnahme der Schülerbevölkerung (Schulplanung) und insbesondere bei Vorausschätzungen der Bevölkerungsgröße, vor allem der Erwerbsbevölkerung berücksichtigt werden. In der Regel interessieren die Veränderungen im Anteil an der Gesamtbevölkerung bei folgenden Altersgruppen: unter 15, 15–65 und 65 und mehr Jahren. So ist der Bevölkerungsanteil der über 65jährigen in den letzten 100 Jahren in Deutschland und anderen westlichen Industriegesellschaften stetig gewachsen. In der BRD und in den USA haben die über 65jährigen um 1970 einen Anteil von 12–13%. 1910 betrug er weniger als 5%. Aus diesem säkularen Trend werden seit längerem sozialpolitische Forderungen abgeleitet, obgleich die Fixierung der Aufmerksamkeit auf das 65. Lebensjahr keineswegs biologisch oder individualpsychologisch begründbar ist, sondern selbst aus einer ursprünglichen sozialpolitischen Entscheidung (obligatorisches Ruhestandsalter) stammt. Seit über 30 Jahren, u. a. auch in den USA, spekuliert man auf einen Wählerstimmenblock der über 65jährigen, der sich jedoch bis jetzt nicht abzeichnet. Wenn man von einer „Überalterung" heutiger Gesellschaften spricht, liegen dieser Auffassung Vorurteile und unbewiesene Annahmen über Verhalten und Sonderwünsche der über 65jährigen zugrunde. Man kann aber keine „natürliche" Alterspyramide unterstellen. Die Bevölkerung unter 15 beträgt zur Zeit etwas über 20%, die zwischen 15 und 65 etwa 65%. In den nächsten Jahren wird die Gruppe der 25- bis 44jährigen besonders stark wachsen.

R. Thurnwald, Die menschliche Gesellschaft in ihren ethnosoziologischen Grundlagen, Bd. 2 (1932); K. M. Bolte und Dieter Kappe, Struktur und Entwicklung der Bevölkerung ([2]1965); S. N. Eisenstadt, Von Generation zu Generation (1966).

Altersklassen nennt man seit H. Schurtz (A. und Männerbünde, 1902) Bünde, in denen sich Individuen gleicher Altersstufen zusammengeschlossen haben. Es handelt sich jeweils um Personen gleichen Geschlechts. Solche A. spielen bei Naturvölkern oft eine große Rolle im Leben des ganzen Stammes, vor allem auch bei seiner militärischen Organisation, können also nicht nur aus den Bedürfnissen ihrer Mitglieder erklärt werden. A. (die ja keine eigentlichen Klassen, sondern Gruppen darstellen) kommen dem Geselligkeits- und Absonderungshang Gleichaltriger entgegen und ähneln Erscheinungen wie die ↗peer group, die jugendliche ↗Subkultur in heutigen Industriegesellschaften. Aufnahme in die A. erfolgt über die ↗Initiation.

Alterssoziologie, auch soziale (soziologische) Gerontologie genannt, ist ein Spezialgebiet, das seit etwa 25 Jahren an Bedeutung gewonnen hat, nicht zuletzt aufgrund der ↗Altersgliederung heutiger Industriegesellschaften. Viele soziologische Gerontologen haben sich der Altersgruppe der über 65jährigen mit ähnlichem Engagement gewidmet, wie man es anderen ↗Minderheiten gegenüber entfaltet hat. Gerontologen, vor allem in angelsächsischen Ländern, haben aus ihrem Anliegen eine soziale ↗Bewegung gemacht (L. Cain). Es ist bis jetzt durch keine Untersuchung erwiesen worden, daß die Zunahme des Bevölkerungsanteils der über 65jährigen von etwa 6 auf 12% der Gesamtbevölkerung für die meisten Individuen innerhalb dieser sozialen Kategorie notwendigerweise neue und größere Probleme bringt, verglichen mit der Zeit, da die Kategorie der über 65jährigen weniger Mitglieder hatte. Auch der Kontaktverlust der Großelterngeneration mit den Kindern und Enkeln konnte nicht eindeutig nachgewiesen werden. Zwar wohnt die Kernfamilie überwiegend allein, aber die räumliche Trennung im Wohnsitz hat nicht die Isolierung gebracht, die man um die Jahrhundertmitte vorauszusagen pflegte. Veränderungen im Gebrauch technischer Mittel (Fernsprecher, Kraftfahrzeug) haben der Vereinsamung entgegengewirkt. Die über 65jährigen legen auch weit weniger Wert, als bisher angenommen wurde, auf Unterbringung in Siedlungen oder Wohnhäusern mit Gleichaltrigen und auf

Behandlung als Sonderkategorie. Wo sich eine Neigung der bejahrten Menschen zum Rückzug aus sozialen Verflechtungen zeigt, muß dies nicht immer auf ↗Diskriminierung durch die Jüngeren zurückgehen, sondern kann auch einem absichtlichen sozialen Disengagement (E. Cummings) entsprechen, einer freiwilligen Entlastung von sozialen Bezügen und Beziehungen im Alter. Man hat auch von dem Wunsch einer „Intimität auf Abstand", auf beiden Seiten, gesprochen. Ungelöst sind noch die (eher individual- und sozialpsychologisch als soziologisch faßbaren) Schwierigkeiten vieler Menschen nach dem (oft unfreiwilligen) Austritt aus dem Erwerbsleben. Es ist unmöglich, ein für alle Personen und Berufe gleiches verbindliches Pensionierungsalter festzulegen.

Lit. siehe unter Gerontologie

Amt ist die haupt- oder nebenberufliche Ausübung einer Tätigkeit, für und im Interesse anderer, im Auftrag einer höheren Instanz, ursprünglich sakraler, heute meist politisch-hoheitlicher Art. Als A. bezeichnet man Berufspositionen mit besonderen ↗Rollenerwartungen seitens der Öffentlichkeit; ein A. verpflichtet zu mehr, als es eine bloße Arbeitsstelle tut. Entscheidend für das dem mit der Ausübung eines A. Betrauten entgegengebrachte Vertrauen ist die besondere Verpflichtung auf das A. (Amtseid) und die mittels einer ↗hierarchischen ↗Bürokratie vorgegebene Rollentrennung beim A.sträger, wodurch persönliche Interessen, Verwandtschaftsbeziehungen u. dgl. von den A.handlungen ausgeklammert werden. A.tätigkeiten sind immer konkret aufgabengebunden, rechtlich möglichst genau festgelegt, überprüfbar und in manchen Fällen einklagbar. Als A. bezeichnet man auch einzelne und bestimmte Institutionen, in denen amtliche Tätigkeiten stattfinden.

M. Weber, Wirtschaft und Gesellschaft (⁴1956); G. E. Lenski, Power and Privilege (New York 1966).

Anarchismus, ein Aktionsprogramm politisch-sozialer Art von organisierten Gruppen (oder auch nur die Gesinnung einzelner), erstrebt die Anarchie, eine Gesellschaft ohne ↗Herrschaft und ↗Hierarchie, kann aber auch den Prozeß der Anarchie nur als Mittel zu einer utopischen Gemeinschaft einsetzen wollen. A. richtet sich gegen jede Autorität, göttliche wie staatliche. Anarchisten, Gegner der bestehenden Herrschaft, waren in der zweiten Hälfte des 19. Jahrhunderts bis zum Ausbruch des Ersten Weltkrieges, vor allem im Zarenreich, Oppositionelle, die durch ↗Terror (Bombenattentate) die politische Umwälzung auszulösen suchten. Im letzten Drittel des 20. Jahrhunderts zeigt sich, daß nicht nur despotische Monarchien, sondern auch liberale Demokratien eine kleine Minderheit in ihrer Mitte haben können, die anarchistische Programme und Mittel verfechten. Die Verneinung jeder bestehenden Ordnung aus Prinzip, eine anarchistische Gemütsdisposition, dürfte deshalb weniger durch eine bestimmte Gesellschaftsform verursacht sein als durch entwicklungspsychologisch und tiefenpsychologisch deutbare Persönlichkeitsstrukturen einzelner Individuen (extremer Individualismus, Kontaktarmut). Diese finden sich in meist kleineren Gruppen (↗Clique, ↗Bund) zu Aktionsgemeinschaften zusammen. A. als Programm findet sich schon bei Godwin (1793), Proudhon entwickelt den A. zu einer Art Gesellschaftslehre. Zum Prinzip revolutionärer Bewegung wird der A. bei Bakunin, weitere Vertreter: Stirner, Kropotkin.

H. Zoccoli, Die Anarchie (1909); P. Heintz, Anarchismus und die Gegenwart (1951); E. J. Hobsbawm, Sozialrebellen (1962); J. Joll, Die Anarchisten (1966); C. Sigrist, Regulierte Anarchie (1967); E. K. Scheuch (Hrsg.), Die Wiedertäufer in der Wohlstandsgesellschaft (1968).

Angestellte, als eine soziale Kategorie von Erwerbstätigen, lassen sich von ihren Tätigkeitsmerkmalen her heute nicht mehr deutlich von ↗Arbeitern und ↗Beamten unterscheiden. Arbeits- und versorgungsrechtlich standen A. lange Zeit zwischen diesen beiden Kategorien, verlieren aber in der Gegenwart zunehmend die Unterscheidungsmerkmale, vor allem den Arbeitern gegenüber (z. B. durch die Lohnfortzahlung durch den Arbeitgeber auch an Arbeiter, Veränderungen in der Versicherungspflicht usw.). A., im Gegensatz zum manuell tätigen Arbeiter als „Geistesarbeiter" (im Büro) zu bezeichnen, ist im Einzelfall fragwürdig, weil heute auch vom Arbeiter in vielen Industrien (↗Automatisierung) weniger körperliche Arbeit und auch geistige Kontrollfunktionen gefordert werden. Die Einordnung der A. als eine soziale Schicht oberhalb der Arbeiterschicht wird von manchen Sozialwissenschaftlern auch aus ideologischen Gründen abgelehnt: einerseits würden A. dadurch zum Teil gegen gewerkschaftliche Organisierbarkeit immunisiert, durch Zuschreibung eines fragwürdigen Berufsprestiges und ebenso fragwürdiger Aufstiegschancen politisch inaktiv gehalten, andererseits werde durch Annahme einer besonderen A.schicht den Arbeitern zwangsläufig die Position der Grundschicht zugewiesen. Immerhin sind die Karrieremöglichkeiten und das Selbstverständnis der A. innerhalb der durch die ↗Arbeitsteilung für sie vorgegebenen Funktionsgebiete noch so deutlich unterscheidbar, daß in der BRD, in Österreich, Schweiz und Schweden A. ihre eigenen Arbeitnehmerorganisationen haben. Doch versucht der Deutsche Gewerkschaftsbund, sich durch interne Reformen für A. attraktiver zu machen. Der Anteil der A. an der Arbeitnehmerschaft nimmt in allen Industrieländern auf Kosten des Arbeiteranteils zu. 1965 betrug er in der BRD über 26%.
Ein soziologisch brauchbares, allgemeines Berufsbild der A. wird auch durch die große Spannweite ihrer Tätigkeitsformen erschwert: von der „kleinen Büroangestellten" bis zum leitenden Angestellten, der Unternehmerfunktionen hat. Doch besteht für alle A. heute ein zunehmend rascherer Funktionswandel, vor allem durch die elektronische Datenverarbeitung.

L. Neundörfer, Die Angestellten (1961); F. Croner, Soziologie der Angestellten (1962); W. Linke, Die Stellung der Angestellten in der modernen Gesellschaft (1962); S. Braun, Zur Soziologie der Angestellten (1964); G. Hartfiel u. a., Beamte und Angestellte in der Verwaltungspyramide (1964); O. Neuloh, Die weiße Automation (1966); U. Jaeggi und H. Wiedemann, Der Angestellte in der Industriegesellschaft (1966).

Anlage, als Anlagen des Menschen an sich oder als die unterschiedlichen Anlagen einzelner Individuen, meint die biologisch vorgegebenen ererbbaren Fähigkeiten. Diese Ausstattung eines Individuums kann im Widerspiel mit seiner ↗Umwelt in unterschiedlichem Maße zur Entfaltung kommen. Ob in der einzelnen sozial relevanten Handlung, z. B. einem Verbrechen, der A. oder der Umwelt, kausal gesehen, größere Bedeutung zukommt, ist immer noch Gegenstand von Diskussionen und Untersuchungen, die oft von entgegengesetzten ideologischen Positionen aus geführt werden. Die A. eines Menschen enthalten weit mehr als nur die ↗Begabung oder seine Intelligenz. Auch außerhalb des Kerns der Keimzellen, also nicht an die Gene in den Chromosomen gebundene Anlagen (nur von der Mutter her im Plasma der Eizelle angelegte) werden manchmal zur A. gerechnet. Für die juristisch-ethische Frage nach der Verantwortlichkeit eines Täters ist es unerheblich, ob seine A. oder Umwelt zum Zweck der Determination seines Verhaltens entschuldigend herangezogen wird. Jedenfalls wird nach einem halben Jahrhundert fast völliger Vernachlässigung der A. bei kriminologischen Forschungen in jüngster Zeit diese auch wieder in Betracht gezogen. Es ist anzunehmen, daß die zur Zeit bildungspolitisch motivierte Bagatellisierung der A. für die Intelligenz und Begabung im weiteren Sinne von den Humangenetikern zurückgewiesen werden wird (u. a. z. Zt. von H. Mohr), zumal die Zwillingsforschung nach wie vor für eine erhebliche Rolle der A., d. h. der ererbten psych. und phys. Dispositionen, bei der intellektuellen Leistungshöhe eines Individuums spricht.

T. Dobzhansky, Vererbung und Menschenbild (1966); J. Hirsch (Hrsg.), Behaviour-Genetic Analysis (New York u. London 1967). J. Mc. Hunt, Intelligence and Experience (New York 1961); B. K. Eckland, Genetics and Sociology: A Reconsideration, American Sociological Review, Bd. 32 (April 1967).

Anomie ist der von dem französischen Soziologen Émile Durkheim so bezeichnete Zustand einer Gesellschaft bzw. einzelner Mitglieder von ihr, der sich durch Orientierungslosigkeit dartut. An A. leidet, wer sich einer Vielfalt widersprechender oder konkurriender Normen in seiner sozialen Umwelt gegenübersieht und sich nicht mehr entscheiden kann. Die soziale ↗Kontrolle der Individuen dank der Einrichtungen ihrer Gesellschaft hat weitgehend versagt. Es herrscht nunmehr Normenlosigkeit (A.), weil die für das Handeln des einzelnen oder jeweiliger Gruppen verbindlichen Normen (Gebote, Wertvorstellungen usw.) nicht mehr eindeutig erkennbar sind. Es ließe sich an eine Erschütterung der Gruppenmoral und damit der Ordnung einer Gesellschaft denken. Dieser Defekt kann bereits im ↗Sozialisationsprozeß des einzelnen oder bestimmter Schichten in der Gesamtgesellschaft vorhanden sein. A. bedeutet somit einen Zustand sozialer Pathologie, eine „Erkrankung" der sozialen Verhältnisse, deren empirischer Nachweis jedoch sehr umstritten bleibt, weil in der Einzelforschung der Zustand der A. kaum operationalisiert werden kann.

Der soziologische Fachausdruck A. (benachbart zum Begriff *alienation*, „Entfremdung") erfreut sich vor allem in der amerikanischen Soziologie seit 1950 großer Beliebtheit und wird, wie schon bei Durkheim, meist zu einer allgemeinen Kultur- und Gesellschaftskritik verwandt, wobei unklar bleibt, ob überpersönliche Einrichtungen und Kräfte einer Gesellschaft oder bei einzelnen Menschen auftretende Lücken in der Umweltbezogenheit ursächlich für die Erscheinung verantwortlich sind. Ein Resultat der A. ist bei Durkheim in erster Linie eine hohe Selbstmordrate in einer Bevölkerung, sofern es sich nicht um einen aus verbindlichen Normen der zugehörigen Kultur erklärbaren Selbstmord, wie z. B. aus Altruismus oder verletzter Ehre, handelt. Den Begriff A. verwenden u. a. E. Mayo und T. Parsons. Schwer zu entscheiden ist in vielen Fällen, ob die A., wenigstens für einige Gruppen einer Bevölkerung, systemimmanent, das Individuum übergreifend, unausweichlich ist oder eher eine individuell motivierte Fehlanpassung (s. ↗Anpassung) darstellt, die allerdings gerne mit dem Begriff A. philosophisch oder politisch aufgewertet wird. A. ist abzugrenzen von der sozialen ↗Desintegration. Für die Kriminalsoziologie zeigt sich A. zum Beispiel an einer sprunghaften Zunahme (bestimmter Formen) abweichenden Verhaltens. Im Englischen ist der Ausdruck A. schon 1591 belegt. Die Theologie des 17. Jahrh. meint mit A. Mißachtung des göttl. Gesetzes.

M. B. Clinard (Hrsg.), Anomie and Deviant Behavior (New York 1964); J. Duvignaud, Durkheim (Paris 1965); E. Durkheim, Le Suicide (1897, dt. Der Selbstmord, 1968).

Anonymität, der Zustand, in dem zwei oder mehr Menschen füreinander „namenlos" sind, besteht nach der Ansicht vieler Soziologen und Gesellschaftskritiker in zunehmendem Maße in der sog. ↗Massengesellschaft des 20. Jahrh. Während für manche Menschen, die Ruhe schätzen, aber von jedem gekannt und angesprochen werden, A. ein gesuchter Wert sein kann, gilt A. als Los des vereinsamten Individuums in der Industriegesellschaft als Mangel. ↗Anomie, ↗Masse. Wer für andere wider Willen anonym bleibt, kann auf Mißtrauen und Zurückhaltung stoßen; in Einzelfällen jedoch kann es echte Begegnungen zwischen Menschen gerade dann geben, wenn sie einander anonym (inkognito) bleiben. Erlaubt die Situation A., so kann z. B. die Flucht aus der Rolle eines bestimmten Status gelingen. Th. Geiger, H. Schelsky u. a. haben die zivilisationskritische Behauptung einer A. in der Großstadt, auch durch empirische Kontrollen, in Frage gestellt.

Anpassung, als relativer Endzustand des A.prozesses (nach W. I. Thomas zentrales Problem des Lebens überhaupt) liegt vor, wenn ein Individuum, eine Gruppe, eine Minderheit oder eine Institution sich über einen Zeitraum hinweg, meist durch bewußte Veränderung eigener Merkmale, in eine Verfassung gebracht hat, die eine wechselseitige Beziehung mit anderen Partnern in derselben sozialen Umwelt reibungsloser macht, als sie am Anfang dieses Prozesses war. Von A. als dem unter den Umständen optimalen erreichbaren Zustand gegenseitiger Verträglichkeit oder Toleranz können wir nur dort sprechen, wo eine soziale Berührung der Betreffenden auch im weniger oder nicht angepaßten Zustand möglich war. ↗Konformität, Assimilation. Wer sich anpaßt, behält in der Regel einen größeren Handlungsspielraum als derjenige, der sich assimilieren läßt. Da der ↗Sozialisationsprozeß des Individuums nicht für alle Situationen, sozialen Einrichtungen, zwischenmenschlichen Beziehungen in gleicher Weise vorbereiten kann, besteht für jedes Mitglied einer Gesellschaft irgendwann einmal die Notwendigkeit, sich anzupassen. Wer das Repertoire seiner ↗Verhaltensmuster und ↗Rollen als eine unveränderliche Ausstattung betrachtet, nach der sich alle anderen in der Umwelt richten müssen, wird als Exzentriker gelten. Biologisch gesehen, gehört für jeden Organismus die Anpassungsfähigkeit an in seiner Umwelt auftretende Veränderungen zu denjenigen Vermögen, mit Hilfe deren er die ihm von der Natur gegebene Länge des Lebens erreichen kann. In der ersten Hälfte des 20. Jahrh. war A. Ziel der amerik. Soziologie und der von ihr ausgebildeten *social engineers* in Schule und öffentl. Leben. Die amerik. Soziologie verstand sich selbst als Instrument der A. (G. Lundberg), T. Parsons u. a. schufen dazu eine allgemeine Theorie. Seit den 60er Jahren wird dieses Ziel mehr und mehr in Frage gestellt. Es stößt vor allem auch die jüngere Soziologengeneration in Europa von der einst so bewunderten amerikanischen Soziologie ab.

Die „Neue Soziologie" (C. Wright Mills), verschmolzen mit der „Neuen Linken" (H. Marcuse), sucht nun die Soziologie zur Wissenschaft der Nicht-A. zu machen, zur revolutionären Disziplin, mit der man das A.system einer Gesellschaft und ihrer Kultur unterlaufen, auflösen könne. Diese politischen Gegensätze beginnen auch die theoretischen Grundlagen der Soziologie zu berühren.

Im Kleingruppenbereich vor allem kann man (mit L. v. Wiese) zwischen Annäherung, A. im engeren Sinne, danach Angleichung und zuletzt „Vereinigung" unterscheiden. Diese Prozesse im zwischenmenschlichen Aufeinandereingehen setzen eine gewisse Häufigkeit und Enge des Kontakts voraus. Die philosophische Anthropologie hat den Menschen, verglichen mit dem Tier, als ein seiner Umwelt zunächst wenig angepaßtes Wesen verstanden, als ein Mängelwesen, das gerade dadurch zu besonderen Neuerungen (Leistungen, schöpferischen Akten) angetrieben und fähig ist. Überhaupt wird jegliche ↗Innovation *(innovative behaviour)* auf allen Gebieten meist von dem bestehenden System unangepaßten oder schlecht angepaßten Individuen eingeleitet (H. G. Barnett, *Innovation*, 1953). Mit dem Gegensatz der A., der (meist in einer Person konkret anzutreffenden) Unangepaßtheit, *maladjustment*, hat sich vor allem die angelsächsische Verhaltenswissenschaft eingehend beschäftigt, wobei fehlende A. meist durch bestimmte Formen ↗abweichenden Verhaltens festgestellt wird. Insofern der Begriff der Normalität im Bereich sozialen Verhaltens kaum wertfrei gefaßt werden kann (und selbst im biologischen Sektor der Humanmedizin problematisch geblieben ist), ergeben sich für die A.-forschung große Schwierigkeiten, da letztlich völlige A. zur Konformität führt.

L. F. Shaffer, The Psychology of Adjustment (Boston 1936); P. R. Skawran, Psychologie der Anpassungs-Prozesse (1965). K. Young, Personality and Problems of Adjustment (London[2] 1952); A. Gehlen, Die Seele im technischen Zeitalter (1957).

Anspruchsniveau nennt man (seit T. Dembo, 1931) die von einer Person im Hinblick auf eine bestimmte Aufgabe (und die zu ihrer Erfüllung zu erbringende Leistung) getroffene Selbsteinschätzung, wobei Erfolgs- bzw. Mißerfolgserlebnisse, persönlichkeitsgebundene und kulturelle Faktoren (z. B. subjektiv geringes A. bei Angehörigen diskriminierter Minderheiten) mitwirken können. Das A. als psychologisches Phänomen konnte experimentell noch weiter in Erwartungsniveau, Idealzielniveau und Mindestzielniveau untergliedert werden. Das A. eines Individuums hängt weitgehend von Bezugsgruppen ab, deren Mitglieder sich an derselben oder einer ähnlichen Aufgabe versucht haben. Das A. muß in der ↗Bildungssoziologie, der Lernpsychologie und ↗Betriebssoziologie (innerbetrieblicher Aufstieg) berücksichtigt werden.

Anstalt nennt man ein soziales Gebilde (u. U. mit den Eigenschaften des Apparats), das im Gegensatz zur ↗Institution örtlich begrenzt in einem Bauwerk untergebracht ist, bestimmte Aufgaben übertragen bekommen hat, die es in einem rechtlich festgelegten Rahmen erfüllt. Verwaltungsrechtlich spricht man von Anstalten des Öffentlichen Rechts, z. B. Rundfunkgesellschaften: hier hat der Begriff keinen Bezug auf die geographische Lokalisierbarkeit der A. Die Bezeichnung A. verwendet man auch für Einrichtungen mit pädagogischen, therapeutischen oder rehabilitiven Aufgaben, also Schulen, Krankenhäuser und Gefängnisse, wodurch A. die Nebenbedeutung des Zwangsweisen, somit für den Eingewiesenen Disqualifizierenden erhält.

Anthropologie, kulturelle ↗Ethnologie, Kultur.

Anthropologie und Soziologie. Auch die S. kann ihrer Aufgabe als empirische Wissenschaft nur gerecht werden, wenn sie eine Vorstellung vom Menschen besitzt — sowohl in der spezifischen Gesellschaft als auch allgemein — und diese fortwährend an den sozialen Wirklichkeiten und an den Ergebnissen ihrer Hilfswissenschaften prüft. Die S. ergänzt ein vorwissenschaftliches Menschenbild und vereinfacht dieses ihrer Methode zuliebe. Die S. muß jedoch die Konsequenzen für ihre eigenen Theorien ziehen, wenn andere Disziplinen eine der sozialkulturellen Variabilität entzogene allgemeine menschliche Natur darstellen können. Sie muß sich aber auch hüten, die Menschen als sozial Handelnde zu sehr unter dem Blickwinkel von Nationalcharakteren zu betrachten. Was die Menschen tun und lassen *wollen*, ist von Gesellschaft zu Gesellschaft weniger verschieden, als was sie in der einzelnen Gesellschaft, teils dank informeller, teils dank offizieller, in der jeweiligen ↗Kultur verankerter Normen leicht tun oder unterlassen *können*. Die S. irrt, wenn sie das Individuelle von solchen Prozessen ausklammert, die nur aus der Situation von Individuen begriffen werden können. Sie leidet hier an dem, was man neuerdings das übersozialisierte Menschenbild genannt hat. Die S. braucht das Individuelle im Menschen nicht zu ignorieren oder auszuklammern, sondern kann — im Gegenteil — gerade beispielsweise die universale Wirksamkeit sozialer ↗Kontrollen aus der Allgegenwart eines unveräußerbaren individuellen Kerns in jedem einzelnen — auch während seiner Gruppenteilhabe — erklären. Mit einem Typ des Normalmenschen arbeitet jeder, wenn er sich selbst, seine Intimsphäre, seinen Lebenskreis, sein persönliches Zukunftsbild mit der ihn umgebenden Gesellschaft vergleicht, und ebenso, wenn er eine sozialwissenschaftliche Aussage auf ihre Übereinstimmung mit der von ihm selbst erfahrenen sozialen Wirklichkeit prüft. Gehe ich davon aus, daß meiner Beobachtung nach der normale Mensch meiner Gesellschaft wenig Bevormundung braucht, so werde ich eine sozialwissenschaftliche Theorie, die seine Bevormundung unterstellt, kritisch betrachten. Der Begriff Mensch kann auch im Sinne des Prototyps vom Menschen schlechthin gebraucht werden, ein Typ, den man vor Augen hat, wenn man von der Bevölkerung irgendeiner Gesellschaft spricht. Die amerikanische betont das Jugendliche. Der Soziologe wird also, ihm vielleicht kaum bewußt, eine Begriffsbildung oder einen Forschungsansatz daran orientieren, ob er an eine Gesellschaft vorwiegend jugendlicher oder älterer Menschen denkt. Nicht kontaktfreudige Menschen sind für amerikanische Soziologen etwas Unwahrscheinliches. Findet man bei einer Untersuchung des täglichen Lebens von älteren Menschen verhältnismäßig wenige Kontakte mit jüngeren, so wird sofort an eine aktive Diskriminierung der Alten durch die Jungen gedacht, nicht aber etwa an das Umgekehrte. Dies geschah in einer empirischen Untersuchung, die erst nach längerem Überprüfen gewisser Unstimmigkeiten zur Hypothese kam, daß alternde Menschen, sogar in Amerika, manchmal von einer bestimmten Lebensstufe an soziale Entflechtung praktizieren, wofür man jetzt in der soziologischen Gerontologie den Begriff *social disengagement* geprägt hat.

Bei der soziologischen Fragestellung wird von Individualität bewußt abgesehen. Während einige Naturwissenschaften es heute möglich machen, jedes einzelne menschliche Individuum von jedem anderen zu unterscheiden (durch elektronische Aufzeichnung der Sprechweise, nach Aufbau der Eiweißmoleküle, durch Fingerabdrücke oder andere anatomische Eigentümlichkeiten), hängt ein großer Teil der soziologischen Forschung von der Fiktion ab, daß jeder für jeden Angehörigen einer meist sehr weit gefaßten Gruppe stehen kann. Ohne diese Annahme könnte man nicht aus den Äußerungen von 1500 Befragten auf die Meinung, auf die ↗Verhaltensmuster eines Volkes von 50 oder 200 Millionen schließen. Dies ist möglich auf manchen Gebieten, weil die soziologisch relevanten und wirksamen ↗Umwelten für den einzelnen zahlenmäßig begrenzt sind. Wir können zwar das Individuum X aus dem Elternhaus der Schicht C, dessen Vater den Beruf Y ausübt, von drei Millionen anderen Individuen mit den gleichen sozialen Merkmalen biologisch und existentiell als Individuum unterscheiden, aber wenn wir dieses Individuum mit einer soziologisch gemünzten Frage konfrontieren, auf die drei Antworten möglich sind, so ist die Wahrscheinlichkeit groß, eine zu erhalten, die auch bei den übrigen Personen dieser sozialen Kategorie soziologisch begreiflich wäre. Unser Informant drängt bei der Antwort schon von sich aus die meisten differenzierenden Einflüsse zurück, die sich etwa aus der Tatsache ergeben könnten, daß sein Verhältnis zu seiner Mutter als einzigartig von jedem anderen bekannten abgrenzbar wäre.

Die S. geht von einer vorwissenschaftlichen Übereinkunft aus, welche sozialen Umwelten für den Menschen taugen. Selbst naturwissenschaftliche Disziplinen können nicht ohne ein Menschenbild sinnvoll tätig sein. Wenn die Geographie die Erdoberfläche klassifiziert, geht sie von menschlichen Nützlichkeitserwägungen aus. Wir sprechen von Ackerbau- oder Forstgebieten, von Siedlungsräumen, von nutzbaren Wasserwegen, von natürlichen Häfen, von Bodenschätzen usw. Der Geograph gliedert also von vornherein die für ihn relevante Umwelt nach einem Schema, in dem wir unsere menschliche Existenz als Ausgriff in die Zukunft ablesen können. Verfasser soziologischer Veröffentlichungen haben meist schon vor dem Eintreten in die eigentlich soziologische Analyse eine Meinung über die ihnen genehme Gesellschaft. Es kann aber ein Gesellschaftsbild nur geben, wenn man zuvor ein Menschenbild hat. Hier entstehen aber die Irrtümer, wenn Soziologen ein Menschenbild in der einen Hälfte ihrer Äußerungen erkennen lassen, das aus sozialwissenschaftlich erhärtbaren Gründen mit dem Gesellschaftsbild in der anderen Hälfte unvereinbar ist. Wenn ihnen der Widerspruch auffällt, helfen sie sich mit der Annahme, die Natur des Menschen werde sich rechtzeitig ändern, so daß Menschenbild und Gesellschaftsbild in der Zukunft übereinstimmen und damit ihre soziologische Theorie in Erfüllung gehen lassen werden. Wegen dieses utopischen Ansatzes spricht man in der S. ungern von einer menschlichen Natur. Wenige Begriffe erregten während der vergangenen vier Jahrzehnte mit größerer Sicherheit den Unwillen gerade angelsächsischer Sozialwissenschaftler als der einer menschlichen Natur. Es gebe keine Natur des Menschen, sondern der Mensch habe zahllose Naturen, je nach sozialkultureller Umwelt, und im übrigen sei jede menschliche Natur nahezu beliebig durch soziale Kontrolle veränderbar. Diese Annahme wurde — und wird in vielleicht etwas geringerem Maße immer noch — von Autoren bevorzugt, die aus einer optimistischen Fortschrittsgläubigkeit im Sozialen oder infolge eines marxistischen Gesellschaftsbildes die Annahme einer beliebig modellierbaren menschlichen Durchschnittsnatur brauchen, um an bestimmte Zukunftsmöglichkeiten gesellschaftlicher Art glauben zu können. Es ist aber eigenartig, daß gerade solche Autoren eine von der biologischen Ausstattung des Menschen unabhängige, willkürlich umerziehbare Antriebsapparatur unterstellen, deren allgemeiner Materialismus eigentlich eine biologische Determination menschlichen Verhaltens bevorzugen sollte. Wer behauptet, der Mensch ist, was seine Gesellschaft will, daß er sei, muß zugleich behaupten, das biologisch-anatomisch Vorgegebene an der menschlichen Existenz — z. B. die Dauer seiner Kindheit — sei irrelevant, denn offensichtlich bleibt es in den verschiedensten Gesellschaften und Kulturumwelten fast dasselbe.

Antisemitismus (als Begriff im letzten Drittel des 19. Jahrh. zuerst in Deutschland bekannt) bedeutet eine zu verschiedenen Zeiten und in vielen Gesellschaften zu beobachtende Form eines ↗Vorurteils, gerichtet gegen die jüdischen Einwohner, das zu Verfolgungen dieser Minderheit führen kann. A. richtet sich nicht gegen alle semitischen Völker, zu denen z. B. auch die Araber zählen, nur gegen Juden. Da die jüdische Religion und Kultur den in fremden Gastgesellschaften lebenden Juden in den meisten Fällen gestattete, das ihnen in der Regel von der Umwelt aufgezwungene Leben in der Isolation mit Stolz und wirtschaftlichem Erfolg zu führen, kam es aus religiösen und vorreligiösen Motiven (Aberglauben) zu Haß und Mißtrauen gegen die Juden bei solchen, die ihre eigenen Wertvorstellungen in Frage gestellt glaubten. Wie auch andere Minderheiten, etwa chinesische Einwanderer in Südostasien, haben jüdische Gemeinden schon früh sich in den Ländern, wo sie wohnten, durch bestimmte Dienstleistungen unentbehrlich gemacht. So konnten, z. T. mußten jüdische Geschäftsleute im christlichen Abendland schon zu einer Zeit die Funktion des Kreditgebers übernehmen, als das kirchliche Verbot des Zinsnehmens für Christen dieses Gewerbe unmöglich machte. Allgemein widmeten sich die Juden den wenigen, meist anfänglich wenig geachteten Berufen, die ihnen erlaubt waren. Verboten waren ihnen Ackerbau u. Grundbesitz, das Handwerk der Zünfte und „ehrbare" Kaufmannsberufe. Vom Anfang des 19. Jahrh. an fielen schrittweise die gesellschaftlichen Schranken, und ungeachtet eines fortbestehenden A. und allgemeiner Vorurteile, war die soziale Integration der jüdischen Bürger in Mitteleuropa weit vorangeschritten, als der A. durch das nationalsozialistische Regime in Deutschland zur Staatsdoktrin gemacht wurde, wobei, wie auch früher schon, der Neid des Durchschnittsbürgers auf wirtschaftlich und gesellschaftlich erfolgreichere prominente Juden benutzt werden konnte. Die Ermordung des größten Teils der jüdischen Bevölkerung Europas durch die nationalsozialistische Diktatur während des Zweiten Weltkrieges führte in zahlreichen Ländern, vor allem in den USA, zu einer intensiven Erforschung des A. durch Psychologen und Soziologen. ↗Autoritäre Persönlichkeit. Der A. hat verschiedene Ursachen, die auch zur ↗Diskriminierung anderer Minderheiten führen. Der Fremde ist unheimlich, man lehnt ihn ab (Xenophobie) und schiebt ihm die Schuld für Unglück und Katastrophen in einer Gemeinde zu (Sündenbocktheorie des Vorurteils). Neben den Parsen gehören die Juden zu den ältesten Minderheiten in der Geschichte. Die ↗Stereotypen über sie haben sich von Generation zu Generation, über Sprichwort, Sprachgebrauch und Literatur fortgepflanzt. Die Verbreitung des A. ergibt sich aus der jüdischen Kultur und Religion, die überall Juden als Minderheit erkennbar zu der sie umgebenden Gesellschaft bestehen läßt. Als Minderheit neigen Juden zur ↗Endogamie. Ihr Eigenleben als Minderheit, die nicht in der umgebenden Gesellschaft aufgehen will, löste immer wieder starke Feindseligkeiten aus.

F. Bernstein, Der Antisemitismus als Gruppenerscheinung (1926); Th. W. Adorno u. a., The Authoritarian Personality (New York 1950); H. Arendt, Elemente totaler Herrschaft (1955); J. Isaac, Genèse de l'Antisémitisme (Paris 1956); M. Ginsberg, Reason and Unreason in Society (New York 1960); K. Thieme, Judenfeindschaft (1963).

Arbeit ist jede körperliche und geistige Tätigkeit, die der Erlangung von Mitteln zur Befriedigung von Bedürfnissen dient, wobei heute meist eine Tätigkeit im Rahmen eines ↗Berufes verstanden wird. Der Mensch, auch der Naturvölker, ist ein Wesen, das sich Aufgaben sucht und stellt, deren Lösung in der Regel nur durch A. möglich ist. A. ließe sich definieren als jede Tätigkeit, deren Einstellung zugunsten einer anderen oder völliger Muße für den betreffenden Menschen Nachteile bedeuten würde, die in Kauf zu nehmen er sich nicht leisten kann. Die Abgrenzung zu Tätigkeitsformen, die nicht als A. gelten, ist immer schwierig gewesen, aber in der Gegenwart noch schwieriger geworden, da einerseits viele Tätigkeiten in der ↗Freizeit den Charakter von A. (starke, lange dauernde Beanspruchung eines Menschen, Erfordernis einer Spezialausbildung für die Freizeittätigkeit) angenommen haben, andererseits aber in der beruflichen Tätigkeit auch Werte und Lustgewinne gefunden werden, die den Menschen auch dann bei seiner A. lassen, wenn er sie zur materiellen Bedürfnisbefriedigung nicht mehr nötig hätte. In den heutigen Industriegesellschaften fühlt sich fast jeder verpflichtet, anderen gegenüber seine Existenzberechtigung durch eine A. nachzuweisen, wenn er zur A. körperlich und psychisch fähig ist. A. kann heute zwar manchmal als Flucht vor sich selbst oder vor Familienmitgliedern gesucht werden, aber sie wird seltener als Fluch betrachtet. Die Entstehung der industriellen Herstellungsverfahren, die „industrielle Revolution" seit dem 19. Jahrh., hat der A. neue Dimensionen gegeben: die Mechanisierung, Technisierung, neue Energiequellen, Rationalisierung und arbeitsteilige Organisation haben die A. des einzelnen immer produktiver gemacht, der Gesamtheit der Arbeitenden aber auch in der Funktion des Produktionsfaktors A. neue politische und soziale Positionen verschafft. Durch die A. im Rahmen eines industriellen Fertigungsprozesses werde der Mensch der ↗Entfremdung ausgesetzt. Die A. habe aus der Sicht des einzelnen vielfach ihren „Sinn", ihre Überschaubarkeit bis zum Endergebnis hin verloren. Das Produktivitätsdenken der Unternehmer und ihrer *efficiency*-Experten habe der A., die (u. a. nach Marx) von einer eigenen Arbeiterklasse geleistet wird, entmenschlichende Züge verliehen. Seit der Mitte des 20. Jahrh. haben ↗Automation und Rechengerätetechnik (Computer) auch der A. des Industriearbeiters neue Merkmale gegeben; zugleich nimmt die Zahl der manuellen Arbeiter zugunsten der Büroangestellten ab. Auf jeden Fall unterliegt auch die A. einem raschen sozialen und technischen ↗Wandel, der die Stichhaltigkeit der verschiedenen zivilisationskritischen Einwände gegen die A. in der modernen Industriegesellschaft laufend in Frage stellt.

Th. Scharmann; Arbeit und Beruf (1956); C. v. Ferber, Arbeitsfreude. Wirklichkeit und Ideologie (1959); H. Popitz u. a., Technik und Industriearbeit ([2]1964); G. Heilfurth, Die Arbeit als kulturanthropologisch-volkskundliches Problem (1965); O. G. Edholm, Probleme Arbeitswissenschaft (1967); K. Thomas, Analyse der Arbeit (1969).

Arbeiter heißen seit dem Ende des 18. Jahrh., im Gegensatz zum Handwerker, Bauern, Bürger, alle diejenigen Arbeitnehmer, die (zunächst ungeschützt durch private oder öffentliche Einrichtungen) für einen Lohn, um den sie als einzelne fast nie handeln konnten, meist in Fabriken tätig sind. Der durch die Industrialisierung, zunächst in England in der zweiten Hälfte des 18. Jahrh. entstandene Arbeitsmarkt, die Nachfrage nach (möglichst billigen) A. schuf den A. im engeren Sinne als neuen ↗Stand, als soziale ↗Klasse, dem aber gerade die politischen und sozialen Sicherheiten, der eindeutige Standort in der Gesellschaft und im Staat fehlten, den die traditionellen Stände ihren Angehörigen boten. So kam es im 19. Jahrh., u. a. durch Karl Marx und andere sozialistische Reformer, zum Protest der Arbeiterklasse, zur Bildung von A.bewegungen, Gewerkschaften bzw. politischen Parteien, die die Interessen der A. bzw. der Arbeitnehmerverbände vertreten. Die Politisierung der A.klasse, die es nie zu einem weltweiten einheitlichen Klassenbewußtsein im Sinne der Forderung von Marx brachte, nahm in den verschiedenen Ländern sehr verschiedene Formen und Grade der Radikalität an. So ist es in den USA nie zu einer erfolgreichen sozialistischen Arbeiterbewegung oder Arbeiterpartei gekommen, auch in Großbritannien blieben die A. und ihre Organisationen weniger revolutionär als in kontinentaleuropäischen Ländern. In Rußland und in einigen romanischen Ländern entwickelten die A.bewegungen besonders radikale, oft auch anarchistische Züge.

Die Einkommensunterschiede, Unterschiede in der sozialen Sicherheit, den Konsumgewohnheiten, dem Selbstverständnis zwischen dem A. und anderen Berufstätigen haben entgegen der Prognose des Marxismus in den westlichen Industriegesellschaften zunehmend (und seit

1950 beschleunigt) abgenommen, wobei die USA bei der Einebnung der Einkommensunterschiede vorangingen, aber auch in der BRD liegen Facharbeitereinkommen vielfach auf gleicher Höhe oder sogar über den Einkommen von Angestellten und Beamten.

F. Jonas, Sozialphilosophie der industriellen Arbeitswelt (1960); H. Popitz u. a., Das Gesellschaftsbild des Arbeiters ([2]1961); K. Thomas, Die betriebliche Situation der Arbeiter (1964); Susanne Grimm, Die Bildungsabstinenz der Arbeiter (1966); T. Scharmann (Hrsg.), Lebensplanung und Lebensgestaltung junger Arbeiter (1967). H. Wiedemann, Die Rationalisierung in der Sicht des Arbeiters ([2]1967); J. H. Goldthorpe u. a., The Affluent Worker: Industrial Attitudes and Behaviour (Cambridge 1968).

Arbeitsteilung als Übernahme oder Zuweisung von wirtschaftlichen Aufgaben an die jeweils geeignetsten Funktionsträger in einer Gruppe findet sich sehr früh in der Kulturgeschichte, erreicht aber in den komplexen Industriegesellschaften ihre volle Bedeutung als strukturgebendes Prinzip zum Zweck der größtmöglichen Produktivität des einzelnen arbeitenden Menschen. Im Begriff A. überschneiden sich volkswirtschaftliche und soziologische Erscheinungen. Zwar haben bereits antike (Aristoteles) und mittelalterliche Autoren (Thomas von Aquin) auf die A. hingewiesen, die eigentliche Beschäftigung mit ihr fängt aber erst in der zweiten Hälfte des 18. Jahrh. an (Adam Smith, Adam Ferguson u. a.) und erreicht im 19. Jahrh. ihren Höhepunkt bei Karl Marx, Karl Bücher und insbesondere Émile Durkheim (1858–1917), dessen Werk über die A. (1893) als grundlegend gilt.
A. Smith betonte vor allem die zunehmende Arbeits*zerlegung*, wonach ein ↗Arbeiter um so produktiver sein kann, je mehr er, zusammen mit anderen in derselben Fabrik, nur mehr Teiloperationen auszuführen hat (sein Beispiel der Stecknadelfabrik). Am Ende dieser Arbeitszerlegung steht dann, zu Beginn des 20. Jahrh., das Fließbandverfahren. Bereits die Zivilisationskritik um 1800 erkannte die Gefahr für den Arbeiter, der durch die Arbeitszerlegung von einem bestimmten Arbeitsplatz in einer Fabrik immer abhängiger wird. Ferguson, im Gegensatz zu Smith, wies besonders auf die Berufsdifferenzierung bei der A. hin. Erst Marx unterscheidet deutlich die sozialen (gesellschaftlichen) Aspekte der A. von den produktionsmäßigen (manufakturmäßigen). Gerade die letzteren wirken jedoch immer auf die ersteren zurück. Die natürliche gesellschaftliche A. ist für Marx die ursprüngliche A., die sich aus dem Unterschied der beiden Geschlechter und der Altersstufen in einer Familie und einem Stamm ergibt. Bücher nennt als weitere Formen der A.: Produktionsteilung (wenn dasselbe Produkt vom Rohstoff an mehrere Betriebe durchlaufen muß, bis es als Ware den Markt erreicht), Arbeitszerlegung und Arbeitsverschiebung (bei dieser übernehmen Maschinen die Teiloperationen). Die Endstufe dieser Entwicklung wird dann im 20. Jahrh. durch die ↗Automation erreicht, bei der die Arbeits*verteilung* auf verschiedene Menschen durch eine Arbeits*integration* innerhalb einer komplexen Maschinenanlage abgelöst wird.
Die A. setzt einen Markt ausreichender Größe voraus, hängt also auch mit der Entstehung der ↗Stadt zusammen. Außerdem kann

man eine territoriale A. erkennen, d. h., verschiedene Städte, Gemeinden, Regionen spezialisieren sich auf Produkte und Dienstleistungen (z. B. Fremdenverkehr). Durkheim schreibt der A. die Funktion zu, die soziale Einheit komplexer Gesellschaften zu stützen. Sein Versuch, die A. in seine Unterscheidung der Gesellschaften nach „mechanischer" (Frühform) und „organischer" (industrielle Spätform) ↗Solidarität als bestimmendes Prinzip einzubauen, ist heute nicht mehr fruchtbar, ebensowenig wie die ähnliche ↗Dichotomie von F. Tönnies in „Gemeinschaft und Gesellschaft". Bei Durkheim wird auch die soziale ↗Kontrolle, die Reglementierung des Wirtschaftslebens durch die A. überschätzt. Auf jeden Fall wirkt sich die A., auf jeder Zivilisationsstufe, nicht nur durch Produktivitätssteigerung (Spezialistentum), sondern auch durch stärkere Solidarität aus, weil die verschiedenen beruflichen Rollenträger ihre Interdependenz, ihre wechselseitige Abhängigkeit erkennen und allein schon aus Eigeninteresse sich marktkonform, vertragstreu verhalten müssen. Die A. muß keineswegs, wie im 19. Jahrh. angenommen, zur sozialen ↗Desintegration führen, sondern sie wirkt assoziierend, veranlaßt zur Kooperation, unterstützt das Prinzip der Reziprozität im Zusammenleben aller Mitglieder einer Gesellschaft. Die vor allem in der Zeit zwischen den beiden Weltkriegen übliche Kulturkritik sah, ähnlich wie die ↗Entfremdungstheorie, in der A. eine Ursache sinkender Arbeitsfreude. Neuere Untersuchungen haben den „Mythos vom entseelenden Fließband" weitgehend widerlegen können. Die These, wonach der Arbeiter durch seine Arbeit entmenschlicht werde, weil er in der Teiloperation das Endergebnis seiner Arbeit nicht erkennen könne, ja dieses, die fertige Ware, kaum je in Händen hält (Marx), ist in der industriellen Wohlstandsgesellschaft hinfällig geworden, da praktisch jeder Arbeiter in der Konsumgüterindustrie auch als Konsument ihre Endprodukte benutzt.

H. Herkner in: Grundriß der Sozialökonomik, Bd. II/1 (²1923); R. Thurnwald, Die menschliche Gesellschaft, Bd. 3 (1932); E. Durkheim, De la division du travail social (Paris ⁷1960).

Aristokratie bedeutet (im Griechischen) Herrschaft der Besten, der Tüchtigsten, und wirft, wie jede Regierungsform, die Frage nach der ↗Legitimation der Herrschenden auf: Wer bestimmt, wer die Besten sind, wie wird diese Führungsschicht ausgewählt? Verschiedene Kriterien sind dafür herangezogen worden: so die Lebenserfahrung dank hohen Alters (eine solche ↗Gerontokratie findet sich bei vielen Naturvölkern); die Abstammung von einer Herrscherfamilie (Blutadel) ist die verbreitetste Methode für die Abgrenzung einer A., wobei der Anfang der Kette durch einen überirdischen, göttlichen Gnadenakt legitimiert wird. Diese Vorstellung hat auch die A. der Naturvölker meist als Grundlage. Eine auf Erbadel beruhende A. pflegt sich aus tüchtigen, aufsteigenden Familien zu ergänzen. Die meisten A. kennen auch einen Amtsadel, wobei sich u. U. einzelne Familien, z. B. aufgrund ihrer Herrschaft über ein Teilgebiet des

Landes, vom zunächst übergeordneten Fürsten unabhängig machen können. Ferner kann Reichtum, gleichgültig wie erworben, zum „Legitimationsprinzip" für bestimmte Führungspositionen werden, auch in einer Republik und Demokratie (z. B. Versuch der Kennedys in den USA, das Amt des Präsidenten in Familienbesitz zu nehmen). Paradoxerweise scheint die demokratische Vergrößerung der Wählerschaft durch Aufgabe beschränkender Kriterien für das Wahlrecht einen Trend zu fördern, bei dem die Kandidatur für die obersten Herrschaftspositionen (in USA z. B. Senat und Präsidentschaft) fast nur noch für Inhaber großer Vermögen erschwinglich ist, da der Sieg an der Wahlurne demjenigen gelingt, der sein ↗Image mit dem Einsatz der größten Mittel pflegen lassen konnte. Diese Entwicklung kann verhindert werden, wenn, wie z. B. in Großbritannien, jeder Kandidat für einen Sitz im Unterhaus (der wiederum Voraussetzung für den Aufstieg in den Ministerrang ist) eine gesetzlich vorgeschriebene, relativ kleine Summe für seinen Wahlkampf ausgeben darf.

G. Simmel, Soziologie ([4]1958); M. Weber; Wirtschaft und Gesellschaft ([4]1956); H. Gollwitzer, Die Standesherren ([2]1964); R. Perrott, The Aristocrats (London 1968).

Armut (↗Existenzminimum, ↗Lebensstandard, ↗Deprivation) als sozialpolitisch brauchbarer, sozialwissenschaftlich operationalisierbarer Begriff ist in der zweiten Hälfte des 20. Jahrh. immer problematischer geworden. In den sozialstaatlichen Wohlstandsgesellschaften, im „Wohlfahrtsstaat" mit einer umfassenden gesetzlichen „sozialen Sicherheit" für alle erdenklichen Notlagen gibt es zwar immer noch Individuen, Familien, marginale Berufe, denen man, verglichen mit der Mehrheit der Bevölkerung, A. bescheinigen kann. Im Gegensatz zu früheren Jahrhunderten ist aber echte A. heute in westlichen Industriegesellschaften jeweils ein Sonderfall bei einem kleinen Prozentsatz der Bevölkerung. Es gibt allerdings auch eine strukturelle A., d. h. Personen (u. U. über Generationen hinweg in derselben Familie), die selbst aus einem großzügigen Angebot von Sozialhilfen, Unterstützungsgeldern usw. so unzweckmäßig Gebrauch machen, daß es nicht gelingt, sie zur selbständigen erfolgreichen Teilnahme am Arbeitsprozeß zu bringen (als soziales Problem ist dies z. B. besonders deutlich bei farbigen Minderheiten der USA). Das Unbehagen über die Zuschreibung von A., also von Bedürftigkeit, ist in heutigen Demokratien so stark geworden, daß (unter Verdrängung des ↗Subsidiaritätsprinzips) auf immer weiteren Gebieten (Altersrente, Krankheitskosten, Bildung) der Bedürftigkeitsnachweis aufgegeben wird. An seiner Stelle wird die gesamte Bevölkerung — nach dem „Gießkannenprinzip" — ohne Rücksicht auf die Einkommens- und Vermögenslage des einzelnen mit Mindestleistungen durch den Staat versorgt (z. B. der „nationale Gesundheitsdienst" Großbritanniens, Schulgeld- und Lehrmittelfreiheit usw.). Auch eine noch so relative, subjektiv empfundene A., die sich aus der Inanspruchnahme von

Subventionen, Hilfen usw. ergeben könnte, soll damit vermieden werden.

Askese (ursprünglich Selbstdisziplin, Enthaltsamkeit eines Athleten) ist zunächst eine individuelle Haltung und Lebensführung, die sich aller vermeidbaren Genüsse, Bequemlichkeiten usw. enthält. Der Asket kann aber auch Leitbild einer Gruppe, einer sozialen Bewegung, einer religiösen Gemeinschaft werden. Eine besondere Bedeutung erlangte der Begriff der A. in der Sozialgeschichte und Soziologie durch den Nachdruck, den Max Weber in seiner Hypothese über den Zusammenhang zwischen protestantischer, insbesondere calvinistischer Lebensauffassung und der Entstehung der kapitalistischen Wirtschaftsform gelegt hat („innerweltliche A."). Je asketischer der sich durch seine Arbeit vor Gott als bewährt darzustellende Mensch gibt, desto eher kann er die Früchte seiner Arbeit, seines gewerblichen Betriebes zur Erweiterung seiner Produktionsmittel investieren. Neben dem Calvinismus finden sich Züge solcher A. auch bei den Puritanern und im Pietismus. Als Forschungshypothese ist der Kausalzusammenhang von (zunächst z. B. sektenhaft geforderter) A. und wirtschaftl. Erfolg, etwa bei Minderheiten in den USA, auch heute noch aktuell.
Wer A. vorlebt und fordert, wird selten offen kritisiert, obgleich die Grenze zum Geiz im Verhalten an sich nicht leicht zu ziehen ist. Der Asket erscheint unangreifbar, unbestechlich, gerade weil ihm die Güter der Welt gleichgültig sind. Doch kann die A. im Einzelfall auch ein Versagen der Welt gegenüber anzeigen: man versagt sich (und seine Anhänger) einer abwertend geschilderten Welt, eben weil man sich diese nicht anzueignen vermochte. Die A. kann so zum ostentativen Lebensstil des Neiders werden, der bei anderen Stärke und Lebensbejahung „zu glänzenden Lastern" erklärt (Nietzsche). Insofern die A. sozial eventuell isolierend wirkt, können dank ihr persönliche Kräfte auf besondere Aufgaben (religiöser, geistiger Art) konzentriert werden. In der gegenwärtigen Gesellschaftskritik an der „Wohlstandsgesellschaft", der „Gesellschaft des Überflusses", ausgehend von J. K. Galbraith (1958), in der theologischen, anthropologischen und allgemein politischen Kritik am „Konsumzwang", ↗Geltungskonsum, an der Reizüberflutung und Verführung durch Reklame klingen Züge der A. an, jedoch fast nie im erkennbaren Lebensstil der Kritiker selbst.

M. Weber, Gesammelte Aufsätze zur Religionssoziologie ([5]1963); F. Fürstenberg (Hrsg.), Religionssoziologie (1964); J. Matthes (Hrsg.), Internationales Jahrbuch für Religionssoziologie, Bd. 1 (1965).

Asozial nennt man Individuen, die sich den von der Mehrheit als wesentlich anerkannten Normen der Gesellschaft, in der sie leben, nicht einfügen wollen oder können. Wer über einen längeren Zeitraum hinweg ↗abweichendes Verhalten zeigt (das kriminell sein kann, aber nicht sein muß), gilt als a., gesellschaftsfeindlich, als eine

Person, deren ↗Sozialisationsprozeß mißglückt ist. Die Ursachen sucht man gerne in der ↗Umwelt des Asozialen, doch dürfen in seiner Persönlichkeit liegende Ursachen nicht außer acht gelassen werden. Der a. Kriminelle wird eher als willensschwach aufgefaßt, während der *anti*soziale Kriminelle aggressiver ist. Als *un*sozial gelten Arbeitgeber, Vorgesetzte, die auf die Belange der Arbeitnehmer zu wenig Rücksicht nehmen. Inwieweit a. Anlagen erblich sein können, ist für die Forschung noch weithin offen, obgleich es Fallstudien über mehrere Generationen von typisch a. Familien gibt. Die Resozialisierung des Kriminellen sucht den Asozialen gesellschaftlich wieder zu integrieren. Totalitäre Regimes, wie das des Nationalsozialismus in Deutschland von 1933 bis 1945, verwenden den Begriff ‚a.' auch für Ächtung und Ausschaltung solcher Personen, deren Gesinnung und Anschauungen unerwünscht sind. Wenn wegen seiner Mißbrauchbarkeit der Begriff des A. nur mit Vorsicht verwendet werden soll, bleibt auch für eine wertfreie Soziologie die Möglichkeit, extreme abweichende Verhaltensmuster als a. zu bezeichnen.

Assimilation ist der soziale Prozeß, durch den ein einzelner, oft Teile einer Bevölkerung (z. B. Einwanderer) sich an die Lebens- und Anschauungsformen einer neuen, sie nun umgebenden Gesellschaft anpassen, also ähnlich und aufgrund dieser Angleichung weitgehend akzeptiert werden. Es gibt erhebliche Unterschiede in der Assimilierbarkeit bestimmter ethnischer Gruppen. Die ↗Vorurteile, die eine A. hemmen oder vereiteln können (z. B. die Dukhoborzen in Kanada) können sowohl bei der Mehrheit als auch der Minderheit vorliegen. A. kann auch als Begleitprozeß bei Enkulturation und Akkulturation aufgefaßt werden. Man unterscheidet eine zwischenkulturelle (ethnische) A., ohne die es nicht zum Wachstum von Stämmen, Sprach- und Religionsgemeinschaften und am Ende großen Völkern (Nationen) kommen würde, eine *soziale* A., bei der es sich um eine Angleichung an unmittelbar umgebende (meist ursprünglich für das betreffende Individuum vorhandene) Gruppen handelt, z. B. Familie, Nachbarschaft, Schicht. Doch sollte man hier besser nur von ↗Sozialisation sprechen. Immerhin kann ein Individuum oder z. B. eine Berufsgruppe durch sozialen Abstieg verhältnismäßig spät im Leben der Betroffenen zur A. an eine niedrigere soziale Klasse veranlaßt werden, ein Fall, den man zweckmäßigerweise von der Sozialisation trennt.

W. E. Mühlmann, Soziale Mechanismen der ethnischen Assimilation. In: Abhandlung des 14. Internationalen Soziologischen Kongresses Rom II (Rom 1951).

Assoziation bedeutet die freiwillige Verbindung von Personen oder Gruppen (z. B. in einer Dachorganisation). Der Begriff A. wird unterschiedlich gebraucht, sollte aber (R. König) im wesentlichen nur eine Gruppe in Form einer ↗Organisation (z. B. einen Verband) bezeichnen, in der Mitglieder sich zu bestimmten Aufgaben zusammenfinden (Interessengruppe). Eine A. ist also eine Gruppe mit funktionsspezifischer Struktur. Soziale Organisationen bestehen aus organisierten Assoziationen (R. König). Gelegentlich versteht man unter A. auch eine Koalition von Personen oder Gruppen bzw. Genossenschaften (z. B. „Produktiv-Assoziationen"). Genaugenommen kann A. (1) eine feste Organisation (einen bestehenden Verband, etwa eine Berufsvereinigung, also meist eine Organisation, deren Mitglieder räumlich weit verstreut tätig sind) oder (2) einen sozialen ↗Prozeß bezeichnen: nämlich den Vorgang der Vergesellschaftung, dessen Gegensatz die Dissoziation wäre. L. v. Wiese verwendet A. für zwischenmenschliche Prozesse des Zueinanderkommens (Annäherung, Anpassung, Vereinigung usw.).

Attitüde ↗Einstellungen.

Aufstieg, sozialer ↗Mobilität.

Auslese, ein Begriff der Sozialanthropologie, bedeutet das gegenüber einer Vergleichsbevölkerung stärkere Wachstum einer Bevölkerung. Gegenüber der „ausgelesenen" Bevölkerung bleibt die Vergleichsbevölkerung zurück, unterliegt einer „Ausmerzung" und kann in seltenen Fällen ganz verschwinden, d. h. untergehen. Im Sinne einer solchen A. können sich schon kleine Unterschiede in der durchschnittlichen Geburtenzahl pro Frau, in der Überlebensrate der Kinder auswirken. Zur „Ausmerzung" können häufige verlustreiche Kriegszüge, eingeschleppte Krankheiten, schädliche Ernährungsbräuche usw. führen. Der Sozialdarwinismus (Kampf ums Dasein) unterstellte die A. im Konkurrenzkampf aufeinander bezogener Gruppen, allerdings kann heute eine solche biologische A. der physisch Lebenstüchtigsten nicht mehr angenommen werden, da die ↗Kultur und ihre Systeme stets in jeden A.vorgang hineinwirken.

J. H. Knoll, Führungsauslese in Liberalismus und Demokratie (1957); W. E. Mühlmann, Homo Creator (1962); Weitere Literatur siehe Begabtenauslese.

Austausch ↗Arbeitsteilung, ↗Gegenseitigkeit, ↗Tausch.

Auswahlverfahren haben den Zweck, für eine Grundgesamtheit (auch Population, Universe, Gesamtheit genannt) repräsentative Teilmengen zu beschaffen; meistens, um einzelne Probanden in dieser Teilmenge zu befragen. Die Population kann nicht nur aus Personen bestehen, sondern auch aus umschreibbaren Vorgängen zwischen Personen oder zwischen Gruppen (Interaktions-Einheiten), aus ganzen Gruppen, Anstalten, Schulen usw. Die Einheiten müssen sich aber durch mindestens *ein* gemeinsames Merkmal zur Population im Sinne der geplanten Untersuchung vereinigen (eine solche Grundgesamtheit könnten z. B. alle Familien einer Bevölkerung bilden, die mindestens *ein* Kind haben, das an einer sehr seltenen Krankheit leidet, ungeachtet der sonstigen Ungleichheiten zwischen diesen Familien). Das A. muß gewährleisten, daß auf die Eigenschaften, Verhaltensweisen, Einstellungen usw. der Grundgesamtheit von der Untersuchung der Stichprobe aus zurückgeschlossen werden kann, daß also Repräsentativität erzielt worden ist. Die dabei auftretenden Fehler müssen in ihrer Größenordnung errechenbar sein. Da die A. von der mathematischen Wahrscheinlichkeitstheorie ausgehen, somit statistische Verfahren sind, gelten die an der Stichprobe gewonnenen Befunde zwar für die Grundgesamtheit, nicht aber für irgendeinen Einzelfall in ihr.

Die Soziologie muß sich aus praktischen Gründen (Kostenfrage, Zeitmangel usw.) fast immer auf eine Teilerhebung beschränken. Diese muß nun so angelegt sein, daß von ihr aus verallgemeinert werden kann. Entscheidend für die Güte, die wissenschaftliche Brauchbarkeit einer (Wahrscheinlichkeits)auswahl mittels der Stichprobe (Sample) ist die Erfüllung der Bedingung, daß für jede Einheit in der Population dieselbe Wahrscheinlichkeit bestanden hat, in der Stichprobe zu erscheinen.

Stichprobe und *Grundgesamtheit* sind einer Menge von Einheiten willkürlich verliehene Bezeichnungen. Die Belegschaft eines Werks kann bei einer Untersuchung, die sich nur auf das Betriebsklima dieses einen Werks erstreckt, die Population darstellen; bei einer anderen Untersuchung auf Bundesebene (z. B. über Einstellungen zur Mitbestimmungsfrage) sind dieselben Personen dieser einen Belegschaft nur Teil der Stichprobe.

Für die Stichprobe gibt es verschiedene A.: beim Randomverfahren steuert der Zufall (chance, at random) im Sinne der Wahrscheinlichkeitstheorie den Weg einer jeden Einheit der Population ins Sample (bzw. ihren Ausschluß vom Sample). Eine reine Zufallsauswahl ist in der sozialen Wirklichkeit nur bei relativ kleinen und vollständig bekannten Populationen möglich (z. B. alle Schüler eines Schultyps in einer Stadt, erfaßbar durch den Schülerbogen für jeden Schüler, eventuell einer bestimmten Altersgruppe). Hierbei können wie bei einer Lotterie durch Mischen der Karten für alle Einheiten zwischen jedem Zug zufallsbedingte Samples erhalten werden. Man kann auch alle Einheiten durchlaufend mit Nummern versehen und danach mit Hilfe von Tabellen mit Zufallszahlen (random tables) Zufallsnummern aus der Serie entnehmen, und zwar so lange, bis die gewünschte Samplegröße erreicht ist. Fällt später eine so erhaltene Einheit während der Erhebung aus (der Proband ist verstorben, weggezogen oder verweigert das Interview), so wiederholt man einfach das Randomverfahren.

Ist eine Population sehr heterogen (beispielsweise anstelle einer homogenen Schülerbevölkerung wollen wir alle Einwohner einer Stadt in unsere Untersuchung einbeziehen), so muß die einfache Zufallsstichprobe (die dem Urnenmodell der Lotterie folgt) durch eine geschichtete Stichprobe (stratified sample) ersetzt werden, da sonst

die Stichprobe unpraktisch groß sein müßte, um noch für alle uns interessierenden Merkmale repräsentativ zu bleiben. Man teilt also die Population in sinnvolle Schichten oder Kategorien (z. B. Berufsgruppen) ein und zieht aus jeder Schicht eine Stichprobe.
Zur Klumpenstichprobe greift man, wenn keine vollständigen Listen der Einheiten in der Population verfügbar sind. Man unterteilt z. B. auf einem Stadtplan gleich große Flächen (Häuserblocks), nummeriert sie und zieht dann mit Hilfe einer Zufallszahlentabelle eine Stichprobe aus der Gesamtheit dieser Flächen. In den so erhaltenen Flächen oder Klumpen können dann u. U. alle darin befindlichen Einheiten untersucht werden, oder man zieht nach Anlegung vollständiger Listen innerhalb der Fläche eine einfache Zufallsstichprobe.
Ungern verwendet man in der wissenschaftlichen Soziologie das bei der Markt- und Meinungsforschung nicht seltene Quotenverfahren, bei dem die Population in Quoten aufgeteilt wird, und zwar meist aufgrund bereits bekannter Anteile der Personenkategorien an der Gesamtheit (erhältlich z. B. aus amtlichen Statistiken). Man beschafft sich also Quoten, d. h. bestimmte Mengen für verschiedene Einheiten je nach Kategorien (wie Frauen, Männer, Kinder, Berufstätige, Pensionisten, Geschiedene, Verheiratete usw.). Der Interviewer muß sich dann die ihm für jede Quote zugewiesene Personenzahl in seinem Arbeitsgebiet selbst suchen und befragen (z. B. sieben Frauen zwischen 25 und 45, verheiratet, mindestens zwei Kinder, der Mittelschicht angehörig). Welche Personen er aber tatsächlich wählt, bleibt ihm (u. U. auch seiner Bequemlichkeit überlassen; so kann er seine Quote aus dem Bekanntenkreis zu füllen suchen). Unbekannt bleibt ferner, wie viele ihm das Interview verweigern, ehe er sein „Soll" erfüllt hat. Überhaupt ist die in der Meinungsforschung (und auch bei anderen Untersuchungen, z. B. den ursprünglichen Kinsey-Berichten über Sexualverhalten) geübte Geheimhaltung der Verweigerungsrate bei den Interviews ein heikler Punkt der empirischen Sozialforschung geblieben.

W. E. Demnig, Some Theory of Sampling (1950); H. Kellerer, Statistik im modernen Wirtschafts- und Sozialleben (1960); P. Neurath, Statistik für Sozialwissenschaftler (1966); R. König (Hrsg.), Handbuch der Empirischen Sozialforschung, Bd. 1 (²1967).

Auswertung ist ein wichtiger Vorgang gegen Ende einer empirischen Untersuchung. Zeitaufwand und Fehlerquellen bei dieser Aufbereitung und Analyse der erhobenen Daten können möglichst gering gehalten werden, wenn man sich über die A. schon während der Forschungsplanung genaue Vorstellungen macht, mit den Kategorien der zu erhebenden Daten sparsam verfährt (keinen Fischzug aufs Geratewohl veranstaltet), nur das registriert, was für die Hypothesen der Untersuchung wirklich von Bedeutung sein wird, einen wohlüberlegten Datenkatalog aufstellt. Bei einer beschreibenden Untersuchung werden durch die A. die Daten (z. B. notierte Beobachtungen während einer Feldstudie) in ein deskriptives Schema gebracht, bei einer analytischen Untersuchung verteilt die A. die Daten so, daß Antworten auf Alternativen erzielt werden, z. B. durch das Verfahren der Dichotomie(rung). Zur Technik der A. gehören Verschlüsselung (z. B. Zusammenziehen durch die Probanden von unterschiedlich formulierten Antworten zu einem Begriff), Übertragung auf Lochkarten oder Magnetbänder der Datenverarbeitungsmaschinen, Anlegen von Tabellen, statistische Bearbeitung.

Autokratie ist die Alleinherrschaft eines einzelnen, der als Autokrat, als Despot im Stil des Tyrannen oder Diktators, Herrschaft ausübt und im Zusammenstoß mit einem Schwächeren keine Berufung auf eine übergeordnete Instanz gelten läßt. Deshalb wird A. gerade als das Fehlen von institutionellen Beschränkungen der Autorität des Herrschers bezeichnet. A. braucht mit ↗Totalitarismus nicht zusammenzufallen, so kann ein totalitäres Herrschaftssystem an seiner Spitze ein mehrköpfiges Gremium haben, keinen Alleinherrscher. Unter einer A. kann ferner auf die systematische, lückenlose Kontrolle und Gestaltung des Lebens der Untertanen verzichtet werden. Die letzteren jedoch werden in einer A. den Herrscher nicht wählen oder abwählen können (Duverger).
Wird „höchste Autorität" in allgemein anerkannter Übereinstimmung mit geltenden Normen ausgeübt, spricht man von legitimierter A. Im Gegensatz dazu herrscht der Diktator durch bloße und dauernde Gewaltandrohung. „Autokrator" war einer der offiziellen Titel der russ. Zaren und der Kaiser von Byzanz.

Automatisierung, auch Automation (dieser Begriff wird dem Ingenieur D. S. Harder von der Ford Motor Company, Detroit, zugeschrieben, 1940) genannt, ist als Begriff erst nach 1950 weltweit geläufig geworden. A. ist ein seit 1955 zunehmend gebrauchter, manchmal gesellschaftskritisch gemeinter Begriff für das Ergebnis organisatorischer und technischer Verbesserungen und Rationalisierungen beim industriellen Fertigungsprozeß. Die A. hat aber nicht zu einem bestimmten Zeitpunkt eingesetzt, sondern läßt sich bereits im 19. Jahrh., vor allem in den USA, in einzelnen Produktionszweigen erkennen. Sie ist verknüpft, aber nicht identisch mit dem Prinzip und Vorgang der ↗Arbeitsteilung, ohne die der zivilisatorische Aufstieg des Menschen nicht möglich gewesen wäre. Die sozialpolitische Besorgnis über die Auswirkungen der A. wurde in den 50er Jahren hauptsächlich von Gewerkschaften hochgespielt. Wissenschaftlich nachweisbare, ausschließlich ungünstige Folgen der vermehrten A. sind bis jetzt nicht bekannt geworden. Die elektronischen Datenverarbeitungs-, Datenspeicherungs- und Steuerungsgeräte (Computer) haben seit Ende der 50er Jahre allerdings industrielle Automatisierungsprozesse möglich gemacht, die selbst um 1955 noch nicht vorhersehbar waren. Die A. verringert nicht nur die Zahl der zu einem Herstellungsprozeß nötigen Arbeiter, sondern verbessert für diese auch die Arbeitsbedingungen, z. T. durch die Distanz zwischen dem Menschen und dem zu formenden Material, z. B. in den Walzwerken der Stahl-

industrie. Soziologisch unterscheiden muß man auch zwischen der Arbeitslosigkeit solcher, die infolge minimaler Fähigkeiten durch die A. zahlreicher Einrichtungen beschäftigungslos werden. Im Gegensatz dazu hat die A. im Fernsprechwesen — Selbstwählverfahren — bis jetzt in keiner Industriegesellschaft zu einem Überschuß von stellensuchenden weiblichen Arbeitskräften (mit der Berufsqualifikation zur Telefonistin) geführt. Ebensowenig hat die A. der Elektrizitätsversorgung Arbeitslosigkeit verursacht. Die A. vergrößert die Nachfrage nach Arbeitskräften auf anderen Gebieten, z. T. in den Industrien, die eine zur A. nötige Ausrüstung liefern. Da die A. mit einer rascheren Veraltung der Ausrüstungen verknüpft ist, schafft sie selbst zusätzlich Arbeit. Insofern A. ein höheres Einkommen für Arbeitnehmer ermöglicht, wächst auch die Kaufkraft und damit die Nachfrage nach anderen Gütern und vor allem nach Dienstleistungen (deren Angebot auf dem Markt weniger leicht durch A. erhöht werden kann). Arbeitslosigkeit als notwendige und nicht auffangbare Folge der A. kann zur Zeit jedenfalls nicht vorausgesagt werden.
Die Abgrenzung des Begriffes A. ist schwer, aber die meisten Wirtschaftswissenschaftler werden heute die Definition Pollocks gutheißen, der A. als Produktionstechnik mit dem Ziel bezeichnet, „die menschliche Arbeitskraft in den Funktionen der Bedienung, Steuerung und Überwachung von Maschinen sowie der Kontrolle der Produkte so weit durch Maschinen zu ersetzen, daß vom Beginn bis zur Beendigung des Arbeitsprozesses keine menschliche Hand das Produkt berührt." Das eigentlich Neue an der A. ist die Steuerung und Überwachung von produzierenden oder ein Produkt modifizierenden Maschinen durch andere Maschinen, die eventuell selbst wieder auf mögliche Fehler über Regelkreise (kybernetisch) überwacht werden. Es wird auch vielfach bereits die Auftragserteilung beim Händler für ein Produkt mit Spezifikationen (z. B. ein Automobil mit Sonderausrüstung) durch A. in die Fließbandarbeit einprogrammiert. Die A. eines Industriezweiges kann nur gelingen, wenn größere Absatzchancen, eine sich ausdehnende Nachfrage vorhersehbar sind. Regelmäßige Lohnerhöhungen, die, vom Unternehmer her gesehen, einer Knappheit von Arbeitskräften entsprechen, können die A. wirtschaftlich machen (z. B. Sinken der Zahl amerikanischer Stahlarbeiter). Die A. führt zu einer äußerst kapitalintensiven unternehmerischen Tätigkeit: das für jeden Arbeitsplatz notwendige Kapital wird immer größer.

N. Wiener, The Human Use of Human Beings (1952); W. Waffenschmidt, Automation (1964); E. C. Berkeley, Die Computer-Revolution (1966); W. Bitter (Hrsg).), Mensch und Automation (1966); U. Jaeggi und H. Wiedemann, Der Angestellte im automatisierten Büro ([2]1966); G. Elsholz, Automation (o. J.).

Autoritäre Persönlichkeit nennen die Verfasser des gleichnamigen, 1950 erschienenen Buches diejenigen Individuen, die aufgrund ihrer Antworten in einem Fragebogen „faschistische" Tendenzen erkennen lassen („autoritäres Syndrom" erschließbar aufgrund der ↗F-Skala),

also bereit sind, sich einem Führer unterzuordnen, wie sie selbst Untergebenen gegenüber den Autokraten spielen, sie seien also vorgeprägt zur Übernahme totalitärer, meist als faschistisch bezeichneter Ideologien. Die a. P., von ihren Entdeckern grundsätzlich abgelehnt, lasse sich in verschiedenen Gesellschaften bei verschiedenen Sozialschichten, Berufsgruppen usw. in unterschiedlichem Maße feststellen. Der positiv zu bewertende Gegentypus heißt die demokratische oder egalitäre Persönlichkeit. Einige spätere Untersuchungen in den USA glauben, das Vorliegen der autoritären Persönlichkeit sogar in sinnespsychologischen Tests feststellen zu können: die a. P. sei starr, weniger anpassungsfähig in der Wahrnehmung bestimmter Reize in ihrer Umgebung. Störend für die politische Anwendbarkeit dieses Begriffes und der dahinter stehenden Theorie waren die Ergebnisse amerikanischer Untersuchungen, die die Merkmale der autoritären Persönlichkeit gerade auch bei Angehörigen diskriminierter Minderheiten, z. B. bei Negern, bereits Anfang der 50er Jahre fanden. Schon 1954 wurde von Edward Shils darauf hingewiesen, wie wenig die empirischen Daten der politischen Soziologie es gestatten, die a. P. nur für rechtsradikale Personen und Gruppen zu reservieren, daß es auch am entgegengesetzten Ende des „politischen Spektrums", bei Linksradikalen, „faschistoide" emotionale und kognitive Verhaltensformen regelmäßig gibt. Diese Hypothese ist durch das Verhalten und die Ideologie militanter Negergruppen in den USA in den 60er Jahren immer plausibler geworden. Die wissenschaftliche Beschäftigung mit der a. P. ist in den USA seit Ende der 50er Jahre stark zurückgegangen.
Als nicht näher definierte Vokabel der politischen Polemik gehört die a. P., insbesondere das disqualifizierende Adjektiv „autoritär" zum Arsenal der gegenwärtigen Gesellschaftskritik, meint hier aber meist ↗Hierarchie, das Fehlen von „Mitbestimmung" und autokratische Führungsmethoden.

Th. W. Adorno u. a., The Authoritarian Personality (New York 1950); R. Christie und Marie Jahoda (Hrsg.), Studies in the Scope and Method of 'The Authoritarian Personality' (Glencoe [Ill.] 1954); R. Christie und P. Cook, A guide to published literature relating to the authoritarian personality through 1956, Journal of Psychology, Bd. 45 (1958); H. E. Titus und E. P. Hollander, The California F scale in psychological research: 1950–1955, Psychological Bulletin, Bd. 54 (1957).

Autorität hat, wer aufgrund einer in ihm selbst liegenden, für andere überzeugenden Fähigkeit, meist geistiger Art, von anderen, u. U. nur auf einem bestimmten Gebiet, als Vorbild, Führer usw. akzeptiert wird. A. kann auch aus einem ↗Amt oder aus ↗Charisma stammen. A. muß von ↗Prestige und ↗Macht unterschieden werden, obgleich die damit bezeichneten Einwirkungsmöglichkeiten auf andere Personen bei der A. mitspielen. Wie schon das Wort „Autor" andeutet, handelt es sich bei A. vorwiegend um eine Überlegenheit anderen gegenüber dank eines Wissens. Der einzige des Lesens kundige Mann in einem Dorf hat automatisch A., ebenso im Falle einer plötzlichen Erkrankung, selbst im Kreise lauter Hochgebildeter, der einzige Arzt.

Die Wendung „er ist eine A. auf seinem Gebiet" bezeichnet eine geistige Machtposition; z. B. die Möglichkeit, als Gutachter vor Gericht den Ausschlag zu geben. Im Gegensatz zu ↗Prestige, das diffus, unbestimmt, ungezielt im sozialen Feld, in der Öffentlichkeit wirkt, kann für die A. in der Regel kategorisch ein Kompetenzbereich angegeben werden: der Richter, der Arzt, der Offizier, der Lehrer hat A., insofern und insoweit er die seinem ↗Status zugeschriebene Kenntnis und Geschicklichkeit aufweist; deshalb sind A. verhältnisse meist reziprok, es bedarf der Übereinkunft zwischen dem die A. Besitzenden und dem, der sie als gültig empfindet. Der Arzt hat einem Patienten gegenüber, der Pädagoge einem Schüler, der Offizier einem Soldaten gegenüber A. A.en lassen sich deshalb gegeneinander abgrenzen. Konflikte zwischen den Gültigkeitsbereichen verschiedener A.en sind möglich, lassen sich aber vermeiden. A., im Gegensatz zu Macht und Prestige, zielt nicht auf stetige Ausdehnung; man hat sie, oder man hat sie nicht. Steigerungsformen derselben Kompetenz sind zwar möglich, aber für die A. nicht notwendig. Der Inhaber von Prestige kann nie im voraus wissen, wo und bei wem und wie lange es ihm einen Vorteil, eine Machtposition verschafft. Der Inhaber von A. kann und soll in der Regel genau wissen, unter welchen Bedingungen sie wirksam ist. Zu den Hauptkritikern jeglicher A. in der Gesellschaft gehören Autoren, die sich selbst als A.en auf ihrem Gebiet betrachten. Keine Gesellschaft, kein soziales System kann in dem vorgegebenen knappen Zeitraum für die meisten notwendigen Handlungsabläufe in jedem Einzelfall eine grundsätzliche Überprüfung der Legitimation einer A. vornehmen: Symbole, Rangabzeichen, Uniformen für bestimmte A.positionen sind deshalb überall zu finden. Sie können mißbraucht werden (Hauptmann von Köpenick; z. B. der Friseur, der sich ein Stethoskop umhängt und unentdeckt eine Weile lang auf der Frauenklinik eines Städtischen Krankenhauses Patientinnen untersucht). Autoritäre Verhältnisse, Strukturen usw. bezeichnen eine „pathologische", eine unerwünschte, übersteigerte Form von A. (↗Autoritäre Persönlichkeit). Im Gegensatz zur ↗Diktatur oder totalitären Gesellschaft sind beim autoritären politischen Führungssystem auch für den Inhaber der obersten A. allgemeinverbindliche Normen (Verfassung) erhalten geblieben. Aus dem Erlebnis extremer Formen autoritärer Regierungssysteme in der ersten Hälfte des 20. Jahrhunderts ist eine Überempfindlichkeit auf alle Erscheinungsformen der A. übriggeblieben, die anti-„autoritären" Schriften Publikumswirksamkeit gibt. Unverstanden bleibt dabei, daß niemand der Qualität der Dienstleistungen oder Produkte in seiner Gesellschaft trauen würde, wenn diese in einem völlig a.freien Raum zustande kämen. (Der Patient vertraut beispielsweise dem Funktionieren der hierarchischen A.struktur im Operationssaal.) A. ist die erwerbbare, z. T. übertragbare und zuweisbare Eigenschaft eines ↗Status (einer Position, eines ↗Amts, eines Dienstgrades, eines ↗Berufes usw.) in der Ausübung der diesem Status entsprechenden ↗Rolle, bei den davon

Bedienten oder Betroffenen in einem Überlegenheitsverhältnis ohne Vorbehalte als zuständig akzeptiert zu werden.

B

Ballungsräume ↗Stadt.

Bande ist ein meist pejorativ (kritisch, abschätzig) verstandener Begriff (und ähnelt darin Begriffen wie ↗Mob, ↗Horde, Meute) für eine ↗Gruppe von meist wenigen Mitgliedern, die sich zu kriminellen Zwecken oder zumindest ↗abweichendem Verhalten zusammengefunden haben. Die B. übt starke soziale ↗Kontrolle über ihre Mitglieder aus, hat manchmal ↗Initiationsriten, schart sich um einen Führer, kann aber auch bei unklaren oder fluktuierenden Führerverhältnissen als B. bestehen bleiben. Während Verbrecherbanden (*gangs*, daher Gangsters) Mitglieder verschiedenen Alters, auch Spezialisten (wie Tresorknacker) enthalten können, sind Jugendbanden (*youth gangs, street corner gangs*), oft mit institutionalisierten Konflikten untereinander (*gang wars* in amerikanischen Metropolen) ein soziales Problem, das seit Jahrzehnten die Soziologen beschäftigt. Vor über vierzig Jahren untersuchte F. Thrasher (*The Gang*, Chikago 1927) in einer zum Klassiker gewordenen Studie zahlreiche Banden in Chikago. Nach ihm ist die Jugendbande eine Art Heim, eine Familie, somit eine natürliche, kompensierende Gesellungsform für Jugendliche mit abweichendem Verhalten, die in unzulänglichen ↗Primärgruppen (unvollständige Familien) aufwachsen. W. Whyte (*Street Corner Society*, Chikago 1955) hat die Untersuchungen fortgeführt. Die B. trägt Züge jeder ↗*peer group*, dient als ↗Bezugsgruppe und hat eine ihr eigentümliche ↗Subkultur. Jugendbanden, aber auch Verbrecherbanden (in USA) rekrutieren sich gerne aus Angehörigen derselben (u. U. diskriminierten) ethnischen Kategorie. Die Jugendbande bietet dem seiner Gesellschaft entfremdeten (*alienated youth*) Jugendlichen zwar eine soziale Heimat, eine Orientierungsmöglichkeit, kann aber ihrerseits auch kaum delinquente hinzukommende Jugendliche voll kriminalisieren (Mutprotzentum, sich „als Mann erweisen" durch Vollbringen eines Verbrechens). Die gewalttätige B. hat in den letzten Jahren in den Großstädten verschiedener Industriegesellschaften, besonders in den USA, immer mehr Verbreitung gefunden und stellt zur Zeit eines der schwerst lösbaren Probleme der Verbrechensbekämpfung dar. Eine Variante der gewalttätigen Jugendbande sind seit Mitte der 60er Jahre in den USA, Kanada und verschiedenen europäischen Ländern die sich politisch stilisierenden Clubs und Gruppen innerhalb der internationalen jugendlichen Subkultur. Im Gegensatz zu den früheren Banden kommen ihre Mitglieder auch aus höheren sozialen Schichten.

Lit. siehe unter Jugendkriminalität

Bauer ist teils ein ↗Stand, teils eine Berufsbezeichnung (für Landwirt), im deutschen Sprachgebiet aber weit mehr als das, was der Begriff *farmer* in Nordamerika bedeutet. Auch *peasant* (etwa als Begriff nordamerikanischer Ethnologen für die Einwohner ländlicher Gegenden in Mittel- und Südamerika, *peasant culture*) oder *paysan* darf nicht mit B. gleichgesetzt werden. Der B. hat nach deutscher (mythologisierender, romantischer) Vorstellung ein ganz besonderes, ihm über Jahrhunderte hinweg eigentümlich gewordenes Verhältnis zum Boden, zum Land, zur Natur. Der B. hat jedenfalls eine bäuerliche ↗Subkultur oder Eigenkultur innerhalb, zum Teil außerhalb der Standardkultur seiner verstädterten und industrialisierten Gesellschaft. ↗Aberglauben (wie Neidabwehr durch Neidkraut, Talismane zur Abwehr des Verneidens, des neidischen Schadenstiftens seiner Nachbarn), außer (vor-)christliche Bräuche, Almauftriebsriten usw. können noch heute in Dörfern im deutschen Sprachgebiet gefunden werden. Die Mechanisierung, die Produktivitätssteigerung in der Landwirtschaft, die Gründung der EWG haben in der BRD und anderen Ländern zu einem chronischen Problem der Überschüsse, der Überproduktion landwirtschaftlicher Erzeugnisse geführt. Eine rationale Agrarpolitik würde die Stillegung zahlreicher marginaler landwirtschaftlicher Kleinbetriebe verlangen, doch ist der B. vielfach noch so sehr B., daß ihm ein Berufswechsel weit schwerer fällt als anderen ↗Berufen. Kleinbäuerliche Betriebe haben geringe Überlebenschancen, ein rationalisierter Familienbetrieb ausreichender Größe als Lebens- und Wirtschaftseinheit des B. dürfte jedoch auf lange Zeit hin sinnvoll bleiben. Allerdings unterliegt auch der B. als Beruf der Verberuflichung, er hört auf, ein (stolzer) Stand zu sein, sondern wird gewinnorientierter Fachmann auf seinem Gebiet, der die jeweils letzten wissenschaftlichen und technischen Entwicklungen nutzbar macht. Die Zahl der in der Landwirtschaft tätigen Personen, bei steigender Produktion, ist immer geringer geworden. In den USA reichen jetzt etwa 7% der Erwerbstätigen im landwirtschaftlichen Sektor aus, um den Eigenbedarf der Nation und den Export zu bedienen.

H. Niehaus, Der Bauer in der Wirtschafts- und Gesellschaftsordnung (1948); J. Buchinger, Der Bauer in der Kultur- und Wirtschaftsgeschichte Österreichs (1952). U. Planck, Der bäuerliche Familienbetrieb zwischen Patriarchat und Partnerschaft (1964).

Beamte heißen die mit einem ↗Amt betrauten, meist in einem Amt (oft einem ↗Büro) Berufstätigen, die zum Staat (auf den Ebenen der Gemeinde, des Landes und des Bundes) als Dienstherrn in einem besonderen verpflichtenden und sie dafür schützenden Arbeitsverhältnis stehen. Die Berufung ins Beamtenverhältnis auf Lebenszeit bewirkt eine über den normalen Arbeitsvertrag hinausgehende Bindung auf Gegenseitigkeit (u. a. Verzicht auf Streikrecht, dafür Unkündbarkeit, Versorgung nach Erreichen der Altersgrenze, bei Krankheit, Invalidität, der Hinterbliebenen usw.). B. sind in verschiedenen Funktionen tätig, die nicht auf denselben berufs- und verfassungsmäßigen Nenner gebracht werden können: So gehören Lehrer, Richter und Bundeswehrsoldaten zum öffentlichen Dienst, sind jedoch keine Verwaltungs-B. Für B. gelten unterschiedliche Grade der Weisungsgebundenheit: Richter und Hochschullehrer, in gewissen Grenzen auch andere Lehrer, sind vom Weisungsrecht der Vorgesetzten ausgeklammert, Soldaten sind ihm in besonders starrer Form unterworfen. In der BRD gibt es ca. 1,2 Mill. B. Das Berufsbeamtentum, wie es im deutschen Sprachraum geschichtlich entstanden ist, findet sich nicht in gleicher Ausprägung in anderen ähnlich verwalteten Gesellschaften; beispielsweise ist es in den USA erst spät zu einer Sicherung der im öffentlichen Dienst Tätigen vor politischen Willkürakten der jeweils herrschenden politischen Partei gekommen. Auch jetzt noch gibt es in der Bundesverwaltung der USA im sog. *civil service job* nicht die Sicherheiten des B., u. a. wohl deshalb, weil eine monarchische Phase in der Entwicklung der Nation dort fehlt.

Th. Eschenburg, Der Beamte in Partei und Parlament (1952); M. Weber, Wirtschaft und Gesellschaft ([4]1956); G. Hartfiel u. a., Beamte und Angestellte in der Verwaltungspyramide (1964).

Begabtenauslese bezeichnet eine in der Gegenwart zunehmend zielbewußt betriebene staatliche, aber auch private Einflußnahme auf die möglichst frühzeitige, jedoch nicht zu früh endgültige Erkennung und unterrichtsmäßige Förderung derjenigen Individuen in einer Bevölkerung, die veranlagungsmäßig besonders geeignet erscheinen, von bestimmten Bildungsmöglichkeiten ihrer Gesellschaft Gebrauch zu machen.

K. V. Müller, Begabung und soziale Schichtung in der hochindustrialisierten Gesellschaft (1956); D. V. Glass und R. König (Hrsg.), Soziale Schichtung und soziale Mobilität (1965); K. Aurin, Ermittlung und Erschließung von Begabungen im ländlichen Raum (1966); L. Kroeber-Keneth, Die Auslese der Begabten (1966); Th. Ballauff und H. Hettwer (Hrsg.), Hans-G. Rolff, Sozialisation und Auslese durch die Schule (1967); Begabungsförderung und Schule (1967); W. Tröger, Elitenbildung (1968).

Begabung wird manchmal mit Intelligenz verwechselt. In welchem Grade ererbte ↗Anlage und ↗Umwelt an beiden beteiligt sind, ist z. T. noch umstritten. Für die eigentliche Intelligenz nimmt die heutige (vor allem amerik.) Forschung jedoch ein deutliches Überwiegen der (Erb)anlagen gegenüber den Umwelteinflüssen an. Gerne wird übersehen, daß es nicht nur eine B. für das Studium wissenschaftlicher Fächer an Hochschulen oder künstlerische Betätigung gibt, sondern auch spezifische B. für kaufmännische und handwerkliche Berufe.

Eigentliche Begabtenforschung in den USA befaßt sich mit den *gifted* Personen (vor allem die Längsschnittuntersuchungen Termans über *gifted children*), aptitude- (auch „academic aptitude"-) Forschung ist mehr eine Eignungsprüfung für die verschiedensten Berufe.

B. K. Eckland, Academic ability, higher education, and occupational mobility, American Sociological Review, Bd. 30 (1965); H. W. Jürgens, Untersuchungen über Begabungsreserven, Soziale Welt, Bd. 17 (1966); B. K. Eckland, Genetics and sociology: a reconsideration, American Sociological Review, Bd. 32 (1967); W. Arnold, Begabung und Bildungswilligkeit (1968); H. Roth (Hrsg.), Begabung und Lernen, Bd. 4 der Gutachten und Studien der Bildungskommission des Deutschen Bildungsrates, 1969).

Behaviourismus heißt eine um 1920 in den USA in Mode gekommene, seither überall nur mehr mit erheblichen Einschränkungen anerkannte (sozialpsychologische) Forschungsrichtung, die allein das (äußerliche) Verhalten (behaviour) für wissenschaftliche Beobachtung und Theorienbildung zuläßt. Extrem gefaßt, würde dies bedeuten, daß ein vom Wind getriebenes Blatt und ein vor einem Mob flüchtender Mensch (wie es George A. Lundberg einmal formulierte) gleich zu behandeln wären, d. h. was im Menschen innerlich vor sich geht, müsse unberücksichtigt bleiben. Der B. führte auch zu einer umfangreichen, in ihrer Übertragbarkeit auf den Menschen jedoch überschätzten Experimentalforschung an Tieren, vor allem Ratten, Mäusen und Tauben, im Sinne der Lernpsychologie (conditioned response), unter Führung von Hull, Tolman und Skinner. Vom B. stammt der durchaus brauchbare, die Wissenschaftstheorie nicht festlegende Begriff „Verhaltenswissenschaften" (behavioural sciences), der es erlaubt, verschiedene Einzelwissenschaften (Soziologie, Psychologie, Ethnologie, Psychiatrie, Volkswirtschaftslehre usw.) zur Erforschung menschlichen Verhaltens zu integrieren und auch die vergleichende Forschung an tierischem Verhalten (vergleichende ↗Verhaltensphysiologie, Ethologie) heranzuziehen. Zum Teil durch den B. beeinflußt dürfte auch die ↗Kleingruppenforschung gewesen sein.

J. B. Watson, Der Behaviorismus (1930); D. Martindale, The Nature and Types of Sociological Theory (London 1961); A. Wellek, Der Rückfall in die Methodenkrise der Psychologie (1959); B. F. Skinner, Science and Human Behavior (New York 1953).

Beobachtung ist Ausgangspunkt und Grundlage jeder Erfahrungswissenschaft, muß geübt und im Vollzug stets kontrolliert werden. In der Soziologie, insbesondere bei der Ausbildung der Soziologen, hat die B. merkwürdigerweise bisher weit weniger Aufmerksamkeit gefunden, als sie verdient hätte. Es ist aber sinnlos, beispielsweise eine Serie von Interaktionen mit anspruchsvollen statistischen Verfahren auf aussagekräftige Korrelationen hin zu testen, wenn die möglichen Fehler bei der B. dieser Interaktionen vernachlässigt wurden. In vielen Fällen beobachtet der Soziologe die primären Phänomene überhaupt nicht selbst und direkt, sondern schaltet verschiedene Interviewer und das von diesen benutzte „Instrument", den Fragebogen für das ↗Interview, zwischen seine eigenen Sinnesorgane und die an sich zu beobachtenden Reaktionen, Antworten, Verhaltensakte der Befragten. Dies ist bei vielen Untersuchungen ein unvermeidbares Übel, enthebt uns aber nicht einer wissenschaftstheoretischen Kritik dieser Indirektheit bei der soziologischen Forschung. Der Tiefsee- oder Weltraumforscher, der Arzt, der sich durch eine Sonde über Erscheinungen an einem ihm unzugänglichen Ort informieren läßt, ist nur scheinbar in derselben Situation wie der Soziologe, der durch Interviewer und Fragebogen sondiert, denn

prinzipiell könnte der Urheber einer soziologischen Untersuchung jedes einzelne Interview persönlich und unter Registrierung (also B.) aller im Fragebogen unerfaßbaren Reaktionen des Befragten (Erröten, Zögern, Pausen, Stimmverhalten, Gesichtsausdruck, Gestik usw.) ausführen, verzichtet darauf aber aus praktischen, nicht methodisch-sachlich geforderten Gründen. Insoweit sich unter den für Soziologen bedeutsamen, relevanten Erscheinungen oft auch gestaltartige Datenkomplexe, Syndrome, Verhaltensmuster mit ihnen eigentümlichen Konfigurationen finden, wäre es besonders zweckmäßig, wenn der Forscher selbst die Phänomene beobachtet, da ihm dabei Zusammenhänge, neue oder wider Erwarten fehlende Verhaltensweisen auffallen können, die ein dazwischengeschalteter Datensammler, der nicht mit der Gesamtheit des Forschungsgegenstandes vertraut ist, nicht beobachten kann. Wie in jeder anderen Wissenschaft können auch in der Soziologie Lücken im Erscheinungsbereich, in der sozialen Wirklichkeit (z. B. ausbleibende Reaktionen, Unterlassungen im Sozialverhalten) zu neuen Hypothesen und Erkenntnissen führen.
Eine Hauptgefahr bei der B. ist die Einengung unserer Sinneswahrnehmungen durch das, was wir bereits wissen oder zu wissen glauben, aber auch durch unseren vorhandenen Begriffsapparat: in der Regel können wir nur beobachten (sehen), wofür wir einen Begriff, ein leidlich passendes Wort haben. Um ein von der Soziologie bisher unbeachtetes Element im Sozialverhalten, für das weder in der Umgangs- noch in der Fachsprache ein Begriff bereit steht, überhaupt bemerken zu können, muß man sich zu einer ungewöhnlichen Offenheit der B., zu einem unvoreingenommenen „Seismographen" für jegliche Veränderung im Feld der B. selbst trainieren. Eine weitere Gefahr für die Wissenschaftlichkeit, die Objektivität, die Vollständigkeit der B. in der Soziologie ist die menschliche, die emotionale Identifikation des Beobachters mit den sittlichen, politischen, den wertgetönten Implikationen des von ihm Beobachteten: je nach seiner sozialen, politischen Vorentscheidung wird er beobachten, daß der Demonstrant den Polizisten provoziert hat oder dieser den ersteren. Dieselbe Problematik kann bereits bei einer betriebssoziologischen B. auftreten: hat der Arbeiter oder der Vorgesetzte den Konflikt ausgelöst? Es ist zwar nicht unmöglich, aber erfordert schärfste Selbstkontrolle und wiederholte Selbstanalyse, wenn der Soziologe die richtige Kausalfolge bei Erscheinungen registrieren will, deren Implikationen seiner ideologischen Position unbequem werden könnten.
Die Aufzeichnung der B. wirft weitere Probleme auf: es gibt bis jetzt nur für wenige Bereiche (Robert F. Bales Interaktionsanalyse für Kleingruppen-B.) eine Kurzschrift oder Symbolsprache zum raschen und eindeutigen Festhalten dessen, was man in der Soziologie zu beobachten pflegt. Protokolle verschiedener Beobachter desselben Vorgangs können sehr verschieden ausfallen. Notizen machen, filmen, in ein Tonbandgerät sprechen: jegliche Gedächtnishilfe dieser Art wird

in den meisten Fällen auf die beobachteten Personen rückwirken und möglicherweise ihr Verhalten verändern.
Mindestforderungen an eine wissenschaftliche B. sind vorherige Klärung des Zusammenhanges zwischen theoretischem Bezugsrahmen bzw. Hypothesen und dem für die B. gewählten Ausschnitt aus der sozialen Wirklichkeit. Man kann nie alles in die B. einbeziehen, was sich abspielen wird. Obgleich man also die B. planen, systematisch vorbereiten wird, darf dies nicht, wie schon erwähnt, zu einer so starren Verengung des Beobachtungsfeldes führen, daß völlig unvorhersehbare Phänomene unbeachtet bleiben. In manchen Fällen wird es, in Annäherung an das eigentliche ↗Experiment, zweckmäßig sein, die B. dort (und dann) vorzunehmen, wo sämtliche Probanden mit größter Wahrscheinlichkeit das für unsere Fragestellung vermutlich entscheidend wichtige Verhalten zeigen werden. Will man beispielsweise über Konflikte zwischen informellen Gruppen in einem Betrieb eine B. anstellen, müßte man sich zuvor überlegen (und eventuell beraten lassen), wo Mitglieder solcher Cliquen während des Tages am ehesten Gelegenheit haben, sich aneinander zu reiben, sich benachteiligt vorzukommen, sich provoziert zu glauben usw. Falls die Tisch- und Platzwahl in der Kantine bei jeder Mahlzeit erneut vorzunehmen ist, also keine Stammtische anerkannt werden, könnte z. B. für diese Studie die B. dort stattfinden.
Die B. ist keineswegs ein Mittel zweiter Wahl, wenn das Interview aus irgendwelchen Gründen nicht möglich ist, sondern kann auch Sachverhalte feststellen, die über das Interview nicht zugänglich sind: viele Menschen sind sich nur eines kleinen Teiles ihres tatsächlichen Sozialverhaltens bewußt, können darüber also keine Auskunft geben. Bereits (oder gerade) innerhalb der Familie lassen sich für den geübten, unbeteiligten Beobachter zwischenmenschliche Verhaltensweisen (bzw. Unterlassungen) feststellen, die über den faktischen Status einzelner Familienmitglieder Aufschluß geben, aber von diesen völlig unbewußt produziert werden.
Die B. soll zwar im Idealfall, unter Anwendung derselben Kategorien wiederholbar (auch durch andere Forscher) sein, aber diesem Erfordernis zuliebe sollte man als Soziologe keineswegs darauf verzichten, auch das zu beobachten, was sich voraussichtlich innerhalb unserer B. nur ein einziges Mal begeben wird (eine Katastrophe etwa).
Um sich durch das den Hypothesen zugrunde liegende Kategorien- oder Begriffssystem nicht Scheuklappen aufzusetzen, wird in der Regel vor der strukturierten B. eine Vorstudie mit unstrukturierter B. empfehlenswert sein. Diese Phase der B. braucht noch nicht auf Repräsentativität der beobachteten Probanden zu bestehen (Pilot-Studie). Entscheiden muß man sich bei der B., ob man als Teilnehmer oder Nichtteilnehmer die B. vornehmen will (*participant*- bzw. *non-participant*-B.). Der Grad dieser Beteiligung am Sozialgeschehen kann abgestuft werden; der Soziologe kann einer Beleg-

schaft als außenstehender Wissenschaftler vorgestellt werden; er kann als Betriebsmitglied getarnt werden, dem nur zufällig und vorübergehend ein Arbeitstischchen in dem Raum, wo die B. stattfinden soll, zugewiesen wurde, dessen Arbeit aber mit der der Gruppe, die beobachtet wird, nichts zu tun hat; er kann aber auch als vollwertiger Mitarbeiter in die Gruppe eintreten, der seine B. gilt. Je mehr aber der Soziologe sich in die Gruppe für seine B. integriert, je echter er sich als Mitglied verhält, um kein Mißtrauen zu erwecken, um ins Vertrauen gezogen zu werden, desto größer ist die Wahrscheinlichkeit, daß er sich wertmäßig und emotional mit der Gruppe identifiziert und die Beziehungen der Gruppe zur Umwelt durch die Vorurteile, die Interessenlage der Gruppe sieht. Verzichtet der Forscher aber auf eine solche Identifikation, so besteht andererseits die Gefahr, daß er die Gruppe (z. B. eine kriminelle Jugendbande) vorwiegend durch die Brille seiner eigenen Bezugsgruppen, seiner Kultur sieht. Mehrere Autoren haben beklagt, daß bis jetzt keine allgemeine Theorie der B. für die Soziologie erarbeitet worden ist.

R. König, Beobachtung, in: R. König (Hrsg.), Handbuch der empirischen Sozialforschung, 1. Bd. ([2]1967).

Beruf ist jede regelmäßig zu Erwerbszwecken ausgeübte Tätigkeit, sofern sie in der Gesellschaft einem allgemein erkennbaren Berufsbild entspricht. Auch der Amateur oder Landstreicher kann mit seiner Tätigkeit Einnahmen erzielen, wird aber nicht als Berufstätiger anerkannt. B. im engeren Sinne, auch heute noch, ist eine Tätigkeit dann, wenn der sie Ausübende zu ihr „berufen" ist, einem Ruf seines eigenen Talentes, z. B. der Künstler, oder dem Ruf einer ihn beauftragenden Institution Folge geleistet hat. Man spricht von der Berufung zum Intendanten, Universitätsprofessor oder Ministerialbeamten, formaljuristisch überhaupt von der Berufung ins Beamtenverhältnis. Im Gegensatz zu einer Anstellung spricht man somit von Berufung zu einer Tätigkeit dann, wenn dieser damit eine besondere Bedeutung verliehen werden soll.
Die Einrichtungen zur Berufsausbildung aller Bevölkerungsschichten geraten heute in den Mittelpunkt des Interesses, unterliegen einer laufenden Kritik, weil die sozialökonomische Position, die der einzelne erreichen wird, immer ausschließlicher von seinem B. abhängt. Je mehr in einer Gesellschaft die traditionellen hierarchischen Merkmale nivelliert werden, desto empfindlicher wird ihre öffentliche Meinung für Unterschiede im beruflichen Ausbildungswesen. (↗Bildungssoziologie).
Bei Volkszählungen arbeiten statistische Ämter mit festgelegten B.-kategorien (eine Industrienation hat über 20000 verschiedene B.). Von den ausgeübten B. kennt, wie Meinungsumfragen ergeben haben, die Bevölkerung nur sehr wenige. Nur diese (meistens weniger als 100) können bei Untersuchungen des Sozialprestiges der einzelnen B. aufgeführt werden. ↗Schichtung, ↗Arbeit.
Hauptgruppen der B.einteilung sind Arbeiter, Angestellte, Beamte

und Freiberufliche, wie Ärzte, Architekten, Steuerberater, Wirtschaftsprüfer. Die sozialökonomischen und arbeitsrechtlichen Unterschiede zwischen Arbeitern, Angestellten und Beamten nehmen ab, z. B. bei der Altersversorgung.

B. bedeutete ursprünglich Berufung im geistlichen Sinne (lat. vocatio; heute noch in der Kirchensprache für ‚Ordensberuf'). Luther hat seit 1522 B. im weltlichen Sinn für Amt, Stand verwendet. Bei Calvin ist göttliche Berufung zur Berufstätigkeit Selbstzweck. Die B.definition von M. Weber („Grundlage einer kontinuierlichen Versorgungs- und Erwerbschance") ist zu eng. Soziologischen Ursprung hat der B. in der ↗Arbeitsteilung. Ein B. kann durch Zuweisung bestimmt (Leibeigene, Sklaven, Gefangene), durch Hineinwachsen ererbt (z. B. mittelalterliche Zünfte; Offizier, Pfarrer), durch Neigung und Veranlagung gewählt werden.

Berufe und Berufsbilder gehören zu den Ordnungsfaktoren einer Gesellschaft. Sie regeln und ermöglichen eine unüberschaubar große Zahl von sozialen, wirtschaftlichen, politischen, technischen Prozessen, die einer Gesellschaft und ihrer Kultur das Gepräge geben. Die ↗Sozialstruktur einer Bevölkerung ist weitgehend durch ihre B.-struktur und das Ausbildungssystem für die verschiedenen B. vorgegeben. Diese „Arbeitswelt", ihre strukturellen Eigentümlichkeiten sind meistens ungeplant, über einen freien Markt für Waren und Dienstleistungen aus Milliarden von individuellen Entscheidungen im Lauf der Jahrhunderte entstanden. Wenn der heutige Begriff vom B. auch meist mit Luther und seiner Zeit verknüpft wird, darf nicht übersehen werden, daß es schon in der Antike Vorstellungen über die Bedeutung der B. gegeben hat. Allgemein gelten heute die USA in der Bildungs- und Arbeitswelt als Muster für das, was in Europa und anderen Erdteilen in Jahren oder Jahrzehnten eintreten wird. Die Soziologie der B. ist in den USA stark entwickelt; ihre Fachausdrücke beherrschen auch die deutsche Soziologie der B. Der B., wie wir ihn zunächst im Deutschen verstehen, heißt im Englischen *profession. The professions* entspricht weitgehend unseren „freien" B. bzw. den „akademischen" B.; es sind vor allem B., die eine formalisierte, mit verschiedenen Hürden ausgestattete Ausbildungszeit vor ihrer Ausübung verlangen. Im Mittelpunkt des Interesses der amerikanischen Soziologie der B. steht die heutige Tendenz der „Professionalisierung", der „Verberuflichung" verschiedener Tätigkeiten, die früher weniger „verberuflicht", weniger „professionalisiert" waren, zu denen der Zugang also weniger eindeutig war. Zwei entgegengesetzte Tendenzen lassen sich somit heute beobachten: einerseits strebt man bei bestimmten B., sowohl von seiten der sie bereits Ausübenden und sie Lehrenden als auch (in manchen Fällen) von seiten der Öffentlichkeit, des Staates, diese Professionalisierung an. Man wünscht den B. und sein Bild zu festigen. Das bedeutet eine Erschwerung, den einmal gewählten B. wieder aufzugeben, noch während der Ausbildung zu wechseln oder in diesen B. verhältnis-

mäßig spät aus einem anderen überzuwechseln. Die andere Tendenz — im Widerspruch zu der ersten — betont und befürwortet die immer weiter gehende Öffnung, das Offenhalten der einzelnen B. für Zugänge aus anderen B. und Ausbildungswegen. Wenn aber der B.wechsler zunehmende Bedeutung haben soll, kann dies zweierlei bedeuten: man vermutet, daß es immer wieder völlig neue, heute noch kaum vorhersehbare B. geben wird, für die, selbst unmittelbar vor ihrem Auftauchen, keine eigentliche Ausbildung möglich sein wird (z. B. Kunststoffschlosser z. Zt. in der BRD). Man kann aber mit B.wechslertum auch meinen, es würde durch den technischen Fortschritt und andere Wandlungsvorgänge immer wieder starke Fluktuationen in der Arbeitsmarktlage der einzelnen B. geben, so daß einzelne Arbeitnehmer auf der Suche nach Arbeit vom einen B. zum anderen hinüberwechseln werden. Welche dieser beiden Möglichkeiten man mit dem Begriff des B.wechslertums auch meint oder welche man für die häufigste ansieht, im Endergebnis bedeuten beide Tendenzen, daß die Professionierung, die Verberuflichung immer weiterer B., die bisher noch verhältnismäßig offen waren, das B.wechseln erschweren wird, sowohl infolge der persönlichen Investition in der Qualifizierung für den ersten B. als auch in der Erschwerung des Überwechselns von solchen, die zwar eine B.ausbildung haben, aber nicht diejenige, die der vollprofessionalisierte B. verlangt. Wir können uns z. B. eine Phase in der B.entwicklung der Kindergärtnerin und der Krankenschwester denken, bei der eine junge Dame mit einiger Erfahrung in dem einen oder dem anderen B. ohne Schwierigkeiten eine Anstellung in jedem dieser beiden B. finden könnte. Sobald es eine Diplom-Kindergärtnerin und eine Diplom-Krankenschwester gibt, dürfte es für die Inhaberin eines solchen Diploms fast unmöglich sein, in den anderen B. überzuwechseln.
Die futurologisch dramatisierte Anzweifelung der B. innerhalb der künftigen Arbeitswelt aufgrund der ↗Automatisierung muß kritisch geprüft werden. Es finden sich zwar heute bereits in manchen Industrien psychosomatisch erkrankte Arbeitnehmer, die an Schuldgefühl und Langeweile leiden, weil sie nichts Rechtes mehr — im herkömmlichen Sinne — zu leisten haben. Die Beobachtung von Skalen und Meßgeräten befriedigt sie nicht. Darüber gibt es medizinische und betriebspsychologische Befunde. Es wäre jedoch voreilig, zu glauben, weil sich für bestimmte, eine kleine Minderheit bildende Arbeitnehmer in einem bestimmten Lebensabschnitt in einer bestimmten Phase der Automatisierung ihres Arbeitsplatzes ein berufliches Vakuum ergibt, dürfe sämtlichen Berufstätigen geraten werden, sie sollten sich erst gar nicht einen bestimmten B. suchen oder sich gewöhnen, darin einen Teil ihres Lebenssinnes zu finden. Nach einer Übergangsphase werden die langweiligen, scheinbar oder tatsächlich sinnlosen Beobachtungsaufgaben in der Industrie durch Überwachungssysteme übernommen werden. Man muß deshalb unterscheiden zwischen der Frage nach einer absoluten, unausweichlichen Arbeitslosigkeit

aufgrund der Automatisierung einerseits (ein Problem, über dessen Größe man sich keineswegs einig ist) und einem anderen Problem: nämlich der allmählichen Rücknahme von in einem bestimmten Fertigungsprozeß nicht mehr notwendigen Arbeitskräften hinüber in andere Tätigkeitsbereiche. Umschulung, vorzeitige Pensionierung, Umsiedlung und ähnliche Maßnahmen, obwohl sie auch immer vom guten Willen der Betroffenen abhängen, werden hier die kurzfristig auftretenden Schwierigkeiten in der Regel von Fall zu Fall lösbar machen. Parallel zu der weit überschätzten Entberuflichung einiger Arbeitnehmer durch technische Veränderungen ihres Arbeitsplatzes kann man aber in sämtlichen Industriegesellschaften eine Verberuflichung, die Professionalisierung zahlreicher Beschäftigungsformen beobachten, also das genaue Gegenteil des Profilverlustes einiger industrieller Tätigkeiten. Arbeitnehmer, die ein paar Stunden am Tag nur mehr fingierte Aufgaben haben, gibt es übrigens in den USA seit Jahrzehnten. Sie werden dank gewerkschaftlichen Druckes dafür bezahlt, daß sie Funktionen ausüben, die, vom Arbeitgeber, von der Technik ihrer Tätigkeit, ihrer B. her gesehen, überhaupt nicht mehr existieren (Heizer auf Diesellokomotiven, übergroße Flugzeugbesatzungen, überflüssige Bühnenarbeiter und Techniker in Theatern, Film- und Fernsehstudios; Angehörige des Druckereigewerbes, die seit Jahrzehnten in den USA einen großen Teil ihres Arbeitstages damit verbringen, sämtliche von Inserenten dem Presseorgan bereits fertig in Klischeeform gelieferte Anzeigentexte an Ort und Stelle noch einmal mit der Hand zu setzen, bis zum Druck vorzubereiten und dann wieder einzuschmelzen, um danach das Klischee in die Maschine einzusetzen). Es gibt also bereits in heutigen B. Arbeitnehmer, die zu dem Bewußtsein, eine sinnlose Tätigkeit, für die man gut bezahlt wird, zu verrichten, verurteilt sind. Psychosomatische Störungen bei *diesen* Arbeitnehmern sind in den USA nicht bekannt geworden. Zukunftsforscher heben zwei Trends hervor: 1. Im Leben eines Menschen werde die Freizeit immer mehr und seine Berufsausübung immer weniger Raum einnehmen. 2. Die künftige Industriegesellschaft beeinträchtige die Qualität unseres Lebens durch die im B., in der Arbeitswelt bestehenden „Systemzwänge". Hier liegt ein Widerspruch, zumindest in der subjektiven Bewertung der beiden Trends, vor. Schrumpft die effektive Arbeitszeit für die meisten Menschen immer weiter (bis zur 20-, 10- oder gar 5-stündigen Arbeitswoche), dann kann der einzelne durch seinen B., über den er in die Industriegesellschaft hineingebunden ist, nicht mehr übermäßig beansprucht und von den wesentlichen Werten des Daseins abgelenkt werden. Es ist auch kaum möglich, vom „B. an sich" zu sprechen, als ob seine Bedeutung im Leben eines jeden Berufstätigen gleich groß oder gleich gering sein müßte. Die Identifizierung eines Menschen mit seinem B., auf welcher Ebene dieser B. auch liegen mag, sogar bei gleichem, äußerlich sichtbarem B.erfolg, kann unterschiedlich bleiben. Der Grad dieser Identifizierung eines Menschen mit seinem

B. hängt u. a. auch ab von den übrigen Lebensinhalten des betreffenden Individuums. Es gibt Menschen, die von ihrem Steckenpferd weit mehr beansprucht werden als von ihrem eigentlichen B. Manche könnten sich von ihrem Hobby genausogut ernähren wie von ihrem B. Einige Pädagogen erklären nun heute, ein jeder, der einen anderen Menschen auf einen B. vorbereitet, diesem B. anpaßt und zu ihm motiviert, wer also einen anderen in einen B. hineinführt, erzeuge „angepaßte Menschen", er verkürze den Horizont des anderen. Zumindest brauche man eine möglichst lange Verschiebung der Berufswahl des jungen Menschen. Wenn das Verhältnis des Individuums zu einem bestimmten B. in Frage gestellt wird, fragt sich, welche Ziele und Werte an seine Stelle treten sollen. Wir dürfen auch zwei Vorgänge nicht verwechseln: 1. Die Selbstfindung eines jungen Menschen durch die vorwegnehmende Bindung an einen B., ein B.bild und 2. eine negativ zu bewertende Selbstbegrenzung. Es handelt sich einerseits um das Verhältnis zum B. an sich als Teil der Lebensaufgabe und andererseits um das Verhältnis zu einem ganz bestimmten Beruf.

In der Gesellschaftskritik hat der B. im Leben eines Menschen heute ganz verschiedenen „Stellenwert", je nachdem, ob es sich um einen Mann oder eine Frau handelt. Für den Gesellschaftskritiker erweist sich die immer noch unzulängliche Emanzipation der Frau in der heutigen Gesellschaft aus der dem Bevölkerungsanteil des weiblichen Geschlechts nicht entsprechenden Vertretung der Frau in den verschiedenen B. Der Frau werde eine volle und echte Selbstverwirklichung durch die patriarchalischen Strukturen und Vorurteile unserer Gesellschaft verwehrt, weil man sie aus der Arbeitswelt und vor allem aus bestimmten B. und Positionen fernhalte bzw. weil Frauen ein zu niedriges Anspruchsniveau den B. gegenüber hätten. Dieselben Gesellschaftskritiker beklagen an der industriellen „Leistungsgesellschaft" jedoch am meisten die „Vergewaltigung", die ↗Entfremdung des in seinem B. tätigen Menschen, natürlich nur des Mannes, dem all die Freiheiten, bei gleichzeitiger Sicherheit des Lebensunterhalts, fehlen, die man zuvor bei der Frau als ihrer „Selbstverwirklichung" abträglich erklärt hat. Kann man den Grad der Fortschrittlichkeit einer Gesellschaft einerseits daran messen, wie weit und wie allgemein in ihr für Frauen „Karriere machen" möglich ist (und als normal gilt), andererseits aber am Ausmaß, bis zu dem den Männern die Absage an die „Leistungsgesellschaft" und ihre Karrieren möglich ist?

Die verschiedenen B. in einer Gesellschaft sind in einer allgemeinen Skala der Wertschätzung (Prestigeskala) geschichtet. Diese Wertschätzung der einzelnen B. ist nicht in jedem Fall eine notwendige Folge der ↗Arbeitsteilung, der sozialen Differenzierung. Es wirken auch idiosynkratische, snobistische, religiöse ↗Vorurteile mit. So hat zu den verschiedensten Zeiten, in den verschiedensten Kulturen (Inder, afrikanische Negerstämme, Germanen des Mittelalters usw.) die Neigung bestanden, selbst solche B. zu „verfemen", als „unehrlich" und unachtbar zu behandeln, die für die jeweilige Gesellschaft funktional wichtig waren. So praktische und wichtige B. wie der des Schmiedes, des Heilkundigen, des Chirurgen, des Baders wurden diffamiert, obwohl man sie nicht missen wollte. Werner Danckert (Unehrliche Leute. Die verfemten Berufe, 1963) sieht ein Hauptmotiv in der Diskriminierung und Verfemung bestimmter B., die an sich sehr funktional sind (z. B. Weber, Türmer, Schäfer, Töpfer), in dem Fortwirken ursprünglicher Tabus, magischer Wertschätzungen, einer Haltung der Scheu, die nach der Christianisierung in Abscheu umgeschlagen sei. Jedoch reicht eine religionssoziologische und psychologische Deutung nicht aus. Die heutige Wertschätzung früher verfemter B. ist nicht allein mit dem Abklingen des Aberglaubens zu erklären, sondern auch mit der allgemeinen Verfachlichung und Versachlichung der Arbeitswelt. Bestimmte B., deren Ansehen vor 200 oder 250 Jahren sehr gering war (Krankenschwester, Arzt, Schauspieler, Musiker, Künstler), sind auch deshalb im öffentlichen Ansehen gestiegen, weil die von diesen B. verwandten Mittel und der Rahmen, in dem sie ihre Tätigkeit ausüben, mit dem wissenschaftlich-technischen Fortschritt „seriöser" und leistungsfähiger wurden. Das gilt auch für B. wie den Journalisten, den Reporter, Fotografen, bei denen sich der Anstieg des Ansehens über einen weit kürzeren Zeitraum hinweg beobachten läßt. Vermutlich wirken sachgebundene, einer technischen Eigengesetzlichkeit unterliegende Vorgänge in der Apparatewelt auf das Ansehen solcher B. zurück, die an bestimmten Stellen in dieser Apparatewelt ihre Tätigkeit verrichten. So hat der Buchdrucker, das Druckereigewerbe, sehr früh und bis heute ein recht hohes, fast gleichbleibendes Ansehen.

Th. Scharmann, Arbeit und Beruf (1956); H. Stieglitz, Der soziale Auftrag der freien Berufe (1960); Ph. Muller, Berufswahl in der rationalisierten Arbeitswelt (1961); W. Danckert, Unehrliche Leute (1963); Th. Scharmann (Hrsg.), Schule und Beruf als Sozialisationsfaktoren (1966); O. D. Duncan u. P. M. Blau, The American Occupational Structure (New York 1967); H. Daheim, Der Beruf in der modernen Gesellschaft (1967); G. Stückmann, Der Berufserfolg als Motivationsphänomen (1968); H. A. Hesse, Berufe im Wandel (1968); E. Hoffmann, Zur Geschichte der Berufsausbildung in Deutschland (o. J.); H. Kairat, „Professions" oder „Freie Berufe"? (1969).

Berufsprestige bezeichnet das in jeder Gesellschaft anzutreffende Prestigegefälle (meßbar in Meinungsumfragen, mit dem Ergebnis einer Prestigeskala) zwischen den einzelnen ↗Berufen. Allerdings kennt die Öffentlichkeit (repräsentiert in der über das B. befragten Stichprobe) jeweils nur einen Bruchteil der bis über 20 000 verschiedenen Berufe, die es in heutigen Industriegesellschaften gibt. Das B. kann nur für etwa 50 bis 150 allgemein bekannte Berufe festgestellt werden. Vergleiche der Prestigeskalen verschiedener Industrieländer (USA, UdSSR, England, Neuseeland, Japan, BRD) haben ergeben, daß selbst in ihrer Kultur und politischen Herrschaftsstruktur sehr verschiedene Länder überwiegend berufliche Positionen aufweisen, die nicht nur international vergleichbar sind, sondern auch

in ihrem relativen Prestigegefälle in diesen Gesellschaften ungefähr auf gleicher Höhe liegen (A. Inkeles u. a.).
Das unterschiedliche ↗Prestige der Berufe kann man sich mit (G. Homans, *Social Behavior, Its Elementary Forms* 1961, S. 334) damit erklären, daß Menschen hohes Ansehen gewinnen, „wenn sie für viele andere Dienste leisten, die von diesen anderen durch nichts anderes entgolten werden können als durch die Verleihung von Ansehen und durch die Bereitschaft zum Gehorsam. Diese Dienste befriedigen zwar Bedürfnisse, doch sind sie teuer, weil ein Teil des Preises eben das Ansehen ist, das man selbst verliert [als Empfänger dieser Dienste], indem man es einem anderen verleiht." Dieser Hypothese liegt die Vorstellung eines sozialen Systems zugrunde (es kann sich auch nur um eine vorübergehende Situation handeln), worin des einen Ansehen notwendigerweise des anderen minderes Ansehen sein muß. Ansehen (Prestige, ↗Status) ist, im Gegensatz zu Sachgütern, nicht beliebig vermehrbar, sondern durch konventionelle Definition immer knapp.
Dagegen wird eingewandt, eine ↗Differenzierung von beruflichen Positionen müsse an sich noch keine soziale Ungleichheit zwischen den Positionsinhabern begründen. Unter dem Aspekt der ↗Arbeitsteilung als solchem bestehe z. B. keinerlei Rangunterschied zwischen Generaldirektor, Sekretärin und Schlosser eines Werkes: „Die Position Schlosser und die Position Generaldirektor müssen kompetent besetzt sein und sind für die Erstellung der jeweiligen Leistung gleich wichtig" (Dahrendorf). Es ist aber keine ausreichende Erklärung für die unterschiedliche soziale Bewertung der beiden Positionen, wenn Lepsius meint: „Tatsächlich aber werden sie unterschiedlich bewertet, wobei sich diese Bewertung auf das mit beiden Positionen verbundene unterschiedliche Verhalten bezieht." Es sei allein die durch die Arbeitsteilung verursachte Differenzierung des Verhaltensanspruchs, der zu „erheblichen Unterschieden im zugemuteten Verhalten führt". Die „Unterprivilegierung" der prestigeärmeren Berufsposition entsteht nach Lepsius, weil sie hoch bewertete Verhaltensweisen ausschließt. Bis jetzt hat aber die in manchen Ländern zu beobachtende Egalisierung der Freizeitbetätigungen (in den USA beispielsweise der fast schichtungspezifische Besitz eines Motorbootes, des Golfspielens; in Großbritannien nahmen vor wenigen Jahren Bergarbeiter die Fuchsjagd als Sport auf) am unterschiedlichen B. wenig oder nichts geändert. Insoweit die sozialen Normen die verschiedenen Berufspositionen differenzieren (diskriminieren), käme es zur Ungleichheit der Chancen für die Wertteilhabe (an dem sozial hochgeschätzten Verhalten), solange sich die Individuen den Verhaltenserwartungen (Rollen) ihrer Position (Status) gemäß verhalten, also konform sind. Unbeantwortet bleibt allerdings, worauf die spezifischen Organisationsformen der Normteilung beruhen (Lepsius).
Die Funktionalisten gehen im Rahmen ihrer ↗strukturellfunktionalen Theorie von der Annahme aus, daß die meisten Gesellschaften beruf-

liche Positionen zu besetzen haben, die besondere Anforderungen an den Inhaber stellen. Es sei deshalb funktional notwendig (und psychologisch begreiflich), daß die schwierigeren (sowohl nach Vorbereitung als auch Verantwortung und Ausübung) Positionen durch wirtschaftliche und prestigemäßige Ausstattung besonders anziehend gemacht werden. Diese Ungleichheit u. a. des B. sei also funktional unvermeidbar.

Dagegen hat man eingewandt, es sei nicht ohne weiteres zutreffend, daß niemand ohne Aussicht auf besondere Belohnung nach schwierigen beruflichen Aufgaben streben würde. In Wirklichkeit benötige man für die attraktiven Positionen kein Anreizsystem, sondern ein Siebungssystem, das die Besetzung sozial bedeutsamer Positionen regelt, weil die Zahl der Bewerber größer ist als die der zu besetzenden Positionen. Diese These jedoch überzeugt insofern nicht, weil ja das bloße Vorhandensein eines Siebungssystems für bestimmte Positionen bereits verrät, daß in diesen Positionen große Anreize stecken, da sonst die Siebung überflüssig wäre. Wie sehr unangenehme, anstrengende berufliche Positionen eines Anreizsystems bedürfen, zeigt die seit Jahrzehnten zu beobachtende Schwierigkeit der USA-Bundesregierung, führende Positionen in der Washingtoner Ministerialbürokratie zu besetzen. Obwohl diese heute durchaus hohes Prestige, Macht, weitere Verwertung nach dem Ausscheiden aus dem Amt und hohe Gehälter bieten, muß für sie aktiv rekrutiert werden. Eine Siebung eines Überangebots von Bewerbern ist nicht zu beobachten. Dasselbe trifft für die Vergabe der Stipendien zum Studium an amerikanischen wissenschaftlichen Hochschulen zu. Es ist eher so, daß in heutigen Industriegesellschaften ein Überangebot von anspruchsvollen Positionen um einen relativ kleinen Prozentsatz der Bevölkerung mit ausreichender Leistungsmotivation und Begabung in Konkurrenz steht. Die Knappheit dieses Talents treibt die Preise für seine Dienstleistungen in die Höhe und damit das B. dieser Positionen. Selbst bei einer weit größeren Begabungsreserve (als sie von skeptischen Autoren angenommen wird), bliebe immer noch die Knappheit der Individuen mit der entsprechenden Leistungsmotivation.

A. Inkeles und P. H. Rossi, National Comparisons of Occupational Prestige, in: American Journal of Sociology, Bd. 56 (1956); A. J. Reiss, Occupations and Social Status (New York 1960).

Berufsständische Ordnung ist ein politisches Ordnungsprinzip einer Gesellschaft, in der die Willensbildung und Verwaltung in einzelnen zusammengeschlossenen Berufsständen vor sich geht. Je nach Mitgliederzahl und Einfluß, Schlüsselposition in der arbeitsteiligen Gesellschaft, wirken die Vertreter der einzelnen Berufsgruppen auch im parlamentarischen Raum aufeinander ein (Bauern, Ärzte, Rechtsanwälte, Handwerker, Bergarbeiter usw.) Obgleich eine berufsständische Ordnung heute als undemokratisch und unerwünscht gilt (weil zum Ständestaat tendierend), üben einzelne Gewerkschaften in heutigen Industriegesellschaften oft eine disproportionale Macht aus. Die kath. Soziallehre neigte zur B. O. (z. B. Papst Pius XI., Quadragesimo anno, 1931). Heute spielt die B. O. in der Soziallehre der kath. Kirche eine geringere Rolle (Mater et magistra, 2. Vatikan. Konzil). Die Vorstellung einer B. O. zwecks Reglementierung der Arbeit von außen her beschäftigte auch E. Durkheim (1902).

W. Schwer, Stand und Ständeordnung im Weltbild des Mittelalters (²1952); R. Bendix und S. M. Lipset (Hrsg.), Class, Status, and Power (New York²1966); H. Schmitt, Entstehung und Wandlungen der Zielsetzungen, der Struktur und der Wirkungen der Berufsverbände (1966).

Betriebssoziologie erforscht das im Industriebetrieb vorkommende Sozialverhalten, nach Kategorien der Beschäftigten, nach Arbeitsplatztypen, Industriearten, aber auch allgemeinmenschliches Sozialverhalten (z. B. Cliquenbildung, informelle Gruppen, Ausweichhandlungen, Paarbindungen, Freundschaftsbeziehungen), insoweit es sich im Betrieb nebenher (trotz oder sogar bewußt entgegen der vom Betrieb geforderten Verhaltensweisen), oft in den Arbeitsvorgang verflochten, abspielt. Die Sozialstruktur des Betriebs, das Verhältnis der Menschen zur ↗Arbeit, Anpassungsprobleme, Betriebsklima, optimale innerbetriebliche Organisation gehören zu den Themen der B. Eine rationale, leistungsoptimale Betriebspolitik kann nur erfolgreich sein (im Sinne einer optimalen Produktivität und Qualität bei einem Kapitaleinsatz, der die Firma konkurrenzfähig sein läßt), wenn sie sich über die B. das Sozialverhalten der Belegschaftsmitglieder, so wie es ist, transparent machen läßt und die Grenzen einer sozialen ↗Kontrolle durch rationale Betriebsanweisungen, Vorschriften usw. erkennt. Die Abwesenheitsrate von Arbeitern und Angestellten ist z. B. in der Regel weniger von Eigenschaften des Arbeitsvorganges, der Gerätebeschaffenheit abhängig als von den sozialen Beziehungen innerhalb der Arbeitsgruppen und der Größe dieser Arbeitsgruppen. In britischen Kohlenbergwerken wurde z. B. von der optimalen Auslastung der Geräte her eine Arbeitsgruppe mit ca. 18 Männern als „optimal" angesehen, doch stieg die Abwesenheitsrate bei einer Gruppengröße über 8 rapide an. Wer sich als Glied eines Teams von 8 oder weniger Männern fühlt, geniert sich, an einem schönen Tag fischen zu gehen, statt in die Grube einzufahren. Weiß er sich als Glied einer Gruppe von 12 bis 18 Männern, fühlt er sich beim Blaumachen weit weniger gehemmt und kann darauf rechnen, daß zumindest ein anderer am selben Tag fehlen und somit einen Teil der Animosität am nächsten Tag auf sich ziehen wird.
Die B. steht seit jeher im Wertkonflikt, im Spannungsfeld zwischen Unternehmerseite und Arbeitnehmerseite. Sie ist dem Ideologieverdacht und -vorwurf ausgesetzt. Darf sie der Betriebsleitung allein Informationen liefern, die zur besseren sozialen Kontrolle der Belegschaft, der Produktionsmaximierung dienen können, oder soll sie demgegenüber die menschlichen Belange der Arbeitnehmer wissenschaftlich begründen und dann vertreten?

D. C. Miller und W. H. Form, Unternehmung, Betrieb und Umwelt (1957); R. Mayntz,

Die soziale Organisation des Industriebetriebs (1958); W. Kellner, der moderne soziale Konflikt (1961); F. Fürstenberg, Grundfragen der Betriebssoziologie (1964); J. Kolbinger (Hrsg.), Betrieb und Gesellschaft (1966); H. Kluth, Soziologie der Großbetriebe (1968).

Bevölkerung ist die Gesamtheit aller lebenden Personen innerhalb eines geographisch und/oder politisch abgrenzbaren Territoriums zu einem angebbaren Zeitpunkt, wobei in erster Linie die Größe der B., ihr biologischer Aufbau (Anteil des männlichen und weiblichen Geschlechts, der verschiedenen Altersgruppen — ↗Altersgliederung), die B.bewegung (Zu- oder Abnahme, Binnenwanderung, Verlagerung der Altersgliederung — B.pyramide), Fruchtbarkeitsrate und Heiratsrate interessieren. Dies sind die Ausgangsdaten und Trends, aus denen sich das biologische Profil der B. ersehen und vorausberechnen bzw. schätzen läßt. B. ist in der Regel ein umfassenderer Begriff als ↗Gesellschaft, da sie auch Individuen enthält, die im strengen soziologischen Sinn nicht zur Gesellschaft auf demselben Territorium gehören (z. B. vorübergehend sich aufhaltende Ausländer).
Die B.lehre, die ↗Demographie, gilt in manchen Ländern (USA) als Teilgebiet der Soziologie, ist auf jeden Fall eine wichtige Hilfswissenschaft für den Soziologen, der nicht allein die statistisch erfaßbaren Merkmale der B., sondern auch Ursachen und Richtung der Veränderungen in einer B. berücksichtigen muß. Die allgemeine (Altersgliederung und Größe betreffende) B.bewegung ergibt sich aus den Variablen der Fruchtbarkeit (durchschnittliche Kinderzahl pro Frau im gebärfähigen Alter, u. U. auch angegeben als Kinderzahl pro bestehender Familie), Sterblichkeit, Ein- und Auswanderung, durchschnittlichem Alter bei der ersten Eheschließung der Frau, Häufigkeit der Eheschließungen. Obgleich die B.wissenschaft von allen Sozialwissenschaften am erfolgreichsten quantitativ arbeitet und sich der Statistik wie der elektronischen Datenverarbeitungsanlagen bedient, hat sie sich doch auch gerade bei der Vorausschätzung künftiger B.größen immer wieder erheblich geirrt, z. B. in den USA seit 1940, weil die Prognose das tatsächliche Fortpflanzungs- bzw. Kontrazeptionsverhalten in den Familien nicht voraussagen kann. Die sog. generative Struktur (H. Linde, G. Mackenroth), die Gesamtheit der für das Fruchtbarkeitsverhalten einer B. maßgebenden psychologischen, sozialen, ökonomischen und kulturellen Faktoren, ist noch nicht völlig durchschaubar. Es handelt sich um ein kompliziertes Zusammenspiel verschiedener Verhaltensmuster, die selbst wieder durch die Publizität generativer Variablen beeinflußt werden können.

A. H. Hawley, Human Ecology (New York 1950); M. Halbwachs, Population and Society (Glencoe 1960); K. M. Bolte u. D. Kappe, Struktur und Entwicklung der Bevölkerung (1964); R. Thomlinson, Population Dynamics (New York 1965); W. S. Thompson und D. T. Lewis, Population Problems (New York[5]1965); J. M. Beshers, Population Processes in Social System (New York 1967).

Bewegungen, soziale (Begriff in europäischen Sprachen erst seit Anfang des 19. Jahrh.) entstehen, begründet oft durch einen einzelnen gesellschaftlichen Außenseiter, als Reaktion auf einen empfundenen

Mangel in sozialen oder politischen Verhältnissen. S. B.en wollen die gesellschaftlichen Verhältnisse im ganzen oder durchgreifend auf einem bestimmten Gebiet (totales Alkoholverbot, universale Altersversorgung, überkonfessionelle religiöse Vertiefung des öffentlichen Lebens) meist durch Werbung, Beispiel und Propaganda verändern, wobei sie in Aktionsweise und nach Wahl der Mittel von politischen ↗Parteien und Religionsgemeinschaften nicht immer scharf zu trennen sind. S. B.en sind heute meist fortschrittlich (progressivistisch) orientiert, können aber ihre Leitideen aus der Vergangenheit holen. Eine s. B. sucht ihre Anhänger möglichst aus allen Schichten der Bevölkerung zu gewinnen. Sie unterscheidet sich von ↗Geheimbünden, Geheimgesellschaften und ↗Sekten vor allem durch die ungehemmte Öffentlichkeitsarbeit, die Publizität ihres Wirkens und ihrer Ziele. Eine s. B. durchläuft meist einen typischen Zyklus, der mit dem Leben des Gründers und Hauptträgers zusammenfallen kann (z. B. die „Moralische Aufrüstung" mit dem Wirken Frank N. D. Buchmans 1878–1961).

Elan und Charakter der s. B. ergibt sich aus dem Gefühl der Mitglieder, in einem außerparlamentarischen, nahezu illegitimen Raum als Retter der Gesellschaft, gegen Widerstände einer Unzahl von Feinden, wirken zu müssen. Aus s. B.en können politische Parteien oder religiöse Sekten entstehen. Sie gelten aber als s. B. nur so lange, als sie diesen Grad der Organisation nicht erlangt haben. Die s. B. kann auch zur ↗Revolution tendieren.

Beispiele von s. B.: Jugendbewegung; Townsend Movement in den USA während der Wirtschaftskrise; der Poujadismus in Frankreich (1953 organisierte Pierre Poujade einen Steuerstreik, nutzte die allgemeine Unzufriedenheit der Bauern und Kleinhändler, um die von ihm gegründete UDCA = Union de Défense des Commerçants et Artisans in kurzer Zeit zu einer s. B. zu machen; sie gewann 1956 in der Nationalversammlung 52 Sitze. Eine s. B. kann auch von sozial engagierten Angehörigen einer bestehenden Organisation eingeleitet werden und mit dieser u. U. in Konflikt geraten (z. B. Arbeiterpriester in Frankreich nach dem Zweiten Weltkrieg). S. B.en können ein konkretes und erlangbares Ziel haben (z. B. Souffragetten, Frauenstimmrechtbewegung), die mit der Gewährung des Wunsches durch Gesetzgeber oder Verfassung hinfällig werden. S. B.en setzen sich meist philanthropische, altruistische Ziele. Manche zweckgebundene philanthropische Einrichtungen gleichen in vielen dem Typ der s. B.: zum Beispiel die amerikanische Gesellschaft zur Bekämpfung der Kinderlähmung. Gerade bei Organisationen dieser Art zeigt sich ein organisatorischer Selbsterhaltungstrieb, der nach dem Erreichen des eigentlichen Ziels nach Ersatzaufgaben suchen läßt.

H. W. Laidler, Social-Economic Movements (London 1949); R. Heberle, Social Movements (New York 1951); ders., Hauptprobleme der politischen Soziologie (1967). W. E. Mühlmann, Chiliasmus und Nativismus (1961).

Bewußtsein, falsches, ein Grundbegriff des ↗Marxismus, setzt zunächst gesellschaftliche Bewußtseinsformen voraus. Diese kommen nach K. Marx so zustande: „In der gesellschaftlichen Produktion ihres Lebens gehen die Menschen bestimmte, notwendige, von ihrem Willen unabhängige Verhältnisse ein, Produktionsverhältnisse, die einer bestimmten Entwicklungsstufe ihrer materiellen Produktivkräfte entsprechen. Die Gesamtheit dieser Produktionsverhältnisse bildet die ökonomische Struktur der Gesellschaft, die reale Basis, worauf sich ein juristischer und politischer Überbau erhebt und welcher bestimmte gesellschaftliche Bewußtseinsformen entsprechen. Die Produktionsweise des materiellen Lebens bedingt den sozialen, politischen und geistigen Lebensprozeß überhaupt. Es ist nicht das B. der Menschen, das ihr Sein, sondern umgekehrt ihr gesellschaftliches Sein, das ihr B. bestimmt. Auf einer gewissen Stufe ihrer Entwicklung geraten die materiellen Produktivkräfte der Gesellschaft in Widerspruch mit den vorhandenen Produktivverhältnissen oder, was nur ein juristischer Ausdruck dafür ist, mit den Eigentumsverhältnissen, innerhalb deren sie sich bisher bewegt hatten. Aus Entwicklungsformen der Produktivkräfte schlagen diese Verhältnisse in Fesseln derselben um".
Die Ideologieenthüllung und das Programm des Marxismus richteten sich gegen das Bürgertum, gegen die Ordnung der (kapitalistischen) Gesellschaft, die infolge des f. B. grundsätzlich nicht graduell verbessert werden können. Die marxistische Erkenntnistheorie glaubt, es sei der Wille zur Verdrehung der Tatsachen im Interesse einer einzigen Klasse, der alle „bürgerlichen" Soziologen mit weltgeschichtlicher Notwendigkeit zur Blindheit verurteile. Dazu Carl Brinkmann: „Und an dieser äußersten Stelle ist dann zugleich der Punkt erreicht, wo der Materialismus des bewußtseinbestimmenden Seins selber seinen Charakter als mystische Formel enthüllt. Der große Feind zugleich Hegels und Marx', Vilfredo Pareto, dessen soziologisches Denken, von einem viel bewußteren Rationalismus herkommend, bei einem viel bewußteren Irrationalismus endete, hat das am richtigsten gesehen: Die Lehre von der Schaffung des gesellschaftlichen Geistes durch das gesellschaftliche ‚äußere' Sein, die Produktionsverhältnisse und Produktivkräfte, ist eine großartige Totalitätsforderung im Stil Hegels, aber ... auch ohne eigentliche Einsichtigkeit ihres Vollzuges."
Die Vorstellung einer Plastizität des Geistes ist erforderlich, wenn sich das soziale Sein, die Unzahl sozialökonomischer Verhältnisse, wie flüssiges Wachs in die Denk*formen* ergießen soll. Dabei muß man sich bereits vom sozialen Sein her in der flüssigen Masse bestimmte Strukturen angelegt denken, denen sich die Denkformen des Menschen nur noch anzupassen hätten. Die Durchschlagskraft ist auf seiten der sozialen Verhältnisse. Wie kommt es *zum falschen* B.? Solange sozialökonomischer Unterbau und „Kategorialapparatur" des Menschen in Übereinstimmung sind, wäre das B. richtig. Erst die Inkongruenzen schaffen das f. B. Zwar gab es auf früheren Stufen

der menschlichen Bewußtseinsgeschichte auch schon „Angst vor dem falschen B." Dieses Ahnen einer Irrtumsmöglichkeit ist jedoch nur das Empfinden der Mangelhaftigkeit der gedanklichen Weltbeherrschung. Von einer gewissen Stufe an erwächst aus diesem Unbehagen vor dem Irrtum der „partikulare Ideologiebegriff" (K. Mannheim). Der Verdacht auf falsche Urteile ist hier noch psychologisch begründet und erfaßt nur Ausschnitte der Bewußtseinstätigkeit. Wenn dieser partikulare Ideologiebegriff *allgemein* wird und dem verdächtigten Subjekt überhaupt kein richtiges Urteil mehr zutraut, entsteht der *totale* Ideologiebegriff. Erst auf der Ebene des totalen allgemeinen Ideologiebegriffs kommt es zu „f. B.", d. h. einer „standort- oder seinsgebundenen Aspektstruktur des Denkens". Die Strukturen der Sichtweisen beim Erkennenden sind durch ein Kollektivsubjekt, d. h. durch sein „soziales Sein" bestimmt. Man fragt nicht mehr danach, welche etwaigen Motive beim Subjekt X zu falschen Urteilen ursächlich geführt haben; anstelle solcher Interessenpsychologie tritt die Frage nach der (objektiven) Entsprechung „zwischen Seinslage und erkenntnismäßiger Formung" des Bewußtseinsinhaltes. „Jede auf der psychologischen Ebene ansetzende (partikulare) Ideologieforschung erfaßt auch nur im besten Falle die Schicht der Kollektivpsychologie" (Mannheim). Erst durch ein willkürlich unterstelltes Sozialsubjekt (die soziale Klasse; z. B. Bürgertum) entsteht beim Individuum die unbewußte Lüge. Diese Ideologie kann aber nicht mehr durch bloßen guten Willen, durch gütliche Aufklärung aus einem bestimmten menschlichen Kopf entfernt werden. Dieser Mensch müßte zumindest den Sprung aus seiner ganzen Klassengemeinschaft, aus ihrer spezifischen sozialen Lagerung hinüber in eine zulänglichere erfolgreich vollziehen. Erst *dann* wäre wieder „Wahrheit" möglich. Um die Mitte des 19. Jahrhunderts tauchte also erstmals die Einsicht auf, „daß sowohl die Struktur des Sozialkörpers als der zu ihm gehörende geistige Zusammenhang in der Richtung der sozialen Spannungen sich differenziert". Die Stufe des totalen Ideologiebegriffs war damit erreicht. Der Angriff auf den (politischen) Gegner wurde vertieft, indem man ihm die Möglichkeit des richtigen Denkens nahm, seine Bewußtseinsstruktur, und zwar in ihrer Ganzheit, diskreditierte: er hat jetzt ein „falsches Bewußtsein". War bei früheren religiösen Propheten die Zumutung eines f. B. nur eine „emphatische Behauptung", so halten Marxisten eine strikte Beweisführung für möglich. Taucht in uns der Verdacht auf, ein f. B. zu haben, so fürchten wir ein Versagen vor einer innerweltlichen Instanz. Diese Instanz ist die Praxis der (politischen) Situationsbeherrschung. Bei Karl Marx „bekommt die Lehre von der Möglichkeit eines ‚falschen B.' einen neuen Sinn, erst hier wird der Gedanke von der Prävalenz der politischen Praxis neben dem Ökonomismus zur entscheidenden Instanz dafür, was am Gedankengut bloß ideologisch und was wirklichkeitsrelevant sei" (K. Mannheim).

Die totale Ideologie-Verdächtigung blieb nicht das Instrument nur

des Proletariats. Bereits gegen Ende des 19. Jahrh. hatten sich prinzipiell alle politischen Parteien der neuen Sichtweise bemächtigt. Der Marxist hat die Naivität, den eigenen Standort vom Verdacht der Ideologiehaftigkeit auszunehmen. Wenn aber *alle* Richtungen mit dem totalen Ideologiebegriff, dem f. B. arbeiten, gelangt man (nach Mannheim) zur *allgemeinen* Fassung des totalen Ideologiebegriffs, indem man sich allmählich gezwungen sieht, „nicht nur die gegnerischen, sondern prinzipiell alle, also *auch den eigenen Standort*, als ideologisch" in Frage zu stellen. Das ist der entscheidendste Punkt in dieser Entwicklung: Mit dem Auftauchen der allgemeinen Fassung des totalen Ideologiebegriffs entsteht aus der bloßen Ideologienlehre die ↗Wissenssoziologie. Es wird hierbei aus der geistigen Kampfapparatur einer Partei die in ihr mitentdeckte, aber nur noch partikular gefaßte allgemeine Richtigkeit von der „Seinsgebundenheit" eines jeden lebendigen Denkens herausgehoben und zum Thema einer geistesgeschichtlichen Forschung gemacht (K. Mannheim).
Der mit dem Ideologiebegriff verbundene Zweifel an Wahrheit unterscheidet sich grundlegend vom früheren philosophischen Bemühen um Wahrheit. Wenn das Ziel der Wissenschaft, der Philosophie, als Wahrheitssuche bezeichnet wurde, stand zwar die Annahme dahinter, daß diese Wahrheit nicht ohne weiteres auffindbar sei. Sie ist verdeckt, etwa durch Mängel am menschlichen Erkenntnisorgan, vielleicht durch einen Schleier des Irrtums, der über den Dingen selbst liegt. Es hing von metaphysischen Vorentscheidungen ab, *wo* die jeweilige Erkenntnistheorie den Hinderungsgrund für fehlende Wahrheit vermutete. Innerhalb des einfachen Subjekt-Objekt-Verhältnisses ist dabei eine Verschiebung des Schwerpunktes möglich, aus der letztlich eine Typologie der Erkenntnistheorien kommt. Die vom Begriff des f. B. des Marxismus ausgelöste Wissenssoziologie bringt erstmals ein spezifisch soziales Verdachtsmoment. Es ist nicht mehr eine sachgebundene Scheu der Menschen vor der sich selbst verbergenden Natur (Parmenides), es ist nicht ein sokratisch-platonischer Zweifel, sondern der Verdacht wird konsequent in den menschlichen Bereich zurückgenommen, indem gegenüber der Wahrheit die Menschen in polare Lager gespalten sein sollen: Besitz der Wahrheit fällt mit sozialer Auserwähltheit zusammen. Der Verdacht gilt nicht mehr für alle Menschen, zugleich aber damit eben *nur* für den Menschen als soziales Wesen. Die „Anthropologisierung" des Zweifels an der Möglichkeit von wahrer Erkenntnis ist dabei viel grundsätzlicher als bei Descartes. Jetzt stehen sich zwei (oder mehr) Gruppen von Menschen gegenüber, von denen die eine *auf Kosten* der anderen der Wahrheit teilhaftig zu sein glaubt. Durch Überwindung der Ideologie gewonnene Erkenntnis schließt den Raub von Wahrheitsmöglichkeit bei einer anderen menschlichen Gruppe ein. Das Sein dieser Welt hat nicht mehr Platz für eine Menschheit, deren sämtliche Glieder an der Wahrheit und *Wahrhaftigkeit* teilhaben *dürfen*. Das die Wahrheit der Erkenntnis garantierende Medium ist „rationiert", nur

einigen vorbehalten. Eine ökonomische Komponente steckt also bereits im Ansatz. Dieses ausschließende, andere Menschen grundsätzlich beraubende Verdachtsmoment verlangt nun, daß das Problem der wahren Erkenntnis nicht mehr vom einzelnen Menschen aus in Angriff zu nehmen sei. Das erkenntnistheoretische Problem ist zum Kollektiv verschoben. Die Frage der richtigen Erkenntnis wird untrennbar an die Gruppenexistenz des Menschen geknüpft. Der Einbezug der soziologischen Ebene wirkt allerdings nicht nur negativ. Der Schleier des Irrtums ist nicht nur um die sozialen Faktoren der menschlichen Existenz dichter geworden, sondern die Wahrheit winkt gleichsam als Lohn für den „richtigen" Ort innerhalb der Gesellschaft. Diese Übertragung der Wahrheitsproblematik aus dem Bereich des einzelmenschlichen Denkens in die soziologische Sphäre hat eine weitere Folge. Die Psychologie wird ausgeschaltet, damit wird aber auch das Wahrheits*gewissen* aufgegeben. Die Gruppenexistenz zwingt die erkenntnistheoretische Fragestellung nicht nur zum Verlassen der psychologisierenden Ebene. Vielmehr wird die *Wahrhaftigkeitstendenz* des einzelnen verloren. Sobald man aber davon abgeht, die Erkenntnismöglichkeit vom Subjekt aus zu erfragen, kann allerdings auch von der Ideologie einer Gruppe nur mehr uneigentlich gesprochen werden. Denn eine Anzahl von Menschen, die als Gruppe existieren und einer und derselben Täuschung bei ihren Urteilen unterliegen, verdankt diesen Irrtum doch nur falschen psychischen Abläufen im Individuum. Eine massenpsychologische Beeinflussung dieses Subjekts stellt lediglich einen Sonderfall dar. Nie wird z. B. eine Massensuggestion zu einer richtigen Erkenntnis verhelfen, die einem dabeistehenden, der Masse nicht zugehörigen Subjekt versagt bleibt. Solange die Sachlage nur auf dieser Ebene gesehen wird, rechnet man die Täuschung immer noch dem subjektiven Erlebnisakt zu. „Macht man aber den Erlebnisakt zum alleinigen Sitz der Ideologiebildung, so kann man das Individuum in der Richtung irgendeiner Kollektivität nicht transzendieren" (Mannheim). An ein allmähliches Erarbeiten der modernen soziologischen Wahrheitsproblematik über Individual- und Gruppenpsychologie ist nicht mehr zu denken. Die radikal zugreifende ↗Wissenssoziologie (im Sinne Mannheims) baut sich auf der grundsätzlichen Absage an jegliche psychologische Methode auf.

St. Warynski, Die Wissenschaft von der Gesellschaft (1944); K. Lenk, Ideologie ([2]1964); K. Mannheim, Ideologie und Utopie ([4]1965); P. Gorsen, Zur Phänomenologie des Bewußtseinsstroms (1966); M. Halbwachs, Das Gedächtnis und seine sozialen Bedingungen (1966); ders., Das kollektive Gedächtnis (1967).

Beziehung, soziale, ist einerseits der jeweilige Akt (↗Interaktion) einer absichtlichen (intendierenden, intentionalen) Hinwendung, Kontaktnahme oder -pflege von einer Person oder Gruppe zu anderen, wobei die Tatsache der s. B. über emotionale Hintergründe und Begleiterscheinungen (Sympathie, Antipathie, Feindseligkeit, Hilfsbereitschaft) zunächst nichts aussagt. Andererseits kann s. B. auch die wechselseitige Erinnerung an früher stattgefundene Interaktionen und nur eine latente B. bedeuten. Simmel verstand unter s. B. die „zarten Fäden“, die minimalen B.en „zwischen Menschen, von deren kontinuierlicher Wiederholung all jene großen, objektiv gewordenen, eine eigentliche Geschichte bietenden Gebilde begründet und getragen werden“. Ähnlich wie Simmel, verstand L. v. Wiese (der eine umfassende systematische Beziehungslehre schuf) unter der s. B. nur die Relationen, das Sich-in-Beziehung-Setzen und -gesetzt-Haben, zwischen einzelnen Personen, ein Gewebe oder Netz, auf dem komplexere soziale Gebilde ruhen. Max Weber hingegen meinte mit s. B. „ein seinem Sinngehalt nach aufeinander eingestelltes und dadurch orientiertes Verhalten mehrerer“. Nach ihm können selbst ganze Anstalten oder Institutionen, wie Staat, Kirche, Bildungseinrichtungen, als s. B. aufgefaßt werden.

L. v. Wiese (Hrsg.), Abhängigkeit und Selbständigkeit im sozialen Leben (1951); ders., System der Allgemeinen Soziologie ([3]1955); F. Znaniecki, Social Relations and Social Roles (San Francisco 1965).

Bezugsgruppe, ein Grundbegriff der amerikanischen Soziologie (reference group), ist ein vom handelnden Individuum meist frei gewählter Rahmen für Vorbilder oder Leitbilder. Die B. kann durch einen einzelnen für den durch sie in seinem Handeln Bestimmten vertreten sein, es kann sich um eine ↗Primärgruppe (insbesondere eine ↗*peer group*) handeln oder um Gebilde größerer Art, z. B. einen Berufsstand. Für die Wirksamkeit der B. im Selbstverständnis und Handeln des Betroffenen ist tatsächliche Zugehörigkeit nicht erforderlich. Es kann auch eingebildete B., sogar fiktive geben. Die Wirkung der B. tritt sowohl beim ↗Sozialisationsprozeß als auch bei der sozialen ↗Kontrolle auf. Verschiedene B.n können für das Verhalten des einzelnen je nach der im Augenblick gespielten Rolle maßgebend sein. Der Begriff der B. wurde von H. Hyman (1942) eingeführt, aber besonders durch R. K. Merton entwickelt. Die B. verknüpft begrifflich und theoretisch die Sozialpsychologie mit der Soziologie. Man unterscheidet auch positive und negative B.n (Newcomb, Sherif).

R. K. Merton, Social Theory and Social Structure (Glencoe [2]1957); J. Aronfreed, Conduct and Conscience (New York 1968); E. Singer u. H. H. Hyman (Hrsg.), Readings in Reference Group Theory and Research (New York 1968).

Bildungssoziologie, wie sie sich heute selbst versteht, ist relativ jung. Sie hat noch kein deutliches Profil wie andere „Bindestrich-Soziologien“ (Wirtschafts-, Rechts-, Kunst-, Religionssoziologie usw.). Als Vorläufer der B. gilt die Bildungs*ökonomie*. B. unterscheidet sich von der Soziologie einzelner Bereiche des Schulwesens durch ihr Überwiegendes Interesse an der Variablen „Sozialschicht“. Eine Untersuchung über „Volksschullehrer als Beruf“ gehört zur Soziologie der Berufe. Sie wäre einer Studie vergleichbar über den Arzt, den Architekten oder den Unternehmer als Beruf. Untersuchungen, die z. B. feststellen, inwieweit Volksschullehrer schichtspezifisch ihren Schülern der vierten Klasse zum Übergang auf ein Gymnasium oder zum Verbleiben in der Volksschule raten, gehören der B. an. So zeigte eine Studie, daß in Basel Primarlehrer in der Regel einem mäßig begabten Kind aus einem bildungsfreundlichen Elternhaus ohne Zögern den Übergang ins Gymnasium empfehlen, im Gegensatz dazu aber einem ebenfalls mäßig begabten Kind aus der „Grundschicht" Basels davon abraten. Der Primarlehrer nimmt also Schwierigkeiten, die für dieses Kind vom Elternhaus nicht aufgefangen oder ausgeglichen werden können, gedanklich und entsprechend seiner bisherigen Erfahrung vorweg und urteilt dementsprechend: er stellt eine schichtspezifische Bildungsprognose (Willi Schneider u. a., Die Ungleichheit der Bildungschancen, Olten — Freiburg i. Br. 1966). B. ließe sich als Teilgebiet der Soziologie der sozialen Schichtung und Mobilität auffassen. Die meisten Bildungsforscher unter heutigen Soziologen stellen Fragen und brauchen Befunde, die sich auf das System der sozialen Schichtung bzw. der sozialen Klassen beziehen. Aber ebenso gelangen fast alle Soziologen, die sich mit sozialer ↗Schichtung befassen, auf das Gebiet der B. Die B. muß einen Gegensatz zwischen ihren implizierten Wertvorstellungen überbrücken. Auf der einen Seite bezieht sie ihren Auftrag aus dem unterstellten Anspruch der Gesellschaft, einem Maximum an geistiger Leistungsbereitschaft und Leistungsfähigkeit in der Bevölkerung mit zur Entfaltung zu verhelfen. Die B. soll z. B. strukturelle Hindernisse im Sozialisationsprozeß des einzelnen und innerhalb der Bildungsinstitutionen, aber auch in der Familie „ausräumen", die einer solchen Entfaltung der intellektuellen Fähigkeiten entgegenstehen. B. möchte also einerseits Leistung vermehren, fördern und müßte deshalb wissen, was man darunter verstehen will. Andererseits betrachtet die B. mißtrauisch und ablehnend viele Einrichtungen, Organisationsformen, aber auch das berufliche Selbstverständnis der Lehrer, die Leistungsnormen und Leistungsziele im jetzigen Bildungswesen, weil sie in ihnen eine Ursache für die ihrer Ansicht nach zu große Zahl der Versager, der vorzeitigen Abgänger bzw. solcher Kinder erkennt, die von vornherein ein zu geringes Anspruchsniveau auf dem Bildungssektor hätten. Auf der einen Seite bejaht B. eine Maximierung der Leistung an sich, weil sich nur so volkswirtschaftlich und politisch die Wichtigkeit der B. dokumentieren läßt; andererseits argumentiert man, als ob selbst eine insgesamt geringere Bildungsleistung und Bildungseffizienz in Kauf zu nehmen wäre, wenn dafür die Absolventen der höheren Bildungswege gleichmäßig aus allen sozialen Schichten kämen. Die B. ist sich keineswegs einig, ob es ihre Aufgabe ist, der Gesellschaft zu einer größeren Effizienz ihrer Bildungseinrichtungen zu verhelfen, ohne sich dabei um die Werte und persönlichen Ziele zu kümmern, deretwegen der einzelne Mensch etwas leistet, *oder* ob sie ihre eigenen Vorstellungen vermittelnd zwischen Schule und Gesellschaft stellen, der Gesellschaft und den Trägern der Bildungseinrichtungen die eigentlichen, beiden noch verborgenen „gesellschaftlichen Bedürfnisse" dartun soll. Es läßt sich ein Widerspruch beobachten: Während Sozio-

logen einerseits noch Bildungseinrichtungen nach einer möglichen Vergrößerung ihrer Effizienz abklopfen, ist anderen Soziologen der Begriff „Leistungsgesellschaft" ideologieverdächtig. Das gesellschaftskritische Unbehagen an einem Leistungsbegriff, der für die moderne „Leistungsgesellschaft" konstituierend ist, zeigt sich in einem Buch über den Bildungsbegriff der Gegenwart: „Der gesellschaftlichen Effizienz steht ein ständisch gegliedertes Schulsystem im Wege. So wird die Gleichheit der Chancen für alle einem modernistisch zu reformierenden Bildungswesen zum Formationsprinzip, zu dem sich kapitalistisches Leistungsprinzip und das Selbstinteresse am Geltungszuwachs innerhalb des vorgegebenen Statussystems sozialdarwinistisch zusammenschließen — freie Bahn dem Tüchtigen, wohlfahrtsstaatliche Fürsorge plus Freizeitindustrie dem Untüchtigen. Der wachsende Einfluß von Methodologie und Wissenschaftsverständnis der deskriptiven Sozialwissenschaften entzieht den vorgegebenen gesellschaftlichen Zustand immer stärker der Diskussion ... Die Kritik, noch in der Schulreformbewegung zum Kern pädagogischer Fragestellung gehörig, wird systemimmanent festgemacht. Folgerichtig wird nicht das zur Mündigkeit zu ermächtigende Subjekt, sondern der gesellschaftliche Bedarf, das heterogene Interesse zum Orientierungspunkt der Pädagogik gesetzt" (Gernot Koneffke, Schulreform in entfremdeter Welt, in: Th. W. Adorno u. a. zum Bildungsbegriff der Gegenwart, Frankfurt a. M. 1961, S. 145).
Die B. gerate also als objektive Wissenschaft in Schwierigkeiten, wenn sie ihre Begriffe von Leistung und Erfolg aus der jeweiligen Gesellschaft entnimmt. Sie sei nicht mehr eigenständige kritische Sozialwissenschaft. Welche Wertvorstellungen, welche Leitbilder einer für uns jetzt noch nicht gegebenen und für die meisten von uns noch nicht erkennbaren Gesellschaft sollen aber die Kriterien für Leistung und Erfolg im Schulwesen setzen? Oder denkt man an eine B., die ohne die Begriffe Leistung und Erfolg arbeitet? Die Angelsachsen sind in dieser Hinsicht weniger bedrängt als deutsche Soziologen. Für den Begriff Leistung steht ‚achievement' im Sinne eines mehr oder minder endgültigen Nachweises von Kenntnissen an dem Tag, an dem man den entsprechenden *achievement*-Test mitgemacht hat. *Achievement* wird durch eine „Momentaufnahme" gemessen. Der Begriff ‚achievement' in der angelsächsischen B. wäre in manchen ihrer Aussagen mit einem sportlichen Rekord vergleichbar (der Schüler lief 100 m in 11,5 Sekunden), wenn es z. B. heißt, er habe an einem bestimmten Prüfungstag von 800 möglichen Punkten 680 in einem Test erreicht. Wenn amerikanische Erziehungspsychologen von leistungsfähigen Schülern sprechen, müssen sie deshalb von ‚high achievers' reden, also von „hoch-erzielenden"; denn im Grunde leisten ja nach der amerikanischen Erziehungsphilosophie alle Schüler etwas; gleichgültig wie primitiv, hat jeder auf der *für ihn* möglichen Leistungsebene ein anzuerkennendes *achievement*. Diese Abwandlung des Leistungsbegriffs, typisch für die amerikanische Pädagogik, findet sich

schon bei Paul Natorp (Sozialidealismus. Neue Richtlinien sozialer Erziehung, Berlin 1920, S. 127), wenn er meint, Sinn der Erziehung sei Selbstentfaltung der eigenen Keime von innen her, jeder Mensch soll nach Möglichkeit jede in ihm schlummernde Fähigkeit entwickeln: „Gerade die für ihn leichteste, weil seiner vorwiegenden Begabung entsprechende Leistung soll ihn von der Leistung so weit frei machen, wie es nötig ist, damit nicht über der Leistung das Sein zu kurz kommt, sondern die Leistung der selbstverständliche Ausfluß ... dessen ist, was der Mensch an sich selber ist."
Ebenso wie Leistung hat aber auch der Begriff ‚Erfolg', haben die Kriterien für Erfolg einen direkten Bezug zur Kultur und Gesellschaft des jeweiligen Menschen. Nach Erfolg streben klingt für manche „kapitalistisch" oder „konkurrenzsüchtig" und somit „unsozial". Bei manchen heutigen Pädagogen stößt man auf eine Abneigung gegen den Begriff ‚Erfolg'. Insoweit aber die B. sich mit der Maximierung, der Verwirklichung der Chancengleichheit beschäftigt, indem sie zumindest die mangelhafte Verwirklichung nachzuweisen strebt, muß sie Erfolg als legitimes Ziel eines jeden anerkennen. Erfolg muß ihr einerseits als Ziel dessen gelten, dem die Chancengleichheit im Bildungsprozeß dient, andererseits muß sie einen berufsbezogenen Erfolgsbegriff haben, an dem sich das Gesamtergebnis eines Bildungssystems prüfen läßt, also etwa die Frage, ob 4, 5% oder 7, 5% des Bruttosozialprodukts, im Bildungswesen ausgegeben, optimale Wirkungen bringen. Es wäre sinnlos, jemandem zur Chancengleichheit auf dem Gebiet der Bildung verhelfen zu wollen, sie ihm als „Bürgerrecht" ins Bewußtsein zu hämmern, wenn er, als Subjekt, mit dieser ihm gebotenen Chancengleichheit nichts erreichen kann, das ihn von anderen, die jene Chance unergriffen ließen, nicht nennenswert unterscheidet. Chancen kann man immer nur zu einem Erfolg haben. Der Begriff ‚Chance' in der heutigen B. ist komplementär mit dem Begriff ‚Erfolg'. Dieser aber läßt sich logischerweise immer nur auf Kosten anderer Mitbewerber erringen. Ein Los in einer Lotterie gibt mir keine Chance, wenn jeder Käufer eines Loses mit Sicherheit denselben Gewinn ausgeschüttet erhält. Kein Läufer in einem Wettlauf hat am Anfang eine Chance zu siegen, wenn man den Lauf so einrichtet, daß jeder Teilnehmer gleichzeitig mit jedem anderen durchs Ziel gehen muß. Je mehr man also den Begriff „Chancengleichheit" zu einem Zentralbegriff der B. macht, desto notwendiger wird die meßbare, konkrete und sich „auszahlende" Ungleichheit des Erfolgs des einzelnen während des Bildungsprozesses und danach im Berufsleben. In diesem Sinne verknüpfen deshalb einige Autoren den pädagogischen Erfolgsbegriff mit dem Begriff „Leistungsgesellschaft". So meint Klaus Mehnert (Der deutsche Standort, 1967, S. 150): „Eine Gesellschaft, die in diesem Zeitalter modern sein will, muß beseitigen, was die Leistung stört, vor allem die Klassen- und Standesschranken, die eine Hälfte des Volkes leistungsgleichgültig machen." Mehnert anerkennt jedoch als „Leistung" offenbar nur diejenige

Verhaltensform eines Menschen, die ihn auf der Höheren Schule und Universität „etwas leisten läßt"; denn er kann nicht behaupten wollen, jene Hälfte unseres Volkes, die ohne Abitur in den Jahren seit 1948 die deutsche Wirtschaft und Währung zu einer der besten gemacht hat, sei „leistungsgleichgültig" gewesen. Man muß sich auch fragen, ob es nicht pädagogischer Snobismus ist, wenn wir uns weigern, als „Erfolg" der vorzeitig abgebrochenen Teilnahme an einem Bildungsprozeß all das anzuerkennen, was nicht den höchsten Intentionen jener entspricht, die ihn konzipiert haben. Amerikanische Bildungssoziologen können heute auch das als ‚success' werten, was unsere B. ablehnt. So wird 1962 in einem Werk über das amerikanische College ausgeführt: es sei deutlich daß die B. im College mit einer Vielzahl von miteinander verknüpften Zielen und Prozessen rechnen und einen Pluralismus der akzeptablen Erfolgsziele anerkennen muß. Die B. müsse diese Ziele im einzelnen untersuchen und die Folgen des einen Leistungszieles und des einen Erfolgszieles für die anderen feststellen. Wenn wir etwa fragen, wie erfolgreich eine Collegebildung für den Amerikaner X ist, dürfen wir dann sagen, die College-Erziehung für das Mädchen Y war ohne Erfolg, wenn das Ziel erreicht wurde, das ihre Eltern von vornherein hatten, einen möglichst der höheren sozialen Schicht entstammenden Mann im College zu finden? Amerikanische Erziehungspsychologen, die sich mit dem Problem befassen, wie man „Erfolg im College" operationalisieren soll, sind unzufrieden mit diesem College-Erfolgskriterium vieler Mädchen und ihrer Eltern, aber als Soziologe anerkennt Sanford, daß sicher die größte Zahl aller jungen Damen in den USA, die heute in ein College geschickt werden, in erster Linie den Erfolg dieses Zeitaufwandes daran messen, ob es ihnen gelingt, dort die richtige Partnerwahl für die Ehe zu treffen. Nach amerikanischer Auffassung kann man aber auch nicht bildungsspezifische Ergebnisse der Teilnahme am Bildungsvorgang als „Erfolg" aus der Sicht des Studierenden buchen. „It is clear that in the study of college education we have to deal with a diversity of interrelated goals and processes. As social scientists approaching this complex field we have to observe at the present time a wide pluralism in respect to accepted goals. It is one of our tasks to study these goals, discovering what we can about the means through which they may be reached and inquiring into their consequences for other goals . . . For example, a girl goes to college with the objective, which she shares with her parents, of finding a husband in a higher social class than her own. If she accomplishes this she is a success from the point of view of herself, her parents, and her husband" (Nevitt Sanford, The American College, New York 1962, S. 40–41). Für die deutsche B. ist eine junge Dame, die nach 4 oder 6 Semestern ohne Abschluß die Hochschule verläßt, aber bei einer Nachuntersuchung später als glücklich verheiratet entdeckt wird, ein Versager, denn selbst wenn sie im Interview erkläre, „ich wollte im Grunde nur auf der Hochschule bleiben, bis ich eine Ehe geschlossen

habe", sei dies eine nachträgliche ↗Rationalisierung. Die amerikanische B. kann hingegen auch unabgeschlossene Bildungsvorgänge, vor allem im College, für den Menschen selbst und für seine Eltern, die die Bildung finanzieren, als Erfolg werten.
Heute befaßt sich die B. auch mit dem Problem der Leistungsauslösung und der Leistungsmotivation (in der angelsächsischen Literatur „achievement motivation"). Die B. in Deutschland, im Gegensatz zur B. in USA, kritisiert sogar die große Rolle, die nach wie vor das Elternhaus bei der Leistungsauslösung, Leistungsorientierung, Leistungsstützung des Kindes spielt. Der Zusammenhang zwischen Elternhaus und Schulleistung des Kindes wird negativ bewertet. Man rügt eine zielorientierte Leistungsaktivierung beim Kind als Folge eines von den Eltern hochgesteckten Schulzieles. Helmut Schelsky (Anpassung oder Widerstand. Soziologische Bedenken zur Schulreform, Heidelberg 1963, S. 53f.) warnt vor der sozial- und schulutopischen Abwertung, vor dem Argwohn, der schichtspezifischer Leistungsförderung durch elterlichen Einfluß neuerdings entgegengebracht wird, und meint, wer die elterlichen Schulziele und ihren Dauereinfluß als „illegitim ausschalten will", verkenne den Ort der eigentlichen Leistungsreserven unserer Gesellschaft. Sosehr sich die B. bemühen wird, Kindern Hilfestellungen zu geben (Ganztagsschule, Vorschule im Kindergarten), so wenig leuchtet es ein, weshalb eine Gesellschaft auf Bildungsaktivierungen durch bildungsbewußte Eltern verzichten soll. Gerade die amerikanische B. hat 1966 nachgewiesen, daß Leistung und Erfolg des amerikanischen Schülers, vor allem vom 5. bis 12. Schuljahr (10. bis 18. Lebensjahr), schon bis zum 10. Lebensjahr durch sein Elternhaus bestimmt worden sind. Die gesamte Einwirkung der durchschnittlichen öffentlichen amerikanischen Gesamtschule auf den jungen Amerikaner bleibt in den folgenden 8 Schuljahren gegenüber der Leistungsaktivierung im Elternhaus weit zurück. James S. Coleman u. a., Equality of Educational Opportunity, Washington D. C. 1966, fand: „Of the many implications of this study of school effects on achievement, one appears to be of overriding importance. This is the implication that stems from the following results taken together: The great importance of family background for achievement. The fact that the relation of family background to achievement does not diminish over the years of school. The relatively small amount of school-to-school variation that is not accounted for by differences in family background, indicating the small independent effect of variations in school facilities, curriculum, and staff upon achievement. The small amount of variance in achievement explicitly accounted for by variations in facilities and curriculum" (S. 325). Das entscheidende Ergebnis der Erhebung war also, daß die Schulen äußerst geringen Einfluß auf die Leistung, den nachweisbaren Bildungsstand des Kindes haben, der unabhängig wäre vom *background* (also dem allgemeinen sozialen Milieu) des Kindes. Auch in der amerikanischen Gesellschaft wird somit der überwiegende Teil der Leistungsakti-

vierung vom Elternhaus hervorgebracht. Das unterschiedliche schulische Milieu spielt eine geringe Rolle.

Leistung und Erfolg sind aus einer soziologischen Perspektive immer Urteile, die nur aus einem gesellschaftlichen Bezugsrahmen ihre Berechtigung erhalten. Wenn wir eine fehlerfreie Rechtschreibung als ein Leistungskriterium wählen, unterstellen wir nicht nur eine Gesellschaft, deren Normen bezüglich der Orthographie ihrer Sprache bereits geklärt sind, sondern auch eine Gesellschaft, deren Mitglieder sich gegenseitig danach einschätzen, inwieweit sie einen beliebigen Text ihrer Sprache fehlerfrei zu Papier bringen können (Lilly Kemmler, Erfolg und Versagen in der Grundschule. Empirische Untersuchungen, Göttingen 1967).

Die B. kritisiert es heute meist, wenn aus einer Begabungsspitze (definiert als Begabung, die zum Abitur gereicht hätte) von 12 oder 18% eines Jahrgangs einige Prozent ihr persönlich erfüllendes Erfolgserlebnis im Bildungsprozeß oder Berufsleben erfahren, ohne zur Hochschulreife oder zur Hochschule zu kommen. Diese normative Position der heutigen B. hat Konsequenzen. Wenn nämlich die Messung von Leistung und Erfolg sich mehr und mehr ihrem Postulat angleicht, müssen diejenigen Leistungskriterien wegfallen, die daran schuld sind, daß nicht die gesamte Begabungsspitze nur im weitestführenden Bildungsgang ihr Erfolgserlebnis hat.

K. Mannheim und W. A. C. Stewart, An Introduction to the Sociology of Education (London 1962); H. Becker, Quantität und Qualität. Grundfragen der Bildungspolitik (1962); K. Finke, Landjugend und Bildung (1962); F. Edding, Ökonomie des Bildungswesens (1963); R. Geipel, Sozialräumliche Strukturen des Bildungswesens (1965); W. Strzelewicz (Hrsg.), Das Vorurteil als Bildungsbarriere (1965); ders. u. a., Bildung und gesellschaftliches Bewußtsein (1966); Susanne Grimm, Die Bildungsabstinenz der Arbeiter (1966); F. Hess u. a., die Ungleichheit der Bildungschancen (1966); M. Schmaus und Elisabeth Gössmann (Hrsg.), Bildung — Bildungsrückstand (1966); R. Poignant, Das Bildungswesen in den Ländern der EWG (1966); H. P. Widmaier, Bildung und Wirtschaftswachstum (1966); H. Röhrs (Hrsg.), Die Bildungsfrage in der modernen Arbeitswelt ([2]1967); M. Brauneiser und A. Schardt, Zwischenbilanz der Bildungspolitik (1967); H. Vogt, Bildung für die Zukunft (1967).

Bolschewismus im weiteren, heute üblichen Sinn meint die Theorie (↗Ideologie) und Praxis eines kommunistischen Herrschaftssystems, in erster Linie das in der Sowjetunion etablierte. *Bolschewiki* (im Gegensatz zu den *Menschewiki*, „den sich in der Minderheit Befindlichen") waren ursprünglich (seit dem Parteitag 1903 in Brüssel bzw. London) eine Gruppe von russischen Sozialisten unter Führung Lenins, die 1917 in Rußland die Macht ergriffen. Der B. legitimiert aus der ↗Utopie einer eigentlich kommunistischen Gesellschaft im Sinne von Marx seinen Herrschaftsanspruch als Minderheitenpartei innerhalb der Gesellschaft, die keine Konkurrenz anderer Parteien zu dulden braucht. Taktik und Strategie des B. in der Innen- und Außenpolitik orientiert sich an der marxistischen Gesellschaftslehre, konnte sich jedoch vielfach an die ihr widersprechenden tatsächlichen wirtschaftlichen und politischen Entwicklungen und Gegebenheiten auf der Erde anpassen. Der B. fordert absolute ↗Zentralisation der staatlichen und wirtschaftlichen Macht. Jede Äußerung von Alternativmodellen für die private und öffentliche Lebensgestaltung, im Sinne einer „Liberalisierung" der Kontrollen über Wirtschaft, Kunst, Wissenschaft, Presse usw., die auch in einem System des B. von manchen Sozialwissenschaftlern für möglich gehalten worden waren, ist für die Herrschenden im B. unannehmbar (wie die Intervention der UdSSR in der ČSSR im August 1968 zeigte), weil die sozialistische Utopie zur ↗Legitimation des Herrschaftsmonopols auch gegenüber den eigenen Intellektuellen von schwindender Überzeugungskraft ist.

M. Djilas, Die neue Klasse (1957); J. M. Bochenski (Hrsg.), Handbuch des Weltkommunismus (1958); J. M. Bochenski und G. Niemeyer (Hrsg.), Sovietica (1959ff.); H.-J. Lieber u. K.-H. Ruffmann (Hrsg.), Der Sowjetkommunismus (2 Bde., 1963–64); C. D. Kernig (Hrsg.), Sowjetsystem und demokratische Gesellschaft (1966ff.); Th. Dan, Der Ursprung des Bolschewismus (1968).

Boykott liegt vor, wenn eine Anzahl von Menschen, nach Absprache oder als einzelne, veranlaßt durch einen öffentlichen Aufruf zum B., eine Person, heute meist einen Teilnehmer am Wirtschaftsleben (Produzenten, Warenhauskette, Erzeugnisse eines bestimmten Landes oder die Gewerbetreibenden einer bestimmten Religion, Rasse usw.) von dem bisher mit ihnen gepflegten wirtschaftlichen Austausch ausschließen. Boykottieren kann man nur den, mit dem zuvor eine normale Wirtschaftsbeziehung bestanden hat. Angedrohter B. dient als soziales Zwangsmittel, ausgeübter B. als Strafe oder Mittel zum Zweck der Nötigung. B. als Mittel im Kampf zwischen Arbeitgebern und Arbeitnehmern hat heute abnehmende Bedeutung, spielt aber in den USA z. T. noch eine Rolle (label-System). Charles Boykott war ein Gutsverwalter zu Lough-Mask, in der irischen Grafschaft Mayo, berüchtigt wegen seiner Härte gegen irische Pächter. 1880 forderte die irische Landliga seine Arbeiter auf, ihn zu verlassen, Geschäftsleute, keine Verträge mehr mit ihm zu schließen. B. blieb nur die Auswanderung. Im Gegensatz zu Sanktionen und anderen durch souveräne Nationen und Nationengruppen verhängte Maßnahmen, wie Embargos, extrem hohe Schutzzölle u. ä., wird vom B. vor allem dann gesprochen, wenn er außerhalb des Gesetzes durch private Gruppen geübt wird.

A. Retzbach, Der Boykott. Eine sozialethische Untersuchung (1916); P. Oertmann, Der politische Boykott (1925).

Brauch ist eine bestimmte, gewohnheitsmäßig geübte, von der ↗Kultur einer Gesellschaft erwartete oder gestützte Verhaltensweise, meist zu einem bestimmten, der Allgemeinheit einleuchtenden Zweck. Die Gesamtheit aller Bräuche, das Brauchtum, steuert, reguliert, kontrolliert viele soziale Beziehungen, soziale Handlungen, aber auch viele nicht sozial intendierende Handlungen, soweit sie indirekt Folgen für den ↗Status des Subjekts haben können. Der Ursprung des einzelnen B. ist meistens unbekannt und verliert sich in verschiedenen Überlieferungen, im Volksglauben. B. bewirkt die Regelmäßigkeiten im sozialen Leben, erstreckt sich z. B. auf Eß- und Begrüßungsweise, auf Anlaß und Art von Festen und Feiern, geht in ↗Mode und

↗Recht ein. Verschiedene Berufe, Religionen, Sportarten usw. haben jeweils ihren eigentümlichen B. ↗Aberglaube und B. ergänzen und verstärken sich gegenseitig. Im B. zeigt sich besonders das Phänomen des ↗*cultural lag* (W. F. Ogburn) im Rahmen des sozialen ↗Wandels; aber nicht jeder B. ist notwendigerweise irrational, so sind manche Eßbräuche (Vermeidung bestimmter Nahrungsmittel) oder volksmedizinische B. durch die heutige Wissenschaft in ihrer Zweckmäßigkeit bestätigt worden.

W. G. Sumner, Folkways (1907).

Bruderschaften nennen wir Gruppen von (meist jüngeren) Männern, die bestimmte Orientierungen gemeinsam haben und von ihren Mitgliedern bedingungslose Loyalität erwarten. Während ein Individuum gleichzeitig mehreren Vereinen, Bünden, Organisationen, Klubs, Verbänden usw. angehören kann, schließt die Mitgliedschaft in einer B. fast immer grundsätzlich Mitgliedschaft in einer anderen B. aus. In angelsächsischen Ländern, vor allem in den USA, heißen studentische, den Korporationen ähnliche Bünde ‚fraternities', Bruderschaften (es gibt, ihnen entsprechend, auch ‚sororities', Schwesternschaften). Bei manchen Naturvölkern, z. B. den nordamerikanischen Indianern, ist es möglich, durch ein Ritual (Blutsbrüderschaft) als Bruder kooptiert zu werden.

Bund heißt eine Gruppe von Einzelpersonen oder Kollektiven (Staatenbund, Gewerkschaftsbund), die sich in einer besonders förmlichen und verbindlichen Weise auf unbefristete Zeit hin zusammengeschlossen haben. Es kann sich um gesellschaftlich harmlose, offene Gruppen, wie einen Turnerbund, handeln, aber auch um Organisationen, die von Außenstehenden als Bedrohung angesehen werden, daher ↗Geheimbund, Geheimbündelei (z. B. Ku-Klux-Klan in den USA, Freimaurer). Der B. kann auch den Vorgang eines Zusammenschlusses, den ihm dienenden Vertrag und die Willensentscheidung der Beteiligten bezeichnen. Die Form des emotional gefärbten, stark intentionalen Zusammenschlusses, den wir B. nennen, trifft man zu allen Zeiten, auf sehr verschiedenen Kulturstufen an. Männerbünde spielten eine große Rolle bei den germanischen Stämmen und vielen heutigen Naturvölkern. Mitgliedschaft im B. kann schon durch Geburt, meist aber nur durch wirtschaftliche und/oder rituelle Leistungen (Freimaurer) erlangt werden. Schmalenbach (1927) wollte den B. als Sonderform der Assoziation von einzelnen zwischen die Typen „Gesellschaft" und „Gemeinschaft" (F. Tönnies, 1887) stellen. Bündnisches Verhalten kann zu ↗Ethnozentrismus neigen.

Bürgerliche Gesellschaft ist die vom Bürgertum, anfänglich als ↗Stand (im Gegensatz, teilweise unter heftiger Auseinandersetzung, zum Adel und Klerus) seit dem 18. Jahrh. über die politische Neugestaltung des Staates und seiner Rechtsstruktur herbeigeführte Gesellschaftsform, die sich späterhin auch als eine Mittelstands- oder Mittelklassengesellschaft versteht. In ihr hat sich ein Wirtschaftshandeln im Sinne des ↗Liberalismus, eine durch den Staat möglichst wenig eingeschränkte Marktwirtschaft, eine dynamische, expandierende Erwerbswirtschaft institutionalisiert, deren Überlegenheit bei der Befriedigung wirtschaftlich stillbarer Bedürfnisse gegenüber allen (mehr oder minder) zentral geplanten, dirigistischen (meist sozialistischen) Wirtschaftssystemen bis heute unübersehbar geblieben ist. Die b. G. geht von der bleibenden Möglichkeit und Wünschbarkeit eines freien Wettbewerbs auf allen Gebieten, im Geistigen wie im Wirtschaftlichen, aus. Sie ist von allen bisherigen Gesellschaftsformen für ↗Innovationen die geeignetste gewesen und geblieben. Der Bürger ist ein Menschentyp der Stadt. Durch seine Seßhaftigkeit, seine Bindung an ein bestimmtes, ihn umgebendes und schützendes Gemeinwesen, erhält er Recht und Ansporn, sich (demokratisch) selbst zu regieren und zu verwalten.

Obwohl die b. G. in Europa seit der Französischen Revolution in ihrer geschichtlichen, als unaufhaltsamer ↗Fortschritt verstandenen Loslösung von der klerikal-aristokratisch regierten und geprägten Gesellschaft ein einmaliges historisches Ereignis gewesen ist, kann es auch ohne diese spezifischen Vorbedingungen, aus allgemeinen wirtschaftlichen und siedlungsgeographischen Gründen und dank der ↗Demokratie eines Einwanderervolkes sehr heterogener Herkunft (wie in Nordamerika) zur modernen b. G. kommen. Allerdings bezeichnet die angelsächsische Soziologie (und Sozialkritik) das, was wir b. G. nennen, meist als middle class society oder values (z. B. middle class morality analog zur bürgerlichen Moral). Von dort her setzt sich auch in der deutschen Soziologie neuerdings der Begriff „Mittelklassen" anstelle b. G. durch (z. B. beim Vergleich der Erfolgschancen des „Mittelklassenkindes" in einer höheren Schule mit dem Grundschicht- oder Arbeiterkind, während es vorher hieß „Kinder aus bürgerlichen Familien").

Die b. G., ebenso wie der Bürger oder das Bürgertum, ist als Begriff ein ↗Idealtypus, von dem jeder Bürger, jede einzelne b. G. und die b. G. zu einer bestimmten Entwicklungsphase in unterschiedlicher Weise abweicht. Eine zweckorientierte, wissenschaftlichen und technischen Neuerungen aufgeschlossene Handlungsweise, wirtschaftliche Unternehmertätigkeit, Risikobereitschaft, Arbeitsdisziplin, ein Nützlichkeitsdenken (das aber großbürgerliches ↗Mäzenatentum nicht ausschließt), Kapitalansammlung durch Sparsamkeit: all diese Verhaltensweisen und Einstellungen finden sich bei den Angehörigen der b. G. in sehr verschieden starker und oft auch einseitiger Ausprägung. Die Mentalität des Bürgers begünstigt die ↗Mobilität. Innerhalb der b. G. lassen sich verschiedene ↗Schichten erkennen, die aber nicht scharf getrennt bleiben: Erwerbsbürgertum und

Bildungsbürgertum („Bildungsschicht"); unter der liberalen bürgerlichen Oberschicht liegt der zunächst im Handwerk und kleineren Einzelhandel wirkende Mittelstand. Die Gemeinsamkeit der Interessen aller Schichten und Berufsgruppen innerhalb der b. G. liegt in der Sicherung des Privateigentums, nicht zuletzt gegenüber den Enteignungsdoktrinen und -tendenzen der sozialistischen Bewegungen seit dem frühen 19. Jahrh. Tatsächlich ist es herrschenden sozialistischen Parteien, z. B. in Österreich nach dem Ersten Weltkrieg, leichter und dauerhafter möglich gewesen, das kleine und mittlere Bürgertum, dessen Kapital oft allein in vermietbarem Wohnraum festgelegt war, zu enteignen (durch Einfrieren der Mieten auf dem Vorkriegsstand bis heute) als das eigentlich unternehmerische Produktivkapital.
Die erste ausführliche Darstellung der b. G. gab Hegel; seit Marx wird die b. G. immer mehr gleichbedeutend mit der kapitalistischen Wirtschaft. Das antagonistische, polarisierende Gesellschaftsmodell des ↗Marxismus (hier Bourgeoisie, dort ausgebeutete Arbeiterklasse), mit der Hilfskonstruktion des falschen ↗Bewußtseins der b. G. ist im Lauf des sozialen und wirtschaftlichen ↗Wandels immer mehr zu einem Zerrbild geworden, muß aber nach wie vor revolutionären Bewegungen als Vorwand dienen. Ohne die Fixierung auf die b. G. durch den Marxismus wäre sie als Begriff heute kaum mehr von praktischer Bedeutung.
Wie L. v. Wiese betont, analysiert der Begriff b. G. letztlich nur soziale Prozesse, die für die Machtverteilung Folgen haben. Diese Aufgabe stellt sich für den Soziologen in jeder Gesellschaft, und der Stil des Bürgertums einer bestimmten, einmaligen geschichtlichen Epoche darf mit der allgemeinen theoretischen Problemstellung nicht immer wieder vermengt werden.
Die b. G., wie sie bis hin zum Ersten Weltkrieg bestanden hat (zu ihren Feinden gehörten nicht nur Sozialisten und Anarchisten, sondern auch die deutsche Jugendbewegung), ist seither, wie verifizierbar als Idealtypus sie auch gewesen sein mag, durch verschiedene Entwicklungen, auch ohne Revolutionen, stark verändert worden: der Maßstab, in dem Technik und Märkte im 20. Jahrh. Unternehmertätigkeit verlangen, hat die Firma in Familienbesitz immer weiter zurückgedrängt zugunsten der Aktiengesellschaft mit ihrem Regime der ↗Manager. Vielen, die vielleicht noch eine reale Möglichkeit zu einer selbständigen, individualistischen Wirtschaftstätigkeit gehabt hätten, wird die soziale Sicherheit durch Arbeitnahme in Großbetrieben oder öffentlichen Betrieben und Ämtern wichtiger als die persönliche Freiheit und das mit ihr verbundene Risiko.
Zugleich zwingt der egalitäre Wohlfahrtsstaat in verschiedenen Ländern immer ausnahmsloser alle Einwohner, ohne Ansicht ihrer Berufe und Wirtschaftslage, in dieselben Systeme der „sozialen Sicherheit" (Altersrente, Krankenkassen), so daß gerade eine besonders typische persönliche rationale Verhaltensweise der b. G., die der Vorsorge für Wechselfälle des Lebens in der eigenen Familie, über-

flüssig oder unmöglich wird (der Staat beläßt dem einzelnen infolge der zwangsweise erhobenen Beiträge keine Mittel zur privaten Vorsorge). Es wird auch immer schwerer, eigentlich „bürgerliche“ ↗Berufe von nichtbürgerlichen zu unterscheiden. In der Prestigeskala tauchen heute in manchen Gesellschaften nichtbürgerliche Berufe bereits über sog. bürgerlichen auf. Zahlreiche neue Berufe sind im 20. Jahrh. hinzugekommen, die nie erst eine Domäne des Bürgers gewesen sind. Dadurch ist die b. G. als Typus in der Gegenwart immer undeutlicher geworden.

W. H. Riehl, Die bürgerliche Gesellschaft ([4]1856); B. Groethuysen, Die Entstehung der bürgerlichen Welt- und Lebensanschauung, 2 Bde. (1927–30); W. Ziegenfuss, Die bürgerliche Welt (1949); L. v. Wiese, System der Allgemeinen Soziologie ([3] 1955); E. H. Maurer, Der Spätbürger (1963); L. Kofler, Zur Geschichte der bürgerlichen Gesellschaft ([3]1966).

Büro heißt eine für die „verwaltete“, „organisierte“ und industrialisierte Gesellschaft charakteristische Arbeitsstätte, die zwar als Teilaspekt der ↗Bürokratie und Bürokratisierung seit über einem halben Jahrhundert im Blickfeld der Soziologen steht, aber als ein soziales Gebilde an sich, unabhängig von seiner instrumentalen Rolle bei der Bürokratisierung, erst jüngst Beachtung gefunden hat. Teils durch das aus USA übernommene Vordringen des Großraumbüros (anstelle vieler kleinerer, eine Privatsphäre der Angestellten ermöglichende B.), teils durch die Mechanisierung der B.arbeit (u. a. elektronische Datenverarbeitungsanlagen) hat sich die Tätigkeit im B. rasch verändert und damit neue betriebspsychologische und -soziologische Probleme geschaffen. Das Hauptmerkmal des B. ist die Behandlung von Informationen: sie kommen ins B., werden dort gespeichert, geordnet, man trifft Entscheidungen im B. aufgrund der Informationen, man leitet Informationen und Entscheidungen (die selbst wieder Informationen darstellen) weiter. Das B. ist, und daher die Verbindung zum Phänomen Bürokratie, ein soziales System, wo die Rationalisierung früh begann und jeweils mit den neuesten verfügbaren technischen und organisatorischen Mitteln vorangetrieben wird. Das B. ist eine der wichtigsten Arbeitsstätten für weibliche Arbeitskräfte geworden. Man spricht von einer Feminisierung des B. Manche glauben, daß dieser Trend durch die jüngsten elektronischen Geräte zur Informationsbearbeitung wieder rückläufig werden könnte (während ein Mann sich hinter einer Schreibmaschine vielfach schon unmännlich vorkommen mag, ist der Platz vor einem Kleincomputer zur Zeit durchaus als männliches Berufsbild gängig).

Bürokratie (↗Büro, ↗Bürokratisierung, ↗Demokratie, ↗Funktionär, ↗Parteien, ↗Rationalisierung, ↗Totalitarismus) kann sowohl die Gesamtheit der Beamtenschaft eines Staates (als ↗Hierarchie organisiert) bezeichnen als auch ein (politisches) Verwaltungssystem mit bestimmten Eigenschaften. Manchmal bedeutet B. auch nur die *oberen* Ränge einer staatlichen Verwaltung („Ministerial-B.“). Der Ausdruck Büro ist seit 1700 im Deutschen für Schreibtisch und Geschäftszimmer nachgewiesen. In Frankreich wird *bureaucratie* (entsprechend der älteren Ausdrücke Aristokratie und Demokratie) satirisch für geadelte Beamte gebildet. B. erscheint als Begriff seit 1790 in deutschen Berichten über die Französische Revolution; seit 1819 (Görres) spricht man auch von „Bürokraten" und „bürokratisch". Die B. als eine vorwiegend vertikal organisierte (horizontale Organisation der B. kommt erst in jüngster Zeit durch die elektronischen Datenspeicher- und -verarbeitungsanlagen zustande) Verwaltungsstruktur hat im modernen Staat die Macht der Verwaltung, der Administratoren über den Einzelnen, über einzelne Unternehmungen und Berufsgruppen immer weiter ausgedehnt. Die laufende Kontrolle der B., die der Exekutive angehört, durch die Legislative (Parlament) wird in heutigen Demokratien noch nicht befriedigend geleistet. Langsamkeit der Entscheidungsprozesse, ihre Undurchsichtigkeit, die stetige Ausdehnung des Personals der B., ohne Rücksicht auf etwaige Schrumpfung ihrer Aufgaben, gehören zu den oft kritisierten Eigenschaften der B. Andererseits kann man (wie schon M. Weber betonte) auf die durch sie mögliche Rationalisierung, die Verläßlichkeit und Vorhersehbarkeit der Handlungen und Leistungen aufgrund fester Regeln, weder im modernen Staat noch in der Großorganisation privater wirtschaftlicher Unternehmen mehr verzichten.

M. Weber, Wirtschaft und Gesellschaft (⁴1956); W. H. Whyte, Jr., The Organization Man (New York 1956); F. Morstein Marx, Einführung in die Bürokratie (1959); P. M. Blau, The Dynamics of Bureaucracy (Chicago ²1963); M. Crozier, The Bureaucratic Phenomenon (Chicago 1964); R. Presthus, Individuum und Organisation (1966); A. Etzioni, Soziologie der Organisationen (1967); R. Mayntz (Hrsg.), Bürokratische Organisationen (1968); F. Naschold, Organisation und Demokratie (1969).

Bürokratisierung bezeichnet die meist absichtlich herbeigeführte Förmlichkeit von zwischenmenschlichen Beziehungen, Verfahren, Kommunikationswegen, Pflichtenverteilung, Arbeitsplatzklassifizierung usw. innerhalb einer ↗Organisation. Es kann sich um ein kleines Unternehmen, eine Landeskirche, militärische Einheiten, staatliche Ämter, ein Krankenhaus usw. handeln. B. wird oft als abschätziges Werturteil verwendet, oft von den durch die B. direkt Betroffenen. Im Einzelfall ist es schwer, zu entscheiden, ob eine ↗Rationalisierung oder B. stattfindet. Empirische Untersuchungen über einzelne Organisationen in verschiedenen Stadien der B. liegen (vor allem aus den USA) vor. Innerorganisatorische Änderungen, die als B. empfunden und abgelehnt werden, werden vor allem dann eingeleitet, wenn bestimmte Positionsinhaber für sich oder ihre Untergebenen im Lauf der Zeit quasi gewohnheitsrechtliche Abweichungen von Betriebsvorschriften oder anderen Normen entwickelt haben, die der obersten Leitung der Organisation bedenklich erscheinen. Eine B., so unangenehm sie von den direkt Betroffenen empfunden wird, kann aber für die Kunden, Klienten, Antragsteller usw. der betreffenden Organisation eine größere Rechtssicherheit, bessere Bedienung usw. bedeuten.

A. W. Gouldner, Patterns of Industrial Bureaucracy (New York 1954); H. P. Bahrdt, Industriebürokratie (1958).

C

Charisma bezeichnet, vor allem in der Religionssoziologie und in der Soziologie politischen Verhaltens, seit Max Weber die in Einzelheiten unerklärliche und unbeschreibbare Eigenschaft eines Führers, die ihn seiner Gefolgschaft gegenüber legitimiert. (Weber unterscheidet traditionale, legale und charismat. Herrschaft). Der charismatische Führer kann auf unbedingte Gefolgschaft, selbst wider besseres Wissen, der ihm Folgenden rechnen, weil diese ihm gegenüber eine gefühlsbetonte Einstellung haben, die der religiösen Haltung einem höheren Wesen gegenüber ähneln kann. Selbst der demonstrativ atheistische, religions- und kirchenfeindliche politische Führer, der seine Anhänger jeder Religiosität entwöhnen will, kann, dank seines Ch., uneingeschränkte Macht aus denjenigen Verhaltensweisen der Menschen ziehen, die diese im Rahmen einer Religion dem Übernatürlichen entgegenzubringen pflegen. Typen charismat. Führer sind Zauberer (Medizinmänner), Propheten, Kriegshelden. Zwar wird der charismatische Führer oft als Usurpator oder als Führer einer sezessionistischen Gruppe auftreten, aber auch der Inhaber eines ihm legitim zugefallenen hohen Amtes kann die damit verbundene Führerrolle, etwa in Krisenzeiten, mit Hilfe charismatischer Eigenschaften erfolgreich ausüben. Dabei kann die Ch. verleihende Tat oder Bewährung viele Jahre zurückliegen: z. B. De Gaulles Ch.-herrschaft zwischen 1958 und 1969 hauptsächlich aufgrund seiner Rolle zwischen 1940 und 1945. Ein Merkmal der Führung durch Ch. ist die „Außeralltäglichkeit" ihrer Handhabung. Kann der Träger des Ch. nicht mehr seiner Gefolgschaft einleuchtende Erfolge verbuchen, schwindet mit dem Ch. auch die ↗Autorität, selbst wenn sie mittlerweile durch eine legale Herrschaft abgesichert worden ist.

M. Weber, Wirtschaft und Gesellschaft ([4]1956); W. E. Mühlmann, Homo Creator (1962).

Clique bezeichnet eine meist kleine Zahl von Personen, die unter sich in einer für Außenstehende nicht immer erkennbaren Weise verbunden sind, aber insgesamt Mitglieder größerer Gruppen bleiben. Cliquenbildung findet vor allem dann statt, wenn Auflehnung gegen ein Autoritätssystem schwierig ist oder Machtkämpfe innerhalb einer ↗Organisation im Gang sind. C. gibt es u. a. in Schulen, Internaten, militärischen Verbänden, Betrieben. Im Gegensatz zum ↗Club legt die C. auf ihr Bekanntwerden wenig Wert und ähnelt eher der ↗Geheimgesellschaft. Als C. werden informelle Kleingruppen innerhalb einer Organisation besonders dann bezeichnet, wenn sie soziale ↗Kontrolle, ↗Boykott, Sabotage und ähnliches gegen solche richtet, die mit den offiziellen Normen der Organisation konform sein wollen. Hier wird die C. also zur sozialen Einheit (social unit), die Ordnung auflöst.

Im Gegensatz zum meist abwertenden europäischen Sprachgebrauch, ist C. in der amerik. Sozialwissenschaft eine vorwiegend wertfreie Bezeichnung für geschlossene Kleingruppen (Homans, Sherif u. a.). Auf diesen Unterschied haben vor allem M. M. Kossitsch u. O. H. v. d. Gablentz hingewiesen. In den USA kann C. auch einfach die „lokale Einheit einer sozialen Klasse " bedeuten. Mit der C.bildung hat sich die Soziometrie befaßt (so mit den C.n in Schulen, Militäreinheiten usw.). L. v. Wiese (1965) sieht die C. als eine besondere Unterart der Gruppe an, die sich von ↗Zelle und ↗Bund unterscheidet. Die C. stellt nach ihm einen charakteristischen Typus von „Verbundenheit und Abstand" dar. Auf dem Tätigkeitsfeld der Kunst spielen C.n eine große Rolle, heißen hier oft auch Koterien. Wenn L. v. Wiese meint, der nach Geltung strebende einzelne „muß eine C. um sich haben", wenn er Ruhm erlangen will, rückt die C. in die Nähe der Claque. Im Gegensatz zu dieser jedoch, üben C.n auch das Totschweigen solcher, die ihr eigenes Idol oder ihre Ideologie bedrohen. Wenn L. v. Wiese unter C. u. U. nur „eine Schar von Jüngern und Anhängern" (meist eines Künstlers oder Politikers) versteht, deckt sich C. auch mit der „fan group".

F. Oppenheimer, System der Soziologie, Bd. 2 ([2]1964); L. v. Wiese, Die Philosophie der persönlichen Fürwörter (1965).

Consensus besteht, wenn eine Anzahl von Menschen, meist als Angehörige einer Gruppe, über bestimmte Ziele und Wertvorstellungen eines Sinnes sind. Ein Mindest-C. darf angenommen werden, wenn ein soziales System überhaupt längere Zeit besteht. Schon A. Comte nennt C. das Band, das Gesellschaft ermöglicht. Ein geordnetes Gemeinschaftsleben, rechtsstaatliche Verhältnisse, ein Ablauf des Geschäftslebens in gegenseitigem Vertrauen, das Funktionieren einer Gesellschaft hängt von diesem Mindest-C. ab. Er schließt ↗Opposition, das ↗abweichende Verhalten einzelner nicht aus; im Gegensatz zur ↗Konformität, zur eilfertigen oder gewissenlosen Gleichschaltung versteht man unter C. die manchmal sogar nur stillschweigend eingegangene Übereinkunft sich frei und verantwortlich fühlender erwachsener Bürger eines Gemeinwesens. Die empirische Sozialpsychologie bietet Regeln an, wie zumindest in kleineren Gruppen ein hoher Grad von C. gefördert werden kann.

A. Etzioni, Studies in Social Change (New York 1966).

Countervailing Power, sich gegenseitig in Schach haltende Machtzentren, nennt man seit John K. Galbraith (American Capitalism, The Concept of Countervailing Power, 1952) die in größeren Industriegesellschaften beobachtbare Tendenz zu einem relativen Gleichgewicht mehr oder minder monopolistischer Inhaber von wirtschaftlichen, aber auch politischen und sozialen Machtpositionen. Galbraith wandte sich ursprünglich gegen die Überschätzung einzelner wirtschaftlicher Monopole. Selbst wenn z. B. ein Stahlproduzent den Markt beherrschen und somit Preise willkürlich festsetzen könnte, seien seiner Macht durch die Konkurrenz der Aluminium-, Glas- und Plastikproduzenten Grenzen gesetzt, da diese Materialien auf bestimmten Gebieten die Verwendung von Stahl ablösen können.

J. K. Galbraith, American Capitalism (Boston 1953).

Cultural Lag nennt man (W. F. Ogburn 1922) im Rahmen des allgemeinen Phänomens des sozialen ↗Wandels die Erscheinung, daß einzelne Elemente einer ↗Kultur hinter der Entfaltung, Entwicklung, dem Fortschritt anderer einherhinken. Die meisten seiner Beobachtungen beziehen sich auf das Auseinanderklaffen zwischen technischen Möglichkeiten und Entwicklungen einerseits und den ihnen nicht mehr angemessenen menschlichen Verhaltensweisen. Ein C. L. besteht z. B., wenn der Gesetzgeber eines Landes, dessen Einwohner zum größten Teil Kraftwagenfahrer sind, sich nicht entschließen kann, ein völliges Verbot von Alkoholgenuß vor Fahrantritt zu erlassen. Ein C. L. nennen manche auch die Tatsache, daß der ↗Krieg als legitimes Mittel noch zu einer Zeit angesehen wird, in der es ihn angesichts der Kernwaffen nicht mehr geben dürfte. Der Begriff C. L. wurde weiterentwickelt von Thurnwald und Mühlmann: jede kulturelle Gegenwart weist gleichzeitig Einstellungen auf, die zu verschiedenen Zeiten einmal Geltung hatten. Gute Beispiele für C. L. bietet die Rechtssoziologie.

W. F. Ogburn, Social Change (1922); W. E. Mühlmann in Homo (Bd. 8, 1956); R. König Soziologische Orientierungen (1965).

Culture Pattern, Verhaltensmuster, ist die von Ethnologen hervorgehobene einzelne Struktur in einer gegebenen Kultur, die für die meisten ihrer Angehörigen verbindlich, also das tägliche Verhalten prägend ist. Wertungen sind dabei zu vermeiden: C. P. regulieren das normale, aber auch das abweichende Verhalten. Sie werden von Generation zu Generation weitergegeben und im wesentlichen durch ↗Sozialisation erworben. Auch die ↗Subkultur der einzelnen Berufe oder Schichten kann anhand ihrer C. P. systematisch erforscht und dargestellt werden. Begriff schon bei E. B. Tylor (1871), aber erst seit den 20er Jahren dieses Jahrh. häufiger verwendet (Benedict, Sapir, Kluckhohn, Kroeber, Wißler).

Ruth Benedict, Urformen der Kultur (1955).

D

Darwinismus ↗Auslese, Evolutionismus.

Definition der Situation ↗Situation.

Definition, operationale, legt mit Rücksicht auf geeignete oder allein zur Verfügung stehende Methoden den engeren Gegenstand einer Untersuchung, meist eine meßbare Grundeinheit, willkürlich so fest, daß er sich den Möglichkeiten des Forschungsverfahrens unschwer fügt. (Intelligenz ist, was der Intelligenzquotient mißt). Wer z. B. den Grad der ↗Entfremdung zwischen den Angehörigen einer Gruppe oder Schicht und ihrer Gesellschaft untersuchen will, muß zunächst festlegen, was ihm als Anzeichen der Entfremdung dienen soll. Der Begriff Entfremdung wird durch eine Definition operationalisiert, die etwa sagt: Entfremdung im Sinne dieser Untersuchung liegt vor, wenn der Befragte auf 30 der 50 Fragen eines Fragebogens mit ‚nein' antwortet. Die neopositivistische, vor allem amerikanische Soziologie legt auf die Operationalisierbarkeit ihrer Begriffe großen Wert, verschließt sich aber dadurch auch manche erforschenswerten Probleme. Auf die Anfechtbarkeit der o. D. hat u. a. Karl R. Popper hingewiesen. Sie ist zirkelförmig, wenn man z. B. sagt, die Länge 1 m soll die Länge eines Platinstabes in Paris bei 18° C sein. Wenn dann gefragt wird, welche Definition für die Temperatur gelten soll, heißt es, 18° C soll eine Quecksilbersäule sein, die soundsoviel cm lang ist. Man ist also wieder bei der Länge angelangt, die es zu bestimmen galt.

E. Topitsch (Hrsg.), Logik der Sozialwissenschaften (1965); K. R. Popper, Logik der Forschung (²1966).

Demographie (nach A. Guillard, 1855) erforscht und beschreibt Bevölkerungen und den Zusammenhang einzelner Teile der Bevölkerungsstruktur. Als Bevölkerungslehre betrachten und betreiben sie manche als Sondergebiet der Soziologie, aber sie kann auch außerhalb der Soziologie als eigenständige Wissenschaft betrieben werden. Der Demograph untersucht mit statistischen Methoden Bevölkerungsbewegungen, Binnenwanderungen, Immigrationen, den Altersaufbau einer Bevölkerung, ihre Wachstumstendenzen, Geburten- und Sterblichkeitsrate. Die D. versucht auch Zusammenhänge zwischen einzelnen Aspekten der Bevölkerungsstruktur (z. B. Altersaufbau, Familiengröße, Verhältnis von Land- zu Stadtbevölkerung) und allgemeineren Merkmalen der Gesellschaft (z. B. Wirtschaftsstruktur) aufzuhellen. Die Soziologie muß stets die Erkenntnisse der D. berücksichtigen. ↗Bevölkerung, ↗Zensus.

Demokratie, griech.: Volksherrschaft (D. im antiken Athen), ist heute ein sehr vieldeutiger Begriff, dessen internationales Ansehen so groß ist, daß selbst Herrschaftssysteme auf ihn nicht verzichten wollen, die das genaue Gegenteil der D. darstellen („Volks*demo*kratien", eine absurde Tautologie!). In einer echten D. geht die ↗Legitimation zur Herrschaftsausübung von der Gesamtheit der Wahlberechtigten aus, und es gilt heute als erforderlich, das Wahlrecht so uneingeschränkt wie nur möglich zu lassen (in den USA neuerdings sogar Verzicht auf den Nachweis der Kenntnis der Landessprache, Herabsetzung des Wahlalters usw.). Zur D. gehört die Gewaltenteilung (Gesetzgeber, Justiz und Exekutive sollen sich, voneinander unabhängig, gegenseitig kontrollieren und in Schach halten;

checks and balances in der D. der USA). In der D. kann den gewählten Volksvertretern für die Dauer einer Legislaturperiode (meist vier oder fünf Jahre, entweder durch die Verfassung vorgeschrieben oder, wie in Großbritannien, durch Anstand, Brauch in der öffentlichen Meinung terminiert) die uneingeschränkte Regierungsgewalt übertragen werden, oder es kann (besonders ausgeprägt z. B. in der Schweiz) durch das Referendum (Volksentscheid) die Billigung zahlreicher Gesetzesvorlagen von ad hoc Abstimmungen abhängig bleiben. In Österreich kann beispielsweise ein Volksbegehren durch Sammlung einer Mindestzahl von Unterschriften auch gegen den Willen des Parlaments erzwungen werden (1966 erfolgreiches Volksbegehren zur politischen Neutralisierung von Rundfunk und Fernsehen). Auf jeden Fall gehört zu einer D. die Transparenz und Kontrollierbarkeit aller politischen Vorgänge, doch ist darunter nicht etwa auch die Öffentlichkeit grundsätzlich jeder Ausschußberatung in einem Parlament zu verstehen.

D. funktioniert nur in einer Kultur und Gesellschaft, deren allgemeiner Lebensstil, Bürgersinn, Kompromißbereitschaft, das gewohnheitsmäßige Einhalten von Spielregeln mit dem politischen System der D. konform sind. Fairneß, ein guter Verlierer sein können, sachliche Diskussionen, Bereitschaft, sich durch bessere Argumente überzeugen zu lassen: diese und andere Verhaltensmuster der demokratischen Lebensform brauchen offenbar die Einübung über längere Zeit hinweg und sind in den angelsächsischen D. besonders früh ausgeprägt worden.

Zu den geistesgeschichtlichen Grundlagen der modernen D. gehören die allgemeinen Menschen- und Bürgerrechte, wie sie ↗Naturrecht und die Aufklärung herausgebildet haben. Die Gleichheit aller vor dem Gesetz ist ein Grundprinzip der D. (keine Privilegien; obgleich in der Gegenwart D. mit Monarchie und Aristokratie vereinbar geblieben ist, u. a. in Großbritannien, Holland, Belgien, Schweden, Dänemark, Norwegen).

In heutigen Gesellschaften mit ihren Millionenbevölkerungen ist eine plebiszitäre D. unrealisierbar. Die politische Willensbildung vom Volk her muß durch politische ↗Parteien (die beispielsweise nirgends in der Verfassung der USA erwähnt werden, aber doch als selbstverständlich gelten) und ↗Verbände gefiltert und zusammengefaßt werden. Alle Demokratien haben eine relativ wenig fluktuierende Führungsschicht (nur ein kleiner Personenkreis, aus dem, je nach den einer Wahl folgenden Mehrheitsverhältnissen im Parlament, die leitenden Stellen im politischen System, in den Ministerien besetzt werden). Übrigens haben sich selbst in solch reinen Miniatur-D. wie den Kibbuzim in Israel im Lauf der Zeit funktionelle Eliten herausgebildet. Es ist in der Praxis kaum vorstellbar, wie in der D. einer Millionenbevölkerung für jeden Wähler eine Gleichheit der Chance, selbst ins Parlament oder in ein Ministeramt zu kommen, geboten werden könnte. Diese praktische Unmöglichkeit darf aller-

dings nicht darüber hinwegtäuschen, daß es in den D. tatsächlich oligarchische Tendenzen gibt, daß sich auch gegnerische Parteien auf Kosten des Volks untereinander verständigen können (Parteifinanzierung und Ausweichen vor einer Wahlrechtsreform in der BRD).
Die D. kann, wie u. a. J. L. Talmon gezeigt hat, ausgehend von Rousseaus Lehre, zu einer „totalitären messianischen D." entarten. Neuerdings besteht die Gefahr, daß der nicht eindeutig ab- und eingrenzbare Begriff einer Demokratisierung, die Auflösung der D. in einen unterminierbaren sozialen Prozeß, diese der D. innewohnende Gefährdung zu verdecken beginnt.
Die D. kann die Freiheit des Individuums und der verschiedenen Gruppen und Kategorien in einer Bevölkerung (z. B. verschiedene Konfessionen, Berufsgruppen, Minderheiten) nur als eine pluralistische, verfassungsmäßige, parlamentarische D. gewährleisten. Diese D. wird bedroht durch autoritäre (Machtmonopol einer einzigen Partei, oft unter einem charismatischen Führer) und totalitäre Parteien und Systeme. D. setzt Pressefreiheit und echte öffentliche Meinungsbildung voraus. Zweifel an einzelnen D.en werden gerade hinsichtlich der Echtheit ihrer ↗öffentlichen Meinung laut. Die D. setzt ↗Consensus über gemeinsame oder allgemein tolerierbare Wertvorstellungen voraus. Konflikte dürfen nur in Formen ausgetragen werden, die das durch die Verfassung vorgegebene System des Rechtsstaates unversehrt lassen.
Übertriebene Erwartungen machte man sich nach dem Zweiten Weltkrieg über die Exportierbarkeit der D. in ↗Entwicklungsländer. Viele von diesen haben ↗Diktaturen oder sehr labile Regierungssysteme. Manche Autoren setzen den Wert der Entwicklung, des wirtschaftlichen Fortschritts so hoch ein, daß sie ihm zuliebe für Entwicklungsländer sogar Diktaturen anstelle der D. für diskutabel halten. Jedoch ist die spätere Umwandlung einer Diktatur in eine D., allein durch innere Liberalisierung, bisher fast nie gelungen.

K. Mannheim, Freedom, Power & Democratic Planning (London 1951); S. M. Lipset, Soziologie der Demokratie (1962); E. Fraenkel und K. Sontheimer, Zur Theorie der pluralistischen Demokratie (1964); R. Löwenthal (Hrsg.), Die Demokratie im Wandel der Gesellschaft ([2]1964); R. Aron, Démocratie et totalitarisme (Paris 1965); W. Besson und G. Jasper, Das Leitbild der modernen Demokratie (1965); C. J. Friedrich, Demokratie als Herrschafts- und Lebensform ([2]1966); M. Hättich, Demokratie als Herrschaftsordnung (1967); K. Kluxen (Hrsg.), Parlamentarismus (1967); G. Leibholz, Strukturprobleme der modernen Demokratie (1967).

Demoskopie ↗Meinungsforschung.

Denken, Denksoziologie, Denkstile ↗Wissenssoziologie.

Deprivation, relative (zuerst von S. A. Stouffer bei amerikanischen Soldaten im Zweiten Weltkrieg beschrieben), ist die Erscheinung, daß Menschen sich jeweils im Verhältnis zu anderen, mit denen sie sich vergleichen, benachteiligt, geschädigt, beraubt (depriviert) fühlen. Unzufriedenheit mit dem eigenen Los, z. B. auch Armut, ist stets relativ; es können nie absolute Maßstäbe für sie gesetzt werden.

Der Mensch mißt sein Los stets an einer ↗Bezugsgruppe, die meist in seinem engeren Lebensbereich liegt. Deshalb richtet sich ↗Neid vorwiegend auf den Nächsten, den Mann im gleichen Beruf, im gleichen Dorf, seltener auf ferne Personen. R. K. Merton (*Social Theory and Social Structure*, 1961) entwickelte den Begriff der r. D. weiter zu einer Theorie des Bezugsgruppenverhaltens.

S. A. Stouffer, Social Research to Test Ideas (New York 1962); W. G. Runciman, Relative Deprivation and Social Justice (London 1966).

Derivation, Ableitung, nennt Pareto diejenigen logischen oder pseudologischen Erklärungen, Schlüsse, Darlegungen, mit denen Menschen solche Handlungen begründen, die Pareto nicht-logische Handlungen, im Gegensatz zu logischen, nennt. Wer mit seinen Worten Menschen zu Handlungen veranlassen will, muß sich meist der D.en bedienen, weil man nur mit ihrer Hilfe die Gefühls- und damit die Antriebssphäre der Menschen erreicht. Die D.en stellen den Bedarf an Logik dar, den der Mensch hat, um mit ihr nicht-logische Verhaltensweisen, z. B. religiöse, politische usw., aufrechtzuerhalten. ↗Residuen. Pareto, der vier Hauptarten der D. unterscheidet, läßt die Frage nach ihrer Entstehung offen. In der modernen Psychologie kann D. auch soviel wie ↗Rationalisierung bedeuten, d. h. eine nachträgliche und meist fragwürdige Begründung für meist anfechtbare Handlungen.

V. Pareto, Traité de Sociologie Générale, Bd. 2 (1919); G. Eisermann, Vilfredo Paretos System der allgemeinen Soziologie (1962).

Desintegration (meist im Sinne eines negativen Urteils) nennt man es, wenn sich eine Gruppe, ein soziales System im Prozeß der Auflösung, eventuell des Zerfalls befindet, also diejenigen sozialen Beziehungen, Normen, Verhaltensmuster, auf denen die vorherige Integration beruhte, im Rückgang sind. Eigentliche D. ist in der sozialen Wirklichkeit selten. Die Feststellung ist erschwert, weil es keine allgemein anerkannten und vergleichbaren Kriterien für den optimalen Zustand der ↗Integration gibt. ↗Desorganisation. D., ein Prozeß des Auseinanderfallens, aber auch Zustand des bereits Aufgelöstseins, bedeutet in der Psychopathologie Verfallsformen der Persönlichkeit. In der Familiensoziologie wurde D. manchmal mit Desorganisation verwechselt. R. König möchte mit D. aber nur die Veränderung des Verhältnisses von Familie zur Gesellschaft bezeichnen, d. h. das soziale System der (Kern)familie lockert die Fäden zum sozialen System „Gesellschaft", vermindert den Grad der sozialen Integration. Es ist also immer genau anzugeben, ob man mit D. vorwiegend Veränderungen des Integrationsgrades innerhalb des untersuchten Systems oder zwischen diesem und seiner sozialen Umwelt meint.

Desorganisation (↗Desintegration) ist ein umstrittener Begriff (der „sozialen Pathologie", *social pathology*), gelegentlich gleichbedeutend mit ↗Anomie. D. bezeichnet einen Prozeß, manchmal auch einen vermuteten Endzustand der Auflösung, von dem ein soziales Gebilde ergriffen ist. Von D. soll nur gesprochen werden, wenn es vorher einen Zustand von ausreichender Organisation gegeben hat. Eine Gruppe, ein Kollektiv, denen es nicht gelingt, sich über eine rudimentäre Organisation hinaus zu entwickeln, können aufhören zu bestehen, aber nicht eine Desorganisation durchlaufen. Fragwürdig ist die Verwendung des Begriffes vor allem in der angelsächsischen Literatur, wenn er sämtliche Erscheinungen decken soll, die man auch als abweichendes Verhalten, Kriminalität, als soziales Problem, soziale Pathologie usw. bezeichnet. D. liegt nicht vor, wenn innerhalb einer größeren Gesellschaft z. B. manche Personen und Gruppen in einem außergesetzlichen Bereich zu verbleiben wünschen. Das sog. organisierte Verbrechen in den USA kann nicht direkt als Folge einer D. der amerikanischen Gesellschaft verstanden werden. D. einer Gruppe kann die Folge ihrer Ziellosigkeit sein, darf dieser aber nicht gleichgesetzt werden. Eine Gruppe kann noch sehr genau erkannte und angestrebte Ziele haben und doch aus verschiedenen Gründen, z. B. inkompetente Führung, Überwucherung von Cliquen usw., bereits der D. unterliegen. Wichtig ist, daß man sich über den Unterschied zur Desintegration klar wird. Vor allem in der Familiensoziologie wurden früher beide Begriffe synonym gebraucht. Heute (R. König) bedeutet D. eine Zustandsverschlechterung innerhalb der betreffenden Gruppe, Desintegration eine Minderung der wechselseitigen Beziehungen zur sozialen Umwelt, insbesondere zu anderen Gruppen und zur Gesellschaft.

Determinismus, gesellschaftlicher ↗Bewußtsein, falsches, ↗Wissenssoziologie.

Dienst nennt man ein meist über längere Zeit hinweg regelmäßig und in gleichbleibenden Formen geleistetes menschliches Verhalten, das einer Sache oder Person dient und dem den D. Ausübenden in der Regel eine Gegenleistung einbringt; heute meist in Form einer Bezahlung, früher auch nur eine Schutzherrschaft oder andere Vorteile. Einen D. versieht nicht nur der „Diener seines Herrn", sondern auch der Arzt am Kranken, der Geistliche am Ratsuchenden; wesentlich für eine D.leistung ist für beide Teile (D.leistenden und Auftraggeber bzw. -empfänger) die Bekanntheit der Regeln, oft auch gesetzlicher Art, nach denen der D. geübt wird. Die D.leistung wird in ihrer Qualität vom Status, aufgrund dessen sie geübt wird, und nach dem von diesem Statusinhaber zu erwartenden Rollenverhalten beurteilt.

Differenzierung, soziale, ist der Prozeß (oder sein Ergebnis) einer Auffächerung, einer Sonderung von zunächst ungetrennten (oder weniger getrennten) Einheiten. Die Unterschiede zwischen diesen werden dabei in der Regel deutlicher sicht- oder spürbar und bilden z. T. die Motive für die D. Meist betrifft die s. D. Gruppen,

Berufe, soziale Systeme, deren anfängliche Gleichartigkeit (z. B. gemeinsame ↗Kultur) die D. nicht verhindern kann, wenn unterschiedliche Funktionen übernommen werden. Oft ist die s. D. gleichbedeutend mit Spezialisierung. Die ↗Arbeitsteilung ist ein Grundprozeß der s. D. Mit C. C. North (1926) können wir vier Haupttypen der s. D. erkennen: der Berufe, der Ränge, der Kultur und der Interessen. Biologische Faktoren als Ursachen der s. D. sind die Unterschiede nach Geschlecht, Alter (↗Altersklassen) und Rasse. R. König möchte in der gegenwärtigen Gesellschaft der Industrieländer eine mikrosoziale D. (z. B. nach ↗Berufen) von einer makrosozialen (z. B. nach sozialen ↗Schichten) unterscheiden. Auch die ↗Subkulturen können als Ergebnis der s. D. aufgefaßt werden.

G. Simmel, Über soziale Differenzierung (1890); C. C. North, Social Differentiation (Chapel Hill 1926); L. v. Wiese, System der Allgemeinen Soziologie ([3]1955); J. Wössner, Mensch und Gesellschaft (1963).

Diffusion (nach E. B. Tylor, 1871) ist ein Vorgang von grundlegender Bedeutung für die Verbreitung von Neuerungen (↗Innovationen) aller Art (sprachlicher, technischer, organisatorischer, religiöser). Die D.schule der Ethnologie glaubt für die meisten Kulturelemente nur einen Ursprung annehmen zu dürfen und hält mehrfache, voneinander unabhängige Erfindung und Entstehung für weniger wahrscheinlich. Im Bereich heutiger Industriegesellschaften spielt der soziale Prozeß der D. eine wichtige Rolle. Er kann sich auf Ideen, Mode, technische Neuerungen, Produkte der industriellen Fertigung usw. beziehen. An die Stelle der früher sehr wichtigen einzelnen Träger eines in D. befindlichen Kulturelements treten heute meistens Vermittlungsmedien, z. B. Fernsehen. Sachen, Werkzeuge, Schmuckformen usw. diffundieren in der Regel rascher und besser als immaterielle Kulturinhalte, wie Ideen, religiöse Vorstellungen und soziale Institutionen.

E. M. Rogers, Diffusion of Innovation (New York 1962).

Diktatur, genannt nach dem nur für sechs Monate ausübbaren Amt mit unbeschränkten Vollmachten eines Diktators während einer Krise im antiken Rom (wo die D. zunächst eine Form *legitimer* Autorität war), bezeichnet heute eine unbefristete und uneingeschränkte Herrschaft, meist durch einen einzelnen (↗Charisma), seltener durch eine kleine Gruppe (Junta, Militär-D.), wobei dieser Machtausübung und ihren Mitteln rechtsstaatliche Prinzipien, eine demokratisch sanktionierte Legitimität fehlen. Karl Marx forderte die D. des Proletariats als notwendige Vorstufe zur vom Staat und jedem Zwang befreiten Gesellschaft des reinen, endgültigen Kommunismus. In Wirklichkeit sind alle heutigen kommunistischen Staaten aus Machtkämpfen hervorgegangen, in denen das eigentliche Proletariat nichts bestimmen konnte. Ein Grundproblem für die Fortdauer einer D. ist die Nachfolge in der Führungsspitze. Die Ungeduld mit der Langsamkeit demokratisch geregelter gesetzgeberischer Prozesse und ihre Vorliebe für zentrale Entwicklungsplanung haben einige Autoren, die selbst in freiheitlichen Demokratien leben, zu der Meinung geführt, ↗Entwicklungsländer in einer bestimmten Phase ihres sozialen ↗Wandels könnten am raschesten und besten unter einer D. wirtschaftlich und gesellschaftlich entwickelt werden. Obwohl die Vereinten Nationen nach dem Zweiten Weltkrieg gegründet worden waren, um Aggressionen zu verhindern, die unter einer D. am leichtesten beginnen können, ist heute das Bestehen einer D. für die Aufnahme eines Landes in die UN kein Hinderungsgrund.

B. Constant, Über die Gewalt (1813, deutsche Übers. Bern 1942); Carl Schmitt, Die Diktatur (²1928); Z. Barbu, Democracy and Dictatorship (London 1956); H. Buchheim, Totalitäre Herrschaft (1962); M. Duverger, Über die Diktatur (1961); H. Berve, Die Tyrannis bei den Griechen, 2 Bde. (1967).

Diskriminierung nennt man die (meist einem Wahrnehmungsakt) folgende unterschiedliche soziale Behandlung eines anderen, die einem Konsensus über den anzuwendenden Gleichheitsgrundsatz widerspricht. Die Diagnose einer D. ist in der heutigen Soziologie fast immer ein ↗Werturteil, das eine Handlungsweise, eine Praxis, eine Institution usw. mißbilligt, weil sie dem Ideal, dem sittlichen Gebot der ↗Gleichheit nicht oder nicht ausreichend konform sind. In diesem Sinne ist D. mit dem sozialpolitischen Problem der ↗Minderheiten verknüpft. D. gilt als Folge der ↗Vorurteile und des ↗Ethnozentrismus. D. ist oft eine irrationale (dem, z. B. wirtschaftlich definierten, Eigennutz des die D. ausübenden entgegengesetzte) Handlungsweise: man weist etwa den besser qualifizierten Stellenbewerber zugunsten eines weniger guten zurück, nur weil er der „falschen" Bevölkerungskategorie angehört. Während die bisherigen Untersuchungen der D. sich vorwiegend auf Religionsangehörige (z. B. D. der Katholiken in USA, in manchen Berufen) und (meist farbige) Minderheiten (z. B. Neger in USA) erstreckt haben, gibt es auch D. gegen Frauen und Altersgruppen im Berufsleben. In einigen Gliedstaaten der USA z. B. ist es deshalb durch Gesetz verboten, bei einer Stellenanzeige ein bestimmtes Alter der Bewerber vorzuschreiben. Eine D. stellt auch das Kastensystem (Unberührbare) in Indien dar. Dort, wie auch in anderen Ländern (insbesondere in den USA) hat sich gezeigt, daß die gesetzlich vorgeschriebene Gleichstellung und Gleichbehandlung der bisher einer D. ausgesetzten Bevölkerungsteile nur sehr langsam zu einer tatsächlichen Verminderung der D. führt.

Literatur siehe Vorurteil

Distanz, soziale (sozialer Abstand), im Gegensatz zu einer raumzeitlich bedingten D., bedeutet die Erscheinung, daß in allen differenzierten Gesellschaften die Angehörigen verschiedener Gruppen, Schichten, Minderheiten usw. zu solchen anderer in der Regel im sozialen Kontaktverhalten (E. S. Bogardus) D. wahren. Dies wird oft auf ↗Vorurteile zurückgeführt. Solche können vorliegen, aber auch die Angehörigen ebenbürtiger Gruppen können, bedingt durch Normen ihrer gemeinsamen Kultur, auf sozialen Abstand Wert legen. Sehr oft hängt allerdings das Einhalten der s. D. mit ↗Minderheitenproblemen in einer Gesellschaft zusammen, wobei sich die als diskriminiert erlebende Gruppe als ausgeschlossen betrachtet. In den heutigen Gesellschaften, vor allem in den Industrienationen demokratischer oder kommunistischer Prägung, spielt s. D. eine geringere Rolle als in früheren Standesgesellschaften. Ein völliges Verschwinden der s. D. ist unwahrscheinlich. Sie gehört zu den Funktionsbedingungen jeder (komplexen) Gesellschaft. Soziale Utopien haben ihre Abschaffung immer auf dem Programm. ↗Klassen, ↗Kasten, ↗Minderheiten, ↗Diskriminierung.

Dorf bezeichnet eine Siedlung seßhafter Menschen, die ausschließlich oder vorwiegend von Ackerbau oder Viehzucht leben. Dörfer und die für ihre Bewohner typische Mentalität und Lebensweise gibt es in den meisten Kulturen und Gesellschaften. In den Industriegesellschaften des 20. Jahrh. hat die Dorfbevölkerung gegenüber der Stadtbevölkerung zunehmend abgenommen; die Bedeutung des Dorfes als Siedlungsform für die in der Landwirtschaft Tätigen besteht aber noch. Die Kleinheit der Bevölkerung, die Häufigkeit der sozialen Berührungen, die Fortdauer traditioneller Verhaltensformen machen die soziale Kontrolle im Dorf in der Regel wirksamer als in den Städten, wo deshalb ↗Innovationen leichter möglich sind. ↗Primärgruppe, ↗Nachbarschaft. Nicht jede Landwirtschaft muß aus Dörfern her getätigt werden. Vor allem in Einwandererstaaten (USA, Kanada) dominiert der Typ des Farmers (im Gegensatz zum Bauern im Dorf), der große Flächen von seiner (meist isolierten) Farm aus bewirtschaftet, sich früh zur Mechanisierung entschließt und als wirtschaftlich-gesellschaftlichen Mittelpunkt seiner Region eine (meist kleine oder mittlere) Stadt hat, zu deren Bürgern er jedoch nicht zählt. Umgekehrt kann der Dorfcharakter einer Siedlung, der Mentalität ihrer Bewohner und ihres „Interaktionsmodus" auch erhalten bleiben, wenn die Landwirtschaft (fast) völlig zugunsten handwerklicher Produktion aufgegeben worden ist. Ebenso haben Fischerdörfer ihr eigenes Gesicht und ihre eigene Sozialstruktur. Auf jeden Fall muß der Begriff D. „entideologisiert", darf der Gegensatz D. - Stadt nicht im Sinne der „Gemeinschaft"-„Gesellschaft"-Dichotomie von Tönnies gesehen werden. Leider hat diese bis in die Mitte des 20. Jahrh., gerade auch in den USA, die Soziologie der Landbevölkerung *(rural sociology)* wirklichkeitstrübend beeinflußt.
Es gibt Dorf„gemeinschaften" in den verschiedenen Kulturen (Süditalien, Mittelamerika), in denen sich Nachbarn so gut wie nie helfen oder einander vertrauen (*immoral familism*, E. Banfield, 1958). Zwischenmenschliche Beziehungen dürften in Siedlungen mit Dorfcharakter in der Regel nicht besser sein als in solchen mit geringerem Dorfcharakter.

L. v. Wiese, Das Dorf als soziales Gebilde (1928); G. Wurzbacher, Das Dorf im Spannungsfeld industrieller Entwicklung (²1961); R. König (Hrsg.), Soziologie der Gemeinde (²1962); Katrin Aschenbrenner und D. Kappe, Großstadt und Dorf als Typen der Gemeinde (1965); W. Roth, Dorf im Wandel (1968).

Druck, sozialer ↗Kontrolle soziale.

Dyade ist eine Zweiergruppe. ↗Simulationsverfahren, ↗Soziogramm.

Dysfunktion ↗Strukturell-funktionale Theorie.

E

Ehescheidung, die rechtlich anerkannte Auflösung eines vor religiösen oder staatlichen Instanzen (oder auch nur gewohnheitsrechtlichen) geschlossenen Ehevertrages unterliegt in verschiedenen Ländern sehr unterschiedlichen Regeln. Die Ehescheidung kann praktisch unmöglich (z. B. Italien) oder sehr leicht (z. B. einzelne Gliedstaaten der USA) sein; die Rechtsprechung in der Bundesrepublik Deutschland ist bei der Gewährung eines Antrags auf Scheidung sehr zurückhaltend, solange noch Aussicht auf Verständigung der Partner besteht oder wenn der geschädigte Partner die Scheidung nicht wünscht. Nach dem Ende des Zweiten Weltkrieges stieg in den westlichen Industriegesellschaften die Kurve der Scheidungen steil nach oben, hat inzwischen aber niedrigere, einigermaßen gleichbleibende Werte erreicht. Die Scheidungsziffer für eine bestimmte Gesellschaft in einem gegebenen Jahr oder längeren Zeitabschnitt läßt Rückschlüsse auf den sozialen Wandel, auf Veränderungen in der Familienstruktur zu. Bei einem internationalen Vergleich der Scheidungsziffern verschiedener Länder muß jedoch die jeweils verwendete statistische Methode berücksichtigt werden. In manchen Ländern (z. B. England und Schottland) werden auch von den Ehegatten vereinbarte Trennungen, ohne gerichtliche Scheidung, als E. gezählt. Die Scheidungsziffer kann als Prozentsatz der im gleichen Jahr geschlossenen Ehen angegeben werden oder als Prozentsatz der bereits einmal Geschiedenen innerhalb der verheirateten Bevölkerung. Die vergleichsweise hohe Scheidungsrate in den USA läßt nicht direkt auf eine allgemein geringere Stabilität der amerikanischen Familie schließen, weil die meisten Scheidungen innerhalb eines verhältnismäßig kleinen Prozentsatzes der Bevölkerung gehäuft stattfinden (serial polygamy). Die Frühehe, Ehepartner unter 20, erhöht die Scheidungswahrscheinlichkeit. Eine höhere Wahrscheinlichkeit der E. haben auch kinderlose und kinderarme Ehen, ebenso konfessionell gemischte Ehen. Eine von den Normen der jeweiligen Kultur mehr oder minder genau geregelte Form der E. findet sich in jeder Gesellschaft, u. U. durch weitgehende Toleranz der neuen, rechtlich nicht gesicherten Ehegemeinschaft gegenüber.

W. J. Goode, After Divorce (Glencoe, Ill. 1956); ders., Die Struktur der Familie (²1966); G. R. Leslie, The Family in Social Context (New York 1967).

Eigentum kann im privaten, persönlichen, individuellen oder öffentlichen Verfügungsbereich liegen. E. ist die innerhalb einer Gesellschaft, meist auch im internationalen Bereich rechtlich oder informell, gewohnheitsmäßig anerkannte Verfügungsgewalt des Eigentümers über das E., seine Nutzung und seinen Ertrag, seine Abwandlung oder Verbindung mit anderem E., seine Veräußerung oder Weitergabe. Diese „Herrschaft“ des Eigentümers über E. ist je nach der politischen Machtverteilung und ihrer Ideologie in verschiedenen Gesellschaften bei verschiedenen Kategorien des E. mehr oder weniger eingeschränkt.

Jedes Element unserer raum-zeitlichen Wirklichkeit kann zum E. eines Individuums oder einer Gruppe werden: das Land, der Boden, ein See an sich oder auch nur seine Nutzung (Fisch- und Jagdgründe). In einigen Fällen ist das E. an fruchttragenden Bäumen (bei Naturvölkern) zuerst entstanden und daraus allmählich die Vorstellung eines E. an Land, auf dem sich solche Bäume befinden, geworden. E. kann aus Ansprüchen bestehen, die verkauft oder vererbt werden können, obwohl ihre Erfüllung noch ungewiß ist. Die geistige Gestaltung, die mehr oder minder neue Anordnung von Worten, Musiknoten, Bildelementen führt zum geistigen E. (urheberrechtlich geschützt, ↗Erfindung).

Dem Individuum (auch dem einzelnen Kind, der einzelnen Frau in einer Großfamilie) gehörendes E. (Haustiere, Waffen, Boote, Bäume, Beute usw.) findet sich als Begriff und ↗Institution in jeder Kultur und Gesellschaft. Eine Phase des Urkommunismus mit E.losigkeit ist nirgends angetroffen worden; sie wäre auch aufgrund des allgemein beobachtbaren ursprünglichen, E.bezogenen, E.setzenden Verhaltens des Menschen äußerst unwahrscheinlich. So haben z. B. selbst in den Kinderhäusern des Kibbuz aufwachsende kleine Kinder, in einer von den Erwachsenen künstlich vom Begriff E. „gereinigten“ sozialen Umwelt, entgegen den Wünschen ihrer Erzieher die Vorstellung von mein und dein (Handtuch, Spielzeug usw.).

Die Grundeigenschaft des E., seine Vererbbarkeit, also die Disposition über das E. nach dem Tod des ersten Eigentümers, ist in der Kultur jeder menschlichen Gruppe anzutreffen. Die gemeinsame Nutzung oder zur Verfügungstellung eines Mittels in Notfällen (z. B. von Fischerbooten, Zugtieren), ein das Individuum bei der Aufteilung der von ihm allein erlegten Beute benachteiligender Verteilungsschlüssel u. ähnliche Erscheinungen dürfen nicht irrtümlich (oder aus ideologischer Voreingenommenheit gegen das E.) überbewertet oder als Anzeichen für die Gleichgültigkeit gegenüber dem E. bei Naturvölkern gedeutet werden. Solche Bräuche sind gerade deshalb sinnvoll, weil es das E. an sich auch in solchen einfachen Gesellschaften gibt. Gemeinsame Nutzung, großzügiges Ausleihen von Gebrauchsgegenständen innerhalb einer Gruppe von Freunden, Bekannten oder Nachbarn findet sich ebenfalls in den westlichen Industriegesellschaften neben der rechtlich (oder sogar verfassungsrechtlich) garantierten Institution des privaten E.

Die gegenseitig geachtete Vorstellung eines privaten E. an bestimmten, dazu geeigneten Inhalten der Welt, zwecks Vermeidung von die Art bedrohenden Konflikten, entsteht lange vor einer sozialen Klassenschichtung. Auch viele Tierarten respektieren das Revier, das Territorium, den Geschlechtspartner des Artgenossen. Eine zur Idee und Achtung des E. der Individuen grundsätzlich unfähige oder unwillige Menge von höheren Lebewesen hätte sich sehr wahrscheinlich phylogenetisch nicht behaupten können. Das E. kann hierbei ähnlich funktional notwendig gedacht werden wie das ↗Inzesttabu, dessen Universalität überwiegend aus der Konfliktvermeidung innerhalb der Gruppe erklärt wird. Die Anerkennung von privatem, d. h. persönlichem, einem einzigen Individuum zugeschriebenem E. ist ferner notwendig als Ausgleichsmittel, um die Antastung der physischen Person überflüssig zu machen: eine den Stamm dezimierende Blutrache, eine Kettenreaktion wechselweiser Vergeltung nach einer absichtlichen oder fahrlässigen Tötung, kann nur vermieden werden, wenn der zugefügte Verlust, die Beleidigung durch Aushändigung von E. gutgemacht werden kann (Humanisierung der Strafe durch Einführung der Geldbuße!). Vorenthaltung oder Rücknahme von E. dient bereits in primitiven Stammesgesellschaften auch zum Schutz der Frau ihrem Mann und seiner Familie gegenüber: bei Mißhandlung darf sie z. B. jeweils einen Teil der ihr persönlich gehörenden Viehherde an die eigene Familie zurückgeben. Die fürs Zusammenleben notwendige soziale ↗Kontrolle ist durch die Institution des E. differenzierender, schonender, rationaler, als sie es in einer Gruppe sein könnte, die das E. nicht kennt.

W. Nippold, Die Anfänge des Eigentums bei den Naturvölkern und die Entstehung des Privateigentums (Den Haag 1954); F. Klüber, Eigentumstheorie und Eigentumspolitik (1963); C. Jantke und D. Hilger, Die Eigentumslosen (1965); A. Schrader, Die soziale Bedeutung des Besitzes in der modernen Konsumgesellschaft (1966).

Einsamkeit (↗Masse) stellt sich dem Soziologen als Problem, weil Angehörige bestimmter sozialer Kategorien in einer Bevölkerung (z. B. Menschen über 65 Jahre) an Vereinsamung leiden können. Entgegen den Schlagworten der pessimistischen Zivilisationskritik scheint aufgrund neuerer empirischer Untersuchungen aus verschiedenen Ländern (Österreich, England, USA) die Vereinsamung des Großstädters und des alternden Menschen in der Stadt in weit geringerem Umfang eine Folge der modernen Gesellschaft zu sein, als man bisher angenommen hat. Selbst gewählte Einsamkeit (social disengagement) kann auch eine Form abweichenden Verhaltens, eines individuellen Protests gegen die Gesellschaft sein. Wenn auch die Trennung von Wohn- und Arbeitsort, die Mobilität des heutigen Menschen, bestimmte Siedlungsformen usw. zur Vereinsamung führen können, so müssen diese Veränderungen unserer Lebensformen aber auch durch Berücksichtigung anderer Veränderungen in die richtige Perspektive gesetzt werden: z. B. die Verfügbarkeit des Fernsprechers für direkte und des Fernsehens für passive Interaktionen des einzelnen.

D. Oberndörfer, Von der Einsamkeit des Menschen in der modernen amerikanischen Gesellschaft (²1962); W. Bitter (Hrsg.), Einsamkeit in medizinischer, psychologischer, theologischer und soziologischer Sicht (1967).

Einstellungen (engl. *attitudes*) werden seit Jahrzehnten, vor allem in der amerikanischen Sozialpsychologie, erforscht, weil sie sich für quantifizierende Methoden besonders eignen und bei den (schlechten) Beziehungen zwischen Personen und Gruppen, in Form des ↗Vorurteils, der ↗Diskriminierung, des Bestehens auf sozialer Distanz eine Rolle spielen. Man möchte vor allem die Bedingungen für induzierten Wandel der E. feststellen. Die E., meist handelt es sich um einen Satz von E., bezeichnet in einer Person die aus vorangegangenen Lernprozessen (↗Sozialisation, seiner ↗Kultur, spezifischen Erlebnissen usw.) stammende Prädisposition auf einen Reiz in der Umwelt in einer bestimmten, gleichbleibenden und damit voraussagbaren Weise zu reagieren. Die E. wird nicht nur mit rationalen, vom Individuum und seinem Beobachter einsehbaren Bewußtseinsinhalten erzeugt, sondern auch aus emotionalen, in den physischen Bereich der Persönlichkeit reichenden Vorgängen. Eine starke, mit Ekelgefühlen verbundene Antipathie einer Menschenkategorie gegenüber, kann als E. aufgefaßt werden. Die E. stellt somit eine aus verschiedenen (oft heterogenen) Elementen entstandene Konfiguration im psychophysischen Handlungsbereich eines Individuums dar, dergemäß (oder durch die motiviert) Antriebe das Verhalten in eine bestimmte Richtung einem anderen gegenüber bringen. Man kann die E. nur zu einem einzigen bestimmten Objekt haben oder zu einer umfassenden Kategorie von Personen oder Erscheinungen (z. B. die E. der modernen Kunst gegenüber). Die E. neigt zur Generalisation, d. h., sie erstreckt sich auch auf Reize, die dem ursprünglichen Reiz nur entfernt ähneln oder verwandt sind. Die E. kann nicht selbst konkret beobachtet werden, sie muß immer aus Verhalten (u. U. Unterlassungen, einem Nichtverhalten) erschlossen werden.

Ohne einen großen Satz von zweckentsprechenden E. wäre kein Individuum lebens- und handlungsfähig, da es in jeder einzelnen Situation von neuem mit einem Lernprozeß und Erwägungen über sein bestmögliches Verhalten beginnen müßte. Unsere E. strukturieren die Umwelt in der Weise, daß wir uns mit einem Mindestaufwand von Zeit und größtmöglicher Erfolgsaussicht darin bewegen können.

Die E. werden mit ↗Skalierungsverfahren gemessen, wobei die Versuchsperson meist mit einem Fragebogen konfrontiert wird, zu dessen Äußerungen über das Objekt der E. sie unterschiedliche Reaktionen einträgt.

A. R. Cohen, Attitude change and social influence (New York 1964); E. P. Hollander, Principles and methods of social psychology (London 1967).

Elite ist ein wertender (meist bewundernd oder anfeindend gebrauchter) Begriff für eine (auserlesene, z. B. Sportler einer Nation für die Olympiade, oder sich für auserlesen haltende) Minderheit mit besonderen Funktionen. Zwar kann man in jedem Beruf von seiner E., seinen Spitzenkönnern, sprechen, doch bezeichnet E. im engeren Sinne heute die politisch führende, gesellschaftlich wirksame (auch den Geschmack bestimmende, *taste setters*), aus verschiedenen Berufen und Positionsinhabern zusammengesetzte oberste Schicht einer Gesellschaft. Sie darf nicht mit den ↗Intellektuellen verwechselt werden (die sich gerne als eine Sonder-E., ohne Rücksicht auf den unterschiedlichen wirtschaftlichen Erfolg ihrer Mitglieder, definieren), obgleich zur E. immer auch einzelne Intellektuelle gehören. Grobe und willkürliche Schätzungen (z. B. von R. Dahrendorf) geben den Anteil der E. an der Bevölkerung mit einem Prozent an. Die Elite ist aber nicht gleichbedeutend mit der Oberschicht (etwa der *upper-upper-class* amerikanischer Schichtungsstudien), da diese auch passive, gesellschaftlich unwirksame Mitglieder (z. B. Millionärswitwen) umfaßt. Die E. ist eine ↗Führungs- bzw. ↗Herrschaftsschicht, deren Mitglieder sich aber nicht wie die einer ↗Aristokratie in einem eigenen sozialen, verwandtschaftlich abgesicherten System verbunden fühlen. Frühere aristokratische Systeme waren zwar eine E., heute bezeichnet E. aber wesentlich schwerer abgrenzbare Führungsgruppen in verschiedenen Funktionsbereichen (Wirtschaft, Politik, Massenmedien, kirchliches Leben usw.), wobei Überschneidungen vorkommen (die zuerst im Berufsleben gewonnene E.stellung — Weltmeister im Sport, hoher Berufsoffizier — kann nach einem Berufswechsel, z. B. in die Wirtschaft, mitgenommen werden). Einen eigentümlichen, von den Massenmedien, vor allem dem Fernsehen, ermöglichten, oft nur kurzfristigen ↗Status als E.mitglied haben die sog. *celebrities* (amerik.) die Inhaber eines (telegenen) ↗Image aufgrund irgendeiner die ↗öffentliche Meinung interessierenden oder beeindruckenden Leistung (Nobelpreisträger, Spitzendemonstrant, Erfinder, Weltumsegler usw.), die auch dadurch zur E. gemacht werden, daß andere sich ihres Image zu eigenen Zwecken bedienen (z. B. Wahlpropaganda der SPD in der BRD 1969 über Zelebritäten-Endorsement, ähnlich wie Werbung für ein Getränk durch Anzeigen, auf denen es durch die Kehle irgendwelcher Prominenter rinnt).

In der pluralistischen ↗Demokratie wird, unter Hereinnahme geschichtlicher, vorindustrieller Nebenbedeutungen von E., diese Erscheinung vielfach kritisiert und mit Schlagworten dramatisiert: „Herrschaft" der Manager, der Experten, der Funktionäre. Im gesellschaftskritischen Kampfvokabular seit etwa 1960 ist ↗Establishment teilweise an Stelle von E. getreten. Kritik an einer E. ist bisher in der Geschichte mit Erfolg ausnahmslos immer nur von solchen geübt worden, die selbst die neue E. werden wollten oder, funktionsbedingt, werden mußten.

Keine noch so einfache, überschaubare und plebiszitär-demokratische Gemeinschaft konnte bisher auf die Dauer die Entstehung von funktionalen E. verhindern oder entbehren (vgl. die funktionalen E. in den Kibbuzim in Israel). Die Demokratie setzt als Ideal und

Prinzip die Abruf- bezw. Abwählbarkeit des Mitgliedes der politischen E., auch in den Interessenverbänden voraus. Doch ist in allen Industrieländern die äußerst geringe E.zirkulation bei Gewerkschaften auffallend. In Wirklichkeit gibt es fast nie eine homogene E. mit identischer Interessenlage, sondern in jeder größeren Gesellschaft, auch schon in antiken und außerwestlichen vorindustriellen Gesellschaften, findet stets eine dauernde Konkurrenz verschiedener Segmente der E. oder zwischen Teil-E.n statt (heute z. B. die Konkurrenz um öffentliche Mittel zwischen dem Wissenschafts- und Bildungssektor und dem militärischen Sektor).

Man spricht auch von strategischen E.n, die zur rationalen Willensbildung im öffentlichen, parlamentarisch kontrollierten Bereich nötig sind (u. a. die Experten). Eine E. kann auch als Minimumkonsensusgruppe für wichtige Entscheidungen auf nationaler oder internationaler Ebene (gesellschaftskritisch sprach C. Wright Mills von einer *Power Elite*, einer „Machtelite“ in den USA: einige hundert Personen), auf kommunaler Ebene als ↗„Machtstruktur“ (seit Floyd Hunter in den USA community *power structure*, 1953) aufgefaßt werden: als diejenigen Persönlichkeiten in verschiedenen Tätigkeitsbereichen, deren Billigung oder Duldung eines öffentlichen Projekts eingeholt werden muß, ehe dieses überhaupt eingeleitet werden kann.

H. P. Dreitzel, Elitebegriff und Sozialstruktur (1962); C. W. Mills, Die amerikanische Elite (1962); W. Zapf, Wandlungen der deutschen Elite (1965); T. B. Bottomore, Elite und Gesellschaft (1966); K. Klotzbach, Das Eliteproblem im politischen Liberalismus (1966); U. Jaeggi, Die gesellschaftliche Elite (1967); A. Ammon, Eliten und Entscheidungen in Stadtgemeinden (1967). R. Hamann, Paretos Elitentheorie und ihre Stellung in der neueren Soziologie (1964); P. Hübner, Herrschende Klasse und Elite (1967); G. Zauels, Paretos Theorie der sozialen Heterogenität und Zirkulation der Eliten (1968).

Emanzipation, in der Antike die Entlassung eines einzelnen Familienmitglieds (i. w. Sinne) aus dem *mancipium*, aus der Hand, d. h. Herrschaft und Verfügungsgewalt der väterlichen Gewalt, bezieht sich in der Neuzeit jedoch meistens auf die erkämpfte oder durch andere erwirkte Freilassung (Sklavenemanzipation nach dem amerikanischen Bürgerkrieg 1865) oder allmähliche Einnahme bisher nicht zugänglicher Positionen in einer Gesellschaft (Frauenemanzipation, auch E. der Bauern, der Juden) durch größere Bevölkerungsteile, wie z. B. Minderheiten.

Empirische Soziologie kann sowohl Grundlagen- als auch Auftragsforschung (z. B. Marktforschung, Meinungsforschung) sein. Sie bedient sich der Verfahren, Methoden und folgt den Regeln der (zunächst naturwissenschaftlichen) Erfahrungswissenschaft. Sie braucht kein „roher Empirizismus“ (*raw empiricism*, eine oft gerügte Tendenz bei amerikanischen Soziologen) zu sein. Ihre Datensammlung und Erhebungsverfahren (↗Auswahlverfahren) sollen aufgrund von ↗Hypothesen geplant werden, die, wo immer möglich, aus vorhandenen allgemeineren Theorien über den Untersuchungsgegenstand abgeleitet worden sind. E. S. ohne Theorie ist blind, auf jeden Fall verschwen-

derisch mit Forschungsmitteln und Zeit. E. S. bedient sich heute meist der Statistik, d. h. sie beschränkt sich auf Daten und Datenerhebungen, die einer statistischen Behandlung zugänglich sind (quantifizierbare Daten), aber grundsätzlich müssen als e. S. auch qualitative, morphologisch oder gestalthaft erfaß- und beschreibbare Datensammlungen angesehen werden. Ausgangspunkt für jede e. S. ist die ↗Beobachtung. Die e. S. entwickelt sich wissenschaftsgeschichtlich parallel zum und teilweise als Positivismus, der als Neopositivismus in der amerikanischen Soziologie des 20. Jahrh. erneut eine Rolle spielte, jedoch ist die e. S. nicht mit Positivismus oder ↗Behaviourismus gleichzusetzen. Die e. S. ist oft der „Lehnsessel-Soziologie" *(arm-chair sociology)* der großen Theoretiker polemisch entgegengestellt worden.
Vorläufer der heutigen e. S. sind seit dem Ende des 18. Jahrh. Sozialenqueten (beginnend in England, meist über die Lage der Arbeiterschicht) gewesen; noch früher kam es (zuerst in England) zu ersten Versuchen einer statistischen Bevölkerungswissenschaft (↗Demographie, z. B. Sir William Petty). Als wichtiger Vorläufer der e. S. gilt Frédéric Le Play (Monographien über Arbeiterfamilien um die Mitte des 19. Jahrh.).

J. Madge, The Origins of Scientific Sociology (Glencoe 1962); R. König (Hrsg.), Handbuch der empirischen Sozialforschung, Bd. 1 ([2]1967), Bd. 2 (1969); W. Mangold, Empirische Sozialforschung (1967).

Endogamie, im Gegensatz zur ↗Exogamie, heißt die gewohnheits- oder pflichtgemäße Wahl des Ehepartners innerhalb der eigenen engeren sozialen Gruppe oder sozialen Kategorie (im weiteren Sinn also Vermeidung auch z. B. von religiösen Mischheiraten). Bei Naturvölkern spielt E. für die Sozialstruktur oft eine entscheidende Rolle; aber auch bei den sozial flüssigeren verstädterten Industriegesellschaften der Gegenwart, z. B. ausgesprochen in den USA, lassen sich endogame Tendenzen beobachten.

Enkulturation (Herskovits, 1948) ist der (unbewußt *oder* bewußt vorsich gehende) Lernprozeß, durch den ein Individuum allmählich die Kultur seiner Gruppe erwirbt; dazu gehören Wertvorstellungen, ↗Leitbilder, ebenso wie einfache und komplexe ↗Verhaltensmuster. Die E. ist Teil des allgemeinen ↗Sozialisationsprozesses. Von E. spricht man, wenn ein Mensch in die Kultur seiner Eltern eingeführt wird, von ↗Akkulturation, wenn es sich, meist nach der Kindheit, um die Eingliederung in eine zusätzliche andere Kultur handelt (Einwanderer).

Entfremdung, auch Entäußerung oder Entwirklichung, ist ein Grundbegriff im ↗Marxismus bis zur Gegenwart geblieben. Der junge Marx findet ihn bereits bei Hegel (Grundlinien einer Philosophie des Rechts; Phänomenologie des Geistes), bei dem jedoch eher die positiven Seiten dieses Prozesses hervorgehoben werden. Der arbeitende, der produzierende Mensch entäußert sich in das physische Ergebnis seiner

↗ Arbeit hinein, das ihm somit entfremdet wird. Die bürgerliche Rechtsordnung ermöglicht die Ansammlung von Mitteln, von Kapital, das einzelnen, einer Minderheit, es möglich macht, gegen Lohn im Arbeitsvertrag sich der Arbeit anderer, meist einer Mehrheit, zu bedienen, zwecks Herstellung von Produkten, die der Besitzer des Kapitals, der Kapitalist, auf dem ↗ Markt mit einem Gewinn verkaufen kann, an dem der Produzent, der Arbeiter, nicht proportional beteiligt wird. Aus der Sicht von Marx, deren Zeitbedingtheit diesem nicht klar war, wird der Lohn des Arbeiters, des ↗ Proletariers, immer geringer, je erfolgreicher er für den anderen, den ↗ Unternehmer, den „Ausbeuter", produziert und mit Waren den Markt überschwemmt, deren Kauf dem Proletarier grundsätzlich unmöglich ist. Er entäußert, er entwirklicht sich also für den Profit eines anderen in eine physische Welt hinein, die ihm verschlossen bleibt.
In der marxistischen Kritik des Wirtschaftsprozesses geht der philosophisch gemeinte, richtige Ansatz von Hegel verloren, der zutreffend gesehen hat, daß jede Arbeit eines Individuums, deren Ergebnis an einen anderen veräußert wird, diesem gestattet, sozusagen einen Teil des produzierenden Individuums davonzutragen, also diesen zu entfremden. Auch der bildende Künstler entäußert einen Teil seines Wesens in das Kunstwerk, das er aus seinem Besitz entläßt, das aber im Lauf der Zeit von Käufer zu Käufer einen Wert annehmen kann, der weit über dem liegt, den der erste Auftraggeber ihm vergütet hat. Eine Welt ohne Entfremdung wäre eine Welt, in der jeder als Individuum, als Robinson Crusoe, allein auf seiner Insel, nur für sich lebt. Die marxistische Kritik am Produktionsprozeß findet es nun besonders entmenschlichend, inhuman, daß der Fabrikarbeiter infolge der technisch-ökonomisch notwendigen ↗ Arbeitsteilung einen für ihn unüberschaubaren, ja sinnlosen Arbeitsvorgang leisten muß und nicht mehr, wie ein früherer Handwerker, einen ganzen Gegenstand mit Befriedigung hervorbringen darf. Wenn Marx die Lösung des Problems von einer nicht näher bestimmten „zukünftigen Gesellschaft" erwartet, in der jeder nach Lust und Laune am selben Tag Hirte, Fischer, Jäger und Literaturkritiker sein kann, zeigt er lediglich sein Unvermögen, die moderne Welt und ihre ↗ Technik zu begreifen. Insofern ist Marx ein Romantiker. Die romantische Technikfeindschaft ist keineswegs auf den Marxismus begrenzt.
Die amerikanische Soziologie hat sich in den letzten Jahrzehnten eingehend mit der E., *alienation*, befaßt und mehrmals versucht, den Begriff zu operationalisieren, um empirisch unterschiedliche Grade der E. bei einzelnen Gruppen, Berufen, Minderheiten usw. feststellen zu können. Melvin Seeman schlug Kriterien der E. vor, z. B. *sense of powerlessness*, das Gefühl, keinen Einfluß auf den Lauf der Dinge zu haben. Ungeachtet der nahezu erreichten Einigkeit der empirischen Soziologen Amerikas über die Unbestimmbarkeit, die Ungreifbarkeit der E. Mitte der 60er Jahre, hat sich gerade seit dieser Zeit ein Teil der jugendlichen ↗ Subkultur der USA, die rebellierend aus ihrer

behaupteten E. (*alienated youth*) in eine z. T. totale Ablehnung ihrer eigenen Gesellschaft und Kultur hineinstilisiert. Insoweit kann E. als eine ↗self-fullfilling prophecy angesehen werden, die vor allem für jene zutrifft, die sich die E. selbst schuldig zu sein glauben. E. kommt auch bei S. Freud vor, wenn ins Unbewußtsein abgesunkene Erlebnisse ihre eigene Wirkungsweise entfalten und z. B. zu Neurosen führen. In einem spezielleren Sinne heißt E. jeder Vorgang, durch den vom Menschen hervorgebrachte Werke seiner Kontrolle entgleiten. Hellpach und Gehlen verstehen die E. auch als eine Institutionalisierung (sozialpsychologisch betrachtet).

H. Popitz, Der entfremdete Mensch (1953); J. Gabel, La fausse conscience (1962); J. Wössner, Sozialnatur und Sozialstruktur (1965); I. Fetscher, Karl Marx und der Marxismus (1967); H. Marcuse, Der eindimensionale Mensch ([2]1967); E. Kux, Karl Marx und die revolutionäre Konfession (1967).

Entwicklungsländer. Der Begriff E., die Entwicklungshilfe (ursprünglich *Point Four Program* genannt), geht auf Präsident Trumans Hilfsprogramm für unterentwickelte Gebiete zurück, das er in seiner Botschaft an den US-Kongreß vom 20. Januar 1949 unter „viertens" verkündete: „Viertens, wir müssen an die Verwirklichung eines kühnen neuen Programms gehen, das die Wohltaten unserer wissenschaftlichen Errungenschaften und unseres industriellen Fortschritts für die Erschließung und das Wachstum unterentwickelter Gebiete nutzbar macht. Mehr als die Hälfte der Bevölkerung der Erde lebt unter Bedingungen, die an Elend grenzen. Ihre Ernährung ist ungenügend. Sie sind das Opfer von Seuchen. Ihr wirtschaftliches Leben ist primitiv und stagnierend. Ihre Armut ist ein Handicap und eine Bedrohung für sie selbst wie auch für die wohlhabenderen Gebiete. Zum erstenmal in der Geschichte besitzt die Menschheit die Kenntnisse und die Geschicklichkeit, um die Leiden dieser Menschen lindern zu können." Mit diesen Worten, entgegen der Warnung seiner Berater, setzte Truman eine Hoffnung in die Welt, die seither fast jede Skepsis zu überschatten verstand. Die Politiker der E. begriffen rasch. Dr. Charles Malik, Vorsitzender der UN-Kommission für Menschenrechte und Delegierter des Staates Libanon, sagte z. B. am 11. Dezember 1950 vor dem Politischen Komitee der Generalversammlung der UN: „Meiner Meinung nach muß die gegenwärtige Größe des *Point-Four*-Programms *um das Hundertfache* erweitert werden, *ehe* es auch nur beginnen kann, für die schreiendsten Nöte des Augenblicks ausreichend zu sein. Was sind schließlich schon fünf Milliarden Dollar, ausgegeben zum Zweck der Wiederherstellung des Gleichgewichts der Gerechtigkeit in den Augen der Enterbten dieser Welt?"
Der Begriff einer historisch verpflichtenden homogenen Welt der E. führte im Lauf der 50er Jahre zur Ideologisierung der Entwicklungshilfe. Man übersah, daß es untereinander äußerst verschiedene Länder und Gebiete sind, die keineswegs alle in gleicher Weise entwickelbar sein werden. Die meisten E. sind tropische oder fast tropische Länder. Von den 3,3 Milliarden der Erdbevölkerung leben etwa 70% in den

E., diese 70% verfügen aber, wie es heißt, nur über 10% der Weltproduktion. Diese Gegenüberstellung besagt sehr wenig. Das Mißverhältnis wird in einigen Jahrzehnten weit größer sein, wenn sich in den Industrieländern (u. a. durch neue Kontrazeptionsmittel) eine Kinderzahl pro Familie von vielleicht 1,5 bis 2,5 Kindern im Durchschnitt als konstant einpendelt, in der Familie der meisten E. hingegen die Geburtenzahl nur auf sechs oder sieben Kinder gesenkt werden kann, von denen dann immer noch vier oder fünf das Erwachsenenalter erreichen. In einigen Jahrzehnten wird mit solchen Zahlen noch ein viel dramatischerer Kontrast darstellbar sein. Der Begriff „Weltproduktion" erweckt ferner den Anschein, als ob 30% der Weltbevölkerung etwas an sich raffen und genießen würden, das wie ein unveränderlicher Vorrat über die ganze Erde verstreuter Güter allen Erdbewohnern in gleicher Weise zustände. Dies ist die (alte sozialistische) Vorstellung vom Sozialprodukt als einmal gebackenem Kuchen, den man nur anders verteilen müsse. Der größte Teil dieser „Weltproduktion", über die 30 % der Erdbevölkerung „verfügen", besteht aus Leistungen, die sie sich gegenseitig erweisen, und aus Gütern, die sie für sich untereinander — für diese Dienstleistungen — herstellen. Dazu gehört z. B. das gesamte Fernmeldenetz, das Verkehrssystem dieser Länder. Die „Weltproduktion" ist nicht ein Kuchen, sondern ein Prozeß, der läuft, weil ca. 30% der Erdbevölkerung weiß, was sie will, die Wege dazu kennt und zweckentsprechend arbeitet. Von einer „moralisch" forderbaren gleichzeitigen Einschaltung jedes anderen Erdbewohners in diesen wirtschaftlichen Prozeß innerhalb und zwischen den Industrieländern, gleich, wo und in welcher Kultur er sich befindet, kann nur in einer Utopie die Rede sein.

Die verschiedenen „Strategien" für E. überschätzen die wirtschaftlichen Möglichkeiten globaler und radikaler Strukturänderungen. Man verwechselt Ursache und Wirkung: die Armut z. B. in Südamerika ist weniger eine Folge des Gegensatzes zwischen „Reich" und „Arm", des Vorhandenseins einiger weniger „viel zu reicher" Personen. Vielmehr ist dieser Kontrast auffallend (und deshalb ärgerlich), weil insgesamt nicht genug produziert wird. Eine völlige Umverteilung allen Besitzes würde den Gesamteindruck von der Armut des Kontinents kaum beseitigen. Vor allem Agrarreformen (Neuverteilung des Bodens an Kleinbauern) leisten meist wenig. Die Unproduktivität, gekoppelt mit der höchsten Geburtenrate in der Welt, beläßt den Kontinent in Armut. (Im Durchschnitt der Jahre 1960–66 betrug die Bevölkerungszunahme Lateinamerikas 29 auf 1000 Einwohner; sie war dreimal so hoch wie in Europa, wo sie 9 auf 1000 betrug. Selbst Südostasien lag mit 25 auf 1000 unter Lateinamerika.) Die Unentwickeltheit ist zwar auch die Folge bestimmter „Strukturen". Es sind jedoch nicht in erster Linie die Makrostrukturen, sondern die Mikrostrukturen: von der typischen Persönlichkeits- und Motivationsstruktur (nicht nur in Südamerika) über die Verwandtschaftsstrukturen bis hin zum scheeläugigen sozialen Klima des Dorf-

und Kleinstadtlebens. Hier sind, wie zahlreiche Studien gezeigt haben, wesentliche Entwicklungshemmungen angelegt. Mit schuld am wirtschaftlichen Rückstand z. B. Südamerikas ist auch die negative Einstellung der Eliten und der sie imitierenden Mittelschicht zum Unternehmerischen und zur Technik. Die Kultur Südamerikas ist die Kultur der „Pensadores", der Dichter und Denker, der Advokaten, auch noch der Ärzte (aber nicht der Tierärzte): Sie alle kultivieren eine Distanz zur Welt der Technik und der Wirtschaft. Hinzu kommt die häufig drohende Revolution. Dieses Klima der Rechtsunsicherheit hilft mit, daß wenig Kapital im Lande bleibt und wenig von außen kommt. Kapital, für den Agrar- wie den Industriesektor, ist seit Jahrzehnten in Südamerika auch deshalb zu knapp, weil eine massive Kapitalflucht stattfindet. Man überweist, um sich vor der Inflation zu retten, jede Summe, die man nicht unmittelbar verbrauchen kann, nach USA, Kanada oder Westeuropa. Je mehr nach „Revolution" gerufen wird, desto geringer sind die Aussichten, daß im Lande erspartes Kapital zur Entwicklung dort bleibt. Höhere Besteuerung der „Reichen" allein kann nie genug Mittel liefern. In den meisten E. ist das Steuereinziehungsverfahren wenig wirksam, und Personen bleiben unbesteuert, die in einem westlichen Industrieland große Teile ihres Einkommens an den Staat abliefern müßten. Hier kann im Lauf der Zeit einiges verbessert werden. Doch setzen wirksame direkte Besteuerungsverfahren eine Steuermoral, eine moderne Verwaltung, einen Bürgersinn u. a. voraus, alles Eigenschaften, die den E. gerade fehlen. Die heutigen Industrieländer wären übrigens nicht entstanden, wenn sie bereits um 1850 einen redistributiven Wohlfahrtsstaat mit heutigen Steuersätzen praktiziert hätten.
Was einigen E. bisher gelegentlich entschieden geholfen hat, waren private, marktorientierte unternehmerische Entscheidungen und Investitionen, was ihnen am meisten schadet, sind marktindifferente (sozialistische) Globalplanungen. Es ist für Fachleute nicht mehr möglich, bei der internen Sozialpolitik eines modernen Industrielandes zu wissen, wer eigentlich wen subventioniert, wessen Einkommen zugunsten wessen „umverteilt" wird, wer eigentlich auf was verzichtet zugunsten wessen bei welchen anderen. Man subventioniert meist ziemlich blind, auf gut Glück; einmal, aus Angst vor Interessengruppen, ein anderes Mal wieder aus falsch plaziertem sozialem Wohlwollen, aus Gewissensentlastung und vielen anderen Motiven. Bei der Konjunkturpolitik ist es ähnlich. Den E. gegenüber fühlen sich Industrieländer verpflichtet, Entwicklungshilfe zu praktizieren, die aber vielfach in Wirklichkeit nur eine Mixtur aus all den Fehlvorstellungen, gesinnungsethischen Ängstlichkeiten, utopischen Hoffnungen ist, die bei der binnenländischen Sozial- und Konjunkturpolitik mitspielen. Wenn man nicht wissen kann, was in der eigenen Gesellschaft und Wirtschaft rational subventionierbar ist, welche Folgen diese oder jene Umverteilungsmaßnahme wirklich hat, kann man kaum wissen, welche Form der „Entwicklungshilfe" in welchem Land in

der Reihe der sog. Entwickelbaren am meisten Nutzen und am wenigsten Schaden stiften. Wenn man z. B. einen Zuwachs im Sozialprodukt eines E. vorwiegend in die Gesundheitspflege steckt, bevor eine niedrigere Geburtenrate zur kulturellen Norm geworden ist, wird das Hochschnellen der Bevölkerungszahl das erzielte wirtschaftliche Wachstum aufsaugen. Wir haben auch keine ausreichende Kenntnis vom sozialwirtschaftlichen Verhalten der Menschen in einzelnen E., um angeben zu können, welche Sozialstruktur zur wirtschaftlichen Entwicklung eines spezifischen Landes die günstigste ist. Japan hat sich als noch recht hierarchische und nicht „egalitäre" (demokratisierte) Gesellschaft zur Industrienation entwickelt.
In einem Symposium über „Ziele des Wirtschaftslebens" (hrsg. von A. D. Ward, New York 1953) fragte William Vickrey ob nicht Europa und der Westen allgemein nur deshalb dem Malthusschen Zirkel entronnen seien, weil ein hohes Maß an sozialer Ungleichheit bestanden habe. Es sei vorstellbar, daß bei größerer innerer und internationaler „sozialer Gleichheit" der Hexenzirkel des von Malthus aufgezeigten Problems nie durchbrochen worden wäre: „Wenn man Hilfe an ‚unterentwickelte Gebiete' gewährt, entweder unter *Point Four* oder irgendeinem anderen Programm, so ergibt sich die Frage, wieweit die Hilfe auf gegenwärtige Bedürfnisse abgestimmt werden soll und wieweit auf die Aussicht, daß die gewährte Hilfe einfach vom Bevölkerungszuwachs verschluckt werden wird, der seinerseits durch die Hilfe angeregt wurde. Wählt man aber einzelne Gebiete aus, bei denen die wirtschaftliche Hilfe vielleicht größere Aussichten hat als bei anderen Gebieten, so stellt man sich eine unlösbare Frage: Welches Volk hat mehr ‚sozialen Anspruch' auf Wirtschaftshilfe, eines, das sich auf diese Weise zu einer selbständigen stabilen Wirtschaft emporarbeiten kann, oder eines, das mit denselben Mitteln gerade die dringendste Notdurft stillen und einige Millionen Menschen vom Hungertode retten wird, ohne dadurch einen Schritt in Richtung beständiger Lösungen zu tun?" Auf diese schon 1953 gestellte Frage hat sich bis jetzt keine befriedigende Antwort geben lassen. Die Aussichten für eine solche werden um so geringer, je mehr vage theologische und moralische Erwägungen in die Entwicklungspolitik einfließen. Die Promptheit, mit der jede neugeschaffene Nation einen gleichrangigen Sitz in der UNO bekommt, hat ferner den Eindruck erweckt, alle diese Völker seien gleichzeitige Zeitgenossen. Die rasche Zugänglichkeit selbst der entlegensten Gebiete der Erde trägt zu diesem Eindruck bei. Die Langsamkeit des sozialen ↗Wandels wird deshalb unterschätzt. Die Wahrscheinlichkeit ist sehr gering, daß die sozialen und kulturellen Verhaltensmuster, maßgebend für z. B. 95% der Bevölkerung in den Dörfern des asiatischen oder afrikanischen Landes X, schon in zwanzig, dreißig oder vierzig Jahren mit den nördlichen Industrieländern vergleichbare Lebensumstände für die Gesamtbevölkerung erlauben. Die Illusion der erzwingbaren Gleichzeitigkeit, etwa zum Jahr 2000, setzt voraus, daß

sich die absolute Schnelligkeit des Kulturwandels seit kurzem gegenüber früher grundsätzlich und bleibend geändert hätte. Dies ist nicht der Fall. Schließlich gibt es Länder, wie Deutschland, die Schweiz, die USA oder England, deren Bewohner heute noch zu einem erheblichen Prozentsatz auf Heilmittel schwören, für deren Wirksamkeit seit hundert Jahren keinerlei medizinische Grundlagen mehr bestanden haben. Obwohl bei uns seit fast hundert Jahren die Impfpflicht gegen Pocken besteht, sind höchstens 80% der Bevölkerung dagegen geimpft. Und seit dem Gesetz über die Pockenimpfung von 1874 hat kein Gesetzgeber mehr gewagt, irgendeine neuere Schutzimpfung obligatorisch zu machen. Ferner zeigt das nachweisbare Ausmaß gewöhnlichen Aberglaubens selbst innerhalb der modernsten Nationen, wie langsam, selbst unter günstigsten Voraussetzungen, in einer mit Rationalität und Wissenschaftlichkeit gesättigten Gesellschaft, der Prozeß des Verlernens, des Verdrängens irrationaler, entwicklungsschädlicher Elemente aus einer Kultur vor sich geht. Um so langsamer spielen sich dann aber diese Prozesse des Umlernens in den Gesellschaften der meisten E. ab. Sie werden auch nicht beschleunigt, wenn ihnen Persönlichkeiten im Westen versichern, sie hätten jedes Recht, ihre eigenen kulturellen Werte zu behalten und zu pflegen. Zu diesen gehören nicht nur die vielgenannten heiligen Kühe, sondern oft auch verschiedene Nahrungstabus, aber z. B. auch die Regel, als Statussymbol im Dorf möglichst viele Söhne zu haben, selbst wenn diese mit den dazwischen geborenen Töchtern hungern müssen. Untersuchungen haben gezeigt, wie schwer es ist, den Menschen in vielen E. die Bereitschaft und die Methoden zur Geburtenkontrolle zu vermitteln. Der ebenso eitle wie arme Bauer in einem südamerikanischen Dorf, der seine Männlichkeit nur durch die Zahl der Söhne, nicht der Töchter, „beweisen" kann, wird durch „Eheberatung" der Frau nicht umgestimmt. Selbst unter optimalen psychologischen und hygienischen Bedingungen dürfte die Einführung einer allgemein üblichen Geburtenplanung in vielen E. viel länger brauchen, als bis jetzt angenommen wurde.

Das wirtschaftlich-soziale System eines heutigen Industrielandes kann es vertragen, wenn, sagen wir, 15% der Bevölkerung bei 25% ihrer täglichen Verrichtungen von irrationalen, auch magischen, abergläubischen Vorstellungen geleitet sind. Ob jemand Aktien mit Hilfe der Astrologie kauft und verkauft, ob man in den USA selten in einem Wolkenkratzer das 13. Stockwerk so bezeichnet findet, spielt keine große Rolle. Diese Verhaltensweisen dürften unausrottbar sein. Für E. wird es aber nicht genügen, wenn 5% der Einwohner bei 75% ihrer täglichen Verrichtungen von der Rationalität des Westens geleitet werden. Die entscheidende Frage ist: Wie groß sind die Aussichten, daß sich die 5% der ausreichend vom Aberglauben befreiten Menschen eines E. rascher auf 30 oder 60% der Bevölkerung vermehren werden, als es offenbar Zeit braucht, um den Anteil der Abergläubischen in einer modernen Nation von z. B. 15% auf 1% oder Null

zu senken? Erwähnt man produktions- und neuerungshemmende Eigentümlichkeiten nichtwestlicher Kulturen, so weisen manche, als Gegenargument, auf Fälle grotesker Irrationalität bei wirtschaftlich hochentwickelten Nationen. Für unsere Überlegung spielt dies aber ebensowenig eine Rolle wie die Tatsache, daß es in derselben Bevölkerung erstaunlich viele Menschen geben wird, die im Falle einer Krankheit ihre Schulbildung vergessen und zum Quacksalber gehen. Denn gleichzeitig werden die meisten auf die Wirtschaft, aufs Gewerbe bezogenen Handlungen dieser Menschen zweckrational sein. Meist dehnt sich eine einmal erworbene und eingespielte Rationalität im menschlichen Handeln nicht von selber auf immer weitere und andere Gebiete aus. Dies ist ein Grund für die Langsamkeit des allgemeinen sozialen und kulturellen Wandels. Ehe es in den meisten E. zu einer allgemeinen Änderung der sozialen und wirtschaftlichen Landschaft kommen kann, muß auch ihre Geburtenzahl pro Frau im gebärfähigen Alter sich den Werten nähern, die in den Industrienationen üblich sind. Das europäische oder nordamerikanische Ehepaar kann sich in der Regel heute über die biologischen Grundlagen der Fortpflanzung aussprechen. Aus Untersuchungen wissen wir aber, daß sich Mann und Frau, gemäß der Tradition vieler Lokalkulturen, in unentwickelten Gebieten gerade nicht über zwischenmenschliche und biologische Bereiche unterhalten können, die erörtert werden müßten, wenn irgendeine Methode der Empfängnisverhütung Erfolg haben soll. Die Bevölkerungen dieser Gebiete müßten die Freudsche Revolution, die der Westen seit 1900 erlebte, erst nachholen, um allein die sexuelle Sphäre diskutier- und manipulierbar zu machen.
Wenn wir uns eingestehen, wie zähflüssig und langsam der sozialkulturelle Wandel ist, wie wenig sich einzelne Vorstöße zur Rationalität, zur Zielstrebigkeit von selber auf andere Lebensbereiche ausdehnen und wie unterschiedlich auf jeden Fall die Geschwindigkeit dieses Wandels in Tausenden von verschiedenen Bevölkerungssegmenten der E. sein wird, ergibt sich eine skeptische Prognose. Ein erfolgversprechendes Gesamtkonzept für die „Lösung der Probleme der E." innerhalb einiger Jahrzehnte kann sozialwissenschaftlich heute nicht mehr verlangt oder vertreten werden.

P. T. Bauer, Economic Analysis and Policy in Underdeveloped Countries (London 1957); P. T. Bauer und B. S. Yamey, The Economics of Under-developed Countries (London 1957); A. Hunold (Hrsg.), Entwicklungsländer. Wahn und Wirklichkeit (1961); A. Antweiler, Entwicklungshilfe (1962); K. Hesse, Entwicklungsländer und Entwicklungshilfen an der Wende des Kolonialzeitalters (1962); R. F. Behrendt, Soziale Strategie für Entwicklungsländer (1965); H. Besters und E. E. Boesch (Hrsg.), Entwicklungspolitik (1966); K. H. Pfeffer, Welt im Umbruch (1966); H.-J. Winkler, Entwicklungshilfe — Geschenk, Geschäft oder Politik? (1966); G. Eisermann (Hrsg.), Soziologie der Entwicklungsländer (1968).

Entwurzelung bezeichnet mit einem der Pflanzenwelt entnommenen Bild die vermutete, aber schwer belegbare und nur sehr selten wirklich plötzliche Loslösung einzelner, ganzer Gruppen oder Berufsstände von einem sozialen Heimatboden, in dem man sie ursprünglich verankert sich vorstellt. Mit E. hat man vieles zu erklären versucht, von der ↗Anomie des Großstädters, der Orientierungslosigkeit und Anpassungsschwierigkeit des Einwanderers bis zur Kriminalität. Von *detribalization* (also einer E. aus dem Stamm) spricht man in verschiedenen, vor allem afrikanischen Gegenden, wo Arbeitsuchende aus dem Gebiet des Stammesverbandes wegziehen. Verschiedene großstadtsoziologische und auch ethnologische Forschungen haben gezeigt, daß in der Regel weniger E. oder detribalization vorliegt, als man bisher angenommen hat. Der Zusammenhalt der ↗Primärgruppen ist groß, auch über räumliche Entfernungen hinweg. E. ist z. T. wenigstens ein voreiliger kulturpessimistischer Modebegriff. Der wirklich entwurzelte Mensch ist in der Regel weniger das Opfer eines notwendigen soziologischen Vorganges als vielmehr das Ergebnis seines eigenen Entschlusses, Brücken zur sozialen Umwelt seiner Vergangenheit zu verbrennen.

R. F. Behrendt, Zwischen Anarchie und neuen Ordnungen (1967).

Erfindung ist im Gegensatz zur ↗Innovation, die auch in der bloßen Übernahme einer E. bestehen kann, der eigentliche Anfang einer neuen ↗Technik, eines neuen Verfahrens zu einem bestimmten Zweck. Im Gegensatz zum eigentlichen (wissenschaftlichen) Entdecker benutzt der Erfinder meist vorhandene Ideen, Prozesse, Werkzeuge, Materialien usw. in einer neuen (patentfähigen) Kombination, die eine Aufgabe besser (rascher, sparsamer, sicherer usw.) lösen läßt, als es zuvor möglich war. G. Tarde hob bereits die Bedeutung der E. für jeglichen ↗Fortschritt hervor. Diese Bedeutung findet ihre staatliche Anerkennung in den meisten Kulturstaaten der Erde durch die Institution des Patents für eine E., die dem Erfinder für seine E. über einen längeren Zeitraum hinweg ein Urheberrecht, ein gesetzlich geschütztes, einklagbares Eigentumsrecht auf einen Teil des wirtschaftlichen Ertrages seiner E., auch im internationalen Bereich, gewährt. Fast jede E. hat verschiedene Vorläufer. Die Entscheidung, ob sie eine echte, d. h. patentfähige E. ist, kann heute meist nur nach langwierigen Untersuchungen in den Patentämtern entschieden werden. Das Erlangen eines Patents für eine E. kann deshalb mehrere Jahre dauern. Es kommt häufig zu Rechtsstreitigkeiten. Die eigentliche (industriell brauchbare) E. wird auch im 20. Jahrh., wie John Jewkes gezeigt hat, entgegen landläufiger Meinung, vom einzelnen Erfinder gemacht, oft unter primitiven Arbeitsbedingungen. Erst die Entwicklung und Anwendung der E. im großen Maßstab findet im industriellen Großbetrieb statt. Aber auch hierbei gibt es heute noch erhebliche Unterschiede in der Größe der nötigen Anlagen und Kapitalien, z. B. erfordern E. im Bereich der Chemie weit größere Mittel zu ihrer Entwicklung als in manchen Gebieten der Elektronik.

Erpressung ist eine besonders typische Form der sozialen ↗Kontrolle, die sich aus der Möglichkeit ergibt, den ↗Status einer Person durch selektive oder allgemeine Weitergabe von Information zu bedrohen. Die Erpreßbarkeit eines Menschen (A) beginnt, wenn ein zweiter (B) von ihm etwas weiß, das ein Dritter (C), nach der Ansicht von A, unter keinen Umständen erfahren darf. Während die Position von A fast immer nur von einem Individuum eingenommen wird, können in der Position B mehrere sein, und C wird oft ein Kollektiv sein oder die Öffentlichkeit. Ist die kompromittierende Information von einer Art, daß sie A nur dann gefährdet, wenn C, ein Individuum, und nur dieses Individuum sie erfährt, löst der Akt der E. durch B für C, ohne dessen Wissen, eine Gefährdung durch A aus, der im Extremfall daran denken wird, sich der E. durch die Beseitigung von C zu entziehen. Je größer das durch C repräsentierte Kollektiv, desto größer die Erpreßbarkeit von A und desto geringer die Gefährdung derjenigen, die in Position C sind. Die Rolle des Erpressers (Position B) hängt vom sozialen Status des B. ab. Wenn B die ihm über A zugängliche Information in den Augen der Gesellschaft an C nicht weitergeben darf, ist die E. kaum möglich. Eine solche Statushemmung der E. besteht für den Beichtvater, für den Rechtsanwalt, den Steuerberater, den Arzt und andere Berufe, für die es eine gesetzliche oder doch allgemein erwartete Schweigepflicht gibt, deren Verletzung für B strafrechtliche oder geschäftsschädigende Folgen haben würde.

Aber auch der Status von A ist für den Grad der Erpreßbarkeit ausschlaggebend. Je niedriger der soziale Status von A in dem für ihn relevanten gesellschaftlichen System, desto geringer ist seine Erpreßbarkeit. Man kann einen streunenden Bettler, einen Gammler, einen marginalen Menschen kaum erpressen, weil jeder ohnehin jede ungünstige Information über ihn glauben wird oder voraussetzt. Allerdings kann A auch einen Status einnehmen, der die Erpreßbarkeit verringert, weil er ungewöhnlich hoch ist. Je größer die Macht von A, ein Alleinherrscher, desto geringer die Aussichten einer E. Hingegen ist für die Erpreßbarkeit von A durch B der Status von C kaum bedeutend. Es muß lediglich für A, selbst aus irrationalen oder nur emotionalen Gründen wichtig sein, daß C eine bestimmte Information über A nicht erhält. So könnte etwa A, Inhaber eines hohen Status, es für lebenswichtig ansehen, daß C etwas nicht erfährt, obwohl C ein gesellschaftlich marginales und machtloses Individuum ist, das nur durch eine emotionale Bindung an A geknüpft ist, deren Fortbestand, und allein deren Fortbestand durch B mit Hilfe dieser Information zerstört werden könnte.

Wenn B durch seinen beruflichen Status (z. B. Priester, Rechtsanwalt, Arzt) in der Ausübung der Rolle des Erpressers beschränkt ist, kann er die E. doch vornehmen, indem er A droht, er werde die Information durch eine scheinbar unbeabsichtigte Indiskretion an C gelangen lassen („Verlieren“ von Aktenstücken an einem Ort, wo sie bestimmt durch C gefunden werden). In diesem Fall würde er zwar den Schaden in Kauf nehmen, der durch das Bekanntwerden seiner Fahrlässigkeit entsteht, könnte aber den Schaden genau voraus-

berechnen und in Beziehung zu dem durch die E. erhofften Gewinn setzen.
Die Information, mit deren Hilfe der Akt der E. versucht wird, muß, vom Erpresser aus gesehen, möglichst konkret und durch C verifizierbar sein. Ein Psychoanalytiker kann mit dem ihm von A erzählten Traum keine E. versuchen, weil jedem Menschen jeder Traum zugeschrieben werden kann. Nur wenn dieser Traum Informationen enthält, die es für C ersichtlich machen, daß A, und nur A, diesen Traum B mitgeteilt haben kann, obwohl er ihn nicht hätte mitteilen dürfen, wird A durch B über Träume erpreßbar (zum Beispiel, wenn A ein zur Geheimhaltung verpflichteter Angehöriger einer Institution wäre, der im Rahmen seines Traumes B Daten mitgeteilt hat, die A, und nur A, wissen konnte, deren Mitteilung an andere ihm aber untersagt war).

Erziehungssoziologie ↗Bildungssoziologie, ↗Sozialisation.

Eschatologie, die Lehre von den Letzten Dingen, für den Christen ursprünglich die Vorstellungen über das Ende der Zeit, der Welt, das Jüngste Gericht usw., bedeutet jetzt auch, säkularisiert, jede — z. B. auch politisch-utopische — Heilslehre, die einen vorhergesagten, fest erwarteten Endzustand als Fixpunkt nimmt, von dem an sämtliche menschlichen und gesellschaftlichen Probleme harmonisch gelöst, also aufgehoben sein sollen. Die christliche E. diente als Vorbild für die politische E.

Eskalation. Ein Eskalator ist ursprünglich die Rolltreppe (in einem Warenhaus). In der Wirtschaft versteht man unter E. die Anpassung von Preisen an Materialkostensteigerung in einer periodischen und automatischen Weise. Eine Eskalator-Klausel kennt man in den USA bei Verträgen zwischen Unternehmen und Gewerkschaften. Sie garantiert automatisch steigende Löhne, gekoppelt an den Lebenshaltungskostenindex. Erst Anfang der 60er Jahre taucht E. im allgemeinen politischen Sprachgebrauch auf. Der amerikanische Autor Hermann Kahn, Zukunftsforscher für das atomare Zeitalter, entwickelte den Begriff der E. und der De-E. für das gegenseitige Verhalten von Nationen im Zusammenhang mit der Atomstrategie. Nach der Doktrin der E. versucht man, einen Gegner durch systematische (u. U. im Sinne der ↗Spieltheorie computergeprüfte) Steigerung oder Herabminderung des politischen, psychologischen oder militärischen Drucks zu einem für beide Seiten, unter Wahrung des Gesichts vor der Weltmeinung und Binnenbevölkerung, annehmbaren Kompromiß zu zwingen, unter Vermeidung eines Nuklearwaffenkrieges. Erstmals durchgespielt wurde eine internationale Krise nach dem Prinzip der E. von der Kennedy-Regierung der USA in der Kuba-Krise im Oktober 1962.
Von E. als einem zweckrationalen Mittel kann nur die Rede sein, wenn beide Gegner von Waffensystemen abhängig geworden sind, die

sich an unkontrollierbarer Destruktivität die Waage halten und deshalb im Grunde von keinem der beiden eingesetzt werden möchten. Hat aber der eine der beiden Gegner größere moralische Skrupel, ist mehr auf sein ↗Image in der Weltmeinung bedacht als der andere, so wird sich die Doktrin der E. meist zum Nachteil des ersten auswirken. Bezogen auf den Bereich der Innenpolitik ist E. ein irreführendes Modewort.

Establishment ist ein gesellschaftskritischer Modebegriff, in England nach dem Zweiten Weltkrieg verbreitet (meint zuerst die Führungsschicht der gesellschaftsprägenden Institutionen wie BBC, Anglikanische Kirche usw.), nach den USA importiert und von dort publizistisch in alle Welt getragen: das E. ist der innere Zirkel, oft auch die Gesamtheit der in einer Gesellschaft „Herrschenden", gleich welcher Partei, Weltanschauung oder Religion. Das E. umschließt auch meist die ↗Opposition, zumindest alle diejenigen, die, wenn auch vorübergehend einfluß- und machtlos, damit rechnen können, auf legitime Weise wieder einmal in Schlüsselpositionen ihrer Gesellschaft einzutreten. ↗Machtstruktur, ↗Elite, ↗Herrschaft, ↗Gesellschaft, ↗Hierarchie. Sobald ein Mensch (in seinem Beruf) „arriviert" ist, „reüssiert" hat, also nennenswerten Erfolg aufweist, wirft ihm die heutige Gesellschaftskritik gerne vor, er gehöre nun zum E. Vielleicht sollte man alle „Arrivierten" zum jeweiligen E. zählen, wobei nach einer gewissen Dauer des Arriviertseins auch der (nicht minder abwertende) Begriff der „Etablierten" für E. in Frage käme. Ende der 60er Jahre sprachen in den westlichen Ländern die dem E. zugerechneten Personen weit ungehemmter von sich als E., als sie es beim Begriff Elite tun würden, ein Zeichen für die Verschwommenheit des Begriffs E., der z. T. anstelle von ↗Oberschicht, Oberklasse, „obere Zehntausend" getreten ist. In den Schriften der extremsten Vertreter der „außerparlamentarischen Opposition" wird E. fast gleichbedeutend mit der bestehenden Gesellschaft, der Summe aller Strukturen des status quo. Ende der 50er Jahre bedeutete E. in den USA, als Vokabel konservativer politischer Polemik, zunächst nur und gerade die spontane Allianz der linksprogressiven Meinungsbildner und Politiker (so z. B. A. Drury in seinem Roman: Advise and Consent, 1959). Erst als sich Mitte der 60er Jahre ein großer Teil der Intellektuellen Amerikas, anläßlich des Vietnamkriegs, durch die Demokratische Partei unter Präsident Johnson „verraten" vorkam, wurde im Jargon der „neuen Linken" (new left) E. zum polemischen Terminus für alle Herrschenden und Beharrenden in der Gesellschaft. Mit diesem Bedeutungswechsel kam das Wort E. nach Kontinentaleuropa.

Ethnologie ist die früher (als Ethnographie) meist nur beschreibende, heute mit verschiedenen, auch quantifizierenden Methoden und aufgrund allgemeiner Theorien (z. B. auch aus der Psychoanalyse) systematisch um die Erforschung der ethnischen Gruppen bemühte Wissenschaft, die in Großbritannien auch Sozialanthropologie und in USA Kulturanthropologie (cultural anthropology) heißt. Die Völkerkunde, die Ethnographie, läßt sich heute nicht eindeutig von der E. trennen, könnte aber als die Wissenschaft der Ausdehnung, der Manifestationen der verschiedenen ethnischen Gemeinschaften in Raum und Zeit (mit besonderer Berücksichtigung ihrer materiellen Kultur, ihrer Artefakte) gelten, während die E. sich vorwiegend mit dynamischen Elementen, mit Prozessen (Zusammenhang zwischen Kultur und Persönlichkeit, kulturspezifische Sozialisationsprozesse), Zusammenhängen zwischen religiösen und wirtschaftlichen Gebräuchen, beschäftigt. Bronislaw Malinowski, George P. Murdock und andere Ethnologen haben sich um eine allgemeine Wissenschaft vom kulturellen Verhalten, vom Menschen als Kulturwesen bemüht, in der sich Soziologie, E., Psychologie und einige andere Hilfswissenschaften zusammenschließen sollten. Diese vor einigen Jahrzehnten betriebene Fusion der Soziologie mit der E. in den USA ist jedoch nicht zustande gekommen; auch die Praxis, an den Universitäten gemeinsame Abteilungen für Soziologie und Anthropologie (*cultural anthropology*) zu haben, ist rückläufig. Die wechselweise Beeinflussung und Ergänzung der E. und Soziologie ist aber nach wie vor erheblich. Sie wird seit etwa 20 Jahren vor allem durch die Beschäftigung mit den ↗Entwicklungsländern begünstigt. Einzelne Ethnologen (Margaret Mead, Cora Du Bois, G. Gorer u. a.) haben auch mit der Betrachtungsweise der E. komplexe Industriegesellschaften untersucht. Die Soziologie kann, als Wissenschaft mit dem Ziel der allgemeinstmöglichen Aussagen über menschliches Sozialverhalten und die ihm dienenden sozialen Strukturen, ihre Aufgabe nur dann vollständig leisten, wenn sie sich aus der E. vergleichende Daten beschafft, da sie sonst nur die Soziologie einzelner westlicher Zivilisationen sein kann.

A. L. Kroeber, Anthropology (New York[2]1948); A. R. Radcliffe-Brown, Method in Social Anthropology (Chicago 1958); A. Gehlen, Anthropologische Forschung (1961); R. Redfield, Human Nature and the Study of Society (Chicago 1962); E. E. Evans-Pritchard, Social Anthropology and other Essays (New York 1962); A. Gehlen, Studien zur Anthropologie und Soziologie (1963); E. v. Eickstedt, Ursprung und Entfaltung der Seele (1963); L. Mair, An Introduction to Social Anthropology (Oxford 1965); W. E. Mühlmann u. E. W. Müller (Hrsg.), Kulturanthropologie (1966); C. Lévi-Strauss, Strukturale Anthropologie (1967); Y. Simonis, Claude Lévi-Strauss ou la 'passion de l'inceste'. Introduction au structuralisme (Paris 1968); W. E. Mühlmann, Geschichte der Anthropologie ([2]1968).

Ethnozentrismus, ein in der amerikanischen Soziologie entwickelter (meist gesellschaftskritischer) Begriff, von W. G. Sumner (1906) eingeführt, bezeichnet die Selbstbezogenheit einer Gruppe (Religionsgemeinschaft, Rasse, Schicht, Volk). Der E., oft ein ungerechtfertigtes Überlegenheitsgefühl des betr. Kollektivs, führt zum ↗Vorurteil gegen Außenstehende und damit oft zu deren ↗Diskriminierung. Mit einem gewissen E. muß in jeder Gruppe gerechnet werden, und er läßt sich auch bei solchen Gruppen nachweisen, die ihn bei anderen besonders laut verurteilen. Eine ↗Gruppe, deren Mitglieder die Gruppenzugehörigkeit für so belanglos halten, daß in ihrem Verhalten keine Spur des E. nachweisbar ist, wäre definitionsgemäß keine Gruppe mehr.

T. Shibutani und K. M. Kwan, Ethnic Stratification (New York 1965).

Ethos heißt in der Kulturanthropologie die Gesamtheit der von der Mehrheit einer ethnisch abgrenzbaren Gruppe geglaubten Auffassungen über wesentliche Angelegenheiten. Ein E. nimmt man an beim kleinen Stamm eines Naturvolkes ebenso wie bei einer modernen Großgesellschaft. Insbesondere bezeichnet man damit die von der Mehrheit als verbindlich eingehaltenen ↗Leitbilder und ↗Verhaltensmuster, die ein vorhersagbares, geregeltes Zusammenleben gewährleisten. Verwandte Begriffe sind Volkscharakter, Nationalcharakter, Wertsystem, Weltanschauung. ↗Kultur.

Eufunktion nennt die ↗strukturell-funktionelle Schule der Soziologie eine Funktion innerhalb eines sozialen Systems, die dieses nicht nur (wie die Funktion) in einem Gleichgewichtszustand erhält, sondern diesem System (einer Gesellschaft, einer Organisation, einer Gruppe) gestattet, seinen manifesten Aufgaben in optimaler Weise gerecht zu werden. Im Gegensatz zu den Begriffen Funktion und Dysfunktion hat sich E. in der Literatur nicht durchgesetzt.

Evolutionismus, sozialer, eine im Anschluß an Darwins biologische Entwicklungslehre (in der 2. Hälfte des 19. bis Anfang des 20. Jahrh.) verbreitete Annahme unter Soziologen und Ethnologen über gesetzmäßige, von einfacheren zu immer komplexeren Formen sich vollziehende Entwicklung und Entfaltung, vor allem der Institutionen menschlichen Gemeinschaftslebens. Besonders einflußreich war der soziale E. Herbert Spencers. Vorstellungen über ein Entwicklungs- (u. U. Kreislauf-) Gesetz der menschlichen Gesellungsformen und (meist politischen) Einrichtungen, der Staatsformen, finden sich lange vor Darwin, so bei Platon (Der Staat, Buch VIII), bei Machiavelli und G. Vico (hier schon in origineller soziologischer, anthropologischer Weise). Auch das Dreistadiengesetz von Comte lehrt im Grunde einen sozialen E. Nach dem s. E. wäre z. B. aus einer anfänglichen Promiskuität über die Vielehe (Polygamie, genauer Polygynie) die Monogamie gekommen. Etwa zwischen 1920 und 1950, auch im Zusammenhang mit dem kulturellen Relativismus, verlor der s. E. seine wissenschaftliche Geltung unter den Kulturanthropologen. Mitte der 50er Jahre wurde jedoch eine eingeschränkte Betrachtungsweise kultureller Phänomene im Sinne des s. E. wieder diskutabel (A. Kroeber, G. Murdock).

B. Kidd, Soziale Evolution (1895); H. Becker und H. E. Barnes, Social Thought from Lore to Science, Bd. 2 (New York[3]1961); H. Hartmann (Hrsg.), Moderne amerikanische Soziologie (1967).

Existenzminimum ist die vom allgemeinen Lebensstil und Verbrauchsniveau einer Zeit und Gesellschaft abhängige, für einen bestimmten Zeitraum (Woche, Monat oder Jahr) angegebene Geldsumme, die ein einzelner oder eine typische Familie (z. B. Arbeiterhaushalt in der Großstadt mit zwei Kindern) braucht, um alle zur jeweiligen Zeit als unabdingbar geltenden Bedürfnisse befriedigen zu können. Dieses E. darf durch Gerichtsurteile (Verpflichtung zu Unterhaltszahlungen, Schadenersatz, Pfändungen usw.) nicht angetastet werden. Heute gehört zum physischen E. auch ein soziales oder kulturelles E., gemessen etwa an der Menschenwürde, wodurch sich der Kreis der Haushaltgüter, die nicht entbehrt (gepfändet usw.) werden dürfen, u. U. erheblich erweitert. In manchen Ländern zählt dazu das Telefon, Fernsehgerät usw. Relative ↗Deprivation.

Exogamie (im Gegensatz zu Endogamie, beide Begriffe von J. F. McLennan, 1865) ist die für die Angehörigen einer Gruppe verbindliche Regel, den Geschlechts- oder Ehepartner außerhalb dieser Gruppe zu finden. Während das ↗Inzest-Tabu bestimmte Formen der Endogamie verhindert, schreiben die Regeln der Exogamie meistens nicht vor, in welcher Ferne der Ehepartner gesucht werden muß. Die Neigung zur Exogamie in menschlichen Gesellschaften erleichtert den ↗Diffusionsprozeß und den Zusammenschluß größerer sozialer Gebilde. Die allgemeine kulturelle ↗Innovation wird durch E. gefördert. Die meisten schriftlosen Kulturen (Naturvölker) pflegen E. Die E. erfüllt hier wichtige Funktionen bei der Aufrechterhaltung des Brauchs sozialer Gegenseitigkeit (Reziprozität), da sie, meist in sehr komplizierter Weise, wirtschaftliche Leistungen und Gegenleistungen (z. B. Brautpreis) festlegt. Auch die Beilegung einer Feindschaft kann zwischen Stämmen durch E. erzielt oder besiegelt werden.

Experiment, soziologisches, wird zwar als Hauptmethode der empirischen Wissenschaften, entsprechend dem Vorbild der Naturwissenschaften, auch in der Soziologie als wünschenswert, für die Entscheidung mancher Fragen als unerläßlich angesehen, stößt andererseits auf so viele Schwierigkeiten, daß seine Verwendung bis heute auf Teile des Sozialverhaltens, der sozialen Strukturbildung usw. beschränkt geblieben ist: Kleingruppenverhalten, ↗Informations- und Kommunikationsvorgänge können entweder als das eigentliche Problem oder als ↗Simulationen von dem E. nicht zugänglichen Prozessen in der sozialen Wirklichkeit dem E. unterworfen werden. Die meisten erfolgreichen und aufschlußreichen E.e gehören eher in den Bereich der Sozialpsychologie (z. B. die Konformitäts-E.e von Stanley Milgram) als zur eigentlichen (Makro)soziologie. Dem Nachteil jedes sozialwissenschaftlichen E., nämlich die ihr Verhalten beeinflussende Kenntnis der Versuchspersonen, daß es sich (nur) um ein E. handelt, konnte man vereinzelt dadurch entgehen, daß den Versuchspersonen (im Kleingruppen-E.) gesagt wurde, ihr Verhalten diene der Erforschung eines neuen Verfahrens, z. B. für Flugsicherungsanlagen. Das E. wird damit zur vermeintlichen Ernstsituation. Das E. arbeitet in den meisten Fällen allerdings mit einer künstlich zusammengestellten Population (↗Auswahlverfahren), während man durch das E. etwas über soziale Vorgänge in einer natürlichen Bevölkerung erfahren möchte.

Nach G. Eberlein ist die experimentelle Methode in der Soziologie eher eine reduktive Methode des Experimentierens, d. h. ein „Vorgehen zur Gültigkeitsüberprüfung theoretischer Mittel (Begriffe, Hypothesen) in eng abgegrenztem Bereich“. Dabei wird ein Zustand planmäßig so verändert, daß die Veränderung als Information genau registriert und in ein Organisationssystem (Theorie) eingebaut werden kann. Auch das ↗Interview kann als E. aufgefaßt werden. Die Befragung stellt einen Eingriff innerhalb eines abgegrenzten Bereichs (dem Ruhezustand des Befragten) dar. Ein offenes Interview wäre danach ein Erkundungs-E.
Soziologen und Wissenschaftstheoretiker im 19. Jahrh. lehnten das E. für die Sozialwissenschaften meist noch ab. John Stuart Mill wies auf die raschen und durchgreifenden zeitlichen Wandlungen der sozialen Prozesse hin, die eine für das E. notwendige Konstanz der Ausgangsbedingungen nicht zulassen. A. Comte lehnte das E. ab, weil soziale Zusammenhänge zu komplex sind und das E. selbst eine künstliche Störung sei, deren Wirkungen sich im Beobachtungsfeld unkontrollierbar fortpflanzen. Auch heute noch sieht sich die Soziologie der Tatsache gegenüber, daß die Zahl der unbekannten, teilweise noch unvermuteten Variablen in der sozialen Wirklichkeit größer ist als die der bekannten und damit (theoretisch wenigstens) für ein E. kontrollierbaren Faktoren.
Am ehesten läßt sich mit dem E. arbeiten, wenn die Untersuchung Variablen gilt, die eindeutig meßbar sind und die durch ein Verhalten der Versuchspersonen produziert werden, das diese als normal, als Folge einer (z. B. betrieblichen) Ernstsituation empfinden. Diesem Erfordernis wird vor allem die Produktivität der Arbeiter in einem Industriebetrieb gerecht. Deshalb wird nach wie vor in der Geschichte des soziologischen E. auf die klassische Versuchsreihe von Elton Mayo in den Hawthorne-Werken der General Electric in Chikago (Lit.: J. A. C. Brown, Psychologie der industriellen Leistung, 1956) hingewiesen. Eine experimentelle Arbeiterinnengruppe und eine Kontrollgruppe wurden auf Produktivitätsunterschiede (je nach optimaler oder weniger optimaler Beleuchtung des Arbeitsplatzes) hin untersucht. Wider Erwarten steigerte sich die Leistung sowohl der Experimental- als auch der Kontrollgruppe (unveränderte Beleuchtung, aber Beobachtung). Daraufhin wurden beide Gruppen unter verschiedenen veränderten Bedingungen (Ruhepausenlänge, Stücklohn usw.) untersucht, aber die Produktivität der Arbeiterinnen in beiden Gruppen stieg sogar nach Weglassen aller Veränderungen und Vergünstigungen noch 12 Wochen lang an. Mayo deutete diese Beobachtung mit dem Gefühl der Wichtigkeit, der Firmenzugehörigkeit, das sich in den Arbeiterinnen in der Rolle der Versuchsperson gebildet hatte. Das Experimental-Team (in einer Versuchsanordnung konnten jeweils zwei Arbeiterinnen sich vier Kolleginnen selbst aussuchen) entwickelte seine eigene Verhaltensdynamik.
Dieses sog. Hawthorne-E. zeigt zwei wichtige Aspekte:

1. das Auftreten des *Serendipity*-Phänomens (Robert K. Merton): während der Forschungsarbeit werden völlig unerwartete, keiner Hypothese und Theorie entsprechende Verhaltensweisen beobachtet, die zu einem völlig neuen Forschungsansatz führen.

2. die grundsätzliche Schwierigkeit jedes E. und jeder Prognose über menschliches Verhalten, weil die Versuchspersonen bezw. die der Prognose unterliegende Bevölkerung sich ihrer Bedeutung für E. oder Prognose bewußt wird und daraufhin in einer u. U. neuartigen Weise ihr Verhalten abwandelt.

Beim E. will man den Wahrscheinlichkeitsgrad (bzw. die Falschheit) einer Hypothese dadurch feststellen, daß man in einer Situation und unter Bedingungen, die sich in allen vermutlich für das zu beobachtende Verhalten nach allem, was wir wisssen, bedeutsamen (wirksamen) Elementen überschauen und kontrollieren lassen, nicht mehr als zwei genau definierbare Faktoren auf ihren Ursachenzusammenhang prüft. Das E. besteht somit aus mindestens zwei Folgen, zwei Prozeßabläufen in zwei Situationen, die sich bis auf den einen, für uns entscheidenden Faktor gleichen.

Für das E. ist die Meßbarkeit, die Zählbarkeit irgendwelcher Einheiten von Verhalten (oder seiner Ergebnisse, z. B. Arbeitsleistung) nicht Grundbedingung, obschon wünschbar. Ein E., also die besondere Anlage einer Untersuchung, kann auch ein nur qualitativ erkenn- und unterscheidbares Verhalten (im Sinne eines Syndroms, einer Gestalt) der Versuchspersonen als Kriterium für die Entscheidung für oder wider eine Hypothese wählen.

G. Eberlein, Experiment und Erfahrung in der Soziologie, in: W. Strolz (Hrsg.), Experiment und Erfahrung in Wissenschaft und Kunst (1963); W. Siebel, Die Logik des Experiments in den Sozialwissenschaften (1965); H. Parthey und D. Wahl, Die experimentelle Methode in Natur- und Gesellschaftswissenschaften (1966); W. Mangold, Empirische Sozialforschung (1967).

ex post facto — Beweis („Experiment") liegt vor, wenn nach einem Ereignis, einem zur abgeschlossenen „Tatsache" gewordenen sozialen Prozeß die Suche nach den Ursachen aufgenommen wird. Man geht also, von den bereits gegebenen Fakten aus, schrittweise, durch Rekonstruktion der vermutlich ausschlaggebenden Faktorenkonstellation, bis zu *dem* Punkt in der Vergangenheit zurück, von dem an das uns beschäftigende Phänomen sich aus der Gesamtheit seiner historischen Umwelt ablösbar erweist. Einzelne hypothetische Kausalfaktoren können dabei nur im Gedankenexperiment oder durch Vergleich mit anderen Vorgängen, die besser erforscht sind, festgestellt werden. Ein Experiment im strengen Sinne erlaubt diese Methode nicht.

W. Siebel, Die Logik des Experiments in den Sozialwissenschaften (1965).

F

Familie, in erster Linie die in allen Gesellschaften anzutreffende Kernfamilie (*nuclear family*, mindestens zwei Erwachsene verschiedenen Geschlechts und ihre Nachkommen im selben Haushalt), ist die wichtigste ↗Primärgruppe für den Menschen, in der sich seine ↗Sozialisation, seine Humanisierung, seine eigentliche Menschwerdung im Sinne der ↗Enkulturation vollzieht. Polygamie ist zwar bei vielen Völkern verbreitet, wurde auch noch in einer westlichen Gesellschaft an der Schwelle des Industriezeitalters (Mormonen in USA) einmal versucht, tritt aber meist als Polygynie, d. h. Mehrweiberehe, äußerst selten als Polyandrie (eine Frau und mehrere Männer) auf. Ungeachtet der Verbreitung von polygamen Formen ist schon aus wirtschaftlichen Gründen die Monogamie häufig. Die Großfamilie ist in vorindustriellen, ländlichen Gesellschaften verbreitet: sie umfaßt wenigstens drei Generationen unter einem gemeinsamen Haupt (Großvater mit seinen Kindern, deren Ehegefährten und Enkel) im selben Haushalt. Sie findet sich vor allem bei Hirtenvölkern mit patriarchalischen Herrschaftsformen (Türken, Indogermanen, in Indien, China, nordamerikanische Indianerstämme).
Für die Familiensoziologie ist heute vorwiegend das soziale Rollenspiel, das soziale System der Kernfamilie von Interesse. Sie untersucht aber auch die Beziehungen zur Großelterngeneration, die meist in einem eigenen Haushalt lebt. Die F., in der man geboren wurde, heißt Orientierungs-F. (*family of orientation*), die F., die ein Individuum selbst gründet, F. der Prokreation, Fortpflanzungsfamilie. Die F.soziologie untersucht das der Heirat vorausgehende Verhalten der beiden Geschlechter (*courtship behaviour* und *mate selection*), also Partnerwahl und Werbung um den Geschlechtspartner. Im allgemeinen erfolgt im 20. Jahrh. in den Industriegesellschaften die Partnerwahl durch „romantische Liebe" (Begriff *romantic love* der amerik. F.soziologen), also die Präferenzen der jungen Menschen. Die Partnerwahl durch die Eltern spielt keine Rolle mehr. Partnerwahl findet auch heute noch sehr schichtspezifisch statt, und entspricht (auch auf religiösem und ethnischem Gebiet) dem Prinzip der *Homogamie* (der Eheschließung einander ähnlicher Partner). So sind selbst in den USA heute die ethnischen und religiösen Bevölkerungsteile (angelsächsischer, italienischer, polnischer usw. Herkunft, die Katholiken und Juden) sehr endogam.
Das Verhältnis der ↗Generation in der F. der Prokreation zur älteren wird heute auch von der ↗Alterssoziologie erforscht. Besondere Bedeutung hat in der F.soziologie die Stellung des Kindes und Jugendlichen in seiner Familie. Hier hat offenbar ein erheblicher sozialer ↗Wandel stattgefunden. Allerdings ist die „Emanzipation" bzw. Inthronisation des Kindes (ausgehend von den USA auch in Europa allmählich beobachtbar) nicht als soziale Evolution zu verstehen. Es gibt Naturvölker, bei denen das Kind eine ähnlich „moderne"

Stellung genießt; z. T. sind ethnologische Befunde, oft übertrieben und fehlgedeutet, in die westliche Kinderpsychologie um die Mitte des 20. Jahrh. eingegangen und haben die Tendenz zur alles erlaubenden F. (*permissive family, permissive child rearing*) mitbewirkt.
Die Veränderung der Stellung des Kindes in der heutigen Familie westlicher Industriegesellschaften wurde z. T. durch die auf Sigmund Freud zurückgehende, dann aber in verschiedene Schulen aufgefächerte und popularisierte Psychoanalyse herbeigeführt: die Eltern müßten jegliche frühkindliche ↗Frustrierung, jedes traumatische Erlebnis des Kindes vermeiden. Dieses Dogma, das mittlerweile von der Kinderpsychiatrie und -psychologie gerade in den USA skeptisch in Frage gestellt wird, hätte sich aber nie so allgemein auswirken können, wenn nicht die Fortschritte der Heilkunde und allgemeinen Hygiene die Überlebenschancen jedes geborenen Kindes so vergrößert hätten, daß die moderne F. in der Regel mit zwei bis vier Geburten pro Frau auskommt, um eine komplette F. zu werden. Eine F., in der zehn oder zwölf Kinder geboren werden müssen, um drei oder vier als Erwachsene zu sehen, muß grundsätzlich andere Strukturen und Verhaltensweisen haben. Ebenso haben moderne Empfängnisverhütungsmethoden, insbesondere die oralen Mittel seit den 60er Jahren, ein Sexualverhalten unabhängig von der Fortpflanzung ermöglicht, das seinerseits wieder die weitere Emanzipation der Frau über Berufsausübung und somit Verschiebungen in der Autoritätsstruktur der F. bewirkte. Der Begriff F. wird etwas leichtfertig als soziologischer Begriff verwandt. Ethnologen haben zur Vorsicht geraten, aber die Literatur, in verschiedenen Sprachen und aus verschiedenen Zeiten, verwendet das Wort F. unreflektiert für alle kleinen Gruppen, die aus Vertretern der beiden Geschlechter und einigen ihrer Abkömmlinge bestehen. Man denkt beim Begriff F. auch an F.solidarität, F.denkart (Herder), ferner an rechtliche Vorstellungen. Darf man auch Einheiten als F. bezeichnen, in denen nur ein Erwachsener (z. B. nur ein Erwachsener weiblichen Geschlechts) bei einigen Kindern (leibliche, adoptierte) über längere Zeit hinweg Elternfunktionen ausübt und in dieser Ausübung durch seine Gesellschaft geschützt wird? In manchen Ländern gibt es auch die Lebensgemeinschaft aus zwei Partnern, von denen jeder mit einem anderen verheiratet ist, beide kümmern sich aber hauptsächlich um die aus ihrer außerehelichen Beziehung hervorgegangenen Kinder. Sowohl sittliche als auch juristische Begriffsdimensionen überschneiden sich bei der F. mit faktischen sozialen. Ferner sind bei einigen Naturvölkern die Beziehungen zwischen biologischem Vater und Kind minimal, aber dafür zwischen dem Bruder des Vaters und dem Kind (Onkel-Neffen-Verhältnis) sehr eng. Was sich als biologisch zusammenhängende Einheit beobachten läßt, ist nicht immer die gleiche emotionale und funktionale Einheit im Sinne unseres westlichen Begriffes von F.
Die ↗Entwicklungsländerforschung (Afrika, Südostasien) hat gezeigt, daß in vielen Fällen die örtliche F.struktur für die geringe wirt-

schaftlich-technische Entwicklung verantwortlich ist. Die ↗Minderheitenforschung in den USA, neuerdings auch in England, hat entdeckt, daß abstrakt auf den bisherigen F.typ gezielte familienpolitische Maßnahmen bei bestimmten Minderheiten in der Bevölkerung unbeabsichtigte Wirkungen haben. Von den Maßstäben der Gesamtgesellschaft her gesehen, kranken die Minderheiten an „unvollständigen" F.n, deren Struktur und soziales Klima den aufwachsenden Kindern und Jugendlichen keine Sozialisation vermitteln, wie sie zur Selbständigkeit in einer heutigen Industriegesellschaft nötig ist. Es handelt sich dabei um aus zwei bis drei Generationen weiblicher Personen bestehende Haushalte, in denen Zeugungsfunktionen durch sporadisch erscheinende männliche Personen ausgeübt werden, die für Erziehungsaufgaben nicht anwesend bleiben.
F.soziologie ist vor allem in den USA intensiv seit Jahrzehnten getrieben worden. Untersuchungen konnten z. B. zeigen, daß sich in der Kernfamilie im Laufe der letzten 100–150 Jahre durch Verstädterung und Industrialisierung nicht so viel verändert hat, wie man um 1940 noch angenommen hatte. Man hat neuerdings auch eine stärkere Ausprägung des *Familismus* beobachtet, d. h. Menschen werden familienbewußter, sind mehr auf ihre F. eingestellt, als es pessimistische Prognosen etwa noch zwischen 1930 und 1950 für die amerikanische Gesellschaft vorhergesagt hatten.
Veränderungen in der Struktur, im Binnenklima der F. einer Gesellschaft zu einem bestimmten Zeitpunkt können u. U. indirekt sichtbar werden. In einer Untersuchung über die Lesekultur in Deutschland (Schmidtchen) erklärten viele bezüglich ihrer Lesechancen befragte Menschen, das Lesen innerhalb ihrer F. erfordere einen Rückzug aus, eine Vernachlässigung von Pflichten gegenüber der F. („Der regelmäßige Leser ist also tendenziell jemand, der innerhalb der F. durchgesetzt hat, daß seine Leseinteressen respektiert werden.") Die F.-soziologie in westlichen Ländern glaubt einen Übergang von der autoritären, patriarchalischen zur egalitären Familie feststellen zu können: nicht nur das Verhältnis zwischen Mann und Frau, sondern auch das zwischen Eltern und Kindern würde weniger „autoritär" und immer mehr „egalitär" (oft wird das Verhältnis zwischen Mann und Frau auch kameradschaftlich genannt). Man stellt sich, unabhängig vom eigenen traditionellen Status innerhalb der F. mehr aufeinander ein, glaubt sich einander mehr Zeit schuldig zu sein.

T. Parsons und R. F. Bales, Family, Socialization and Interaction Process (Glencoe 1955); G. Wurzbacher, Leitbilder gegenwärtigen deutschen Familienlebens (³1958); H. Schelsky, Wandlungen der deutschen Familie in der Gegenwart (⁴1960); W. J. Goode, World Revolution and Family Patterns (New York 1963); Elisabeth Pfeil, Die Familie im Gefüge der Großstadt (1965); Ethel Shanas und G. F. Streib (Hrsg.), Social Structure and the Family. Generational Relations (Englewood Cliffs 1965); W. Toman, Familienkonstellationen (1965); W. J. Goode, Die Struktur der Familie (²1966); F. Neidhardt, Die Familie in Deutschland (1966); F. I. Nye und F. M. Berardo (Hrsg.), Emerging Conceptual Frameworks in Family Analysis (New York 1966); F. Oeter (Hrsg.), Familie und Gesellschaft (1966); W. J. Goode, Soziologie der Familie (1967); G. R. Leslie, The Family in Social Context (New York 1967).

Faschismus (nach Fasces, den die Staatsautorität und ihr Recht zur Strafe symbolisierenden Rutenbündeln mit Beil der Liktoren im antiken Rom), die von Benito Mussolini (il Duce) 1922 in Italien mit dem „Marsch auf Rom" an die Macht gelangte sozialrevolutionäre „Bewegung", die als polit. Partei und Staatsapparat, wie der sie teilweise imitierende ↗Nationalsozialismus in Deutschland 1945 am Ende des Zweiten Weltkrieges durch die Okkupationsmächte der Siegerstaaten, als die für den Ausbruch des Zweiten Weltkrieges verantwortliche politische Struktur abgeschafft wurde. Der F. rationalisiert und glorifiziert eine autoritäre Staatsführung, blieb jedoch in der lückenlosen Reglementierung (Gleichschaltung) der gesamten Bevölkerung hinter Nationalsozialismus und Bolschewismus (Stalinismus) zurück und war, u. a. auch gehemmt durch die für Italien eigentümliche religiöse Lokalkultur, etwas weniger totalitär als die anderen Systeme. Die Wirksamkeit des F. ergab sich großenteils aus der propagandistischen, von Mussolini in emotionaler Rhetorik vorgetragenen Anknüpfung an die Führungsrolle Roms in der Antike (z. B. Schlagwort „mare nostro" für das gesamte Mittelmeer), die zur militärischen Expansion Italiens in Nord- und Ostafrika (Abessinien-Krieg, 1935) führte. Im übertragenen Sinn bezeichnet F., insbesondere faschistische Persönlichkeit, in der Soziologie der Politik eine extrem ↗ethnozentrische, mit ↗Vorurteilen gegen Nicht-Volksangehörige, autoritätsergebene Haltung mit antidemokratischen Zügen. Zum Teil unter Anknüpfung an politische Theorien und Sekten in den eigenen Ländern aus der Zeit um die Jahrhundertwende, entstanden unter dem Einfluß oder nach dem Vorbild des F. in Italien in der Zeit vor dem 2. Weltkrieg in verschiedenen europäischen Ländern politische Strömungen und Gruppen, die als F. zusammengefaßt werden können.
↗F-Skala, ↗Autoritäre Persönlichkeit, ↗Nationalsozialismus, ↗Totalitarismus.

H. Buchheim, Das Dritte Reich (1958); W. Laqueur und G. Mosse (Hrsg.), Internationaler Faschismus 1920–1945 (1966); E. Nolte (Hrsg.), Theorien über den Faschismus (1967).

Feedback (Rückbeeinflussung, Rückkoppelung) ist eine Rückmeldung über Regelkreis. Ursprünglich englisch für einen elektronischen Rückkoppelungseffekt (Pfeifen in älteren Rundfunkempfängern) spielt F. als Begriff der Sozialwissenschaft, ausgehend von den USA, im Zusammenhang mit ↗Kybernetik zunehmend eine Rolle. Die Modellvorstellung eines sozialen ↗Systems, durch das kreisförmig Impulse, z. B. Informationen, laufen (Regelkreise) nimmt an, daß die Funktion des Systems gefördert oder gestört wird durch Impulse, Informationen, die von peripheren oder parallelen Feldern oder Einheiten zu zentral gelegenen Führungszentren befehlsgemäß (oder illegitim) zurückkommen. Sehr vereinfacht könnte man in der Betriebssoziologie z. B. die aus der Belegschaft an den Vorstand zurückkommenden Meckereien über eine betriebliche Neuerung als F. bezeichnen, das Einfluß auf weitere Entscheidungen der Betriebsführung haben kann. Positiver F. führt zu einer verstärkten Wirkung (u. U. über einen

Spiraleffekt), negativer F. heißt, daß die rückgemeldete Wirkung (meist an der Peripherie des Systems) einen vorgesehenen Wert überschreitet, also eine Reduktion, eine Bremsung, Verzögerung, Abschwächung erforderlich geworden ist. Bei negativem F. ist das Gleichgewicht des Systems stabil, bei positivem F. labil. Die meisten biologischen Systeme (typisch z. B. das zentrale und vegetative Nervensystem höherer Lebewesen) hängen vom F. ab. Die Theorie der sozialen Systeme geht heute meist von einem F.effekt aus.
Kybernetische, auf dem Prinzip des F. beruhende Modelle sozialer Systeme können in der Wirtschaftssoziologie dazu dienen, komplexe Vorgänge transparenter zu machen. So hat sich u. a. Philipp Herder-Dorneich mit der *Theorie der sozialen Steuerung* befaßt. Eine Theorie der ineinander verflochtenen wirtschaftlichen und sozialen Leistungssysteme soll es dem Sozialpolitiker gestatten, die Folgen bestimmter Entscheidungen abzuschätzen. Herder-Dorneich versucht, Theorien und Begriffe der Volkswirtschaftslehre, der Politikwissenschaft und der modernen Soziologie zu verbinden und auf gesamtgesellschaftliche Probleme zu richten. Er arbeitet unter Heranziehung vorhandener Theorien des ↗Marktes, der Wahlen und der Gruppenverhandlungen einen Begriff des sozialen bzw. des komplexen Steuerungssystems heraus. Als konkrete Systeme dieser Art untersucht er die Gesetzliche Krankenversicherung, Autorenverbände (GEMA) und Lernmittelfreiheit in den Bundesländern. Solche Einrichtungen können als Systeme, gesellschaftliche Strukturen oder soziale Gebilde betrachtet werden. Die komplexen Steuerungssysteme sind „soziale Superstrukturen", die selber keine Märkte schaffen können, sondern bereits bestehende besser auszunützen suchen. Sie schaffen engeren Kontakt zwischen Marktpartnern (z. B. Autoren und Veranstaltern), sie führen zur Transparenz, d. h., Leistungen, die sonst unvergleichbar blieben, können z. B. in Gebührenordnungen vergleichbar gemacht werden. Solche Steuerungssysteme haben wichtige Funktionen. Die manchmal beobachtbaren Mängel, Konflikte und Fehlleistungen sind nicht so sehr den Systemen an sich als vielmehr den Märkten und Konfliktsituationen zuzuschreiben, aus denen bzw. deretwegen sie überhaupt erst entstanden sind. Unklar bleibt bei sozialen Steuerungstheorien allerdings, wer eigentlich steuert. Gibt es ein systeminhärentes, automatisches oder vielleicht nur einmal ins System hineinprogrammiertes bzw. darin irgendwie zustande gekommenes Wissen von dem, was dem Gemeinwohl am meisten dient? Oder sind die existierenden Steuerungssysteme riesige Apparate, die es den jeweiligen Spitzenfunktionären erlauben, *das* zu steuern, was ihnen als zweckmäßig, wirtschaftlich oder politisch wünschenswert erscheint? „In jedem komplexen Steuerungssystem stecken so viel Eigendynamik und so viele Ansatzpunkte der Weiterentwicklung, daß ein solches System — sich selbst überlassen — sicher zu größerer Funktionsfähigkeit aus sich selbst heraus wachsen würde, als wenn es durch punktuelle Eingriffe in dieser und jener Richtung hingedrängt und gestoßen

würde“ (Herder-Dorneich). Wie ein biologischer Organismus, dessen Gleichgewicht gestört ist, wird das soziale Steuerungssystem aber sehr selten reagieren können. Irgend jemand muß Entscheidungen darüber treffen, wo Ansatzpunkte zur Weiterentwicklung liegen und welche Prioritäten in ihrem Ergreifen und Fördern bestehen sollen. Ob die Theorie der sozialen Steuerung uns also ein „ordnungspolitisches Konzept“ geben kann, das dem Sozialpolitiker erlauben würde, über punktuelle Eingriffe hinauszugehen und weitreichende Entscheidungen zu treffen, deren Haupt- und Nebenwirkungen sich genau absehen ließen, ist fraglich.

Ph. Herder-Dorneich, Soziale Kybernetik (1965). Weitere Lit. unter Kybernetik.

Feldforschung, ein etwas unglücklicher Ausdruck für die primäre Erhebungsphase der empirischen Sozialforschung (aus dem Englischen *field work*). Im engeren Sinne findet F. nur dann statt, wenn der Sozialwissenschaftler inmitten der zu untersuchenden Bevölkerung, in ihrem natürlichen Wohngebiet, möglichst unauffällig lebt und beobachtet. F. ist eine Hauptmethode der ↗Ethnologie. Aber auch die soziologische Erforschung der Großstadt kann, dem Vorbild der Ethnologie folgend, F. im eigentlichen Sinne treiben. Vor allem die sog. Chikagoer Schule der Soziologie (Robert Park, L. Wirth u. a.) haben mit der F. klassische Monographien erarbeitet.
Die F. ist zunächst beschreibend, registrierend, richtet ihre Aufmerksamkeit auf bedeutungsvolle Konfigurationen von Elementen des Sozialverhaltens (sucht also Ganzheiten oder Gestalten), sammelt ihre Daten möglichst informell und unstrukturiert (formlose Befragungen, teilnehmende ↗Beobachtung). Die F. liefert deshalb selten Daten, die sich zu einer statistischen Auswertung eignen. Der Begriff F. darf nicht mit empirischer Sozialforschung gleichgesetzt werden.

Feldtheorie geht als Begriff der Sozialwissenschaften auf Kurt Lewin (1890–1947) zurück. Die F. befaßte sich anfänglich mit sozialen ↗Interaktionen, vom Individuum her gesehen, und stand in der Tradition der Gestaltpsychologie. Das Feld ist ein gedachter Ausschnitt aus der sozial bedeutsamen ↗Umwelt eines Individuums, meist in Form der Struktur einer kleinen ↗Gruppe. Das Verhalten aller Personen in dem Feld folgt dynamischen Regeln, meist im Sinne der Anziehung und Abstoßung. Man kann nach der F. für die Interaktionen eines Individuums im Feld einer Gruppe negative und positive Valenzen annehmen (analog der leichten, schweren oder unmöglichen Verbindung von chemischen Elementen, je nach der Wertigkeit, den Valenzen der beteiligten Atome). Lewin nannte das Feld den „Lebensraum“ der jeweils interagierenden Personen. Von praktischer Bedeutung waren Experimente entsprechend der F. mit Kindern und Erwachsenen über die Auswirkung von verschiedenen Führungsstilen. Von hier kam man zu allgemeinen Grundsätzen der Gruppendynamik, des Entscheidungsverhaltens *(decision making process)*, der Gruppenkohäsion und der Kommunikationsvorgänge in Gruppen.

K. Lewin, Field Theory in Social Science (New York 1951); H. Mey, Studien zur Anwendung des Feldbegriffs in den Sozialwissenschaften (1965).

Feme (Femegericht, Fememord) nennt man die von einer (meist kriminellen), auf Unsichtbarkeit bedachten Gruppe über von ihr „verurteilte“ Mitglieder oder Abtrünnige ausgeübte, staatlich nicht sanktionierte Justiz. Sie kommt heute in Ländern mit organisierten Verbrecherbanden (USA, Großbritannien, Sizilien) vor. Im Mittelalter hießen die Landgerichte Westfalens F.gericht. Im 14.–15. Jahrh. war die F. ein über Deutschland verbreiteter Geheimbund. Während die Lynchjustiz in der Regel die gesetzeswidrige Vorwegnahme eines (nur vermuteten oder erhofften) Gerichtsurteils und seine Vollstreckung durch einen ↗Mob bezeichnet, gehört zur F. die langfristig und sorgfältig organisierte Selbstjustiz, u. U. durch Mitglieder oberer Schichten. F. kann als Zeichen für eine sich auflösende staatliche Obrigkeit gelten (F. in Kriegs- und Nachkriegszeiten, z. B. Liquidierung der Kollaborateure in Frankreich, Italien und anderen Ländern nach dem Ende des Zweiten Weltkriegs).

Fernsehen (television) hat als neues Massenmedium seit der Mitte des 20. Jahrh. in der Soziologie als Medium und Institution, aber auch als Wirkungsfaktor in den Gesellschaften (und auf internationaler Ebene; z. B. Integration von Bevölkerungen über politische Grenzen hinweg) besondere Aufmerksamkeit gefunden. Die in den Industriegesellschaften bereits in den 50er Jahren abgeschlossene Phase der Einführung und Akzeptierung dieser ↗Innovation (z. B. auffallend spät bei der Oberschicht) bot Aufschlüsse über Zusammenhänge von technischem und sozialem ↗Wandel. Soziologisch bedeutsam sind vor allem folgende Wirkungen des F.:

1. Gleichzeitige Teilnahme (bzw. ein Ausgesetztsein) großer Bevölkerungsteile an denselben Ereignissen. Dadurch wird eine (u. U. auch gefährliche, durch telegene charismatische Personen mißbrauchbare) Sozialintegration der Bewußtseinsinhalte der Individuen bewirkt, die sich u. a. in der Verwischung der Gegensätze von Land und Stadt, der Ausgleichung von regionalen Unterschieden bei den ↗Einstellungen und kulturellen Inhalten zeigt.

2. Das F. kann zwar eine Geschmackssenkung (auf den gemeinsamen niedrigsten Nenner, z. B. beim rein kommerziellen, von Werbeaufträgen als einziger Finanzierungsquelle abhängigem F. in den USA) bringen, zugleich aber auch für durchschnittliche Künstler, Politiker, Prediger ungünstige Vergleichsmöglichkeit (durch einen jeden) mit den Spitzenkönnern des betreffenden Metiers bieten. Das Interview, die Pressekonferenz im F. kann (in einer nicht immer unbedenklichen Weise steuerbar) in der ↗öffentlichen Meinung Persönlichkeiten „machen“ und „vernichten“.

3. Das F. erlaubt jedem praktisch überall, wie aus einer Art Königsloge, dabeizusein. Es hat den Zugang zu allem Wissens- und Sehenswerten in einer Weise egalisiert, entzaubert, schichtunspezifisch ge-

macht wie kein Medium zuvor. Dieses Dabeisein eines jeden bei jedem dank des F. hat eine Blasiertheit, einen Verlust des Staunenkönnens begünstigt, vermutlich auch zum Autoritätsverlust des Experten geführt.

4. Die Veränderungen im ↗Freizeitverhalten durch das F. (größere Passivität), verbunden mit ungünstigen Rückwirkungen auf andere Unterhaltungsmedien (Kino, Theater, Konzertveranstaltungen), sind untersucht worden, aber ohne eindeutige Ergebnisse. Uneingeschränktes, übermäßiges F. der Kinder und Jugendlichen gilt als nicht unbedenklich. Von einigen Sozialforschern wird auch ein Zusammenhang zwischen der Jugendrebellion Ende der 60er Jahre und dem Heranwachsen der ersten Generation (zunächst in den USA) gesehen, die von der frühen Kindheit an bereits ununterbrochen dem F. ausgesetzt war, daher emotionales Reagieren auf vereinfachte, bildhafte Ausschnitte der sozialen Wirklichkeit.

Das F. ermöglichte, zuerst bei den Bürgerrechtsdemonstrationen der Neger Ende der 50er Jahre in den USA, übergreifend auf die (studentischen) Demonstrationen seit Mitte der 60er Jahre, eine völlig neue Wirksamkeit und politisch ausbeutbare Sichtbarkeit von lokalen Vorgängen, an denen nur winzige Teile der Bevölkerung beteiligt (und betroffen) sind. Vorfälle, gelegentlich von Fernsehaufnahmeteams ausdrücklich bestellt, die früher im Lokalteil einer Zeitung mit wenigen Zeilen berichtet worden wären, können heute in Großaufnahme die Nachrichtensendung im F. dominieren und im Bewußtsein der Zuschauer völlig disproportionale, emotional gefärbte Eindrücke über die Bedeutung und den Umfang des betreffenden Ereignisses zurücklassen.

Wider Erwarten hat das F. bis heute Buch-, Zeitschriften- und Zeitungskonsum kaum beeinträchtigt. Vergleichende Inhaltsanalysen von F. und Presse (Alphons Silbermann) haben die Selektivität, die Unrepräsentavität der Berichterstattung im F. erwiesen. Befragungen haben aber auch gezeigt, daß sich die Bevölkerung der BRD weiterhin in erster Linie aus der Tageszeitung informiert, nicht über das F. Von zunehmender Bedeutung dürfte das F. als zusätzliches Bildungsmittel („Telekolleg") werden.

E. Feldmann, Theorie der Massenmedien (1962); B. Fülgraff, Fernsehen und Familie (1965); H. K. Platte, Soziologie der Massenkommunikationsmittel (1965); R. Wildenmann und W. Kaltefleiter, Funktionen der Massenmedien (1965); A. Silbermann, Bildschirm und Wirklichkeit (1966).

Feudalismus, ein vieldeutiger, oft mißbrauchter Begriff, bezeichnet im engeren Sinn das soziale, wirtschaftliche und politische System in einem Staat mit Lehnsrecht. Es besteht darunter ein gegenseitiges Treue- und Schutzverhältnis zwischen dem Herrn und Vasallen (Lehnswesen Europas vom 9. bis 15. Jahrh.). Allgemeiner heißt F. jedes soziale System, worin Landbesitzer Erträge von der Landbevölkerung einziehen und zugleich Regierungsfunktionen in diesem Gebiet ausüben: F. bedeutet dann die Kontrolle des Landes durch und für eine kleine herrschende Gruppe bzw. die absolute Herrschaft in einem begrenzten Gebiet. Seit dem 18. Jahrh., zuerst in Frankreich, bedeutet feudal, meist moralisch abwertend und sozialkritisch, einen großartigen Lebensstil privilegierter Klassen (Adel), noch allgemeiner soviel wie mittelalterliche Zustände in einer Gesellschaft. Für den Marxismus und Leninismus ist jeder Großgrundbesitz mit abhängigen Bauern überall auf der Erde F. Der idealtypische Begriff F. wird jedoch fragwürdig, wenn das konstitutive Element eines entwickelten, loyalen Kriegerstandes fehlt.

O. Hintze, Wesen und Verbreitung des Feudalismus (1929); O. Brunner, Feudalismus — Ein Beitrag zur Begriffsgeschichte (1958).

Files *Human Relations Area* heißt eine 1937 anfänglich als Cross Cultural Survey von George Peter Murdock an der Yale-Universität (USA) begonnene systematische Archivierung des gesamten ethnologischen, kulturhistorischen usw. Materials über einzelne Kulturen, zunächst primitiver Stämme, aber dann auch der Hochkulturen, mit dem Ziel, allmählich unser gesamtes vorliegendes Wissen über jede einstige und heutige, von anderen abgrenzbare Kultur, sei es die eines kleinen primitiven Stammes oder eines Millionenvolks, verteilt auf ein nach theoretischen Gesichtspunkten entwickeltes Kategoriensystem bereitzustellen. Die H. R. A. F., immer noch an der Yale-Universität, aber mit gleichzeitiger Ablage der laufend ergänzten und erweiterten Karteien an anderen Hochschulen ermöglichen rasches Prüfen von sozialwiss. Hypothesen an einer großen Anzahl menschlicher Kulturen und Gesellschaften, z. B. nach dem Schema: „Ist der Prozentsatz der Gesellschaften (*societies* und *cultures* werden hierbei synonym verwandt), in denen sich Brauch X und Brauch Y findet, größer, als es der Fall wäre, wenn das gleichzeitige Auftreten von X und Y bei 500 verschiedenen Gesellschaften nur zufallsbedingt wäre?"

Film, hier nicht bloß verstanden als technisches Mittel zur Wiedergabe von Bild- und Tonfolgen (Dokumentar-F., wissenschaftlicher F.) ist als Kunstwerk und -form (in seiner Echtheit und Eigenständigkeit als Kunst auch umstritten) seit seinem Auftreten in den 20er Jahren gesellschaftlich immer problematischer geworden, weil die (wie neueste Experimente zeigten, nicht unbedingt unvermeidliche) stetige Kostensteigerung bei der Herstellung eines Spielfilms die Abhängigkeit der Künstler von Produzenten, Kapitalgebern und Verleihfirmen in einem Umfang bewirkt hat, die für andere Kunstformen kaum oder weit weniger gelten. Die Möglichkeiten für den F. und seine Industrie sind durch das ↗Fernsehen kleiner geworden („Kinosterben" in vielen Ländern); die zivilisationspessimistische Kritik am F. als Freizeitinhalt ist teilweise durch Kritik am Fernsehen abgelöst worden. Der F. hat mit dem Fernsehen, gegenüber älteren Massenmedien, gemeinsam, daß er ein Medium des bewegten und somit absolut naturalistischen Bildes ist. Der F. ist, soziologisch gesehen, wie jede Kunst ein Ausdrucks- und Kommunikationsmittel, das aber, ehe es ein Publikum finden kann, eine Kapitalinvestition in der Größenordnung von mindestens mehreren Millionen DM erfordert. Der F. ist somit ein Wirtschaftsgut besonderer Art. Seine kommerzielle Seite wird von engagierten Vertretern der F.kunst abgelehnt, doch hat die Ablösung des privaten Kapitalmarktes als Geldgeber durch eine staatliche F.-industrie (sei es durch Subventionen in einer Demokratie, sei es Verstaatlichung in totalitären Herrschaftssystemen) bisher immer noch größere Schwierigkeiten (und Freiheitsverluste) für die F.kunst mit sich gebracht. Das wirtschaftliche Risiko bei jedem F. wird heute durch das Starsystem (einige wenige Filmschauspieler, dank geglückter Imagepflege, gelten als Garantie des Kassenerfolgs) und seit den 60er Jahren durch die Sexualisierung des F. möglichst gering gehalten.

Institut des Sociologie Solvay (Hrsg.), Le cinéma, fait social (1960); S. Kracauer, Theory of Film (Oxford 1960); F. Zöchbauer, Jugend und Film (1960); G. Cohen-Séat, Problèmes du cinéma et de l'information visuelle (1961); ders. und P. Fougeyrollas, Wirkungen auf den Menschen durch Film und Fernsehen (1966); G. Albrecht, Nationalsozialistische Filmpolitik. Eine soziologische Untersuchung über die Spielfilme des Dritten Reiches (1969).

Folk society, auch f. *culture*, bezeichnet in der (amerikanischen) Ethnologie (hauptsächlich dank H. W. Odum und Robert Redfield) eine verhältnismäßig kleine, überschaubare, von ihrer Umwelt abgrenzbare Gemeinde (Dorf, Stamm), in der die sozialen Beziehungen der Mitglieder überwiegend „sakral" definiert werden. Ihr Leben folgt ↗Brauch und Sitte, die das Gemeinwohl, nicht den rationalen Zweck oder Vorteil des einzelnen als Richtschnur haben. F. s. ist somit einer jener das einfache, vorindustrielle und außerstädtische Dasein etwas romantisch idealisierenden Begriffe, die gerne als Dichotomien angeboten werden: f. s. entspricht der ↗Gemeinschaft (im Gegensatz zur ↗Gesellschaft) bei F. Tönnies, der mechanischen (im Gegensatz zur organischen) ↗Solidarität bei E. Durkheim, der sakralen Lebensform (im Gegensatz zur säkularen) bei H. Becker. F. s. ist ein ↗Idealtyp, den manche Autoren nur auf schriftlose Stammeskulturen, andere auch auf ländliche Gemeinschaften innerhalb von Hochkulturen anwenden.

Folkways (↗Brauch) heißen in der amerikanischen (selten in der britischen) Soziologie seit W. G. Sumners Buch *Folkways* (1906) die einem Volk, einem Stamm gemeinsamen Verhaltensweisen, die innerhalb der ↗Kultur als ↗Tradition von Generation zu Generation weitergegeben werden. Solche f., deren Nichtbeachtung oder Verletzung zu ↗Sanktionen (Strafen) führt, nannte Sumner Mores.

Fortschritt bedeutet im Gegensatz zum sozialen ↗Wandel eine Feststellung oder Forderung in Form eines Werturteils: F., auf politischem (meist als Emanzipation, Demokratisierung, Chancenegalisierung usw.), wirtschaftlichem (Produktivitätssteigerung pro Arbeitsstunde, Wachstum des Bruttosozialprodukts, Massenkonsum hochwertiger Güter usw.) oder wissenschaftlich-technischem Gebiet (längere Lebenserwartung, sinkende Kindersterblichkeit, Immunität einer Bevölkerung gegen Infektionskrankheiten) gilt allgemein als eine Verbesserung, eine Perfektion der Daseinsbedingungen, der Lebensumstände, vor allem dann, wenn sie der gesamten Bevölkerung zuteil wird. Wenn genau angegeben werden kann, welchen früheren Meßzahlen gegenüber der F. stattgefunden hat (oder, als Zielsetzung, stattfinden soll), ist der Begriff in einer Erfahrungswissenschaft verwendbar: es ist F., wenn die Analphabetenquote einer Bevölkerung sinkt, der Pro-Kopf-Verbrauch an hochwertigen Nahrungsmitteln (Eiweiß) steigt oder die Zahl der von jedem durchlaufenen Schuljahre steigt. Wesentlich schwieriger ist es, wissenschaftlich, wertfrei die Fortschrittlichkeit z. B. des einen Modells einer Sozialversicherung gegenüber einem anderen festzustellen: ist Abschaffung oder Einführung der Kostenbeteiligung bei einer Krankheitskostenpflichtversicherung F. (zu einem gegebenen Zeitpunkt und angesichts des allgemeinen Konsumverhaltens)? Kann bloßes Bevölkerungswachstum (Familienpolitik mit dem Ziel von mindestens drei Kindern pro Ehe) heute noch als F. ausgegeben werden? Bereits Max Weber hat die Problematik und Mißbrauchbarkeit der F.lehren und -theorien hervorgehoben. Nach ihm muß man beim F. unterscheiden, ob es sich (1) um eine bloß fortschreitende ↗Differenzierung, (2) eine zunehmende ↗Rationalisierung (technischer) Mittel oder (3) eine echte Wertsteigerung handelt. Diese verschiedenen Möglichkeiten sind meist so ineinander verflochten, durch Appelle an Emotionen verzerrbar, daß M. Weber vor der Verwendung des Begriffes F. warnt.

Ideengeschichtlich hat der F.glaube, die F.erwartung und politische F.forderung aus den hebräisch-christlichen Erwartungen eines Endzeitalters, der Eschatologie, aus Messianismus und Chiliasmus starke Impulse erhalten. Der Beginn der wissenschaftlich-technischen Weltbeherrschung mit der europäischen Neuzeit, die Aufklärung und (im 19. Jahrh.) Sozialdarwinismus vereinigten sich zu einem starken F.-glauben, an dem aber um die Jahrhundertwende immer stärkere Kritik geübt wurde.

Paul Tillich hält den Glauben an F. für eine spezifische Utopie „der ↗bürgerlichen Gesellschaft. Der Augenblick, in dem diese Revolution siegt — z. B. der Sieg der bürgerlichen Revolution im 18. Jahrh. —, hat zur Folge gehabt, daß diese bürgerliche Gesellschaft, die einmal aus dem Gedanken der ↗Utopie hervorgegangen ist, nicht mehr wußte, was damit zu machen ist. Es ist ja erreicht, die bürgerliche Gesellschaft herrscht ja . . . Dann kommt, weil man das Schema, aus dem man geboren ist, nicht so leicht aufgeben kann, die gemäßigte Utopie . . . des Fortschrittsgedankens, wo langsam Schritt für Schritt ein Fortschritt stattfindet — manchmal eine Annäherung, von der man glaubt, daß sie eine vollkommene sein wird, manchmal eine Annäherung, von der man glaubt, daß sie nie zum Ziele kommen wird . . . dieser praktische Fortschrittsglaube hat möglicherweise die Konsequenz,

daß man daraus ein Weltgesetz des Fortschritts macht, das an und für sich durch die Weltgeschichte geht: ‚Better and better' — dieses amerikanische Wort ist der plastischste Ausdruck dafür. Fortschritt ist moderierte Utopie, die ihrer selbst nicht mehr gewiß ist, aber sich auch nicht selbst aufgeben kann ... diese Moderation ... ist in besonderer Weise geeignet, den Unterschied zwischen dem, was der Mensch wesenhaft ist, und was er in der Existenz ist, zu verhüllen und auf diese Weise einen Optimismus zu produzieren ..."
Die Demokratisierung der ↗Herrschaft hat weiterhin die Pflicht zum F. verstärkt. Seit dem Schwinden der politischen ↗Legitimität, im Sinne der Theorie von G. Ferrero, kommt keine Regierung mehr ohne progressiven Leistungsnachweis aus. Die Gleichheitsidee der ↗Demokratie und damit die Angst ihrer Repräsentanten vor dem Schein der Illegitimität verurteilt sie dazu, unentwegt F. anzustreben (z. B. durch Bemühungen der Parlamentarier, pro Sitzungsperiode eine Minderzahl von neuen Gesetzen zu verabschieden). Je gleicher Wähler und Delegierte, desto stärker der (nicht immer rationale) Drang zur Legitimierung durch legislativ-erzielbaren, sich selbst definierenden F.

A. Salomon, Fortschritt als Schicksal und Verhängnis (1957); M. Ginsberg, Reason and Unreason in Society (New York 1960); W. A. Jöhr, Der Fortschrittsglaube und die Idee der Rückkehr in den Sozialwissenschaften (1964); U. Schöndorfer (Hrsg.), Der Fortschrittsglaube — Sinn und Gefahren (1965).

Fragebogen ↗Interview.

Frame of reference (vor allem seit seiner Verwendung von E. W. Hobson, 1923) bedeutet in der angelsächsischen Sozialwissenschaft einen „Bezugsrahmen", der aus Begriffen und Vorstellungen besteht, denen in der Wirklichkeit nicht immer etwas konkret Beobachtbares entspricht. Dieser Bezugsrahmen kann also nicht völlig aus der Erfahrung gewonnen werden, ist aber notwendig, wenn sinnvoll beobachtet werden soll. F. o. r. ähnelt dem ↗Idealtypus M. Webers. Allgemeiner kann f. o. r. als die Summe von Grundannahmen gelten, aus denen sich die Wahl und Behandlung eines Forschungsobjektes im engeren Sinne ergibt.

Freiheit als Wertvorstellung, als politisches (Ordnungs)prinzip und vor allem als allgemeines Menschenrecht ist nicht in allen Kulturen und Gesellschaftsformen anzutreffen. F., in erster Linie gegenüber den die politische Herrschaft Ausübenden, ist nicht gleichbedeutend mit dem Fehlen oder der Lückenhaftigkeit der sozialen ↗Kontrolle im Zusammenleben der Mitglieder eines sozialen Systems.
Im Nationalismus des 19. und 20. Jahrh. wird F. oft nur als die F. (Unabhängigkeit, Souveränität, u. U. Autarkie) eines Volkes, einer Nation, einer Minderheit innerhalb einer Mehrheit, also eines Kollektivs verstanden, dessen errungene oder größere F., gegenüber einer ↗Hegemonie, einer Vormundschaft eines anderen Kollektivs keineswegs die F. des einzelnen Individuums innerhalb dieses befreiten Kollektivs,

ja sogar ihre Einschränkung oder Aufhebung bedeuten kann. Stehen sich verschiedene Herrschaftssysteme (liberale, demokratische, autoritäre, totalitäre) in der Welt konkurrierend gegenüber, kann allerdings die Gewährung größerer F. ans Individuum im Binnenbereich der Nation (z. B. Pressefreiheit, wirtschaftliche F.) zum Verlust bzw. zur Einschränkung der nationalen F. führen (Besetzung der ČSSR im August 1968 durch die UdSSR, als eine Grenze der individuellen F. in der ČSSR überschritten worden war, die als Leitbild den Herrschern der Sowjetunion gefährlich erschien). Zu den wichtigsten F. jedes Individuums, laut Deklaration der Menschenrechte durch die UN nach Ende des Zweiten Weltkrieges, gehört die F. eines jeden, jedes Land, einschließlich seines eigenen, ohne Gefahr und Verluste jederzeit verlassen zu können. Diese F. ist in der zweiten Hälfte des 20. Jahrh. in einer Ausnahmslosigkeit den Bevölkerungen verschiedener kommunistischer Länder vorenthalten, wie sie nie zuvor in der menschlichen Geschichte beobachtet wurde. Dies hängt z. T. damit zusammen, daß die totalitären kommunistischen Systeme gerade für diejenigen Einwohner am unerträglichsten sind, die dank ihres Talents, ihrer Kenntnisse und Fähigkeiten im freien Ausland persönliche Chancen haben, zugleich aber am wenigsten entbehrt werden können.

Von denjenigen Ländern abgesehen, wo die F. des einzelnen, der Wirtschaftssubjekte, der Gruppen (z. B. Religionsgemeinschaften) durch undemokratische Herrschaftssysteme ganz oder weitgehend aufgehoben ist, läßt sich nicht eindeutig soziologisch feststellen, ob wir uns in einem Trend größer oder kleiner werdender F. befinden: die F. in Freizeit und Konsum (immer größeres, nach Stillung der lebensnotwendigen Bedürfnisse verfügbares Einkommen; Ferntouristik, Verschwinden von konsumhemmenden Standesschranken usw.), die F. einzelner Alterskategorien in der Bevölkerung (Kind, Jugendliche, Frauen gegenüber früher), die F. bei der Gattenwahl, die F. der Religionsausübung bzw. Nichtausübung, F. beim Arbeitsplatzwechsel, bei Berufswahl und -wechsel, sind in den westlichen Industriegesellschaften, aber auch in Ländern wie Japan und einigen asiatischen Entwicklungsländern größer geworden. Demgegenüber sehen manche in der ↗ Bürokratisierung, der Überorganisiertheit des heutigen Lebens, in der Erfaßbarkeit jedes Bürgers durch elektronische Datenspeicheranlagen, durch die Eigenarten der Arbeitswelt in Großbetrieben die Gefahr eines Verlustes an F., an Selbstbestimmung. Auch eine größere Empfindlichkeit gegenüber den vermuteten Wünschen und Normen der Mitmenschen (David Riesmans außengeleiteter Menschentyp) soll, verglichen mit dem „innengesteuerten“ Menschen des 19. Jahrh., zum Verlust an F. führen.

L. v. Wiese, Das Wesen der politischen Freiheit (1911); K. Mannheim, Freedom, Power & Democratic Planning (London 1951); A. Hunold (Hrsg.), Erziehung zur Freiheit (1959); Gabriele Bremme, Freiheit und soziale Sicherheit (1961); R. Aron, Essai sur les libertés (Paris 1965); P. Brückner, Freiheit, Gleichheit, Sicherheit (1966).

Freizeit gewinnt als Forschungsgegenstand der Soziologie zunehmend an Bedeutung, weil in den westlichen Industriegesellschaften infolge allgemeiner Produktivitätssteigerung und des sozialen ↗Wandels (soziale Erwägungen, gewerkschaftliche Forderungen) für viele Arbeitnehmer eine immer kürzere Arbeitszeit zur Befriedigung auch ihrer stetig steigenden Bedürfnisse genügt. Manche Autoren wollen als F. nur diejenige frei verfügbare Zeit gelten lassen, die übrigbleibt, wenn der einzelne alle außerhalb seiner Arbeitszeit anfallenden Pflichten, Verrichtungen, Aufgaben (auch für die eigene Familie) erledigt hat. Während Arbeiter und Angestellte in der zweiten Hälfte dieses Jahrhunderts die 40- oder 35-Stunden-Woche anstreben und z. T. schon erreicht haben, läßt sich bei Freiberuflichen (Ärzte, Rechtsanwälte usw.), Führungskräften der Wirtschaft, leitenden Beamten keine entsprechende Erweiterung der F. beobachten, worauf bei Einkommensvergleichen zu wenig geachtet wird. Verschiedene Autoren meinen, die Menschen bräuchten heute oft Anleitung zur richtigen Nutzung ihrer F. Was Angehörige einzelner Bevölkerungsschichten, Berufe, Altersstufen in ihrer F. tun (z. B. Neigung zu Gruppenbildung oder Einzelgängertum, familienorientierte Tätigkeiten, kommerzielle Organisationsformen der Freizeitgestaltung), beschäftigt den Soziologen. Zunehmende Bedeutung erlangt die sog. F.industrie, die nicht nur Dienstleistungen für die F., sondern auch Produkte für F.betätigungen (Sportausrüstungen, Werkzeuge für Steckenpferd-Tätigkeiten) anbietet. Ein sinkendes Angebot an Dienstleistungen, vor allem für den häuslichen Bereich, zwingt aber auch immer mehr Menschen, in ihrer F. als F.betätigung Arbeiten selbst auszuführen, die für andere als berufliche Arbeit gelten (Reparaturen, Gärtnerei, Raumausstattung, Tapezieren usw.). Allgemein dürfen sich Inhalte und Tätigkeitsformen von F. und Arbeit eher ähnlicher werden.

N. Anderson, Work and Leisure (London 1961); E. Weber, Das Freizeitproblem (1963); H. Giesecke (Hrsg.), Freizeit- und Konsumerziehung (1968).

Fremder ist der Mensch, den eine ↗Gruppe, vor allem wenn sie sich selbst als engere Gemeinschaft fühlt, als nicht ihr zugehörig betrachtet, weil sie über sein Leben bis zu seinem Erscheinen in der betreffenden Gruppe nichts oder wenig Sicheres weiß. Der ↗Status des F. ist in allen Gesellschaften bekannt und oft mit bestimmten Ritualen und Verhaltensweisen derjenigen, die auf das Erscheinen des Fremden reagieren, umschrieben. Weil der F., wenn seine Gegenwart und Tätigkeit geduldet wird, weniger den traditionellen sozialen ↗Kontrollen der Gruppe unterliegt, kann er für diese, vor allem auf dem Gebiet der Wirtschaft (z. B. Juden und Chinesen auf dem Finanzsektor), Funktionen übernehmen, die aus bestimmten kulturellen Hemmungen von den Gruppenmitgliedern nicht oder nur unzureichend bisher ausgefüllt worden sind. Eine Wirtschaft kann geradezu von ihren Fremden abhängig werden (das Problem der Überfremdung, z. B. der Schweiz durch die Fremd-, neuerdings „Gast"-

arbeiter). Die allgemeingültige Rolle des F. für die Soziologie herausgearbeitet zu haben ist das Verdienst von Simmel.

G. Simmel, Soziologie ([4]1958).

Fremdgruppe ↗Ethnozentrismus, ↗Gruppe, ↗Randseiter, ↗Vorurteil.

Freundschaft ist eine langfristige, äußerst enge soziale ↗Beziehung (ohne erotische Elemente) zwischen (meist nur) zwei Personen, die in der Regel *nicht* durch eine der F. vorgreifende gemeinsame ↗Primärgruppe bereits vereint sind. Idealtypus einer F. ist die Beziehung zwischen zwei Personen desselben Geschlechts, mit gemeinsamen Interessen (z. B. in Beruf oder Freizeit), von denen jede auch normale Beziehungen zu anderen Gruppen (Familie) und Personen (z. B. Ehepartner) unterhalten kann. Die starke, exklusive Werttönung det Begriffs F. findet sich nicht in allen Gesellschaften. Die Kultur der USA läßt z. B. den Begriff „friend" für Beziehungen zu, die im Deutschen nur als „Bekannter" oder „Bekanntschaft" bezeichnet werden. Die F. als eine unter vielen möglichen Beziehungs- und Bindungsformen erhält ihren kulturspezifischen Charakter z. T. aus der Abgrenzung und Abgrenzbarkeit zu ähnlichen Gesellungsformen. Mitglieder einer ↗Clique oder ↗Bande können F. pflegen, doch ist es keine Voraussetzung für das Bestehen dieser Gesellungsformen. Die F. zwischen zwei oder drei Mitgliedern innerhalb einer solchen Gruppe wird in der Regel sogar als störend, die Gruppe bedrohend aufgefaßt werden. Der Begriff F. ist mit Werten wie Treue, Loyalität, Vertrauen ausgestattet.
Nach L. v. Wiese ist F. im eigentlichen Sinn bei der Paargruppe gegeben, also dann, wenn Individuelles auf Individuelles wirkt. Die Intimität, das bedingungslose Aufeinander-Vertrauen, die persönliche Ich-Du-Beziehung der Zweiergruppe einer F. nimmt notwendigerweise ab, sobald die F. mehr als zwei Personen umfaßt, zumal hier latent das Unsicherheitsgefühl bei jedem der drei (oder mehr) Glieder der F. auftritt, einmal Opfer einer gegen ihn gerichteten Koalition, aus der F.-Gruppe hinausgedrängt zu werden. Diese latente Furcht dürfte auf Erlebnisse in der Geschwistergruppe zurückgehen und ihre Schärfe durch das Erlebnis der Geschwistereifersucht erfahren. Aus diesem Grund sind, vor allem bei jüngeren Menschen, F.en mit mehr als zwei Mitgliedern konfliktbedroht. Die F. als soziales Gebilde und Beziehungssystem enthält in reiner Form die Qualitäten der ↗Gemeinschaft (A. Vierkandt).
Das Zustandekommen der F. hat die ↗Soziometrie näher untersucht: je ähnlicher die Persönlichkeitsmerkmale (innerer und äußerer Art), die Interessen, desto wahrscheinlicher ist eine F. zwischen Menschen.

F. Oppenheimer, System der Soziologie, Bd. I/1 ([2]1964).

Friede ist der Zustand der Konfliktlosigkeit zwischen Gruppen, meist Stämmen, oder Nationen, zwischen denen es kriegerische Auseinandersetzungen gegeben hat oder denkbar sind. Der F. im eigentlichen Sinne setzt auf beiden Seiten Verhaltensweisen und Auffassungen voraus, die einen unbegrenzt langen friedlichen Zeitraum vorhersehen lassen. Das Problem des ewigen F. hat verschiedene Denker in den letzten Jahrhunderten beschäftigt. Seit der Mitte unseres Jahrhunderts ist der ernstgemeinte Gebrauch des Wortes F. zugunsten neuerer Ausdrücke zurückgegangen, die einen mehr oder minder großen Abstand vom voll ausgebrochenen Konflikt ausdrücken (kalter Krieg, Eskalation, Deeskalation, Krisen-Containment, Krisen-Management).

K. v. Raumer, Ewiger Friede (1953); R. Aron, Frieden und Krieg (1963).

Frustration, das Ergebnis einer Frustrierung, ist das in einem Individuum (oder einer Gruppe, z. B. einer Minderheit, die ↗Diskrimination erfährt) entstehende Erlebnis, mit emotionalen und kognitiven Elementen, des „Vereiteltwordenseins". Eine beabsichtigte oder begonnene Handlung, gemäß einem durch soziale Strukturen gegebenen Anspruchsniveau, wurde durch Umstände oder Personen in der Umwelt vereitelt. Die Anstrengung zur Erlangung des Ziels erscheint „umsonst", „vergeblich" gewesen, aus dem Gefühl der Impotenz, des Unterlegenseins, entwickelt sich die F., die dem Ressentimentbegriff Max Schelers ähnelt. Die F. spielt in der ↗Aggressions-F.-Theorie eine Rolle.

J. Dollard u. a., Frustration and Aggression (New Haven 1939); R. Denker, Aufklärung über Aggression (1966).

F-Skala, ein nach dem Zweiten Weltkrieg von Adorno u. a. in Kalifornien (zuerst an Studenten) erprobter Fragebogen, der es gestatten soll, eine faschistische Persönlichkeitsstruktur von einer demokratischen (egalitären) zu unterscheiden. Nachuntersuchungen haben seither Zweifel an der Reinheit des Phänomens „faschistische (autoritäre) Persönlichkeit" und der dahinter stehenden Theorie laut werden lassen. Man fand z. B. ausgesprochene F-Skala-Reaktionen auch bei Angehörigen von Bevölkerungsgruppen, bei denen nach der Theorie der „demokratische" Typ überwiegen sollte.
Die zum Teil auf Hypothesen aus den 30er Jahren zurückgehende Konstruktion der F. galt zunächst der Erforschung antisemitischer Einstellungen in den USA. Die Personen, die mit der F. getestet wurden, stellten keine repräsentative Stichprobe der Bevölkerung dar. Die Kritik an der F.-Forschung behandelt ausführlich J. Madge, *The Origins of Scientific Sociology* (1962). Als „autoritär" (= faschistisch in der Persönlichkeitsstruktur) gelten aufgrund der F. Personen, die zu Feststellungen wie z. B. die folgenden ihre Zustimmung geben: „Es gibt kaum etwas Schlechteres als einen Menschen, der seinen Eltern gegenüber keine große Liebe, Dankbarkeit und Respekt empfindet." Oder: „Wie die menschliche Natur nun einmal ist, wird es immer Kriege und Konflikte geben."

Führung (leadership) ist ein Grundphänomen sozialen Lebens, wobei die F. von einem einzelnen (z. B. charismatischen) Führer oder einer F.gruppe ausgeübt werden kann. Auch unter Tieren gibt es F., eine Verhaltensorientierung am Verhalten eines Leittieres, wobei es Gradunterschiede zwischen echter F. und bloßer Warn- und Wächterfunktion gibt. Bei höheren Tierarten, die in Gruppen (Herden) leben, muß die F. oft durch Testkämpfe unter den Männchen errungen und behauptet werden. Alle menschlichen Gruppen (auch die Horden, Stämme und Dorfgemeinschaften der Naturvölker) weisen F. auf, um die Auseinandersetzung mit der Umwelt wirksamer, zügiger gestalten zu können (u. U. auch nur ad hoc bestellte F. für besondere Krisenfälle, wie Kriegs- oder Jagdzüge usw.). Doch wird die Notwendigkeit einer F. in verschiedenen Kulturen auf seiten der Geführten mit oft fast entgegengesetzten Gefühlen beantwortet. Anstelle von Bewunderung, Loyalität, Treue, Hingabe (wie in der Regel bei militärischen Gruppen, vor allem mit aristokratischer F.) kann auch Mißtrauen, Ablehnung, Ressentiment (in fast institutionalisierter Weise) den jeweiligen Inhabern der F. entgegengebracht werden (z. B. bei den Massim in Melanesien, auch bei den Hopi-Indianern Nordamerikas). In manchen Kulturen darf nicht offen um die F. gestrebt werden, man muß sie sich, scheinbar widerwillig, aufdrängen lassen.
Die heutige Soziologie untersucht Formen (F.stile, wie egalitärer und autoritärer) und Bedingungen der F. wertfrei. Die Begriffe F. und Führer werden auf jede noch so einfache oder anspruchslose Gruppe (eine spielende Kinderschar, eine Schulklasse, ein Arbeitsteam, eine Verbrecher- oder Jugendbande) angewandt, nicht nur auf prominente Führertypen (Heerführer, Parteiführer, Staatsmänner usw.). Die Forschung ist sich bis heute nicht über eine einheitliche F.begabung oder Eigenschaft einig. Welche Eigenschaften und Persönlichkeitsmerkmale zur F. prädisponieren und Erfolg versprechen, hängt offenbar von zahlreichen Faktoren außerhalb des Führers, bei den zu Führenden und in ihrer (geschichtlich bedingten) Umwelt ab. Es gibt eine Situationstheorie der F. Naturvölker, aber auch einer feindlichen Besetzung unterliegende entwickelte Gesellschaften haben gelegentlich ein duales F.system entwickelt. Die eigentliche Führung blieb dem äußeren Herrscher verborgen, und er konnte nur mit der für ihn bereitgestellten Garnitur der Pseudo-F. Kontakt aufnehmen.
Nach Th. Geiger ist F. eine Funktion, die in jeder Gruppe, in jeder Gesellschaft ausgeübt werden muß. Sie ist eine ↗Rolle des ↗Status der mit der F. betrauten Personen. Zwar setzen sowohl F. als auch ↗Herrschaft ↗Macht voraus, doch müssen F. und Herrschaft unterschieden werden. F. trägt mehr persönliche Merkmale (z. B. ↗Charisma eines Führers, funktionsspezifische Fähigkeiten: ad hoc F. für einen Kriegszug oder eine Büffeljagd bei Prärieindianern), Herrschaft ist institutionalisierter. Bei echter F. braucht es keine Gewaltausübung, keinen ↗Terror, um Gefolgschaft zu erzielen. Diese können aber bei der Herrschaft eingesetzt werden. F. wird nur von konkreten, be-

kannten Individuen ausgeübt, nicht von Schichten oder Klassen. Bei diesen kann eher von Herrschaftsausübung gesprochen werden.
Die Kleingruppenforschung seit etwa 1950 hat das Phänomen der F. in zahlreichen Variationen untersucht und gezeigt, daß F. als ein Interaktionsproblem im Zusammenhang mit der Struktur der zu führenden Gruppe aufgefaßt werden muß.

J. H. Knoll, Führungsauslese in Liberalismus und Demokratie (1957); K. Dahms, Über die Führung (1963); A. W. Gouldner (Hrsg.), Studies in Leadership (New York 1965); G. C. Homans, Theorie der sozialen Gruppe (²1965).

Führungsschicht nennt man diejenige soziale Schicht, deren Angehörige vorwiegend leitende Positionen jeder Art in der Gesellschaft einnehmen, ohne sich untereinander notwendigerweise als Führungsgruppe zu kennen. Die F. in einer heutigen Industriegesellschaft ergänzt sich aus anderen Schichten, im Unterschied zu aristokratischen F.en. Die F. umfaßt auch Personen, die selbst keine Führungsaufgaben übernehmen, aber aufgrund allgemeiner Kriterien zu der Schicht zählen, aus der sich die Inhaber der Führungspositionen vorwiegend rekrutieren. ↗Mobilität, ↗Elite, ↗Machtstruktur, ↗Establishment. Anschauungen, Lebensstil einer F. können zur ↗Imitation (Geltungskonsum), u. U. zu einem „Unterordnungssinn" führen. Die amerik. Modesoziologie spricht von den *taste-setters*, den Geschmack-Bestimmern. Insofern kann eine F., z. B. der Adel in Europa bis hin zur Franz. Revolution, Vorbildwirkung auf die gesamte Lebensführung der darunter liegenden Schicht(en) haben. Nach Ablösung des Adels nahmen im 19. Jahrh. in Europa akademisch Gebildete, neuerdings (in den USA schon sehr früh) Unternehmer diese Rolle ein. F. ist als Begriff an die Problematik des Begriffs der Schicht(ung) gekoppelt und sagt damit auch über die gemeinte Erscheinung mehr aus als z. B. Elite. Zu fragen bliebe jedoch stets, Führung auf welchen Gebieten und wozu? Eine innen- (sozial-)politisch maßgebende F. braucht nicht immer die Außenpolitik einer Nation zu bestimmen. Eine die Wirtschaft oder das Religionssystem eines Volkes führende Schicht braucht nicht immer zugleich den Geschmack zu bestimmen, an dem sich andere Bevölkerungsschichten orientieren, wenn sie ihre nicht lebensnotwendigen Bedürfnisse befriedigen.

Funktion kann zunächst, wie in der Mathematik, lediglich eine Variable bedeuten, deren Größe von der Größe einer anderen abhängt (so verwendet Sorokin den Begriff). Meist versteht man unter F. jedoch den Beitrag, den ein Teil zu einem Ganzen macht, z. B. irgendeine Komponente zu einer Kultur oder einer Gesellschaft. In diesem Sinn haben Durkheim, aber auch Kulturanthropologen wie Malinowski, Radcliff-Brown und Linton von F. gesprochen. Bei dieser Betrachtungsweise besteht die Gefahr, daß letztlich alles eine F. hat, funktional gesehen für das Ganze günstig ist. Von da aus kommt es auch zu der irrtümlichen Annahme, daß alle Teile eines Ganzen funktional integriert seien. Im Gegensatz zu früheren Annahmen entspricht dies nicht der sozialen Wirklichkeit. Nicht alles ist stets optimal interdependent. Mit funktionaler Analyse meint man die Erforschung sozialer Erscheinungen als Prozesse oder als Wirkungen bestimmter sozialer Strukturen, z. B. eines Verwandtschafts- oder Klassensystems. Dieser Ansatz beginnt bei Herbert Spencer und ist besonders von Talcott Parsons weiter ausgeführt worden. Man kann (mit Timasheff) das strukturell-funktionale Theorem so zusammenfassen: „Ein soziales System ist ein wirkliches System, in dem die Teile F. haben, die für die Fortdauer, Ausdehnung oder Stärkung des Ganzen wesentlich sind, deshalb interdependent und mehr oder weniger vollständig integriert sind."

A. R. Radcliffe-Brown, Structure and Function in Primitive Society (New York 1952); R. K. Merton, Social Theory and Social Structure (New York[2]1957); E. Topitsch (Hrsg.), Logik der Sozialwissenschaften ([2]1965); J. Habermas, Zur Logik der Sozialwissenschaften (1967); H. Hartmann (Hrsg.), Moderne amerikanische Soziologie (1967).

Funktionale Theorie, Funktionalismus ↗Strukturell-funktionale Theorie.

Funktionär bezeichnet, oft abschätzig oder kritisch, den Inhaber einer Position, im staatlichen oder privaten Sektor einer Gesellschaft, die oft nach politischen Gesichtspunkten besetzt wird. F. nennt man daher meist die nicht zur eigentlichen Führungsspitze gehörenden, gelegentlich auch nur nebenberuflichen, politisch engagierten Akteure in größeren Verbänden und Organisationen, wie Parteien, Arbeitgeber- und -nehmerverbände, philanthropische und religiöse Organisationen. Der F. ist meist ein Spezialist auf seinem Tätigkeitsgebiet.
Je einflußreicher, je zahlreicher solche Organisationen, im vor- und außerparlamentarischen Bereich, in heutigen Industriegesellschaften werden, je mehr sie eine ↗Bürokratisierung aufweisen, desto mehr nimmt auch die Macht der ständigen F.e gegenüber dem gewählten F. zu. In der soziolog. Analyse kann F. auch wertfrei der Funktionsträger in irgendeinem sozialen System heißen. Gesellschaftskritisch symbolisiert der F. die Entseelung, die Entmenschlichung unseres (sozialen) Lebens. So große Bedeutung der F. auch z. B. in der UdSSR hat, so sehr wird er dort auch früh schon Ziel der literarischen Kritik (z. B. bei J. Olescha, Der Neid, 1927).

J. Messner, Der Funktionär (1961).

Futurologie, Zukunftsforschung, wird heute oft von der Soziologie erwartet. Diese muß jedoch bei der ↗Prognose, bei jeder Extrapolation sozialen ↗Wandels sehr zurückhaltend sein und zunächst beschreiben, was in der sozialen Wirklichkeit vorliegt, wie es zusammenhängt und wie sich manche Strukturen *möglicherweise* entwickeln können. Die heutige und deshalb noch viel mehr die künftige Gesamtgesellschaft ist eine Fiktion. Sie entzieht sich den Methoden der empirischen Sozialforschung und unserer Vorstellungskraft. Auch heutige Computer können diese Gesamtgesellschaft nur in winzigen Aus-

schnitten simulieren. So ist es in der UdSSR nicht gelungen, einen freien Markt zum Zwecke besserer Investitionsentscheidungen in der Wirtschaft (kybernetisch) zu simulieren, wie man Ende der 50er Jahre hoffte. Um so schwerer würde es sein, eine Gesamtgesellschaft in all ihren Aspekten durch ↗Simulation über Computer überschaubar und steuerbar zu machen. Politisch engagierte Soziologen werfen den Empirikern ihres Faches den Verzicht auf die Erforschbarkeit der Gesamtgesellschaft als ideologische Selbstbeschränkung vor. Aber dieselben Soziologen lehnen Theoretiker ab, die versucht haben, das gesamtgesellschaftliche ↗System begrifflich darzustellen und teilweise vorhersagbar zu machen. Talcott Parsons wird vorgeworfen, seine Theorie des sozialen Systems erfordere Individuen, die von früh an zur ↗Anpassung an die Gesamtgesellschaft, ans soziale System durch eine lückenlose ↗Sozialisation gezwungen würden. Diese Kritik trifft zu. Die amerikanische Soziologie hat eine Sozialphilosophie des „übersozialisierten Menschen", der völlig in die Gesellschaft integriert ist. Nur mit diesem Modell eines fast voll einpaßbaren Menschen ist ein ↗Gleichgewichtszustand und damit das gesamtgesellschaftliche System erkenn- und darstellbar. Wenn diese Totalanpassung, dieser Konformismus aller Individuen abgelehnt wird, läßt sich nicht gleichzeitig eine Zukunftsforschung von der Gesamtgesellschaft erwarten.
Es ist jedenfalls nur in sehr geringem Umfang möglich, eine Gesellschaft willkürlich von den im Lauf der Zeit eingespielten Verhaltensweisen ihrer Menschen zu lösen, also zu „manipulieren". Die Kibbuzim in Israel wurden seit 50 bis 60 Jahren in bewußter Absage an die patriarchalisch-autoritäre hebräische Familienstruktur gegründet: eine egalitäre Gemeinschaft, ohne die traditionelle Familienstruktur, ohne Statusunterschiede sollte jedem jede Rolle zu jeder Zeit ermöglichen. Wie aber jüngste Monographien zeigen, hat sich mittlerweile doch wieder die patriarchalische hebräische Familie durchgesetzt; z. B. sind die Frauen keineswegs gleich häufig in allen im ↗Kibbuz vorkommenden Berufen vertreten, sondern sie kümmern sich im wesentlichen um die Kinder. Sie sind als Lehrerinnen, Kindergärtnerinnen und in den hauswirtschaftlichen Sektoren des Kibbuz beschäftigt, aber fast nie in den Managerpositionen. Darüber hinaus hat sich in vielen Kibbuzim eine Elitebildung vollzogen. Es gibt eine kleine Zahl kompetenter Manager als informelle Führungsschicht innerhalb der Kibbuz-Sozialstruktur. Keineswegs jeder Erwachsene im Kibbuz hat die gleiche Chance, im Laufe seines Lebens eine zentrale Position zu übernehmen.
Die meisten Arbeiten über den sozialen Wandel bestehen aus einer Beschreibung partieller Veränderungen in überschaubaren zwischenmenschlichen Beziehungen (Arbeitgeber und Arbeitnehmer, Eltern und Kinder, Schüler und Lehrer, Mann und Frau in der Ehe usw.). Hauptsächlich diese sozialpsychologisch faßbaren Ausschnitte der sozialen Wirklichkeit sind der empirischen Forschung zugänglich. Andererseits sind solche regelmäßigen Vorgänge im Kleingruppenbe-

reich, aber auch ↗Interaktionen außerhalb der ↗Primärgruppen, nicht rasch wandlungsfähig. Aus dem bisherigen Zusammenhang zwischen technischen Neuerungen und sozialen Verhaltensweisen lassen sich jedenfalls nicht ohne weiteres einschneidende Veränderungen in der Zukunft erwarten. Ehe man sich über künftige Gesellschafts- und Verhaltensformen aufgrund technischer Neuerungen Gedanken macht, muß jedes Gedankenexperiment zunächst an der Erfahrung überprüft werden. Künftiges Sozialverhalten und soziale Strukturen, die ihm dienen bzw. es ermöglichen, und der Einfluß technischer Entwicklungen auf diese müssen mit den extremsten, die größte Zahl von Menschen gleichzeitig betreffenden technischen Wandlungsvorgängen in einem Abschnitt der bisherigen Geschichte verglichen werden. Welchen Umfang hat eine durchgreifende technische Neuerung 1840, 1890 oder 1930 gehabt? In welcher Weise verursachte sie überhaupt grundsätzliche Veränderungen im Sozialverhalten? Dabei zeigt sich, wie wenig darüber bisher erforscht ist. Man darf jedenfalls keine unentwegte Kumulierung von technischen Wirkungen annehmen. Es könnte eher so sein, daß sich soziale Grundbeziehungen in unserem täglichen Leben durch eine bereits in Erscheinung getretene technische Veränderung zwar einmal schon verändert haben, wobei diese Veränderung aber an der betreffenden sozialen Beziehung (oder Struktur) schon all das „deformiert", verändert hat, was sich überhaupt ändern läßt, *ohne* sie gänzlich aufzuheben (etwa eine Rollenstruktur, z. B. zwischen Ehegatten, Mutter und Kind, Arzt und Patienten, Kunden und Verkäufer usw.). Damit soziale Handlungen flüssig und erwartungsgemäß ablaufen können, müssen sie von den Beteiligten als grobe Typen erlebt werden. Für die praktischen Bedürfnisse des Alltags können solche Vorgänge nicht in tausendfachen real vorhandenen Nuancen erlebt und in Handlung umgesetzt werden. Solche notwendigerweise vergröbernden wechselseitigen Beurteilungen bei zwischenmenschlichen Vorgängen schirmen diese gegen eine stetige kumulative Einwirkung von technischen Veränderungen ab. Diese werden im Sozialverhalten nicht in beliebig differenzierender Weise über eine unendliche Skala kontinuierlich gespiegelt, sondern wirken sich eher in der Weise eines „Quantensprunges" aus. Von einer bestimmten Durchschlagskraft einer technischen Veränderung an wird an der menschlichen Beziehung, für die sie überhaupt relevant ist, alles verändert, was sich verändern läßt; aber jeder weitere technische Vorgang dieser Art, seine Verfeinerung, Komplizierung bewirkt u. U. für lange Zeit keine nennenswerten zusätzlichen Veränderungen mehr.

Ein technischer Wandel (eine ↗Innovation) kann am Sozialverhalten u. U. auch nur vorübergehend etwas verändern, von einer bestimmten Stufe an aber kommt es wieder zur unveränderten Ausgangsphase. Solange nur bei wenigen (oder in bestimmten Schichten bzw. Wohngegenden dünn gestreut) Fernsehempfänger stehen, kann es — statt zur Abkapselung — eher zu einer Intensivierung des sich gegenseitig

Besuchens, zu häufigeren bzw. neuen nachbarschaftlichen Kontakten kommen: man lädt sich zum Fernsehen ein, wird gefragt, ob man sich ein Programm ansehen dürfe usw. Sobald aber eine Bevölkerung mit Fernsehgeräten gesättigt ist, fällt diese Änderung im Nachbarschafts- und Besuchsverhalten wieder fort: man kann nun weit weniger leicht sich selbst, noch andere, einladen, um ein Programm zu sehen.

G

Gangs ↗Bande, ↗Jugendkriminalität.

Ganzheit, häufiger als Gestalt (ausgehend von der Gestaltpsychologie) bezeichnet, ist ein Begriff, eine Methode (auch als Holismus, holistische Methode, vor allem in der Biologie), eine Annahme über das Verhältnis zwischen unserer Wahrnehmung und der Struktur der Umwelt, die in der Sozialwissenschaft, insbesonderes Sozialpsychologie, in verschiedener Weise eine Rolle spielt. Ethnologen, wie Ruth Benedict (*Patterns of Culture*, 1935), haben, u. a. im Anschluß an Oswald Spenglers Kulturmorphologie, versucht, einzelne Kulturen der Naturvölker als G., als Gestalt, als sinnvolle Konfigurationen aufzufassen. Das ↗Ethos eines jeden Volks, im weiteren Sinne die ↗Kultur jeder Gruppe muß gestalthaft sein, um auch durch bloß fragmentarische und sporadische Manifestation das Verhalten der Individuen steuern zu können.
Positivismus, Behaviorismus, der quantifizierende Zweig der Soziologie können mit G. wenig anfangen. Daß die G. mehr ist als die Summe all ihrer Teile, ist in der Psychologie (Beispiel der Melodie) seit dem Anfang des 20. Jahrh. bekannt. Was aber die G. eigentlich ausmacht und bewirkt, ist noch unklar. Es ist jedenfalls ein schwer definierbares „Etwas“ (v. Ehrenfels), das über die (vielleicht von der ↗Feldtheorie her, am Beispiel der sozialen ↗Gruppe verständlich) Anordnung der einzelnen Teile, ihre Position zueinander, die Qualität einer G. herbeiführt.

Gegenseitigkeit, Reziprozität, reziprokes Verhalten (ein besonders von Howard Becker der Soziologie zugrunde gelegter Begriff) ist eine Grundbedingung (↗zweckrationalen) sozialen Handelns, die auf jeder Kulturstufe von den Mitgliedern eines sozialen Systems (einer Gruppe) anerkannt und vorausgesetzt wird. Gerade bei Naturvölkern (ohne Schrift, Buchführung, bürgerliches Recht, Verträge usw.) hat die Erwartung der G. bei sämtlichen Leistungen einem anderen gegenüber eine unentbehrliche Funktion. Jeder Angehörige eines primitiven Stammes (z. B. der Azande in Afrika, wie Evans-Pritchard gezeigt hat) merkt sich genau über Jahre und Jahrzehnte hinweg, was und wieviel er für einen anderen Stammesgenossen oder Verwandten getan hat. Jede Hilfe, jede Sachleistung trägt zu einem ge-

dachten „Konto" bei, zu Lasten dessen der bei einer früheren Transaktion Begünstigte später dem anderen einen Dienst zu erweisen hat. Die Gegenleistung kann qualitativ von der Urleistung völlig verschieden sein. Das Prinzip der G. hat zur Erfindung des ↗Geldes, zunächst nur ein Symbol für geschuldete G., geführt. Die verbindliche Vorstellung einer G., im Sinne der Billigkeit, also dessen, was recht und billig ist, haben Ethnographen selbst bei den isoliertesten, auf einfachster Stufe als Sammler und Jäger ihr Leben fristenden Stämmen angetroffen. Karsten berichtete von den Jivaro-Indianern Brasiliens, daß angeheuerte und mit Tuch vorausbezahlte Träger, wenn sie wegen Krankheit an einer Expedition nicht teilnehmen konnten, ungefragt ihm das Vorschußtuch zurückgaben. Im 19. Jahrh., aber auch heute noch, findet sich bei vielen Autoren die Annahme eines ursprünglichen Zustandes der ↗Gemeinschaft(lichkeit), des Zusammenlebens, worin jeder, ohne Gedanken an seinen eigenen späteren Nutzen, für die Gemeinschaft und jedes ihrer Glieder nach bestem Vermögen tätig ist. Dieser Zustand sei erst später durch die kommerzielle, verstädterte, ↗bürgerliche Gesellschaft mit ihrem peinlich genauen Vertragsdenken, dem individualistischen Leistungs- und Vergütungssystem abgelöst worden. Diese sozialromantische Vorstellung muß aufgrund der heute zugänglichen ethnographischen und ethnologischen Daten als reines Wunschdenken gelten.
Das Prinzip der G. bei den Naturvölkern haben vor allem R. Thurnwald, B. Malinowski und M. Mauss herausgearbeitet. Obwohl manches dafür spricht, ist unentschieden, ob jene Ethnologen recht haben, die den Akt eines reinen (altruistischen) Schenkens bei Naturvölkern für unvollziehbar halten.
Das Verwandtschaftssystem *(kinship system)* der Naturvölker ist ein für Außenstehende unvorstellbar differenziertes, kompliziertes Netz von Reziprozitäten, oft unter Einbezug der Gestorbenen und Ungeborenen, das, mit der Kraft des Rechtes, die G. (vor allem wirtschaftlicher Art) kanalisiert, abstuft und überwacht. Fast könnte man sich das primitive Verwandtschaftssystem zum Zweck der G., wenn das Bild gestattet ist, wie ein dem Computer anvertrautes totales Sozialversicherungssystem eines modernen Wohlfahrtsstaates vorstellen.
Eine buchstäbliche, auch noch das sozial empfindlichste, peinlich genau im Kopf buchführende Gemüt stets zufriedenstellende G. ist in der raum-zeitlichen Wirklichkeit fast nie möglich. Alle Vorgänge im Sinne der G., um als G. erlebt zu werden, setzen Kompromißbereitschaft, ein „Fünf Geradeseinlassen", bei den Beteiligten voraus. Das Mißtrauen, nicht im Sinne der G. Vergütung zu erfahren („ausgebeutet" zu werden), tritt nicht nur in sozialrevolutionären Bewegungen der Industriegesellschaften seit dem Ende des 18. Jahrh. auf, sondern führt auch bei Naturvölkern, wie z. B. C. Sigrist (Regulierte Anarchie, 1967) gezeigt hat, zu einer fast neurotischen Ausbeutungsangst. Diese wirkt entwicklungshemmend, da bei man-

chen Stämmen niemand sich durch einen Stammesgenossen zu einer Arbeitsleistung engagieren läßt, aus Furcht, ausgebeutet zu werden (z. B. bei den Ambas). Ein perfektionistisches Bedachtsein auf G., vor allem wenn das Fehlen eines modernen Geldsystems die rationale und quantitative Transparenz der G. noch nicht ermöglicht, dürfte für die wirtschaftliche Unentwickeltheit in manchen Kulturen mitverantwortlich sein.

Geheimbünde, Geheimgesellschaften *(secret societies)*, sind Vereinigungen, die dem ↗Bund und der ↗Bande ähneln, oft (rituell betontes oder für ihr Bestehen erforderliches) ↗abweichendes Verhalten pflegen und ↗Initiationsriten haben. G. dienen politischen Zielen, bereiten durch ↗Terror eine ↗Revolution vor, haben besonders bei den Unabhängigkeitsbewegungen vieler Völker im 19. und 20. Jahrh. mitgewirkt. G. sind aber nicht nur eine spezifische Organisationsform im Machtkampf moderner Nationen, sondern finden sich auch bei Naturvölkern (z. B. westafrikanischen Stämmen) vor der Berührung mit den Europäern.
G. können als Instrumente eines auswärtigen Gegners in einer Gesellschaft wirken, sind aber vom (Spionage)apparat und der politischen (kommunistischen) ↗Zelle zu unterscheiden. G. weisen meist starken ↗Ethnozentrismus und charismatische Führung auf. Diese Eigenschaften sowie die Neigung zur Austragung von Privatfehden machen G. für rationale Strategien subversiver Art unverläßlich. G. neigen zur hierarchischen Gliederung, widmen sich oft einem okkulten, geheimen Wissen, praktizieren ↗Feme und Lynchjustiz, organisieren einen ↗Boykott. Die Männerbünde vieler Naturvölker stellen G. dar, weil sie sich gegen andere Stammesmitglieder, vor allem Frauen, abschließen. Sie waren besonders verbreitet bei den Ureinwohnern Australiens, in Melanesien, Polynesien, Westafrika, bei nordamerikanischen Indianerstämmen. In der Antike gab es religiöse G. (Mysterienkulte), wie die des Dionys, die Isis- und Osiris-Kulte.
Die Ähnlichkeiten, die allgemeinen Strukturgesetzlichkeiten bei den G. in den verschiedenen Kulturen und geschichtlichen Epochen dürfen nicht übersehen lassen, daß die Ursachen, die Ziele und Interessen der G. grundsätzlich verschiedene sein können: die Freimaurer, Rosenkreuzer, der Ku-Klux-Klan (in den Südstaaten der USA nach dem Bürgerkrieg), die Mafia in Sizilien (und eingewandert in die USA als Verbrechersyndikat, *cosa nostra*) können mit den G. der Primitiven und der Antike nicht in jeder Hinsicht gleichgesetzt werden.

R. Thurnwald, Die menschliche Gesellschaft in ihren ethnosoziologischen Grundlagen, Bd. 2 (1932); E. Lennhoff, Politische Geheimbünde (1966).

Gehorsam liegt vor, wenn ein einzelner (oder mehrere) Handlungen ausführen oder unterlassen aufgrund von Weisungen, die sie als Befehl erkennen. ↗Macht besitzt, wer seinen Befehlen gegenüber auf G. rechnen kann. Von G. spricht man nur, wenn die Macht rechtmäßig ausgeübt wird oder der G. Leistende es für ratsam hält, den Machtträger als legitim zu definieren. Bei verfassungswidrigen Machtergreifungen, Staatsstreichen, Militärputschen, Tyrannenmord und ähnlichen Vorgängen eines raschen Machtwechsels hängt der Ausgang oft davon ab, ob dem in seiner Macht noch nicht bestätigten Usurpator rechtzeitig und allgemein G. geleistet wird. G. ist Ergebnis eines sozialen Kontrollvorganges, aber nicht alle sozialen ↗Kontrollen beruhen auf der Bereitschaft zum G., weil dieser nur dann vorliegt, wenn der Gehorchende, wie unwillig auch immer, das normative System akzeptiert, das ihn mit dem den G. fordernden Machtinhaber verbindet. Deshalb ist Willfährigkeit gegenüber Drohungen, Erpressungen, Bestechungen kein Akt des G. Psychologische Voraussetzung des G. braucht nicht Furcht vor der G. verlangenden Instanz zu sein (eher Furcht vor den zu erwartenden Sanktionen bei G.verweigerung). G. kann auch geleistet werden, wenn eine ursprünglich übernommene Pflicht vom G. Leistenden so definiert (verstanden) wird, daß sie den konkreten Befehl einschließt. Hier entsteht das immer noch unbefriedigend lösbare Problem der legitimen G.verweigerung, ja der Pflicht zur G.verweigerung, bei klar erkennbar unsittlichen Befehlen (vor allem im militärischen Bereich). Manche Autoren sehen in der Universalität des G. die Folge einer urtümlichen triebhaften Neigung, G. zu leisten, also das Phänomen der ↗Konformität (das neuerdings der amerik. Sozialpsychologe Stanley Milgram mehrfach, auch bei verschiedenen Völkern, erforscht hat). Danach gibt es zwar der jeweiligen Kultur entsprechende, quantitativ nachweisbare Unterschiede in der Konformitätsbereitschaft, aber es dürfte wissenschaftlich als ungesichert gelten, von besonders G.*hörigen* Völkern zu sprechen. ↗Autorität.

Geld dient, weitgehend unabhängig von seiner konkreten, materiellen Erscheinungsform (u. a. vom Gold bis zum Papier- und Buchgeld reichend) als Mittel der Wertspeicherung (früh schon als Hort-G.), ist „geronnene (Arbeits)zeit", ermöglicht den Vollzug und erleichtert die Erwartung des sozialen Grundprinzips der ↗Gegenseitigkeit. Lange bevor G. das bevorzugte oder alleinige Medium für Wertübertragungen in einer Tauschwirtschaft, als gemeinsamer Nenner und Bezugswert aller Vorgänge in einem ↗Markt wird, taucht G. in einer Vielfalt von mehr oder minder beständigen und transportablen Einheiten, natürlicher oder handwerklicher Herkunft, auf (Muscheln, Tierzähne, Steine, Gebrauchsgegenstände, Nüsse usw.) und dient sowohl sakralen Zwecken (Opfergaben) als auch sozialen (Schmuck-G., Prunk- oder Protzgeld). G. dient als Wertmaßstab für zahlreiche Vorgänge, lange ehe es eine das G. schützende und aufs G. zugeschnittene Rechtsordnung gibt.
Wie G. Simmel und jüngst G. Schmölders gezeigt haben, spiegeln sich im G. die meisten sozialen Beziehungen, erkennen Menschen in jeder Kultur die Funktionalität, die Unentbehrlichkeit des G.,

bringen ihm aber zugleich, vielleicht gerade deshalb (und weil es auf dem Markt alle gleich anonym macht, weil es statusindifferent ist, den Aristokraten und den Bauern gleich behandelt, wenn beide dieselbe Summe bieten) überall eine offene oder latente Feindseligkeit entgegen, erklären das G. als Synonym für Bestechlichkeit, für den käuflichen Verräter (die Silberlinge des Judas).
Das sozialökonomische Verhalten der einzelnen Wirtschaftssubjekte (Individuen, Familien), der Konsumenten, ist, u. a. auch schichtspezifisch, wie die Forschungen Schmölders gezeigt haben, durch oft irrationale Einstellungen dem G. und der Landeswährung gegenüber bestimmt. Selbst nach dem Erlebnis mehrer Inflationen bringen die meisten Einwohner heutiger Demokratien ihrer Währung, ihrem G. mehr Vertrauen entgegen, als sie es rational tun könnten, wenn sie die deklarierte Politik ihrer Vertreter im Parlament in ihren Konsequenzen begreifen könnten.
Als G. fungiert in einer Volks- und Weltwirtschaft nicht nur die umlaufende Währung (Münzen und Banknoten), sondern auch das System ständig fluktuierender (Last- und Gutschriften) wechselseitiger Guthaben der Individuen, Firmen und öffentlichen Anstalten bei den privaten und öffentlichen Kreditinstituten (Banken, Sparkassen): Buch-G., Giral-G. Das Vertrauen in G., in bestimmte Währungen, eine Voraussetzung komplexer wirtschaftlicher Transaktionen über größere Distanzen und Fristen hinweg, entsteht bereits vor der vollen, rechtlich oder verfassungsmäßig normierten Übernahme des G.wesens durch den Staat, der heute überall ein Währungsmonopol besitzt, das G. proklamiert, bestätigt und schützt (Falschmünzerei als schweres Vergehen).

G. Simmel, Philosophie des Geldes ([4]1922); F. Bendixen, Das Wesen des Geldes ([4]1926); J. M. Keynes, Vom Gelde (1932); W. Gerloff, Geld und Gesellschaft (1952); V. Muthesius, Geld und Geist (1961); G. Schmölders, Psychologie des Geldes (1966); K. Heinemann, Grundzüge einer Soziologie des Geldes (1969).

Geltungskonsum, ein Begriff heutiger Kultur- und Gesellschaftskritik, bezeichnet das Verhalten von Verbrauchern (Konsumenten), das – wenigstens teilweise – nicht den offensichtlichen Nutzen der gekauften Sache oder Dienstleistung als Motiv hat, sondern den eigentlichen Reiz, die Befriedigung aus der Wirkung dieses (ostentativen) Konsumaktes auf andere Menschen, auf ein Publikum, auf eine ↗Bezugsgruppe zieht. G. wird meistens nur innerhalb einer Statusgruppe geübt. Thorsten Veblen (1857–1929) kritisierte die „conspicuous consumption" der leisure class; der Begriff Geltungsnutzen wurde von W. Vershofen als Teil seiner Nutzenlehre eingeführt; mit dem G. befaßt sich seit Mitte der 50er Jahre die Wirtschaftskritik, u. a. V. Packard, J. Galbraith. Es ist aber zweifelhaft, ob sich beim Konsumakt die Motive so deutlich trennen lassen. G. ist ein Werturteil und setzt Einigkeit über die Rationalität des Konsumaktes voraus, eine Angemessenheit zwischen Kosten und Zweck, Nutzen und Aufwand, also Wirtschaftlichkeit. Sehr wenige

Konsumakte der Menschen auf sämtlichen Kulturstufen dürften allein nach diesem Gesichtspunkt vor sich gehen. Insoweit der Handelnde, wie wir heute wissen, fast immer durch Bezugsgruppen mitbestimmt ist, wäre es äußerst ungewöhnlich, wenn er allein als Wirtschaftssubjekt diesem Einfluß nicht unterläge. Man meint heute, der G. zeige sich vor allem bei der Wahl eines Automobiltyps. Glaubt man wirklich, daß der Käufer eines Reitpferdes in früheren Jahrhunderten bei seiner Wahl nicht von sehr ähnlichen Motiven bestimmt war wie der Käufer eines Kraftfahrzeuges heute? Nur wäre früher niemand auf den Gedanken gekommen, die mit dem Erwerb eines edlen Pferdes verbundene Steigerung des Selbstwertgefühls als etwas Verwerfliches einzusehen. G. als kritischer Begriff setzt ein puritanisch-asketisches Menschenmodell voraus.

H. Kreikebaum und G. Rinsche, Das Prestigemotiv in Konsum und Investition (1961); Th. Veblen, Theorie der feinen Leute (o. J.); H. Moser, Wilhelm Vershofens Beitrag zu einer Theorie des Verbraucherverhaltens (1963).

Gemeinde kann wertfrei, beschreibend eine (kleinere) Siedlung und/oder ihre Bevölkerung oder (meist positiv wertend) eine ebenfalls zahlenmäßig kleine Bevölkerung bedeuten, die sich u. U. selbst als ↗Gruppe versteht und überwiegend soziale Beziehungen und Verhaltensformen im Sinne der ↗Gemeinschaft (F. Tönnies) zeigt. Eine G. muß nicht immer aus einer Wohnbevölkerung bestehen: z. B. kann die religiöse G. als Gruppe oder Menge vorübergehend aus verschiedenen Siedlungen zusammenkommen. Wie im deutschen Sprachbereich G. mit dem Sinn von Gemeinschaft, bedeutet in der Soziologie der Angelsachsen *community* eine der städtischen Gesellschaft *(urban society)* oft als Vorbild entgegengestellte, ideologisch bevorzugte soziale Daseinsform, wobei *community* gleichzeitig G. (im Sinn der verwalteten Kommune) und Gemeinschaft (im Sinne eines Ideals, einer Gruppenkohäsion) bedeuten kann. Neuere Studien, z. B. in Großbritannien und den USA, haben Gesellungsformen, informelle Gruppen, ↗Nachbarschaften, Sippenbande und andere der G. zugeschriebene Strukturen einer Bevölkerung auch unter bestimmten Bedingungen innerhalb der Großstadt gefunden (M. Young u. a., *Family and Kinship in East London*, 1957).

Die reine, harmonische, altruistische Menschlichkeit, die Sozialromaniker immer wieder in die G. der Naturvölker oder der Landbevölkerung in ihren Dörfern hineininterpretiert haben, findet sich dort fast nie, wie zahlreiche ethnographische und ethnologische G.-studien der letzten Jahrzehnte deutlich gezeigt haben. Es ist für den Menschen aller Kulturen und Zeiten offenbar möglich, in engen, räumlich überschaubaren Siedlungen über Jahrhunderte und länger hinweg zu existieren, obwohl gerade in diesen G.n regelmäßig gegenseitiges Mißtrauen, Neid, Haß, Antipathien, Eigennutz usw. das soziale Leben beherrscht haben, u. U. weit mehr als in den Siedlungsformen, die man der (echten) G. entgegenzustellen pflegt (Edward Banfield, *The Moral Basis of a Backward Society*, 1958).

Die G.forschung, vor allem in den USA und in Großbritannien, einerseits mit (gesellschaftskritischen) sozialreformerischen Intentionen, andererseits als ein frühes Betätigungsfeld der ↗empirischen Soziologie, hat die Strukturen der verschiedenen G.n (nach Berufsstruktur, nach der Mobilität der Bevölkerung, z. B. Pendlergemeinden in der Gegenwart), die von den Einwohnern unterschiedlich deutlich erlebte soziale Schichtung (A. B. Hollingshead, Robert S. und Helen M. Lynd, William F. Whyte, W. Lloyd Warner in den USA) erforscht. In Europa gibt es noch verhältnismäßig wenige umfassende G.studien, da diese große Mittel und Zeitaufwand erfordern. In der BRD hat sich Renate Mayntz mit G.forschung befaßt.

N. J. Lenort, Strukturforschung und Gemeindeplanung (1960); R. König (Hrsg.), Soziologie der Gemeinde (²1962); K. Aschenbrenner und D. Kappe, Großstadt und Dorf als Typen der Gemeinde (1965); M. R. Vogel und P. Oel, Gemeinde und Gemeinschaftshandeln (1966).

Gemeinschaft wird seit Ferdinand Tönnies' Werk „Gemeinschaft und Gesellschaft" (1887) fast immer (vor allem auch in der angelsächsischen Soziologie) im Sinne einer dichotomischen Begriffsbildung im Gegensatz zu ↗Gesellschaft gesehen. Tönnies wollte aus dem gemeinsamen Wollen, aus gegenseitiger Bejahung das „im engeren und strengen Sinne sogenannte soziale Leben" ableiten. G. ist das dem Menschen gemäße, das eigentliche „Zusammenleben." Gegenstand des sozialen Lebens seien nur die positiven Beziehungen der Menschen und Menschenverbände (Sich-Kennenlernen, Bekanntschaft, Freundschaft). Ohne Gedächtnis und Sprache gäbe es keine Verbundenheit. Für Tönnies sind gesellschaftliche Verhältnisse zwischen zwei Personen „solche, in denen jede Person der anderen zu bestimmten einzelnen Leistungen sich verpflichtet weiß und ebenso des Anspruches auf bestimmte einzelne Leistungen sich bewußt ist. Das Verhältnis selbst wird daher von jeder beteiligten Person als ein Mittel gedacht, solche gegenseitigen Leistungen zu bewirken." Nach Tönnies kann sich jedes gemeinschaftliche Verhältnis individuell verändern (Gastverhältnisse werden z. B. zu gesellschaftlichen Verhältnissen), aber G. und Gesellschaft folgen immer aufeinander. Sie sind nicht bloß zwei Möglichkeiten des Zusammenlebens, sondern zwei Etappen der sozialen (gesellschaftlichen) Wirklichkeit. G. kann nur Gesellschaft werden. Gesellschaft gehe immer aus G. hervor.

F. Tönnies, Gemeinschaft und Gesellschaft (⁸1935); R. A. Nisbet, The Quest of Community (New York 1953); H. Hoefnagels, Soziologie des Sozialen (1966); M. R. Vogel und P. Oel, Gemeinde und Gemeinschaftshandeln (1966); H. Schempp, Gemeinschaftssiedlungen auf religiöser und weltanschaulicher Grundlage (1969).

Generation nennt man die Gesamtheit (in einer Gesellschaft oder Bevölkerung eines Landes, heute aber auch in der Weltbevölkerung, z. B. Jugendrebellion Ende der 60er Jahre als ein G.phänomen) der ungefähr Gleichaltrigen zu einem gegebenen, für unsere Betrachtung wesentlichen Zeitabschnitt, die (u. U. gegenseitig induziert) ein ähnliches Verhalten zeigen. Der Begriff G. wird vor allem seit W. Pinder

(Kunstgeschichte nach Generationen, 1926) in der ↗Kunstsoziologie gebraucht. Für ihn ist die G. die „Ungleichzeitigkeit der Gleichzeitigen", d. h., in jedem überschaubaren Zeitabschnitt (z. B. einem Jahrfünft) leben verschiedene G.en, deren Angehörige subjektiv jeweils eine andere Zeit haben und erleben. K. Mannheim hat sich als Soziologe mit dem Problem der G. (1927) befaßt und versteht sie als eine „dynamikstiftende Kraft des Gruppenlebens". Die geschichtliche Wirkungsdauer einer G., die Intervalle zwischen den G.en werden entweder mit 15 oder mit 30 Jahren angenommen. Die biologisch-chronologische Tatsache der ungefähr gleichzeitigen Geburt erzeugt noch kein dem G.phänomen entsprechendes Verhalten. Vielmehr müssen die Angehörigen einer bestimmten G. durch sie ziemlich ausnahmslos betreffende Ereignisse, Schicksale (z. B. Teilnahme an einem Weltkrieg), Erlebnis einer großen Wirtschaftskrise zur G. (die nicht immer ein gemeinsames G.bewußtsein haben muß) geprägt werden. Die G.lagerung kann zu bündischem Verhalten führen (Jugendbewegung, radikale Studentenbünde der Gegenwart), kann sich aber auch nur in der Gleichzeitigkeit neuer (Lebens)stil- und Kunstformen äußern.

K. Mannheim, Das Problem der G., Kölner Vjh. für Soziologie (1928); H. Peyre, Les générations littéraires (Paris 1948); W. Pinder, Das Problem der Generation in der Kunstgeschichte ([4]1949); Ethel Shanas und G. F. Streib (Hrsg.), Social Structure and the Family. Generational Relations (Englewood Cliffs 1965); W. Neidhart u. a., Der Konflikt der Generationen (1966).

Genossenschaften sind, allgemein soziologisch betrachtet, einerseits (in ihrem geschichtlichen Auftreten) soziale Bewegungen (die heute in internationalen Dachorganisationen zusammengeschlossene G.bewegung) mit einer konkreten wirtschaftlichen Zielsetzung, andererseits können sie als Organisationen für die Institutionalisierung der Kooperation (als sozialer Prozeß, im Gegensatz zur Konkurrenz) verstanden werden. G. wurden vereinzelt schon in der ersten Hälfte des 19. Jahrh., u. a. auf Anregung von Robert Owen, gegründet, blieben aber erfolglos. Der erste erfolgreich organisierte Bedarfdeckungsladen im Sinne einer G. war der 1844 von 28 Arbeitern in Rochdale gegründete.
Man unterscheidet partielle oder segmentale G. (Ketten von Einzelhandelsgeschäften, berühmt z. B. die Migros, von G. Duttweiler in der Schweiz gegründet) und Voll-G. (solche sind z. B. seit dem Beginn des 20. Jahrh. die Kibbuzim in Palästina).
Aufgabe der G. ist die möglichst vollständige Befriedigung der Bedürfnisse der allgemeinen Lebenshaltung (überwiegend Nahrungsmittel, später aber auch Waren und Dienstleistungen jeder Art, einschließlich der Güter des „gehobenen Bedarfs") bei ihren Mitgliedern, wobei die Kosten durch Einsparung der Gewinne des Produzenten, Zwischen- und Einzelhändlers gesenkt werden. Die G. sind ursprünglich Interessenverbände (als organisierte Selbsthilfe Marktmonopolen gegenüber) mit antikapitalistischer Frontstellung (zumal die Arbeiter in den Fabrikstädten gezwungen waren, ihre Bedürf-

nisse in den Läden zu decken, die dem Fabrikanten gehörten), aber sie sind mittlerweile in vielen Ländern zu großen Unternehmensgruppen herangewachsen. Die Mitgliedschaft aller G. in rund 100 Ländern wird auf ca. 200 Millionen geschätzt. Die G. sind oft spezialisiert, und man spricht deshalb von Konsum-G., Landwirtschaftlichen G., Produktiv-G., Kredit-G. usw. Wirtschaftlich kann man sich die G. auch als eine Aktiengesellschaft vorstellen, deren Wirtschaftstätigkeit (Produktion, Dienstleistung) nur für ihre Aktionäre stattfindet und deren Gewinne diesen Aktionären als Konsumenten zufließen. Die G. kann die Verteilungsaufgaben nicht billiger lösen oder das Kapital rentabler einsetzen als jede andere optimal geführte Unternehmung. Anstelle der Dividende (die manche G. jedoch auch an ihre Mitglieder jährlich auswerfen) der Aktiengesellschaft erhält das G.-Mitglied seine „Dividende" vorweg beim Kauf in Form niedrigerer Preise gewährt.

In den segmentalen G. kann die Mitgliedschaft oft durch jede Person, für eine geringe Gebühr, erworben werden. In manchen G. ist die Mitgliedschaft auf bestimmte Personenkategorien (z. B. Beamte, Arbeitnehmer einer Firma, Studenten) beschränkt. Im Gegensatz zu Aktien sind die Anteilscheine einer G. (fast nie) marktfähig.

Die G.bewegung hat sich auf der ganzen Erde in pragmatischer Weise, als Lösung für konkrete Aufgaben, ausgebreitet. Eine geschlossene Theorie des G.wesens fehlt. Die G. kann vom Verbraucher oder vom Produzenten (G. von Landwirten, zur Umgehung des Groß- und Zwischenhandels) von der Aufgabe einer billigen Kreditgewährung her gesehen werden oder auch von primär politischen Zielen, die in der G.bewegung ein Instrument sozialistischer, vereinzelt auch anarchistischer (Proudhon, Landauer) Ziele sehen.

W. Ziegenfuß, Die Genossenschaften (1948); Aktuelle Probleme und zukünftige Aspekte genossenschaftswissenschaftlicher Forschung (1962); P. Trappe, Die Entwicklungsfunktion des Genossenschaftswesens am Beispiel ostafrikanischer Stämme (1966).

Gerechtigkeitssinn, insbesondere das Gefühl für „soziale" Gerechtigkeit erklärt S. Freud aus dem Erlebnis und der Verarbeitung der Geschwistereifersucht: beides führe zum ↗ Solidaritätsgefühl, um Konflikte in der Geschwistergruppe zu dämpfen. „Soziale Gerechtigkeit will bedeuten, daß man sich selbst vieles versagt, damit auch die anderen darauf verzichten müssen oder, was dasselbe ist, es nicht fordern können. Diese Gleichheitsforderung ist die Wurzel des sozialen Gewissens und des Pflichtgefühls." Nach E. Cahn ist der G. (d. h. der Sinn für *Un*gerechtigkeit) so verbreitet, weil gleiche Behandlung aller innerhalb einer Kategorie von Personen die Voraussetzung jeder Rechtsordnung ist. Doch ist der G. tiefer angelegt: „Es handelt sich um eine sympathetische Reaktion der Entrüstung, des Schreckens, Schocks, Ressentiments und Ärgers . . . Die Natur hat den Menschen so ausgerüstet, daß er jegliches Unrecht, das ein anderer erleidet, als Angriff auf sich selbst ansieht."

S. Ranulf, The Jealousy of the Gods and Criminal Law at Athens, 2 Bde. (London,

Copenhagen 1933–34); E. Cahn, The Sense of Injustice (New York 1947); M. Ginsberg, On Justice in Society (Ithaca 1965); H. Schoeck, Der Neid ([2]1968); Ch. Perelman, Über die Gerechtigkeit (1967).

Gerontokratie ist die Herrschaft in einem sozialen System durch seine ältesten Mitglieder. Dies müssen nicht nur „Greise" sein, sondern überhaupt die mit größerer Lebenserfahrung, mit besserer Kenntnis der Stammestradition ausgestatteten Personen. Der Ältestenrat als letzte (oder sehr einflußreiche) Entscheidungsinstanz findet sich bei allen Naturvölkern und am Anfang aller Hochkulturen, er sorgt für den Zusammenhalt der Stammesgruppe. Wo keine schriftlichen Aufzeichnungen vorliegen, können allein die ältesten Stammesmitglieder auf eine ausreichende Erfahrung zurückblicken, die es ihnen erlaubt, Entscheidungsalternativen an einer größeren Zahl von ähnlichen oder gleichen früheren Fällen zu prüfen. Gerontokratische Gremien werden von jüngeren Mitgliedern des Gemeinwesens hingenommen, weil man bei den ältesten Mitgliedern größere Objektivität, geringeres emotionales Engagement erwartet. Alle Völker haben die Rolle des obersten Schiedsrichters den jeweils ältesten Mitgliedern anvertraut. So gibt es z. B. auch für den Obersten Gerichtshof der USA keine Zwangspensionierung seiner neun Mitglieder, sondern jeder Richter bleibt so lange im Amt, wie er sich selbst dafür fähig hält. G. wird allerdings auch gesellschaftskritisch für Herrschaftsformen verwandt, die wegen des Alters der Positionsinhaber als fortschrittsfeindlich, konservativ, reaktionär, restaurativ usw. gelten.

Gerontologie ist die Wissenschaft vom Altern des Menschen einschließlich aller Erscheinungen und Begleiterscheinungen höheren Lebensalters. Ursprünglich ein Sondergebiet der Biologie und Medizin, hat sich, ausgehend von den USA, die soziale G. als Spezialgebiet der Soziologie entwickelt. Sie versucht, die besondere Situation, die zwischenmenschlichen Beziehungen, die Schwierigkeiten (Isolation, Vorurteile, Wohnverhältnisse) derjenigen Gesellschaftsmitglieder zu erforschen, die sich in fortgeschrittenem Alter befinden. Da jeder Organismus vom Augenblick seiner Entstehung an in einem Prozeß des Alterns sich befindet, ist die Auswahl des Forschungsgegenstandes durch die Gerontologie willkürlich und in heutigen Industriegesellschaften meistens durch die sozialrechtlich vorgegebene Altersgrenze bestimmt, mit der die meisten Arbeitnehmer einer Gesellschaft in den Ruhestand treten müssen, also meistens 65 Jahre.

K. M. Bolte und R. Tartler, Die Altersfrage. Soziale Aufgabe der Gegenwart (1958); R. Tartler, Das Alter in der modernen Gesellschaft (1961); L. Rosenmayr und Eva Köckeis, Umwelt und Familie alter Menschen (1965); O. Blume, Möglichkeiten und Grenzen der Altenhilfe (1968); E. Shanas u. a., Old People in three Industrial Societies (London 1968).

Gerücht nennt man, auch in der Sozialwissenschaft abschätzig, eine Information, oft absichtlich oder unabsichtlich irreführend oder entstellend, die nach erforschbaren Gesetzmäßigkeiten sich in einer Bevölkerung ausbreitet. Das G., in der Regel eine „unverbürgte", von Mund zu Mund (Flüsterkampagne) gehende Nachricht, kann lediglich eine Person oder einen Vorfall in einem Betrieb betreffen und auf die Belegschaft desselben begrenzt bleiben, G.e können auch die Bevölkerung eines Landes oder Teile der Welt erreichen. Die ↗Propaganda bedient sich manchmal lancierter G.e, wobei die Überzeugungskraft des G. am größten ist, wenn der Schein privater Mitteilung von Mund zu Mund gewahrt bleibt. Eine Information, die aufgrund ihrer Fortpflanzungsweise und kritischer Intention als G. bezeichnet werden kann, braucht deswegen nicht falsch zu sein: vor allem in totalitären Staaten, unter Diktaturen, in denen es keine freie öffentliche Meinungsbildung und Information gibt, spielen „Gerüchte" eine wesentliche Rolle und werden deshalb als schwere Vergehen unter Strafe gestellt. Mit der empirisch überprüfbaren Gesetzmäßigkeit der Gerüchtausbreitung hat sich der amerikanische Neopositivist S. C. Dodd befaßt (z. B. Lancierung fingierter Gerüchte durch Flugblätter aus einem Flugzeug).

T. Shibutani, Improvised News (Indianapolis 1966).

Geschenk ist eine freiwillige Gabe, eine soziale ↗Handlung, die einen als ↗Eigentum definierbaren Gegenstand (z. B. auch den Rechtsanspruch auf eine künftige naturale Leistung, Zahlung usw.) endgültig aus der Verfügungsgewalt des Gebenden in die des Empfangenden überführt (als irreversibler Akt) und dabei (in allen Kulturen) die Beziehungen zwischen Geber und Empfänger in einer bleibenden Weise strukturiert (z. B. Sorge, Unwillen, Ressentiment des Empfängers, durch das G. verpflichtet, gebunden worden zu sein; ein G. kann auch kompromittieren, als Bestechung, als Korruption ausgelegt werden). Da, wie u. a. I. Kant mit großer Einfühlungsgabe dargelegt hat *(Metaphysik der Sitten)*, die Pflicht zur Dankbarkeit seelische Anforderungen stellt, der die meisten Menschen nicht gewachsen sind, weil der Empfänger eines G., einer Wohltat fast immer dem Geber die darin manifest gewordene Überlegenheit, den Großmut usw. neidet, ist in vielen Kulturen das Gegengeschenk, die ↗Gegenseitigkeit beim Schenken sorgfältig institutionalisiert worden. Die emotionale Ambivalenz in der Geber-Empfänger-Beziehung, auch zwischen Gruppen, Nationen, die Frustration des Empfängers durch das G. (die eine Aggressionstendenz, den Wunsch, den Geber in seiner Rolle des Altruisten entlarvt zu sehen, auslöst) hat die G.e (*grants*, praktisch nie rückzahlbare Darlehen usw.) an die ↗Entwicklungsländer zu einem psychologisch heiklen Prozeß gemacht.
Da, wie u. a. Nicolai Hartmann *(Ethik)* gezeigt hat, der reine Altruismus grundsätzlich nicht beweisbar oder eindeutig glaubhaft sein kann, ist das reine G. nur im Rahmen einer (z. B. christlichen) Kultur möglich, in der es die allgemeinen Wertvorstellungen, orientiert an der uneigennützigen Güte eines übernatürlichen Wesens, psychologisch zulassen, an den Altruismus des Gebers zu glauben. Viele Kulturen haben diese Stufe des ↗Vertrauens nicht erreicht.

Das G. gilt Marcel Mauss als totales soziales Phänomen, im Sinne einer ↗Ganzheit oder Gestalt. Besonders deutlich wird dies beim institutionalisierten G. großen Stils, dem Potlatch zum Zweck der Status-Erhöhung, Statusbewahrung usw. bei den Indianern an der Nordwestküste Nordamerikas, vor allem den Kwakiutl (Franz Boas, G. P. Murdock, H. G. Barnett, Helen Codere haben diese Institution näher untersucht).

Geselligkeit, eine auch als Spielform der Vergesellschaftung (G. Simmel) aufgefaßte Weise des vorübergehenden, meist nur einige Stunden währenden Zusammenseins einer begrenzten Personenzahl, dessen Strukturen und Inhalte der ↗Mode und dem sozialen ↗Wandel unterliegen (Gegensatz einer G. mit Hausmusik im 18. Jahrh. und einer heutigen Cocktailparty!). Wie Schleiermacher gezeigt hat, entwickelte sich im Deutschen der (soziologische) Begriff der Gesellschaft im 19. Jahrh. aus dem der G. im Lauf des 18. Jahrh.
Die G., an sich eine Freizeittätigkeit, kann auch beruflichen (geschäftlichen, diplomatischen) Zwecken dienen. Sie erlaubt relativ unverbindliche, sondierende Kontaktnahmen und Meinungsaustausch. Stil und Gästeliste einer G. können auch vom Statusehrgeiz des Veranstalters und der Gäste bestimmt sein.

Gesellschaft heißt eine meist größere Anzahl von Menschen in allen Altersstufen, die sich in der Mehrheit in einer bestimmten Weise organisiert betrachten und eine gemeinsame ↗Kultur haben. Das Organisatorische kann sich allmählich ergeben haben, es kann z. T. auch gewollt gewesen sein. Philosophen (und Theoretiker der Politik) haben einen (ersten) ↗Gesellschaftsvertrag angenommen. Wie kam es überhaupt zur Vergesellschaftung, zur Unterordnung freier Individuen in einem System sozialer ↗Kontrolle, sozialen Zwanges? Diese Spekulationen beschäftigen die Soziologie nicht. Die meisten Rekonstruktionen dieses G.vertrages stimmen mit den Beobachtungen in den durch Siedler, durch Emigranten gegründeten G.en überein: jede Ansammlung von Menschen, die sich auf einem (neuen) Territorium vorfinden und die Zweckmäßigkeit oder Notwendigkeit einsehen, eine dauerhafte ↗Organisation zu bilden, fängt mit der ↗Arbeitsteilung an. Sie ist in jeder Gesellschaft durch biologische Unterschiede wie Geschlecht, Alter, Gesundheitszustand vorgezeichnet. Das weibliche Geschlecht wird nicht in jeder Gesellschaft gleich geschont oder zu schweren Arbeiten herangezogen, aber für bestimmte Arbeiten gilt die Frau fast immer als weniger geeignet. Mit drei Beobachtungen läßt sich über eine zu analysierende G. Grundsätzliches aussagen: die Stellung der Frau, des Kindes und des alten Menschen. Sehr verschiedene Völker können sich durch die Teilnahme an der modernen ↗Zivilisation ähnlich werden, aber durch die in der G. vorgesehene Stellung der beiden Geschlechter lassen sie sich noch deutlich unterscheiden.

Die G. ist nicht zuletzt deshalb ein sich selbst reproduzierendes ↗System, weil ihre Grundeinheit, die einzelne Person, das Individuum, ein Wesen ist, das sich selbst biologisch genau reproduziert. Zum Teil sind die Gleichförmigkeiten und Regelmäßigkeiten im sozialen Bereich die Folge biologisch-anatomischer Regelmäßigkeiten, die jeder menschlichen G. ihr Gepräge geben. So werden bestimmte Positionen innerhalb der Sippe bei äußerst verschiedenen Kulturen ähnlich diskriminiert, z. B. das Verhältnis von Schwiegermutter und Schwiegersohn. Auffallend sind auch identische soziale Verhaltensregeln in den Sprichwörtern von Kulturen, die sich nicht beeinflußt haben können.
Bereits L. v. Wiese warnte vor einer unkritischen Verwendung des Begriffes G., da dieser leicht zu substantialisierenden Vorstellungen führe (die G. sei für dies oder jenes verantwortlich, die G. müsse dies oder jenes tun usw.). Nach v. Wiese solle man den Begriff G. durch den des Sozialen ersetzen und dieses als eine Kette von Prozessen auffassen. Auch R. König bezweifelt die Brauchbarkeit des Begriffes G., da sie uns immer mehr als ein „verwickeltes System von sozialen Handlungen, Gruppen und Verhaltensnormen" entgegentritt, die man nicht auf einen einzigen Nenner bringen könne.
Wirklichkeitsfern und antiquiert müssen heute Auffassungen von der G. gelten, wie sie neuerdings bei manchen Bildungswissenschaftlern populär geworden sind. So schreibt der Pädagoge Hartmut v. Hentig (1968): „Die G., in der die Menschen leben, läßt sich als ein geschlossener Organismus verstehen." Aus diesem längst überholten, der organologischen G.theorie um die Mitte des 19. Jahrh. entnommenen Begriff der G. leitet v. Hentig 1. die These vom „Systemzwang" (eine Tautologie) durch die heutige G. ab und 2. den bildungspolitischen Optimismus, man könne durch eine radikale Manipulation des Teils dieses geschlossenen Systems, den das Bildungswesen darstellt, den Systemzwang aufheben und völlig neue Verhaltensweisen ermöglichen. Solche vom Standpunkt der empirischen Soziologie heute unzulässigen Operationen mit dem Begriff G. werden auch nicht vertretbarer, wenn man den geschlossenen Organismus im Sinne der ↗Kybernetik als ein System von Regelkreisen (↗Feedback) auffaßt.
Irreführend (z. B. bei Hypothesenbildung in der vergleichenden Land- und Stadtsoziologie) ist vor allem die Dichotomie von Ferdinand Tönnies' „Gemeinschaft und Gesellschaft" (1887) gewesen. Die Ablehnung der G. zugunsten einer urtümlicheren und menschlicheren Gemeinschaft geht u. a. auf die Romantik zurück (Franz v. Baader, Novalis, Adam Müller, Heinrich Leo). Tönnies versteht unter Gemeinschaft den gedanklich reinen Typus der durch „Wesenwillen" gesetzten und als dauerndes Verhältnis bejahten sozialen Verbundenheit. Wesenswillen sei eine vom Willen herrührende organische Einheit des Wollens und Denkens im Interesse der Gemeinschaftlichkeit, die keinen äußeren rationalen Zweck habe. Für die Gemeinschaft sind nach Tönnies folgende Kategorien typisch: Familienleben mit seiner Eintracht, das Dorfleben, dessen Sitten den Menschen

mit seinem ganzen Gemüt beanspruchen. Im städtischen Leben sind religiöse Gruppen noch als gemeinschaftlich aufzufassen. Im Gegensatz dazu zeichnet sich die G. für Tönnies durch den Lebensstil der Großstadt, durch Konventionen aus, die der Mensch zweckrational setzt und befolgt. Die G. äußert sich auch im nationalen Leben, in Politik und Staat, sie wird kosmopolitisch und gehorcht einer ↗öffentlichen Meinung. Während in der Gemeinschaft die Hauswirtschaft, der Ackerbau und auch die Kunst überwiegende Beschäftigungsformen sind, hat die G. den Handel, die Industrie und die Wissenschaft als Hauptaufgaben.

R. König warnt mit Recht vor einer Doktrinenbildung, die als eine Theorie der G. primär „auf ‚das Ganze' der G. ausgerichtet ist (was soziologische Theorie niemals ist und auch definitionsgemäß vorläufig wenigstens nicht sein kann)". Solche Theorien der G. würden den Eindruck erwecken, sie böten soziologische Theorie oder theoretische Soziologie; oft bieten sie auch den Anschein empirischer Nachprüfbarkeit. In Wirklichkeit handelt es sich aber bei solchen Denksystemen um etwas ganz anderes: „Der *Ansatz* ist nicht die Überprüfung einer Hypothese an einer methodisch untersuchten Wirklichkeit, sondern die Stützung bestimmter globaler Aussagen durch empirische ‚Illustrationen', die also wesentlich ‚unmethodisch' gewonnen sind. Die *Funktion* solcher Aussagen liegt dagegen wesentlich entweder in der Auslösung starker Anreize für das Handeln (revolutionäre G.theorien) oder in der Auslösung kritischer Energien (resignierte oder desillusionierte Kulturkritik). In beiden Fällen geschieht dies jedoch durch das Mittel der unplanmäßig angewendeten Empirie . . ."

Allerdings können solche Theorien der G. Untersuchungsmaterial für den Soziologen sein, der an ihnen und aus ihnen erfährt, welche Gruppen oder Schichten bestimmte Vorstellungen über ihren Platz in einer G. haben, welche prärevolutionären Ansätze vorliegen usw.

Der Systemcharakter unserer Welt im weitesten Sinne, einschließlich unserer eigenen physischen Beschaffenheit, dank deren wir sie als System erkennen, ist offensichtlich und für alles Sein konstitutiv. Teilsysteme innerhalb der Gesamtgleichförmigkeit unserer Welt sind nur möglich dank der vorhersagbaren Regelmäßigkeit des Verhaltens der jeweiligen Systemglieder. Ein System, also auch das soziale System einer G., wird immer einigermaßen das leisten, worauf es eingespielt ist. Es ist denkbar und in manchen Fällen begrüßenswert, wenn bestimmte Bereiche unseres Daseins entsystematisiert werden. Beispielsweise ist — verglichen mit der Güterzuteilung einer zentralen Planwirtschaft — die Freiheit der Wahl beim Konsum in einer Marktwirtschaft eine Entsystematisierung unseres Lebens als Wirtschaftssubjekte. Ich bin nicht einem System ausgeliefert, das sich anmaßt, die Prioritäten meiner Bedürfnisbefriedigung festzulegen. Ob die Glieder eines Systems ihre Mitwirkung im System als Zwang oder lohnende Aufgabe empfinden, ist letzten Endes immer nur subjektiv entscheidbar. Die Frage, ob die heutigen Menschen an einem falschen ↗Bewußtsein erkrankt sind, wenn sie in der Industrie-G. sich selbst zu verwirklichen glauben, oder ob sie in der Erfüllung ihrer übernommenen Berufspflichten eine echte Befriedigung erleben, ist ebensowenig beantwortbar wie die Frage, ob die Mitglieder eines sozialen Systems wie das der Kernfamilie, dieses System des gegenseitig Verantwortlichseins als lästigen, entwürdigenden Zwang oder als Teil ihrer Lebensaufgabe, aus der sie den Sinn ihres Daseins schöpfen, auffassen.

O. Spann, Gesellschaftslehre (²1923); W. Ziegenfuß, Gesellschaftsphilosophie (1954); J. Winckelmann, Gesellschaft und Staat in der verstehenden Soziologie Max Webers (1957); T. Parsons, Structure and Process in Modern Societies (New York 1960); A. v. Martin, Mensch und Gesellschaft heute (1965); W. E. Moore, Strukturwandel der Gesellschaft (1967).

Gesellschaft, bürgerliche ↗Bürgerliche Gesellschaft.

Gesellschaftskritik ↗Autorität, ↗Berufe, ↗Berufsprestige, ↗Bewußtsein (falsches), ↗Bildungssoziologie, ↗Elite, ↗Entfremdung, ↗Establishment, ↗Futurologie, ↗Geltungskonsum, ↗Hierarchie, ↗Marxismus, ↗Utopie, ↗Werbung.

Gesellschaftspolitik ↗Politik.

Gesellschaft, unterentwickelte ↗Entwicklungsländer.

Gesellschaftsvertrag nennt man die Vorstellung, die sozialphilosophische Konstruktion eines ursprünglichen Vertrages, über den die erste Gesellschaft, an deren Regierungsapparat die Individuen, zum Zweck des gemeinsamen Wohles, ihre ↗Freiheit vertraglich abgetreten haben, hervorgegangen sein soll. Der G., auch Pakt, *Covenant*, *Contrat* genannt, gilt Thomas Hobbes und J. J. Rousseau als die Stiftung eines (ersten) Gemeinwesens. Diesem Modell liegt die Annahme eines vorausgehenden Naturzustandes zugrunde, in dem es keine (staatliche) ↗Herrschaft gab. Ende des 18. Jahrh. hat der britische Moralphilosoph Adam Ferguson ausführlich geschildert, wie man sich, auf einer Insel, die Entstehung einer *civil society* (einer bürgerlichen, einer zivilisierten Gesellschaft) über einen ursprünglichen G. denken könne. Den Naturzustand, dessen Nachteile zum G. führen, kann man sich als Krieg aller gegen alle (Hobbes) oder als ein Paradies völliger Freiheit (Rousseau) vorstellen. Die Siedlungsgeschichte und Entstehung der verschiedenen Gemeinwesen, aus denen z. B. die USA hervorgegangen sind, nähert sich auch in der Wirklichkeit dem Modell des G. Er ist nicht bloß ein Gedankenspiel der Philosophen, sondern beeinflußt bis in die Gegenwart die Verfassungsgebung der Staaten.

G. Salomon-Delatour, Moderne Staatslehren (1965); W. P. Wolgin, Die Gesellschaftstheorien der französischen Aufklärung (1965); G. Möbus, Die politischen Theorien im Zeitalter der absoluten Monarchie bis zur Französischen Revolution (²1966).

Gestalt, ursprünglich ein Begriff der Psychologie (G.- und Ganzheitspsychologie), bezeichnet für den Sozialwissenschaftler, meist Kulturanthropologen, die erkennbare Zusammengehörigkeit mehrerer Elemente (z. B. im Wertsystem einer Gesellschaft), woraus sich ein unverwechselbarer Eindruck ergibt, der eine Abgrenzung des Erscheinungsbereiches von anderen, ähnlichen erleichtert. In den Kulturwissenschaften ist der Begriff G. noch umstritten, vor allem dann, wenn behauptet wird, es gebe besonders g.hafte Kulturen im Gegensatz zu amorphen (Sorokin). Der G.begriff wird besonders dann in eine wissenschaftliche Betrachtungs- und Arbeitsweise eingeführt, wenn man sich der Vorherrschaft der quantitativ-mechanischen Denkweise der anorganischen Naturwissenschaften entziehen will. Mit dem G.begriff in der Soziologie und Kulturanthropologie sollen gesellschaftliche Erscheinungen sowohl aus personal als auch aus sozial bezogenen Sinnzusammenhängen deutbar werden. Unter G.wandel versteht man oft auch einen Stilwandel.

Getto heißt ursprünglich der vom europäischen Mittelalter an bis teilweise ins 20. Jahrh. hinein bestehende, durch das Recht (einer Stadt oder eines Landes) zwingend vorgeschriebene, genau (z. B. durch eine Mauer) umgrenzte Wohnbezirk der jüdischen ↗Minderheit. Das G. ist Folge (u. a. religiöser) ↗Vorurteile, des ↗Antisemitismus; ist eine Form der ↗Diskriminierung, trägt aber auch zum ↗Ethnozentrismus, zur ↗Endogamie der Minderheit und dadurch zu ihrer Erhaltung als abgrenzbare Religionsgemeinschaft bei. Die Ausklammerung der Einwohner des G. von manchen sozialen und wirtschaftlichen Kontrollen der umgebenden (christlichen) Bevölkerung führte auch dazu, daß aus dem G. zuerst wirtschaftliche Funktionen (Kredite gegen Zinsen zur Zeit des Zinsverbots) geleistet werden, die für die wirtschaftliche Entwicklung von Bedeutung gewesen sind. In der zweiten Hälfte des 20. Jahrh. wird G., zuerst in der amerikanischen Soziologie, zur Bezeichnung für jede städtische Enklave mit homogener Wohnbevölkerung, sofern diese zu einer Minderheit gehört, die der unteren sozialökonomischen Schicht zugerechnet wird. Obwohl nach wie vor in den USA manche Stadtviertel eine überwiegend jüdische Bevölkerung haben, werden diese heute selten als G. bezeichnet. G. wird z. T. ein Synonym für ↗Slum. (Auch außerhalb der USA, z. B. in Großbritannien, werden die Wohnviertel farbiger Einwanderer neuerdings als G. bezeichnet. Von einem G. spricht man auch, wenn die darin relativ isoliert wohnende Minderheit sich in einer Verteidigungsstellung der Mehrheit gegenüber befindet, z. B. „türkische G.s auf Cypern".)
G. ist in der Sozialwissenschaft heute ein wertender, anklagender, zur sozialpolitischen Handlung provozierender Begriff, obgleich die G.s der Neger und Puertorikaner in amerikanischen Metropolen die entscheidenden Merkmale des historischen G. vermissen lassen: niemand ist in den USA gezwungen, im G. zu leben. Es gibt für niemanden

Ab- und Anmeldezwang, niemand braucht irgendwo eine Aufenthalts- oder Arbeitsgenehmigung. Die Homogenität der G. ist zwar z. T. eine Folge der Diskriminierung auf dem Wohnungsmarkt. Und ein Farbiger muß im G. vielfach mehr Miete für schlechten Wohnraum zahlen als außerhalb des G. von ihm verlangt würde, wenn er dort als Mieter angenommen würde. Bundes- und einzelne gliedstaatliche Gesetze zur Erzwingung einer Chancengleichheit bei der Wohnungssuche können dies nur sehr langsam ändern. Die Überfüllung der farbigen G. in amerikanischen Metropolen, wie New York City, ist aber auch eine Folge des freiwilligen Zustroms von fürs großstädtische Erwerbsleben unvorbereiteten Personen aus anderen Landesteilen (und aus Puerto Rico), die in diesen Städten ohne Wartezeit in den Genuß großzügigerer Unterstützungsgelder als in der Heimatgemeinde kommen. Das typische G. der amerikanischen Metropolen ist teilweise also auch das unbeabsichtigte Ergebnis einer bestimmten Sozialpolitik.

Z. Rudy, Soziologie des jüdischen Volkes (1965).

Gewerkschaften sind Interessenverbände der Arbeitnehmer, ursprünglich (seit dem 19. Jahrh.) und auch heute noch überwiegend der ↗Arbeiter in den verschiedenen Industrien, die für ihre Mitglieder als Verhandlungspartner gegenüber den Arbeitgebern fungieren. Die Tätigkeit der G. spielt sich sowohl auf Betriebsebene ab (z. B. lokale Arbeitsbedingungen, Streitfragen bei einer Entlassung) als auch auf der Ebene eines Landes (Gliedstaates) oder einer Nation, wobei sich die G.vertreter eines ganzen Industriezweiges (z. B. „Chemie", „Metall" oder eines Dienstleistungszweiges wie „Lastwagentransporte" — die *Teamsters* in den USA —, „Öffentliche Dienste" usw.) und die entsprechende Dachorganisation der Arbeitgeber in der betreffenden Industrie zu in manchen Ländern oft monatelangen Verhandlungen über einen neuen kollektiven, d. h. alle Arbeitgeber und G.mitglieder bindenden Arbeitsvertrag, befristet meist auf ein bis drei Jahre, einigen (daher: *collective bargaining;* ein Begriff des amerikanischen Arbeitsrechts). Die Drohung mit einem ↗Streik oder seine Ausrufung, nach ergebnislos abgebrochenen Verhandlungsphasen, stellt die Fortsetzung der Verhandlung mit den im allgemeinen legalen Mitteln des „Arbeitskampfes" (Streik, ↗Boykott, in den USA und einigen anderen Ländern oft auch vermischt mit illegalen Mitteln wie totale Blockade und Terrorakten) dar. Die Arbeitgeberseite kann in manchen Ländern ebenso legal mit der „Aussperrung" aller Arbeitnehmer einer Industrie auf einen partiellen, gegen vermeintlich schwache Firmen gerichteten Streik antworten.

G. bemühen sich nicht nur um Lohnmaximierung, wobei ihnen oft von seiten der Regierung nahegelegt wird, sich im Rahmen des Produktivitätszuwachses zu halten, sondern auch (seit Lohnerhöhungen in den meisten Industrieländern eine Automatik entwickelt haben) um zahlreiche Einzelheiten der Arbeitsbedingungen (Stundenzahl der

Arbeitswoche, Urlaubsregelungen, „Bildungsurlaub", Differenzierung der Löhne innerhalb der Betriebe, Pausen usw.) sowie um globale Fragen der Wirtschafts- und Sozialpolitik (Einkommensteuertarife und deren Progression, „Mitbestimmung" in der Unternehmensleitung usw.). Entweder über die sozialistischen oder kommunistischen politischen Parteien eines Landes (in den USA als ein Flügel der Demokratischen Partei) oder/und als ein schwer definierbarer Machtblock im vor- und außerparlamentarischen Raum sind die G. heute in allen parlamentarischen Demokratien zu einem Machtfaktor, weit über die unmittelbaren Anliegen der Arbeiter hinaus tätig, geworden, der, vor allem in Ländern wie Großbritannien und den USA, auch entgegen der Mehrheitsmeinung im Parlament bestimmen kann, was „politisch möglich" oder „unmöglich" ist. (Vgl. H. Schoeck, Was heißt politisch unmöglich? [1959]).

Die u. a. durch die technischen Wandlungsvorgänge (↗Automatisierung) bedingte Veränderung in der Zusammensetzung der Arbeitnehmerschaft (Rückgang der eigentlichen Arbeiter zugunsten der ↗Angestellten, der Spezialisten) bringt für die G. einen Mitgliederschwund; bzw. wächst der Anteil der in G. organisierten Arbeitnehmer nicht proportional mit der Beschäftigtenzahl in der Bevölkerung.

Die G. stellen sehr große, solide finanzierte (und selbst als Unternehmer tätige) Organisationen dar, mit einer ausgesprochenen ↗Bürokratie und einer in der Regel über Jahrzehnte hinweg gleichbleibenden Führungsgruppe. Eine echte innere Demokratie der G., die allen Mitgliedern regelmäßig, alle zwei oder vier Jahre, die Möglichkeit geben würde, die Spitzenpositionen der G. durch geheime, neutral überwachte Wahlen, mit Chancengleichheit für Kandidaten aus allen Rängen der betreffenden Arbeiterschaft, zu besetzen, besteht nicht. Meistens ist die ↗Macht einzelner Gewerkschaftsführer weit weniger kontrollierbar als z. B. die Macht der Regierungsmitglieder der Mehrheitspartei im Parlament. Die Gefahr des „hierarchisch verkrusteten Apparates", das „legalistische Apparat-Erhaltungsdenken" der G., mit seiner Gefahr für eine (demokratische) innergewerkschaftliche Willensbildung wird auch von Freunden der G. (H.-G. Schumann) als fragwürdiger Preis für die organisatorische Unentbehrlichkeit ihrer Bürokratie betrachtet.

J. Hirsch, Die öffentlichen Funktionen der Gewerkschaften (1966); G. Sander, Amerikas Gewerkschaften (1966); M. van de Vall, Die Gewerkschaften im Wohlfahrtsstaat (1966).

Gewinnstreben ↗Konkurrenz, ↗Markt, ↗Wirtschaft.

Gewohnheit, als meist kaum oder nicht mehr bewußte Neigung sich zu wiederholen, bestimmt menschliches Verhalten, wenn es sich um erlernte Verhaltensformen handelt, die in gleichen oder ähnlichen Situationen regelmäßig beobachtet werden. Ein Mensch kann durch allein für ihn typische G.en in seinem Verhalten gesteuert werden (Eigentümlichkeiten), oft aber durch ↗Verhaltensmuster, also die Gewohnheiten seiner Kultur, Gruppe, Schicht, seines Berufes. Die Fähigkeit, G.en zu entwickeln oder sich anzueignen, vor allem auch im ↗Sozialisationsprozeß, bildet für den Menschen, als Ersatz für Instinkte, eine Entlastung bei der Wahl zweckmäßiger Verhaltensweisen angesichts regelmäßig wiederkehrender Aufgaben im alltäglichen Leben. Wie auch in der Kultur verankerte Verhaltensmuster, spezifische Traditionen, können auch Gewohnheiten innovationshemmend wirken. G. heißt im Englischen *habit*, daher Habitualisierungen, Vergewohnheitung von bisher nur sporadisch auftretenden Verhaltensweisen. Die G. ist im Unterschied zum Verhaltensmuster öfters für einzelne Individuen, weniger für die Mitglieder größerer Gruppen typisch. Auch entstehen G.en mehr aus der vom Individuum selbst erfahrenen Praktikabilität oder Bequemlichkeit (principle of the least effort, George Zipf, 1949), die G. ist also weniger die Folge einer Anpassung an allgemeine Erwartungen anderer, kann dies jedoch sein (wenn z. B. die amerikanische Schule beim Schüler *desirable habits* zu erzielen sucht). G. kann als erworbene Prädisposition für die Weise einer Reaktion auf Umweltreize verstanden werden (John Dewey). Eine G., die aus einer inneren (geistigen, gefühlsmäßigen) Einstellung besteht, heißt Attitüde, wobei *attitudes* in der Sprache angelsächsicher Soziologen wertfrei betrachtet werden, während Attitüden im Deutschen oft noch allein gespreizte, gekünstelte, eitle ↗Einstellungen bezeichnen.

Gleichgewicht, das Äquilibrium (auch im Sinne der Homeostasis biologischer Systeme, d. h. des einzelnen Organismus), kommt als Begriff aus der Physik in die Sozialwissenschaft und wurde zuerst von V. Pareto in der Soziologie in umfassender Weise verwendet. Als G. gilt ihm der Zustand eines (sozialen) Systems, der auf jede Veränderung tendenziell so reagiert, daß der Ausgangszustand, das G., wiederhergestellt wird. Auch A. Comte und H. Spencer gingen von einem sozialen G. aus. Unabhängig von der Sozialwissenschaft, aber durchaus in ihrem Sinne, betrachteten europäische, insbesondere britische Staatsmänner im 18. und 19. Jahrh. in Europa das Kräftesystem der Mächte als ein G., dessen Erhaltung dem Frieden diente. Eine oft kritisierte Konsequenz hat die Unterstellung eines gesellschaftlichen G. in der ↗strukturell-funktionalen Theorie von Talcott Parsons, da in einem Modell des sozialen ↗Systems, das auf der Funktionalität der Homeostasis beruht, alle Teile (Individuen, Gruppen) sich ständig — freiwillig oder unfreiwillig — um ↗Anpassung, um Konfliktvermeidung bemühen müssen. Eine revolutionäre, auch nur eine grundsätzlich durchgreifende Veränderung des Systems sei also durch die Theorie nicht einmal vorgesehen.
Die Versuche, das G. in sozialen Systemen mit den Mitteln der modernen Mathematik, der Computertechnik (↗Kybernetik, ↗Simulationsverfahren) näher zu erforschen, sind eine Fortsetzung des An-

satzes von Pareto. Das Einspielen und Bewahren des G. kann als Vorgang durch das ↗Feedback-Phänomen erklärt werden.

N. Kloten u. a. (Hrsg.), Systeme und Methoden in den Wirtschafts- und Sozialwissenschaften (1964); Cynthia E. Russett, The Concept of Equilibrium in American Social Thought (New Haven 1966); J. E. Bergmann, Die Theorie des sozialen Systems von T. Parsons (1967).

Gleichheit ↗Gerechtigkeitssinn, ↗Klasse (soziale), ↗Kollektivismus, ↗Neid, ↗Schichtung (soziale), ↗Utopie.

M. Young, Es lebe die Ungleichheit (1961); R. Dahrendorf, Gesellschaft und Freiheit (1961); R. V. Sampson, Equality and Power (London 1965); P. Brückner, Freiheit, Gleichheit, Sicherheit (1966). I. Sundbom, Über das Gleichheitsprinzip als politisches und ökonomisches Problem (1962); H. Schoeck, Der Neid ([2]1968).

Großstadt ↗Stadt.

Gruppe (um 1700 aus dem franz. *groupe* ins Deutsche übernommen, im Englischen schon viel früher im soziologischen Sinn — group — gebraucht) wird oft gleichbedeutend mit ↗Verband, Sozialgebilde, soziale Wesenheit gebraucht oder mit der sozialen Kategorie verwechselt. ↗Minderheiten sind keine eigentlichen G.n, sondern nur eine Kategorie in der Bevölkerung. Vor allem seit der um 1950 aufgekommenen Klein-G. (small group) und ↗Bezugsgruppenforschung ist G. als Begriff in den Mittelpunkt soziologischen Interesses getreten. F. Znaniecki meinte, G. sei als Begriff anstelle von ↗Gesellschaft, mit der sich die frühere Soziologie vorwiegend beschäftigte, getreten.
Bei der G. müssen geographisch-ökologische Seins- und Entstehungsformen (Nachbarschaft, Siedlung) und prozeßhafte unterschieden werden. Die G. ist nach Größe und Qualität von anderen sozialen Gebilden unterscheidbar (sie ist keine Schicht, Klasse, Menge, Masse, Institution, kein Mob). Die Verwechslung mit sozialen Kategorien liegt auch vor, wenn man Kaste als „völlig geschlossene G.", Stand als „fast geschlossene G.", Klasse als „offene G." bezeichnet (Werner Sombart definierte soziale ↗Klasse als eine G. von Menschen, die an einem bestimmten Wirtschaftssystem interessiert sind).
In der Regel versteht man in der heutigen Soziologie unter (sozialer) G. eine in ihrer Mitgliederzahl meist noch überschaubare, für Nichtmitglieder erkennbare Gesamtheit von Individuen, die einige gemeinsame Ziele verfolgen, in ihrer G. einen ↗Status besitzen und die ihm entsprechenden ↗Rollen spielen. Jede G. muß eine ↗Struktur aufweisen. Man unterscheidet formale und informale (informelle) G.n, wobei informale G.n sich oft innerhalb formaler bilden, z. B. als ↗Cliquen innerhalb der G., die aus der Gesamtheit der Belegschaft eines Betriebes besteht. Konstitutiv für die G. ist ein Mindestgrad an Gemeinschaftsverhältnis, an Gemeinschaftsgefühl, an Kohäsion und ↗Solidarität ihrer Mitglieder, wobei allerdings schon abendländisch-christliche Wertvorstellungen bezüglich der Wünschbarkeit von Altruismus (Gemeinnutz, also „Gruppennutz" geht vor Eigennutz usw.) mitspielen dürften. Bei Naturvölkern finden sich recht stabile G.n,

deren Mitglieder u. U. für unsere Vorstellungen erhebliche Feindseligkeiten untereinander noch als „normal" empfinden.
Ab wann eine G. besteht, ist umstritten. Leopold v. Wiese kennt die Zweier-G., das Paar. Simmel hingegen erblickte in der Dreizahl ein entscheidendes Merkmal. Auch Theodor Geiger unterscheidet das Paargebilde grundsätzlich vom G.gebilde, weil eine echte G. vom einzelnen Mitglied unabhängig sein muß. Ein Paar zerfällt jedoch in dem Augenblick, da der eine Partner ausscheidet. Ethnologen haben sich auch mit der Frage einer G.bildung aus Menschen und Tieren (Totemismus) befaßt.
Wegweisend war George C. Homans, *The Human Group* (1950); nach seiner Theorie der G. sind 5 Faktoren für das Verhalten der G.mitglieder maßgebend: Bestätigung, wechselweises Handeln, gefühlsbetonte Verbindungen, Normen, Verhältnis zur Umgebung. Ähnliche Merkmale für die G. wurden zuvor schon von L. v. Wiese hervorgehoben: Organisiertheit, Vorstellungen von der G. bei ihren Gliedern, ↗Tradition und gemeinsame Gewohnheiten bei längerer Dauer, Wechselbeziehungen der G. zu anderen sozialen Gebilden und ein allgemeines G.richtmaß (normatives System).
Homans entwickelt für ein Modell der G. einige theoretische Beziehungen, wonach es im sozialen ↗System jeder G. folgende vier Variablen gibt: 1. die Intensität der ↗Interaktion (bzw. Kommunikation) zwischen den Mitgliedern der G.; 2. die Gesamtmenge an Freundlichkeit unter den Mitgliedern *(friendliness)* bzw. der Identifizierung mit der G.; 3. die Gesamtmenge der Aktivität, die das einzelne Mitglied entwickelt; 4. die Gesamtmenge an Aktivität, die von der G. durch ihre Umwelt (u. U. andere soziale G.n) verlangt wird, also die Menge an Aktivität, die die G. aufbringen muß, um als G. zu überleben. Allerdings bleibt uns Homans Auskunft darüber schuldig, welche Annahmen er über die wechselweisen Beziehungen zwischen den vier Variablen macht. Homans entwickelt Postulate folgender Art: „Personen — Mitglieder der G. —, die häufig in Interaktion sind, neigen dazu, sich zu mögen." Oder: „Personen, die füreinander Sympathie empfinden, werden diese in Aktivitäten ausdrücken, die über das vom sozialen System der G. geforderte Maß hinausgehen."
Empirische Studien historisch-konkreter G. haben vereinzelt Gelegenheit gegeben, theoretisch entwickelte Hypothesen und das G.verhalten zu überprüfen. Eine Reaktion, die der Nichtsoziologe kaum erwartet haben würde, zeigte eine millenarische Sektierergruppe in den USA. Sie hatte für ein bestimmtes Datum den Untergang der Welt vorhergesagt, ausgelöst durch Erdbeben. Der Tag kam, und nichts geschah. Wie wird eine religiöse G. auf eine solche Widerlegung ihrer Prophetie reagieren? Bevor sie die „Enttäuschung" erlitten hatte, gab sie sich als ↗Sekte sehr geheim, ablehnend, zurückgezogen. Sie vermied Kontakt mit Außenseitern und jegliche Publizität. Der Laie würde erwarten, daß eine solche G., die sich mit ihrer

Vorhersage des Weltuntergangs lächerlich gemacht hat, die Tendenzen der Abschließung, der Eigenbrötelei, der Kontaktarmut noch verstärkt aufweisen wird. Wie aber Festinger gezeigt hat, verhielt sich die Sekte entgegengesetzt. Nachdem sie durch die Tatsache des Weiterbestandes der Welt widerlegt worden war, verwandelte sie sich in eine besessen weltoffene G., wandte sich an Zeitungen, suchte mit allen Mitteln Konvertiten. Für den Soziologen ist diese Reaktion erklärbar. Er könnte sie aufgrund einer Theorie der G. vorhersagen. Eine G. wie diese Sekte braucht einen Anlaß zu ihrer Existenz. Der von den Mitgliedern geglaubte Weltuntergang bot eine solche Basis für die G.existenz. Man kann auch glauben, es sei besser für die Rettung, wenn man sich durch Exklusivität in diesem Voraus-wissen von den Mitbürgern abhebt. Sobald aber dieses Moment für den G.bestand fortgefallen ist, muß die G., um als G. weiterbestehen zu können, sich neue Ziele suchen, wie das Propagieren ihres Glaubens (L. Festinger u. a., *When Prophecy Fails* [Minneapolis 1956]).

H. Proesler und K. Beer, Die Gruppe (1955); J. Klein, The Study of Groups (London 1956) P. R. Hofstätter, Gruppendynamik (1957); G. C. Homans, Theorie der sozialen Gruppe ([3]1968); ders., Elementarformen sozialen Verhaltens (1968); R. Battegay, Der Mensch in der Gruppe, 3 Bde. (1967–69).

H

Gültigkeit ↗Zuverlässigkeit

Handeln, soziales, seit dem Ende des 19. Jahrh. ein Grundbegriff der Soziologie, heißt (völlig wertfrei, also nicht etwa im Gegensatz zu *un*sozialem H.) jeder soziale Prozeß, jedes (innere oder äußere) Verhalten eines Individuums, auch einer Gruppe, wenn der Handelnde darin einen Sinn erblickt, der sich aus einer bestehenden oder mit dem s. H. erst zu schaffenden sozialen Beziehung (Struktur) ergibt. Im Gegensatz zu verdinglichenden (und durch die Dichotomierung die soziale Wirklichkeit verzerrenden) Begriffen wie „Gemeinschaft" und „Gesellschaft" (als Rahmen für verschiedene Typen des s. H.) erlaubt der Begriff s. H. (im Englischen *social action*) die Analyse sehr verschiedener sozialer (Handlungs-)Systeme, die als Prozesse aufgefaßt werden.
Bereits Emile Durkheim versuchte Ende des 19. Jahrh. das Eigentümliche der sozialen Tatsachen *(faits sociaux)* aus ihren Handlungszwängen darzustellen. Für Durkheim ist ein s. H. allerdings nur gegeben, wenn es für die Angehörigen eines Kollektivs überwiegend obligatorisch ist, also die Folge einer bestehenden sozialen ↗Kontrolle ist. Allgemein in einer Gruppe der Bevölkerung beobachtetes Verhalten (Handeln) ist für Durkheim kein eigentlich s. H., wenn es rein psychologische oder biologische Ursachen hat (z. B. bloße Nachahmungen).
Eine Mutter, die während der biologischen Mindeststillperiode ihrem Kind die Brust regelmäßig gibt, übt noch kein s. H. aus (obschon sie als Person für ihr Kind bewußt eine wichtige soziale Funktion

ausübt). In Stämmen eines Naturvolks hingegen (z. B. die Comanche-Indianer Nordamerikas), bei denen sich als Teil des kulturellen normativen Systems eine ungewöhnlich lange Stillzeit findet (über die ersten beiden Lebensjahre hinaus), könnte man, im Sinne der Unterscheidung Durkheims, von einem s. H. auch beim Stillen sprechen.
Am einflußreichsten für die heutige Bedeutung des Begriffs s. H. (vor allem seit 1937 bei Talcott Parsons) ist die Entwicklung des Begriffs bei Max Weber gewesen. Die Handlung oder Nichthandlung ist als eine soziale aufzufassen, wenn das Subjekt in seinem Verhalten einen Sinn erblickt, der sich aus dem Handeln oder Nichthandeln anderer ergibt.

A. Gehlen, Der Mensch (⁷1962); H. Thomae (Hrsg.), Die Motivation menschlichen Handelns (³1966); H. Girndt, Das soziale Handeln als Grundkategorie erfahrungswissenschaftlicher Soziologie (1967).

Handwerk ist auf allen Kulturstufen die (im allgemeinen Lehre, Übung und ein Mindestmaß an beruflichem Ehrgeiz als Qualitätsgarantie erfordernde) Fähigkeit des Menschen, in unterschiedlichem Grade von ↗Arbeitsteilung und Spezialisierung abhängig, für sich, die eigene Familie, in der Regel aber für einen Markt regelmäßig Erzeugnisse oder Dienstleistungen bereitzustellen. Diese Tätigkeiten sind oft einer berufsständischen (Zünfte, Gilden) oder allgemeinen behördlichen Kontrolle und Regulierung (z. B. Einschränkung der Gewerbefreiheit, Monopolverleihung) unterworfen. Manche H.e (z. B. Schmiede-H.) können (u.a. in Kastengesellschaften) zu verfemten ↗Berufen werden. Das H. im weitesten Sinne, als eine meist materialnahe Arbeit des Menschen, vielfach auf künstlerische, ästhetische Werte neben der reinen Funktion des Gegenstandes bedacht, gehört zu den Grundlagen der zivilisatorischen Entwicklung. Eine wirtschaftlich starke, innovationsbereite Schicht der H. Treibenden gilt als Erfordernis der technisch-wirtschaftlichen Entwicklung. Das Fehlen einer solchen Schicht gilt als wesentlicher Grund für die Unentwickeltheit mancher ↗Entwicklungsländer. Viele, einst in verschiedenen Hochkulturen, aber auch bei manchen Stämmen der Naturvölker hochentwickelte Handwerke sind verlorengegangen, oft zusammen mit den religiösen Vorstellungen und Bräuchen, denen sie dienten. In der Sozial- und Berufsstruktur heutiger Industriegesellschaften versteht man unter H. einen Wirtschaftsbereich, der aus kleineren (oft noch Einmann-) und mittleren Betrieben besteht, mit einem (oder mehreren) Meistern (oft der Meister als Eigentümer), Gesellen und Lehrlingen. Entgegen früheren Prognosen ist das H. auch nach der vollen Industrialisierung nicht verschwunden. Handwerker, oft als Facharbeiter, sind auch in Industriebetrieben tätig und werden in diesen herangebildet.

M. Weber, Wirtschaftsgeschichte (³1958); F. Sack, Integration und Anpassung des Handwerks in der industriellen Gesellschaft (1966).

Hegemonie, ursprünglich Hegemon, der Höchstkommandierende in einigen griechischen Stadtstaaten der Antike, dessen Stellung rechtlich

ungenau bestimmt war, dann bei den Griechen der Staat oder Stadtstaat, dem von den anderen, einem Staatenbund Angehörigen der Vorsitz zugestanden worden war. Der die H. ausübende Staat beläßt den anderen ihre Eigenständigkeit, verzichtet also z. B. auf Annexion. Jetzt bezeichnet H. die politische Vormachtstellung eines Staates in einem meist territorial überschaubaren politischen Kräftefeld, in dem andere Staaten in verschiedenem Grade sich an dem die H. Ausübenden orientieren müssen. H. wirkt sich also nur auf das Verhalten solcher aus, die an einem unbefristeten Gleichgewichtszustand der Machtverhältnisse interessiert sind und die Möglichkeit ungleicher Machtverteilung grundsätzlich akzeptieren; z. B. eine Reihe von Kleinstaaten wissen, daß auf ihrem Kontinent die H. von einer oder zwei oder drei Großmächten ausgeübt wird. H.ansprüche in der neueren Geschichte z. B. die amerikanische Monroe-Doktrin, Italiens H. im Mittelmeerraum unter Mussolini, Hitlers Versuch einer H. in Europa, die H. der UdSSR im Bereich aller „sozialistischen Staaten", dokumentiert in der Invasion der ČSSR 1968.
H. kann auf einer rein faktischen Machtüberlegenheit eines Staates oder auf völkerrechtlich eingeräumten bezw. erpreßten Vorrechten (rechtliche H.) beruhen. Man spricht auch im allgemeinen von H., wenn ihrem Wesen (z.B. Legitimierung einer Vorherrschaft durch dank Machtüberlegenheit erzwingbaren Vertrag) nach der H. ähnliche Einfluß- oder Kontrollmöglichkeiten von einer Nation, einer Industrie, einem sozialen Stand usw. auf wirtschaftlichem oder kulturellem Gebiet erlangt werden.

H. Triepel, Die Hegemonie (1938, Neudruck 1961).

Heirat ↗Familie.

Herrschaft ist die Ausübung von ↗Macht, die, dank des Herrschaftssystems, das sie legitimiert und/oder physisch sichert, im voraus weiß, über wen und wie weit sie sich erstreckt. Macht kann mit H. gleichgesetzt oder verwechselt werden. (Im Englischen ist *power* für Macht und H. üblich, wie in *community power structure*, *power elite*. Das Wort *rule*, eigentlich H. bezeichnend, ist selten geworden, früher noch in *ruling classes*.) Max Weber hat H. als den (verglichen mit Macht) gezielteren und weniger diffusen Begriff herausgearbeitet: „H. soll heißen die Chance, für einen Befehl bestimmten Inhalts bei angebbaren Personen Gehorsam zu finden." Macht hingegen hat für M. Weber jeder, dem es regelmäßig gelingt, innerhalb einer sozialen Beziehung seinen Willen anderen gegenüber durchzusetzen, gleichgültig, worauf sich diese Möglichkeit im Einzelfall gründen mag. H. stützt sich zu einem erheblichen Teil immer auch auf einen Glauben an ihre ↗Legitimität, nicht nur auf physische Machtmittel. Dieser Glaube kann allerdings auch durch Mittel erzeugt werden, die selbst einer Legitimierung (in einem weiteren Normensystem) nicht fähig wären. (Ein Indianerstamm im Südwesten der USA zementierte seine Unter-

jochung eines anderen Stammes durch die Propagierung des Glaubens, daß *er* zwar die Sprache der Unterworfenen erlernen könne, diese aber nie die Sprache des Herrenstammes. Dieser für die soziale ↗Kontrolle sehr nützliche Glaube wurde symbolisch im Bewußtsein der Unterlegenen durch ein Ritual verankert, bei dem einige der Sieger den Unterlegenen öffentlich in den Mund spuckten.)
Die historisch verständliche Etymologie des Begriffes H. (Assoziationen weckend wie z. B. „Herr und Knecht", „Herrenvolk"), von M. Weber sicher nicht beabsichtigt, hat in der gegenwärtigen Soziologie im deutschen Sprachraum insofern Verwirrung gestiftet, als einige Soziologen überall, in jeder erdenklichen sozialen Beziehung, H. vermuten (selbst zwischen Kind und Eltern, Schüler und Lehrer, Patient und Arzt usw.). Diese polemische Vermengung oder Verwechslung von allgemeinen universalen Erscheinungen der sozialen ↗Kontrolle (z. T. auch der ↗Sozialisation) mit H. hat die wissenschaftliche Erforschbarkeit dieser verschiedenen Prozesse beeinträchtigt. Wenn jedes Arbeitnehmerverhältnis, gleichgültig wie freiwillig und ertragreich für den Arbeitnehmer, ein Herrschaftsverhältnis sein soll, werden durch willkürliche Definition künstlich Herrschaftsstrukturen in die Gesellschaft projiziert, aus denen wiederum politische Forderungen verschiedener Art abgeleitet werden.
Der Begriff H. sollte möglichst auf den politischen Bereich im engeren Sinne beschränkt bleiben, einschließlich der H. im internationalen Bereich (↗Hegemonie). Jedes politische System (Staat, aber auch Gliedstaat, Kommune) hat eine Herrschaftsstruktur; seine Bewohner orientieren sich an einer Herrschaftsordnung, brauchen selbst deren allgemeine Anerkennung aber gerade auch zur Garantie und Durchsetzbarkeit ihrer eigenen rechtlichen Ansprüche privaten und öffentlichen Kontrahenten gegenüber. Ohne eine Herrschaftsordnung kann es keinen Rechtsstaat, kein geltendes Recht geben. Im weiteren Sinne gehören zu diesem Herrschaftssystem nicht nur die über politische Parteien in einer ↗Demokratie besetzten Positionen, sondern auch Interessengruppen (*pressure groups*), Lobbies, ↗Verbände (↗Gewerkschaften, Arbeitgeberverbände), Kirchen, Massenmedien (ein Fernsehkommentator oder Rundgespräch-Impresario beispielsweise, der jahrzehntelang ein Monopol innehat, gehört letztlich auch zur H.-struktur seines Landes). Diese „Power structure" umfaßt mehr als die regierende politische Gruppenkonstellation; selbst eine inner- und außerparlamentarische ↗Opposition übt H. aus; z. B. kann sie manchmal Gesetzesvorlagen, für die an sich eine parlamentarische Mehrheit gegeben war, verhindern oder abwandeln. Der Übergang zur „Macht" ist dabei gleitend.
M. Weber unterschied, im Sinne seines ↗Idealtypus, drei Formen legitimierbarer H.: (1) legale H., ausgeübt durch eine ↗Bürokratie von Verwaltungsbeamten; (2) traditionale H. (z. B. Patriarchalismus, ↗Gerontokratie, ständische H.); (3) charismatische H. Diese drei Typen können sich überlagern und vereinigen (z. B. das dem Ideal

der Demokratie widersprechende faktische Übergewicht von Kandidaten, die ihr Mandat dem ↗Charisma eines Familiennamens verdanken).

A. Rüstow, Ortsbestimmung der Gegenwart, Bd. 1 (1950), Bd. 2 (²1963), Bd. 3 (1957); M. Weber, Wirtschaft und Gesellschaft (⁴1956); O. Stammer, Politische Soziologie und Demokratieforschung (1965); M. Hättich, Demokratie als Herrschaftsordnung (1967).

Hierarchie (byzantinisch, „heilige Herrschaft", danach bei Dionysius Areopagita „Rangordnung der Engel") zunächst allgemein Priesterherrschaft, kann heute noch im engeren Sinne die Gesamtheit der höheren Würdenträger einer Kirche, im weiteren Sinne jeder formalen Organisation (Armee, Konzern, politische Partei, Ministerium) bezeichnen, oft mit dem Bild einer Rangschichtung in Pyramidenform, als gesellschaftskritischer Begriff zu „hierarchischen Formen" erweitert, gilt als Gegenprinzip zur ↗Demokratie, wobei übersehen wird, daß sämtliche geschichtlichen Demokratien (z. B. die Schweiz, angelsächsische Länder) über Jahrhunderte hinweg ihren Bürgern Freiheit zu bieten vermochten, obgleich verschiedene Teilhierarchien ebenso wie hierarchische Strukturen im Bereich des Staates (z. B. in den USA der Senat gegenüber dem Repräsentantenhaus, der Oberste Verfassungsgerichtshof über Präsident und Kongreß) vorhanden gewesen sind. H. kann bedeuten, daß nicht allein Weisungen, sondern auch Informationen nur von oben nach unten gehen, ein sachlicher, Ränge überspringender Meinungsaustausch innerhalb der Organisation ausbleibt, starre traditionelle Verhaltensformen obligatorisch sind, also ein soziales System vorliegt, in dem ↗Innovationen kaum stattfinden können. Neuerdings wird der Begriff H. überbeansprucht: Strukturen einer verwerflichen H. erblickt die neuere Gesellschaftskritik überall dort, wo in einem sozialen System (Nation, Schule, Krankenhaus, Betrieb usw.) Vorgänge mit Konsequenzen für Betroffene stattfinden, ohne einer permanenten plebiszitären Kontrolle und Aufhebbarkeit ausgesetzt zu sein, wobei sich die „Kontrolleure" unter Berufung auf eine ihnen eigentümliche höhere oder einzigartige Rationalität selbst legitimieren. Selbst eine der anfänglichen Verfassung eines sozialen Systems konforme Delegation von Funktionen für längere, aber begrenzte Fristen gilt als Anzeichen einer H. Praktisch ist H. einfach die Ungleichheit im Umfang der Weisungsbefugnis der Weisungen unterliegenden Mitglieder eines sozialen Systems, einer Gruppe, einer Organisation, die sich in einer Rangordnung ausdrückt.

H. D. Duncan, Communication and Social Order (New York 1962).

Hilfe ↗Gegenseitigkeit, ↗Genossenschaften, ↗Solidarität.

Historismus, eine philosophisch-wissenschaftstheoretische Richtung in der europäischen Geistesgeschichte, zwischen ca. 1870 und 1930 stark diskutiert, hat heute, zumindest für die Sozialwissenschaften, nur mehr historische Bedeutung. Die dem H. zugerechneten Geisteswissenschaftler (überwiegend Historiker) wollten das unhistorische Welt- und Gesellschaftsbild der Aufklärung überwinden. Der H. schuf sich eine eigene Methode zur Erfassung und Deutung der sozialen Wirklichkeit, die sowohl gegen das Eindringen naturwissenschaftlicher Methoden ins Gebiet der Geisteswissenschaften (↗Positivismus) als auch gegen ungeschichtliche (nicht historisch relativierbare) Ordnungskonzepte (z. B. Naturrecht) gerichtet war. Der H. sah sich beim Versuch, das Geschichtliche aus sich selbst heraus zu verstehen, dem Vorwurf des Relativismus ausgesetzt.

K. Mannheim, Wissenssoziologie (1964); F. Meinecke, Die Entstehung des Historismus ([4]1965).

Holismus ↗Ganzheit, ↗Gestalt.

Horde bezeichnet eine lose zusammenhaltende Gruppe, meist mit geringer Mitgliedzahl, der jene Strukturen und Ordnungsprinzipien fehlen, die der Betrachter für eine eigentliche Gruppe unerläßlich hält; H. ist somit z. T. ein wertender Begriff (bes. abschätzig im Plural: die H.n des Dschingis-Khan). Der Begriff H. seit dem 16. Jahrh. kam aus dem Tatarischen, war ursprünglich auf Nomaden gemünzt. Der Begriff einer Ur-H. für die Gruppenform am Anfang der gesellschaftlichen Entwicklung (Ur.-H. bei Nietzsche und Freud) ist für die heutige Ethnologie fragwürdig, da gerade Naturvölker oft sehr komplizierte soziale Strukturen aufweisen. Die vergleichende Verhaltensphysiologie (Ethologie), u. a. K. Lorenz, sieht in vielen angeborenen, sozial relevanten Verhaltens- und Reaktionsweisen Überbleibsel (Residuen) früheren Verhaltens in H.n. Auch die H. läßt, bei Tieren wie Menschen, gewisse Strukturen erkennen.

L. Gumplowicz, Grundriß der Sociologie (1885); K. Mannheim, Mensch und Gesellschaft im Zeitalter des Umbaus (1935).

Humanökologie ↗Ökologie.

Human Relations bedeutet im Englischen (zwischen)menschliche Beziehungen, das soziale Klima am Arbeitsplatz, insgesamt die einer sozialwissenschaftlichen (Auftrags)forschung zugänglichen sozialen Beziehungen zwischen Arbeitnehmern und Arbeitgebern, zwischen Vorarbeitern und Arbeitern, zwischen Arbeitskollegen. Die H. R.-Forschung seit den 30er Jahren zeigte, wie eng die Produktivität innerhalb technischer Fertigungsbetriebe mit den sozialen Prozessen in der ↗Organisation zusammenhängt. Die H. R.-Forschung geht auf Elton Mayo, F. J. Roethlisberger u. a. zurück. Sie wurde auch früh als Instrument der „Herrschenden" (Arbeitgeber) angegriffen. Vorübergehend, um 1950 auch in Europa, erreichte die H. R.-Forschung, mit ihren sozialpädagogischen Absichten, fast den Charakter einer sozialen Bewegung. ↗Betriebssoziologie, ↗Industriesoziologie, ↗Kleingruppenforschung.

E. Mayo, The Social Problems of an Industrial Civilization (1954); Ch. Argyris, The Present State of Research in Human Relations in Industry (New Haven 1954); W. G. Scott, Human

Relations in Management (Homewood [Ill.] 1962); H. Stephenson (Hrsg.), Leitbuch der Public Relations (1964).

Human Relations Area Files ↗Files, ↗Human Relations Area.

Hypothese heißt eine, meist als Ursachenerklärung (über einen denkbaren Kausalzusammenhang) formulierte, auf möglichst wenige (meist nur zwei) unterscheidbare Faktoren bezogene Aussage (These), die der Widerlegung (Falsifizierung) mit erfahrungswissenschaftlichen Methoden (am besten im ↗Experiment) zugänglich sein muß. Eine induktiv, d. h. durch einen oder eine (selbst unendliche) Reihe von Einzelfällen (Einzelexperimenten, Einzelbeobachtung) beweisbare (verifizierbare) H. (oder Theorie) kann es nicht geben. Wenn die H. entsprechend eindeutig und mit ausreichendem Informationsgehalt formuliert ist, kann sie jedoch durch eine einzige Beobachtung (durch ein Experiment) als falsch erwiesen werden.
Die H. kann den Versuch, Ansatz, eventuell auch Kern einer Theorie bilden. Eine H. (bzw. ein Satz von H.n), die der Überprüfung durch mehrere Forscher standgehalten hat und vorerst durch keine besseren H.n ersetzt werden kann, heißt Theorie. Der Übergang von einer H. zur Theorie ist vielfach gleitend.
Zu einer neuen H. führt die ↗Beobachtung eines Ereignisses (in dem meist einige bekannte Faktoren erkennbar sind), das als Phänomen unberücksichtigt geblieben war oder das bestehende H. und Theorien zu widerlegen scheint. Die Herkunft der H. ist für ihre wissenschaftliche Brauchbarkeit gleichgültig. Sie kann einem Werk der Dichtkunst, einem Einfall, einer zufälligen einmaligen Beobachtung auf der Straße entstammen. Auch die Motive, die den Forscher zur Formulierung einer H. bringen, sind unerheblich. Entscheidend ist allein, ob sie logisch und substantiell in eine Form gebracht werden kann, die stufenweise ihre empirische Überprüfung gestattet. Eine H. kann also ohne Anknüpfung an eine vorhandene Theorie, durch eine plausible oder auch gewagte Annahme eines Zusammenhangs zwischen Variablen gebildet werden. Wo es sich anbietet, ist jedoch die Ableitung der speziellen H. aus einer allgemeineren bestehenden Theorie empfehlenswert.

I

Idealtypus (weniger mißverständlich als „Ideal", auch „konstruierter Typus", genannt) heißt in der Soziologie seit Max Weber (1904) ein nicht normativer, empirischer Begriff zur Erklärung (und Zusammenschau) als „typisch" geltender, u. U. einem Typus zurechenbarer Strukturen und Prozesse in der sozialen Wirklichkeit. Die von M. Weber damit angestrebte Methodenautonomie der Sozialwissenschaften ist umstritten geblieben (scharfe Kritik am I. übt u. a. P. F. Lazarsfeld).

I. ist kein klassifikatorischer Begriff mit scharfen Grenzen (wie es der Typus Mann im Gegensatz zum Typus Frau wäre), kein „Grenzbegriff", sondern ein Terminus für Einheiten (beobachtbare, erschließ- oder rekonstruierbare), die sich mit den konkreten Objekten oder Erscheinungen in der Wirklichkeit grundsätzlich nur annäherungsweise decken können. Der I. strebt nicht nach Klassifikation, sondern kontinuierlicher Approximation an Grenzfälle (H. Albert).

Als quantitative Größe gibt es den Durchschnitts- oder Häufigkeitstyp (ein solcher kann z. B. eine demographische Kurve sein, oder die für eine Bevölkerung charakteristische Pyramidenform ihrer ↗Altersgliederung), den qualitativen, reinen I. hingegen bildet der Forscher durch eine (nicht beweisbare, sondern für andere nur einsichtige) gedankliche, Steigerung (ähnlich einem künstlerischen Akt) eines oder mehrerer Merkmale eines sozialen Gebildes oder Prozesses bis zur letzten Konsequenz. Nachdem durch diese Steigerung (der Anreicherung eines seltenen chemischen Elements durch Laboratoriumsverfahren vergleichbar) reine Merkmale gewonnen wurden, werden diese, gekoppelt mit möglichst vielen empirischen Daten aus der sozialen Wirklichkeit, in einer Art Gedankenbild oder -experiment in ein ↗Modell zusammengeschaut, das ↗Kausalzusammenhänge zwischen einzelnen Faktoren annimmt.

Die Bildung eines I. (wie Kapitalismus, mittelalterliches Dorf, Ritterburghaushalt, Protestantische Ethik, Konkurrenzverhalten) darf nicht als bloße Spekulation oder Deduktion mißverstanden werden. Weber dachte an eine kritische, erfahrungswissenschaftliche (meist geschichtswissenschaftliche) Erarbeitung der einzelnen Elemente, entsprechend einer Fragestellung (z. B. ob das geschichtliche Auftreten von Kapitalismus und Protestantismus in einer ursächlichen Beziehung stehen könnte), und ihre folgerichtige, in dieser Phase allerdings auch schöpferische, vom Fingerspitzengefühl des Forschers abhängende „Komposition" zu einem einleuchtenden Ganzen. Webers I. waren in erster Linie für die verschiedenen Formen des sozialen ↗Handelns (Handlungstypen) gedacht, das für ihn durch Intentionalität oder Sinngerichtetheit charakterisiert ist. Die Konstruktion eines I. für eine soziale Handlung(sfolge) versucht also, in möglichster Reinheit und innerer Widerspruchslosigkeit die mit einzelnen Beobachtungen übereinstimmenden Zielvorstellungen und ihre Verwirklichungsmöglichkeiten im Bewußtsein der Handelnden herauszuarbeiten.

Die Konstruktion eines I. ergibt noch keine Theorie. Aus einem I. können ↗Hypothesen gewonnen werden, deren Bewährung nach mehrfacher Überprüfung eventuell zu einer Theorie führt. Der I. ist eine heuristische Methode.

M. Weber, Gesammelte Aufsätze zur Wissenschaftslehre (²1951); L. Gross (Hrsg.), Symposium on Sociological Theory (Evanston 1959); E. Nagel, The Structure of Science (London 1961); Judith Janoska-Bendl, Methodologische Aspekte des Idealtypus (1965); G. Weippert, Wirtschaftslehre als Kulturtheorie (1967).

Ideologie nennt man seit dem Anfang des 19. Jahrh. jeden (sozial)-politisch orientierten Komplex von Auffassungen (einschließlich u. a. von ↗Einstellungen, ↗Vorurteilen, Wunschvorstellungen), der einer größeren Zahl von Personen (↗Gruppe, Minderheit, Berufsstand, Klasse) in einer Gesellschaft gemeinsam ist. Die I. ist ein meist stark emotional gefärbter Begriffsapparat zur Deutung und ↗Legitimierung einer bestimmten sozialen ↗Wirklichkeit im Interesse des Kollektivs. I.n können zur Formung politischer Parteien führen. Pragmatisch entstandene politische Gruppierungen suchen sich meist eine I.

Begriffsgeschichte: Napoleon bezeichnete verächtlich eine ihm kritisch gesonnene Philosophenschule als Ideologen. Besonders im Marxismus wird I. dann ein abwertender Begriff für die Weltanschauung des bürgerlichen Gegners. Erst K. Mannheim trennt scharf I. von Utopie. I. kann jedoch wertfrei die Gesamtheit der Wertungsschemata, Deutungsmodelle und Motive einer jeden Gruppe bezeichnen (vor allem, wenn sie politisch wirksam ist oder sein möchte), aber auch jeder Kategorie von Personen, die sich untereinander nicht kennen oder für verbunden halten, aber die gleiche Interessenlage haben (z. B. weil sie denselben Beruf ausüben). Die I. kann nicht immer eindeutig von einer Philosophie, einer Weltanschauung abgegrenzt werden. ↗Bewußtsein, falsches; ↗Intellektuelle, ↗Utopie, ↗Wissenssoziologie.

Th. Geiger, Ideologie und Wahrheit (1953); H. Barth, Wahrheit und Ideologie (²1961); D. G. MacRae, Ideology and Society (London 1961); H. Kelsen, Aufsätze zur Ideologiekritik (1964); K. Lenk (Hrsg.), Ideologiekritik und Wissenssoziologie (²1964); K. Mannheim, Ideologie und Utopie (⁴1965); J. Barion, Ideologie, Wissenschaft, Philosophie (1966).

Image (aus dem Englischen, meist das indirekte, durch eine Linse bereits veränderte oder vom Spiegel zurückgeworfene Bild) bezeichnet in der Soziologie seit Mitte der 50er Jahre, zuerst in den USA, die öffentliche Aura (den „Heiligenschein“: halo, dies ein Begriff der amerikanischen Sozialpsychologie vor Einführung des I.) einer Person, Gruppe, eines Verbandes, einer politischen Partei, einer Nation, Ware usw. Im Gegensatz zum ↗Stereotyp, das als von der Umwelt auferlegtes, zugeschriebenes I. verstanden werden kann, wird beim I. zunächst ein Eigeninteresse des I.trägers an der Schaffung, der Pflege, der Manipulation seines I. unterstellt. Der Politiker oder Schauspieler tut etwas für sein I., der Fabrikant fürs I. seines Produkts (meist durch Werbeagenturen, die sich auf I.machen spezialisiert haben). Das I. wird in der Regel vom Subjekt her zunächst angestrebt, projiziert, stilisiert, kann sich dann aber durch einzelne Ereignisse, durch Ungeschicklichkeiten, durch Fehlschläge in einer für den I.-träger ungünstigen Weise verändern. Zwecks I.pflege kann ein Staatsmann der ↗öffentlichen Meinung gegenüber *news management* (Nachrichtenfrisur) praktizieren oder im richtigen Augenblick sich menschlich-allzumenschlich geben.

Statt vom Berufsbild der einzelnen Berufe oder einem bestimmten Beruf als ↗Leitbild spricht man jetzt, manchmal ironisierend, vom I. eines Berufs. Die Motivforschung (für den Absatz von Produkten) befaßt sich eingehend mit dem I.phänomen: das Verbraucherverhalten scheint auch durch irrationale, oft auch idiosynkratische „Bilder" über einzelne Produkte und Firmen bestimmt. Man sucht also an den Konsumenten nicht nur eine Ware mit einer entsprechenden Qualität zu verkaufen, sondern auch zugleich ihr günstiges I. So haben Untersuchungen in der BRD in den 50er Jahren eine Brillenabstinenz bei der arbeitenden Bevölkerung nachgewiesen. Viele verzichteten auf die vom Arzt verordnete, über die Krankenkasse frei erhältliche Brille, weil ihr I. nur zu den intellektuellen Berufen zu passen schien. Der Arbeiter als Brillenträger fürchtete sich vor Hänselei als Statussucher oder Weichling. Nachdem dieses Motiv der Brillenabstinenz erkannt war, konnte, teilweise von den Gesundheitsbehörden und der optischen Industrie, eine Werbung zur I.veränderung des Brillenträgers unternommen werden, deren positives Ergebnis sich bei einer Umfrage zehn Jahre später bestätigen ließ.

K. E. Boulding, The Image (Ann Arbor 1956); D. J. Boorstin, The Image (New York 1964); B. Spiegel, die Struktur der Meinungsverteilung im sozialen Feld (1960).

Imitation ist die Nachahmung fremden Verhaltens, wenn sie regelmäßig, eventuell unter charakteristischen Bedingungen geübt wird, so daß sich aus der I., einem Grundphänomen des sozialen Lebens (Gabriel Tarde), dessen Gleichförmigkeit z. T. erklären läßt. ↗Mode, ↗Konformität, soziale ↗Kontrolle, ↗Innovation. Bei Tarde findet sich als Zentralbegriff des sozialen Lebens die Erscheinung der Imitation (andere Zentralbegriffe bei Tarde: Opposition und Adaption). Paul F. Lazarsfeld hat darauf hingewiesen, wie wenig Beachtung die Sozialwissenschaft Tarde in den vergangenen Jahrzehnten geschenkt habe. Man hat ihn als längst überholt, als Psychologisten des 19. Jahrh. verspottet. Aber seit etwa 1950 gibt es unter Führung von Robert K. Merton als angeblich neuesten Zentralbegriff der modernen Soziologie die ↗Bezugsgruppe (reference group). Gemeint ist damit einfach die Beobachtung, daß Menschen in der Regel sich an Gruppen, denen sie angehören oder angehören wollen, anzugleichen wissen oder es wenigstens versuchen. Bei I. liegt ein bewußtes, aktives Sich-Angleichen vor, wobei die I. meist hinter dem Vorbild zurückbleibt, weil das die I. vollziehende Individuum das fremde Verhalten unvollständig wahrnimmt und oft nicht zur kompletten I. fähig ist. I. liegt auch vielen Lernvorgängen zugrunde (Sprache). I. kommt auch bei Tieren vor.

G. Tarde, Les lois de l'imitation (1890); G. H. Mead, Mind. Self & Society (Chicago 1934); L. v. Wiese, System der Allgemeinen Soziologie ([3]1955); H. Plessner, Diesseits der Utopie (1966).

Imperialismus (lat. *imperium*, Kaiserreich) bezeichnet die ↗Ideologie und Politik, einschließlich der zu dieser erforderlichen militärischen und wirtschaftlichen Operationen, mit dem Ziel einer maximalen geographischen Ausdehnung eines Herrschaftsbereiches. I. ist seit seiner ersten Verwendung um die Mitte des 19. Jahrh. (zuerst in Frankreich, danach in England in der Polemik gegen Disraelis Außen- und

Kolonialpolitik) bis heute ein negativ wertender, polemischer Begriff geblieben, ein Schlagwort im Kampfvokabular verschiedener Gruppen. (Ende der 60er Jahre beschuldigte z. B. die Volksrepublik China sowohl die UdSSR als auch die USA des I.). Es ist (politik)wissenschaftlich unzulässig, jede Form von ↗Hegemonie, von Allianz, Verteidigungspakt, wirtschaftlich-technischer Überlegenheit als I. zu bezeichnen. Josef Schumpeter (1919) versuchte vergeblich, den I. zu einem allgemein beschreibenden Begriff zu machen, der auch außerhalb der europäischen Neuzeit verwendbar sein sollte.

I. im engeren Sinne bedeutet in der antikapitalistischen (sozialistischen, marxistischen, heute insbesondere kommunistischen) Theorie den notwendigen Zusammenhang zwischen kapitalistischen Wirtschaftssystemen und Kolonialismus, also der ausbeuterischen, direkten oder indirekten Herrschaft über außerwestliche, vorindustrielle Gesellschaften (im wesentlichen die Gebiete, die seit etwa 1950 als ↗Entwicklungsländer zusammengefaßt werden). Die Unhaltbarkeit dieser Ausbeutungstheorie der Entwicklungsländer durch kapitalistische Industrieländer zeigt sich u. a. an der Tatsache, daß gerade diejenigen Entwicklungsländer am weitesten entwickelt sind, den relativ höchsten ↗Lebensstandard, die größte Produktivität erreicht haben, die am intensivsten mit der Kultur und Wirtschaft der kapitalistischen Länder in Berührung standen und noch stehen.

Die Empfindlichkeit (angesichts der Weltmeinung) dem Vorwurf des I. gegenüber hat seit dem Ende des Zweiten Weltkrieges in den Beziehungen zwischen Industrieländern und ehemaligen Kolonialgebieten in vielen Fällen vermutlich bewirkt, daß die Enteignungen ausländischer Unternehmen zu keinerlei Sanktionen (fast nie zur Einstellung der staatlichen Entwicklungshilfe) von seiten der Regierungen der westlichen Industrieländer geführt haben.

Individualismus bezeichnet eine dem Individuum und seiner Individualität und den aus individuellen Leistungen stammenden Werten wie ↗Eigentum, Kunstwerken, neuartigen Ideen, ↗Innovationen, ↗Erfindungen günstig (im Gegensatz zum ↗Kollektivismus) gesonnene philosophische Richtung und dieses Wertverhalten des Individuums fördernde und schützende Gesellschaftsordnung.

Individualistisches Verhalten und Selbstverständnis der Personen in einer Gesellschaft und die dafür geeignete Normen und Ausweichnormen bereitstellende ↗Kultur wirken im geschichtlichen Auftreten des I. (Beginn der Neuzeit) wechselweise aufeinander ein. Der I. läßt sich nicht allein aus institutionellen Wandlungen, aus philosophischen und religiösen Systemen, aber ebensowenig aus der Leitbildwirkung einiger weniger Persönlichkeiten (Renaissancemenschen) erklären.

Der I. des abendländischen Menschen wurde z. T. schon angelegt in der vorchristlichen griechischen Antike, danach verstärkt durch die aus dem Christentum stammende Sonderstellung des Menschen (ausgeklammert vom Kontinuum der geschaffenen anorganischen und organischen, nichtmenschlichen Seinsordnung), dann besonders in der Reformation im protestantischen religiösen Selbstverständnis zur Autonomie, auch im Gewissensbereich, verdichtet, in der Aufklärung und ihrem Humanitätsideal reflektiert. Die Weltanschauung, das Menschenbild des I. trug entscheidend zur Entstehung des ↗Kapitalismus, des wirtschaftlichen und politischen Liberalismus, der ↗bürgerlichen Gesellschaft und der wissenschaftlich-technisch geformten Weltzivilisation des 20. Jahrh. bei. Alle kollektivistischen Herrschaftssysteme im 20. Jahrh. und Gemeinschaftsgründungen (z. B. Kibbuzim), gemäß sozialen ↗Utopien dem I. entgegengesetzt, haben ihren heutigen Leistungsstand, ihre dem heutigen Lebensstandard teilweise angeglichene Bedürfnisbefriedigung der eigenen Bevölkerung unter laufender Heranziehung von Innovationen und Verhaltensmustern aus den vom I. geprägten und getragenen Gesellschaftssystemen bewerkstelligen können. Als gemeinsames Merkmal aller unter sich so verschiedenen Bevölkerungen in den unentwickelten Gebieten der Erde ist das Fehlen des I. anzusehen (extrem entwicklungshemmend ist z. B. in Indien die Selbsteinordnung jedes Menschen in ein organisches Kontinuum der Welt, worin Affen, Kühe und andere Lebewesen mit den menschlichen Personen eine unendliche Kette nur graduell verschiedener Wesen bilden).

Aus dem I. kommt es zur Vorstellung und Proklamation der Menschenrechte (Französische Revolution; Gründung der USA), der Selbstbestimmung des Menschen und, was egalitäre, sozialistische Theorien stets übersehen, zur liberalen, privatwirtschaftlichen Marktordnung und ihrem Eigentumsrecht, die allein Menschenrechte, wie Gedankenfreiheit, Freizügigkeit des Wohn- und Arbeitsplatzes, Ein- und Auswanderung über politische Grenzen hinweg, realisierbar machen. Insofern allem sozialen Zusammenleben seit jeher das Prinzip der ↗Gegenseitigkeit innewohnt und zugrunde liegt, ist der ideologische Kontrast zwischen Individuum (und I.) und Gesellschaft wenig sinnvoll. Totalitäre Herrschaftssysteme, wie das des Nationalsozialismus von 1933 bis 1945 in Deutschland, propagierten ausnahmslos die Priorität der Gesellschaft (oder des Volks): „Der einzelne ist nichts, die Gemeinschaft ist alles." Mit dieser Gegenüberstellung gelingt es den Herrschenden, sich im Sinne der auch durch eine Minderheit repräsentierbaren volonté générale (Rousseau) als die (allein entscheidende, allein rationale) ↗Elite zu etablieren und zu legitimieren, die sich damit gegen jede Kritik von seiten eines oder vieler Individuen immunisiert. Die Ende der 60er Jahre im Verhalten der Sowjetunion (im Innern gegenüber ihren Künstlern, Schriftstellern, nach außen z. B. gegenüber dem Reformkurs in der ČSSR) unübersehbar gewordene, systemimmanente Tendenz der Repression jeglicher, noch so theoretischer oder rein künstlerischer Individualität stellt erneut die nach dem Ende des Zweiten Weltkrieges (von Wilhelm Röpke, F. A. v. Hayek u. a.) geäußerte, aber in den 60er Jahren zunächst in der veröffentlichten Meinung zurückgedrängte Frage, ob ein auf dem Prinzip des Kollektivismus gegründetes Herrschaftssystem allein dank des sozialen, wirtschaftlichen, technischen, berufssoziologischen ↗Wandels zu einer Liberalisierung, die wenigstens Enklaven für den I. zuläßt, gelangen kann.

O. Veit, Soziologie der Freiheit (1957); F. Morley, Essays on Individuality (Philadelphia 1958); H. Hoefnagels, Soziologie des Sozialen (1966).

Industrielle Gesellschaft ↗Arbeit, ↗Arbeiter, ↗Automation, ↗Betriebssoziologie, ↗bürgerliche Gesellschaft, ↗Differenzierung, ↗Entwicklungsländer, ↗Klasse, ↗Technik, ↗Wandel (sozialer).

H. v. Beckerath, Großindustrie und Gesellschaftsordnung (1954); R. Bendix, Herrschaft und Industriearbeit (1960); E. Mayo, The Social Problems of an Industrial Civilization (London [4]1962); R. Aron, Die industrielle Gesellschaft (1964); ders., Trois essais sur l'âge industriel (Paris 1966).

Industriesoziologie (↗Betriebssoziologie, ↗Human Relations, ↗Kapitalismus, ↗Rationalisierung, ↗Wirtschaft) ist die Wissenschaft vom Prozeß der Industrialisierung und befaßt sich insbesondere mit den Rückwirkungen dieses Prozesses auf andere soziale Strukturen, auf Verhaltensweisen von Personen und Organisationen in der Gesellschaft. Die I. enthält eine wesentliche historische Dimension, während die Betriebssoziologie sich eher sozialpsychologisch mit den Problemen und Vorgängen in einzelnen Betrieben befaßt. Die Betriebssoziologie untersucht nicht nur industrielle Großbetriebe, sondern kann sich auch mit kleinen handwerklichen Betrieben oder nichtindustriellen Organisationen (Ämtern, Krankenhäusern usw.). beschäftigen. Die I. ist im weiteren Sinne an allen sozial bedeutsamen Vorgängen im Bereich der industrialisierten Wirtschaft interessiert und hat im Zusammenhang mit der Erforschung der Hemmnisse in der Industrialisierung der ↗Entwicklungsländer neue Antriebe erhalten. Die I. berücksichtigt ferner die Beziehungen zwischen den Wirtschaftsverbänden, Unternehmungen und Industrien, das aus der Industrialisierung stammende ↗Freizeitproblem, die Veränderungen im Konsumverhalten, die Rolle der Industriewerbung.

Renate Mayntz, Die soziale Organisation des Industriebetriebes (1958); M. R. Lepsius, Strukturen und Wandlungen im Industriebetrieb (1960); R. Dahrendorf, Industrie- und Betriebssoziologie ([3]1965); F. Fürstenberg (Hrsg.), Industriesoziologie, Bd. I ([2]1966); H. Kluth, Soziologie der Großbetriebe (1968); W. Burisch, Industrie- und Betriebssoziologie (1969).

Information heißt in der Soziologie, im Sinne der Kommunikationswissenschaft, jede zur Weitergabe geeignete, in der Regel auch dazu (u. U. gefiltert, kanalisiert) bestimmte, für den Empfänger als I. erkenn- oder entschlüsselbare Wisseneinheit. I. vollzieht sich über eine Nachricht (*message*). I. kann sowohl den Vorgang der Botschaftübermittlung als auch den jeweiligen Inhalt eines solchen Vorganges bezeichnen. Wahrheitsgehalt, Echtheit, Vollständigkeit oder Selektivität einer I. bleiben in der Theorie und Analyse der I. zunächst unberücksichtigt. Grundsätzlich kann jeder Sinnträger und jede Reihe oder Gruppe von Symbolen zur I. werden. In der Regel findet I. dort statt, wo Sender und Empfänger eine I. vereinbart haben, wo sie erwartet wird. Jedes soziale ↗System braucht für sein Funktionieren einen ausreichenden I.fluß, meist mit ↗Feedback, wobei die ↗Hierarchie des Systems den Rücklauf von I. (den Rückmeldevorgang) ungünstig beeinflussen kann. I. kann nicht nur selektiv an die Peripherie eines sozialen Systems gelangen, sondern auch, beeinflußt etwa durch informelle ↗Gruppen in einer Betriebshierarchie, einer ↗Organisation, selektiv an die Führungsspitze zurückkommen und eventuell zu Fehlentscheidungen führen. Eine Hauptaufgabe der ↗Bürokratie ist die rationale und funktionsoptimale Verteilung von I. Die Bürokratie steuert den I.fluß, kann aber auch weitgehend funktionsunfähig (gelähmt) werden, wenn sie von den untergeordneten Teilorganen, aus bürokratischem Perfektionismus, aus Angst der Führung, unzureichend informiert zu werden, einen I.-rückfluß so großen Volumens institutionalisiert, der nicht mehr rational ausgewertet werden kann (dieser Zustand ist z. B. nach verschiedenen Untersuchungen im Außenministerium der USA in den Jahrzehnten nach dem Zweiten Weltkrieg allmählich erreicht worden). Die ↗Betriebs- und Organisationssoziologie, unter Heranziehung kybernetischer Modelle, ist heute weitgehend I.soziologie.

Die moderne mathematische I.theorie wurde zuerst für Aufgabenlösung in der Nachrichtenübermittlung (z. B. optimale I.menge für eine Flugsicherungszentrale) geschaffen. Die I.theorie unterscheidet bei jeder Nachricht (*message*) zwischen dieser und der eigentlichen I.: formal identische Nachrichten(blöcke) können unterschiedliche Mengen an I. enthalten. Kenntnis der inneren (z. B. sprachgebundenen) und äußeren (technischen, optischen, akustischen usw.) Bedingungen für eine optimale Relation zwischen Nachrichten(fluß) und I.menge ist auf zahlreichen Gebieten der Kommunikation (↗Werbung, militärischer und diplomatischer Nachrichtendienst, pädagogische Didaktik [programmiertes Lernen], ↗Propaganda, Programmgestaltung und Textredaktion in Rundfunk und Fernsehen usw.) notwendig.

Jede I. braucht für ihre Übermittlung einen Kanal. In diesem wird die I. meist beeinträchtigt und/oder verändert. Der Idealfall einer identischen I. beim Abgang vom Sender und beim Empfang ist selten gegeben, kann aber aufgrund der I.theorie und ihrer Experimente mit I. annähernd erreicht werden. Jede Art von Kanal für I. hat eine angebbare Kapazität für I. Die Relation von I. und Kapazität muß so eingerichtet werden, daß die Fehlerwahrscheinlichkeit im Übertragungsvorgang möglichst klein wird.

S. Goldman, Information Theory (Englewood Cliffs, N. J. 1953); C. Cherry, On Human Communication (London 1957); R. Clausse, Publikum und Information (1962); R. B. Ash, Information Theory (New York 1965); K. Steinbuch, Die informierte Gesellschaft (1966); W. Krelle, Präferenz- und Entscheidungstheorie (1968); H. Seiffert, Information über die Information (1968).

Informelle Gruppe ↗Betriebssoziologie, ↗Clique, ↗Gruppe, ↗Kleingruppenforschung.

Infrastruktur, (seit Mitte der 50er Jahre) ein Grundbegriff der (wirtschaftswissenschaftlich orientierten) Entwicklungssoziologie für die Grund- oder Ausgangsstruktur, deren völliges oder teilweises Fehlen in den ↗Entwicklungsländern ein mit ihrem Bevölkerungswachstum Schritt haltendes wirtschaftliches Wachstum nicht zuläßt. I. ist zunächst wörtlich zu verstehen: sie umfaßt all das, was eine Gesellschaft und ihre Wirtschaft trägt, was auf oder in der Erde für sie angelegt worden ist: Straßen, Häfen, Kanäle für Transport und Bewässerung, Eisenbahnstrecken, Kabel für elektrische Energie und Fernmeldesysteme, Kanalisation und Wasserleitungen in den Wohngebieten. Darüber hinaus umfaßt die I. aber auch soziale und politische Strukturen, die für wirtschaftlich-technische Entwicklung erforderlich sind: allgemeines Bildungswesen, Berufsausbildungsmöglichkeiten, öffentliches Gesundheitswesen, ärztliche Versorgung, ein Staatswesen, das rationale Wirtschaftstätigkeit nicht behindert, eine Rechtsordnung. Die I. ist das Ergebnis meist erheblicher Kapitalinvestitionen, aber auch soziokultureller Faktoren, die eine zweckrationale, optimale, d. h. rentable Kapitalinvestition ermöglichen. In den ersten 20 Jahren der von den Industrieländern (USA, BRD, UK., Frankreich, Japan und, in weitem Abstand, der UdSSR u. a.) an die Entwicklungsländer geleisteten Entwicklungshilfe sind beim Aufbau der I. riesige Mittel ziemlich ergebnislos vergeben und verplant worden, weil man vielfach die I., nach dem Vorbild einiger Industrieländer, auf für das jeweilige Entwicklungsland ungeeignete Projekte konzentrierte (Schwerindustrie unter Vernachlässigung der landwirtschaftlichen I.; dies besonders in Indien). Bei der Finanzierung einer I. für ein bestimmtes Entwicklungsland wurde bisher oft Prestigewünschen seiner Politiker nachgegeben (eigene internationale Fluglinien, Stahlwerke anstelle der „banalen" Rationalisierung und Mechanisierung des Agrarsektors). Übersehen wurde bei der bisherigen Entwicklungshilfe auch oft, daß die I. der Industrieländer in einer bestimmten Reihenfolge ihrer Segmente entstanden war: die I. für Produktivitätssteigerung kam vor der I., die die Sterblichkeitsrate senkte.
Rückwirkend von der Beschäftigung mit den Entwicklungsländern tritt der Begriff I. in den 60er Jahren mehr und mehr auch in (politisch forcierten) Planungen für die bisherigen Industrieländer auf (z. B. Forderung einer besseren I. durch Bildungsplanung, Schulreform usw.).

Inhaltsanalyse (amerikanisch *content analysis*, diese seit den frühen 30er Jahren; voll entwickelt in den 40er Jahren, teilweise als Auftragsforschung im Zweiten Weltkrieg), eine Form der Dokumentenanalyse für sozialwissenschaftliche Fragestellungen. Die I. untersucht quantitativ (quantifizierend) die Inhalte von Kommunikationen jeder Art

(Nachrichten in Presse und Rundfunk, Bildreportagen, Dichtwerke, Wochenschaufilme, illustrierte Zeitschriften, Protokolle von Parlamentsdebatten, ↗Werbung, ↗Propaganda usw.). Als Inhalt kann alles gelten, was zum Zweck einer Kommunikation produziert wurde: gedruckte und gesprochene Sprachtexte, Bilder, Symbole (z. B. Zeigen oder Nicht-Zeigen einer Landesfahne), Tonfolgen. Anfänglich konnte die I. nur den *manifesten* Inhalt berücksichtigen. Die *latente* Absicht oder Wirkung (im Sinne von R. K. Mertons Unterscheidung zwischen latenter und manifester Funktion) ist weit schwerer zu erkunden. Erst während der 60er Jahre ist es mit Hilfe der elektronischen Datenverarbeitungsanlagen (Computer) und der für sie entwickelten Symboltransformationsverfahren (z. B. Verwandlung einer Normalsprache in eine computergerechte knappe Begriffssprache) möglich geworden, so große Materialmengen der I. zu unterziehen und nach den verschiedensten Korrelationsmöglichkeiten durch den Computer prüfen zu lassen, daß auch latente Inhalte z. T. erforschbar werden.
Die I. geht von der praktischen Identität der Symbolbedeutung beim Urheber und beim beabsichtigten Empfänger der Kommunikation aus. Die Häufigkeit eines Symbols gilt ihr als Maß für seine Bedeutung im Kommunikationsvorgang (je nach den Umständen kann häufiges oder seltenes Erscheinen eines Symbols für die Prognose der Absichten des Urhebers aufschlußreich sein: etwa im Vorfeld eines internationalen Konflikts, bei der I. der Rundfunksendungen eines staatlich kontrollierten Senders). Die I. muß ferner die Stellung des gezählten Symbols in seiner Umgebung im Kommunikationsfluß berücksichtigen (*contextual analysis*, C. E. Osgood).
Vorläufer der I. war in der zweiten Hälfte des 19. Jahrh. z. T. die allg. Sprachwissenschaft. Auch heute bedienen sich Linguistik und Literaturwissenschaft unter Heranziehung von Großrechenanlagen der I., z. B. bei der Entscheidung über eine umstrittene Urheberschaft (Vergleich der I. eines authentischen mit dem fraglichen Text des Dichters). Gesellschaftskritisch versucht die I. auch auf Bewußtseinsstand, Vorurteile, geheime Wünsche usw. des typischen Publikums für bestimmte Presseerzeugnisse oder Fernsehsendungen zu schließen.

B. Berelson, Content Analysis and Communiacation Research (New York 1965); R. König (Hrsg.), Handbuch der empirischen Sozialforschung, Bd. 1 ([2]1967).

Initiation, meist unter vorgeschriebenen Riten ausgeführte, u. U. stufenweise Aufnahme eines neuen Mitglieds in eine exklusive Gruppe. Wesentlicher Inhalt im Leben der Naturvölker, z. B. Aufnahme in Altersgruppen, Männerbünde bei Erreichen des wehrfähigen Alters (Knabenweihe), seltener für Mädchen. Naturvölker kennen auch die Geheimgesellschaften innerhalb des Stammes mit abschreckenden Initiationsriten. I. geht oft mit körperlicher Verletzung (Beschneidung, Zahnausschlagen), Mutproben vor sich. In diesen Bräuchen spiegeln sich Generationenkonflikte. Grausame, selbst lebensgefährliche

I.bräuche finden sich aber auch bei Gruppen, Bünden, Cliquen in den modernen Industriegesellschaften, z. B. bei studentischen Bruderschaften und Schwesterschaften Nordamerikas.

R. Thurnwald, Die menschliche Gesellschaft in ihren ethno-soziologischen Grundlagen, Bd. 2 (1932); A. E. Jensen, Beschneidung und Reifezeremonien bei Naturvölkern (1933).

Innovation nennt man eine Neuerung, die für eine größere Anzahl von Menschen nachhaltige Folgen hat. I.en gehen meistens von neuerungsbeflissenen einzelnen aus, die (in verschiedenen Gesellschaften in unterschiedlicher Zahl vorhanden) sich in einer Lage befinden, die es erlaubt, die ↗Tradition auf einem bestimmten Gebiet zu durchbrechen. Das Problem der I. steht seit 1950 dank der zunehmenden Beschäftigung mit ↗Entwicklungsländern im Mittelpunkt der sozialwissenschaftlichen Forschung. I.en werden fast immer im Namen von ↗Fortschritt, von Verbesserung herbeigeführt, können aber auch durch unvorhergesehene Nebenwirkungen in einer Gesellschaft, in einer Wirtschaft, Kirche, Rechtssystem usw. neue Hemmungen, Fehlleistungen, Reibungsverluste auslösen, die den Gesamtzustand, verglichen mit dem vor der I., wünschenswerter erscheinen läßt. Gesellschaften, deren Wohlergehen von einem stetigen technischen Fortschritt abhängen, müssen ein soziales Klima gewähren, das ein Höchstmaß an I.-bereitschaft zuläßt. Die ausreichende oder notwendige Zahl und Richtung künftiger I.en kann grundsätzlich nicht vorausberechnet werden, worin eine Hauptschwierigkeit der Planung liegt. ↗Bürokratien und autoritäre bzw. totalitäre Systeme erzielen eine nennenswerte I.rate meist nur auf Gebieten, die ihnen als förderungswürdig gelten. I. kann sowohl eine Erfindung als auch ihre Entwicklung und Anwendung sein. Sozialer ↗Wandel.

H. G. Barnett, Innovation. The Basis of Cultural Change (New York 1953); E. M. Rogers, Diffusion of Innovations (New York 1962); J. A. Allen, Scientific Innovation and Industrial Prosperity (Amsterdam 1967); K. Kiefer, Die Diffusion von Neuerungen (1967); H. Klages, Rationalität und Spontaneität. Innovationswege der modernen Großforschung (1967).

Instinkt nennt man eine regelmäßig auf bestimmte Umweltreize folgende, vererbbare Verhaltensweise eines tierischen Organismus, die ohne Einschaltung von Bewußtseinsvorgängen (meist reflexartig) ausgelöst und gesteuert wird. Die I.handlung ist für jedes Individuum einer Art, ihrer ↗Umwelt entsprechend, in der Phylogenese, durch Auslesevorgänge (Darwins Theorie) entstandene Programmierung körperlich-seelischer Abläufe (endokriner, vegetativer, zentralnervöser, muskulärer Art), die das Überleben des einzelnen Organismus und der ganzen Art gewährleisten. Der I. ist ein automatischer Ablauf äußeren und inneren (Hormonspiegelveränderungen) Verhaltens mit einem, von den Bedürfnissen des Lebewesens her gesehen, erkennbaren Ziel. Die verschiedensten typischen, meist einem Muster folgenden Verhaltensweisen von Tieren werden als I. bezeichnet: Nestbau, Territoriumsverteidigung, Paarung, Schutz der Jungen.
Im Gegensatz zum I. kann ein (Natur)trieb *(basic drive)* auch

(wenigstens teilweise) erworben sein. Der Trieb ist allgemeiner: er veranlaßt den Organismus zu einem Verhalten, das der Triebbefriedigung dient, zeichnet aber, im Gegensatz zum I., die Art und Weise dieser Befriedigung nicht vor, läßt Alternativen zu. Der Hungertrieb löst auf seine Stillung gerichtetes Verhalten aus, das aber durch eine gegebene Umweltsituation modifiziert wird.
Inwieweit echte I.e teilweise auch das menschliche (Sozial)verhalten steuern oder beeinflussen, ist umstritten. Die I.lehre von W. MacDougall (elf Haupt-I.e), die I.theorie des amerikanischen Behaviourismus oder die Annahme eines allgemeinen menschlichen Herden-I. werden heute abgelehnt. Nach einer wissenschaftsgeschichtlichen Phase extremen Umweltdeterminismus des menschlichen Verhaltens, dem Versuche einer Erklärung ausschließlich über die ↗Kultur des Menschen und der erlernbaren Verhaltensweisen, wird seit den 50er Jahren von der vergleichenden Verhaltensphysiologie (Ethologie), der tierischen Verhaltensforschung (K. Lorenz, Tinbergen u. a.) zunehmend der Versuch unternommen, bestimmte universale Verhaltensweisen beim Menschen (↗Aggression, Revier- und Imponierverhalten) auf Verhaltensschematisierungen vor der Menschwerdung zurückzuführen.

A. Portmann, Das Tier als soziales Wesen (1953); K. Lorenz, Über tierisches und menschliches Verhalten, Bd. 1 (1965); F. Keiter, Verhaltensbiologie des Menschen (1966); K. Lorenz u. P. Leyhausen, Antriebe tierischen und menschlichen Verhaltens (1968); D. Claessens, Instinkt, Psyche, Geltung (1968).

Institution ist ein umstrittener Begriff. In die Soziologie eingeführt wurde er hauptsächlich von Herbert Spencer, der häusliche, sakrale, politische, berufliche, wirtschaftliche und andere I.en unterschied. Für Leopold v. Wiese ist eine I. „jedes vergleichsweise kleinere Sozialgebilde, das von einem größeren als ihm teilweise dienstbar angesehen wird". In der amerikanischen Soziologie versteht man unter I. sowohl jedes Mittel als auch jeden Tätigkeitsbereich, die von einer größeren ↗Gruppe absichtlich zu einem bestimmten Zweck eingerichtet werden (F. H. Hankins). In diesem Sinne betrachtet René König als I. allein die für die Aktivitäten einer Gruppe bezeichnenden und feststehenden Formen oder Bedingungen des Verfahrens zu einem bestimmten Zweck; die I. ist für König also nur die Art und Weise, wie bestimmte Dinge getan werden müssen. L. v. Wiese hält die zahlreichen Definitionsversuche der I. für weniger fruchtbar als die Darstellung der eigentlichen Entwicklung der verschiedenen I.en. Für ihn ist der Versuch, die I. als einen bestimmten Haufen von sozialen Gebilden anderen Mehrschaften gegenüberzustellen, falsch, da es sich beim Begriff der I. um eine Betrachtungsweise aller Körperschaften, ja sogar aller Gruppen handle (auch P. A. Sorokin setzt I. mit organisierter Gruppe gleich). Nach v. Wiese sollte man, streng genommen, I. als eine Handlung, als die Schaffung eines Instituts, als die Institutionalisierung vom Begriff des bestehenden Instituts trennen. Das Funktionieren und die Aufrechterhaltung der I. ist durch das Recht, oft aber auch (nur) durch die Sitte gewährleistet. Unterscheiden muß man die I. von der ↗Assoziation (MacIver): eine Gruppe, die im Sinne einer I. standardisierte Handlungen ausführt, ist eine Assoziation und keine I. Eine Kirche ist eine Assoziation, aber ihre Dienstleistungen an die Gemeinschaft sind ihre I. Ein Individuum kann zu einer Assoziation gehören, aber nie zu einer I.

Ch. H. Cooley, Social Organization (New York 1909); J. K. Feibleman, The Institutions of Society (London 1956); R. Thurnwald, Grundfragen menschlicher Gesellung (1957); A. Gehlen, Anthropologische Forschung (1961); F. Jonas, Die Institutionenlehre Arnold Gehlens (1966).

Integration bedeutet allgemein Wiederherstellung oder Vervollständigung, in der Soziologie also vor allem die Verbindung einer Vielheit von einzelnen Personen oder Gruppen zu einer (gesellschaftlichen) Einheit oder Einigkeit. I. kann als Prozeß aufgefaßt werden, der ein selbständiges Nebeneinander wirtschaftlicher oder politischer Vorgänge und Einrichtungen zu einem übergeordneten Ganzen zusammenschließt. Zu fragen ist dabei immer, wie selbständig, wie autonom (aber nicht notwendigerweise autark und selbstbestimmt) die der I. unterliegenden Teile bleiben. Das bloße Nebeneinander von nichtintegrierten, nicht integriert sein wollenden oder nicht integrierbaren sozialen Einheiten gilt heute manchen als fortschrittswidrig. Dabei muß bloßes Nebeneinander in einer Gesellschaft nicht immer ein Übereinander bedeuten (das Nebeneinander von öffentlichen und privaten Bildungseinrichtungen, das Nebeneinander von verschiedenen Bildungszweigen innerhalb des öffentlichen Bildungswesens). Ein Nebeneinander kann Vorteile bieten; z. B. ist das Nebeneinander von unabhängigen Einrichtungen für das Auftreten brauchbarer Neuerungen günstiger als eine I., bei der alle diese nebeneinander bestehenden Einrichtungen unter eine Zentrale und ihre Direktiven gebracht werden. Sowohl der Begriff Übergeordnet-Sein als auch der von einem Ganzen oder einer Ganzheit ist im gesellschaftlichen Bereich unklar. Was das Ganze ist, sein kann oder sein soll, läßt sich vielleicht philosophisch ausführen, aber in der sozialen Praxis wird es meistens von dem bestimmt, der die Macht hat, das als Ganzes zu erklären, wohin er seinen Machtbereich durch I. erstreckt sehen will. Der Ganzheitsbegriff der Biologie in der Soziologie, die organologische Gesellschaftstheorie, gelten heute als unbrauchbar.
Der zusammenschließende Prozeß bei der I. kann ein bloßes Aufeinanderabstimmen, ein Synchronisieren oder Koordinieren sein; es kann aber auch ein autoritäres Zusammenschweißen, ein Reglementieren darunter verstanden werden. Wer leitet einen I.prozeß ein? Kommt er aus sozialen, geschichtlichen, wirtschaftlichen Ursachen allmählich in Gang, oder wird die I. geplant? I. verlangt und meint viel mehr als Koordination, die mehr aufgabenbezogen und vorübergehend sein kann (die Truppen mehrerer Verbündeter können ihre Bewegungen koordinieren, aber sie brauchen weder während des Krieges noch danach an eine I. ihrer Länder oder Streitkräfte zu denken). Noch weniger Zusammenschluß erfordert die Synchronisation. Eine Rolle spielt der Begriff der I. bereits bei Herbert Spencer, für den I. der

Gegensatz zur ↗Differenzierung ist. Ohne entsprechende Vorgänge der Differenzierung läßt sich kaum von I. reden. L. v. Wiese nennt soziale Prozesse „des Zueinanders" integrierende Prozesse (der Uniformierung, Einordnung und Sozialisierung). O. H. v. d. Gablentz meint, wenn man heute von der I. Europas oder der zunehmenden I. der Menschheit spreche, sei damit immer zugleich „die zur gegenseitigen Abhängigkeit führende Differenzierung gemeint". Die meisten soziologischen Begriffsbestimmungen betonen bei der I., daß es sich um Vorgänge handle, die „den Charakter eines sozialen Gebildes als Gestalt verstärken". Jedenfalls handelt es sich bei der I. stets um Einfügung in ein bereits bestehendes Gebilde und nicht um eine bloße Anfügung. Hervorgehoben wird, daß man von I. dort sprechen könne, wo die Beteiligten, mehr oder weniger bewußt, den Sinn des Zusammenschlusses bejahen. Die politische Soziologie und die Staatslehre gebrauchen den Begriff der I. für die das „Ganze erhaltenden Prozesse, die durch den Bezug auf den Sinn des Ganzen in Gang gehalten werden". Eine Gesellschaft kann durch ihre Religion integriert werden, aber auch durch politische oder geschichtliche Vorstellungen, vor allem dann, wenn diese sich weitgehend vereinfachen lassen (I. des amerikanischen Volkes zur Nation dank der relativ einfachen, „zweidimensionalen" Geschichte der USA). Der Staatsrechtler Rudolf Smend hat 1928 eine I.lehre vorgelegt, die ihren Gegenstand auf verstehende Weise erfassen will. Danach kann man sich das Individuum nur intentional auf andere bezogen vorstellen. Diese I. sei teils ein Erlebniszusammenhang, teils die Wirkung der das Gemeinwesen tragenden Faktoren. Im übrigen sei dieser I.vorgang weithin unbewußt. In ähnlicher Weise haben sich verschiedene Soziologen geäußert.

Die I. aller Lebensbereiche in unserer Zeit schafft neue Probleme, erschwert Korrekturen z. B. von sozialpolitischen Fehlentwicklungen, weil der Sektor, in dem sie vorgenommen werden müssen, bereits mit den analogen Sektoren anderer Länder integriert ist. Für die gesetzliche Krankheitskostenversicherung gibt es beispielsweise verschiedene Systeme im EWG-Bereich. Sobald diese Sozialversicherungssysteme in der EWG integriert sind — auf dem niedrigsten gemeinsamen Nenner des politisch Möglichen —, dürften Reformen viel schwerer durchzusetzen sein.

Das Wort I. dürfte heute bereits eine Eigendynamik haben, die von sich aus zu sozialen Forderungen führt, sobald es auf ein Feld der Gesellschaft angewandt wird. Andererseits laufen in heutigen Gesellschaften und ihren Teilinstitutionen (Bildungswesen, Wirtschaft, Recht, Sozialversicherung usw.) aus verschiedenen Ursachen Prozesse der I. ab, ein sozialer ↗Wandel findet statt, auf den das Wort I. als beschreibender Begriff anzuwenden ist.

G. H. Mead, Mind, Self & Society (Chicago 1934); G. Wurzbacher, Der Mensch als soziales und personales Wesen (1963); J. E. Bergmann, Die Theorie des sozialen Systems von T. Parsons (1967); H. Hartmann, Moderne amerikanische Soziologie (1967).

Intellektuelle nennt man, im Anschluß an die ↗ *Intelligentsia* Rußlands, die sich ihrer Rolle, ihrer Mission als I. pointiert bewußten Angehörigen der Intelligenzschicht einer Gesellschaft, die, mehr als andere ↗ Schichten oder ↗ Klassen, zur internationalen ↗ Solidarität neigen. Vor allem zwischen den beiden Weltkriegen haben einige Soziologen eine Theorie und Phänomenologie der I. versucht (Karl Mannheim, Theodor Geiger u. a.) Der Begriff I. ist heute in den meisten Sprachen im gleichen Sinne geläufig, auch in den Entwicklungsländern, bietet aber einige Schwierigkeiten. So ist es, wie Egon Bergel hervorhebt, praktisch unmöglich, den relativen Rang der I.gruppe innerhalb der Gesamtgesellschaft festzustellen, während dies bei den konventionellen sozialen Klassen kein Problem bietet („The intellectual — taking the typical case — will hardly admit that he is inferior to anyone. He regards himself as being on the top and all others inferior, and measured by intellectual standards, he is right"). Aber man müßte wissen, wo ihn die Gesellschaft einstuft. Bergel schlägt vor, sich die I.n als eine Sondergruppe außerhalb aller anderen Klassen vorzustellen, aber innerhalb einer gegebenen Klassenordnung. Er vergleicht die I. mit den religiösen Orden, vor allem in katholischen Ländern, da Mönche auch aus sämtlichen Schichten kämen, ihr Status völlig vom Träger errungen werden muß und weder weitergegeben noch vererbt werden kann. In gewissem Sinne seien die modernen I.n das säkularisierte Gegenstück zu den Mönchen. Von der Gesellschaftsstruktur her gesehen sei, wie Bergel meint, die I.gruppe eine Anomalie. Denn ihre Existenz sei in keiner Weise eine Voraussetzung für das gesamte Schichtungssystem. Die meisten Gesellschaften kamen ohne sie aus, und auch heute noch gibt es einige Klassengesellschaften ohne sozial wirksame I.gruppen, z. B. einige kleinere lateinamerikanische Länder. Die meisten Beschreibungen der I.schicht erwähnen ihre Rolle als die einer permanenten ↗ Opposition in der Gesellschaft. Carl Brinkmann definierte sie so, Bergel schließt sich an. Begreiflicherweise gehört deshalb die Anklage des Negativismus oder ↗ Nihilismus zu den häufigsten, die gegen I. geäußert werden, und die I.n wiederum halten alle anderen für Heuchler und Reaktionäre (E. E. Bergel, Social Stratification, New York 1962).

Wenn auch die I.n fast immer Antitraditionalisten sein werden, kann man sie nicht ohne weiteres ausschließlich zu Progressiven oder Progressivisten erklären. Die typischen I.n der Romantik beispielsweise blickten alle in die Vergangenheit, und zwar in eine, die es nie gegeben hatte.

Wie bei der Analyse jeder sozialen ↗ Schicht und ↗ Elite gehört die Frage nach der Rekrutierung der I.n zu den wichtigsten, weil die Antwort in der Regel auch die ↗ Ideologie, die Gesinnung der Intelligenzschicht verständlich macht. „Ist die Intelligenz einer Kulturgesellschaft einseitig aus den Abkömmlingen einer bestimmten sozialen Schicht rekrutiert, wird sie sich in der Regel dieser ihrer Mutterschicht zugehörig fühlen. Ihre Leistungen, vor allem die musischen und metaphysischen, werden dem sozialen Habitus der Mutterschicht Ausdruck verleihen. Eine von anderen sozialen Schichten stammende Minderheit wird ziemlich widerstandslos aufgesogen und angepaßt werden" (Th. Geiger). Wenn jeweils nur wenige Menschen in einer Generation aus unteren (oder jedenfalls von der Intelligenz verschiedenen) Schichten in diese durch persönliche Leistung eintreten, würden sie nach Geiger zwangsläufig assimiliert. Die soziale Abstammung wird verleugnet, oder man kokettiert höchstens mit ihr, um den eigenen Aufstieg noch zu unterstreichen. Weder bei K. Mannheim noch bei Th. Geiger wird jedoch genau unterschieden zwischen einer Rekrutierung der Intelligenzschicht aus zugehörigen Elternhäusern — der Vater war bereits freier Schriftsteller — oder aus nicht eigentlich intellektuellen Elitefamilien — der Vater war beispielsweise Wirtschaftsführer. Die möglichen Kombinationen sind also weit zahlreicher und komplizierter. Im 20. Jahrh. ist eine homogene Ursprungsschicht für die Mehrheit der I.n nicht mehr vorhanden. Sowohl Mannheim als auch Geiger verstehen somit unter „Intelligenz" eine „demokratisch, d. h. aus Nachwuchs aller Schichten paritätisch zusammengesetzte" Gruppe, die deshalb sozusagen über allen anderen interessengebundenen Klassen in der Gesellschaft sich in freier Schwebe halten kann. Mannheim glaubte, die heterogene Intelligenz habe über den Verlust ihrer inneren Gleichartigkeit auch den Kulturprozeß selbst geschmälert.

Die negative Folge der modernen Erweiterung der Aufstiegsmöglichkeiten durch Bildung ist die Proletarisierung der I.n. Als unmittelbare Folge eines Überangebots der Akademiker sinkt nicht allein der soziale Wert der geistigen Berufe, sondern eine bedenkliche Erscheinung kommt hinzu: daß nämlich die kulturelle und geistige Tätigkeit in der öffentlichen Meinung geringer geschätzt, verharmlost wird. Eine funktionelle Abhängigkeit zwischen dem sozialen Wert der geistigen Arbeit und der sozialen Stellung ihrer Schöpfer wird angenommen. Mannheim schrieb: „The glut of intellectuals decreases the value of the intellectuals and of intellectual culture itself." Solche Abhängigkeiten schwanken. Etwa hundert Jahre lang war die Emanzipation der Intellektuellen, mit ihrer Plastizität des Geistes und dem tiefen Sinn für moralische Verantwortlichkeit, eine menschliche Errungenschaft. Erst von einer gewissen Breite des Zugangs zur Bildung ab würden die Klassen, aus denen die I.n kamen, selbst wieder zu Schranken der intellektuellen Schöpferkraft. Immer mehr gewinne, wie Mannheim später glaubte, die begrenzte Intelligenz und Wertsicht des Durchschnitts allgemeine Achtung und wird beschleunigt zu einem Modell, dem sich das Volk anzugleichen strebt. Die unteren Klassen assimilieren sich an die Oberklassen; diese werden nivelliert und mit ihnen auch die Struktur der geistigen Gebilde.

Dieser skeptischen Auffassung hält Th. Geiger jedoch auch entgegen, daß die soziale Herkunft und Zusammensetzung der Intelligenz nach allgemeinen soziologischen Gesetzlichkeiten eine Neu-Integration wahrscheinlich machen würde. Die Entfaltung eines für die Intelligenz als solche bezeichnenden Sozialbewußtseins, in dem deren Mitglieder sich jenseits der die übrige Gesellschaft durchziehenden Klassengrenzen solidarisch fühlten, wäre denkbar. In Wirklichkeit aber entwickelt die Intelligenz fast nirgends ein ihr eigenes Kollektivbewußtsein, „vermutlich aus dem einfachen Grunde, weil ihre spezifische Funktion in so entschiedener Weise solitär und individuell ist."

Es wäre nun zu fragen, inwieweit eine solche an sich nicht homogene I.schicht oder -gruppe a) von der Gesellschaft als integrierte, geschlossene Sonderklasse mißverstanden werden kann oder b) sich dieser gegenüber als geschlossene Gruppe gibt, ohne es zu sein, oder c) durch eine mehr oder minder einheitliche Haltung der Gesellschaft ihren Intellektuellen gegenüber trotz der heterogenen Herkunft ihre Mitglieder zu einer echt, mit einheitlichem Sozialbewußtsein erfüllten Sonderklasse zusammengeschweißt wird? Es würde sich z. B. für die Vereinigten Staaten nachweisen lassen, daß es zu bestimmten Zeiten und innerhalb gewisser Grenzen eben doch ein gesondertes Sozialbewußtsein der sogenannten I.n im Gegensatz zur Gesellschaft geben kann, gleichgültig aus wieviel verschiedenen Schichten diese Intelligenz sich rekrutiert hat.

Mannheim glaubte im Gegensatz zu Geiger, daß der Mangel an innerem Zusammenhalt bei den I.n den Kulturprozeß schädige, da die Stileinheit fehle: Geistesschöpfungen gegensätzlichen Gepräges stünden in Konkurrenz und neutralisierten einander. Die breite Öffentlichkeit empfinde sie daher nicht mehr als stilbestimmend und richtunggebend, vorbildlich und verpflichtend, sondern als ein kunterbuntes Mancherlei, aus dem man nach Belieben und Geschmack sich sättigen möge. Geiger meint nun, der Sache nach seien Mannheims Schlußfolgerungen richtig, völlig verfehlt sei es aber, hierin eine Schwächung des Kulturprozesses zu sehen. Geiger stößt sich an Begriffen oder Denkkategorien Mannheims, die dieser teils von Hegel, teils von Wilhelm Dilthey übernommen hat, nämlich die objektive Geltung der Kulturwerte bzw. das Stilgepräge der Kultur. Geiger meint: „Innerhalb *eines* Leistungsgebietes, nämlich des erfahrungswissenschaftlichen, herrscht ja von vornherein eine völlig andere Strukturgesetzlichkeit. Keine Mannigfaltigkeit gleichzeitiger Stilrichtungen kann hier die verpflichtende Kraft und objektive Geltung der Kulturbestände aufheben, denn auf diesem Gebiet ist Übereinstimmung mit der Wirklichkeit der einzige Wertmaßstab, jedes ‚Stilgepräge' aber ist dem fremd. Wendet man sich aber den metaphysischen und insbesondere den musischen Leistungen zu, in denen der ‚Geistesstil' freies Spiel hat — was ist hier eigentlich geschehen? Die von der Intelligenz geschaffenen repräsentativen Bestände sind nicht mehr eindeutig durch den sozialen Habitus einer einzelnen Gesellschaftsschicht bestimmt."

Im Gegensatz zu Mannheim begrüßt Geiger die Auflösung eines einheitlichen Kulturstils, die Möglichkeit diffuser Mannigfaltigkeit, den freien Wettbewerb aller geistigen Impulse, den Verlust jeder objektiven Geltung der Kulturwerte. Geiger wirft Mannheim vor, er habe in seiner späteren Schrift „Diagnose unserer Zeit" den an die nationalsozialistische Kulturdiktatur erinnernden Begriff der Gleichschaltung verschämt als „Harmonisierung" oder „Angleichung" der Wertungen oder mit ähnlichen scheindemokratischen Ausdrücken verkleidet.

Die umfassendste und differenzierendste Analyse der I.n versuchte K. Mannheim als Teil seiner ↗Wissenssoziologie in dem Werk „Ideologie und Utopie" (1929). Er geht dabei von der Beobachtung aus, daß es Zirkel, Cliquen von I.n gibt, die, weil sie in großer Libertinage zu leben und denken gewohnt sind, um einige Vorurteile erleichtert und mit zahlreichen Partialaspekten bereichert, das politische Feld zutreffender beurteilen können als der sozial festgelegtere Mensch, dem nur *eine* tradierte Perspektive zur Verfügung steht. Bei der „freischwebenden Intelligenz", verstanden als Schicht, sollen sich zahlreiche Tendenzen („real") gegenseitig durchdringen. K. Mannheim stellte sich diese Durchdringung der Tendenzen ähnlich vor wie die Entstehung eines homogenen Gemisches in einem geschlossenen Gefäß, das verschiedene Gasmoleküle enthält. Es sind aber gerade die verschiedenen sozialen „Kinderstuben", die bei einer Schicht von Menschen (etwa Journalisten, Musiker, Maler), die eine Berufsgattung zusammenführte, jene letzte Einigung über bestimmte Fragen, die „Synthese", doch auch wieder ausschließen könnte.

Mannheim schreibt der Intelligenz, im Gegensatz zur „Standortgebundenheit" jeglichen politischen Aspektes, jeder Partei einen synthetischen Standpunkt zu, aber fragt dann: „Wie soll man sich den sozialen und politischen Träger der jeweiligen Synthese vorstellen?" Unter Verwendung des von Alfred Weber geprägten Begriffes nimmt Mannheim dafür die „sozial freischwebende Intelligenz" an. Aber was sind die wirklichen Konstanten in der Existenz der I.n? Fast jedes Wort des folgenden Satzes, in dem er diesen I.typ schildert, wirft weitere Fragen auf: „Diese zur Synthese geeignete Haltung erfordert ein *eigentümliches Wachsein* dem *historischen Jetzt* gegenüber. Eine solche stets experimentierende, auf die *Dynamik* und *Ganzheit ausgerichtete* Haltung wird nicht eine in der Mitte gelagerte Klasse, sondern nur eine *relativ klassenlose*, nicht *allzufest* gelagerte Schicht im sozialen Raum aufbringen" (Hervorhebungen vom Verf.). Was soll man sich unter einer „sozialen Sensibilität" in einer „klassenlosen Schicht" denken? Wäre die soziale Sensibilität etwas Ähnliches wie das (proletarische) Unterschiedsbewußtsein, so würde sie in der klassenlosen Schicht vermutlich recht schwach auftreten. Ob das auf- und niederschwebende Bildungsproletariat, das akademische und künstlerische Proletariat, auf das die Mannheimsche Definition z. T. hinausläuft, dem historischen Augenblick gegenüber „wach" bleibt, ist bloße Hoffnung. Um seiner Soziologie der Intelligenz schärfere Linien zu verleihen, setzt Mannheim den Komplex der *Bildung* ein, der die I.gruppen mit einem soziologischen Band — eben der Bildung — vereinheitlichen soll. Nimmt man aber z. B. Max Schelers Definition der Bildung, die sie als eine

Seinskategorie, als eine gewordene Prägung versteht, so wäre eigentliche Bildung weniger ein amalgamierendes Medium als vielmehr eine differenzierende Macht. Mannheim verkennt, daß die beobachtbare Garantie einer Diskussionsbasis zwischen Menschen bestimmter Bildungsgrade weniger dieser Bildung direkt zu verdanken ist als einer parallel laufenden Toleranz, einer Weisheit des *common sense*, einer Erziehung zur fairen Diskussion. Daß sich auch nur zwei Menschen begegneten, die eine analoge Bildungswelt in sich trügen, ist unwahrscheinlich. Bereits feine Verschiebungen im religiösen Empfinden genügen, damit gleiche Wissensgehalte zu weit voneinander getrennten Bildungssphären werden.

Mannheim will in der „Bildung“ weniger den einheitlichen Stil als vielmehr die Unterwerfung unter eine Unzahl von Einflüssen sehen: „Zwar werden die ständischen und klassenmäßigen Bindungen des einzelnen durch Teilhabe am Bildungsprozeß nicht völlig aufgehoben, aber der Gebildete ist eben, in seinem geistigen Horizont, *mehrfach* bestimmt.“ Mannheims Bildungsideal hört also bereits auf *der* Stufe auf, wo die Vielfalt des Wissens noch nicht von der Persönlichkeit gebändigt, geformt und stilisiert werden konnte. Es ist für Mannheim eine der eindrücklichsten Tatsachen des modernen Lebens, daß hier das Geistige nicht von einem sozial streng gebundenen Stande (etwa dem Priester) getragen wird, sondern von einer sozial weitgehend freischwebenden Schicht. Was dieses „Geistige“ eigentlich sein soll, bleibt offen. Der I. sei durch ein „geistiges Medium“ bestimmt, das alle Polaritäten in sich enthalte: „Dynamisch, elastisch, stets in Umwälzung begriffen und mit Problemen belastet.“

Der Versuch Mannheims, die freischwebende Intelligenz zu einem philosophisch relevanten Kollektiv zu machen, so daß sie ethische *und* erkenntniskritische Aufgaben für eine ganze Gesellschaft übernehmen kann, wirft die Frage auf, ob grundsätzlich eine — historische — Gruppe so absolut gesetzt werden darf, daß man ihr eine vom Einzelverstand und Einzelgemüt nicht mehr leistbare Aufgabe zumuten könnte. Im Grunde ist Mannheim von Marx abhängig, wenn er in der Art und Weise, wie eine Gruppe im sozialen Raum gelagert ist, Kriterien und Garantien dafür zu finden glaubt, daß und wie sich der Destruktion der ↗Wissenssoziologie entfliehen läßt. Der Unterschied ist nicht sehr erheblich, ob ich die spezifische Erkenntnischance im Zustand einer ↗Klasse oder in der (relativen) Klassenlosigkeit erblicke. Letztlich ist Mannheims Schmelztiegel-Bildungsbegriff nur soziologische Kollektivierung eines Erkenntnisprinzips, wenn er das Wachsen der Erkenntnischance wie folgt sieht: „Je mehr Klassen und Schichten an der Intelligenzschicht teilhaben, desto vielgestaltiger und polarer wird die Bildungsebene.“

In Mannheims Theorie der „freischwebenden Intelligenz“ stecken noch weitere Widersprüche und schwache Stellen. Wie sieht die soziale Einordnung der Intelligenz des näheren aus? „Während der am Produktionsprozeß direkt Beteiligte, an Klassen oder Lebensweise Gebun-

dene unmittelbar und allein von der spezifischen sozialen Seinslage aus determiniert wird, wird der Intellektuelle stets außer seiner spezifischen Klassenaffinität auch durch dieses alle Polaritäten in sich enthaltende geistige Medium bestimmt sein." Es ist noch Marxsches Erbteil, wenn der Produktionsprozeß so in den Mittelpunkt gestellt wird. Wie kann Mannheim die wissenssoziologischen Weltanschauungsdeterminanten einerseits absolut und unüberspringbar setzen, andererseits aber Befreiung davon annehmen? „Aus dieser gesellschaftlichen Situation strahlte stets eine potentielle Energie, die die bedeutenderen Repräsentanten dieser Schicht (der freischwebenden Intelligenz) immer wieder in die Lage versetzte, jene *soziale Sensibilität* aufzubringen, die *allein* dazu befähigt, sich in die *dynamisch bekämpfenden Kräfte einzufühlen* ..." In der marxistischen Orthodoxie wird diese „Sensibilität" ja allein dem Angehörigen des Proletariats zugesprochen. „Freischwebende Intellektuelle", wie Marx selber, sind kaum Proletarier.
Für den „freischwebenden" I.n gibt es bei Mannheim nun zwei Wege:
a) Er schließt sich an eine der vorhandenen Klassen an. Hierbei sind verschiedene — sozusagen den Geist blendende — Ressentiments möglich. So rühre z. B. der Fanatismus der radikal werdenden I.n auf diesem ersten Weg aus dem Mißtrauen, das den I.n in der ihm wesensmäßig fremden Klasse begegnet. Er kompensiere sozusagen geistig den Mangel an vital-sozialer Bindung. Die möglichen Einstellungen des I.n zu seiner Partei sind unzählbar. Das notwendige Doppelspiel, die reservatio mentalis, als wohl häufigster Fall, wird von Mannheim nicht mehr in Betracht gezogen. Mannheim nennt folgende Fragen, die in die Problemstellung einer Soziologie der Intelligenz mit einzubeziehen seien:
1. Die Frage nach ihrer soziologischen Ambivalenz.
2. In welchem Zeitpunkt treibt die historische Dynamik die Vertreter der Intelligenz in das eine oder andere Lager?
3. Auf welche Weise werden die aus anderen Lagern zu ihr dringenden Ideen umgebogen?
Mannheim spricht hier vom „Brechungswinkel" der Rezeption und zeigt die Beeinflussung des Erkenntnisprozesses *durch politische Bindungen*, die *freiwillig* eingegangen wurden, auf. Die Praxis wirke auf die Theorie zurück. Wenn man sich überlegt, aus wie vielen ↗Werturteilen sich ein Erkenntnisakt aufbaut, wird die Bedeutung des Standorts eines Urteilenden in einem bestimmt orientierten politischen (Spannungs-)Feld offensichtlich. Die Bedeutung ist wohl kaum kleiner, wenn er diesen Standort nicht als äußeres Schicksal überkommen, sondern freiwillig bezogen hat. Jedoch bleibt bei Mannheim der eigentliche wissenssoziologische Unterschied unklar, der letztlich zwischen Parteinahme des I.n und Rückzug auf die eigene Mission der Intelligenz bestehen muß.
b) Der zweite und allein legitime Weg für den I.n ergibt sich aus der Besinnung auf die eigene Mission. Diese Mission entsteht aus der „konkreten Bewußtmachung der eigenen sozialen Position". Eine „aus

der dynamischen Mitte heraus vermittelnde" I.gruppe „wird nicht primär Entscheidungen diktieren, wie in den Parteischulen, sondern den Weg zur Entscheidung bereiten". Was Mannheim damit berührt, ist nicht mehr die — philosophisch eventuell bedeutsame — *Mission einer vom Gesamtprozeß* auserwählten Sondergruppe; vielmehr der Vorschlag, die aktiven Politiker durch einen Expertenausschuß beraten zu lassen, der die Entscheidung nicht selbst fällt. Die Expertengruppenpolitik, auf die wir tatsächlich in den letzten Jahrzehnten immer deutlicher zusteuerten, kann allerdings das eine nicht, was Mannheim von seiner „intellektuellen politischen Soziologie" erwartet: die wissenssoziologisch destruierte Wahrheit, die Geltungsebene an sich wieder aufbauen. Die Totalsynthese politisch relevanter Wahrheit, des richtigen Wissens zu einem gegebenen Zeitpunkt durch die freischwebende Intelligenz blieb eine Utopie.

Th. Geiger, Aufgaben und Stellung der Intelligenz in der Gesellschaft (1949); R. Aron, Opium für Intellektuelle (1957); J. Barzun, Pathologie des Intellekts (1961); K. Mannheim, Ideologie und Utopie ([4]1965); W. Kraus, Der fünfte Stand (1966); I. Lepp, Der Lebensstil des Intellektuellen (1966); Th. Molnar, Kampf und Untergang der Intellektuellen (1966); G. Schiwy, Intellektuelle und Demokratie heute (1966); F. Znaniecki, The Social Role of the Man of Knowledge (New York 1965); T. R. Fyvel, Intellectuals Today (London 1968); M.-A. Burnier u. F. Bon, Les nouveaux intellectuels (Paris 1966).

Intelligentsia, ein russischer Begriff, der für die Begriffsgeschichte der ↗Intellektuellen und der Intelligenzschicht in Westeuropa als Vorbild diente. Obwohl der Begriff I. im 19. Jahrh. in Rußland entstand, nahm er nach der Revolution von 1917 in der Sowjetgesellschaft eine ganz andere Bedeutung an, weil es jetzt eine sich offiziell von der Machtstruktur distanzierende Oppositionsgruppe oder -schicht nicht mehr geben kann und geben darf. Im übrigen ist im Marxismus und auch bei Karl Marx selber eine Sonderschicht der I. nicht vorgesehen. Tatsächlich gibt es aber heute in der Sowjetunion die Bezeichnung I., und zwar als eine von drei Gruppen der sozialistischen Ordnung neben dem Proletariat und der arbeitenden Bauernschaft. Der Begriff I. hat jedoch die Bedeutung von kritischem Denken verloren. Im sowjetischen Sprachgebrauch bezeichnet I. alle, die mit ihrem Geist, statt mit den Händen, Schwerarbeit leisten, d. h. das technologische, freiberuflich tätige, leitende, mit Verwaltungsarbeiten beschäftigte oder nur mit weißem Kragen arbeitende Personal des Staates. Lediglich die Partei bildet eine partielle Ausnahme von dieser Definition, denn sie hat etwas von dem Geist der I. bewahrt.
Nach einer anderen offiziellen Definition: „Die I. ist eine dritte Klasse, eine soziale Schicht, die aus Menschen besteht, die sich berufsmäßig mit geistiger Arbeit beschäftigen."
Leopold Labedz (in: *Die Russische Intelligentsia*, hrsg. von R. Pipes, 1962) betont die Schwierigkeit, die heutige russische Intelligenz in die allgemeine Sozialstruktur einzuordnen: „Schriftsteller, Künstler, technische Spezialisten, Manager, Apparatschiki, Offiziere der Armee, Verwaltungsfachleute, Ärzte, Lehrer — alle diese und auch die Sekretäre und Werkmeister scheinen keine stark zusammenhängende

soziale Gruppe zu bilden. Ist sich die I. denn ihrer selbst als einer Gruppe und ihrer Abgrenzung gegen andere Gruppen bewußt?" Darauf sei, so meint er, keine eindeutige Antwort möglich, weil es ja gerade an dem sowjetischen System selbst liege, daß darin keine Klasse ein eigentliches starkes Klassenbewußtsein erlangen könne.
Aber trotz alledem und ungeachtet der Einbeziehung nicht geistiger Berufe gäbe es in Rußland heute eine I., die mit dieser Gruppe aus der Zarenzeit, was ihr Selbstbildnis, ihr Selbstverständnis betrifft, nicht ganz gebrochen hat. Es gäbe ein, wie er sagt, Restelement von Kontinuität in jenem Teil der neuen sowjetischen I., die sich als schöpferische I. bezeichnet, im Gegensatz zur technischen I. Auffallend sei auch, daß der Titel Intellektueller in der Sowjetunion mit besonderem Prestige verbunden sein muß, weil der Vorsitzende des sowjetischen Schriftstellerverbandes diesen Titel Boris Pasternak so hartnäckig verweigert habe.
Nach der marxistischen Lehre müsse in einer Gesellschaft, die sich auf den Sozialismus hinbewegt, der Unterschied zwischen körperlicher und geistiger Arbeit allmählich verschwinden oder irrelevant werden. In Rußland kann keine Rede davon sein, daß die geistigen Berufe verschwinden, aus den verschiedensten Notizen der russischen Tageszeitungen läßt sich auch entnehmen, wie sehr dort die Eltern Wert darauf legen, ihre Kinder in geistige Berufe zu bringen.

Interaktion (aus dem Amerikanischen, *interaction*) in den 50er Jahren in die deutsche Soziologie gekommen, deckt sich z. T. mit dem Begriff der sozialen ↗Beziehung und ↗Handlung, bezeichnet im weitesten Sinn jede Art von wechselweiser Bezugnahme von zwei oder mehreren Personen (oder Gruppen untereinander). Die Grundform einer I. ist die zwischen *ego* und *alter*, einem Ich und einem Nicht-Ich. Sie ist das einfachste soziale System (T. Parsons). Bei jeder I. orientiert sich das Individuum, von dem aus wir die I. untersuchen, am Verhalten, an den vermuteten Erwartungen der anderen; deren Reaktionen wiederum wirken im Ablauf der I. (etwa nach dem Prinzip des ↗Feedback) auf die Verhaltensweise des ersten Partners ein (Parsons). Das reine Modell einer I. setzt Normengleichheit bei allen interagierenden Personen voraus, ist I. entsprechend der ↗Solidarität, zumindest des ↗*Consensus*. Diese Annahme der I.theorie von Parsons wird von einigen Autoren kritisch beurteilt, weil sie es nicht erlaube, I.formen antagonistischer Art (Kampf, Konflikt) einzubeziehen.
Die I.forschung hat sich seit ca. 1950, ausgehend von den USA, besonders intensiv mit den I.en in Kleingruppen befaßt (R. F. Bales u. a.). In der Kleingruppe kann am ehesten Gleichheit der Normen bei den Mitgliedern vorausgesetzt werden. In der I.theorie von T. Parsons (die auch eine Typologie der I.alternativen, der sozialen Handlungsmöglichkeiten, als sog. *pattern variables*, enthält) wird ferner angenommen, daß ein I.system, wenn es in Gang gekommen und voll integriert worden ist, stabil bleibt (sofern sich die Motive in den

Persönlichkeiten der Mitglieder bzw. die Situation nicht ändern). Zusätzlich muß diese Theorie als gegeben unterstellen, daß im Prozeß der ↗Sozialisation die einzelnen Individuen einer Gesellschaft die Normen und Werte für die wichtigsten I.systeme übernehmen, ihre privaten Motive also in für die I. ausreichende Übereinstimmung bringen. Der soziale Wandel kann nun das ↗Gleichgewicht der I.systeme sowohl über die Motivationsstrukturen der Personen als auch über Veränderungen im sozialen oder kulturellen System bedrohen. Dieser Möglichkeit wird die I.theorie von T. Parsons nicht gerecht.
Die Pattern Variablen in der Theorie von T. Parsons (*The Social System*, 1951) sind fünf Paare von Alternativen für Verhaltensmuster (pattern) bei der I. mit anderen; jeder, der sozial handelt, sich in eine I. einläßt, hat mehr oder minder bewußt die Entscheidung für mindestens eines dieser Muster zu treffen. Diese fünf Orientierungsalternativen sind 1. Affektivität oder affektive Neutralität. In der Familie z. B. können I. der Befriedigung von gefühlsmäßigen Bedürfnissen dienen, beim Spielen der Berufsrolle muß man sich gefühlsneutral verhalten. 2. Selbstinteresse (Eigennutz) oder Orientierung am Gemeinwohl. 3. Universalismus oder Partikularismus. Z. B. ist die I. mit einem bestimmten Freund partikularistisch (wenigstens zum Teil), aber das Verhalten bei einer I. mit einem Angehörigen einer allgemeinen sozialen Kategorie (z. B. einem Priester) folgt einer universalistischen Definition dieser Situation. 4. Leistung oder Eigenschaften (performance versus quality): der andere, der Partner, das Gegenüber bei einer I. kann für Ego, den Handelnden, Bedeutung haben, weil er etwas Bestimmtes leistet (der andere ist Arzt, ich bin krank) oder weil er mir z. B. sympathisch ist (er erinnert mich an ein Familienmitglied). 5. Spezifität oder Diffusheit: der andere kann für uns in einem spezifischen und begrenzten Sinn relevant sein (z. B. der Architekt unseres Hauses) oder in einer allgemeinen, völlig unbegrenzten Weise (die Eltern dem Kind gegenüber). Grundsätzlich sollen diese Alternativen voneinander unabhängig sein, so daß sich theoretisch bis zu 32 denkbare Kombinationen von erwartbaren Verhaltensweisen bei einer I. ergeben.

Interessengruppen ↗Genossenschaften, ↗Gewerkschaften, ↗Lobby, ↗Pressure groups, ↗Verbände.

Interkultureller Vergleich ↗Vergleich, interkultureller.

Internalisierung ↗Enkulturation, ↗Persönlichkeit, ↗Sozialisation.

Interview heißt die (ganz oder halb offene, „unstrukturierte" oder im voraus im Fragebogen festgelegte „strukturierte") Befragung einer Person (Proband) durch den geschulten Interviewer, meist entsprechend einem für die gesamte, von zahlreichen Interviewern auszuführende, I.serie ausgearbeiteten Fragebogen. Dieser darf nicht starr abgelesen werden (bei heiklen Themen muß er u. U. auswendig gelernt werden;

z. B. bei A. Kinseys I. über Sexualverhalten). Das I. dauert in der Regel 20 bis 90 Minuten. Es gibt auch das intensive, ganz offene (tiefenpsychologisch orientierte), über Tage hinweg täglich mehrere Stunden füllende I. (u. a. die Forschungen von Robert E. Lane, Oscar Lewis), das der psychoanalytischen Therapie ähnelt, und meist nur wenige Individuen aus einer sozialen Kategorie erreicht.
Das I. ist wichtigstes Instrument zur Datenerhebung in den Sozialwissenschaften. Seine Verbreitung und Anerkennung zeigt zugleich, daß die Grundeinheit jeder Gesellschaft auch für die Soziologie die einzelne Person, das Individuum und dessen Erlebnishorizont ist. Das Gruppen-I., eine explorierende Diskussion mit einigen Probanden, hat nur beschränkte Anwendung gefunden. Über die Methodologie, die Annahmen, die meßbaren Variablen im I.prozeß als solchem ist zwar bereits gearbeitet worden, aber dieser Aspekt des I. blieb noch ziemlich ungeklärt. Eine Schwierigkeit bei der Einschätzung des I. durch Forscher und Laien ergibt sich aus dem gleitenden Übergang zwischen alltäglichem Gespräch und strengem I. Jeder glaubt sich zum I. befähigt. Das I. des geschulten Sozialwissenschaftlers erzeugt, wie jedes Gespräch zweier Laien, auch eine soziale ↗Beziehung, und der Interviewer ist sogar bestrebt, beim Befragten diesen Eindruck des formlosen Gesprächs zu erwecken. Die ↗Rollen der beiden sollen möglichst dem Alltagsverhalten ähneln. Dieses Erfordernis beim I. ist selbst wieder Gegenstand kritischer Untersuchungen geworden. Allgemeine Kriterien für die Güte eines I., die Vergleichbarkeit verschiedener I., die „Unschärfebedingungen" beim I. sind bisher nur in wenig befriedigender Weise entwickelt worden.
Jedes I. stellt einen Kommunikationsprozeß dar, in dessen Verlauf sich Frager und Befragter, auch unbewußt, beeinflussen können. Auch die Stellung der einzelnen Frage im Fragebogen (und ihre Reihenfolge im ganzen I., d. h. die relative Nähe einzelner Fragen zu anderen), kann eine verzerrende Wirkung haben, emotionale Reaktionen (auch Abbruch eines I.) beim Befragten auslösen. Der Fragebogen soll deshalb zunächst in einer Test-(Pilot-)befragung ausprobiert werden. Wenn immer möglich, soll das I. nicht in Gegenwart oder in Hörweite Dritter stattfinden, da dies die Antworten beeinflussen kann.
Das I. ist ein primärer Forschungsprozeß, bei dem der Interviewer verbale Reize (gelegentlich aber auch graphische, bildliche, symbolische) setzt, auf die der Befragte ebenfalls verbal (oder durch schweigende Auswahl eines Kärtchens, eines Bildes von mehreren angebotenen) reagiert. Im Gegensatz zur Beobachtung werden beim I. die Daten vom Forscher ausgelöst, manifest gemacht, also „provoziert". Der Befragte kann u. U. durch das I. erstmals auf eine Möglichkeit, einen Vorfall (z. B. in seinem Leben, *critical-incident*-Methode) aufmerksam gemacht werden. Das I. kann den Befragten verändern, sein Bewußtsein teilweise umstrukturieren. Das persönliche I., die mündliche direkte Befragung ist von der schriftlichen Befragung (auf dem Postweg, durch Überreichen eines Fragebogens) zu unterscheiden.

Die Intensität des I., die Thematik (wie nahe an die Intimsphäre heranreichend; anscheinend äußern sich heute in westlichen Industriegesellschaften Befragte eher freimütig über ihr Sexualverhalten als über Eigentum- und Einkommensverhältnisse) steht im umgekehrten Verhältnis zu ihrer Repräsentativität. Das heißt: je härter die Fragen, je mehr sie an „heikle" Punkte rühren, desto wahrscheinlicher die Verweigerung oder der vorzeitige Abbruch eines I. und damit eine Verringerung der Zufallsbedingtheit der Stichprobe. Entsprechende Erfahrungen machte z. B. A. Schrader bei I. in Westdeutschland über die soziale Bedeutung des Besitzes (1966).

R. K. Merton u. a., The Focused Interview (Glencoe [Ill.] 1956); N. R. F. Maier, The Appraisal Interview (New York 1958); R. König (Hrsg.), Das Interview ([4]1965); ders. (Hrsg.), Handbuch der empirischen Sozialforschung, Bd. 1 ([2]1967).

Intimgruppe nennt man eine meist kleinere Anzahl von Menschen, die sich regelmäßig, teils zwangsläufig, wie in der Familie, teils aus Neigung (z. B. ein Freundeskreis) sehen oder miteinander auf andere Art in Kommunikation stehen. Im Gegensatz zur ↗Peer-Gruppe muß die Intimgruppe nicht aus Gleichgestellten bestehen. Sie kann, braucht aber nicht eine ↗Primärgruppe zu sein.

Inzestverbot, Unter-Strafe-Stellen des Geschlechtsverkehrs bzw. der Heirat zwischen Personen bestimmter Verwandtschaftsgrade kennen alle menschlichen Gesellschaften, aber nicht für dieselben Grade der Blutsverwandtschaft. I. kann auch für Nicht-Blutsverwandte gelten. Hauptaufgabe des I. dürfte nicht Verhinderung von Inzucht und ihren biologischen, genetischen Folgen sein, sondern, wie George P. Murdock nachgewiesen hat, die Verhinderung von Eifersuchtskonflikten innerhalb der Primärgruppe, den Kernfamilien, deren relative Konfliktfreiheit für das Überleben der aus ihnen zusammengesetzten Gemeinschaften notwendig ist. Ausnahmen vom I. (z. B. Geschwisterehen bei Pharaonendynastien in Ägypten) sind äußerst selten und stets auf Inhaber eines Sonderstatus (meist die Elite) beschränkt. I., gewährleistet oft durch ↗Tabuierung potentieller Geschlechtspartner, schließt in Stämmen der Naturvölker manchmal die Verbindung mit entfernter Verwandten nachdrücklicher aus als mit näher Verwandten, kann also nicht mit Erfahrung über Folgen der Inzucht erklärt werden. Übertretungen des I., besonders innerhalb der Geschwistergruppe, kommen bei vielen Naturvölkern vor und werden in der Regel bei Jugendlichen ignoriert oder nur leicht geahndet.
Hemmungen beim Geschlechtsverkehr mit bestimmten Artgenossen lassen die vergleichenden Verhaltensforscher auch bei bestimmten Tierarten (z. B. bei Wildgänsen) von I. sprechen; so meiden sich z. B. Tiere aus derselben Brut, wenn sie nicht sofort nach dem Ausschlüpfen voneinander getrennt werden. Daraus folgt eine weitere Hypothese für das I.: eine sexuelle Reizabstumpfung bzw. ein auf einem Gruppenerlebnis beruhendes Hemmungssystem. Dies könnte auch das Sexualverhalten zwischen Geschwistern bzw. Eltern und

Kindern steuern. Das I. verringert Konfliktmöglichkeiten innerhalb der Familie. Die von ihm erzwungene ↗Exogamie trägt zur Integration größerer sozialer Gruppen und zur höheren ↗Innovationsrate bei. Eine große Rolle spielt das I. in der Psychoanalyse S. Freuds (Ödipuskomplex), doch sind Freuds Deutung von Totem und Tabu heute sehr umstritten.

R. Thurnwald, Die menschliche Gesellschaft in ihren ethno-soziologischen Grundlagen, Bd. 2 (1932); G. P. Murdock, Social Structure (New York 1949); H. Schelsky, Soziologie der Sexualität (1955); W. J. Goode, Die Struktur der Familie ([2]1966).

J

Jugend (↗Beruf, ↗Bildungssoziologie, ↗Familie, ↗Generation, ↗Initiation, ↗Jugendkriminalität, ↗Peer Group, ↗Sozialisation, ↗Soziogramm) als eigener Forschungsgegenstand (J.-Soziologie) geriet seit dem Ende des 1. Weltkrieges mehr und mehr in den Mittelpunkt des Interesses, nicht zuletzt auch als Teil der Sozialisationsforschung, der Beschäftigung mit ↗Bezugsgruppen und ↗Subkulturen, gefördert durch tiefenpsychologische und psychoanalytische Studien. Auch die Beschäftigung mit der Sozialisation der Jugendlichen in den Stammeskulturen verschiedener Naturvölker (u. a. M. Mead) hat der J.-Soziologie in westlichen Industriegesellschaften Impulse vermittelt; aber auch das Los der J. in den Großstädten hat besonderes Interesse gefunden. Bereits in der deutschen J.-Bewegung vor dem 1. Weltkrieg wird die Vorstellung einer eigenen J.-Kultur wach, die sich, als Ausdruck eines Generationenkonflikts, von der bürgerlichen Erwachsenenkultur abheben möchte. Diese jugendliche Subkultur, die Stilisierung einer Generationenkluft („generation gap") ist, zuerst in den USA, im Laufe der 60er Jahre, z. T. als J.-Rebellion, zu einem eigenständigen soziologischen Phänomen geworden, das sich mit dem Gebiet des ↗abweichenden Verhaltens überschneidet. In zahlreichen Befragungen seit den 20er Jahren wurden Jugendliche in verschiedenen Ländern auf ihre Familienbeziehungen, ihre Freizeitgewohnheiten, Identifizierungen, Leitbilder und Bezugsgruppen hin untersucht. Die Ergebnisse, die herausgearbeiteten Generationentypen (H. Schelskys „skeptische Generation" u. a.) blieben umstritten und waren oft innerhalb von fünf bis zehn Jahren überholt.

H. H. Muchow, Sexualreife und Sozialstruktur der Jugend (1959); H. Schelsky, Die skeptische Generation ([4]1960); A. Flitner, Soziologische Jugendforschung (1963); L. Rosenmayr, Familienbeziehungen und Freizeitgewohnheiten jugendlicher Arbeiter (Wien 1963); L. v. Friedeburg (Hrsg.), Jugend in der modernen Gesellschaft ([2]1965); F. H. Tenbruck, Jugend und Gesellschaft ([2]1965); V. Graf Blücher, Die Generation der Unbefangenen (1966); G. Wurzbacher, Gesellungsformen der Jugend ([2]1966); C. W. Müller, Jugend (1967); F. Neidhardt, Die Junge Generation (1967); E. Pfeil, Die 23jährigen. Eine Generationenuntersuchung am Geburtenjahrgang 1941 (1968).

Jugendbande ↗Bande.

Jugendkriminalität nennt man Verhalten von Jugendlichen, das mit den Strafgesetzen eines Landes in Konflikt gerät. Man muß unterscheiden zwischen abweichendem Verhalten, das für Jugendliche typisch oder naheliegend ist und von den Gesetzen der Erwachsenenwelt mit Strafe bedroht wird, und allgemeinem kriminellen Verhalten, das nicht altersspezifisch ist, aber, wenn es bei Jugendlichen auftritt, zur Jugendkriminalität gerechnet wird. In manchen Ländern wird heute die Altersgrenze, bis zu der man von der im allgemeinen milder beurteilten J. spricht, immer großzügiger nach oben erweitert. In der Regel spricht man von J. bei 14- bis 18jährigen; bezieht aber auch manchmal bereits Personen bis zum 21. Lebensjahr ein. Vergleiche über die Zu- oder Abnahme der J. in verschiedenen Zeiten und Ländern sind schwierig, weil die Erfassung der Delikte von unterschiedlichen und manchmal willkürlichen Definitionen des abweichenden Verhaltens bestimmt sind. Führt ein Land ein Ausgehverbot für Jugendliche unter 18 Jahren zwischen 22 Uhr und 6 Uhr früh ein, so wird die J. sprunghaft ansteigen, obgleich sich im Verhalten der Jugendlichen nichts geändert haben muß.

Ob die Jugendkriminalität seit dem Ende des Zweiten Weltkrieges in den Industriegesellschaften absolut zugenommen hat oder lediglich in der städtischen Umwelt sichtbarer, somit genauer registrierbar geworden ist, kann nicht eindeutig geklärt werden. Im allgemeinen hält man jedoch eine absolute Zunahme der J. für wahrscheinlich und macht dafür hauptsächlich Auflösungserscheinungen in der ↗Familie verantwortlich. Auch die Zusammenhänge zwischen dem Angebot abweichender ↗Verhaltensmuster in Film, Fernsehen und Unterhaltungslektüre und der J. ist in Untersuchungen geprüft worden, konnte aber nicht eindeutig kausal festgestellt werden. Nach neueren amerikanischen Forschungen (Glueck) kann der potentielle jugendliche Kriminelle bereits im Alter von 6 bis 8 Jahren aufgrund verschiedener Indikatoren vorausgesagt werden, wobei als wichtigster Faktor bei Untersuchungen von Jugendlichen in New York City die Aufsichtsführung durch die Mutter des Jungen in Erscheinung getreten ist. Wenn die Mutter des 6- oder 7jährigen nicht angeben konnte, wo sich der Junge aufzuhalten pflegt, befand sich der Betreffende 10 Jahre später mit größter Wahrscheinlichkeit in der kriminellen Gruppe.

G. Kaiser, Randalierende Jugend (1959); G. Brückner, Die Jugendkriminalität ([2]1961); T. R. Fyvel, Troublemakers (New York 1961); R. Joray, Bandenbildung und Bandendelikte, in: Psychologische Praxis 28 (1961); Sh. und Eleanor Glueck, Jugendliche Rechtsbrecher (1963); P. Heintz und R. König (Hrsg.), Soziologie der Jugendkriminalität ([3]1966); J. Hellmer, Jugendkriminalität in unserer Zeit (1966); Th. Hofmann, Jugend im Gefängnis (1967); D. J. West, The Young Offender (Baltimore 1967); M. W. Klein (Hrsg.), Juvenile in Context (Englewood Cliffs, N. J. 1967); A. V. Cicourel, The Social Organization of Juvenile Justice (London 1968); S. Schindler, Jugendkriminalität. Struktur und Trend in Österreich, 1946–1965 (Wien 1968); J. Witzel, Der Außenseiter im Sozialisationsprozeß der Schule (1969).

K

Kampf bezeichnet, im Gegensatz zu ↗Konflikt, Streit, Spannung und ↗Aggression, eine gewaltsame Auseinandersetzung mit einem Gegner, wobei dieser, in möglichst kurzer Frist, kampfunfähig gemacht werden soll; das Ergebnis eines K. ist die eindeutige Feststellung des Überlegenen, Stärkeren. Biologistische Gesellschaftsmodelle im 19. Jahrhundert erblickten im K. eine soziale Grundkategorie (Darwins „struggle for life"), die heute nicht mehr im Vordergrund der Überlegungen steht. Menschliches Verhalten in einer K.situation, etwa angesichts eines Eindringlings im eigenen Lebens- oder Arbeitsbereich (Revier), läßt sich, wie die heutige vergleichende Verhaltensphysiologie zeigen kann, auf tierische Verhaltensformen in analogen Situationen zurückführen. Philosophen haben im K. ein dynamisches Grundelement unseres Lebens erblickt: Heraklit: K. sei Vater alle Dinge. Hobbes nahm einen Krieg aller gegen alle an (bellum omnium contra omnes). Angesichts der bisher jedenfalls offensichtlichen Unvermeidbarkeit des K. bei Gruppenkonflikten hat man schon sehr früh in der Geschichte immer wieder versucht, den K. zu „versittlichen", d. h. wechselseitig anerkannten und eingehaltenen (Spiel)regeln zu unterwerfen. Die Mittel und die Auswirkungen des K. zu begrenzen (Schutz der Zivilbevölkerung, Regeln über die Behandlung von Kriegsgefangenen, Vermeidung von chemischen Kampfstoffen usw.). Johan Huizinga (Homo ludens, 1938) sieht im K. z. T. den menschlichen Spieltrieb an sich, und darin eben auch die Möglichkeit, selbst bei einem K. auf Leben und Tod doch Regeln einzuhalten, die u. U. im Augenblick nur den einen der beiden Gegner begünstigen. Insofern sind K.verhältnisse oft gesellschaftlich näher determiniert. ↗Wettbewerb, Wettkampf, Konkurrenz in Sport und Wirtschaft sind K.formen. Neuerdings kann man auch Konkurrenzverhalten zwischen antagonistischen Nationen (USA und UdSSR bei Weltraumerkundung) als übertragenes, den ↗Krieg ersetzendes K.verhalten ansehen. Systematisierungen des K. haben u. a. Simmel und Coser versucht.

Kapitalismus (↗Arbeit, ↗Arbeiter, ↗Arbeitsteilung, ↗Askese, ↗Automatisierung, ↗Bolschewismus, ↗bürgerliche Gesellschaft, ↗Eigentum, ↗Imperialismus, ↗Individualismus, ↗Innovation, ↗Klasse, ↗Kollektivismus, ↗Konkurrenz, ↗Marxismus, ↗Sozialismus, ↗Unternehmer, ↗Verstaatlichung) heißt zunächst das Wirtschaftssystem der europäischen Neuzeit in einer abgrenzbaren geschichtlichen Phase, besonders seit der Industrialisierung (beginnend in der zweiten Hälfte des 18. Jahrh. in England). Es ruhte auf der Ansammlung von Kapital (wie es überwiegend anfänglich zur Akkumulation kam, ist umstritten) und seiner gewinnbringenden Investition in Produktionsanlagen, wobei Eigentum am Kapital und die unternehmerische Leistung bei einer Person oder Familie lag. K.

bezeichnet eine rationale (rechenhafte), sich der Technik bedienende Organisation und Dynamik des Wirtschaftsgeschehens, die Kaufleute, Bankiers, Fabrikbesitzer usw. (das Bürgertum), die Geisteshaltung dieser unternehmerischen Schicht. Diese Kapitalisten spüren die Absatz- und Gewinnchancen, die Marktlücken auf und setzen ihr eigenes (oder geliehenes) Kapital ein. K. bezeichnet ein Wirtschaftssystem, dessen Wert- und Zielvorstellungen der Gewinnmaximierung, dem privaten Erwerb förderlich sind. Es ist eine individualistische Gesinnung des Wirtschaftens. Eine solche Einstellung zum Erwerbsleben findet sich auch schon bei Völkern in der Antike und bei nichtwestlichen Hochkulturen, zumindest ansatzweise. Wo diese Einstellung fehlt, durch das Ethos eines Volkes zurückgehalten oder diffamiert wird, trägt das Wirtschaftsleben Merkmale, die man heute als unentwickelt (↗Entwicklungsländer) bezeichnet. Der K. entfaltet sich in freier Konkurrenz, in einem freien ↗Markt, dessen Preise sich aus Angebot und Nachfrage ergeben. ↗Monopole können jedoch entstehen.

Neben einer psychologischen Begriffsbestimmung, ausgehend von der Geisteshaltung der Wirtschaftssubjekte im K. (zu der auch M. Webers Hypothese vom Einfluß der protestantischen Ethik, insbesondere der Calvinistischen Prädestinationslehre auf die Entstehung des K. gehört), gibt es eine objektive: danach kommt es zum K., wenn Kapital selbst produziertes Produktionsmittel wird (Maschinen). Eine immer weiter getriebene Arbeitsteilung und der Trend zum industriellen Großbetrieb folgen. Die Dynamik des K. ist teils Anlaß, teils Folge der ständigen Verwandlung seiner Produkte und der Entwicklung völlig neuer Produkte für den Markt, der z. T. erst durch diese Produktentwicklung geschaffen und gestaltet wird.

Der Begriff K. wurde von Karl Marx für die bürgerliche Gesellschaft in der für ihn allein sichtbaren Phase ihrer Industrialisierung (um die Mitte des 19. Jahrh.). geprägt. Im modernen K. komme die Klassenschichtung der Gesellschaft voll zur Geltung und führe notwendig in einen Klassenkampf zwischen Besitzern und Nichtbesitzern (Proletariat) der Produktionsmittel. Dieses antagonistische Schichtungsmodell übernimmt Marx von Hegel, der bereits um 1820 erklärt, die bürgerliche Gesellschaft habe bei allem „Übermaß des Reichtums“ nicht genug „von dem für sie eigentümlichen Vermögen, um dem Übermaß an Armut und Pöbel“ entgegenzuwirken. Die Marxsche Verelendungstheorie des K. (die für den Kapitalisten arbeitenden Menschen würden immer ärmer und immer unfähiger, sich die Produkte ihrer Arbeit zu kaufen) hat sich als falsch erwiesen. Vielfach hat man auch, bis zur Mitte des 20. Jahrh. (in den USA z. B. A. H. Hansen) eine unvermeidbare Stagnation des K. vorhergesagt (Marktsättigung, Absatzschwund, Arbeitslosigkeit). Diese Stagnationstheorie übersah das Innovationspotential, die Dynamik des Konsumverhaltens (bei stetig steigenden Reallöhnen) und das Bevölkerungswachstum auch in der zweiten Hälfte des 20. Jahrh.

Das Unvermögen marxistischer Ökonomen, selbst um die Mitte des 20. Jahrhs., die im wissenschaftlich-technischen Innovationspotential angelegte Dynamik des K. richtig einzuschätzen, zeigt sich z. B. bei Maurice Dobb (*Studies in the Development of Capitalism*, London, 1. A. 1946). Da der Erdball einmal alle Eisenbahnlinien haben würde, die sich überhaupt anlegen lassen, müsse diese, wie andere ähnliche, Investitionsmöglichkeit für Kapital wegfallen, und somit die unausweichliche Schrumpfung des K. einsetzen. Die in den folgenden 25 Jahren sich vollziehende Entwicklung des Weltflugverkehrs, mit seinen riesigen Investitionsmöglichkeiten (und einer äußerst hohen Rate der ständigen Erneuerung der Ausrüstungen), verbunden mit einem stetig steigenden Fluggastvolumen aus eben jenen Sozialschichten, die für den Marxisten Dobb durch ihre Armut für ewig von der Teilhabe an den Produkten und Dienstleistungen des K. ausgeschlossen seien, war für Dobb um 1950 völlig unvorhersehbar.
K. ist bis heute ein polemischer Begriff, oft zur Bezeichnung eines Gegners geblieben. Auch unter den Autoren, die ihn mehr oder minder deutlich in diesem Sinne gebrauchten, gab es keine Einstimmigkeit über seine Definition. Um 1920 zählte man über hundert verschiedene Definitionen von K. (R. Passow). An Stelle von K. spricht man auch von Unternehmerwirtschaft, *free enterprise system* (in USA). Heute jedenfalls muß man darunter eine freie Marktwirtschaft verstehen, in der möglichst viele Unternehmungen in privater Hand sind. Seit Mitte der 50er Jahre ist es üblich geworden, die Wirtschaft in einen privaten und einen öffentlichen Sektor zu teilen, deren Verquickung zur „*mixed economy*", zum gemischten Wirtschaftssystem, geführt hat (z. B. teilweise Verstaatlichung oder Überführung in Gemeineigentum von Schlüsselindustrien). Inwieweit sich die aus dem K. hervorgegangene, seine wesentlichen Merkmale tragende Wirtschaftsform in grundsätzlich andere Systeme umwandeln läßt, ohne einschneidende Leistungsverluste zu erleiden, ist fraglich.

W. Sombart, Der moderne Kapitalismus ([3]1919); R. H. Tawney, Religion und Frühkapitalismus (1946); J. A. Schumpeter, Kapitalismus, Sozialismus und Demokratie ([2]1950); D. M. Wright, Capitalism (New York 1952); A. M. Knoll, Das Kapitalismus-Problem in der modernen Soziologie (Wien 1953); F. A. Hayek (Hrsg.), Capitalism and the Historians (Chicago 1954); M. Weber, Gesammelte Aufsätze zur Religionssoziologie, Bd. 1 ([5]1963).

Kaste bezeichnet (meist im Rahmen einer religiös legitimierten, auch von den durch die K.zuordnung Benachteiligten geglaubten starren sozialen Schichtung, besonders ausgeprägt im Hinduismus in Indien, auf Ceylon, aber schwächer auch in anderen Gebieten, zum Teil als Phänomen der „verfemten Berufe") eine Anzahl von Familien (meist als soziale Kategorie, nicht als Gruppe, über ein Land verstreut lebend), die sich über viele Generationen hinweg von anderen K.n durch ↗Endogamie und andere Diskriminierungen (aktiver und passiver Art) getrennt halten. Eine K. ist also nur als Teil (als Schicht) eines umfassenden, meist streng hierarchisch gestuften K.systems möglich. Die einzelne K. hat ihren eigenen ↗Lebensstil und religiösen

Kult, oft für sie allein zugängliche Berufe (bzw. verfemte Berufe wie Abdecker, Schmied, die einer niedrigen K. bzw. einer Pariagruppe, den Unberührbaren als einziger Beruf erlaubt sind).
Neben seiner wertfreien, deskriptiven Bedeutung in der Ethnologie und Religionssoziologie hat K. aber auch eine allgemeine gesellschaftskritische, pejorative Bedeutung erlangt. Verschiedene Autoren (O. C. Cox, J. Dollard, G. Myrdal u. a.) haben das soziale System der Südstaaten der USA (Neger und Weiße durch Rassenschranken getrennt) als K.system bezeichnet. Allerdings fehlt dort die religiöse Untermauerung (abgesehen vielleicht von Vorstellungen einiger fundamentalistischer Sekten). Auch kann sich der Neger durch Wohnsitzverlegung außerhalb der Südstaaten der K. entziehen. Die Vergleichbarkeit mit der K. in Indien ist also sehr eingeschränkt. Zutreffender ist es (Max Weber, W. E. Mühlmann), innerhalb moderner Gesellschaften von K.lage einzelner Minderheiten, nicht von einer K.gesellschaft zu sprechen, da sich Strukturmerkmale der Klassen- mit derjenigen der K.lage verbinden.
Ins Deutsche kam das Wort K. bereits Anfangs des 19. Jahrh. (aus dem Portugiesischen) für kritische Bezeichnung von Standesprivilegien und ständischeExklusivität durch das Bürgertum (Romane von Ch. M. Wieland): K.geist, K.stolz für die „Offiziers-K."

A. C. Mayer, Caste and Kinship in Central India (London 1960); M. N. Srinivas, Caste in Modern India a. o. Essays (Bombay 1962); T. Zinkin, Caste Today (London 1962); W. Danckert, Unehrliche Leute (1963); G. Mensching, Soziologie der großen Religionen (1966).

Kausalität, die Annahme strenger Kausalgesetzlichkeit (direkte ursächliche Einwirkung eines Faktors auf beobachtbare Erscheinungen, im Sinne der Naturwissenschaften) ist in der Soziologie nicht möglich. Man kann von einer sozialen Verursachung (*social causation*, R. MacIver, 1942) nur insoweit sprechen, als eine unbegrenzt große Zahl von Einzelfaktoren in jedes soziale Phänomen eingegangen sind, als Gesamtheit gewirkt haben. Die Kausalanalyse kann bestenfalls eine Rangordnung, nach wahrscheinlicher Wirksamkeit, für die offensichtlichsten dieser Faktoren versuchen. Manchmal wird z. B. ein von uns jetzt registrierter sozialer Wandlungsvorgang vor längerer Zeit von einer Faktorenkonstellation eingeleitet oder ausgelöst worden sein, die in der Zwischenzeit, als Konstellation, wieder zerfallen ist. In der Soziologie, vor allem wenn sie mit statistischen Methoden arbeitet, kann man also nur von Graden größerer oder geringerer Wahrscheinlichkeit und einer unterschiedlichen Direktheit irgendwelcher Zusammenhänge sprechen. Eine strenge K. ist für die Soziologie nur eine von vielen Determinationsformen. Die Gegenüberstellung der Erklärung (Herstellen eines Kausalzusammenhangs) und Verstehen (eines Sinnzusammenhangs) gilt als heute überholt. G. Gurvitch (1955) unterschied sechs Bestimmungsweisen sozialer Phänomene (Déterminismes sociaux et liberté humaine, Paris 1955):
1. Kausalgesetze im Sinne der exakten Naturwissenschaften. Diese sind nur in Randbereichen der Soziologie möglich (Sozialmorpholo-

gie, ↗Demographie). Wo das menschliche Bewußtsein, wo Absichten mitwirken (soziales ↗Handeln), könne man strenge K. nicht annehmen.

2. Evolutionsgesetze (im 19. Jahrh. in der Soziologie beliebt). Gurvitch zieht es vor, von Tendenzregelmäßigkeiten zu sprechen. Monolineare, durchgehende Entwicklungsgesetze sind sehr problematisch, weil die soziale Wirklichkeit voller störender, partikulärer Impulse und Tendenzen, d. h. diskontinuierlich ist.

3. Eher kann die Soziologie funktionale Gesetzlichkeiten annehmen, wobei konstante Beziehungen zwischen Erscheinungen desselben Rahmens hergestellt werden, z. B. der (aufgrund der ↗Konkurrenz sich ergebende) Zusammenhang von Preisbildung gemäß Angebot und Nachfrage.

4. Statistische Gesetze im Sinne der Wahrscheinlichkeitsrechnung, deren Anwendung möglich ist, wenn der Bezugsrahmen empirisch bekannt ist (z. B. Deliktrate in bestimmten Stadtvierteln).

5. Singularitäts-K. liegt vor bei unwiederholbaren Kausalabfolgen innerhalb eines qualitativen Sozialtyps.

6. Unterscheidet Gurvitch verschiedene, nicht mehr eigentlich der K. unterliegende Zusammenhänge. (a) Funktionale Kovariationen (z. B. nach Kriegen steigt die Knabengeburtenrate). (b) Funktionale Korrelationen (z. B. Veränderungen der Gruppenkohäsion je nach Typ der Vergesellschaftung). (c) Tendenzielle Regelmäßigkeiten (z. B. die Begrenzung der verschiedenen möglichen Entfaltungsrichtungen eines bestimmten Wirtschaftssystems). (d) Direkte Integration sozialer Einheiten (z. B. Verhaltensmuster) in ein reales Ganzes (z. B. verschiedene Gesellschaftstypen).

R. M. MacIver, Social Causation (New York 1942); R. G. Francis, The Rhetoric of Science (Minneapolis 1961); W. Siebel, Die Logik des Experiments in den Sozialwissenschaften (1965); W. Mangold, Empirische Sozialforschung (1967); W. Schulz, Kausalität und Experiment in den Sozialwissenschaften (1969).

Kibbuz ist eine Gemeinschaftssiedlung in Israel; es gibt heute über 200 Kibbuzim. Die ersten wurden um 1910 gegründet. Der Anteil ihrer Einwohner an der Bevölkerung Israels ist relativ klein: von 1948 bis 1958 hatte sich z. B. die Bevölkerung Israels mehr als verdoppelt, aber die Mitgliedschaft der K. nahm nur um rund 25000 (auf weniger als 100000) zu. Der K. will Gemeinschaft in dem reinen, buchstäblichen Sinn ermöglichen, den F. Tönnies (Gemeinschaft und Gesellschaft, 1887) darunter verstand. Der K. befaßt sich überwiegend mit Landwirtschaft, aber vereinzelt auch mit der industriellen Weiterverarbeitung einzelner Produkte.

M. E. Spiro, Kibbutz. Venture in Utopia (New York 1956); ders. Children of the Kibbutz (Cambridge [Mass.] 1958); E. Kanovsky, The Economy of the Israeli Kibbutz (Cambridge [Mass.] 1966); M. Pallmann, Der Kibbuz (1966); H. Darin-Drabkin, Der Kibbuz (1967).

Kindheit ↗Bildungssoziologie, ↗Familie, ↗Peer group, ↗Sozialisation.

E. H. Erikson, Childhood and Society (New York[2]1963); P. Fürstenau, Soziologie der Kindheit (1967); A. Ronge, Die Umwelt der Nachkriegskinder, in: Wissenschaftliche Jugendkunde 13 (1967).

Kirche (↗Institution, ↗Kult, ↗Religionssoziologie, ↗Sekte) heißt eine traditionsgesteuerte, eher konservative religiöse Organisation (E. Troeltsch), die sich der außerreligiösen sozialen Wirklichkeit anpaßt, von dieser beeinflußt wird, sie aber auch selbst beeinflußt. Im Gegensatz zur Sekte, zum Kult, nicht zuletzt dank ihres „objektiv anstaltlichen Charakters" (Troeltsch) befindet sich eine K. überwiegend in Einklang mit der sie umgebenden Gesellschaft. K. und Sekte können in der Soziologie als ↗Idealtypus begriffen werden, wobei die Formen und Bedingungen des Übergangs vom einen Typ in den anderen besondere Aufmerksamkeit finden. J. Wach (Religionssoziologie, 1951) sieht ein Kontinuum unterschiedlich entwickelter und konstituierter Körper, die er „kirchliche" oder „halbkirchliche Organisationen" nennt. Kirchliche Körper („Institutionen"; begrifflich besser wäre: ↗Assoziationen mit einem hohen Grad der Institutionalisierung) können strukturell einander ähnlich sein, unterscheiden sich aber in ihrer Selbstauslegung, Theologie, Eschatologie (Wach). Zur eigentlichen K. als Mittelpunkt und Instrument der Religion einer Bevölkerung kommt es nur unter bestimmten geschichtlichen, kulturellen und psychologischen Bedingungen. Antike Hochkulturen und das religiöse Leben der Naturvölker kennen die K. noch nicht. Die Soziologie untersucht u. a. die soziale Schichtung verschiedener Kirchengemeinden, Autoritätsverhältnisse in der K., die Distanz verschiedener Bevölkerungsgruppen zur K., das inner- und außerkirchliche Verhalten von Geistlichen und Laien; entsprechende Rollenkonflikte.

J. H. Fichter, Die gesellschaftliche Struktur der städtischen Pfarrei (1957); D. Goldschmidt u. a., Soziologie der Kirchengemeinde (1960); Inge Peter-Habermann, Kirchgänger-Image und Kirchgangsfrequenz (1967); O. Schreuder, Gestaltwandel der Kirche (1967).

Klan nennt man eine Gruppe von Familien, die sich (unilinear) von denselben Vorfahren ableiten, also gleicher ↗Abstammung sind (*Clan*, im engeren Sinn, vom gälischen Wort für Kinder, ist ein Stammesverband in Schottland). Die Begriffe Klan und Sippe werden (auch in der amerikanischen Ethnologie) uneinheitlich verwandt. Im Gegensatz zur Sippe, die innerhalb des Stammes politisch nicht hervortreten muß, spricht man von Klan, wenn es sich um politisch selbständige Abstammungsgruppen (auch mit wirtschaftlichen Funktionen) handelt: Eine Sippe wird zum Klan, wenn sie politische Souveränität besitzt. Es ist allerdings angesichts der vielfältigen und komplizierten sozialen Organisation der verschiedenen Naturvölker sehr schwer, die Sippe von der Großfamilie *(extended family)* und dem Stamm abzugrenzen. Die Sippe umfaßt jedenfalls Personen, die sich für verwandt halten, in verschiedenen Haushaltfamilien leben und meist auch bei geographisch getrenntem Wohnsitz in verwandtschaftlicher Verbindung bleiben. Verstreut lebende Angehörige einer Sippe können über einen Ahnenkult ihr Sippenbewußtsein aufrechterhalten. Die amerikanische Ethnologie nennt *clan* eine Sippe *(sib)* mit Mutterfolge, eine mit Vaterfolge (patrilinear) *gens*.

Klasse, soziale, und der Begriff „soziale Schicht" überschneiden sich, werden aber in der heutigen Soziologie verschieden definiert. Die Angehörigen einer echten s. K. im Sinn von K. Marx müßten sich ähnlich wie die Mitglieder einer ↗ Gruppe verhalten und ein ↗ Solidaritätsgefühl vor allem anderen Klassen gegenüber aufweisen. Ob allerdings, wie im ↗ Marxismus unterstellt, das gemeinsame Klassenbewußtsein allein aus dem Verhältnis der Klassenangehörigen zu den Produktionsmitteln (Eigentum oder Nichteigentum) ihrer Gesellschaft entsteht, ist umstritten. Im Gegensatz zum Begriff s. K. müssen sich die Angehörigen einer sozialen Schicht nicht wie Gruppenmitglieder verhalten. Sie könnten es tun, aber es ist nicht Voraussetzung für die Existenz einer Schichtung. Bei empirischen Untersuchungen wird die zu befragende Bevölkerung oft nach Sozialschichten eingeteilt. Kriterien oder Merkmale dafür sind z. B. die Zahl der Schuljahre, die der einzelne absolviert hat, und seine Berufskategorie. Dabei werden Personen in eine (von insgesamt drei bis sieben) Schicht zusammengefaßt, die sich subjektiv nicht immer als Angehörige dieser einen Schicht betrachten werden. Es ist auch nicht sinnvoll, von einem „Schichtbewußtsein" zu sprechen. Es ist zweckmäßig, einzelne Schichten in einer Gesellschaft nach Merkmalsgruppen festzulegen (und Familien oder Einzelpersonen bestimmten Schichten zuzuweisen), weil keine wissenschaftliche Forschung ohne Unterscheidungen und Ordnung in der Mannigfaltigkeit der Erscheinungen auskommt. Es wäre für soziologische Fragestellungen unergiebig, zu wissen, wie viele Angehörige der verschiedenen ↗ Berufe es in einer Gesellschaft gibt. Man kann aber von diesen Zahlen aus auf den Umfang der einzelnen Schichten schließen (bei Volkszählungen wird der ausgeübte Beruf eines jeden einzelnen Erwachsenen verzeichnet, *nicht* aber die Schichtzugehörigkeit). Es wäre unpraktisch, beim Vergleich der Gesellschaften A und B zu sagen: in A und B gibt es jeweils soundsoviele selbständige Handwerker, Inhaber von Einzelhandelsgeschäften, Architekten, Rechtsanwälte, Ärzte, Zahnärzte usw. Wir wollen wissen, ob A eine Mittelschichtgesellschaft ist, deren Oberschicht etwas größer ist als die eigentliche Unterschicht; während Gesellschaft B vielleicht eine ebenso große Unterschicht wie Mittelschicht aufweist, während ihre Oberschicht nur ein Prozent der Gesamtbevölkerung ausmacht. (Bei der Charakterisierung und wirtschaftlichen Prognose der ↗ Entwicklungsländer spielen solche Feststellungen z. B. eine Rolle.)

Wie kommt es nun überhaupt zu s. K.n? J. Schumpeter (Capitalism, Socialism, and Democracy, 1942) betonte (im Kapitel „Marx als Soziologe") die Schwäche der Marxschen Theorie bei einer Kausalerklärung der sozialen Schichtung. Marx machte sich seine Aufgabe dadurch von vornherein leicht, daß er nur ein Prinzip für die Zweiteilung einer Gesellschaft in Klassen unterstellte, den Besitz oder Nichtbesitz an den Produktionsmitteln. Produktionsmittel sind für Marx Fabrikgebäude, Maschinen, Rohmaterial, Geldmittel. Die geistige Leistung des Unternehmers und der Techniker verstand er nicht. Der Arbeiter (Proletarier) verdient durch die Arbeit seiner Hände immer nur so viel, daß er bis zum nächsten Zahltag nicht verhungert. Er könne nie genug ersparen, um sich aus diesem Zirkel zu erlösen. Dazwischen liegende Gruppen (Landwirte, Handwerker, Angestellte, freie Berufe) sind für die Theorie von Marx störend; er behandelt sie als Anomalien, die im Lauf des kapitalistischen historischen Prozesses verschwinden werden. Aber wie soll man sich das Auftauchen des ersten Kapitalisten erklären, wie kommt es zur ersten „primitiven" Akkumulation von Kapital, die es gestattet, sich als Unternehmer in den Produktionsprozeß einzuschalten? Wie bekommt man das Anfangskapital, mit dessen Hilfe man anfangen kann, andere „auszubeuten"? Im ersten Band, im 26. Kapitel von „Das Kapital" äußert sich Marx über die primitive Akkumulation, aber nach Schumpeter sind die Erklärungen unzureichend.

Marx hält es für eine bürgerliche Kinderfabel, daß täglich neue Kapitalisten entstünden, weil manche Menschen überlegene Intelligenz und Energie — sowohl bei der Arbeit als auch beim Ersparen von Mitteln — einsetzen. Wenn diese „Kinderfabel" auch bei weitem nicht die ganze Wirtschaftsgeschichte erkläre, so erkläre sie, wie Schumpeter meint, einen großen Teil: „Übernormale Intelligenz und Energie erklären neun Fälle unter zehn von unternehmerischem Erfolg und insbesondere die Gründung industrieller Positionen. Und ganz besonders bei der Anfangsphase des Kapitalismus und jeder einzelnen industriellen Karriere war Sparen, und ist es heute noch, ein entscheidendes Element."

Zwar wird man normalerweise nicht Kapitalist, industrieller Arbeitgeber, indem man von seinem eigenen Lohn oder Gehalt so lange spart, bis die Mittel zur Ausrüstung einer eigenen Fabrik ausreichen. Der größte Teil der Kapitalakkumulation stammt aus Gewinnen und setzt deshalb Gewinne voraus. Aus diesem Grund muß man zwischen Ersparnis und Ansammlung (Akkumulation) unterscheiden. Die Industriegeschichte vom Anfang bis zur Gegenwart zeigt, daß die Mittel zum Beginn einer neuen Unternehmung meist durch das Leihen der Ersparnisse anderer Leute aufgebracht werden. Dabei spielt es keine Rolle, ob viele kleinere Sparer ihre Mittel direkt dem neuen Unternehmer zur Verfügung stellen oder über ein Finanzinstitut, bei dem ihre Ersparnisse liegen. Andererseits (Schumpeter) zeigt die Lebensgeschichte vieler erfolgreicher Unternehmer, daß sie irgendwann einmal über einen längeren Zeitraum hinweg aus laufenden Einnahmen, oft auch als Arbeitnehmer, Ersparnisse angesammelt haben, die ihnen für die Übergangsphase zum Unternehmer die Freiheit vom täglichen Broterwerb gaben. Im übrigen bestand im 17. oder 18. Jahrhundert eine Fabrik oft nur aus einer Hütte, die ein einzelner durch die Arbeit seiner Hände selbst errichten konnte, und die Ausrüstung war auch sehr einfach. In solchen Fällen konnte die körperliche Arbeit des künftigen „Kapitalisten" mit kleinen Ersparnissen aus-

reichen, um den Schritt zum Unternehmer, der einen Produktionsprozeß kontrollierte und Arbeiter anstellen konnte, zu machen.
Marx gibt eine Theorie der primitiven Akkumulation, wonach rohe Gewalt, Raub, Unterjochung, Plünderung anfänglich die Mittel bereitgestellt hätten, aus denen es zum Besitz an Produktionsmitteln gekommen sei. Diese seien also ihrerseits nur eine Fortsetzung der Unterwerfung und Ausbeutung. Diese Theorie erklärt aber immer noch nicht, weshalb, durch welche Unterschiede einige Leute die Macht erringen konnten, andere auszurauben, wenn es nicht eine Überlegenheit geistiger und/oder körperlicher Art gab. Auf die Frage nach dem Ursprung der Unternehmer*klasse* gelingt Marx, durch Rückgriff auf das Stadium des Feudalismus, eine Antwort, wobei er sich gerade auch die bürgerliche Ansicht zu eigen macht, das Feudalwesen sei eine Herrschaft nackter Gewalt gewesen. Damit gelingt Marx ein geschichtlicher Trick: der feudale Ausbeuter wird durch den kapitalistischen Ausbeuter ersetzt, somit geschichtlich erklärt. Unerklärt bleibt jedoch die Ursache der Ungleichheit, die den Feudalherren über seine Untertanen erhob. Es ist wirtschaftsgeschichtlich zutreffend, wie Schumpeter betont, daß viele Feudalherren, vor allem in Deutschland, tatsächlich Fabriken errichteten und unterhielten und die Mittel dazu z. T. über die Arbeit der ländlichen Bevölkerung, worunter sich manchmal auch ihre Leibeigenen befunden haben mögen, beschaffen. Aber Schumpeter bestreitet Werner Sombart (Theorie des modernen Kapitalismus, 1. A.), die primitive Akkumulation am Anfang des Kapitalismus gänzlich aus der Bodenrente zu erklären. Schumpeter kommt also zu dem Ergebnis, daß durch die Marxsche Theorie, ohne Hinzuziehung nicht-marxistischer Elemente, eine zufriedenstellende Erklärung für den Ursprung der sozialen Klassen nicht gegeben werden kann. Selbst wenn wir Raub als Ursprung aller Ungleichheit im größten Umfange unterstellen (Raub hat an vielen Orten und zu vielen Zeiten bei der Grundsteinlegung zu Unternehmerkapital eine Rolle gespielt, schon bei den Phöniziern und bei der Entstehung einzelner Besitztümer in der englischen Geschichte), „ist die marxistische Erklärung unzureichend, weil in letzter Hinsicht auch erfolgreicher Raub auf der persönlichen Überlegenheit des Räubers beruhen muß, und sobald man dies zugibt, bietet sich eine sehr anders geartete Theorie der sozialen Schichtung an".
Heute darf man es für vergeblich ansehen, eine allgemeine Theorie für die ungleiche Verteilung von Besitz aus der Lebensgeschichte einzelner Unternehmer und Familien abzuleiten. Entscheidender ist die Frage nach dem Ursprung und der Aufrechterhaltung der gesellschaftlichen Strukturen und normativen Systeme, die es gestatten, daß einmal Besitzende ihren Besitz weitgehend behalten können, auf welche Weise er auch in ihre Hände gekommen ist. Bei dieser Erklärung versagt der Marxismus ebenfalls, da ihm nur Bajonette und Kanonen die das Privateigentum schützende Rechtsordnung erklären.
Der Marxismus übersieht, daß in jeder Gesellschaft die Mehrheit der

Menschen ein persönliches Interesse an ↗Eigentum und seinem rechtlichen Schutz vor dem Zugriff anderer haben. Es ist aber weder psychologisch noch politisch möglich, auf längere Sicht, ohne einen staatlichen Zwang, willkürlich verschiedene Kategorien von Eigentum abzugrenzen und einer dieser Kategorien den Schutz als Privateigentum zu verwehren. Eine solche dogmatische Zweiteilung erfordert zu ihrer Aufrechterhaltung einen kostspieligen staatlichen Zwangs- und Kontrollapparat und bringt immer eine mangelhaftere Versorgung der Bevölkerung mit Waren und Dienstleistungen mit sich, weil selbst die kleinste unternehmerische Leistung aus Prinzip unterdrückt und bestraft werden muß (z. B. kann sich ein Sowjetbürger zwar, wenn er das Geld und die Geduld zum Warten hat, zwei Automobile kaufen, aber er darf nicht eines davon, durch einen anderen, als Taxi fahren lassen: damit begänne die „Ausbeutung" fremder Arbeitskraft). Nun läßt sich jedoch fragen, weshalb es der Marxist mit seiner Ethik für vereinbar hält, daß z. B. Bühnenautoren ein Eigentumsrecht an *ihrem* Produktionsmittel — das Urheberrecht am Stück — haben dürfen, obgleich ihnen dieses jedesmal zu einem arbeitslosen Einkommen aus der Arbeit anderer verhilft, wenn irgendwo auf der Welt Schauspieler dieses Stück spielen müssen?
Die Vorstellung, daß es höher und weniger hoch situierte Mitglieder einer Gesellschaft gibt, findet sich bei den meisten Kulturen sehr früh. Antike Autoren verwenden den Begriff soziale K. Aristoteles sagt, ein Gemeinwesen sei um so stabiler und glücklicher, je größer die Mittel-K. sei. Sowohl eine zu große untere K. als auch eine zu mächtige Ober-K. gefährden nach ihm den Bestand einer Gesellschaft. Auch K. und ↗Stand überschneiden sich manchmal. Als Angehöriger eines bestimmten Standes (durch Berufswahl und Erfolg im Beruf erworben oder durch Geburt zugesprochen) gehört ein Mensch in der Regel auch einer bestimmten s. K. an. Doch kommen dabei in verschiedenen Gesellschaften Abweichungen vor. In den USA wird ein Arzt fast immer kraft seines Berufes mindestens der oberen Mittel-K., objektiv und subjektiv (d. h. durch Selbsteinschätzung und durch Zurechnung durch andere) angehören, aber Geistliche (Pastoren, die sich mit „Reverend" ansprechen lassen) können auch heute noch in den USA beruflich und sozial der unteren K. angehören (z. B. der Pastor einer armen Negergemeinde, der während der Woche als Bote einer Firma arbeitet, am Sonntag im Talar predigt). In Ländern, wo Titel und Amt eines „Geistlichen" geschützt und beaufsichtigt sind, wird der Geistliche einer größeren Kirche kaum je zur unteren sozialen K. zählen; in Ländern wiederum mit einem Überschuß an Medizinern und bestimmten Zwangsversicherungssystemen, kann es Ärzte geben, die sich nicht zur oberen Mittel-K. zählen lassen.
Bei internationalen Vergleichen muß der Begriff soziale K. also vorsichtig gehandhabt werden. Bei Untersuchungen innerhalb einer Gesellschaft ist er brauchbarer. So hat die Verwendung des Begriffs s. K. in der amerikanischen Soziologie seit 1950 zugenommen, ob-

wohl der sozialökonomische Wandel in dieser Zeit sehr vieles am älteren K.begriff problematisch gemacht hat. Die empirische Soziologie begnügt sich heute selten mit den drei traditionellen K.n (untere, mittlere, obere), sondern benutzt fünf bis sieben K.n, z. B.: untere und obere Unter-K., untere und obere Mittel-K., untere und obere Ober-K. In der Regel reicht diese Stufung für die beobachtbaren (und von der Bevölkerung z. T. erlebbaren) Unterschiede aus. Es ist aber eine willkürliche Einteilung. Man könnte ebensogut vier, acht oder zwölf Stufen wählen. In der Praxis hat sich gezeigt, daß der direkteste wirtschaftliche Faktor für die K.zurechnung, das Einkommen, nicht sehr brauchbar ist. Je nach Landesteil und Ortsgröße kann ein bestimmtes Familieneinkommen hoch oder fast durchschnittlich sein. Man muß den Begriff des ↗Lebensstils hinzunehmen. In der Regel wird das tatsächliche Einkommen bei Erhebungen ungenau mitgeteilt. Man nimmt deshalb Merkmale, wie z. B. die Länge der schulischen Ausbildung, die Gesamtzahl der Schuljahre, hinzu.

R. Centers, The Psychology of Social Classes (New York 1949); M. Halbwachs, The Psychology of Social Class (London 1958); E. E. Bergel, Social Stratification (New York 1962); St. Ossowski, Klassenstruktur im sozialen Bewußtsein (1962); B. und Elinor G. Barber, European Social Class. Stability and Change (New York 1965); R. Bendix und S. M. Lipset (Hrsg.); Class, Status, and Power (New York²1966).

Kleingruppenforschung (↗Betriebssoziologie, ↗Cliquen, ↗Gruppe, ↗Interaktion), *small group research*, als Spezialgebiet der Soziologie und Sozialpsychologie entwickelte sich, zuerst in den USA, seit den 40er Jahren, nahm in den 50er Jahren rasch an Umfang zu, u. a. auch als eine Möglichkeit, mit geringen Forschungsmitteln quantifizierende Sozialforschung zu treiben. Mit den Vorgängen in kleinen Gruppen (↗Primärgruppen, ↗Peer Group, ↗Bezugsgruppen) befaßte sich allerdings die Sozialwissenschaft bereits seit dem Ende des 19. Jahrh. Für die K. gelten z. T. die allgemeinen Schwierigkeiten des ↗Experiments in den Verhaltenswissenschaften. Die K. untersucht (u. U. auch durch verborgene Beobachter oder Mikrofone) die Interaktionen in nach verschiedenen Gesichtspunkten zusammengestellten oder natürlichen Gruppen von meist fünf bis 20 Personen. Viel K. wurde als Auftragsforschung für amerikanische Verteidigungsbehörden getrieben, da die Kampfeinheiten moderner Streitkräfte (bedingt durch die Waffensysteme und Vehikel) aber auch als Teams innerhalb großer Organisationen (z. B. Flugzeugträger) meist kleine Gruppen sind, deren Mitglieder optimal zusammenwirken müssen. Die K. will hauptsächlich die Bedingungen für Kommunikation, Solidarität, Konformität, Innovationsbereitschaft, Führungsrollen, Konflikten erforschen. K. Lewins Arbeiten über Gruppendynamik (↗Feldtheorie), ausgehend von der Gestaltpsychologie, sowie die ↗Soziometrie J. L. Morenos trugen zur Entwicklung der K. bei, danach die Forschungen u. a. von R. F. Bales und G. C. Homans.

A. P. Hare, Handbook of Small Group Research (New York 1962); ders. u. a. (Hrsg.), Small Groups (New York²1965); G. Lüschen (Hrsg.), Kleingruppenforschung und Gruppe im Sport (1966; mit Literatur).

Kleinstadt ↗Stadt, ↗Dorf.

Klub nennt man eine Gruppe meist gleichgesinnter und oft nur einem Geschlecht angehöriger Personen, die in der Regel einen örtlich festliegenden Treffpunkt besitzt. Im Gegensatz zur ↗Clique ist ein K. ausdrücklich organisiert, Aufnahme weiterer Mitglieder (durch Kooptation) unter festgelegten Bedingungen. Die Assoziations- und Geselligkeitsform des K. spielt in angelsächsischen Ländern, ausgehend von England, eine besonders große Rolle. Im Gegensatz zum ↗Verein legt ein Klub auf stetig wachsende Mitgliederzahlen keinen Wert, sondern bietet seinen Mitgliedern die Gewähr der Exklusivität, weshalb Klub und Snobismus im Volksmund aller Länder zusammengehen.
Für gesellige, sportliche, literarische, wissenschaftliche oder politische Zwecke ist der K. im 16. Jahrh. in England entstanden. Klubs haben in der Geschichte öfters eine Rolle gespielt, z. B. in der Französischen Revolution oder (vor allem bei den Angelsachsen) als nicht öffentliche Assoziationszentren für die Angehörigen der ↗Machtstruktur.

Kollektiv ist eine weniger aus eigenem Antrieb, als durch eine übergeordnete Instanz zusammengekommene Anzahl von Menschen, oft organisiert für eine bestimmte Arbeit (Kollektive in der sowjetischen Landwirtschaft). Als Eigenschaftswort bezeichnet k. Verhaltensformen einzelner Individuen, die aus ihrer Abhängigkeit vom K. oder Beeinflußbarkeit durch ein K. erklärbar sind. Kollektives Verhalten (collective behaviour) bezeichnet die (meist als gefährlich oder minderwertig geltenden) Verhaltensformen des Menschen, wenn er Teil eines ↗Mobs oder einer ↗Masse ist. Das Eigenschaftswort k. kann aber auch wertfrei soziale Vorgänge bezeichnen, bei denen Einzelakte vieler zwecks größerer Wirkung synchron zusammengefaßt und gelenkt werden („collective bargaining", in den USA Tarifverhandlungen zwischen Arbeitnehmern und Arbeitgebern, bei denen eine Gewerkschaft für sämtliche Arbeitnehmer in einer Industrie geschlossen dem Tarifpartner gegenübertritt). Die Eigenart der Kollektivseele beschrieb bereits E. Durkheim. Der Begriff ‚collective behaviour' stammt von R. E. Park, ‚collective bargaining' von Beatrice Popper (Mrs. Sidney Webb) (1891).

Cl. Münster, Mengen, Massen, Kollektive (1952); N. J. Smelser, Theory of Collective Behavior (New York 1963); L. v. Wiese, Das Ich und das Kollektiv (1967).

Kollektivismus (↗Bolschewismus, ↗Eigentum, ↗Individualismus, ↗Kapitalismus, ↗Kommunismus, ↗Marxismus, ↗Totalitarismus, ↗Utopie) ist das einer ↗Ideologie gemäß praktizierte (oder in einer Utopie geforderte) soziale System der prinzipiellen, ausnahmslosen Unterwerfung des Individuums, der einzelnen Familie, Minderheit, Religionsgemeinschaft usw. (also jeglicher pluralistischen Differenzierung nach Lebensstil, Weltanschauung, Wirtschaftstätigkeit) zwecks

Machtmonopol der Führungsgruppe. Diese kann sich religiös (Inkareich) oder messianisch-politisch (säkularisierte Religion), wie im Kommunismus, legitimieren. Der K., selbst wenn er zunächst nur die zentrale Planbarkeit der Wirtschaft, die Ausschaltung jeglicher Konkurrenz um den politischen Führungsanspruch der einmal an die Macht gekommenen Gruppe beabsichtigt, wird im 20. Jahrh., infolge der Doktrinen (ausgehend von Rousseaus Lehre vom „allgemeinen Willen") der totalitären Demokratie (J. Talmon) immer auch zum Totalitarismus.
Die im Namen des utopisch-idealistischen K. (materielle Gleichheit, Herrschaftsabbau in allen sozialen Beziehungen einer Gesellschaft) angestrebte Gesellschaftsform braucht angesichts der Differenzierungs- und Aufstiegswünsche, der individualistischen Neigungen ihrer Mitglieder immer ein mächtiges System lückenloser sozialer Kontrolle, das nur über eine politische Hierarchie mit den Zwangsmitteln der Geheimpolizei und des Militärs eingerichtet und stabil erhalten werden kann. Deshalb wird aus der Praxis eines K. stets das Gegenteil der Gleichheit, mit deren Versprechen (unter Ausnutzung des Schuldgefühls der sich in den wirklichen Gesellschaften privilegiert fühlenden Schichten und Personen) sich alle Bewegungen des K. die zur Machtergreifung notwendige Vorschußsympathie beschaffen.

W. Röpke, Gesellschaftskrisis der Gegenwart ([2]1948).

Kolonialismus ↗Imperialismus.

R. Maunier, The Sociology of Colonies, 2 Bde. (London 1949); R. v. Albertini, Dekolonisation (1966); L. Helbig, Das Ende des Kolonialismus (1966).

Kommunikation ↗Bürokratie, ↗Einstellungen, ↗Feedback, ↗Feldtheorie, ↗Information, ↗Inhaltsanalyse, ↗Interaktion, ↗Konflikt, ↗Massenkommunikation, ↗Symbol, ↗Wissen, ↗Wissenssoziologie.
K. heißt der Vorgang durch den eine Nachricht, als Zeichen oder Symbol, von einem Organismus zu einem anderen gelangt und dessen Verhalten verändert. Jede Art von Verhalten kann zur Nachricht werden: Gesten, Ausdruck, Bewegungen, Laute, Sprache; doch muß in der Regel einer K. beim Sender die Fähigkeit zugrunde liegen, die Aufmerksamkeit des Empfängers zu wecken. Sowohl die Forschungen der vergleichenden Verhaltensphysiologen (Ethologen, Tiersoziologen) als auch der Informationstheoretiker (des Fernmeldewesens) haben für die Soziologie und Sozialpsychologie der K. in den letzten Jahren entscheidende Gesichtspunkte und Befunde geliefert. Wenn die K. nur aus sprachlichen Vorgängen zwischen Menschen besteht, ist sie der Prozeß der Übermittlung von Bedeutungen *(meanings)* durch Symbole, sofern Sender und Empfänger der Symbole sich jeweils mit der Situation des anderen identifizieren (G. A. Lundberg u. a.).

H. D. Duncan, Communication and Social Order (New York 1962); J. J. Gumperz und D. Hymes (Hrsg.), The Ethnography of Communication. Am. Anthropologist, Spec. Publication, Bd. 66, Nr. 2, Teil 2 (Menasha [Wisc.] 1964); H. K. Platte, Soziologie der Massenkommunikationsmittel (1965); R. Wildenmann und W. Kaltefleiter, Funktionen der Massenmedien (1965);

B. Berelson und M. Janowitz, Reader in Public Opinion and Communication (New York²1966); H. Reimann, Kommunikations-Systeme. Umrisse einer Soziologie der Vermittlungs- und Mitteilungsprozesse (1968).

Kommunismus (↗Bolschewismus, ↗Kollektivismus, ↗Marxismus, ↗Sozialismus, ↗Totalitarismus). Anders als der Sozialismus und seine Parteien in verschiedenen demokratischen Ländern strebt der K., orientiert am Vorbild der Sowjetunion, nach einer Vernichtung aller andersgearteten Regierungsformen, politischen Parteien und (für ihn selbst nur potentiell) oppositionellen Gruppen, Schichten und Persönlichkeiten. Ziel des K. ist in allen Ländern die Etablierung einer endgültigen und totalitären, durch ↗Wahlen und ↗Opposition nie mehr korrigierbaren ↗Herrschaft durch die Spitzenfunktionäre der kommunistischen Partei. Der K. verlangt die ↗Verstaatlichung aller Produktionsmittel, der meisten Dienstleistungsbetriebe, eine Kontrolle und zentrale ↗Planung des ganzen Wirtschaftslebens (obgleich es der Sowjetwirtschaft bis heute nicht gelungen ist, die großen Nachteile und laufenden Produktivitätsverluste der Planwirtschaft zu überwinden, deren man sich übrigens bewußt ist). Der K. hält sich für die ↗Diktatur des Proletariats, ist aber die Diktatur einer ↗Oligarchie, die sich u. U. auch einem charismatischen Führer unterordnen muß (Lenin, J. Stalin, Chruschtschow). Der K. rechtfertigt seine Diktatur, ihre polizeistaatlichen und militärischen Mittel der permanenten Unterdrückung mit der ↗Utopie einer klassen- und herrschaftslosen, harmonischen Gesellschaft des materiellen Überflusses für alle in einer unbestimmbaren Zukunft, der man die Wege gewaltsam ebnen müsse.

Intolerante, oft religiös-fanatische, Sekten und Utopien mit einer dem K. entsprechenden Sozial(heils)lehre gab es seit langem, z. B. zur Zeit der Reformation und früher. Der K. im engeren Sinne als Begriff tauchte aber erst nach der Julirevolution 1830 in subversiven Zirkeln von Paris auf. In den 40er Jahren des 19. Jahrh. kannte die internationale Arbeiterbewegung (geführt von bürgerlichen Intellektuellen) ein gemäßigtes sozialistisches und ein radikales kommunistisches Lager. Marx und Engels schrieben 1847/48 für den „Bund der Kommunisten“ das „Kommunistische Manifest“. In der 2. Hälfte des 19. Jahrh. traten Begriff und Bewegung des K. völlig in den Hintergrund, verglichen mit dem evolutionären Wachstum sozialistischer (gewerkschaftlicher) Arbeiterparteien.

Erst als Folge der besonderen vorrevolutionären Situation im Zarenreich Rußlands lebte der K. vor dem Ersten Weltkrieg mit Lenin wieder auf (Leninismus). Lenin konnte 1917 in Rußland die Herrschaft im Namen der Bolschewisten an sich reißen, die sich dann ab 1918 „Kommunistische Partei“ nannten. 1922 wurde Stalin Generalsekretär ihres Zentralkomitees, das seither eine totalitäre Diktatur ausübt. Nach Lenins Tod (1924) vernichtete Stalin die letzte Opposition innerhalb der Partei.

Seither bezieht sich der Begriff K. in erster Linie auf die herrschende

Parteielite, ihre Ideologie und ihren Herrschaftsapparat, in der Sowjetunion sowie auf alle kommunistischen Parteien, die sich, in unterschiedlicher Abhängigkeit von der UdSSR, in anderen Ländern am sowjetischen K. orientieren.

Der K. als Herrschaftssystem kann sich grundsätzlich nicht im Sinne einer ↗Demokratie durch freie und geheime Wahlen, in Konkurrenz mit einer Opposition, legitimieren und braucht deshalb, als Legitimierungsmythus, den Anspruch auf seine Mission der Weltrevolution des Proletariats, die Ablösung aller andersgearteten Gesellschafts- und Wirtschaftssysteme. Es ist allerdings sehr schwer vorstellbar, wie das nationalistische, hegemoniale Herrschaftssystem der UdSSR je mit dem dynamischen Pluralismus einer Weltbevölkerung fertig werden könnte, wenn es, um 1970, selbst den relativ machtlosen geistigen und wirtschaftspolitischen Differenzierungstendenzen der eigenen Intelektuellen und der Führer in der CSSR nur mühsam, unter Einsatz seiner Geheimpolizei und Truppen Konformität abzwingen kann. Die angebliche Verwandlung des K., nach 50 Jahren Herrschaft in Rußland, seine „Liberalisierung“ mit größerem Spielraum in der Bevölkerung für geistige, künstlerische und wirtschaftliche Verhaltensformen, hat sich als eine Illusion einiger westlicher Kommentatoren herausgestellt, die vorübergehende Oberflächenerscheinungen während der Regierungszeit Chruschtschows im Sinne ihrer eigenen Vorstellungen über den „guten Kern“ im K. überbewertet hatten.

J. Monnerot, Sociologie du Communisme (Paris 1949); F. Borkenau, Der europäische Kommunismus (1952); M. Djilas, Die neue Klasse (1957); R. C. North, Der chinesiche Kommunismus (1966); R. Heberle, Hauptprobleme der politischen Soziologie (1967); D. Knötzsch, Innerkommunistische Opposition (1968).

Konflikt (↗Kampf, ↗Aggression, ↗Ethnozentrismus, ↗Vorurteil) heißt jede mögliche oder in Austragung befindliche Gegnerschaft, in der Regel zwischen zwei genau bestimmbaren Positionen, wobei diese von einem einzelnen oder von Gruppen aller Größen besetzt sein können. Die heutige Soziologie neigt dazu, mit dem Begriff Konflikt sehr verschiedene Vorgänge und Gemütsdispositionen zu bezeichnen und z. T. zu verdecken. Man nennt die Feindschaft zwischen A und B, die zu Sabotageakten von B gegen A führt, K. und vermeidet die Frage, ob B auf A neidisch ist. Neid, Haß, Ressentiment, Minderwertigkeitsgefühle können zu Konfliktsituationen führen, doch ist ein K. auch zwischen sich in jeder Hinsicht ebenbürtig empfindenden Personen möglich, z. B. dann, wenn sie einem verschiedenen Sittengesetz gehorchen. Die Bereitschaft, in definierbaren K. zu geraten und ihn auszutragen, ist eine menschliche Eigenschaft, deren Anfänge auch schon bei Tieren zu beobachten sind. Soziologie und Sozialpsychologie versuchen heute, Regeln für die Konfliktbeilegung (conflict resolution) aufzustellen. Neuerdings tritt an Stelle von Konflikt oft der Begriff Krise, vor allem dann, wenn ein Konflikt zwischen Weltmächten oder Nationengruppen sich abzuzeichnen be-

ginnt. Die Sonderdisziplin des Krisenmanagements kann teils der Politikwissenschaft, teils der Soziologie zugerechnet werden.
Mit dem K. als einer zentralen Form der Begegnung von Individuen und Gruppen (*intergroup conflict*, vor allem ein Problem zwischen Minderheiten) befaßten sich u. a. Simmel, Park, Burgess, L. A. Coser — R. K. MacIver unterscheidet zwischen direktem und indirektem K.
K. geht in der Regel mit dem Zusammenbruch von Kommunikation zwischen den beteiligten Gruppen einher (G. Lundberg u. a.), oft wird heute auch bewußt durch (mehr oder minder erzwungene, aufgedrängte) ↗Kommunikation eine Linderung oder Beilegung des K. versucht, u. U. von neutraler Seite. Zum Beispiel hat beim Arbeits-K. in den USA die Bundesregierung gewisse verbindliche Möglichkeiten, eine Mindestkommunikation zwischen Gewerkschaft und Arbeitgeber herbeizuführen.

G. Simmel, Soziologie ([3]1923, Nachdruck 1958); R. Dahrendorf, Gesellschaft und Freiheit (1961); W. Kellner, Der moderne soziale Konflikt ([2]1968); L. A. Coser, Theorie sozialer Konflikte (1965); E. B. McNeil (Hrsg.), The Nature of Human Conflict (Englewood Cliffs, N. J. 1965); H. Schoeck, Der Neid ([2]1968).

Konformität ist die überall, bei den Mitgliedern jeder ↗Gruppe, aber auch im Verhalten einzelner Individuen (abwesenden) ↗Bezugsgruppen gegenüber, in jeder Gesellschaftsform, unabhängig von der jeweiligen ↗Kultur, beobachtbare Verhaltenstendenz des Individuums, sich an eine (oft nur vermutete) Gruppennorm anzugleichen. K. ist teils die Folge der ↗Verhaltensmuster, die im ↗Sozialisationsprozeß übernommen (internalisiert) werden. K. läßt sich aber auch dann beobachten, wenn Individuen mit anderen in eine neuartige Situation geraten, für die keine spezifischen Verhaltensmuster vorliegen. In solchen Fällen verhält sich jeder konform, indem er unter Vermeidung von allzu selbständig erscheinenden Varianten sich schrittweise an Verhaltensfragmenten der anderen (und diese wieder an den seinen) orientiert, bis sich eine Gruppennorm auch für diese neuartige Situation eingependelt hat.
K. äußert sich besonders bei der ↗Mode. Man spricht von K. vor allem dort, wo ein nichtkonformes Verhalten für das Individuum ohne großen Schaden möglich gewesen wäre. Die allgemeine Neigung zur ↗Imitation, zur Nachahmung stützt die K. K. wird geübt, nicht so sehr, weil man die übernommene Verhaltensform für besser, rationaler, wirksamer hält, sondern weil aus der Gewißheit, sich einer (Bezugs)gruppe, einer Statusgruppe (La Piere) angeglichen zu haben, ein Gefühl der Sicherheit, der Bestätigung entsteht. K. wird oft nur äußerlich geübt und bezeugt, keineswegs immer von innerem Einverständnis mit der fremden Norm oder Verhaltensweise begleitet. Amerikanische Untersuchungen sprechen auch dafür, daß Individuen in Fällen, wo die K. ihre eigentlichen persönlichen Belange und Werte nicht berührt, u. U. überkonform sind und sich „sozialen Kredit", ein Guthaben an Wohlwollen und Vertrauen aufbauen, von dem sie dann später, wenn sie in derselben Gruppe einmal Nicht-K.

praktizieren, Wohlwollen „abheben" und damit die durch die Nicht-K. ausgelöste Feindseligkeit oder Mißbilligung neutralisieren können.

D. Riesman, Die einsame Masse (1958); E. L. Walker u. R. W. Heyns, An Anatomy for Conformity (Englewood Cliffs, N. J. 1962).

Konkurrenz nennt man ein aufeinander bezogenes (soziales) ↗Handeln, im Sinne eines Wettbewerbs. Die *competition* ist (in der amerikanischen Soziologie) ein sozialer Grundprozeß. Man kann unter K. die einzelne, im Ablauf befindliche Handlungsfolge von mindestens zwei Konkurrenten verstehen (zwei Sportler im Wettkampf; zwei Geschäftsleute, deren Läden in derselben Straße liegen), aber auch die eine dauernde K. ermöglichende Wirtschaftsordnung: wenn z. B. Antitrust- oder Kartellgesetze bestrebt sind, Monopole zu verhindern, damit *competition*, Wettbewerb, möglich bleibt, auch für noch unbekannte Konkurrenten, die erst in der Zukunft, mit vielleicht ebenfalls noch unbekannten Produkten oder Dienstleistungen, auf dem ↗Markt erscheinen werden.

Die Bedeutung der K. im wirtschaftlichen Bereich liegt in der Erzeugung und Aufrechterhaltung eines Marktes, auf dem zahlreiche Personen (Firmen) als Anbietende und Nachfragende (oft in beiden Rollen zugleich für verschiedene Produkte) eine freie, Angebot und Nachfrage spiegelnde Preisbildung herbeiführen. Der Prozeß der K. ergibt sich aus dem Verhalten der Wirtschaftssubjekte in derselben Branche, die Preise (bei gleicher oder besserer Qualität) eines jeden anderen Konkurrenten zu unterbieten suchen, um damit den größtmöglichen Marktanteil der Nachfrage zu erzielen. Da in der Praxis fast allen wirtschaftlichen Tätigkeiten eine Ausdehnungs- und Optimierungstendenz innewohnt, würde es in einem völlig freien Markt immer wieder, zumindest für einige Produkte und Dienstleistungen, zu einer Monopolbildung kommen (z. B. durch Aufkauf kleinerer Konkurrenten). Deshalb werden seit dem Ende des 19. Jahrh. in verschiedenen Ländern in verschieden konsequenter Weise (besonders scharf in den USA) durch den Staat die Spielregeln für die K. festgelegt und überwacht.

Die ↗Demokratie hat man (u. a. J. Schumpeter) als einen Wettbewerb um die Ausübung der politischen (legitimierten) Macht, unter Einhaltung von allgemeinen (u. U. verfassungsmäßig verbindlichen) Spielregeln bezeichnet. Jeder einzelne, jede Partei kann ein Programm auf dem „Markt der Wählerstimmen" anbieten und versuchen, eine Mehrheit zu erlangen, die die Ausübung der Entscheidungsfunktion (meist befristet) überträgt. Entgegen mancher (sozialistischen, gemeinwirtschaftlichen) Theorien ist es in der Praxis des politischen Lebens nicht denkbar (oder irgendwo beobachtbar), daß eine Kollektivierung (↗Verstaatlichung, Sozialisierung) der Wirtschaftsmittel (Produktionsmittel, Verteilungsapparate, Dienstleistungsbetriebe usw.) vorgenommen werden kann, ohne zugleich auch jede K. auf dem Gebiet der politischen und sozialen Ideen und Zielvorstellungen, also die Möglichkeit der freien Demokratie aufzuheben. Wenn der Staat, euphemistisch gesagt, die „Gemeinschaft“, mit anderen Worten die politische Partei (z. B. eine kommunistische), die die Überführung der Wirtschaftsmittel ins „Gemeineigentum“, d. h. ihre eigene Verfügungsgewalt, anfänglich vorgenommen hat, sämtliche wesentlichen Mittel im Wirtschaftssektor kontrolliert (Papierfabriken, Druckereien, Transportmittel, Rundfunk und Fernsehen), ist die K. durch andere Parteien oder einzelne Kandidaten um Wählerstimmen illusorisch bzw. unmöglich. Hinzu kommt, daß in einer voll sozialisierten Wirtschaft auch die Abhängigkeit des einzelnen im Erwerbsleben vom Staat (der herrschenden Partei) so groß ist, daß er, selbst wenn ihm die Mittel zum Wahlkampf zur Verfügung stünden, nach dem bloßen Akt seiner Kandidatur wirtschaftliche, seine Existenz bedrohende Repressalien befürchten muß. Wirtschaftliche und politische K. sind unabdingbar miteinander gekoppelt; und heute noch mehr, weil die Industriegesellschaft (1) überwiegend von Personen bevölkert ist, die sich in abhängigen Erwerbspositionen befinden, und (2) die K. um Wählerstimmen in Millionenbevölkerungen zunehmend größere finanzielle und technische Mittel erfordert.

Ph. Herder-Dorneich, Zur Theorie der sozialen Steuerung (1965); F. Machlup, Wettbewerb im Verkauf. Modellanalyse des Anbieterverhaltens (1966).

Konsensus ↗Consensus.

Konservatismus dient in der zweiten Hälfte des 20. Jahrh. nur mehr sehr selten zur Selbstbezeichnung (z. B. einer politischen Partei, eines Flügels einer Kirche, der Geisteshaltung eines Autors oder Künstlers), sondern fast immer zur disqualifizierenden Bezeichnung eines politischen Gegners (Raymond English, „Conservatism: The Forbidden Faith, American Scholar, 1952. Russell Kirk, The Conservative Mind, 1953), kann sich aber auch, wie Karl Mannheim (1927) zeigte, als notwendige (z. B. an einer bestimmten Form des Grundbesitzes, der Bodenbearbeitung orientiert), in einer bestimmten geschichtlichen Phase auftretende politisch tätige (und wirksame) Sozialphilosophie darstellen. Heute meint man mit K. das (irrationale, unwissenschaftliche, *un*fortschrittliche) Beharren, das Festhalten an ↗Traditionen. Verschiedene Autoren sehen das Hauptmerkmal des K. in der Ablehnung jeder Ideologie, jedes sozialen oder politischen Handelns gemäß einer Ideologie (oder Utopie). Der ↗Liberalismus, der ↗Sozialismus unterscheiden sich nach Ideologie und Utopie, haben aber diese Impulsmodelle gemeinsam. Die Philosophie des K. wurde vor allem als Antwort auf die Französische Revolution entwickelt (Edmund Burke, Freiherr vom Stein u. a.).

R. Kirk, Lebendiges politisches Erbe (1959); M. Oakeshott, Rationalismus in der Politik (1966).

Konsum ↗Verbraucher.

Th. Veblen, Theorie der feinen Leute (o. J.); G. Katona, Der Massenkonsum (1965); E. und Monika Streissler (Hrsg.), Konsum und Nachfrage (1966).

Konsumkritik ↗Geltungskonsum, ↗Luxus, ↗Werbung.

Kontrolle, soziale (↗Abweichendes Verhalten, ↗Anomie, ↗Anpassung, ↗Bezugsgruppe, ↗Erpressung, ↗Herrschaft, ↗Interaktion, ↗Konformität, ↗Konvention, ↗Kultur, ↗Neid, ↗Recht, ↗Sitte, ↗Sozialisation, ↗Werbung) (*social control*, als soziologischer Begriff 1890 in Amerika von E. R. Ross eingeführt, in der angelsächsischen Soziologie ein Grundbegriff, allerdings mit sehr verschiedenen Bedeutungen, geblieben, ist erst Ende der 50er Jahre in der deutschsprachigen Soziologie üblich geworden).
S. K. heißt jede absichtliche Einwirkung auf einen anderen, ohne physische (Zwangs)mittel, als deren Folge ein Individuum oder eine Gruppe sich anders verhält, als es ohne die s. K. geschehen wäre. Wessen Verhalten durch eine Fessel oder ein Medikament gedämpft wird, wer sich in einer Gummizelle oder Zwangsjacke befindet, unterliegt *nicht* der s. K. Wer aber, wie ungern auch immer, einem Polizeibeamten in Zivil, der sich ausgewiesen hat, aufs Revier folgt, fügt sich s. K.
Bis etwa 1950 hießen in der amerikanischen Soziologie nur die von „der Gesellschaft" bzw. von staatlichen Institutionen ausgehenden Zwänge s. K. Diese s. K. galt den Soziologen zugleich als richtig, progressiv, automatisch am Gemeinwohl orientiert. Hinter dieser Annahme stand die Abneigung gegen den ↗Individualismus ihrer Landsleute, die viele amerikanische Soziologen, die sich mit s. K. befaßten, hatten. In dem grundlegenden Werk von Richard T. LaPiere (1954) wird dann eine Theorie der s. K. entwickelt, die, wertfrei, jede Art von Fügsamkeit einem anderen gegenüber, der keine physischen Macht- und Zwangsmittel zugrundeliegen, als s. K. definiert. Den Ursprung dieser Fügsamkeit (meist symbolisch vermittelten) s. K. gegenüber sieht LaPiere in der Statusgruppe (↗Primärgruppen, informelle Gruppen am Arbeitsplatz, ↗*peer group*, Schulklassen, Berufsverbänden usw.), der jeweiligen ↗Bezugsgruppe. Insofern jedes Individuum einer oder mehreren Statusgruppen angehört, in denen er durch Nichtkonformität ↗Status verlieren kann, ist es auch sozial kontrollierbar. Dabei braucht die Statusgruppe, in der dem Individuum an seinem Status gelegen ist, nicht identisch zu sein mit der Gruppe oder Institution, aus der die s. K. über das Individuum vorgenommen wird. Wirksamkeit und Vollzug der s. K. können aus verschiedenen Gruppen kommen. Wer sich z. B. der Aufforderung des Kriminalbeamten, bei einer Razzia, zwecks Personalienfeststellung mitzukommen, fügt, tut dies, weil er die Abführung in Handschellen und eine eventuelle Strafe wegen Widerstand, mit Rücksicht auf ihm bedeutsame Statusgruppen (Familie, Freunde, Kunden, Berufsgenossen usw.) vermeiden möchte.

R. LaPiere, Theory of Social Control (New York 1954); H. Schoeck, Der Neid (^{2}1968); J. Aronfreed, Conduct and Conscience (London 1968); H. P. Dreitzel, Die gesellschaftlichen Leiden und das Leiden an der Gesellschaft (1968).

Konvention nennt man das durch eine (meist im Lauf der kulturellen Entwicklung zustande gekommene) Übereinkunft, oft stillschweigender Art, geregelte Verhalten. K. ruht auf ↗Gegenseitigkeit (man vermeidet z. B., was zwar als Mittel in Erwägung gezogen werden könnte, aber, falls es alle Parteien benutzen, für alle mehr Nachteile bringt als Gewinnchancen: z. B. Internationale K.en zur Ächtung von chemischen Kampfstoffen seit dem Ende des Ersten Weltkrieges).
Im engeren Sinne versteht man unter K. (z. T. in Überschneidung mit der ↗Mode) jene zahlreichen, allgemeinen gesellschaftlichen Erwartungen entsprechenden ↗Verhaltensmuster, die (manchmal bagatellisierend, ironisierend) als Höflichkeit, urbanes Benehmen, Zivilisiertheit der Umgangsformen bezeichnet werden. Im Gegensatz zur ↗Sitte und zum ↗Brauch fehlt den Verhaltensregelungen durch K. die emotionale, moralische Verankerung. Sie sind nicht zwingend, sie leuchten nicht ohne weiteres ein. Sie sind oft nur leere Formeln (Etikette, Zeremonie eines Hofes, das Protokoll im diplomatischen Leben).

Kooperation ist ein Grundprozeß sozialen Lebens (Gegensatz zur ↗Konkurrenz, zum ↗Konflikt). Man unterscheidet die aus gemeinsamen Werten und Zielen rührende K. von der antagonistischen K., die auch zwischen Anhängern verschiedener, entgegengesetzter Wertsysteme zur Erreichung von Zielen, die nur über K. erlangbar sind, gepflegt wird (z. B. kann das Tauziehen zwischen Arbeitnehmer- und Arbeitgeberverbänden als antagonistisch gelten). K. setzt in der Regel Koordinierung, eventuell Synchronisierung des Verhaltens voraus. Sie ist nicht mit der ↗Gegenseitigkeit zu verwechseln.

Korporation ↗Genossenschaften, ↗Solidarität.

Krankheit ↗Abweichendes Verhalten, ↗Medizinsoziologie, ↗Psychodrama.

Krieg bezeichnet das Verhalten von zwei oder mehr größeren Gruppen, meist Ländern oder Staaten, die in der Regel unter Einhaltung gewisser traditioneller Formen einen politisch formulierbaren Konflikt durch eine physische Machtprobe entscheiden wollen. Im übertragenen Sinn gibt es K. gegen die Armut, also ähnlich wie beim K. Einsatz (staatlicher) Mittel zur Lösung eines als zentral erklärten Problems, ohne Rücksicht auf Wirtschaftlichkeit beim Einsatz der Mittel. Man unterscheidet Präventivkriege, Raubkriege, Verteidigungskriege, kann aber bis heute das Problem des gerechten (Augustin, Thomas von Aquin, Grotius) K. nicht ohne Beziehen einer Wertposition lösen. Kriegerisches Verhalten findet sich in der gesamten Geschichte der Menschheit. ↗Aggression, ↗Kampf, ↗Konflikt. Es gibt keine Anzeichen, daß soziale oder technologische Wandlungen K.e in absehbarer Zeit unmöglich machen werden. Vielmehr paßt man sich durch neuartige Definitionen des eigenen militärischen Verhaltens der Weltmeinung bzw. der eigenen öffentlichen Meinung an, verzichtet auf förmliche K.erklärungen. So führten die USA in den 60er Jahren den sog. Vietnamkrieg, ohne eine Erklärung des K. (zustands) durch den Kongreß. Man spricht von Bürger- oder Befreiungs-K.en, selbst wenn dahinter die Auseinandersetzung von Weltmächten steht. In der zweiten Hälfte des 20. Jahrh. ist man auf vielen K.schauplätzen z. T. auf kriegerische Verhaltensweisen zurückgefallen, die den Gepflogenheiten vor dem Ersten Weltkrieg, z. T. vor dem 19. Jahrh. ähneln. K.e finden neuerdings zwischen Gegnern statt, die beide (oder von denen einer) sich nicht mehr an die internationalen Regeln (Internationales Rotes Kreuz usw.) halten. Offen ist auch z. B., ob die Vermeidung von chemischen Kampfstoffen seit dem Ende des Ersten Weltkrieges auf allen K.schauplätzen durch die Wirksamkeit internationaler Abkommen, die Weltmeinung zu erklären ist oder eher durch die taktischen Nachteile solcher Mittel.

S. R. Steinmetz, Soziologie des Krieges (1929); R. Schroers, Der Partisan (1961); R. Aron, Frieden und Krieg (1963); ders., Einführung in die Atomstrategie (1964); H. Kahn, Eskalation (1966); C. v. Clausewitz, Vom Kriege ([17]1966); M. W. Browne, Das neue Gesicht des Krieges (Frauenfeld 1966); R. R. Bigler, Der einsame Soldat (Frauenfeld 1963); A. Buchan, Der Krieg in unserer Zeit (1968).

Kriminalität ist, wie das (nach manchen Autoren) sie einbeziehende ↗abweichende Verhalten, in jeder Gruppe, in jeder Gesellschaft eine Frage der Definition, gemäß den Normen der zugehörigen ↗Kultur. Für den Sozialwissenschaftler gibt es (fast) kein Kriterium der K., das in sämtlichen Kulturen und Gesellschaften gelten würde. Selbstmord, Euthanasie, Abtreibung, Kinderaussetzung können in manchen Gesellschaften (allerdings meist bei Naturvölkern) eventuell situationsbedingt, als „normal" gelten. Strafbare Verletzungen von ↗Normen, die das (persönliche) Eigentum schützen, kennen jedoch alle menschlichen Gruppen. Im Gegensatz zur Kriminologie des 19. Jahrh. und zur Kriminalbiologie erforscht die Soziologie die K. von den gesellschaftlichen Bedingungen, den sozialen Faktoren aus, berücksichtigt dabei sozialpsychologische Vorgänge in kleinen Gruppen (↗Bezugsgruppen), z. B. die K., die sich aus der unterschiedlichen Assoziation ergibt (Umgang mit bereits kriminellen Bezugsgruppenmitgliedern).
Man kann nicht sämtliche kriminellen Vorfälle in einer Gesellschaft als einheitlichen Trend auffassen und aus ihm Schlüsse auf die Qualität, die Moral, die Vertrauenswürdigkeit dieser Gesellschaft oder Nation ziehen. Die sozialwissenschaftliche Analyse muß die K. in ihre Elemente zerlegen. Dann zeigt sich, daß nicht alle Elemente in ursächlichem Zusammenhang stehen. Dementsprechend müssen für sie auch verschiedene Prognosen möglich sein. Internationale Vergleiche der K. sind schwierig, weil die Deliktraten nicht überall in gleicher Weise gezählt werden. So wird z. B. die Gesamt-K. in den USA jährlich vom FBI durch die Zahlen der unter Verdacht der einzelnen

Delikttypen festgenommenen Personen (nicht der Verurteilten) angegeben. Vergleiche mit europäischen Ländern zeigen, daß die USA nur in ganz bestimmten Delikten eine auffallend hohe Rate aufweisen. Auch ist es sinnlos, z. B. die Rate der Einbruchdiebstähle mit der allgemeinen Unsicherheit auf den Straßen vor physischen Angriffen auf die Person (die oft mit geringem oder keinem materiellen Gewinn für den Angreifer verbunden sind) in Beziehung zu setzen. Der Berufseinbrecher und sein Delikt sind das Ergebnis einerseits der guten Gelegenheiten und der gewinnorientierten Kalkulation eines Risikos. Die Zahl der Einbrüche ist aber kaum abhängig vom Grad des Hasses, des Protests gegen die Gesellschaft. Bezogen auf die jeweilige Einwohnerzahl liegt z. B. die Zahl der Einbruchdiebstähle in Amerika nur wenig über der in der BRD verzeichneten.
Die Soziologie erforscht bei der K. auch die soziale Situation, die zwischenmenschlichen Beziehungen (oder ihr Fehlen), aus denen sich bestimmte Deliktarten ergeben: manche finden vorwiegend innerhalb von Primärgruppen, andere wieder zwischen Fremden statt. So gilt beispielsweise für die meisten Länder die Regel, daß man einen Mörder in erster Linie im Verwandten- und Bekanntenkreis des Opfers suchen muß. Seit einigen Jahren nimmt aber in den Großstädten einiger Industriegesellschaften ein Delikttyp zu, bei dem das Opfer für den Täter anonym war und bleibt. So sterben täglich in den USA unscheinbare Menschen an den Kugeln und Messerstichen eines Tätertyps, wie er John F. Kennedy zum Verhängnis wurde: ressentimentvolle, in einem unrealistischen Anspruchsniveau früh frustrierte Neurotiker, denen es weniger auf einen lukrativen Raubmord als auf die boshafte Vernichtung eines Nebenmenschen ankommt. Die Zunahme dieser scheinbar motivlosen Angriffe gerade auf dem Täter an sich gleichgültige Mitmenschen ist das beunruhigende Moment in der heutigen K. Das FBI registrierte für 1967 gegenüber 1966 einen Anstieg dieser Delikte um etwa 10 Prozent. Je mehr man meint, es gehöre zur Sozialpolitik, einen jeden zum mißgünstigen Vergleich mit jedem anderen aufzurufen, dürfte diese Aggressivität genährt werden: Man rächt sich an einem beliebigen Mitmenschen für die bloße Tatsache der eigenen unbefriedigenden Existenz. Man kann diese „Neidaggressivität" (Rudolf Bilz) zum Erscheinungskreis des ↗Vandalismus rechnen. H. v. Hentig rechnet zum Vandalismus bewußt und gezielt destruktive Handlungen — „sie mögen biologisch oder öfter noch sozial sein" —, die einen Mangel an anerkannten Zwecken aufweisen. Ein Übermaß von Schmerzzufügung oder Materialvernichtung, exzessiver Kraftaufwand, Wahl eines Opfers, das relativ wehrlos ist — dies gehört zum Vandalismus. Seine Hauptwaffe ist seit jeher die Brandstiftung. Bisher hat man zu diesem Gegenstand fast immer nur die Sachwertzerstörung gezählt. Von Hentig rechnet nun Formen des Sexualmordes, Sexualverbrechen, aber auch bestimmte Selbstmordtypen zum Vandalismus. Negeraufstände in den USA, aber auch manche Formen des Provo- und

Kommunardentums in Europa werden durch die Analyse v. Hentigs verständlicher. Auffallend ist jedenfalls, daß jugendliche Vandalen, besonders in den USA, heute mit Vorliebe die physische Person des anderen verunstalten oder vernichten, aus reiner Freude am Quälen. Hier dürfte die Erweiterung des Begriffs über die mutwillige Zerstörung von nicht erlangbaren Sachwerten hinaus berechtigt sein. Für die weitere Entwicklung des Vandalismus in unseren heutigen Gesellschaften gibt v. Hentig eine düstere Prognose. Nicht zuletzt die Technik verändere unsere Umwelt und unsere Mittel in einer Weise, die dieser Verbrechensart Vorschub leistet.

Die unterschiedlich große K. der einzelnen Bevölkerungssegmente (Schichten, Minderheiten, Altersgruppen usw.) beschäftigt die Soziologie als Problem, aber auch als Weg, um die einzelnen Faktoren im Entstehen der K. besser isolieren zu können. Beispielsweise entsteht ein falsches Bild über die K. der USA schon deshalb, weil europäische Vergleiche der Deliktraten meistens darauf verzichten, die K. der weißen und farbigen Bevölkerung der USA gesondert zu betrachten. Jede Beurteilung der K. der USA muß aber die Statistik für Weiße und für Neger trennen. Das geschieht in der amtlichen Statistik der USA ebenso wie in der kriminalsoziologischen Forschung. Die Neger betragen nur 11 Prozent der Bevölkerung, aber ihre Kriminalitätsrate für Mord und Raubüberfall ist dreizehnmal so groß wie die der weißen Bevölkerung, für Notzucht und Körperverletzung zehnmal so groß. Der überwiegende Teil der K. der USA findet in einem Bruchteil der Bevölkerung statt (innerhalb der farbigen Bevölkerung wiederum hauptsächlich Rückfalltäter in den Großstädten). Da die Kriminalstatistik in den USA jeweils von den Zahlen der Verhafteten pro Jahr ausgeht, ohne angeben zu können, wie oft, Jahr um Jahr, immer dieselben Personen dabei erfaßt werden, ist der überwiegende Teil der „K.“ in der Statistik die Folge des Verhaltens eines geringen Prozentsatzes der Gesamtbevölkerung. Ähnlich ist es bei Autounfällen. Hier haben Untersuchungen gezeigt, daß ein äußerst kleiner Prozentsatz der Verkehrsteilnehmer, durch die Häufigkeit der Unfälle pro Person, überwiegend das Gesamtvolumen der Unfälle produziert.

Für die Soziologie stehen Umwelteinflüsse bei den Erklärungsversuchen der K. im Vordergrund. Man darf allerdings keinen einfachen Umweltdeterminismus annehmen, sondern muß fragen, welche sozialen Faktoren in der Umgebung des Täters mit hoher Wahrscheinlichkeit sein Verhalten mitbeeinflußt haben. Der Vergleich der K. in verschiedenen sozialen Kategorien (z. B. den Minderheiten) einer Bevölkerung, die viele, vermutlich kriminogene Faktoren gemeinsam haben, andere aber nicht, kann dabei Aufschlüsse geben. So wird die hohe K.rate der Negerbevölkerung allgemein auf Umweltfaktoren zurückgeführt: unzureichende Schulbildung und armseliges Los in den ↗„Gettos“ der Metropolen. Die Erklärung mit Hilfe des Gettodaseins, dem Minderheitenstatus, reicht jedoch nicht aus. Der Vergleich mit ebenfalls diskriminierten und weithin isolierten Minderheiten in derselben Gesellschaft zeigt, daß andere Faktoren mitspielen. Nicht weil Neger in Gettos wohnen, sondern weil sie dort mit einer eigentümlichen, besser gesagt, ohne feste Sozialstruktur wohnen, haben sie eine so hohe Deliktrate. Weder relativ abgeschlossenes „Gettoleben" noch das Erlebnis der Diskriminierung als ↗Minderheit allein muß notwendigerweise zu einer hohen K. führen. So sind die Amerikaner chinesischer (und japanischer) Abkunft in der Regel vom Standardamerikaner äußerlich unterscheidbar wie Neger. Sie haben eine lange Leidensgeschichte der Diskriminierung hinter sich, (als einzige Minderheit der USA wurden japanische Einwanderer und ihre Abkömmlinge während des Zweiten Weltkrieges zwangsweise in die Landesmitte umgesiedelt), aber sie haben zugleich die geringste K. aller Amerikaner. Chinatown in San Francisco, der dichtestbesiedelte Stadtteil in den USA, ist zugleich der Stadtteil mit der geringsten K. 1965 war kein einziger Einwohner von San Francisco chinesischer Abkunft unter Anklage für Mord, Totschlag, Notzucht oder Frau- bzw. Kindesmißhandlung. Die chinesische Bevölkerung San Franciscos stellt 17 Prozent der 14- bis 18jährigen Schüler in der Stadt, aber unter 118 Minderjährigen, verhaftet wegen „Überfall mit tödlicher Waffe", befand sich nur ein einziger jugendlicher Chinese. Als Hauptgrund für die geringe K. gilt die intakte Familienstruktur der Amerikaner ostasiatischer Abkunft. Die chinesische und japanische Kultur mit bestimmten Verhaltensmustern und Werten integriert die Familie und ermöglicht soziale ↗Kontrollen, die abweichendes Verhalten dämpfen. Hierarchie und Senioritätsprinzip in Familie und weiterer Verwandtschaftsgruppe, Leistungs- und Bildungswille jedes einzelnen, gefördert von Leitbildern in der geachteten älteren Generation, haben diese ethnische Minderheit unter Erhaltung ihrer Eigenständigkeit zu den Bürgern der USA mit geringster K. gemacht. Das Bild in den Negervierteln ist genau umgekehrt. Der Zerfall bzw. das Fehlen einer eigentlichen Familie gilt bei den Fürsorgebehörden als wesentliche Ursache des asozialen Verhaltens der Farbigen. Im Alter von 18 Jahren hat die Mehrzahl der heutigen Negerkinder ihr Leben bis dahin nicht mit zwei Eltern verbracht. Über ein Drittel aller jugendlichen Neger lebt mit einer „gebrochenen Familie". Ein Viertel aller jugendlichen Neger kennt keinen Vater: 25 Prozent der Geburten in der Negerbevölkerung sind außerehelich. In Baltimore ergab eine Einzelstudie 1965, daß 62 Prozent der erstgeborenen Kinder von Negermüttern unehelich waren. Die Unehelichkeitsrate der Negerbevölkerung stieg von 20 Prozent im Jahr 1950 auf 26 Prozent im Jahr 1965. Die entsprechenden Zahlen für die weiße Bevölkerung sind 1,75 Prozent und 4 Prozent.

Ein sozialer Hauptfaktor, den also viele jugendliche Neger, verglichen mit anderen Minderheiten in den USA, überwiegend gemeinsam haben, ist das Fehlen eines Vaters. Kriminologen sind sich aber weitgehend darüber einig, daß kein Faktor mehr zur K. eines Jugend-

lichen männlichen Geschlechts beiträgt als das Fehlen eines erwachsenen Mannes in seiner Umwelt, mit dem er sich identifizieren kann. Aus diesem Grund beobachtete man nach den beiden Weltkriegen in den beteiligten Ländern einen deutlichen Anstieg der Jugend-K. beim männlichen Geschlecht, deren Auftreten und Abklingen in den 50er Jahren mit dem Alter der betreffenden Jugendlichen zur Zeit der Abwesenheit ihres Vaters im Krieg in Zusammenhang gebracht werden kann.
Doch darf man nicht in den Fehler verfallen, die Dynamik, das Rollenspiel, die Spannungen und Lücken in der Familie des Täters als einzig mögliche und immer ausschlaggebende Ursache seiner K. anzusehen. Diese Gefahr besteht vor allem bei der psychoanalytischen (tiefenpsychologischen) Erklärung der K. Es ist viel zu einfach, das abweichende Verhalten eines Individuums vorwiegend mit psychoanalytischen Theorien zu erklären: jemand tauge nichts, weil seine Mutter ihm dies antat, sein Vater jenes; der eine liebte ihn zu wenig, die andere zuviel usw.
Die Schwäche einer jeden Ursachenerklärung mit Hilfe des Umweltdeterminismus bleibt dieselbe, ob man sagt, der Täter quält, raubt und mordet, weil er als Kind nie Taschengeld bekam oder weil er am Ödipuskomplex litt. Die psychoanalytisch oder ökonomisch interpretierte Umwelt bedeuten im Endeffekt dasselbe: der Täter ist ein Opfer seiner anfänglichen Umwelt. Die Gesellschaft, die für Eltern, Inzesttabu und soziale Schichten verantwortlich ist, habe den enthemmten Täter „verursacht". Man hat seit Jahrzehnten, in Amerika vor allem, versucht, durch Forschung mit Kontrollgruppen der Hauptursache des Verbrechens auf die Spur zu kommen. Aber bis jetzt resigniert die Kriminologie, die in den USA zur Soziologie zählt: wir wissen nichts, und alle Versuche, einen Kausalzusammenhang zwischen Umwelt der Täter und Tat oder Motiv herzustellen, enden im Leeren. Für jeden Täter mit einem noch so glaubhaften Milieuschaden oder tiefenpsychologisch entdeckten Trauma gibt es Dutzende von Menschen in einer Kontrollgruppe, die genau demselben Milieu entstammen, mit denselben Worten ihre Eltern schildern, dasselbe Trauma erlitten haben, aber weder Verbrechen verübt haben noch eine Tendenz dazu erkennen lassen.
Bei den Versuchen, die ↗Umwelt eines Menschen für kriminelle Handlungen verantwortlich zu machen, wird übersehen, daß die Anzahl der typisch verschiedenen — und so verschieden erlebbaren — Umwelten viel zu klein und die Zahl der jedem nur denkbaren Umwelttyp ausgesetzten Individuen viel zu groß ist, um den kleinen Prozentsatz schwer Krimineller in einer Bevölkerung je zu erklären. Man kann sein Elternhaus, die Schule, die Wohngegend usw. nicht in millionenfachen Variationen erleben und verarbeiten. Man hat strenge, aber einsichtige, strenge und uneinsichtige, gute und schlechte Eltern, aber viel zu viele Menschen haben zumindest einen dieser Milieutypen erfahren, um mit irgendeinem von ihnen das abweichende Verhalten einer kleinen Zahl zu erklären.

Wir müssen nach der kriminologisch *relevanten* Umwelt, also der spezifisch (und eventuell bereits im Sinne eines moralischen „Alibis") erlebten Umwelt des einzelnen fragen. Diese aber wird von seinem Bewußtsein, im Zusammenwirken mit den Auffassungen der jeweiligen Kultur, sehr vereinfacht. Das menschliche Bewußtsein tendiert dahin, die objektiv feststellbare Vielfalt der möglichen sozialen Umwelten zu verringern. Man hat entweder gute, gleichgültige oder schlechte Erinnerungen an seine Eltern. Wenn wir die Güte des Elternhauses auf eine Skala von 0 bis 1000 brächten, wobei 500 das weise und angemessene Elternhaus darstellt, könnten wir vielleicht die bei 0 bis 50 und 950 bis 1000 einzureihenden Individuen in ihrem extrem abweichenden Verhalten erklären. In Wirklichkeit werden wir nie Personen finden, die uns über ihre Jugend so verschiedene Eindrücke berichten, daß eine so breite Skala aufgestellt werden könnte. Dem Sträfling, der eine Schauergeschichte über seine Kindheit berichtet, stehen hundert andere Personen gegenüber, deren Bericht seinem aufs Haar gleicht, die aber nicht im Zuchthaus sind.
Welche Umweltmerkmale sollen für K. verantwortlich sein: Armut oder Überfluß, Gleichgültigkeit der anderen oder ihre Überbesorgtheit? Wir sehen, weshalb die Forschung bisher unschlüssig geblieben ist. Jede in einer Kultur als normal und jede als abnormal definierte Handlung ist eingebettet in eine komplexe Konstellation von Faktoren, die in sämtliche Ebenen unseres persönlichen Daseins reichen. Irgendwie und irgendwo hängt alles zusammen. Aber die Zahl der verschiedenen und markanten Konstellationen in der sozialen Umwelt, die wir als für uns relevant im Handeln verarbeiten können, ist viel zu klein als Erklärung für irgendein bestimmtes abweichendes Verhalten bei einem sehr kleinen Prozentsatz einer Bevölkerung, wenn dieser sich das gesamte Angebot möglicher Umwelten mit der übrigen Bevölkerung teilen muß. Es gibt keine absolut typische Umwelt, die der Täter und nur der Täter erlebt haben kann.

W. Sauer, Kriminalsoziologie (1933); T. Morris, The Criminal Area (London 1957); Th. Sellin und M. E. Wolfgang, The Measurement of Delinquency (New York 1964); H. Mannheim, Comparative Criminology, 2 Bde. (London 1965); A. Mergen, Die Kriminologie (1967); K.-D. Opp, Kriminalität und Gesellschaftsstruktur. Eine kritische Analyse soziologischer Theorien abweichenden Verhaltens (1968).

Kult (oft mit dem Ziel mystischen Erlebnisses) bezeichnet sowohl die Ausübung als auch die ihr dienende soziale Organisation einer meist religiös orientierten, also sakralen Handlungsfolge. Der K. folgt in der Regel einem ↗Ritual. Anhänger eines K. (oft einem charismatischen Führer ergeben) neigen zur Geheimniskrämerei (Geheimkult). Kultartiges Verhalten dürfte auch außerhalb des religiösen Bereiches allgemeinen menschlichen Neigungen entsprechen. Die Verhaltensformen von ↗Geheimbünden, ↗Sekten und Jugendbünden tragen oft kultischen Charakter. K. kann gleichbedeutend mit Sekte sein. Vergröbernd spricht die Soziologie von K., wenn, ähnlich wie bei einer ↗Mode, eine Anzahl von Menschen, meist außerhalb ihres zweckrational geordneten Alltags, durch unkritische Verehrung und Ausübung ↗abweichender Verhaltensformen geeint sind, z. B. LSD-Kult in den USA, Sektenbildung um eine Halluzinationen vermittelnde Droge; eine Erscheinung, die den sakralen Rauschgiftkulten einiger Indianerstämme ähnelt. Manche Kulturanthropologen (Frazer) nennen K. die Gesamtheit der religiösen Institutionen einer Gesellschaft, in der Regel bezieht sich K. nur auf besondere (vielleicht vom Betrachter her „ungewöhnliche") Erscheinungsformen der Religiosität, z. B. Ahnen-K., Toten-K.

Kultur speichert im Laufe zahlloser Generationen erworbene Kenntnisse, die es z. B. dem Buschmann in der Kalaharisteppe gestatten, aus der Beschaffenheit von Giraffenkot zu entscheiden, ob es sich lohnt, eine mit einem Giftpfeil angeschossene Giraffe vor Sonnenuntergang weiter zu verfolgen oder nicht; zur K. einer ↗Gesellschaft gehört aber auch das zweckmäßigste Verhalten, falls ein Atomkraftwerk sich zu überhitzen anfängt. K. stellt Verhaltensschemata bereit, kann sie empfehlen oder obligatorisch machen. (Im kleinen können wir K. beobachten, wenn etwa eine Gruppe von Menschen sich vorübergehend gebildet hat. Die Teilnehmer eines Schulungskurses oder eines Ferienlagers haben nach einigen Wochen manches erlebt, bezeichnet, bewertet, haben sich auf bestimmte Verfahrens- und Verhaltensweisen geeinigt: man kann nun von der K. des betreffenden Ferienlagers sprechen. Man hat sogar experimentell K. zu erzeugen, zu „simulieren" versucht.) Der Mensch kann an mehreren K.en gleichzeitig teilhaben, in ihnen funktionieren. Im idealen Fall ist es z. B. der völlig bilinguale Mensch, der in zwei K.en und ihren Gesellschaften leben kann, ohne als ↗Fremder erkannt zu werden. Der Begriff K. erlaubt, bestimmte Phänomene einem Ort zuzuweisen: dies oder jenes gehört zur K., nicht zur Gesellschaft, dies ist ein kulturelles Phänomen, jenes ein soziales. Verwandtschaftsgrade, Sippen usw. rechnet man z. B. zur Gesellschaft. Jeder, der Geschwister hat, kann beispielsweise in eine andere Gesellschaft verflochten werden, ohne aber mit ihrer K. etwas zu tun zu haben: heiratet meine Schwester einen Lateinamerikaner oder Chinesen, so bin ich, nach den Definitionen meiner und der anderen Gesellschaft, in bestimmte Verwandtschaftsverhältnisse eingetreten. Unfreiwillig vielleicht, aber unentrinnbar. Die chinesische oder argentinische K. bleibt für mich dabei zunächst bedeutungslos. Gesellschaft und K. stehen also auf verschiedenen Seinsebenen, brauchen aber einander. Jede Gesellschaft läßt sich von ihrer K. bestimmte Auffassungen, Überzeugungen, Verhaltensweisen vorgeben, ohne die es zu gesellschaftlichen Mißhelligkeiten, zu Konflikten kommen würde. Vieles, was uns in einer anderen K. absurd, unlogisch, abergläubisch erscheint, ist zum Weiterfunktionieren ihrer Gesellschaft notwendig.
In jeder K. kann es Individualisten geben, die plötzlich nicht mehr tun, was ihre K. und Gesellschaft erwartet. Bei einem Stamm der

Ureinwohner Australiens gab es zwei Klans, deren Zeichen die Eidechse und Schildkröte waren. Eine Frau des Schildkröten-Klans mußte, wenn sie ein Kind geboren hatte, allein durch die Gegend spazieren, um bei der Rückkehr dem versammelten Stamm zu erklären, das erste Tier, das sie gesehen habe, sei eine Schildkröte gewesen. Damit war die Klanzugehörigkeit ihres Kindes sichergestellt. Einmal beobachtete ein Ethnologe, daß eine Frau vom Eidechsen-Klan nach der Geburt ihres Kindes vom Spaziergang heimkehrte und erklärte: Ich habe zuerst eine Schildkröte gesehen. Die Verwirrung im Stamm sei groß gewesen, bis sie nach einer tagelangen „Hirnwäsche" endlich sagte, es sei doch wohl eine Eidechse gewesen.

Auch sprachlich nicht erfaßbare (oder noch nicht erfaßte) Verhaltensformen, Fertigkeiten usw. gehören zur jeweiligen K. Das, was wir als K. bezeichnen, gibt Menschen die Möglichkeit, sich über längere Zeitabschnitte hinweg als Gruppe, als Stamm, als Gesellschaft zu behaupten. K. zementiert die Menschen und ihre Kleingruppen zusammen, reglementiert sie aber auch. Keine K. ist je so allmächtig, so ausfüllend, daß es nicht in ihrem Bereich einzelne Familien geben könnte, bei denen bestimmte Dinge anders gemacht werden. In einzelnen Familien werden z. B. neue Worte für bestimmte Personen oder Dinge erfunden. Ein Kind kann einen Gegenstand des täglichen Gebrauchs oder eine Naturerscheinung mit einem neuen Wort bezeichnet haben. Seine Familie greift es auf, allmählich wird es zum festen Wortschatz ihrer Mitglieder, ohne je aus dieser Familie in die allgemeine K. zu dringen. Es wird auch immer Familien oder einzelne geben, die eine Fertigkeit, eine Verfahrensweise verwenden, die sie nicht an die allgemeine K. ihrer Gruppe weiterzugeben wünschen. Dabei kann es sich nicht nur um Geheimrezepte handeln, sondern man hat auch bei verschiedenen Naturvölkern beobachtet, daß Individuen eine Matte oder einen Korb in besonderer Weise flechten oder ungewöhnliche Muster weben. Diese individuelle Fertigkeit wird geschützt. Es wäre eine grobe Übertretung durch einen anderen Dorfgenossen, dem Weber oder Flechter neugierig über die Schulter zu schauen. Keine K. hat je alle Individualität durch eine Standardisierung erdrückt. Es hätte sonst keine Neuerungen geben können, um auf Umweltveränderungen schöpferisch zu reagieren.

Die K. enthält sämtliche Normen, Verhaltensregeln, die Sitten und Gebräuche, die alltäglichen Auffassungen, die durchschnittlichen Stimmungslagen für wesentliche Anlässe, die einer Gesellschaft ein erkennbares Gesicht verleihen. K. regelt, sie macht zwischenmenschliches Verhalten für jeden weithin vorhersagbar und somit gefahrlos und erträglich. Man kann K. und Gesellschaft auch mit Raymond Firth als die verschiedenen Seiten ein und desselben Phänomens betrachten: Gesellschaft ist eine organisierte Anzahl von Individuen mit einer vorgegebenen Lebensweise, eben ihrer K. Gesellschaft ist ein Aggregat von sozialen Beziehungen, K. der Inhalt dieser Beziehungen. Gesellschaft meint also mehr die menschliche Komponente,

das Aggregat der Menschen und der Beziehungen zwischen ihnen, K. die Komponente der angesammelten Vorräte, geistiger wie materieller Art, die diese Menschen ererben, umwandeln, vermehren, ergänzen und wieder weitergeben.
Der Begriff K. schließt aus, z. B. zu fragen: ‚Haben Amerikaner eine K. oder nur eine ↗Zivilisation?' Sie haben beides. Eine Zivilisation ohne eine K. ist unvorstellbar. Es gibt nun Gesellschaften mit nur einer K., aber auch Gesellschaften mit zahlreichen K.en, etwa einer Haupt- oder Standard-K. und zahlreichen Teil- und Sub-K.en. So zeichnet sich die amerikanische Gesellschaft durch die Vielzahl ihrer ↗Subkulturen aus, die ihre Zivilisation mit prägen. K. ist das, was kumulativ, aber auch sich über Jahrhunderte hinweg ändernd in einer Gesellschaft von Generation zu Generation übermittelt wird. Dazu gehört nicht nur, wie man eine Geige oder ein Skalpell hält, sondern auch, wie man sich die Nase putzt. Hinter diesem Begriff von K. stehen verschiedene Theorien über die auftretenden Erscheinungen, wenn sich zwei ungleichartige K. berühren: z. B. Probleme und Theorien des K.kontaktes, aber auch des Wechselspiels zwischen Person und K. K. ist nicht einer bestimmten „höheren" Entwicklungsstufe vorbehalten, sondern die allgemeine k.schaffende Fähigkeit der Menschen ist die Voraussetzung dafür gewesen, daß es in einigen Entwicklungszügen zu Hoch-K.en und Zivilisationen gekommen ist. Aber es gibt keinen bestimmbaren Anfang für K. Sie muß immer bereits dann vorgelegen haben, wenn man von menschlichen Gruppen überhaupt spricht.
Nach Kroeber und Kluckhohn (1952) besteht K. aus expliziten und impliziten Verhaltensmustern von und für Verhalten, die durch Symbole (Sprache) übernommen und weitergegeben werden. K. stellt die eigentümliche Leistung menschlicher Gruppen dar, einschließlich ihres Niederschlags in materieller K. Der Kern jeder K. besteht aus geschichtlich abgeleiteten und ausgewählten Ideen und den ihnen anhaftenden Werten. Kulturelle Systeme können einerseits als Ergebnisse von Handlungen, andererseits als Bedingungselemente künftiger Handlungen angesehen werden.

B. Malinowski, A Scientific Theory of Culture a. o. Essays (Chapel Hill [N. C.] 1944); A. Weber, Prinzipien der Geschichts- und Kultursoziologie (1951); A. L. Kroeber, The Nature of Culture (Chicago [Ill.] 1952); A. L. Kroeber und C. Kluckhohn, Culture (Cambridge [Mass.] 1952); F. Znaniecki, Cultural Sciences (Urbana [Ill.] 1952); H. Fischer, Theorie der Kultur (1965); W. E. Mühlmann und E. W. Müller (Hrsg.), Kulturanthropologie (1966).

Kulturwandel ↗Kultur, ↗Wandel (sozialer).

Kunstsoziologie (↗Bewußtsein, falsches, ↗Clique, ↗Film, ↗Generation, ↗Intellektuelle, ↗Literatursoziologie, ↗Mäzenatentum, ↗Mode, ↗Musiksoziologie, ↗Publikum, ↗Spiel, ↗Wissenssoziologie) befaßt sich mit den menschlichen Verhaltensweisen, die Kunst hervorbringen (ist Teil der Kreativitätsforschung), vermitteln, sowie mit den möglichen Rollen und sozialen Gruppierungen des Publikums einer jeden künstlerischen Tätigkeit. Die Anfänge der Kunst werden von den meisten Autoren im Bereich des Sakralen, der Religion, aber auch der Magie gesehen. Hier hat sie noch kein Publikum im späteren Sinn, sondern ist z. T. Symbol der ↗Solidarität, Instrument einer Gruppe dem ↗Numinosen gegenüber. Kunst entsteht auch aus dem Spieltrieb des Menschen (J. Huizinga). In den meisten Kulturen bleibt die Kunst verbunden mit dem profanen Zweck handwerklicher Produktion. Kunst als eigene Institution in einer Gesellschaft, gleichrangig (oder sogar höheren Wert, besondere Privilegien und Immunitäten beanspruchend) mit anderen Hauptinstitutionen, wie Recht, Religion, Politik, ist eine späte Entwicklung zunächst innerhalb der westlichen Zivilisation. Die K. hat es einerseits mit den verschiedenen ästhetischen Formen, andererseits mit deren Inhalten zu tun. Beide können sich verschieden rasch und verschieden für verschiedene soziale Gruppen (Klassen, Schichten) einer Gesellschaft, teils als Folge der Mode (Geschmackswandel), teils als Folge des allgemeinen sozialen ↗Wandels verändern. Kunst ist in der Gegenwart soziologisch definiert immer das, was ein jeweiliges Publikum als Kunst zu nehmen bereit ist bzw. überredet werden kann, als Kunst aufzufassen (F. Adler). Seit den 60er Jahren des 20. Jahrh. ließ sich bei einigen Künstlern in den westlichen Demokratien eine stilisierte Verachtung des Publikums beobachten, das durch den Konsum von Kunst den Künstler denaturiere, entfremde. Einige Künstler (die sich der bildenden Kunst zurechnen) gingen so weit, sich zwar weiterhin als Künstler anzusehen, in (z. B. New Yorker) Ausstellungskatalogen von Galerien aber nur mehr durch „Kunst", die dem Publikum ungreifbar bleibt, zu erscheinen (etwa so: „Mr. X hat am 9. September 1968 in der Mohave-Wüste einen Strich in den Sand gezogen"). Hiermit erreicht ein soziologisch aufschlußreiches Phänomen seinen Höhepunkt: die völlig uneingeschränkte Zumutbarkeit von allem als Kunst in der Gegenwart. Der seit jeher vorgegebenen Abhängigkeit des Künstlers von irgendeinem (möglichst zahlungskräftigen) Publikum (eventuell bereit- oder dargestellt durch einen Mäzen) suchen sich manche Künstler dadurch zu entziehen, daß sie das Publikum, über den Snobeffekt, zwingen, nicht allein mehr auf Absurditäten (wie ein zusammengeschlagenes Fahrrad), sondern am Ende sogar auf Nichtseiendes so zu reagieren, als ob es Kunst wäre. Der Erfolg dieser Unternehmen verrät mehr über das Publikum als über den Künstler. Das Los der meisten Künstler, von einem Publikum abhängig zu sein, das z. T. Personen enthält, die reicher und bekannter sind als der Künstler, hat diesen stets irritiert. Doch liegt dieser Sachverhalt nicht in der Kunst oder in der Position des Künstlers an sich: Picasso oder Kokoschka z. B. sind heute denjenigen, die ihre Kunst kaufen können, wirtschaftlich und prestigemäßig ebenbürtig oder überlegen.

Das besondere Rollenspiel des Künstlers, durch seine meist schwache ↗Statuskristallisation bedingt, hat die K. auch schon für frühere

Jahrhunderte, etwa seit der Renaissance, untersucht (E. Zilsel, Die Entstehung des Geniebegriffs, 1926). Zwischen Künstler und Publikum (der Öffentlichkeit) bieten sich Rollen an wie die des Impresarios, Managers, Mäzens, aber auch die viel entscheidendere des Kritikers, der (wie z. B. die Theaterkritiker der New Yorker Tageszeitungen über Jahrzehnte) ein Monopol der Meinungsbildung etabliert und sich damit zum Zensor macht, der ziemlich unkontrollierbar entscheidet, was die Öffentlichkeit (einer Stadt, eines Landes) überhaupt als Kunst angeboten bekommt. Teils im Zusammenhang damit, teils auch unabhängig von der Rücksichtnahme auf Kritiker (und deren Vorurteile) wirkt sich der Erfolgswunsch des Künstlers als Filter aus, das oft nur durchläßt, was dem niedrigsten gemeinsamen Nenner einer Kunstgattung einer Zeit entspricht (z. B. Sexualphysiologie als obligatorischer Schwerpunkt westlicher Bestseller-Romane). Das Konkurrenzverhalten der Künstler einzelner Künste stellt einen sozialen Prozeß dar, der u. U. auf Form und Inhalt der Kunstwerke Einfluß hat. Ähnlich wirkt sich staatliche oder gesellschaftliche Zensur aus. Die Trennung der Rollen in der Kunst nach Produzent (Urheber), Vermittler und Konsumenten wird in einigen Fällen schwierig: welche Rolle spielt der Mensch, der eine fremde Komposition sich selbst vorspielt (und nicht von einem Tonträger, durch andere gespielt, hört)?

J. M. Guyau, Die Kunst als soziologisches Phänomen (1911); M. Rassem, Gesellschaft und bildende Kunst (1960); B. A. Watson, Kunst, Künstler und soziale Kontrolle (1961); R. König und A. Silbermann, Der unversorgte selbständige Künstler (1964); J. Duvignaud, Sociologie du théatre (Paris 1965); A. Gehlen, Zeit-Bilder (²1965); P. Hirschfeld, Mäzene. Die Rolle des Auftraggebers in der Kunst (1968).

Kybernetik (↗Automatisierung, ↗Feedback, ↗Information) (aus dem griechischen Wort *kybernetes*, Steuermann, von Norbert Wiener 1947 geprägt) bezeichnet (über feedback) sich selbst regelnde Systeme in den verschiedensten Seinsbereichen: Nervensysteme von Lebewesen ebenso wie programmierte Steuervorrichtungen für automatisierte Produktionsanlagen. Ursprünglich beschäftigte sich die K. mit linearen Rückkoppelungen: die neue, dem Kontrollzentrum zurückgegebene Meldung entspricht dabei direkt quantitativ der aufgetretenen Fehlleistung. Nach der technischen und mathematischen Lösung der linearen Rückkoppelung (besonders auch im Zusammenhang mit der Informationstheorie) wandte sich die K. der nichtlinearen Rückkoppelung zu (N. Wiener u. a.), die vor allem in biologischen Systemen zu beobachten ist.

Als Folge der auf manchen, technisch willkürlich veränderbaren Gebieten, auch dank der elektronischen Großrechenanlagen errungenen Erfolge der K. ist in den 60er Jahren bei einigen Sozialwissenschaftlern K. ein Zauberwort für die Lösung all derjenigen bis dahin unlösbaren Aufgaben geworden, die man in der ersten Hälfte des 20. Jahrh. mit der zentralen Planung zu meistern hoffte. Zum Beispiel glaubten sowjetische Wirtschaftsexperten Ende der 50er Jahre (Rau-

pach, Das System der Sowjetwirtschaft, 1968), sie könnten dank der K. für eine sozialistische Planwirtschaft das über optimale Investitionsentscheidungen erfahren, was in den freien Marktwirtschaften die Preisbildung (Angebot und Nachfrage) rückmeldet. Diese Hoffnungen haben sich nicht erfüllt. Auch in den westlichen Gesellschaften ist K. und „programmierte Gesellschaft" ein Glaubensartikel geworden. Es wäre ratsam, sich an die Warnung des Entdeckers der K., N. Wiener, zu halten (1969): „Soziale Daten enthalten nichts, was sie von anderen Daten wesentlich unterscheidet, aber es besteht auf diesem Gebiet ständig die Gefahr, daß wir uns von dem dringenden Bedürfnis nach mathematischen Methoden zur Anwendung ausgeklügelter Feinheiten verleiten lassen, denen in der beobachtbaren Wirklichkeit nichts entsprechendes eindeutig Meßbares oder gar Bestimmbares gegenübersteht."
Die Anwendung der K. auf sozialwissenschaftliche Probleme steht ganz am Anfang. Es ist noch nicht bekannt, welche Schwierigkeiten dabei insgesamt überhaupt auftreten werden. Es ist wissenschaftlich nicht vertretbar, sich auf die K. als deus ex machina zu berufen, wenn programmatische Forderungen zwecks Optimierung der Gesellschaft und Wirtschaft, des Bildungswesens usw. aufgrund bisheriger Erfahrungen mit der zentralen Planbarkeit menschlicher Angelegenheiten auf Skepsis stoßen.

N. Wiener, Kybernetik ([2]1965); A. Müller (Hrsg.), Lexikon der Kybernetik (1964); Ph. Herder-Dorneich, Soziale Kybernetik (1965); K. Strunz, Integrale Anthropologie und Kybernetik (1965); H. Frank, Kybernetik ([6]1966); G. Lauschke, Automation und Kybernetik (1968); F. Naschold, Systemsteuerung (1969); H.-J. Flechtner, Grundbegriffe der Kybernetik ([4]1969)

L

Ländliche Gesellschaft ↗Agrarsoziologie, ↗Bauer, ↗Dorf, ↗Folk society.

Lebensstandard (nicht zu verwechseln mit dem bei der Erforschung sozialer Klassen und Gruppen gebrauchten qualitativen Begriff Lebensstil) kann, für eine bestimmte Zeit, eine bestimmte Bevölkerung (auch für statistische Zwecke, für ein bestimmtes [Familien]einkommen) angegeben werden (z. B., ein ausreichender, aber bescheidener L. ist einer Arbeitnehmerfamilie mit zwei Kindern unter 14 in der Großstadt möglich bei einem Nettoeinkommen von X DM). Die zu einem „bescheidenen" oder „angemessenen" L. gehörenden Bedürfnisse äußern sich sowohl im Verbrauch von Lebensmitteln, Strom, Wasser usw., in der Inanspruchnahme von Dienstleistungen (Friseur, Gaststättenessen, Freizeitunterhaltungen, Arzt usw.) als auch der Anschaffung von Dauergütern (Haushaltgeräte, Kraftfahrzeug usw.). Von einem L. kann also immer nur in bezug auf das Verbrauchsniveau einer Bevölkerung, u. U. differenziert nach ihren Sozial- oder Einkommensschichten, gesprochen werden. Oft versteht man unter L. das Niveau, meist ausgedrückt in zähl- oder meßbaren Werten (Wohnräume pro Person, Fleischverbrauch pro Kopf im Jahr) einer Gesamtbevölkerung, verglichen mit einem früheren Zeitabschnitt oder mit der Bevölkerung anderer Länder zur selben Zeit. Dieser internationale Vergleich des L., heute vor allem auch zwischen Industrie- und ↗Entwicklungsländern, birgt zahlreiche Fehlerquellen. Das errechnete Gefälle im L. geht von Durchschnittszahlen aus, die bei verschiedenen Bevölkerungen, Einkommensschichten, Berufsgruppen sehr verschiedenes (auch subjektiv vom Verbraucher her gesehen) Gewicht haben. L. ist also eher ein soziologischer Begriff (für den auch das Phänomen der relativen ↗Deprivation eine Rolle spielt). L. als Begriff steht in Beziehung zu den für Wirtschaftswissenschaftler, Sozialpolitiker und Statistiker bedeutsamen Begriffen Lebenshaltungskosten (und ihre Feststellung in einem der Entwicklung von Preisen und Bedürfnissen laufend angeglichenen Lebenshaltungspreisindex, an dem u. a. auch die Inflation einer Währung deutlich wird). Auch das anfänglich rein physisch verstandene ↗Existenzminimum ist heute zu einem „kulturellen" oder „sozialen" Begriff geworden und wird mehr und mehr zu *dem* L., der von jedem in einer Bevölkerung erwartet werden kann, ihm zumutbar ist. Diese Entwicklung hat auch den Begriff ↗Armut, vor allem in der Sozialpolitik der USA seit den 60er Jahren, relativiert: man spricht von einer psychischen Armut, also dem Erlebnis eines unzulänglichen, kärglichen L., weil man sich mit anderen Bevölkerungsschichten vergleicht. Dieser Vergleich eines jeden mit jedem nach L. und Lebensstil ist auch eine Folge der erlebnismäßigen „Gleichschaltung" einer Bevölkerung durch Fernsehprogramme. In allen Industrieländern der Erde ist, entgegen der marxistisch-kommunistischen Theorie, seit dem 19. Jahrh. der L. stetig gestiegen, dank einer wachsenden Produktivität der Arbeit infolge der Technisierung und zahlreicher Erfindungen, die den Ertrag einer menschlichen Arbeitsleistung von ihrem physisch erbringbaren Energiequantum weitgehend unabhängig machten.

Lebensstil bezeichnet die Gesamtheit (im Sinne einer erkennbaren Gestalt) der schichtspezifischen Verhaltensweisen, vor allem in Freizeit und Konsum, einer Teilbevölkerung. Auch soziale Klassen sind am L. erkennbar. Im Gegensatz zum ↗Lebensstandard, zu einem quantitativ objektiv angebbaren Verbrauchsniveau umfaßt der L. Verhaltens- (z. B. Genuß)formen, deren Kostspieligkeit in keinem direkten Verhältnis zur wirtschaftlichen Lage der ihn übenden Personen steht. Am Anfang des Fernsehens (Anfang der 50er Jahre) gehörte es in den USA zum L. der Oberschicht, *kein* Fernsehen zu haben. Selbst in den 60er Jahren ließen sich in Europa noch ähnliche Abstinenzhaltungen im Oberklassen-L. beobachten.

Legitimität und Legalität. Während sich Legitimität in erster Linie auf die Rechtmäßigkeit, die objektive Begründbarkeit einer Herrschaftsausübung bezieht, also ein politischer Begriff ist, meint Legali-

tät die Rechtmäßigkeit, d. h. den (meist spezifischen) Gesetzen konforme Handlungsweise bzw. ihre Ergebnisse. Man kann etwas auf *legale Weise* tun (u. U. sogar ohne Konflikt mit einem bestehenden Gesetz, obgleich die Handlung dem moralischen oder rechtlichen Empfinden einer Bevölkerung widerspricht; Lücken im Gesetz), aber Legitimität kann nicht erst im Ablauf einer Handlung festgestellt werden. Sie hängt von einem Ausgangspunkt, vom Ursprung für eine Ordnungsgewalt ab. Legitimität wird von einer Mehrheit einem einzelnen, einer regierenden Gruppe oder Schicht zugeschrieben bzw. geglaubt. Seit der Französischen Revolution, ausgehend von Rousseaus Doktrin vom ↗Gesellschaftsvertrag, gilt heute in den meisten Ländern allein der Volkswille als berechtigt, Legitimität zu verleihen. Dieses Prinzip wird auch in kommunistischen Herrschaftssystemen, wie dem der UdSSR, in der Theorie anerkannt, aber in der Praxis durch das Machtmonopol einer einzigen politischen Partei aufgehoben.
Max Weber unterscheidet drei Typen legitimer Herrschaft, je nach ihrer Begründung: rationale, charismatische oder traditionale.
Die faktische Ausübung der Herrschaftsgewalt, etwa nach einem erfolgreichen gewaltsamen Umsturz, einer ↗Revolution, muß nicht die völkerrechtliche Anerkennung der neuen Machthaber als Regierung zur Folge haben. Die Neigung, Revolutionsregimen diese Anerkennung auch über Jahre hinweg zu verweigern, hat seit dem Zweiten Weltkrieg erheblich abgenommen. Diese Freigebigkeit in der diplomatischen Anerkennung erleichtert wiederum die Legitimierung einer solchen Regierung der Binnenmeinung gegenüber.

M. Weber, Wirtschaft und Gesellschaft ([4]1956); J. Winckelmann, Legitimität und Legalität in Max Webers Herrschaftssoziologie (1952).

Leitbild bezeichnet eine oft, aber nicht notwendigerweise bildlich, symbolisch vermittelte Vorstellung über vorbildliches Verhalten, an der sich eine Gruppe von Menschen orientiert. Während man die Gesamtheit der das Handeln einer Gruppe bestimmenden Wertvorstellungen als ↗Ideologie bezeichnen kann, im Singular, spricht man meistens von den Leitbildern einer Gesellschaft. Das L. (z. B. Leitbilder des typischen Familienlebens) wirkt immer für eine Mehrheit von Menschen, auch solchen, die untereinander keine Beziehungen haben. Das ↗Vorbild ergibt sich meist aus der Sicht eines Individuums oder einer Anzahl von Menschen, die etwas gemeinsam haben (Vorbild einer Schülergruppe, einer Künstlerschule). Leitbilder können eher aufgezwungen, durch Massenmedien „gemacht" werden (z. B. die Leitbilder des Nationalsozialismus, des Faschismus, Mao[ismus] als Leitbild der jugendlichen Rebellen in den 60er Jahren dieses Jahrhunderts), während Vorbilder am ehesten wirken, wenn sie sowohl beim Vorbild gebenden als dem das Vorbild wählenden Menschen einen „Echtheitscharakter" dadurch gewinnen, daß die Verwirklichung mit einer gewissen Anstrengung, einem Opfer, einer Hingabe an ein Ideal verbunden ist.

Liberalismus (↗bürgerliche Gesellschaft, ↗Individualismus, ↗Kollektivismus, ↗Konservatismus) bezeichnet das seit dem 17. Jahrh. in (West)europa vor allem zur Infragestellung des Absolutismus der Monarchen entwickelte Ideengut, dessen Wurzeln in der Antike, Renaissance und Reformation liegen. Am Ende des 18. Jahrh., als Kritik an fürstlichen Planwirtschaften (Merkantilismus) zeigt Adam Smith den Zusammenhang zwischen L. und wirtschaftlichem Wachstum und Wohlstand. Die Geschichte der totalitären Systeme im 20. Jahrh. bewies, wie untrennbar politischer und wirtschaftlicher L. sind. Nach dem Ende des Zweiten Weltkrieges konnten an der Anatomie der faschistischen und nationalsozialistischen Diktaturen zahlreiche Autoren (Wilhelm Röpke, F. A. v. Hayek, A. Hunold und andere Neoliberale) demonstrieren, wie zutreffend Ludw. Mises (Die Gemeinwirtschaft, 1922) den notwendigen Zusammenhang zwischen Diktatur und sozialistischen planwirtschaftlichen Systemen aufgewiesen hatte. In den frühen 60er Jahren, mit dem Verblassen der Erinnerung an die faschistischen Systeme und begünstigt durch die Hoffnung, im sowjetischen Kommunismus zeichne sich eine unausweichliche Liberalisierung auf wirtschaftlichem, politischem und geistigem Gebiet ab, konnte eine neomerkantilistische Schule der Volkswirtschaftslehre (John K. Galbraith, G. Myrdal u. a.), für eine Stärkung des „öffentlichen Sektors" auf Kosten des „privaten Sektors" (publicsector — privatesector-Kontroverse) plädierend, vorübergehend den Anschein erwekken, daß die im L. angenommenen Zusammenhänge zwischen Freiheit und Beschränkung der staatlichen Interventionsvollmacht nur mehr historisches Interesse beanspruchen dürften.

W. Röpke, Das Kulturideal des Liberalismus (1947); A. Rüstow, Das Versagen des Wirtschaftsliberalismus (1950); F. A. v. Hayek, Individualismus und wirtschaftliche Ordnung (1952); ders., Constitution of Liberty (1960); ders., Studies in philosophy, politics, and economics (London 1967).

Literatursoziologie (↗Kunstsoziologie und die dortigen Verweise auf andere Stichworte) kann je nach der Ausgangsposition sehr verschiedene Fragestellungen und Methoden bedeuten. Arbeitet ein Literaturwissenschaftler auf dem Gebiet der L., so werden, meist mit den Methoden und Daten der Geschichtswissenschaft, z. B. die Gruppen, sozialen Schichten, Stände dargestellt, die das Publikum, die Leserschaft eines bestimmten Dichters oder einer Literaturgattung bilden. Man kann aber auch den Nachweis versuchen, daß eine bestimmte Literaturgattung von Autoren ausgegangen ist, die einen gemeinsamen Sozialisationhintergrund (z. B. evangelische Pfarrhäuser) haben. Ein Soziologe oder Kommunikationsforscher hingegen wird, u. U. aus der Inhaltsanalyse von Erfolgsromanen (die in Europa nicht einmal zur „Literatur" gezählt würden), auf die Motive, die Vorurteile, das Weltbild ihrer Leser schließen. Auch der allgemeine Geschmackswandel einer Leserschaft kann Aufschluß über soziale Wandlungsvorgänge geben.

Die entschiedensten, zugleich aber in der Allgemeingültigkeit ihrer

Ergebnisse am meisten begrenzten Beiträge zur L. kamen von marxistischen Autoren, für die Dichtwerke bloße und notwendige Spiegelung gesellschaftlicher Verhältnisse (wirtschaftlicher Eigentums- und Produktionsverhältnisse) sind. Auch der bekannteste marxistische Literaturwissenschaftler, Georg Lukács, bleibt fast immer der Widerspiegelungstheorie treu. Marx, Engels, gelegentlich auch G. W. Plechanow, hatten den sozialökonomischen Determinismus in der Literatur weit weniger starr verstanden wissen wollen als es die spätere marxistische L. tat. R. Wellek und A. Warren (Theorie der Literatur, 1959) schreiben der marxistischen L. jedoch ernstzunehmende Leistungen dort zu, wo sie, wie etwa auch die ↗Wissenssoziologie (im Sinne eines K. Mannheim) Ideologien enthüllt, z. B. die Horizontverengung, die Wertakzente eines Autors aus seiner Klassenlage ableitet. Während dies in Einzelfällen, in Ergänzung der für das Verständnis eines Dichters wichtigen Fakten aufschlußreich sein kann, ist damit auch nur die Wahrscheinlichkeit eines Kausalzusammenhangs keineswegs erwiesen. In zahlreichen Fällen haben Autoren verschiedenster „Klassenlage" sehr ähnliche und solche sehr ähnlicher Klassenlage sehr verschiedene Werke geschrieben. Auch ein notwendiger Zusammenhang zwischen Literaturgattungen, Stil, Form, Inhalt und gesellschaftlicher Lage des Autors konnte bisher nicht überzeugend demonstriert werden.

H. D. Duncan, Language and Literature in Society (New York 1953); Th. W. Adorno, Noten zur Literatur (Bd. I (1959), Bd. II (1961), Bd. III (1965); L. L. Schücking, Soziologie der literarischen Geschmacksbildung ([3]1961); L. A. Coser (Hrsg.), Sociology through Literature (Englewood Cliffs [N. J.] 1963); G. Lukács, Schriften zur Literatursoziologie ([2]1963); R. Escarpit, Sociologie de la littérature (Paris 1964); L. Löwenthal, Literatur und Gesellschaft (1964); H. N. Fügen, Die Hauptrichtungen der Literatursoziologie und ihre Methoden ([2]1966); L. Löwenthal, Das Bild des Menschen in der Literatur (1966); H. N. Fügen (Hrsg.), Wege der Literatursoziologie (1968).

Lobby (engl. = Vorraum des Parlaments) aus dem Amerikanischen, bezeichnet eine außerparlamentarische Gruppe, die den Gesetzgeber regelmäßig zugunsten eines partikularen Interesses zu beeinflussen sucht. Wie auch die Druckgruppe ↗(pressure-group) hat L. einen abschätzigen Klang, weil ein von L. beeinflußbares Parlament den demokratischen Vorgang der Willensbildung nicht mehr rein verwirklichen kann. Andererseits können die Abgeordneten in einem heutigen Parlament nicht mehr alle einzelnen berechtigten Interessen und Belange in einer Industriegesellschaft kennen und berücksichtigen. Die L. hat deshalb auch die Aufgabe, die Interessen einer bestimmten Minderheit in der Bevölkerung beim Gesetzgeber zu vertreten. Beim Kongreß in Washington sind deshalb beispielsweise zahlreiche L.s offiziell anerkannt, die ihre jährlichen Ausgaben jedoch öffentlich bekanntgeben müssen. Als den demokratischen Prozeß verfälschend oder verzerrend gilt dann immer nur diejenige Lobby, die einem dem Sprecher entgegengesetzten ideologischen Lager angehört.

A. Holtzmann, Interest Groups and Lobbying (New York 1966); M. Olson, Jr., Die Logik des kollektiven Handelns. Kollektivgüter und die Theorie der Gruppen (1968).

Luxus ist ein sehr relativer, keineswegs wertfreier Begriff, der sich im Zuge des sozialen ↗Wandels, der Schichtenmobilität, des wirtschaftlichen Wachstums, der Zunahme schichtunspezifischen Konsums immer fragwürdiger geworden ist. Als L. gilt jeder Konsum, jeder Aufwand eines Wirtschaftssubjekts, der über das (lebens)notwendige Maß hinausgeht, insbesondere wenn er vermutlich ↗Neid erregt. ↗Geltungskonsum wird in der Regel als L. verstanden. Obwohl es keinen festen Maßstab für L. gibt und geben kann, meinen Politiker vieler Länder nach wie vor, es sei möglich, den L. besonders zu besteuern. Im Grunde wäre dann L. aber nur jede Ware oder Dienstleistung, auf die man unschwer verzichten kann, um der Steuer zu entgehen.
L.steuern sind meist Strafsteuern, mit denen Vergeudung oder Frivolität eingedämmt oder bestraft werden soll. Früher kam es zu solchen Steuern in der Regel dann, wenn eine kleine herrschende Schicht irgend etwas den breiteren Bevölkerungsschichten nicht gönnen wollte. Wenn jedoch in einer Demokratie das Volk durch seine gewählten Vertreter herrscht, ist unklar, *wer* eigentlich *wen* legitimerweise an *welchem* Genuß zu hindern befugt ist. Es ist nicht möglich, einen gleichbleibenden, bestimmten Personenkreis als „die L.verbraucher" auszusondern und zu besteuern. Heute nimmt jeder in irgendeiner Weise irgendwann am L. teil. Es gibt zwar einige wenige Waren, die so absurd einseitig genossen oder benutzt werden können, daß sie, zu einer bestimmten Zeit, als L. gelten könnten. Die meisten Waren aber, die als L. in Betracht gezogen werden könnten, sind höchstens für bestimmte Konsumenten „L.". Wenn sich ein Kranker eine Delikatesse wünscht, ist es für ihn L.? Lederwaren sind z. B. für L.steuern sehr beliebt, aber ist es L., wenn irgendeine Tasche, ein Behälter zu beruflichen Zwecken gebraucht wird (Tasche des Arztes, des Schülers, des Studenten)? Sind Pelzkleidung, Teppiche, schwere Vorhänge immer L.? Könnte hier der Rheumatiker nicht mit einem Attest vom Gesundheitsamt von der L.steuer befreit werden? Eine Steuer auf Schallplatten? Könnten Blinde, Kranke, Musik- und Sprachlehrer, ihre Schüler von der Steuer ausgenommen werden? Und wie wäre es mit einer L.steuer auf Auslandsreisen? Hier gäbe es sicher Ausnahmen für Kranke, für Studien- und Geschäftsreisen; und obendrein müßte man noch aufpassen, daß durch die Steuer nicht die L.hotelindustrie eines Entwicklungslandes ruiniert wird, die vorher mit Entwicklungshilfe finanziert wurde. Es gibt praktisch keine Genußmittel, Gegenstände, Dienstleistungen oder Unterhaltungen, die nicht in dem Augenblick aufhören, L. zu sein, da sie ein körperlich oder seelisch leidender, ein bildungsbeflissener oder beruflich tätiger Mensch in Anspruch nimmt.
In unserem Jahrhundert sind L.steuern — in USA und verschiedenen europäischen Ländern — bezeichnenderweise fast immer nur während eines Weltkriegs eingeführt worden. Sie können kriegswirtschaftlich sinnvoll sein, wenn sie den Zivilverbrauch von Leder, Gummi, Me-

tall usw. einschränken, also Rohstoffe und Arbeitskräfte aus den gedrosselten Betrieben für die Rüstung freisetzen. Vielleicht wirkt sich das Verhängen von L.steuern auch auf die Kampfmoral günstig aus. Wichtiger ist aber etwas anderes: während eines großen Krieges kann man eher die Verletzung des Gleichheitsgrundsatzes hinnehmen, die jede L.steuer in sich birgt. Die Bezeichnung L. kann einer Ware nur willkürlich, ohne objektive Kriterien, vom Politiker gegeben werden. Diese Willkür, die sich nur von vage vermuteten, mißgünstigen Vorurteilen im Volk leiten läßt, bedeutet aber, daß Unternehmer und Arbeitnehmer in den von einer L.steuer betroffenen Zweigen der Wirtschaft Opfer einer Diskriminierung sind, von der sie keine Ahnung haben konnten, als sie Kapital, Ideen und Arbeit auf Dinge oder Dienste verwandten, über die eine Erdrosselungssteuer verhängt wird.

Ursprünglich ist die Besteuerung des L. paradoxerweise eine Art von Lösegeld an den Neid der oberen Schichten, die, nach Auflösung der ständischen Ordnung, den wirtschaftlich nach oben strebenden Schichten einen „unstandesgemäßen" L. der Kleidung, Wohnung usw. nur gegen eine Buße erlauben wollten. Am Anfang ist die L.-steuer oft Ausdruck einer undemokratischen Gesinnung, die L. einer erlesenen Schicht vorzubehalten wünscht. Auch auferlegten Puritaner im 17. und 18. Jahrh. ihren lebenslustigeren Mitbürgern L.steuern.

Abgesehen von lokalen Experimenten, so z. Z. Napoleons, kam es in Deutschland erst 1918 zu einer L.steuer. Sie betrug 10% des Ladenverkaufspreises auf Schmuck, Gegenstände aus Edelmetall, Teppiche, Parfüm und ähnliche Waren. 1919 stieg der Satz auf 15%. Bereits 1926 sah man die Unergiebigkeit der Steuer ein und hob sie auf. Von ihr war dann nur noch einmal während des Zweiten Weltkrieges und kurz im Jahre 1950 die Rede.

Die ideologische Verwandtschaft zwischen der L.steuer und den sozialistischen Parteien haben verschiedene Autoren hervorgehoben. Gerade weil L.steuern in Demokratien stets als ein Zugeständnis an die primitivsten und irrationalsten Gefühle des Menschen verhängt werden, sind sie politisch so langlebig. Ihre Abschaffung ist immer ein Politikum, das jahrzehntelang von einer Regierung an die nächste weitergeschoben wird. In Amerika zahlte man noch zwanzig Jahre nach dem Ende des Zweiten Weltkrieges L.steuern auf Telefongespräche, Lederwaren, Schmuck, Uhren, Kameras, Autoreifen usw. In der Schweiz wurden L.steuern erst 15 Jahre nach Kriegsende aufgegeben.

W. Sombart, Luxus und Kapitalismus (²1922); F. Marbach, Luxus und Luxussteuer (1948); H. Schoeck, Der Neid (²1968).

M

Macht ↗Autorität, ↗Charisma, ↗Countervailing power, ↗Elite, ↗Erpressung, ↗Establishment, ↗Gehorsam, ↗Hegemonie, ↗Herrschaft, ↗Kontrolle (soziale), ↗Kellektivismus, ↗Machtstruktur, ↗Totalitarismus. Eine Person oder eine Gruppe hat M. über andere, wenn sie, mit welchen Mitteln auch immer, ein Verhalten anderer bewirken, verändern oder verhindern kann. Einfluß besitzen ist die allgemeinere Erscheinung (H. D. Lasswell, A. Kaplan); M. besteht dann, wenn das Verhalten anderer durch die Möglichkeit schwerer Repressalien oder ungewöhnlicher Belohnungen beeinflußbar ist (z. B. die M. des Rauschgiftbesitzers über den Süchtigen, die M. der Mätresse über den Fürsten). Im Gegensatz zu Herrschaft ist M. „soziologisch amorph", kann sich aus jedem erdenklichen Unterschied zwischen zwei oder mehr Personen ergeben. Wer irgendetwas leidenschaftlich anstrebt, setzt sich potentiell der M. anderer aus. Auch das allgemeine Bedürfnis des Menschen, sich zu entlasten und einer ↗Arbeitsteilung zu bedienen, erzeugt Abhängigkeit und somit M. (A. Gehlen). Ein Spezialist, eine kleine Teilgewerkschaft, ein kleiner Zulieferer können ein großes Unternehmen lahmlegen. Im Wirtschaftlichen würde ein Zustand der vollkommenen ↗Konkurrenz einen machtfreien Raum bieten, aber jedes noch so lokale und kleine ↗Monopol erzeugt bereits ein M.-Gefälle.

M. Weber, Wirtschaft und Gesellschaft ([4]1956); A. Bergstraesser, Die Macht als Mythos und als Wirklichkeit (1965); B. Külp, Theorie der Drohung (1965); K. Mannheim, Freedom, Power, and Democratic Planning (London 1950, Neudruck 1965); R. V. Sampson, Equality and Power (London 1965); M. Duverger, The Idea of Politics (London 1966); G. E. Lenski, Power and Privilege (New York 1966); G. Kirsch, Machtverteilung im Unternehmen (1967).

Machtstruktur (Übersetzung des in den 50er Jahren eingeführten amerikanischen Begriffes „power structure") heißt das gegliederte und in der Zeit beharrende Verhältnis einer Anzahl von Personen, die in einer Gemeinde, Gruppe, Organisation oder Gesamtgesellschaft (dann auch power elite) bestimmte Machtfunktionen ausüben. Der Begriff M. ging aus amerikanischen Studien über die „community power structure" hervor, worunter eine hinter den Kulissen wirkende, in ihrer Legitimität fragwürdige, politisch keineswegs homogene, meist kleine Zahl von einflußreichen Persönlichkeiten eines Ortes verstanden wurde, deren Zustimmung vorliegen muß, wenn in der betreffenden Stadt eine wesentliche Aktion Aussicht auf Erfolg haben soll. M. ebenso wie Machtelite (power elite) oder ↗Establishment könnten wertfreie Begriffe sein, werden aber oft in einer gesellschaftskritischen, egalitären Absicht verwandt, die jegliche ungleiche Machtverteilung in jeder Gruppe als undemokratisch verwirft. Wertfrei gebraucht, bedeutet M. die nicht direkt erkennbare (manchmal eher latente) Machtstaffelung in Positionen, deren Inhaber formelle oder informelle Weisungen erteilen und mit Gehorsam rechnen können.

A. M. Rose, The Power Structure (New York 1967); F. Hunter, Community Power Structure (Chapel Hill, N. C. 1953).

Magie trifft man bei allen Naturvölkern an; die Erforschung magischer Vorstellungen und Praktiken ist wesentliches Aufgabengebiet der Ethnologie, wobei sich auch wichtige Einsichten in die irrationalen

Verhaltens- und Denkweisen der Menschen in den entwickelteren Industriegesellschaften ergeben. Durch M. sucht der Mensch (vorwissenschaftlicher Zeiten) Zustände und künftige Entwicklungen (Krankheiten, Ernte, Wetter, Regenfall, feindseliges d. h. meist neidisches, sich z. B. im bösen Blick äußerndes Verhalten anderer) unter seine Kontrolle zu bringen. Das Leben der Menschen fast aller einfacheren Kulturen ist in einem Ausmaß von der Furcht vor der schwarzen M. (black magic, sorcery, witchcraft) ihrer Stammes- oder Dorfgenossen geprägt, das für Außenstehende kaum voll begreifbar ist. Als Motiv für die böswilligen magischen Praktiken der Mitmenschen nennen die davon Betroffenen sämtlicher Kulturen den Neid auf persönliche und materielle Vorzüge. Die daraus resultierende habituelle Neidvermeidung in den traditionsgelenkten Gemeinschaften und Gesellschaften stellt eine wichtige Entwicklungshemmung dar.

Neben der Schaden stiftenden (schwarzen) M. gibt es die weiße, Segen stiftende. Die beobachtbare Wirksamkeit der M., vor allem bei Naturvölkern, dürfte z. T. auf autosuggestiven und psychosomatisch erklärbaren Vorgängen beruhen. In seiner M. denkt der Mensch immer streng kausal: wenn . . . dann. Die meist äußerst genau festgelegten Praktiken der M. richten sich auf bestimmte Ziele. Man hat deshalb die Umweltkontrolle durch die M. der durch unsere moderne Wissenschaft und Technik erzielbaren verglichen, wobei sich nur die Mittel und die Erfolgsaussichten unterscheiden. Sowohl bei „abergläubischen“ Naturvölkern als auch bei unseren Zeitgenossen in den Industriegesellschaften läßt sich vorsorgliche Inanspruchnahme von M. *und* außermagischen Hilfen beobachten, z. B. Börsenspekulation aufgrund von Wahrsagerin (Astrologie und dgl.) *und* Investitionsberater.

E. E. Evans-Pritchard, Witchcraft, Oracles and Magic among the Azande (Oxford 1937); M. G. Marwick, Sorcery in its Social Setting (Manchester 1965); H. Webster, Magic: A Sociological Study (Stanford 1948).

Makrosoziologe ↗Mikrosoziologie

Manager sind leitende Angestellte in einem Unternehmen, die nicht Eigentümer des Unternehmens sind und deshalb als Spezialisten (für Werbung, Finanzen, Produktion, Rechtsfragen usw.) im Lauf ihrer Karriere auch von Unternehmen zu Unternehmen wechseln können. James Burnham beschrieb 1941 die „managerial revolution“, die „Managergesellschaft“, in der sich die Trennung von Kapitalbesitz und Geist in der Unternehmerfunktion vollzogen hat. Für den Arbeitskonflikt beginnt, vor allem in Amerika, in der Sicht der Gewerkschaft das Management dort, wo die Organisierbarkeit der Arbeitnehmer durch eine Gewerkschaft aufhört, also in der Regel bereits mit den untersten aufsichtführenden Organen im Betrieb (Vorarbeiter). Im allgemeinen meint man mit Manager jedoch vorwiegend Mitglieder des Vorstandes eines größeren Unternehmens.

J. Burnham, Das Regime der Manager (1948); R. Bendix, Herrschaft und Industriearbeit (1960); W. Guzzardi, Die jungen Manager (1966); H. Schöllhammer, Ausbildung von Führungskräften der Wirtschaft in Europa (1966); G. Kirsch, Manager — Herrscher ohne Auftrag? (1969).

Manipulation ↗Kontrolle (soziale), ↗Werbung.

Männerbund ↗Altersklassen, ↗Bund

H. Schurtz, Altersklassen und Männerbünde (1902).

Marginal Man ↗Randseiter

E. V. Stonequist, The Marginal Man (New York 1937).

Markt bezeichnet sowohl den überschaubaren, raumzeitlich festgelegten Vorgang eines Güteraustausches, gemäß Angebot und Nachfrage, als auch die nur mehr abstrakt denkbare, modellhafte Vorstellung gesamtwirtschaftlicher Vorgänge auf Landes- oder Weltebene, die ebenfalls im Idealfall zu einer Preisgestaltung gemäß dem augenblicklichen Verhältnis von Angebot und Nachfrage führen. Ein marktgerechtes Verhalten, das Erkennen von Marktchancen, das Bestreben, eine günstige Nachfragesituation maximal auszunützen, das Regulieren des eigenen Arbeitsaufwandes angesichts sich wandelnder Marktsituationen: all dies läßt sich bei den Menschen der verschiedensten Zeiten und Kulturen, auch unter einfachsten Lebensbedingungen, beobachten. Wird durch politische Zentralbehörden, selbst unter Androhung äußerster Strafen, das freie Spiel eines Marktes unterbunden oder eingeengt, entsteht immer und überall ein mehr oder weniger außerlegaler, getarnter Ersatzmarkt (Grauer oder Schwarzer Markt), auf dem Angebot und Nachfrage ausgeglichen werden. Plan- und Zwangswirtschaften, z. B. die Sowjetunion der Gegenwart, können die Schäden durch die Inelastizität der Kommandowirtschaft zum Teil nur dadurch verringern, daß Produktion und Bewegung von knappen, für die Gesamtwirtschaft strategisch wichtigen oder die Befriedigung der Bevölkerung wesentlichen Gütern über einen Schwarzen Markt stillschweigend geduldet werden. Je größer der Bereich in einer Volkswirtschaft, in dem sich ein freier Markt abspielt, desto größer ihre Produktivität, Innovationsbereitschaft und desto geringer Substanzverluste durch ergebnislose Investitionen.

W. Röpke, Die Lehre von der Wirtschaft ([10]1965); ders., Jenseits von Angebot und Nachfrage ([4]1966); R. Dahrendorf, Markt und Plan. Zwei Typen der Rationalität (1966).

Märtyrer (griech. *martys*, Zeuge), zunächst die Apostel als Zeugen des Lebens Jesu. Seit dem 2. Jahrh. nennt man allgemein christliche oder jüdische Individuen, die mit ihrem Blut für ihren Glauben einstehen, Zeugnis ablegen, M. Insbesondere sind M. Menschen, die während der Christenverfolgungen in der Spätantike für ihren Glauben sich zu Tode martern ließen, dann allgemein jeder Mensch, der aus Treue zu seiner Religion oder geistig artikulierbaren Überzeugung auch einen qualvollen Tod eher hinzunehmen bereit ist als die gebotene Gelegenheit des Abschwurs. Diese Freiwilligkeit der Entscheidung, den Opfertod zu sterben, wird heute bei der Verwendung des Begriffes M. gerne übersehen: politische Gruppen versuchen oft, aus Sympathien oder Schuldgefühlen ihnen gegenüber Nutzen zu schlagen, indem sie auch aus zufälligen Gründen ums Leben gekommene Mitglieder zum Märtyrer erklären. Die Rolle des Märtyrers, des echten wie des unechten, hat in der Soziologie der Religionen und sozialen Bewegungen zentrale Bedeutung, da die Akklamation eines Toten als Märtyrer und die sich anschließende Legendenbildung sowohl zur Integration der Gruppe, zur Bloßstellung lauer Gruppenmitglieder als auch zur Entwaffnung der Kritik von außerhalb der Gruppe dienen kann.

M. kann nur sein, wer freiwillig, zwecks Zeugnisablegung oder Symbolbekräftigung, Leiden oder Tod auf sich nimmt, unter Ausschlagung von realisierbaren Auswegen (Sokrates, ein M. für die Wahrheit). Die Ausweglosigkeit der Situation kann dabei relativ sein: der Kriegsgefangene, der durch Mitwirkung bei Propaganda des Feindes zwar nicht die Freiheit, aber Begünstigungen oder Unterlassung von Schikanen erlangt, würde im Falle seiner Weigerung zu Recht im übertragenen Sinne als M. zu bezeichnen sein. Der M. blieb für die christliche und jüdische Religion typisch. Andere Religionen haben kaum die Figur des M. hervorgebracht. Es ist fraglich, ob etwa die Selbstverbrennungen buddhistischer Mönche in Südvietnam im Sommer 1963 zum Phänomen des M. zu zählen sind.

Marxismus (↗Bewußtsein, falsches; ↗Bolschewismus, ↗Kapitalismus, ↗Klasse, ↗Kommunismus, ↗Proletariat, ↗Sozialismus, ↗Totalitarismus, ↗Wissenssoziologie) nennt man das sozialrevolutionäre, als Kapitalismuskritik entstandene, sozialökonomische Erklärungsschema von Karl Marx (1818–1883) und Friedrich Engels (1820–1895). Sie konzipierten es im wesentlichen schon vor der Mitte des 19. Jahrh. und waren auch später nicht in der Lage, vorherzusehen, daß die bei ihnen für den „Kapitalismus" charakteristischen Lebens- und Arbeitsbedingungen der Arbeitnehmerschaft sich qualitativ und quantitativ in einer dem M. entgegengesetzten Richtung verändern würden. Auch die verschiedenen späteren Abwandlungen des M., vor allem durch deutsche, österreichische und russische Marxisten, einschließlich Stalin, haben die Standortgebundenheit des M. nicht aufheben können. Er wurde im 20. Jahrh., noch weit starrer als beim frühen Marx und Engels, letzten Endes zu einem Universalinterpretations- und Legitimierungsinstrument für kommunistische Elitenherrschaft, die sich jeglicher demokratischer Infragestellung und Pflicht zur Rechenschaft den Beherrschten gegenüber durch den Hinweis auf die im M. für eine unbestimmte Zukunft verkündete Emanzipation der Menschheit zur herrschafts- und klassenlosen Gesellschaft der leistungsunabhängigen Bedürfnisbefriedigung entzieht.

Der M. unterstellt einen ökonomischen Determinismus für alle menschlichen Bewußtseinsformen und Handlungsweisen, dem notwendigerweise ein antagonistisches Gesellschaftsmodell entspricht: der zum

Klassenkampf zwingende Gegensatz von Besitzern und Nichtbesitzern der Produktionsmittel. 1859 (Vorwort der Schrift „Zur Kritik der politischen Oekonomie") heißt es bei Marx: „In der gesellschaftlichen Produktion ihres Lebens gehen die Menschen bestimmte, notwendige, von ihrem Willen unabhängige Verhältnisse ein, Produktionsverhältnisse, die einer bestimmten Entwicklungsstufe ihrer materiellen Produktivkräfte entsprechen ... Die Produktionsweise des materiellen Lebens bedingt den sozialen und geistigen Lebensprozeß überhaupt. Es ist nicht das Bewußtsein der Menschen, das ihr Sein, sondern umgekehrt ihr gesellschaftliches Sein, das ihr Bewußtsein bestimmt."
Im Anschluß an Hegel wird dialektisch, als geschichtlich-notwendig, also unvermeidbar, die Emanzipation des Menschen aus den Trümmern der in der Revolution der Proletarier vernichteten bürgerlichen kapitalistischen Gesellschaft abgeleitet. Dazu sei es (nur) nötig, die Arbeiterklasse, das Proletariat, zur latent vorhandenen, der Klassenlage entsprechenden richtigen Bewußtheit zu bringen.
In den dynamischen, technisch und organisatorisch, ebenso wie sozialpolitisch anders gearteten, vom M. in keiner Weise vorhersehbaren westlichen Marktwirtschaften des 20. Jahrh. ist der von Marx angenommene unaufhebbare Dualismus, die Polarisierung der Gesellschaft in Eigentümer und Nichteigentümer immer wirklichkeitsferner geworden. Das Fehlen eines Proletariats verlangt im Spätmarxismus, seit dem Ende der 50er Jahre, immer willkürlichere Konstruktionen eines „falschen Bewußtseins" gerade bei denjenigen Arbeitnehmern, für deren Bedürfnisse und soziale Sicherheit weit besser gesorgt ist als zur Zeit von Marx bei vielen Angehörigen der bürgerlichen Eigentümerklasse. So erscheint die im M. unterstellte „revolutionäre Dynamik der modernen Wirtschaftsgesellschaft als phasengebunden. Wo derartige Spannungen auch noch in der Konsolidierungsphase des Systems auftreten, handelt es sich vorwiegend um Residualphänomene, um die Reaktion sozial schlecht angepaßter Schichten, deren relative Ferne zum Produktionsprozeß in Ressentiments und Vorurteilen Ausdruck findet" (F. Fürstenberg, Wirtschaftssoziologie, 1961, S. 110).

J. M. Bocheński und G. Niemeyer, Handbuch des Weltkommunismus (1958); A. Schaff, Marxismus und das menschliche Individuum (o. J.); I. Fetscher, K. Marx und der Marxismus (1967).

Masse (im Unterschied zur Menge, Le Bon) ist sehr selten ein wertfreier Begriff. Aus der Amorphität der M. und ihrem „Entinnerlichten", der persönlichen Verantwortung enthobenen Menschen folge „Vermassung", bahne sich der ↗Totalitarismus an (E. Lederer), nicht zuletzt weil M.-Menschen propagandaanfälliger seien, dem charismatischen Führer unkritisch folgen. M. ist als soziologischer Begriff heute sehr umstritten. Berechtigt ist er nur, wenn damit analog zum Begriff der kritischen Masse in der Physik gemeint ist, daß in einer Menschenmenge von einer bestimmten Größe und Dichte ab, also infolge der M., bestimmte Vorgänge und Verhaltensweisen auftreten, die vom einzelnen nicht beabsichtigt sind, denen er sich aber als Teil der M. nicht entziehen kann. Hier berührt sich das Phänomen der ↗Panik mit dem der Masse: Individuen als Teil einer M. können eher in Panik geraten als die Glieder einer Gruppe mit festen Strukturen. Dabei braucht es sich nicht um große Menschenzahlen zu handeln; jedenfalls nicht um die Millionen umfassenden sog. Massengesellschaften der Gegenwart. Zivilisations- und gesellschaftskritische Begriffe, wie Aufstand der Massen (Ortega y Gasset), Massenmensch, Massenkonsum, Vermassung, sind für die empirische Sozialforschung und Theorienbildung unbrauchbar. Zu den frühesten Kritikern dieser Begriffe gehörte Theodor Geiger. Verlorenheit, Verantwortungslosigkeit, das Gefühl der ↗Anonymität, ↗Anomie können nicht direkt zu Bevölkerungszahlen in Beziehung gesetzt werden. Unklar ist, ob zur M. körperliche Nähe der Individuen gehört oder ob M. auch durch Massenmedien erzeugt werden kann. Setzt Begriff „Massenmedien" eine M. im spezifischen Sinn voraus, wie sich aus abwertenden Nebenbedeutungen vermuten ließe? Entgegen früheren Vorhersagen haben sich traditionelle Verhaltensweisen und Gesellungsformen, z. B. auch die ↗Familie, nachbarschaftliche Beziehungen in der sog. Massengesellschaft erhalten. Zum Teil ergibt sich der Eindruck der ↗Konformität und Uniformität in heutigen Großgesellschaften aus der Gleichmäßigkeit der Verbraucherbefriedigung durch industrielle Fertigungsverfahren, die sich erst entwickeln konnten, als Märkte in der Größenordnung von 100 und mehr Millionen Verbrauchern bestanden. Die Soziologie neigte bisher dazu, die Folgen dieser Erscheinungen zu überschätzen. David Riesmans (1950) „außengeleiteter", „fremdgesteuerter" Menschentyp (other directed man) kann als eine Analyse des Menschen in der M. z. T. aufgefaßt werden, doch zeigt Riesman gerade auch die Entpersönlichung als Reaktion auf Kleingruppendruck. Die Psychologie der M. hat u. a. Peter Hofstätter kritisch geprüft.

H. de Man, Vermassung und Kulturverfall ([2]1952); J. Ortega y Gasset, Der Aufstand der Massen (1956); A. Hunold (Hrsg.), Masse und Demokratie (1957); D. Riesman, Die einsame Masse (1957); E. Canetti, Masse und Macht (1960); G. Schischkoff, Die gesteuerte Vermassung (1964).

Massenkommunikation (↗Diffusion, ↗Fernsehen, ↗Film, ↗Freizeit. ↗Information, ↗Inhaltsanalyse, ↗Kunstsoziologie, ↗Masse, ↗öffentliche Meinung, ↗Propaganda, ↗Werbung, aus dem Amerikanischen, *mass communication*) nennt man Kommunikationsvorgänge, die sich über die Massenmedien (*mass media*) abspielen, also den größten Teil einer Bevölkerung gleichzeitig erreichen (Extremfall: wenn 50 bis ca. 300 Millionen Menschen gleichzeitig ein Ereignis auf Fernsehschirmen beobachten können). Der Begriff „Masse" (mit den Ableitungen „Massenmensch", „Vermassung"), der in der heutigen Soziologie für sehr fragwürdig gilt, klingt bei der M. zwar, in einem zivilisationskritischen Sinn, mit, dient aber nicht zur Begriffsbestimmung von „Masse" bei der M. M. Janowitz und R. Schulze verstanden unter M. alle absichtlichen Vorgänge, bei denen darin geübte Organisationen und ihre Teams, mittels technischer Systeme, bestimmte (symbolische) Inhalte an ein großes, weit verstreutes und in sich meist heterogenes ↗Publikum heranbringen. Zu den Kanälen der M. zählen Presse, Film, Rundfunk, Fernsehen, Bücher und käufliche Tonträger (Schallplatten, Tonbänder).

E. Feldmann, Theorie der Massenmedien (1962); H. K. Platte, Soziologie der Massenkommunikationsmittel (1965); R. Wildenmann und W. Kaltefleiter, Funktionen der Massenmedien (1965).

Mathematische Modelle ↗Modelle

Matriarchat ↗Mutterrecht

Mäzenatentum (nach Gaius Maecenas, gest. 8 v. Chr., Gönner und Förderer der bedeutendsten Dichter seiner Zeit) heißt seit der Antike die Förderung oder Subventionierung meist ästhetischer Tätigkeiten, für die kein ausreichender ↗Markt besteht, durch einen Gönner, der damit u. U. an Ansehen gewinnen möchte. Die Rolle des privaten, früher meist aristokratischen Mäzen wird in der Gegenwart zunehmend von privaten Stiftungen gespielt. Es gibt nicht nur künstlerische, sondern auch wissenschaftliche Tätigkeiten, die als wünschenswert gelten, für die jedoch über den Markt eine ausreichende Finanzierung schwer oder unmöglich ist. Der Begriff Mäzen kann auch leicht abschätzig verwendet werden, weil es für den Begünstigten fast unmöglich ist, die völlige geistige Unabhängigkeit vom Mäzen zu beweisen. Allerdings kann auch der Markt anonymer Kunden (Zuschauer, Leser, Hörer), dem sich ein schöpferischer Mensch genehm zu machen sucht, dieselbe Wirkung ausüben wie ein einzelner Mäzen oder das Kuratorium einer Stiftung.

Medizinsoziologie befaßt sich mit sämtlichen soziologischen Faktoren in therapeutischen Situationen, Institutionen, Organisationen und Prozessen, vor allem in der Absicht, vorbeugenden und heilenden ärztlichen Maßnahmen zu einer physiologisch und psychologisch optimalen Wirkung zu verhelfen, indem störende Faktoren sozialer Art erkannt und nach Möglichkeit beseitigt werden. Der Mensch ist in seinen physiologischen und pathologischen Funktionen (psychosomatische Medizin) in einem erheblichen, von Individuum zu Individuum unterschiedlichen Maße von sozialen Faktoren abhängig. Eine Flucht in die Krankheit erfolgt bei vielen zwischenmenschlichen Konflikten und Schwierigkeiten. Krankheiten treten in einer Bevölkerung nicht gleichmäßig, sondern u. a. schichtspezifisch oder auch verschieden nach ↗Subkulturen auf. Ebenso müssen therapeutische Maßnahmen, vor allem, wenn sie durch den Patienten allein befolgt werden sollen, auf schicht- und subkulturspezifische Eigentümlichkeiten Rücksicht nehmen. Eine Fehlertheorie der ärztlichen Diagnose muß aber auch soziologische Faktoren im Entscheidungsprozeß des Arztes berücksichtigen. Die Inanspruchnahme ärztlicher

Leistungen (Scheu vor bestimmten Vorbeugeuntersuchungen, schichtspezifische Inanspruchnahme psychiatrischer Hilfe usw.) gehört ebenfalls zu den Forschungsaufgaben der M. Auch die Rehabilitation ist ein Problem der M. Der aus einer Klinik, einem Sanatorium als geheilt Entlassene (Alkoholiker, seelisch Kranke, körperlich Leistungsbehinderte) kann u. U. durch den von vorher in seiner Familie für ihn bereitgehaltenen ↗Status des Hilfsbedürftigen in einen Rückfall getrieben werden. Auch die Soziologie des Krankenhauses (Status- und Rollenprobleme der Mitarbeiter, aber auch der Patienten) gehört zur M.

M. Pflanz, Sozialer Wandel und Krankheit (1962); J. J. Rohde, Soziologie des Krankenhauses (1962); M. W. Susser und W. Watson, Sociology in Medicine (London 1962); R. König und Margret Tönnesmann (Hrsg.), Probleme der Medizin-Soziologie (³1965); A. Mitscherlich (Hrsg.), Der Kranke in der modernen Gesellschaft (1967); H. Kaupen-Haas (Hrsg.), Soziologische Probleme medizinischer Berufe (1968).

Meinungsforschung (Demoskopie, public opinion research, „polling") erstmals in den USA um 1920, anfänglich vor allem von G. Gallup entwickelt, nach 1945 (u.a. von E. Noelle-Neumann) aus Amerika übernommene Methode, die mittels einer Befragung durch Interviewer aus einer Stichprobe der Bevölkerung, bei Repräsentativbefragungen meist 1000–3000 Personen, die Einstellungen, Auffassungen, Meinungen, Kenntnisse über bestimmte Themen und Probleme prozentuell in der Gesamtbevölkerung zu ermitteln sucht. Die M. ist heute in den westlichen Industriegesellschaften hauptsächlich im Dienste der Marktforschung für Produzenten tätig, kann aber u. U. auch den Ausgang von politischen Wahlen innerhalb kleiner Fehlergrenzen vorhersagen. Da je nach dem bestehenden Wahlrecht u. U. kleine Schwankungen in der absoluten Stimmenzahl für die Mandatverteilung auf die an der Wahl beteiligten Parteien großen Einfluß haben, ergibt sich manchmal der Eindruck eines Versagens der M. bei der Wahlprognose. Umstritten ist auch die mögliche Beeinflussung einer Wahl durch die Veröffentlichung demoskopischer Vorhersagen über deren Ausgang (↗Auswahlverfahren, ↗Methoden, soziologische, ↗öffentliche Meinung).

Methoden, soziologische (↗Auswahlverfahren, ↗Beobachtung, ↗Empirische Soziologie, ↗Experiment, ↗Feldforschung, ↗Idealtypus, ↗Inhaltsanalyse, ↗Interview, ↗Kausalität, ↗Modelle, ↗Panel, ↗Quantifizieren, ↗Quotenauswahl, ↗Simulation, ↗Test, ↗Verstehen) sind Forschungstechniken, also Verfahren unter Berücksichtigung allgemein anerkannter Regeln der Forschungslogik, die die Soziologie mit anderen Wissenschaften gemeinsam hat. Das Schwergewicht liegt, ausgehend von der amerikanischen Sozialwissenschaft, zunehmend auf der Entwicklung von Erhebungs- und Meßverfahren, die wiederum vorwiegend in der sozialpsychologischen Erforschung von ↗Einstellungen (Skalierungsverfahren) große Bedeutung erlangt haben. Manche Verfahren, die auch (u. U. früher schon) in anderen Dis-

ziplinen entwickelt worden sind, haben in der Soziologie jedoch eine besondere Fruchtbarkeit gezeigt (Interview, zufallsbedingte Auswahlverfahren). Im allgemeinen lassen sich als Hauptmethoden unterscheiden: statistische Auswertung von Daten der Demographie, Einzelfallstudien (case studies); verstehend (historische) idealtypisierende Analysen; schriftliche und mündliche Befragungen; Soziometrie und Experiment. Die Verwendung von, teilweise sehr anspruchsvollen, mathematischen und statistischen Verfahren, auch unter Zuhilfenahme von elektronischen Großrechenanlagen und Datenspeichersystemen (u. a. Magnetbänder des Zensus und Mikrozensus der USA, die Soziologen zur Verfügung stehen) gewinnt in der empirischen Sozialforschung immer größere Bedeutung.
Mit den M. der Soziologie *nicht* zu verwechseln ist ihre Methodologie, die im Gegensatz zur Methodenlehre all ihrer Forschungsverfahren noch wenig entwickelt und vereinheitlicht ist. Die Methodologie sucht die wissenschaftstheoretischen Grundlagen, Annahmen und Probleme der spezifisch soziologischen Forschungsweise herauszuarbeiten und deren Tragfähigkeit an allgemeinen Theorien der wissenschaftlichen Erkenntnisvorgänge zu überprüfen. Begriffsbildung, die Operationalisierbarkeit bestimmter Begriffe in der Soziologie, Strategien für Hypothesenformulierung und Theorienkonstruktion gehören zu ihren Aufgaben.

F. Kaufmann, Methodology of the Social Sciences (New York 1944, [2]1958); A. V. Cicourel, Method and Measurement in Sociology (New York 1964); E. Durkheim, Die Regeln der soziologischen Methode ([2]1965); H. L. Zetterberg, On Theory and Verification in Sociology ([3]1965); R. König (Hrsg.), Handbuch der empirischen Sozialforschung, Bd. 1 ([2]1967); W. Mangold, Empirische Sozialforschung (1967); P. Lazarsfeld, Am Puls der Gesellschaft. Zur Methodik der empirischen Soziologie (Wien 1968); R. Mayntz u. a., Einführung in die Methoden der emp. Soziologie (1969).

Menge ↗Gruppe, ↗Masse.

Migration ↗Wanderung

Mikrosoziologie nannte Georges Gurvitch (unabhängig von ihm auch J. L. Moreno) die Erforschung der letzten, nicht weiter reduzierbaren Elemente in den sozialen Gebilden und Strukturzusammenhängen. Im Gegensatz zur amerikanischen Terminologie (in der M. meist Kleingruppenanalyse bedeutet) richtet sich nach Gurvitch die M. weder auf Gruppen noch auf Individuen (Personen, als letzte Einheiten der sozialen Wirklichkeit)), sondern auf „kleinste, fließende, Totalitäten" im zwischenmenschlichen Geschehen, z. B. die Beziehungsform eines „Ichs" zu anderen „Ichs" (in einer Gruppe) als Ergebnis eines charakteristischen „Wir", eines Gemeinsamkeitserlebnisses. Diese mikrosozialen Elemente, jeweils selbständige intentionale Prozesse mit eigentümlicher Form, Qualität und Dauer, sind je nach der sozialen Klasse, der Gesellschaftsform, verschieden. Doch hebt Gurvitch entschieden

hervor (in Ablehnung der evolutionistischen Theorien von F. Tönnies, E. Durkheim u. a.), daß die Erscheinungsweisen dieser mikrosozialen Elemente nicht mit irgendwelchen Entwicklungsphasen der globalen Gesellschaften gekoppelt sind. Diese Elemente enthalten, im Sinne von sozialen Totalphänomenen, „nicht nur eine Mentalität, sondern auch Bräuche und Moden, Modelle und Symbole, soziale Rollen und Attitüden, Ideen und Werte." Die Erscheinungsweisen der „Geselligkeit" dürfen also nicht nur auf emotionale und kognitive psychische Gegebenheiten bezogen werden.
Im Gegensatz zur M. befaßt sich die Makrosoziologie mit den größeren, beständigeren Einheiten (Verbände, Institutionen, Organisationen, strukturierte wirkliche Kollektive, spezifische Gruppenbildungen).
Die Begriffe M. und Makrosoziologie haben sich bis jetzt nicht allgemein durchgesetzt. Sie werden auch in der angelsächsischen Soziologie selten gebraucht.

Milieu, Milieutheorie ↗Anlage, ↗Behaviourismus, ↗Kriminalität, ↗Umwelt, ↗Wissenssoziologie.

Militärsoziologie ist (vor allem seit dem Zweiten Weltkrieg in den USA) meist Auftragsforschung, die (Kampf)moral, Anpassungsprobleme, Gruppendynamik, Konfliktmuster usw. beim Personal militärischer Organisationen und Kampfeinheiten untersucht. Die moderne Waffentechnik braucht für die einzelnen Geräte sehr verschiedene Besatzungen (Mannschaften), die nicht nur nach Gruppengröße, sondern auch nach Unterschiedlichkeit der Ausbildung (z. B. Experte mit wissenschaftlicher Ausbildung, aber geringerem Rang als der Offizier seiner Einheit) und der notwendigen Interaktionen im Dienst zu verschiedenen Problemen führen. Die sozialen Beziehungen unter der Besatzung eines Unterseebootes mit Nuklearantrieb, eines Flugzeugträgers, eines großen Kampfflugzeuges, einer Panzerwagenmannschaft usw. werden zwecks optimaler Dienstleistungsbedingungen untersucht. Die soziologische Analyse z. B. von Tonbandaufnahmen mit sämtlichen verbalen Kommunikationsvorgängen an Bord eines Langstrecken-Bombenflugzeugs suchte festzustellen, ob ein „egalitärer" Kommandant bei solchen Missionen geeigneter ist als ein „autoritärer".
Die M. ähnelt weitgehend der Organisations-(↗Betriebs-, Industrie-) soziologie, da sie optimale Funktionsbedingungen komplexer sozialer Systeme erforscht, deren militärischer Charakter nur zusätzliche Merkmale (potentiell feindselige Umwelt; strikte interne Befehlshierarchie u. a.) bringt. Die M. hat z. B. auch die Überlegenheit von Einheiten, die weniger befehlsgebunden sind, dem einzelnen Soldaten einen größeren Ausführungsspielraum gewähren, festgestellt. Soziale Reaktionen auf extreme Belastungen, Krisenmeisterung in isolierten Gruppen, Berufssoldatentum, das Verhältnis zwischen dem zivilen und militärischen Sektor einer Gesellschaft, die Rolle des Mili-

tärs bei Staatsstreichen (häufig in Entwicklungsländern) sind weitere Problemstellungen der M.

M. Janowitz, The Professional Soldier (New York 1960); R. Cunis, Zur Soziologie des Militärs, in: Hamburger Jahrbuch für Wirtschafts- und Gesellschaftspolitik 12 (1967); W. Mosen, Eine Militärsoziologie (1967). Weitere Literatur siehe Soldat, Krieg.

Minderheiten (↗Ethnozentrismus, ↗Emanzipation, ↗Endogamie, ↗Vorurteil) können u. a. ethnische, religiöse, sprachliche „Gruppen“, eigentlich eher soziale Kategorien mit latentem Gruppenverhalten in einer Gesamtbevölkerung sein. Sie unterscheiden sich in Motivlage und institutioneller Problematik in verschiedenen Ländern und Erdteilen charakteristisch. In den ethnischen und sprachlichen M.gebieten, etwa an den neugezogenen Grenzen Deutschlands, Italiens und Österreichs nach dem Ersten Weltkrieg, kam es zu Reibungen und Konflikten, weil sich M.en in ihrer Eigenständigkeit bedrängt sahen, bedroht glaubten: oberstes Ziel der ethnischen M.en war die Beibehaltung der Sprache, das Recht auf eigene getrennte Schulen und Vereine, auf ethnisch homogene gesellschaftliche Einrichtungen. Was der politisch dominierenden Mehrheit verargt wurde, war jeder Versuch der Einschmelzung. In Indien, Ceylon und anderen ↗Entwicklungsländern finden Rassen- und Religionskonflikte statt, die sich daran entzünden, daß eine M. gezwungen werden soll, die Sprache oder das Alphabet der anderen Gruppe zu übernehmen, in die gleichen Schulen zu gehen. Beim heutigen Negerproblem der USA hingegen verhält es sich wieder umgekehrt. Die Kampagne für die Gleichberechtigung der Rassen in der Praxis des amerikanischen Alltags (im wesentlichen für Neger, weniger für eingeborene Indianer, für Asiaten, Lateinamerikaner) versucht soziologisch die kulturell und körperlich sichtbare Tatsache einer bestimmten M. gesellschaftlich zu neutralisieren.

Es gibt eine überall existierende kategorische ↗Diskriminierung zwischen Menschen aller Gesellschaften. Man denke z. B. an die Behandlung von verschiedenen Altersgruppen, deren Angehörige in fast allen Gesellschaften (Stammeskulturen wie komplexen Industriegesellschaften) kategorisch benachteiligt oder begünstigt werden. Der fünfundvierzigjährige Mann findet z. B., ungeachtet seiner Qualifikationen, kaum eine neue Stelle, weil er über vierzig ist. Der rüstige und erfahrene Fünfundsechzigjährige wird zwangsweise in den Ruhestand versetzt. Beide unterliegen einer Diskriminierung aufgrund irrational gedeuteter, biologisch-existentieller Gegebenheiten, die sich nicht von der Diskriminierung unterscheidet, die ein Farbiger bei einer Stellenbewerbung erfährt. Ähnlich diskriminiert wird das weibliche Geschlecht. Die kulturgeschichtlich belegte Mißhandlung und Mißachtung des Kindes wich erst seit dem Anfang des 19. Jahrh. allmählich einer Achtung des Kindes.

Die psychologische Unlösbarkeit des ethnischen M.problems resultiert nicht zuletzt aus dem Streben vieler Mitglieder der „minority groups“, im zwischenmenschlichen Verkehr die völlige subjektive Gewißheit und Sicherheit einer absolut *gleichen* Behandlung zu ge-

nießen. Diese Sicherheit hängt aber immer von einem subjektiven Wissen ab. Bei jedem Zusammentreffen mit einem Angehörigen einer anderen sozialen Kategorie gibt es diese Ungewißheit. So hat C.C. Zimmerman in den USA nachgewiesen, daß geschiedene Personen, auch als erneut Verheiratete, weniger oft als Freunde von nichtgeschiedenen gewählt werden.
Manchmal werden auch soziale Unsicherheitsgefühle des Adoleszenten bei Angehörigen bestimmer M.en auf den rassischen Status projiziert. Weil das Thema der Diskriminierung seit Jahrzehnten so intensiv behandelt wird, rechnet der Angehörige einer M., der auch nur den Schatten einer getrübten Sympathiebekundung zu spüren glaubt, dieses seinem ethnischen Status zu und übersieht, daß es auch eine Verstimmung sein könnte, wie sie selbst zwischen Menschen homogener Gruppen immer wieder auftreten.

J. B. Gittler (Hrsg.), Understanding Minority Groups (New York 1956); G. E. Simpson und J. M. Yinger, Racial and Cultural Minorities (New York 1958); P. I. Rose, They und We (New York 1964); E. Francis, Ethnos und Demos (1965); H. M. Blalock, Jr., Toward a Theory of Minority-Group Relations (New York 1967).

Mittelstand (↗Angestellte, ↗Beamte, ↗Beruf[e], ↗bürgerliche Gesellschaft, ↗Handwerk, ↗Klasse, ↗Mobilität, ↗Schichtung) bedeutet in der europäischen (deutschen) Soziologie nicht dasselbe wie „middle class(es)“ in der angelsächsischen. Seine Struktur, sein Selbstverständnis und seine Selbstachtung (die vom Politiker, der M.politik treibt, angesprochen werden) ist durch das Merkmal des „Standes“, des Ständischen z. T. vorgegeben. Gesellschafts- und sozialpolitisch teilweise mit dem M. vergleichbar wäre in den USA z. B. der Kreis derjenigen (selbständigen) Erwerbstätigen, die als „small business“ von der Bundesregierung günstige Kredite und andere Hilfen erhalten können.
Der Begriff M. wird sehr verschieden (man hat über 200 Definitionen gezählt) angewandt, sowohl von solchen, die den M. anerkennen und erhalten wollen, als auch von jenen, die ihn weginterpretieren möchten, um Platz für neue gesellschaftspolitische Projekte zu bekommen. Am eindeutigsten läßt sich der M. vom Beruf(sbild) als zentralem Schichtkriterium der heutigen Industriegesellschaft fassen. Danach enthält der M. in der BRD und europäischen Ländern mit einer ihr vergleichbaren Sozialstruktur die kleinen und mittleren selbständig Erwerbstätigen in Handwerk, Handel und Industrie, aber nicht die unselbständig arbeitenden mittleren Angestellten und Beamten, die der Mittelschicht (-klasse) angehören.
Die Ende des 19. Jahrh. und bis hin zum Zweiten Weltkrieg sehr verbreiteten (vielfach antikapitalistisch gefärbten) Untergangsprognosen für den M. haben sich nicht erfüllt: vielmehr haben technischer, wirtschaftlicher ↗Wandel, vor allem auch im Konsumverhalten breiter Schichten, immer wieder neue Chancen für selbständige Berufe geschaffen, während gleichzeitig andere Berufe ins Arbeitnehmerverhältnis mündeten.

Mit dem Begriff Mittelschicht (*middle classes*) vermengt wird der M. bei R. Dahrendorf, der (1965) zum M. auch die sog. Dienstklasse (u. a. Beamte) und andere Arbeitnehmer zählt, dazu noch einen „falschen M." annimmt, der die Arbeiter in den Tertiärindustrien (Dienstleistungsgewerbe, Kellner, Verkäufer usw.) umfasse.

G. Schmoller, Was verstehen wir unter Mittelstand? (1897); R. Aron u. a.; Classes moyennes (Paris 1939); F. Marbach, Theorie des Mittelstandes (1942); H. Grayson, The Crisis of the Middle Class (New York 1955); K. Albrecht, Dem Mittelstand eine Chance (1959); W. a. d. Noellenburg, Der verratene Mittelstand (1959); Institut für Mittelstandsforschung (Hrsg.), Abhandlungen zur Mittelstandsforschung (1962ff.); R. Krisam, Der Mittelstand im hochindustrialisierten Wirtschaftsraum (1965); F. Coester, Bedrohte Selbständigkeit (1966); Helga Grote, Mittelstandsförderung durch ‚Planification'? (1966).

Mob bezeichnet, meist abschätzig, eine zufällig zusammengekommene Menschenmenge, die sich zu gesetzeswidrigem Verhalten meist in Richtung auf ein ganz bestimmtes Ziel aufreizen läßt. M.aktionen sind zu unterscheiden von ↗Panik, ↗Masse, ↗Bande, wobei der M. durch die kurze Dauer seines Zusammenseins, die wahllose „Rekrutierung" seiner Mitglieder und die Planlosigkeit seines Verhaltens gekennzeichnet ist.
Der M. findet sich zusammen dank eines gleichzeitig von vielen empfundenen Gefühls (meist der Entrüstung, des Hasses, der Wut; Lynch-M), eines emotionalen Impulses. Die (zufälligen) Mitglieder eines M. fühlen sich solidarisch in einer kollektiven Handlung, ohne sich am jeweiligen sozialen Status der anderen zu orientieren. Im M. lassen sich selten „Anführer", „Rädelsführer" klar erkennen.

E. J. Hobsbawm, Sozialrebellen (1962).

Mobilität (↗Angestellte, ↗Begabtenauslese, ↗Beruf[e], ↗Berufsprestige, ↗Klasse, ↗Mittelstand, ↗Schichtung, ↗Siebung, ↗Wanderungen) nennt man die Beweglichkeit im sozialen und geographischen Raum, (sowohl die potentielle, also nach Anspruchsniveau des einzelnen oder einer Gruppe und realen Chancen mögliche, als auch in einer angebbaren Frist vollzogene) von Individuen, Berufsgruppen, Minderheiten und anderen Personenkategorien einer Bevölkerung. Die M. kann im sozialen Raum (definiert als eine Prestigeskala der Berufe, Stände) vertikal (sozialer Auf- oder Abstieg) vor sich gehen oder horizontale M. darstellen (Berufs- oder Arbeitsplatzwechsel, verbunden mit Umzug, ohne Veränderung des sozialökonomischen Status, auch eine Wanderbewegung — Landflucht — kann als horizontale M. gelten).
Die in einer Gesellschaft aufgrund ihres Ethos, ihrer Ideologien verbreiteten Auffassungen über das Maß an vertikaler M. müssen nicht immer mit den empirisch feststellbaren M. übereinstimmen (näher untersucht in den USA).
Mit P. A. Sorokin umfaßt soziale M. alle Positionswechsel von Personen, nicht nur berufliche, sondern z. B. auch Konfessionswechsel. Daneben kennt Sorokin eine kulturelle M. von Kulturelementen (Ideen, Werkzeugen usw.), die auch als Diffusion bezeichnet wird.

Aufschlußreich für die M. in einer Gesellschaft ist die vertikale M. innerhalb und zwischen den Generationen (Berufsvergleiche von Vater und Sohn): Intra- und Inter-Generationen-M. Th. Geiger unterscheidet ferner individuelle und kollektive M. (letztere liegt vor, wenn ein ganzer Berufszweig sozial steigt oder sinkt).

P. A. Sorokin, Social and Cultural Mobility (New York 1927); K. M. Bolte, Sozialer Aufstieg und Abstieg (1959); S. M. Lipset und R. Bendix, Social Mobility in Industrial Society (Berkeley 1963); E. E. Bergel, Social Stratification (New York 1962); F. Fürstenberg, Das Aufstiegsproblem in der modernen Gesellschaft ([2]1969).

Mode bezieht sich nicht nur auf Kleidung, Schmuck, Haartracht, sondern auf jedes durch willkürliche Vorbildsetzung veränderbare Verhalten, soweit es sich auf größere Bevölkerungsteile auswirkt. Der Begriff M. setzt Wandelbarkeit des durch sie bestimmten Gegenstandes oder Verhaltens voraus und kann sich deshalb nur auf Gebiete erstrecken, in denen auch ein radikales Abweichen von bisherigen Verhaltensmustern ohne Erschütterung funktionswichtiger gesellschaftlicher Strukturen möglich ist. ↗Luxus, sozialer ↗Wandel, ↗Tradition. Die M. erstreckt sich also auf (meist) irrationale und kurzfristig geltende Verhaltensmuster. Breitere Wirkung erzielt die M. durch die Tendenz der Nachahmung irgendwelcher Eliten, Führungsschichten. Am Entstehen *einer* M. (auf einem bestimmten Gebiet, wie Kleidung, Haartracht, Barttracht) wirken sowohl diejenigen mit, die sich anzugleichen suchen (↗Imitation), als jene, die sich (zunächst jedenfalls) im Prozeß der bewußten Abweichung befinden: z. B. die Wiedereinführung der Barttragens in den westlichen Gesellschaften seit Mitte der 50er Jahre, ausgehend von Beatniks und ähnlichen Protestgrüppchen. Hinter dem Phänomen der M. stehen also der menschliche Nachahmungs(Konformitäts-) und Differenzierungs„trieb". Allgemeinstes Motiv dürfte das Abwechslungsbedürfnis des Menschen sein. Für das Konsumverhalten der beiden Geschlechter und für das Konsumverhalten auf bestimmten Gebieten wirkt sich die vom Produzenten her gesteuerte M. unterschiedlich rasch und stark aus: Man kann heute Frauen eher in die Füße verkrüppelnde Schuhformen dirigieren als um Männerhälse wieder „Vatermörder" legen. ↗Geltungskonsum, ↗Werbung.

R. König u. P. W. Schuppisser, Die Mode in der menschlichen Gesellschaft (Zürich 1958); I. Brenninkmeyer, The Sociology of Fashion (Paris, Köln 1963); R. König, Kleider und Leute (1967).

Modelle (↗Idealtypus, ↗Information, ↗Feedback, ↗Simulationsverfahren) in der Soziologie, meist des Sozialverhaltens (z. B. in einer Gruppe), erstreben Formalisierung und Mathematisierung sozialer Prozesse (ausgehend von den USA, seit Mitte der 50er Jahre) und folgen z. T. dem Vorbild der Wirtschaftswissenschaft. Weit mehr jedoch als in dieser (siehe etwa die Kritik von Eugen Böhler) ist die Brauchbarkeit (auch zur Prognose) der M.e noch sehr umstritten. In mancher Hinsicht sind M.e nur ein Gedankenexperiment: Im M. wird ein System denkbarer Wirkungen und Zusammenhänge zwischen einzelnen (im M. notwendigerweise sehr wenigen) Faktoren angenommen, wobei die Gesetzmäßigkeiten der Abläufe sich letztlich in der sozialen Wirklichkeit, nicht in der Eleganz der (willkürlich gewählten symbolischen) oder mathematischen Formulierung zeigen müßten. Die Vollziehbarkeit einer logischen Operation sagt nichts über die Vorgänge in der Wirklichkeit aus. Die mathematische Formulierung eines Zusammenhanges soll lediglich präzisieren, kann aber grundsätzlich nichts enthalten, was nicht vorher in der verbalen Formulierung schon gegeben war.

Die Konstruktion mathematischer M.e macht die Soziologie auch nicht „empirischer". Es werden dadurch keine neuen, quantifizierbaren Daten zugänglich. Die gedankliche Disziplin einer Modellkonstruktion kann nur zu neuen Hypothesen führen, die an der Wirklichkeit überprüft werden müssen. Einerseits zwingen die mathematischen M.e in der Soziologie zur möglichst weitgehenden Verringerung der zu berücksichtigenden Elemente (statt einer ganzen Skala qualitativ verschiedener zwischenmenschlicher Verhaltensweisen, die sich in der Wirklichkeit beobachten lassen, wird ein Obergriff gewählt und in der Gleichung durch einen Buchstaben wiedergegeben). Andererseits muß das M. die Bedingungen, unter denen es die Wirklichkeit erklären soll, möglichst vollständig (und damit einschränkend) angeben. Wie bescheiden die Ergebnisse der mathematischen M.e in der Soziologie noch sind, zeigt auch, daß fast alle jüngsten Darstellungen dieser Verfahren sich hauptsächlich auf die Mathematisierung der Gruppentheorie von G. C. Homans durch H. A. Simon beziehen (Models of Man, 1957) müssen.

Oskar Morgenstern (Limits to the Uses of Mathematics in Economics", in: J. C. Charlesworth [Hrsg.], Mathematics and the social sciences, Annals of the American Academy of Political and Social Science, 1963): „Es gibt in der Wirtschaftswissenschaft eine Fülle von mathematischen Gleichungen dort, wo man sie nicht braucht. Sie sind oft, wie man befürchten muß, nur vorgeführt, um Eindruck zu schinden." Morgenstern bezweifelt auch, daß die Mathematisierung eines sozialwissenschaftlichen Zusammenhangs unbedingt zur Klarheit zwinge. Oft genug habe man es verstanden, zahlreiche verworrene Ideen in Symbolsprache und mathematische Gleichungen zu verwandeln. Diese Warnung gilt auch für die Soziologie. P. A. Sorokin (*Fads and Foibles in Modern Sociology and related Sciences*, Chicago 1956) setzt sich mit der Pseudomathematik der (neopositivistischen) Soziologen vielfach auseinander und zeigt, daß die mathematischen Symbole und Zeichen (willkürlich und oft mit ganz anderen Bedeutungen wie in der Mathematik gewählt) mit den relevanten psychosozialen Einheiten der Wirklichkeit gar nicht verknüpfbar sind.

W. Siebel, Die Logik des Experiments in den Sozialwissenschaften (1965); Renate Mayntz (Hrsg.), Formalisierte Modelle in der Soziologie (1967).

Monogamie ↗Familie.

Monopol (↗*Countervailing power*, ↗Demokratie, ↗Herrschaft, ↗Konkurrenz, ↗Markt, ↗Verstaatlichung) nennt man eine Situation auf dem Markt, die es (in der Regel) dem Anbieter ermöglicht, die Bedingungen für die Abnahme seiner Waren oder Dienstleistungen nach Gutdünken festzusetzen, weil keine (ausreichende) Konkurrenz besteht. Teilen sich einige Anbieter einen Markt, nennt man es Oligopol. Beim Kartell bleiben die einzelnen Firmen getrennt, haben sich jedoch mehr oder minder formal und legal (vertraglich) zum Zweck der Marktbeherrschung verabredet. Staatliche Verbote oder gesetzliche Mißbrauchverhütung von M.en sind in den einzelnen Ländern verschieden ausgeprägt. Besonders scharfe Anti-M. Gesetze haben die USA. Schwierig wird die M.-Bekämpfung, wenn, völlig konform mit Antitrust-Gesetzen, ein Produzent beim Konsumenten so beliebt wird, daß er z. B. über 50% des Marktes bedient, obwohl harte Konkurrenz besteht (die Lage auf dem Automobilmarkt der USA).
Das für den Verbraucher teuerste M. stellt immer noch das des Staates dar, weil ihm gegenüber eine staatliche Aufsicht und Mißbrauchskontrolle nicht mehr möglich ist. Verstaatlichte Industrien, selbst in freien Demokratien, verweigern z. B. nicht selten die Veröffentlichung von Daten, an denen man ihre Rentabilität, verglichen mit privaten Unternehmungen, feststellen könnte. Weit unter dem technisch und organisatorisch heute möglichen Leistungsniveau liegen, selbst in wirtschaftlich reichen Ländern, staatliche Monopolbetriebe wie Post- und Fernmeldewesen. Erlaubt eine Lücke im Postgesetz eine private Konkurrenz mit dem staatlichen Monopol (das Postwesen ist in der europäischen Neuzeit zuerst als privatwirtschaftliches Unternehmen entstanden), so zeigt sich dessen Ineffizienz und Unrentabilität: in den USA arbeitet z. B. seit Ende der 60er Jahre ein privates Postunternehmen, das gerade jene Postsachen (große Drucksachen, Kataloge usw.), mit denen die Bundespost ihre Verluste begründet, schneller, billiger und von Anfang an mit Gewinn, zustellen kann. Ein Hauptgrund für die Unwirtschaftlichkeit von Staatsbetrieben ist ihre parteipolitische Personalpolitik, die vielfach zu einer Überbesetzung mit ungeeigneten Personen führt.

Moral ist das, worüber sich der heutige Soziologe kein Urteil mehr erlaubt, zugleich aber als ein unersetzliches Mindestnormensystem einer Gesellschaft voraussetzt, ohne welches dieser die Kontinuität fehlte, die ihre Erforschung überhaupt erst gestattet. Die soziale ↗Kontrolle einer Gesellschaft oder Gruppe erstrebt leidlich regelmäßige Beachtung derjenigen Verhaltensregeln, die mit der geltenden Moral übereinstimmen. Gesellschaften können, brauchen aber nicht, fast das gesamte Verhalten ihrer Mitglieder nach den Gesetzen einer dogmatisch als verbindlich erklärten M. beurteilen und kontrollieren (Puritanismus), in der Regel erstreckt sich jedoch die M. einer Gesellschaft nur auf einen Teil aller möglichen Verhaltensweisen. In der zweiten Hälfte des 20. Jahrh. rücken in den nicht-totalitären Industriegesellschaften als Folge des allgemeinen sozialen ↗Wandels immer weitere Verhaltensbereiche in einen moralneutralen Raum (z. B. Legalisierung der Homosexualität; Einschränkung oder Aufhebung von Gesetzen gegen Abtreibung, Pornographie, Gotteslästerung usw.). In der englischen Sozialwissenschaft wird wertfrei *morale* auch die positive (altruistische, den Gruppengeist stützende oder anerkennende) Haltung eines Gruppenmitglieds zum anderen Gruppenmitglied bzw. den Zielen der Gruppe gegenüber genannt. Amerikanische Industrie- und Militärsoziologen (Samuel Stouffer) haben die *morale* von Arbeitern und Soldaten untersucht, wobei *morale* mit *job satisfaction* und der Abwesenheit des Gefühls der *relative deprivation* identisch wird. Theodor Geiger nennt M. das „Produkt einer Verinnerlichung von Ordnungserscheinungen".

Mores ↗Folkways

Motivforschung ↗Image, ↗Inhaltsanalyse, ↗Interview, ↗Werbung

Musiksoziologie (↗Kunstsoziologie und die dortigen Verweise auf weitere Stichworte) befaßt sich mit der für den Menschen in fast allen Kulturen eigentümlichen (in Spiel- und Freizeitsphäre, aber auch im sakralen und militärischen Bereich) beobachtbaren Verhaltensform, die durch Erzeugung von Tönen (in für die jeweilige Kultur und Gruppe als Musik wirksamen Sequenzen und Strukturen) kollektive oder individuelle Wirkungen erzielt (Ausgelassenheit, Entspannung, Andacht, Angriffslust, Ekstase usw.). Art und Lautstärke der Instrumente bedingt weithin die Art und Größe der Gruppen, die sich als Ausübende und Zuhörende zusammenfinden, ebenso den Ort. Die Hausmusik des 18. und 19. Jahrh. ist soziologisch ein völlig anderes Phänomen als etwa die Tanzkapelle einer Hotelbar um 1970. Erfindung und Entwicklung des Klaviers, des großen Flügels sind z. B. eingebettet in soziale Verhaltensformen. Erwartungen, in Wohnstil und Geschmacksbildungen. G. Simmel (1887) sah die Musik als ein Produkt sozialer Kontexte, die in den „verschiedenartigsten Manifestationen erscheinen und dabei ungeachtet ihrer ästhetischen Qualitäten . . . zu betrachten sind". Max Weber wollte an der Musik und ihrer eigentümlichen Irrationalität den fortschreitenden Rationalisierungsprozeß der Gesellschaft untersuchen. Bei Th. W. Adorno und anderen wird die M. Teil einer grundsätzlichen Gesellschafts- und Kulturkritik und befaßt sich theoretisch „mit typischen Verhaltensweisen des musikalischen Hörens unter Bedingungen der gegenwärtigen Gesellschaft".

K. Blaukopf, Musiksoziologie (o. J.); M. Belvianes, Sociologie de la musique (Paris 1951); Th. W. Adorno, Einleitung in die Musiksoziologie (1962); A. Silbermann, The Sociology of Music (London 1963).

Mutterrecht besteht in einer Gesellschaft, wenn ihre wesentlichen Normen nicht durch die Väter gesetzt und weitergegeben werden, sondern jeweils durch die Mütter, die auch in ihrer Familie und der Gemeinschaft herrschen (Matriarchat). Von dem Schweizer Altertumsforscher J. Bachofen wurde es als eine Urform sozialer Organisation entdeckt und blieb sehr umstritten. Die Ethnologie unterscheidet heute mutterrechtliche und vaterrechtliche Familienorganisationen, die sich aus dem verwandtschaftlichen Klassifikationssystem erkennen lassen und vor allem für die Wahl des Wohnortes (Wohnhaushalts) der Jungvermählten entscheidend sind. Mutterrechtliche Familienorganisation braucht nicht mit eigentlichem Matriarchat verbunden zu sein. J. F. McLennan u. L. H. Morgan haben zuerst Erscheinungsformen des M.s bei Naturvölkern nachgewiesen. Rein matriarchalische Gesellschaften konnten bisher nicht entdeckt werden. Die heutige Ethnologie verwendet den Begriff M. mit größter Vorsicht und Einschränkung, während einige Soziologen westlicher Gesellschaften aus deren berufsbedingter Trennung von Wohn- und Arbeitsort ein Quasi-M. im Entstehen glauben. Im übertragenen Sinn nennt man auch „vaterrechtlich" organisierte Gesellschaften, wie die amerikanische, mutterrechtlich gefärbt, wenn den Frauen immer weitere, früher den Männern vorbehaltene Entscheidungsbereiche zufallen.

Mythus (Griech. Mythos), eine überlieferte Erzählung, meist von urzeitlichen Mächten, von denen man sich abhängig glaubt, oft auch, vor allem bei Naturvölkern, die Ursprungserzählung; spielt in allen Kulturen eine Rolle. Mythische Vorstellungen gehen in die Religion ein und können selbst in den Religionen der Hochkulturen in einzelnen Elementen erhalten bleiben. Im engeren Sinne bedeutet M. in der Soziologie der Politik (nach G. Sorel) den Ideenkomplex, die ↗Ideologie, die in meist irrationaler Weise und dank ihrer Vieldeutigkeit soziale Bewegungen und revolutionäre Gruppen solidarisiert und anspornt.

E. Cassirer, Das mythische Denken (1925); C. G. Jung, Einführung in das Wesen der Mythologie (^{4}1951); W. F. Otto, Gesetz, Urbild und Mythos (1951); J. J. Bachofen, Der Mythus von Orient und Occident (^{2}1956); E. Böhler, Die Zukunft als Problem des modernen Menschen (1966).

N

Nachahmung ↗Imitation.

Nachbarschaft (als *neighbourhood* Fachausdruck der Soziologie hauptsächlich seit C. H. Cooley, 1909) ist nur in solchen Gesellschaften als soziologischer Begriff sinnvoll, in denen die Kultur zwischen den in einem gewissen Umkreis wohnenden Familien aufgrund ihres Nachbarschaftsverhältnisses bestimmte gesellige und kooperative Verhaltensweisen vorsieht. Im englischen, vor allem amerikanischen

Sprachgebrauch bedeutet gute oder schlechte Nachbarschaft (a good neigbourhood) nicht die Qualität eines bestimmten Nachbarn, sondern den Ruf im Sinne sozialer Ranghöhe, den ein Wohnviertel oder Teile davon in einer größeren Siedlung haben. Untersuchungen haben gezeigt, daß beispielsweise in einem Wohnviertel aus Einfamilienhäusern nachbarschaftliche Beziehungen regelmäßig entlang bestimmter geographischer Berührungsmöglichkeiten in Gang kommen, z. B. selten zwischen den Bewohnern von Häusern, die diagonal, durch eine Straßenkreuzung getrennt, gegenüberliegen. Die ökologische Vorgegebenheit einer N. kann selbst in der Großstadt, vor allem aber in den Vororten (*suburbs*) zu relativ spontanen, der ↗Primärgruppe ähnelnden zwischenmenschlichen Beziehungen führen. Doch können, auch bei an sich sehr verschiedenen Kulturen, gerade die einander nächstbenachbarten Familien, isoliert oder zurückgezogen bleiben; geographische N. muß nicht soziale N. zur Folge haben, eine Erscheinung, mit der sich um optimale soziale Integration bemühte Wohn- und Siedlungspolitiker (mixed neighbourhood plans, sozial gemischte N.) bisher unzureichend auseinandergesetzt haben. Bloßer geographisch herbeigeführter Kontakt kann, muß aber nicht sozialen Kontakt erzeugen. Dieser bleibt aus, wenn intensiv erlebte gemeinsame Interessen fehlen. Im Gegensatz zur älteren Stadtsoziologie weiß man heute (Michael Young, Family and Kinship in East London, 1957), daß die N., gerade auch in den ärmeren Bezirken der Millionenstädte, erhalten bleibt und z. B. die Bereitschaft zur Umsiedlung hemmt.

H. Klages, Der Nachbarschaftsgedanke und die nachbarliche Wirklichkeit (^{2}1969); Elisabeth Pfeil, Zur Kritik der Nachbarschaftsidee, in: Archiv für Kommunalwissenschaften 2 (1963); H. E. Bracey, Neighbours (London 1964); P. Atteslander, Der Begriff der Nachbarschaft in der neueren Gemeindesoziologie, in: Schweizer Zeitschrift für Volkswirtschaft und Statistik 96 (1960).

Nationalcharakter (↗Ethos, ↗Kultur, ↗Vorurteil, ↗Volk) bezeichnet die der Mehrheit einer Bevölkerung einer Nation (im Falle eines Volkes, Volkscharakter) eigentümlichen ↗Einstellungen, Verhaltensweisen, Werte, ↗Verhaltensmuster (innere und äußere), an denen sie erkennbar sind, im Unterschied zu Angehörigen anderer Nationen. Der N. wird zurückgeführt auf gemeinsame geschichtliche Erfahrungen (ständige Bedrohung durch Feinde oder relative Sicherheit auf einer Insel, häufige Hungersnöte oder ständiger Überfluß der Grundnahrungsmittel, Unterjochungen oder jahrhundertelange Führerrolle unter benachbarten Nationen), auf traditionelle Familienstrukturen, ja selbst auf die Art des Windelns der Säuglinge (viel oder wenig Bewegungsfreiheit, die *swaddling*-Hypothese von M. Mead und G. Gorer als Erklärung für N., der zum Autoritarismus neige).

Zwar ist der N. in der heutigen Soziologie sehr umstritten (wenig operationalisierbar in seiner Definition, gefährliche Nähe zum ↗Ethnozentrismus und ↗Nationalismus und zur These eines „Rassencharakters"), doch sind gerade die USA seit 1950 mehrfach Gegenstand von Studien über ihren N. gewesen (David Riesman, Margaret Mead,

G. Gorer, David M. Potter, Cora Dubois, Clyde Kluckhohn u. a.). Die zahlreichen, vor allem der amerikanischen Kulturanthropologie entstammenden Arbeiten über die sozialkulturelle ↗Persönlichkeit (*culture and personality*) haben die Grenzlinien zwischen individuellem Charakter und N., wenigstens indirekt, untersucht. In Europa befaßt sich damit auch die Ethnopsychologie (Völkerpsychologie).
Frühere spezifische Arbeiten über N. gibt es von David Hume (1770), Chenevix (1832). E. Barker (1927), S. R. Steinmetz (1902).

Nationalismus bedeutet die Folgen von Verhaltensweisen einzelner Menschen, die man ↗Ethnozentrismus bezeichnet, wenn sie bei der Bevölkerung einer Nation auftreten. Sozialpsychologische und gesellschaftliche Erscheinungen, die man mit Begriffen wie N., Nationalgefühl, Nationalstolz und Patriotismus bezeichnet, sind bei allen Völkern, in allen geschichtlichen Epochen und in verschiedenen politischen und sozialen Konstellationen zu beobachten. Es sind allgemeinmenschliche Reaktionsweisen, die man experimentell in Gruppen aus beliebig zusammengewürfelten Personen hervorrufen könnte: Passagiere aus sieben verschiedenen Ländern reisen z. B. auf einem Schiff, dessen Mannschaft aus einem achten Land kommt. Sie befinden sich auf einer Kreuzfahrt. In einem exotischen Hafen kommt dieses Schiff nach einer Fahrt von nur wenigen Tagen mit den Schiffen dreier anderer Nationen ins Gehege; es ist etwa die Frage, wer zuerst anlegen darf. Die Fahrgäste unseres Schiffes werden sich in der Regel bereits so sehr als Wir-Gruppe, als auf ihr Recht pochende, eitle, stolze Gesamtgruppe betrachten, daß die ihnen an sich fremde Mannschaft des eigenen Schiffs im Recht erscheint. Sie zeigen also „N.". Aufgrund der europäischen Geschichte seit der Französischen Revolution versteht man unter N. eine gefährliche Übersteigerung, eine *pathologische* Überhitzung des an sich für die Existenz eines Staates notwendigen Nationalbewußtseins. Es fragt sich, ob man einen bloßen Unterschied des Grades von N. bei der Analyse aller heutigen Gesellschaften der Welt annehmen darf. Soll der Begriff N. stets in einem abwertenden, kritischen Sinn gebraucht werden? So ist es seit etwa 1950 allgemein üblich geworden, den oft extremen N. der ↗Entwicklungsländer als eine Voraussetzung, zumindest als eine notwendige Begleiterscheinung ihrer Aufwärtsbewegung zu begrüßen. Es gibt einige Ländertypen, bei denen die nationale Idee, das Nationalgefühl, manchmal die Intensität des N. aufweist, bei denen aber doch wieder manche Züge des mitteleuropäischen N. der modernen Geschichte zu fehlen scheinen: die sog. Einwanderungsländer, also Staaten wie die USA, Kanada, Australien, Neuseeland und seit 1947 Israel. Entscheidend für das Verständnis der Einwandererländer ist, daß hier nicht nur die Idee der Nation, sondern auch ein offensichtlicher N. für die fortwährende Integration der heterogenen Bevölkerungsteile eine unersetzliche Rolle spielt. Wenn man sich fragt, welche Vorstellung es bewirkt hat, daß Millionen von Menschen, die aus aller Herren Länder eingewandert sind, sich als eine Nation empfinden, so bleibt als Antwort nur eine Ideologie der Nation, also eine Art von N. Amerika, die Großgesellschaft mit über 200 Millionen Einwohnern, verdankt z. B. heute wie vor 175 Jahren, als es nur knapp vier Millionen waren, ihre innere Geschlossenheit, ihren bewußten Zusammenhalt, das umfassende Wir-Gefühl vorwiegend der Mikrostruktur dieser Gesellschaft. Es ist der auch heute noch ungebrochene, sich immer wieder neu erweisende, spontane, intime Zusammenhalt unzähliger Kleinstgruppen in den Siedlungen und Gemeinden, aus dem sich für den einzelnen das Erlebnis des Eingeschlossenseins in die zunächst schier unüberschaubar große Nation ergibt. Man steckt zwar immer in einigen kleinen Gruppen, weiß aber, daß an fast jedem anderen Ort des Landes die fast gleichen aufnahmebereiten nachbarlichen Gruppen auf einen warten. N. ist hier also ein nationales Identitätserlebnis über die Gleichartigkeit auf Gemeindeebene. Bis heute hat das Wort „national" in Amerika aber eher einen soziologisch beschreibenden als einen emotionalen Charakter. Man nennt einen Vorgang, eine Person, eine Firma als „auf nationaler Ebene" bekannt oder funktionierend; das wäre mit dem Ausdruck „auf Bundesebene" vergleichbar. Das Eigenschaftswort „national" ist in Amerika ein neutraler, ein sachlicher Begriff geblieben. Man könnte die Wendung „nationale Begeisterung" niemals durch eine wörtliche Übersetzung, etwa „national enthusiasm", verständlich machen. Man würde „patriotisch" sagen.

Aussagen über das Nationalbewußtsein, über nationalistische Gesinnungen und Gemütsverfassungen bei einem bestimmten Volk sind unbefriedigend, solange nicht gesagt wird, welche Schichten, Bildungsgruppen, welche Autoren oder Komponisten sie aufweisen. Man müßte fragen: Gibt es einen gemeinsamen N., nicht nur ein verbindendes Nationalgefühl, der praktisch alle Angehörigen einer Bevölkerung gelegentlich erfüllt? Solche Gemeinsamkeiten zeigen sich, wenn Äußerungen fallen oder Ereignisse berichtet werden, die ein Gruppenzugehörigkeitsgefühl auslösen. Leitartikler der Provinzblätter und der Großstadtpresse können dann am gleichen Tag von einer verletzten Ehre ihrer Nation schreiben. In dieser Weise kann N. Anlaß, Auslösemoment von Kriegen werden.

Für die Intensität, mit der eine Anzahl von Menschen sich als geschlossene Einheit und anderen Gruppen überlegen fühlt, also N. praktiziert und empfindet, spielt die Theorie, die diese Menschen über die Natur ihrer Einheit besitzen, keine Rolle. Es wäre falsch zu glauben, nur eine Gruppe, die sich für reinrassig, für homogen, für gleichartig hält, sei nationalistischer Affekte fähig. Menschen können genau die entgegengesetzte Theorie (ihrer heterogenen Herkunft) übertreiben und zur Bekräftigung starker nationaler Gefühle verwenden. Menschen können sich die soziale Wirklichkeit über eine Theorie so zurechtbiegen, daß sie es ihnen gestattet, kollektive Gefühle als legitim zu erleben. Ein Beispiel: Zu einer Zeit, da die amerikanische

Bevölkerung in Wirklichkeit noch zu 80% aus Angelsachsen bestand, tauchte bereits die Vorstellung auf, dieser neue Mensch, der Amerikaner, sei ein neuartiges, einmaliges Produkt der Geschichte; er sei aus einem Schmelztiegel (melting pot) der Einwanderungen entsprungen. Lange bevor die Schmelztiegeltheorie in Amerika zum Schlagwort der Soziologen wurde, trifft man die Vorstellung bereits bei einem romantischen Autor und Agrarkundler an, der aus Frankreich eingewandert war. J. Hector St. John Crèvecœur publizierte 1782 „Briefe eines amerikanischen Farmers", worin er schreibt: „Wer ist dieser Amerikaner, dieser neue Mensch? ... Er ist entweder ein Europäer oder Abkömmling eines Europäers. Daher seine seltsame Blutmischung, die man in keinem anderen Land finden wird. Derjenige ist ein Amerikaner, der alle seine früheren Vorurteile und Manieren zurückläßt und neue empfängt von dem neuen Lebensstil, den er angenommen hat, von der neuen Regierung, der er gehorcht, und vom neuen Rang, den er nun einnimmt. Hier werden Individuen aller Nationen in eine neue Rasse von Menschen zusammengeschmolzen." Der „Amerikanismus" könnte als der N. der Bevölkerung der USA aufgefaßt werden. Der Amerikaner befand sich aber auch nie in einer Wettbewerbssituation, wie sie andere Völker schon seit Jahrhunderten intensiv erlebt haben. Weder die Kanadier noch die Mexikaner boten Anlaß zu Minderwertigkeitsgefühlen oder Ängsten. Der Amerikaner konnte sich höchstens mit der gesamten Welt vergleichen, in Konkurrenz betrachten, und dies begann erst sehr spät in seiner Geschichte. Selbst der Wettlauf mit den Russen datiert erst vom Jahr 1957, dem Jahr des „Sputnik". Das Typische und Gefährliche am N. europäischen Stils war vornehmlich die Folge eines zu engen räumlichen Beisammenseins verschiedener Völker, die sich von anderen bedroht oder majorisiert sahen.

J. Huizinga, Wenn die Waffen schweigen (1945); ders., Im Schatten von morgen (1948); F. Znaniecki, Modern Nationalities (Urbana [Ill.] 1952); W. E. Mühlmann, Chiliasmus und Nativismus (1961); E. Francis, Ethnos und Demos (1965); B. M. Gross, The State of the Nation (London 1966); M. R. Lepsius, Extremer Nationalismus (1966).

Nationalsozialismus (↗Antisemitismus, ↗Autoritäre Persönlichkeit, ↗Bolschewismus, ↗Diktatur, ↗Faschismus, ↗Kollektivismus, ↗Sozialismus, ↗Bewegungen [soziale], ↗Totalitarismus) hieß die ↗Ideologie, die „Weltanschauung" der „Nationalsozialistischen Deutschen Arbeiterpartei" (NSDAP), der unter Führung Adolf Hitlers (1889–1945) 1933 in Deutschland die „Machtergreifung" gelang. Als sog. „Drittes Reich" wurde der N. rasch die totalitäre Diktatur einer Einheitspartei, deren zentrales Machtinstrument auch als Elite leitbildartig hochgespielte SS-Verbände (SS-Staat) waren. Fast jeder Einwohner Deutschlands wurde vom 10. Lebensjahr an in einen Teilverband des Systems der NSDAP zwangsweise eingegliedert, wobei das Ziel auch war, die Familie als Institution zu neutralisieren, indem jedes Mitglied seine Freizeit möglichst in einem anderen staatlichen Zwangsverband verbringen sollte.

Die anfängliche Anziehungskraft des N. auf verschiedene Wählerschichten ergab sich u. a. aus dem Appell an vorgegebene Ressentimentgruppen: nationalistisch-patriotische Kreise und Individuen (die den Versailler-Frieden, den Verlust der Kolonien nicht verschmerzt hatten), Opfer der Weltwirtschaftskrise seit 1929, sozialistische Gemüter aller Klassen (denen man u. a. eine obere Einkommensgrenze von 1.000.— RM für jeden, die „Abschaffung des arbeitslosen Einkommens“ versprach), sozialromantische Gemüter (denen die Mythologisierung der germanischen Vergangenheit, der „Blut-und-Boden“-Mythus gefiel) sowie der in allen Schichten latente Antisemitismus. Juden wurden mehr und mehr zum zentralen Sündenbock und übernahmen im N. ungefähr die Rolle des Kapitalisten in der marxistischen und kommunistischen Theorie und Propaganda (mit dem Ergebnis einer systematischen Tötung von 5–6 Millionen Juden Europas während des Zweiten Weltkrieges).

Zahlreiche politisch naive Deutsche gaben in den anfänglich noch geheimen Abstimmungen dem N. und Hitler ihre Stimme, weil sie im Versprechen eines durchgreifenden, alles ordnenden „Konzepts“ für die gesamte Gesellschaft und Wirtschaft die Chance für eine „gerechte Welt“ erblickten, die als Großdeutsches Reich für 1000 Jahre das Heil bringen sollte, nicht zuletzt auch aufgrund des ansteckenden emotionalen Beifalls für dieses Konzept bei der Jugend. Viele Deutsche begeisterten sich für die „Volksgemeinschaft“, die ↗Solidarität, die Verketzerung des ↗Individualismus und ↗Liberalismus und fanden sich in ihren Ressentiments bestätigt durch die Erweckung von Neidgefühlen gegen die ausländischen (britischen und amerikanischen) „Plutokraten“ und das Monopol der Juden.

Der N., dessen Ziele und Motive von Hitler in „Mein Kampf“ schon 1926 deutlich dargelegt worden waren, hielt sich an die in der Weimarer Republik und ihrer Verfassung gebotenen legalen Möglichkeiten der Machtergreifung, aus der dann, unter Einsatz paramilitärischer Sturmtrupps der NSDAP, stufenweise die Entmachtung bzw. Neutralisierung aller anderen Parteien, Verbände und Institutionen, die dem totalen Machtanspruch des N. hätten gefährlich werden können, erfolgte.

M. Broszat, Der Nationalsozialismus (1960); F. Glum, Der Nationalsozialismus (1962); H. Pross, Vor und nach Hitler (1962); W. Sh. Allen, ‚Das haben wir nicht gewollt!‘ (1966); G. Lachmann Mosse, The Crisis of German Ideology (London 1966); D. Schoenbaum, Hitler's Social Revolution (Garden City [N. Y.] 1966); F. J. Heyen, Der Nationalsozialismus im Alltag (1967); G. Kalow, Hitler, das gesamtdeutsche Trauma (1967).

Nativismus nennt man die von den Mitgliedern eines (meist kleineren) Kollektivs gehegte, durch starke Emotionen getragene, religiösmythologische Auffassung, meist als Entschädigung für früher erlittenes Unrecht, für vorherige Benachteiligung, nunmehr zu einer besonderen geschichtlichen (sozialen) Aufgabe berufen zu sein. Der N. ist die ↗Ideologie sozialer ↗Bewegungen (u. U. ↗Sekten, ↗Geheimgesellschaften, Kulte), deren Anhänger sich, im Sinne des ↗Ethnozentrismus, ihres eigenen Wertes, ihrer eigenen Kultur, unter demonstrativer Ablehnung einer anderen, in übersteigerten Formen vergewissern wollen. Diese eigenen („native") Werte können sowohl dem tatsächlich eigenen, ursprünglichen Kulturgut entnommen werden, aber auch aus übernommenen bzw. aufgedrängten Wertsystemen, so z. B. wenn afrikanische Nativisten darauf bestehen, Jesus sei ein Neger gewesen. Besondere Bedeutung hat der N. seit dem Ende des 19. Jahrh. in Afrika und Ozeanien, aber auch in anderen Gebieten, als Teil der anti-kolonialistischen Bestrebungen. Jedoch ist der N. mehr eine Erscheinung der unteren Schichten, kristallisiert sich um missionschristliche Gruppen und muß deshalb vom ↗Nationalismus der ↗Intellektuellen in den ↗Entwicklungsländern unterschieden werden.

Naturrecht (↗Gesellschaftsvertrag, ↗Rechtssoziologie) heißt ein Recht, das im Gegensatz zum positiven, von Menschen gesetzten und und geschichtlich wandelbaren Recht, aus der allgemeinen Natur des Menschen hervorgeht, ihr entspricht. Die Vorstellung vom N. findet sich bereits in der frühen griechischen Philosophie, vollendet sich dann in der Stoa. So spricht z. B. Poseidonios (135–51) von einem N. als Prüfstein aller politischen und sozialen Erwägungen. Bei Augustinus und Thomas v. Aquin wird aus dem kosmischen Gesetz der Natur der göttliche Plan, wobei das N. nicht nur den Christen, sondern allen Menschen, dank ihrer menschlichen Natur, einleuchtend sein soll. Im 16. und 17. Jahrh. spielt das N. bei den Konstruktionen des Staats- und Gesellschaftsvertrags eine Rolle. Im 19. Jahrh. verlor das N. immer mehr an Einfluß in der Rechtsphilosophie; nur die katholische Moral- und Rechtsphilosophie blieb ihm verpflichtet. Im Zeitalter des ↗Positivismus glaubte man, alles könne letztlich Recht sein, was gilt, was sich staatlich durchsetzen läßt. Zuerst nach dem 1. Weltkrieg, verstärkt aber nach dem 2., nach der Erfahrung mit totalitären Diktaturen, regte sich eine Opposition gegen den Rechtspositivismus, die sich wieder an einem N. orientiert.

E. Fechner, Rechtsphilosophie (²1962); F. Klüber, Naturrecht als Ordnungsnorm der Gesellschaft (1966).

Naturvölker ↗Ethnologie, ↗Kultur

Neid bedeutet nicht „auch" oder „mehr" haben wollen. Der ↗Geltungskonsum, das „Ausstechen" eines anderen, gehören nicht eigentlich zum Bild des N. Man muß das reine Neiden vom agonalen, vom echten ↗Konkurrenzverhalten unterscheiden. N. ist auch nicht dasselbe wie Mißgunst. Beim Neiden wie bei der Furcht handelt es sich um einen Akt, der durch ein spezifisches Objekt ausgelöst wird. Die Mißgunst kann, ähnlich wie die Angst, eine latente, richtungslose, allgemeine Gemütsdisposition sein. Der Begriff N. geht sehr weit zurück und läßt sich auf archaische Phänomene, wie den bösen Blick, etymologisch zurückverfolgen (invidia). Bei der Mißgunst handelt es sich um ein spätes zusammengesetzes Kunstwort, bei dem weder Vorsilbe noch Stamm auf den N. weisen. Mißgunst ist das Gegenteil der Gunst, des Gönnens. Es gibt Beobachtungen, nach denen manche Menschen verhältnismäßig neidlos sind, aber in spezifischen Situationen deutlich eine Mißgunst, ein Mißgönnen erkennen lassen. Der chronisch neidische Mensch allerdings wird stets auch zur Mißgunst neigen.

Für die Untersuchung des Sozialverhaltens von Individuen und Gruppen innerhalb verschiedener Gesellschaften und Kulturen bietet der N. — als Phänomen und als Begriff — einen konstanten Bezugspunkt. Über ihn gelingt die Verknüpfung von Beobachtungen aus verschiedenen Zeiten, Gesellschaften und Kulturgebieten. Der N. zeigt auch, wie wenig uns die heutige Industriegesellschaft von Vorstellungsweisen, von Hemmungen, von Vermutungen über die Einstellung der Mitmenschen zu uns befreit hat, die nach wie vor das Zusammenleben der Menschen in den Stammesgesellschaften der Naturvölker oder in den Dörfern wirtschaftlich zurückgebliebener Gebiete bestimmen. Das durch den tatsächlichen oder oft nur vermuteten N. der anderen gesteuerte Verhalten ist für Fortschritt und Neuerungen wenig geeignet. Zwar ist N. vorwiegend eine Folge sozialer Nähe (invidious proximity), zwar beneidet man in der Regel nur solche, mit denen man sich realistisch vergleichen kann, aber die heutigen Demokratien der Industriegesellschaften stellen sich immer mehr auf den N. als eine normative Gegebenheit ein.

Soziologen setzen oft Phänomen und Begriff des ↗Konflikts an Stelle des N. Neiden ist meist ein stiller, geheimgehaltener Vorgang, oft unbeweisbar. Konflikt ist Aktion, soziale Handlung. Die Beschäftigung mit Konflikt und Konfliktsituationen führt zur Vernachlässigung der Erscheinungen und Vorgänge zwischen Menschen und in der Gesellschaft, die sich zwar durch N., aber nicht durch Konflikt erklären lassen. N. kann sich sowohl im Neider als auch in dem darauf reagierenden Beneideten ohne Anzeichen von Konflikt auswirken. Zwar kann N. bei einzelnen und Gruppen zu Haltungen und Handlungen führen, die als Konflikt gelten müssen. Man darf aber nicht Konflikt oder ↗Aggression mit N. verwechseln und den Konflikt als das eigentliche Phänomen untersuchen. Die Konfliktsoziologie übersieht, daß zwischen Neider und Beneideten kein Anlaß, keine reale Möglichkeit für einen Konflikt gegeben zu sein braucht: für den Neider ist es besonders ärgerlich und neidverstärkend, wenn er es gar nicht vermag, einen Konflikt mit dem Beneideten herbeizuführen.

Es kann auch echte Konflikte zwischen Menschen und Gruppen geben, die mit N. nichts zu tun haben. So z. B., wenn zwei sich gegenseitig achtende Gegenspieler, von denen jeder einem anderen Gesetz gehorchen zu müssen glaubt, sich in einer Konfliktsituation gegenüberstehen. Solange beide in der Konfliktsituation an die Richtigkeit des anerkannten Gesetzes, unter dem sie stehen, glauben, kann sich der gesamte Konflikt in einem *neidfreien* Raum abspielen. Auch wenn

Gegner dieselben Spielregeln freiwillig anerkannt haben (bei einem Wettkampf, einer wirtschaftlichen Konkurrenz usw.), kann N. ausbleiben, solange keiner der beiden weiß, wer am Ende gewinnen wird.
Die Soziologie vernachlässigt das N.phänomen, ein primär im Aggressor bestehendes Gefühl, weil sie vorwiegend auf Interaktionen, auf soziale Wechselbeziehungen blickt. Wer sich in erster Linie mit sozialen Berührungen und Austauschvorgängen befaßt, vernachlässigt die Haltung, die Einstellungen der abseits Sitzenden, die voller N. und Ressentiment auf jene schauen, mit denen sie sozial *nicht* in Berührung stehen. Andererseits sind intensive und regelmäßige Interaktionen zwischen Menschen keine Garantie für die Abwesenheit von Motiven des N. Wie Kriminalfälle zeigen, kann N. eine verborgene und maskierte Haltung sein, die das Opfer bei seinem Freund, Kollegen oder Verwandten zu spät entdeckt. Shakespeare hat in der Figur des Jago in „Othello" einen solchen Fall geschildert. In der Regel ist das Beneiden eine Folge sozialer Nähe. Aber an ihre Stelle kann die Erinnerung, die Einbildungskraft treten. Der auf eine Insel, in die Provinz oder ins Gefängnis Verschlagene malt sich aus, was ihm entgeht, das andere — ihm bekannte oder unbekannte Menschen — zur gleichen Zeit genießen und erleben. Nimmt man den N. als eine Hauptursache sozialer Reibungen, Konflikte, Sabotagen (kleine und große) und vieler Verbrechen, so ist es schwer zu entscheiden, ob man sich seine Minderung, seine relative Eindämmung von einer Gesellschaft mit maximalen oder minimalen sozialen Berührungspunkten versprechen soll.
Rationale (funktions-optimale) Handlungen (Entscheidungsprozesse in Wirtschaft, Fiskalwesen usw.) wären möglich, wenn die entscheidungsbefugte Instanz X jederzeit Funktionsglieder A, B, C und D so einsetzen und belohnen könnte, wie es einer optimalen Aufgabenlösung entsprechen würde. In Wirklichkeit muß X sich stets überlegen, wie groß, wie destruktiv, wie arbeitshemmend usw. der N. von A, B, C auf D sein wird, wenn D durch die Aufgabenzuweisung, durch die Entlohnung, die Annehmlichkeiten seiner besonderen Tätigkeit begünstigt erscheint. Falls X seinerseits vom „guten Willen" von A, B, C usw. abhängig ist (bei Wahlakten etwa), muß X auch abwägen, ob die tatsächliche oder nur für A, B, C so erscheinende Besserstellung von D zu Verlusten an gutem Willen bei A, B, C führen wird, durch die die Zukunft von X selbst bedroht wird. Ein Wirtschaftssubjekt (Individuum, Familie, Betrieb) kann nun in der Regel seinen Beitrag zum Ganzen am besten leisten, wenn es die Freiheit hat, über die Allokation seiner disponiblen Mittel im Sinne einer rationalen strategischen Situationsanalyse zu entscheiden, ohne hemmende, irrationale Elemente miteinführende Rücksichtnahme auf potentiell neidische Beobachter (diese Freiheit wird vor allem dort eingeschränkt, wo ein Staat aus ideologischen Gründen die Bedürfnisbefriedigung auf einem Gebiet monopolisiert hat). Zweifellos äußert sich N. nicht nur im Verlangen nach Gleichheit, sondern ebenso im

Wunsch, irgendeine Ungleichheit unversehrt zu erhalten. Eifersüchtig gehegte Privilegien jener, die arriviert sind, können sich für ein Gesamtleistungssystem, für die Wohlfahrt der Mehrheit ebenfalls ungünstig auswirken. Es ist nicht nur der N. jener, die die Gesellschaft von unten anschauen, sondern auch der N. solcher, die sich an der (oder wenigstens einer) Spitze wähnen, der leistungshemmend wirkt. Ein oft beobachteter, dysfunktional wirkender N. der Arrivierten, die eine geschlossene Gesellschaft bilden, ist im Verhalten mancher *Gewerkschaften* in verschiedenen Ländern zu finden, die bestimmte Berufe praktisch monopolisieren (z. B. für Söhne von Altmitgliedern) und es für Neulinge fast unmöglich machen, die Qualifikationen für diesen Beruf zu erlangen. So sind in den USA für Neger und einige andere Minderheiten handwerkliche Berufe weitgehend verschlossen, weil das Erlernen und Ausüben dieser Berufe durch Gewerkschaften kontrolliert wird, die das Berufsmonopol der Weißen (oder einer bestimmten in diesem Beruf etablierten ethnischen Minderheit) wahren und zugleich eine dauernde Knappheit im Angebot dieser handwerklichen Leistung aufrechterhalten wollen. Jede Berufsvereinigung, z. B. auch ein Ärzteverband, kann in dieser Weise handeln und damit aus Berufsneid für ein sub-optimales Angebot an Leistungen in einer Gesellschaft verantwortlich sein. Solches dem Kastensystem ähnelnde Verhalten von Berufsverbänden, die durch manchmal sogar illegale Mittel den Zugang zu dem betreffenden Handwerk, Gewerbe oder Beruf einschränken, ohne Rücksicht auf eine unzulängliche Versorgung der Bevölkerung auf dem betreffenden Sektor, weist Merkmale des N. auf.

Eine andere Erscheinung des berufsbezogenen N. von oben nach unten sind Verhaltensweisen bei gut bezahlten Fachleuten, Facharbeitern usw., die immer dann protestieren, wenn Arbeiter mit geringeren Qualifikationen im selben allgemeinen Wirtschaftsbereich Lohnerhöhungen erhalten, die den Abstand zu ihnen selber verringern. Man könnte dies Abstandsneid oder Statusneid nennen. Man fühlt sich im eigenen Wert gemindert, selbst bei unveränderter Kaufkraft, wenn bestimmte andere Gehalts- oder Lohnempfänger mehr bekommen. Allerdings ähnelt diese Reaktion der Eifersucht, weil es sich um die Verteidigung eines bestehenden, rechtmäßigen Wertes, nämlich des Abstandes zu anderen, handelt. Der Protest würde in dem Augenblick aufhören, in dem die höher qualifizierte Gruppe gleichzeitig genausoviel mehr bekommt wie die weniger qualifizierte. Man mißgönnt, man neidet den weiter unten befindlichen Arbeitnehmern nicht die Lohnerhöhung an sich, sondern ärgert sich primär über den Schwund einer Einkommensspanne, an der man den eigenen Wert, die eigene Leistung abzulesen gewohnt war. Verdienstnivellierungen werden deshalb immer zu scharfen Reaktionen der durch die ↗Nivellierung Betroffenen führen. Diese Abstandsverteidigung innerhalb der Lohnstruktur könnte man nicht zuletzt deshalb eher als Eifersucht denn als N. bezeichnen, weil mit diesem Verhalten keineswegs der Wunsch nach einer Drosselung des Zugangs zum eigenen Beruf gekoppelt sein muß. Der Diplomchemiker, der protestiert, wenn der Abstand zwischen seinem Gehalt und dem des Chemotechnikers geringer wird, kann durchaus für eine Vielfalt von Aufstiegschancen bis zu seiner eigenen Qualifikation sein. Der Inhaber einer höheren Berufsposition, der gegen Nivellierungen protestiert, die ihn zunächst jedenfalls nur durch ein Gefühl des Abstandsschwunds beeinträchtigen, protestiert zwar in eigener Sache, aber weil er ein Leistungssystem bejaht, worin nennenswerte Unterschiede in der Entlohnung für verschiedene Leistungen und mitgebrachte Qualfikationen vorgesehen sind. Sein Verhalten, wenn es politisch motivierten Nivellierungstendenzen entgegenwirkt, stützt insbesondere auch ein für ↗Innovationen günstiges soziales Klima. Genau entgegengesetzt wirkt sich aber die Politik jener aus, die auf eben diese Nivellierung hinarbeiten, um sich einer utopischen Gleichheit aller wenigstens schrittweise zu nähern. Utopien, die eine Gesellschaft herbeiführen wollen, in der es kaum mehr Unterschiede in der Vergütung für deutlich verschiedene Leistungen und Ausbildungsgrade gibt, sind bereit, Leistungsverluste in Wirtschaft, Wissenschaft und freiberuflichem Leistungsangebot hinzunehmen, wenn nur das Ideal der ↗Gleichheit damit angestrebt wird. In diesem Fall ist der N., der sich als allgemeine Nivellierungspolitik (z. B. in Form stark progressiver Einkommenssteuern) institutionalisiert, mitverantwortlich für eine unzulängliche Ausschöpfung des Potentials einer Bevölkerung und ihrer Begabungen.

Meistens kommt es zu Handlungen, die durch N. motiviert sind, wenn jemand sich in einer Position der relativen Schwäche anderen gegenüber befindet. Doch kann es auch einen N. in und aus einer Position der Stärke geben, und zwar dann, wenn verfügbare Mittel gezielt eingesetzt werden, um anderen Menschen einen Besitz oder Genuß unmöglich zu machen, dank dessen sie ein Gefühl der Exklusivität schmälern würden. In einer Industriegesellschaft, in der für einen freien Markt produziert wird, gibt es nur sehr wenige Dinge, die durch solchen Exklusiv-N. eines einzelnen anderen vorenthalten werden können. Modellfall für eine solche Handlung wäre etwa jemand, der sämtliche Werke eines bildenden Künstlers aufzukaufen sucht, nicht um sich selber einen Kunstgenuß zu gönnen, sondern um alle anderen zu hindern, auch ein Bild von diesem Maler im Hause zu haben. Von solchen Fällen abgesehen, ist es heute immer weniger zutreffend, von einem pathologischen Aneignungstrieb beim Konsum zu sprechen. Wenn jemand ungewöhnlich viel arbeitet, um für seine Familie eine größere Anschaffung zu ermöglichen, also ↗Luxus treibt, liegt keine Aneignungssucht im früheren Sinne vor, denn durch seine Mehrleistung und Kauf des Gegenstandes beraubt er keinen anderen Menschen eines Gutes. Seine Nachfrage auf dem ↗Markt führt zu einer Mehrproduktion desselben Gegenstandes. In einer freien Marktwirtschaft der Industrieländer können fast immer von jedem überhaupt begehrbaren Gegenstand so viele Exemplare produziert werden, wie Absatzchancen bestehen: in dieser Situation der Bedürfnisbefriedigung verlieren die alten Begriffe Habgier oder „Aneignungssucht" (acquisitiveness) ihren Sinn.

Neopositivismus ↗Positivismus.

Neuerungen ↗Innovation.

Nihilismus, philosophische oder politisch ideologische Bejahung des Nichts oder Nichtmehrseins, als Aktionsprogramm in ↗Anarchie und ↗Vandalismus mündend, wurde als Begriff von der oppositionellen russischen Intelligenz (zuerst von Turgenjew, 1862) gebildet. Nihilistische Gemüts- und Geisteshaltung treten in der menschlichen Geschichte auch schon früher auf, scheinen sich aber seit hundert Jahren zu häufen und politischen Positionen und Posen zu entsprechen, die man erst in der verstädterten Industriegesellschaft beziehen kann. N. liegt vor, wenn die geltende Moral, alle bisherigen Werte total abgelehnt werden, unter Verzicht auf jegliche Aussage, ob und wenn ja welche Werte an ihre Stelle treten sollen oder könnten. Beim N. wird die Ablehnung an sich, die „große Weigerung" (das sich seiner Gesellschaft Verweigern, selbst bei den elementarsten, jegliches Zusammenleben ermöglichenden Reziprozitäten) zur Aufgabe, zur „Pflicht" in einem pflichtlosen Raum. Der N. bestreitet jeder Autorität ihre Legalität. Bakunins Anarchismus hat dem russischen nihilistischen Anarchismus als Wegweiser gedient.

Nivellierung, Einebnung sozial bedeutsamer Unterschiede in einer Gesellschaft, kann eine Tatsachenfeststellung (Schelsky: „Nivellierte Mittelstandsgesellschaft"; allerdings eine umstrittene Diagnose) sein oder ein gesellschaftskritischer Begriff, der gegen den Trend zur N. protestiert oder diesen resignierend feststellt. Schon Kierkegaard, um die Mitte des 19. Jahrh., erkannte die eigentümlichen Züge des N. und gebrauchte diesen Begriff. Etwas später wandten sich Jacob Burckhardt und Nietzsche dagegen; José Ortega y Gasset (Aufstand der Massen, 1930) bringt Nivellierung und ↗Massengesellschaft in Zusammenhang. W. Hellpach hielt die N. für eine „Primitivierung im stetigen Alltag des Gemeinschaftslebens". Die Beseitigung sozialer und wirtschaftlicher Unterschiede wird selten unter dem Begriff N. gefordert, sondern meistens mit Begriffen wie „soziale Gerechtigkeit", „Demokratisierung" oder Gleichheit. Staatliche Maßnahmen zum Zweck der N. (z. B. steil progressive Einkommens-, Vermögens- und Erbschaftssteuern) haben sich weniger nivellierend ausgewirkt als ihre Urheber meist dachten. Tatsächlich nivellierend, auf ein hohes Durchschnittsniveau hin, haben sich Wandlungen in der Produktivität, im Konsumstil breiter Arbeitnehmerschichten und technische Neuerungen ausgewirkt, so daß in heutigen Industriegesellschaften der Lebensstil der verschiedenen Einkommensschichten zunehmend ähnlicher, gleichzeitig aber auch die Einkommensspanne zwischen einfachen und schwierigen Berufen immer geringer wird. Ob der sichtbaren, materiellen N. der Lebensumstände immer auch eine solche der geistigen Einstellungen entspricht, ist fraglich. Wie alle auf räumliche, architektonische Vorstellungen zurückgehenden Begriffe der Soziologie sollte auch N. mit großer Vorsicht verwendet werden, unter genauer Angabe des im Einzelfall angenommenen Faktors, der zur N. führt. N. kann durch Druck, durch Zwang auf Widerstrebende, aber auch durch freiwillige Handlungen (Konsumherabstufungen) in Erscheinung treten. Eine größere Uniformität der Lebensstile der Wirtschaftssubjekte kann durch Angleichung nach oben hin erfolgen, muß also keineswegs Einebnung aller auf ein niedrigeres Niveau bedeuten. N. des allgemeinen Geschmacks (auf dem Gebiet der Künste) kann auch Urteilsunsicherheiten, mangelndes Interesse bedeuten, also weder das Vorliegen eines gemeinsamen niedrigen Nenners noch eine Angleichung an ein höheres Anspruchsniveau.

Normen, soziale (↗ Abweichendes Verhalten, ↗ Anpassung, ↗ Image, ↗ Interaktion, ↗ Konformität, ↗ Kontrolle, ↗ Leitbild, ↗ Rolle, ↗ Sanktion, ↗ Sozialisation, ↗ Status, ↗ System, ↗ Werte) heißen die für eine Mehrheit von Individuen geltenden (verbindlichen), in der Mehrzahl der Fälle befolgten (wenn auch nicht immer „verinnerlichten"), ausdrücklich bekannten oder auch nur von jedem vermuteten Regeln für das Zusammenleben in Gruppen verschiedener Größe und Entstehungsweise. N. (wie die Zehn Gebote) können so allgemein und umfassend sein, daß sie Konfliktlosigkeit (oder Konflikteindämmung) in jeder Gruppe (von der einzelnen Familie, Geschwistergruppe, Nachbarschaft, Gemeinde, Belegschaft, bis zur Gesellschaft) anstreben können. N. können auch aufgaben- und gruppenspezifisch sein (z. B. in einer Expedition, einer militärischen Einheit, einer Firmenorganisation). Das Recht setzt N., oft auch (z. B. im Falle von Diskriminierungen, Vorurteilen) gegen die bestehenden Sitten (absolut zwingende N.) und Gewohnheiten einer Subkultur. S. N. decken sich weitgehend mit dem lebenden Recht, weniger mit dem positiven (E. Ehrlich). Die s. N. bewirken die Regelmäßigkeit, Gleichförmigkeit, die Wiederholungen im Verhalten, soweit es sozial relevant erscheint. Die meisten Verhaltensmuster hängen von s. N. ab, die wiederum dem Wertsystem, dem Ethos einer Gruppe entsprechen.

D. Claessens, Familie und Wertsystem (1962); F. Keiter, Verhaltensbiologie des Menschen (1966); H. Thomae (Hrsg.), Die Motivation menschlichen Handelns (³1966).

Numen, numinose Haltung (Numen [lat.], Wink, Wille; Gottheit göttliches Walten), ein religionswissenschaftlicher Begriff (von Rudolf Otto um 1920 entwickelt). Das Numinose, als *Mysterium tremendum* mache den Menschen zittern, ziehe ihn aber zugleich als *Mysterium fascinosum* an. Unter Religionswissenschaftlern blieb der Begriff umstritten. Otto betont mit dem Begriff N., daß das Heilige über die rational bzw. rein sittlich zu verstehenden Bereiche hinausrage.

R. Otto, Aufsätze das Numinose betreffend (1923).

O

Öffentliche Meinung, die Rücksichtnahme auf eine publica voce (Machiavelli) oder auf einen „allgemeinen Meinungswechsel hinsichtlich der Regierung" (William Temple, 1672) tritt früh auf (W. Bauer, Die öffentliche Meinung und ihre geschichtlichen Grundlagen, 1914). Aber in der Zeit vor der Französischen Revolution liegt der anempfohlenen Rücksicht auf die ö. M. stets die Ansicht eines zu politischem Urteil befähigten Mannes zugrunde. Machiavelli hielt von der ö. M. sehr viel: „Was die Klugheit und Beständigkeit anbelangt, so sage ich, daß ein Volk klüger und beständiger ist und ein richtigeres Urteil hat als ein Fürst ... Die öffentliche Meinung prophezeit so wunderbar richtig, was geschehen wird, daß es den Anschein hat, als sehe sie durch eine verborgene Eigenschaft ihr Wohl und Wehe voraus. Was die richtige Beurteilung der Dinge betrifft, so sieht man äußerst selten, daß das Volk, wenn es zwei Redner von gleicher Kraft, die verschiedenen Parteien angehören, sprechen hört, nicht dem besseren Vorschlag folgt und die Wahrheit vom Scheine zu unterscheiden weiß."

Zu einer dauernden ↗Opposition gegen die gesellschaftlichen (ständischen) Mächte gezwungen, gelangte dann die französische Intelligenz des 18. Jahrh. zur Ableitung der sozialen Hauptgebilde aus einer, naturrechtlich gesehen, minderwertigen Absicht. Die sozialen Institutionen seien meist Erfindung einzelner. Aus dieser Haltung ist auch Claude Adrien Helvétius' (1715–1771) Skepsis gegenüber der ö. M. zu verstehen. Bei ihm findet sich eine Vorstufe zur Ideologienproblematik und damit zur ↗Wissenssoziologie im 20. Jahrh. Für ihn ist mit dem Problem der interessengebundenen Wahrheit der Begriff der ö. M. verknüpft: „Die Meinung, sagt man, ist die Herrscherin der Welt. Es gibt Augenblicke, da zweifellos die allgemeine Meinung selbst die Herrscher beherrscht. Aber was hat diese Tatsache gemein mit der Macht der Wahrheit? Beweist sie, daß die allgemeine Meinung deren Erzeugnis ist? Nein: die Erfahrung zeigt uns im Gegenteil, daß beinahe alle Fragen der Moral und Politik durch das Mächtige und nicht durch das Vernünftige entschieden werden und daß, wenn die Meinung die Welt beherrscht, es mit der Zeit der Mächtige ist, der die Meinung beherrscht. Wer auch die Ehren, die Reichtümer und die Züchtigungen austeilt, er wird immer eine große Zahl von Männern an sich binden. Diese Verteilung unterjocht ihm die Geister, gibt ihm die Herrschaft über die Seelen."

Damit stellt Helvétius bereits die Frage nach der Echtheit der ö. M. Kann man heute aber diese Frage vom Begriff der Legitimität in und der Loyalität zu einem Staatswesen trennen, für das sie gelten will? Eine ö. M. — oder eines ihrer Segmente —, die von staatsfeindlichen, staatsfremden bzw. von verfassungswidrigen Quellen gespeist wird, mag zwar gelegentlich sehr wirkungsvoll, weil in ihrer Herkunft unerkannt, sein, kann aber nicht als „echt" angesprochen werden. Die Bundesgesetzgebung der USA z. B. trifft diesen prinzipiellen Unterschied, der ja keineswegs auf eine Beschränkung der Rede- und Pressefreiheit hinausläuft, sehr genau, wenn sie von jeder Informations- oder Pressestelle, jeder Veröffentlichung, ja im Grunde vom einzelnen Lobbyisten — sofern diese für eine fremde Macht in Amerika wirken — eine Registrierung als „fremder Agent" verlangt. Das bezieht sich in gleicher Weise auf eine befreundete und verbündete Macht, wie Großbritannien, als auch eine, die als Gegner angesprochen wird, wie die UdSSR. Jedes Rundschreiben, jede Publikation eines solchen registrierten Agenten muß den entsprechenden Vermerk tragen und zugleich hinzufügen, daß die Registrierung bei der US-Regierung keineswegs Billigung des Inhalts heiße. Meinungsäußerungen durch ↗Lobbies des Auslandes können von den legitimen Organen der öffentlichen Binnenmeinung aufgegriffen und als Beleg herangezogen werden, können aber nicht direkt für das nationale Interesse der Gastnation sprechen. Gerade durch die ↗Entwicklungsländer wird diese Grenze oft verwischt: verschiedene Empfängernationen haben versucht, direkt den Meinungsbildungsprozeß in den Industrieländern zu ihren eigenen Gunsten, aber im Gewand des Eigeninteresses der Gebernationen, zu beeinflussen.

Was wären Kriterien der Echtheit für ö. M.? Spontaneität? Breite und Tiefe? Verstehen wir die letzteren beim einzelnen Meinungsträger als Persönlichkeitsproblem, oder denken wir an eine soziologische, d. h. schichtmäßige Ausdehnung? Soll Echtheit mit Informiertheit zusammenhängen, also Meinung sein, die auf sachlichen und nachprüfbaren Informationen ruht? Soll Rationalität im Gegensatz zum Wunschdenken ein Kriterium sein? Echte ö. M. setzt als Prozeß eine permanente Diskussion voraus. Hier haben jedoch die an den strategischen Meinungsbildungsquellen Sitzenden es in der Hand, zu bestimmen, was überhaupt diskutiert werden kann und was von vornherein von der Diskussion ausgeschlossen werden kann. Die ö. M. ist also eigentlich nur die „veröffentlichte" M., die durch die Massenmedien und ihre Redaktionen gefilterte und überhaupt zugelassene M. Es handelt sich hier um eine Erscheinung des politischen Lebens, die wir in allen Gesellschaften finden, in denen Nachrichten an sich und die Rezeptivität der Öffentlichkeit für sie eine solche politische Bedeutung erlangt haben, daß sich ihr „Management", als bewußte Vorenthaltung von Wahrheit, selbst angesichts des Risikos späterer politischer Kompromittierung zu lohnen scheint. Das ist nicht mit ↗Propaganda oder psychologischer Kriegsführung zu verwechseln. Nachrichten-Management (ein Anfang der 60er Jahre in den USA geprägter Begriff) kann es im pejorativen Sinn allein einer legitimen

ö. M. gegenüber geben. Es betrifft ausschließlich die Irreführung oder das Im-unklaren-Lassen solcher Personen und Gruppen, die an sich dasselbe nationale öffentliche Interesse mit dem „Nachrichten-Manager" haben oder zumindest darauf Anspruch zu haben glauben. Das Phänomen tritt also nie dort auf, wo wir es mit einem echten Freund-Feind-Verhältnis zu tun haben. Es gibt allerdings heute die von manchen Kritikern beobachtete Variante, wo ein Staatschef gegenüber der eigenen Binnenöffentlichkeit ihm verfügbare Nachrichten so zurückhält oder frisieren läßt, daß es einem anderen Staatschef, der u. U. als Antagonist der eigenen Nation gilt, leichter fällt, das Gesicht zu wahren bzw. mit seinen eigenen internationalen oder inneren Problemen zurechtzukommen. Das „London Times Literary Supplement" wies einmal darauf hin, daß selbst in einer Demokratie wie England mit einem Zwei- oder Dreiparteiensystem, das echte Opposition kennt, ungeachtet des agonalen Elements zwischen den Parteien, die Parlamentsmitglieder in bezug auf gewisse Fragen unter einer Decke stecken und die Wählerschaft nicht ins Vertrauen zu ziehen pflegen. Nun entsteht in einer durch die Nuklearwaffentechnik geprägten Weltsituation mehr und mehr ein supranationales Klima, in dem die jeweiligen Staatschefs der Nuklearmächte sich untereinander mehr mitteilen und somit reziproke innenpolitische Hilfestellung erweisen, als sie ihren respektiven eigenen Öffentlichkeiten sagen. Als Geheimdiplomatie hat es das immer gegeben, und die von den Möglichkeiten der UN Enttäuschten haben sogar eine Rückkehr zu dieser Art von Diplomatie empfohlen.
Hier liegt eine Antinomie der Theorie einer idealen Demokratie, die den permanenten echten Dialog zwischen Regierenden und Wählerschaft postuliert: ab wann und wodurch weiß ein Staatschef, daß z. B. sein nach Inhalt und Frequenz der Öffentlichkeit verborgener Briefwechsel mit einem antagonistischen Staatsoberhaupt ihn an den Rand einer Kollusion mit dem Gegner bringt, weil er — aus „politischen Gründen" — der eigenen Öffentlichkeit nicht mehr die einzelnen Schritte aufzeigen kann, die ihn zu einem entscheidenden Kompromiß oder Kurswechsel gebracht haben?
Der heute von manchen Meinungsträgern akzeptierte „kategorische Imperativ" für die Regierung — nämlich: Handle in jedem Augenblick so, daß wenigstens der Schein deiner Handlungen dich die nächste Wahl gewinnen läßt — hat die Folge, daß Aufrichtigkeit gegenüber dem außenpolitischen Widersacher, der es in der Hand hat, einen Wahlsieg mit unerwarteten Ereignissen zu vereiteln, ernster genommen wird als die Aufrichtigkeit gegenüber der eigenen Wählerschaft. Sobald ein Partei- und Regierungschef in erster Linie für die Wiederwahl sorgen muß und solange ihm das als oberste Norm von der ö. M. zugestanden wird, können wir keine Ehrlichkeit von ihm in dem Sinne erwarten, wie wir sie in einer ursprünglichen Gemeinschaft voraussetzen. Nachrichten-Management der ö. M. gegenüber wird es also so lange geben, als niemand, der dazu legitimiert ist, eine präzise

Frage an die Regierung gestellt hat, die nachweisbar mit einer Lüge beantwortet wurde (in den USA gibt es im Kongreß übrigens nicht die kleine oder die große Anfrage an die Regierung, und traditionelle Pressekonferenzen kann man monatelang ausfallen lassen bzw. selbst zumindest teilweise zum Instrument des Nachrichten-Managements machen). Vielleicht kann man von keinem Staatschef spontane Mitteilungen erwarten, die von der Opposition ausgenützt werden können. Staatsmänner dürfen wohl eine Art Betriebsgeheimnis beanspruchen — auch der ö. M. gegenüber. Manche Journalisten tun so, als ob die Regierenden ihnen, also der ö. M. ununterbrochen eine Bewußtseinsstromselbstanalyse schuldig seien. Wir erwarten in der Regel aber auch nicht vom Mitglied der gesetzgebenden Versammlung oder vom Verfassungsrichter, daß er laufend — etwa täglich — über den Inhalt seines Bewußtseins, über seine Informationen usw. Rechenschaft ablegt, wenn er sich im Prozeß einer Gesetzes- oder Urteilsbildung befindet. Die in einer Demokratie auf eine legitime Art an Machtpositionen bestellten Personen sollen ja in der Regel selbständige Delegierte sein und nicht bloße Reflexe der ö. M., die mit ihnen in einem „stündlichen" Dialog zu stehen wünscht. Sind somit Wahrheit und Politik unvereinbare Bereiche? Welches Modell fürs Wechselspiel zwischen der ö. M. und den Regierenden ist vertretbar? Wir stoßen hier auf das Problem einer ö. M. in einer internationalen Situation, in der es Geheimnisse vor der ö. M. geben muß. Definitionsgemäß kann es keine ö. M. über notwendige und legitime Staats- und Militärgeheimnisse geben. Je engagierter aber die Öffentlichkeit in dem allgemeinen Gebiet, auf das sich die Geheimhaltung bezieht, wird, desto mehr Konfliktmöglichkeiten birgt dieses Dilemma. Anfang der 60er Jahre wurde in den USA ein Problem für den demokratischen Prozeß der Nation sichtbar, als sich Präsident Kennedy bei seiner langwierigen Entschlußfassung, ob er auf Rußlands Bruch des Abkommens über ein Atom-Testmoratorium mit einer amerikanischen Testserie reagieren sollte, nicht auf eine echte, im Volk gebildete ö. M. stützen konnte. Die „New York Times", die gegen die Wiederaufnahme der Kernwaffenversuche in der Atmosphäre war, verlangte vom Präsidenten z. B. alles, was *er* über die wissenschaftliche und militärische Notwendigkeit neuer Tests wisse, soweit es mit der Geheimhaltung vereinbar sei, der Öffentlichkeit zwecks Meinungsbildung mitzuteilen. Die Regierung der USA hätte also einen Popularphysiker damit beauftragen müssen, kernphysikalische und waffentechnische Datenreihen für die ö. M. zurechtzumachen, so daß aus der Öffentlichkeit (in einem Verfahren à la Rousseau) der „allgemeine Wille" an den Präsidenten — für oder wider die Tests — gelangt wäre. Kann man aber das allgemeine und formale Normurteil über die Legitimität eines Staatsgeheimnisses selbst der ö. M. überantworten? Wohin gehört beispielsweise das Wissen über den tatsächlichen Gesundheitszustand eines amerikanischen Präsidenten, der allein den Befehl zum nuklearen Gegenschlag erteilen kann und darf?

Gehört der Gesundheitszustand, der endokrine Blutspiegel, das Schlafbedürfnis usw. eines Präsidenten im Raketenzeitalter nicht zum Kalkül eines Gegners und somit nicht mehr in die öffentliche Sphäre? Aber traditionell nehmen auch heute noch die Bürger der freien Länder an, sie hätten ein Recht, fortlaufend zu wissen, wie es mit der Gesundheit des Staatschefs steht.

Abgesehen vom „Nachrichten-Management" durch heutige Regierungen, gibt es die spezifische Manipulation von Informationen für politische Zwecke seit langem (z. B. Bismarcks Emser Depesche). In Kriegszeiten werden Regierungen streben, gute und schlechte Nachrichten in aufeinander abgestimmten Dosen zu veröffentlichen. Wenn auch die Kritik in der ö. M. am Nachrichten-Management meist nur die Manipulation durch eine Regierung meint, gibt es dies auch von seiten der Meinungsorgane, die sich als Hüter der ö. M. betrachten. So schrieb die „Neue Zürcher Zeitung" z. B. am 28. Juni 1963: „Jene Stellen in den Frankfurter und Berliner Reden Kennedys, die der Freiheit Osteuropas und der Wiedervereinigung Deutschlands gelten, werden in der britischen Presse nicht annähernd so stark hervorgehoben, wie sie es verdienen, wenn man das ganze Konzept des Präsidenten darstellen will ..." Die Frage und die Suche nach der echten ö. M. ist so schwierig, weil auch Zeitungen, Rundfunk und Fernsehen auf ihre Art „Politik machen", also nicht nur informieren, sondern Daten auch über- und unterbetonen, totschweigen und entstellen können.

Man müßte auch die einzelnen Meinungsträgergruppen und Meinungsquellen daraufhin untersuchen, wie repräsentativ sie eigentlich in einer Gesellschaft sind. Dafür gibt es empirische Methoden, wenn sie zu diesem Zweck heute auch noch wenig angewandt werden. Der Politiker weiß diesen Unterschied oft besser zu treffen als seine journalistischen Kritiker, die ihm vorwerfen, er wage die „ö. M." zu ignorieren. Eine Menge, zwar sauber, aber doch sehr individuell und ungekonnt geschriebener Briefe beeindruckt den Abgeordneten mehr als eine Flut von Zuschriften, hinter denen er zentrale Koordination und Stimulation erkennt. Es gibt in den USA z. B. bereits kommerzielle Büros, wo ein einzelner (oder eine Interessengruppe) „ihren" Brief an den Senator in Washington als Briefwelle von einer vorgetäuschten Menge spontan Schreibender potenzieren lassen kann. Damit nicht zu verwechseln sind Erleichterungen, wie beispielsweise die von der Telegrafengesellschaft Western Union — einem Privatunternehmen — verbilligten Telegramme, die der einzelne an jede Regierungspersönlichkeit in Washington senden kann.

Die einzelnen Träger und Konstituenten der ö. M. können im Prozeß der Meinungsbildung nie wissen, ob sie echte oder flüchtige und bloß idiosynkratische Meinung darstellen. Manche selbstinstitutionalisierte Dauerträger der ö. M. erscheinen fragwürdig, weil sie sich unentwegt kraft einer einmaligen Position, die auf einer sehr partiellen Leistung ruhen mag, aber mit dem jeweiligen aktuellen Thema in der ö. M. wenig oder nichts zu tun hat, anmaßen, unfehlbar, als vox populi, somit als elitäre ö. M. zu fungieren: z. B. Intellektuelle und Wissenschaftler, die lediglich den ihnen zu den verschiedensten Zeiten für die verschiedensten Leistungen verliehenen Nobelpreis gemeinsam haben.

Eine neue Dimension und Problematik der ö. M. ist mit der Demoskopie, dem Gallup-Poll und ähnlichen statistischen Befragungsmethoden entstanden. Der Einfluß ihrer Befunde, ja die bloße Anwendung solcher stichprobeweisen Volksbefragungen könnte zu Fälschungen der ö. M. führen. Hier müßte gefragt werden, wer diese „ö. M.", die in der demoskopischen Umfrage eruierte Mehrheit ist. Die Demoskopie begünstigt u. U. von vornherein Kandidaten und Gesetzesvorlagen, deren Profillosigkeit von Anfang an eine klare Mehrheit in der Umfrage erzielt. Zugleich aber beraubt sie komplexere und neuere Kandidaten und originellere Vorlagen durch ihre bagatellisierende Tendenz eben jenes Interesses beim einzelnen, das ihnen hätte zum Erfolg verhelfen können. Ebenso schiebt sich das „Taschenplebiszit" in Form der demoskopischen Umfrage in den Urteils- und Entscheidungsakt des Staatsmannes ein, der langfristige außenpolitische Positionen dem stichprobenweise erfragten Wahlopportunismus aufopfern zu müssen glaubt.

W. Lippmann, Public Opinion (New York 1922); P. R. Hofstätter, Die Psychologie der öffentlichen Meinung ([2] o. J. [1949]); J. Habermas, Strukturwandel der Öffentlichkeit ([2]1965); B. Berelson und M. Janowitz, Reader in Public Opinion and Communcation (New York [2]1966).

Ökologie (in der angelsächsischen Soziologie *ecology*, im Deutschen meist Humanökologie) heißt die Wissenschaft von den Folgen aus dem in Ort und Zeit spezifischen Zusammenleben der Individuen. Sie untersucht insbesondere diejenigen Erscheinungen in der sozialen Wirklichkeit, die sich aus den Möglichkeiten und Grenzen der Nutzung einer bestimmten Umwelt (natürliche Umwelt, aber auch die Umwelt als Folge ihres Besiedeltseins) ergeben. Die Ö. ist derjenige Teil der ↗Demographie, der sich mit den wechselseitigen Abhängigkeiten zwischen Bevölkerungsveränderungen und Siedlungsweisen befaßt. Art und Größe der geographisch möglichen Siedlung setzt Grenzen für wirtschaftliche und berufliche ↗Differenzierung und wirkt dadurch u. U. auf den Altersaufbau einer Bevölkerung ein. Humanökologen unter den (meist amerikanischen) Soziologen haben vorwiegend die Morphologie und Wandlungsvorgänge in der städtischen ↗Umwelt erforscht (z. B. Zonentheorie der Stadtsoziologie).

A. H. Hawley, Human Ecology (New York 1950); C. B. Knight, Basic Concepts of Ecology (New York 1965); G. T. Goodman u. a. (Hrsg.), Ecology and the Industrial Society (New York 1965); J. B. Bresler, Human Ecology (Reading [Mass.] 1966); S. Hirsch, The Living Community, a Venture into Ecology (New York 1966); Ch. M. Weiss (Hrsg.), Man's Enviroment in the twenty-first Century (Chapel Hill [N. C.] 1966); N. Calder, Eden was no Garden, an Inquiry into the Environment of Man (New York 1967).

Oligarchie (Griech. Herrschaft weniger) nennt man seit Aristoteles, der darin eine Verfallsform der ↗Aristokratie sah, die Herrschaft einer privilegierten Clique, einiger Familien oder exklusiver Führungsgruppen. Zur O. kann es im 20. Jahrh. in westlichen Demokratien, insbesondere den USA, u. a. auch dadurch kommen, daß die Kosten für einen erfolgreichen Wahlkampf (infolge der Größe der Wählerschaft und den Kosten der obligatorischen Massenmedien) nur mehr von sehr wenigen Bürgern getragen werden können.

Operationale Definition ↗Definition, operationale.

Opfer ist eine meist rituell auszuführende Handlung, durch die, in der Regel, eine dem Menschen überlegene Macht beschwichtigt oder zur Hilfe herangezogen werden soll. Opferartige Handlungen finden sich auf allen Kulturstufen, bei allen Stämmen und Völkern. Beim O. findet oft eine demonstrative, absichtliche Unbrauchbarmachung eines Wertes statt, etwa Tötung eines Lebewesens. Die hinter einem O. stehende Absicht kann bei den einzelnen Kulturen sehr verschieden sein.
Die primitive Form des O. findet sich auch noch als abergläubische Zwangshandlung beim heutigen modernen Menschen, wenn dieser z. B., meist insgeheim, etwas ihm Unangenehmes tut, um vom Schicksal oder Zufall auf einem anderen Gebiet günstig bedacht zu werden („Wenn ich mir das Taxi versage u. zu Fuß zur Post gehe, wird der ersehnte Brief im Fach sein"). Ursprünglich dürfte dem Versuch, durch ein O. den Ablauf der Dinge zu beeinflussen, stets die allgemeine Furcht vor dem Neid anderer zugrunde liegen, wobei diese anderen für den Naturmenschen meist Verwandte oder Geister sind; deutlich zeigt sich diese Vorstellung bei den Griechen als „Neid der Götter".

Opposition nennt man sowohl den meist kollektiv geübten Akt des sich einer anderen Position Entgegensetzens als auch die mehr oder minder fest institutionalisierte Gruppe, die diesen Akt regelmäßig ausführt und, im politischen Bereich, als ihre Hauptaufgabe betrachtet. Die parlamentarische Demokratie, geprägt durch ihre Entwicklung in angelsächsischen Ländern, hat die O. (meist parteimäßig organisierte O.) als eine ihrer Voraussetzungen; so wird in England die bei den Wahlen zum Unterhaus unterlegene Partei automatisch „His Majesty's O." (Ausdruck von John Cam Hobhouse), ausgestattet mit festgelegten Privilegien (Gehalt für den Oppositionsführer). Dauerkoalitionen großer Parteien sind für den politischen Prozeß einer Gesellschaft schädlich, weil sie, wenn überhaupt, die Rolle der O. Zwergparteien überlassen, die keine reale Chance zur Übernahme der Regierung haben. Die Aufgabe einer konstruktiven O. kann in jeder Gruppe von einem Teil der Mitglieder formell oder informell übernommen werden, um einen Wechsel in der Führungsspitze oder auch nur eine laufende Kontrolle, eine größere Transparenz der Entscheidungen herbeizuführen. So kann sich z. B. der Vorstand einer AG auf der Jahresversammlung der Aktionäre regelmäßig einer O. gegenübersehen, die nicht unbedingt an der faktischen Übernahme der Vorstandsfunktion interessiert sein muß. Während der O., ob voll legitimiert oder nur informell entstanden, in jeder größeren Gruppe eine konstruktive Aufgabe zufällt (kritischere Prüfung und Diskussion möglicher Mittel zur Erreichung eines von allen grundsätzlich bejahten Ziels), muß pseudooppositionellen Gruppen, denen es auf Sabotage, Dauerkonflikt oder Umsturz der Gesamtordnung ankommt, die Legitimierung durch den Begriff O. verwehrt werden: Zur O. im eigentlichen Sinne darf sich nur rechnen, wer auch nach dem Überwechseln in die Rolle der „Position" (also ins „Establishment") sich zur Aufrechterhaltung eines Systems verpflichtet, in dem es der neuen O. möglich bleibt, legal (durch Wahlen) wieder an die Macht zu kommen. Die O. hat in heutigen gesetzgebenden Versammlungen weitgehend die ursprüngliche Aufgabe des Parlaments übernommen: die Kontrolle der Exekutive, weil die mit der Regierung politisch übereinstimmende Parlamentsmehrheit diese Rolle nicht mehr voll ausfüllt. Je nach der Verfassung kann es auch eine Exekutive geben, der z. B. in beiden Häusern des Parlaments eine oppositionelle Mehrheit gegenübersteht (typisch für die USA), während in europäischen Demokratien eine Regierung ohne gleichzeitige Mehrheit im Parlament sehr selten lange amtiert. Eine O. zulassen können nur Staaten, in denen die Ablösung der an der Macht befindlichen Politiker durch zwingende Traditionen oder verfassungsmäßige Regeln vorgesehen ist. Autoritäre, insbesondere totalitäre Staaten, vor allem kommunistische, können grundsätzlich keine O. zulassen oder auch nur als mögliche Position im öffentlichen Leben anerkennen. Gruppen und Bewegungen, die durch einen einmaligen revolutionären Akt, unter Berufung auf angebliche geschichtliche Notwendigkeiten an die Macht streben, bedienen sich zu Unrecht des Namens „Opposition", weil es eine solche sinngemäß nur gibt, wo Einigkeit über die Fortdauer eines parlamentarischen Systems besteht.

Ingeborg Bode, Ursprung und Begriff der parlamentarischen Opposition (1962); K. Kluxen (Hrsg.), Parlamentarismus (1967).

Organisation (↗ Assoziation, ↗ Betriebssoziologie, ↗ Institution, ↗ System) heißt in der gegenwärtigen (vor allem angelsächsischen) Soziologie in erster Linie die komplexe oder formale O. im Sinne einer ↗ Bürokratie, privater oder öffentlicher Art: eine Firma, eine militärische Streitkraft, eine philanthropische Stiftung, ein Ministerium usw. Jede solche O. wird Eigenschaften der Bürokratie und ↗ Hierarchie unterschiedlich stark ausgeprägt zeigen. Allgemein ist eine O. eine besondere, geplante, rationalisierte, meist juristisch definierte und abgesicherte Form zur Ordnung menschlichen Verhaltens. Aber auch bestimmte Verbrechensarten und Verbrecherkollektive stellen O. dar („*organized crime*", Mafia, *cosa nostra* in den USA). O. (und ↗ Assoziation) dürfen nicht mit Struktur verwechselt werden: die O. kann aber im Aufbau und bei der Erhaltung einer Struktur funktional wirksam werden (R. König). Keine O. in einer Gesellschaft kann sich definitionsgemäß ausschließlich mit einer Gesamtstruktur in ihrer Gesellschaft decken. Bei jeder O. läßt sich ein Zweck, ein Ziel erkennen. In der O. begegnen sich ihre Angehörigen in erster Linie als Funktionsträger, können aber auch, in ↗Cliquen, in informellen Gruppen, der O. (teilweise) entgegenwirken. Die Soziologie befaßt sich auch mit dem Wandel der O., ihrem Verhältnis zur Umwelt (die auch aus einer Vielfalt anderer O. bestehen kann) und der Integration der O. in ihre Gesellschaft.

A. Etzioni, Complex Organizations (New York 1961); ders., Soziologie der Organisationen (1967); P. M. Blau und W. R. Scott, Formal Organizations (London 1963); Renate Mayntz, Soziologie der Organisation (1963); Th. Caplow, Principles of Organization (New York 1964). Weitere Literatur siehe Bürokratie, Bürokratisierung, Betriebssoziologie, Industriesoziologie.

Other-directed ↗Masse

Out-Group (seit W. G. Sumner, 1906) heißt bei der Betrachtung von zwei oder mehr Gruppen diejenige, die, vom Gegenstand der Untersuchung her gesehen, die fremde, meist abgelehnte darstellt. ↗Ethnozentrismus. Zur o.-g. wird jede Gruppe erst dann, wenn sie von anderen dazu erklärt oder so empfunden wird. Je mehr sich Menschen als Mitglieder einer *in-group* erleben, desto mehr drängen sie andere in die Position der o.-g., meist in einem feindseligen oder diffamierenden Sinn. Die Erscheinung der Bildung von o.-g. und in-groups hat besonders die Industrie-(Betriebs-)soziologie beschäftigt.

P

Pädagogische Soziologie ↗Bildungssoziologie, ↗Sozialisation.

Panel, im Englischen zunächst die Liste der Personen, die ein Justizbeamter zur Dienstleistung als Geschworene zusammenholt, bedeutet in der empirischen Sozialforschung eine (meist kleinere) Anzahl von Personen, oft für ihre Gruppe repräsentativ, die durch ihre Stellungnahmen zu einem vorgegebenen Beobachtungsmaterial dieses standardisieren helfen. An einem P. probiert man z. B. neue Instrumente (Skalen, Fragen eines Interviews u. ä.) aus, ehe man damit ins Feld geht.

Die P.befragung ist eine Methode zur Feststellung von Veränderungen im Verhalten bzw. der Einstellung (Attitüden) eines Personenkreises. Im Gegensatz zur Repräsentativbefragung (↗Auswahlverfahren, Meinungsforschung) bei der im Falle einer Wiederholung der Fragen jeweils andere Probanden in der Stichprobe erscheinen, ist die P.befragung auf eine einmal ausgesuchte und dann beibehaltene Reihe von Personen (die eine Gruppe oder auch einzelne, gegenseitig anonyme Personen sein können) gerichtet, die (meist in kurzen Abständen) mit demselben Befragungsinstrument konfrontiert werden. Man versucht damit, Wandlungen im Konsumverhalten, in politischen Einstellungen u. a. zu verfolgen. Beispielsweise hat man sämtliche Bewohner eines Wohnblocks vor und einige Monate nach dem Einzug der ersten Negermieter auf ihre Attitüden der Minderheit gegenüber befragt, um festzustellen, ob die Nähe, eventuell der Kontakt zur Minderheit eine Verstärkung oder Verminderung der Diskriminierung, der Vorurteile mit sich bringt. Die P.befragung gilt heute als ein wichtiges Verfahren für die empirische Analyse des sozialen ↗Wandels. Auch das P. muß bei der P.befragung einen repräsentativen Querschnitt, eine zufallsbedingte Stichprobe aus der Grundgesamtheit darstellen. Allerdings bietet sich der P.befragung besonders die Methode der geschlossenen Stichprobe an, d. h., man befragt sämtliche Mitglieder einer Gruppe, einer Belegschaft, eines Verbandes und erklärt sie zugleich zur Grundgesamtheit für die Untersuchung.

Panik heißt das in der Regel von einer Anzahl von Menschen gezeigte Verhalten, das einem plötzlich große Angst auslösenden Ereignis folgt. Bei einer P. finden kaum mehr Interaktionen statt. Die Einzelnen in einer P. können vorher zufällige Menge (Theaterbesucher) oder Gruppe (Schiffsmannschaft) gewesen sein. Die von „panischer Angst" erfüllten Menschen sind aber auf jeden Fall nicht mehr gruppenorientiert, sondern — zurückgeworfen auf eine instinktartige Fluchtreaktion — „a-sozial", egoistisch, nur auf die eigene Rettung bedacht; weil zweckrationales Abstimmen des eigenen Verhaltens mit dem der anderen unterbleibt, werden in der P. Menschen einander zum Hindernis, wodurch die Gefährdung, in Form einer Kettenreaktion, oft vergrößert wird (P., griech. nach dem Hirtengott Pan, verantwortlich für den panischen Schrecken). Auch ein Individuum kann in P. geraten. Die Wahrnehmung einer großen Menschenzahl (Masse), etwa bei tatsächlich oder vermeintlich ungenügenden Fluchtmöglichkeiten, erzeugt oder verstärkt panische Reaktionen. P. kann im sozialpsychologischen Experiment erzeugt werden.

Martha Wolfenstein, Disaster (London 1957); N. J. Smelser, Theory of Collective Behavior (New York 1963).

Paria nennt man (seit Max Weber) nach den *Parayan*, einer niedrigen Kaste in Südindien, relativ armselig am Rande einer Gesellschaft lebende, verachtete (und zur ↗Endogamie gezwungene) Bevölkerungsteile. P. sind oft Gastvölker (z. B. Zigeuner). Den Status des P. nehmen verfemte Gewerbe in vielen Gesellschaften ein (Schmiede, Abdecker, Kesselflicker usw.). W. E. Mühlmann konnte P.gruppen (d. h. soziale Kategorien, keine eigentlichen Gruppen) in einem ganzen „Kasten-Gürtel" von Indien über Persien, Arabien, den Sudan bis nach Westafrika aufzeigen. Seit Max Weber spricht man von einer P.ethik (u. a. passiver Widerstand), die Mühlmann am Beispiel Gandhis belegte.

Parlamentarismus ist die politische Verfahrensweise einer Gesellschaft, in der sich eine Mehrheit darüber einig ist, daß ein regelmäßiger, ausführlicher Dialog im Parlament über die anstehenden Fragen des Gemeinwesens und die festen Regeln folgende Abstimmung, die das Ergebnis des politischen Meinungsbildungsprozesses erkennen läßt, wünschenswert ist. Beim P. ist der Regierungschef, meist auch jeder seiner Minister, vom Vertrauen der Mehrheit im Parlament abhängig. Die Exekutive hat also *nicht* (wie z. B. in den USA für jeweils vier Jahre) eine verfassungsmäßig (konstitutionelle) Amtszeit, während der die Legislative eventuell von der Opposition ausgeübt wird. Der P. wurde zuerst in England entwickelt, ist aber seit dem 19. Jahrh. zum strukturgebenden Element des politischen Lebens in verschiedenen Nationen geworden, wird aber im 20. Jahrh. immer wieder durch autoritäre, totalitäre, mon- oder oligarchische Diktaturen eingeschränkt bzw. aufgehoben. P. kann ein Begriff der Kritik sein, wenn damit ein sich selbst lähmender Staat bezeichnet wird, dessen Parlament durch eine Überzahl von verschiedenen Parteien aller Größen eingenommen wird. Der P. leistet am meisten, wenn ein Zwei- oder Drei-Parteien-System vorliegt, das Wahlrecht also die Vermehrung von Splitterparteien, wie z. B. in England und den USA, verhindert.

W. Tormin, Geschichte des deutschen Parlamentarismus (1966); K. Kluxen (Hrsg.), Parlamentarismus (1967); G. Leibholz, Strukturprobleme der modernen Demokratie (^{3}1967). Weitere Literatur siehe Demokratie.

Partei, politische nennt man einen zum Zweck politischer Handlungen (↗Herrschaft, ↗Opposition, Interessenwahrung von Minderheiten) gegründeten ↗Verein, der sich zu seiner „Parteilichkeit", seinem Wesen als Interessenverband (vor allem in einer pluralistischen ↗Demokratie) bekennt: so haben Arbeiter (Gewerkschaften), Bauern, Konfessionen (Religionsgemeinschaften), Berufsstände (z. B. Mittelstand) P. gegründet. Jede P. ist also nur *pars*, Teil der Wählerschaft, muß sich der Konkurrenz stellen. Die Verfassung einer Demokratie oder Republik muß die Rolle der P. im politischen Willensbildungsprozeß und der Ausübung der Regierungsgewalt (kontrolliert durch eine oder mehrere P.en in Opposition im Parlament) keineswegs vorsehen. Die älteste, ununterbrochen bis heute wirksame, geschriebene Verfassung, die der USA, kennt keine P. Sie entwickeln sich spontan und allmählich aus den wirtschaftlichen, auch religiösen Interessengegensätzen (zunächst meist Land und Stadt, Industrie und Agrarsektor, Produzenten und Importeure), werden vielfach zu (örtlichen oder nationalen) Apparaten, „Maschinen", deren Eigengewicht und Opportunität für Wahlkampagnen die Chancen für neugegründete P. äußerst gering halten. Am stabilsten gelten Demokratien mit einem Zwei-(maximal Drei-)Parteiensystem (USA, Großbritannien). Nirgends entspricht die Zahl der eingeschriebenen, Beiträge zahlenden Mitglieder einer P. der Zahl der Stimmen, die sie bei einer Wahl erhält.

Eine P. kann es logischerweise nur dort geben, wo mehrere P.en

(unter Hervorkehrung ihrer „Parteilichkeit" zugunsten derjenigen Bevölkerungsteile, die eine Stimmenmehrheit versprechen) untereinander in Konkurrenz stehen und, in der Regel, zu Kompromissen im Sinne des „politisch Möglichen" bereit sind (parlamentarische Demokratie). In totalitären Herrschaftssystemen (vor allem den kommunistischen), wo es nur eine einzige „Partei" gibt, wird der Begriff P. als Tarnung für tatsächliche Elite beibehalten. In den pluralitären Demokratien sind die P.en oft in verschiedenem Maße Interessenverbänden (Gewerkschaften, Unternehmern, Geschädigtenverbänden usw.) verpflichtet, die sich als *pressure groups* (auch als ↗Veto-Gruppen) über die P. in die Politik einschalten.
Da der soziale und wirtschaftliche Wandel im 20. Jahrh. die traditionellen partikulären Rückhalte der P.en in vielen großen Industriegesellschaften verschoben hat (Frauenstimmrecht, Schwund der Gewerkschaftsmitglieder, Arbeiter werden zu Angestellten, die Mehrheit versteht sich als „Mittelklasse" usw.), müssen in der 2. Hälfte des 20. Jahrh. die P.en versuchen, ihr ↗Image als genau umschreibbare Interessenvertretung (Bauernpartei, Industriearbeiterpartei, Unternehmerpartei usw.) möglichst undeutlich zu machen zugunsten eines Anspruchs, am besten dem Gemeinwohl, dem öffentlichen Interesse, im Gegensatz zum Konkurrenten, dienen zu können. Meist wird dazu für die jeweilige Wahl ein dramatisierbarer Programmpunkt gewählt (Wirtschaftswachstum, Währungsstabilität, Altersrenten, Bildungsreform u. a.).
Die Soziologie der P.en erforscht z. B. Mitgliederschichtungen und -fluktuationen, Wählerverhalten, Führungstypen in den P.en, Cliquenbildung, Organisationsstruktur, Verquickung mit Interessenverbänden, Oppositionstechniken.

R. Michels, Zur Soziologie des Parteiwesens in der modernen Demokratie ([2]1925, Neudruck 1957); Ch. E. Marriam und H. F. Gosnell; The American Party System (New York [4]1949); V. O. Key, Politics, Parties, and Pressure Groups (New York [3]1952); R. T. Mackenzie, British Political Parties (London 1955); S. Neumann (Hrsg.), Modern Political Parties (Chicago 1956); M. Duverger, Die politischen Parteien (1959).

patriarchalisch nennt man die Herrschaftsausübung durch den Vater oder ihn symbolisch repräsentierende Einrichtungen einer Gruppe. Meist wird darunter eine weitgehende und willkürliche Ermessensfreiheit, eine Verfügungsgewalt über alle unterstellten Familienmitglieder und Bedienstete verstanden, wie sie dem pater familias im alten Rom zu eigen war. Inwieweit es auch matriarchalische Machtstrukturen in verschiedenen menschlichen Gemeinschaften gibt (wenn auch nicht in dem Umfang und als notwendige Entwicklungsphase, wie J. J. Bachofen, Das Mutterrecht, 1861, angenommen hatte), ist umstritten. Im übertragenen, polemischen oder karikierenden Sinne spricht man auch von mehr oder minder matriarchalischen modernen Gesellschaften (z. B. die amerikanische als eine matriarchalischere Gesellschaft als die deutsche oder schweizerische). Der weitaus häufigste Typ für Organisation und soziale Kontrolle einer

Gruppe ist die P., weil die Vorherrschaft der Männer in einer Gemeinschaft nicht zuletzt auf biologischen Unterschieden der beiden Geschlechter ruht (u. a. die Mobilitätsbeschränkung der Frau durch Fortpflanzungsprozeß).

Patriotismus ist ein in der zweiten Hälfte des 20. Jahrhunderts manchmal abwertender Begriff für die Geisteshaltung, die Gesinnung von Patrioten, also Personen, die aus Vaterlandsliebe zu ungewöhnlichen Handlungen, auch Opfern, bereit sind. Mit P. verbunden ist oft ↗Ethnozentrismus, eine Gruppenmoral („right or wrong — my country"), die als Gefährdung des Weltfriedens, vor allem seit 1945, verurteilt wird. Heutige kommunistische Staaten greifen unbedenklich auf geschichtliche Leitbilder (Mütterchen Rußland) oder Erlebnisse eines Freiheitskampfes zurück, um durch den P. der jungen Generation die Voraussetzung für eine starke militärische Position in internationalen Spannungsfeldern zu schaffen. Aber auch den „jungen Völkern", den ↗Entwicklungsländern, die seit 1947 unabhängig geworden sind, wird von seiten aller älteren Nationen, östlicher und westlicher Orientierung, das Recht auf einen extremen P. zugesprochen; bei den westlichen Demokratien selber läßt sich eine große Zurückhaltung dem Begriff P. gegenüber beobachten; in den USA z. B. kann das Wort Patriot heute bereits in der Mittel- und Oberklasse als Schimpfwort aufgefaßt werden.

Pattern Variables ↗Interaktion

Peer Group nennt man, vor allem in der (amerikanischen) Jugendsoziologie, die ↗Bezugsgruppe für ein Individuum, die aus ihm ebenbürtigen, meist Gleichaltrigen besteht und eine besonders starke soziale ↗Kontrolle ausübt.

Persönlichkeit (↗abweichendes Verhalten, ↗Bezugsgruppe, ↗Enkulturation, ↗Kultur, ↗Rolle, ↗Sozialisation) im Sinne des sozialkulturellen Begriffs der (amerikanischen) Kulturanthropologie *personality* (weniger im Sinne der europäischen Psychologie) ist im einzelnen Menschen (einer Person) die Gesamtheit der von ihm aus seiner Kultur (oder mehreren Kulturen) entnommenen Verhaltensmuster, Einstellungen, Gewohnheiten, Werte, Motive, Tabus usw., die allerdings in einer nicht trennbaren Weise mit individualpsychologischen (oft idiosynkratischen, eigenwilligen), etwa in einer einmaligen Familienkonstellation erworbenen Verhaltensweisen verknüpft sind. Der aufwachsende Mensch verinnerlicht (internalisiert), meist über seinen Wunsch, einer (Bezugs)gruppe genehm zu sein, zahlreiche Elemente seiner Kultur, teils freiwillig in Nachahmung, teils kaum bewußt (über *subliminal learning*), im allgemeinen als Ergebnis des Sozialisationsprozesses. Er wird durch den Ausbau dieser P. zu einem funktionsfähigen Mitglied seiner Gesellschaft. P. kann also auch als

„Anpassungsstruktur" definiert werden, ist aber zugleich ein Deutungsschema, ein System zur Interpretation von Erfahrungen.

Planung ↗Futurologie, ↗Information, ↗Integration, ↗Kollektivismus, ↗Kommunismus, ↗Konkurrenz, ↗Kybernetik, ↗Markt, ↗Utopie, ↗Verstaatlichung, ↗Zentralisation

K. Mannheim, Mensch und Gesellschaft im Zeitalter des Umbaus (Leiden 1935); ders., Freedom, Power, and Democratic Planning (New York 1950); A. Hunold (Hrsg.), Vollbeschäftigung, Inflation und Planwirtschaft (1951); K. Albrecht, Planifikateure beim Werk. Wirtschaft zwischen Zwang und Freiheit (1964); F. Naumann-Stiftung (Hrsg.), Planung in der Marktwirtschaft (1964); H. Schoeck und J. W. Wiggins (Hrsg.), Central Planning and Neomercantilism (Princeton [N. J.] 1964); E. Bloch u. a., Wissenschaft und Planung (1965); J. H. Kaiser (Hrsg.), Planung (1965ff.; P. Massé, Le Plan ou l'anti-hasard (Paris 1965); R. Dahrendorf, Markt und Plan. Zwei Typen der Rationalität (1966); H. Krauch u. a. (Hrsg.), Forschungsplanung (1966); H. Schelsky, Planung der Zukunft, in: Soziale Welt 17/2 (1966); G. Stoltenberg, Forschungsplanung (1966).

Pluralismus ↗Demokratie, ↗Integration, ↗Partei, ↗Verbände

Politik ↗Bürokratie, ↗Demokratie, ↗Elite, ↗Führung, ↗Führungsschicht, ↗Herrschaft, ↗Intellektuelle, ↗Machtstruktur, ↗Monopol, ↗öffentliche Meinung, ↗Parlamentarismus, ↗Parteien, ↗Totalitarismus, ↗Wahlen. P. ist eine besondere Form des sozialen Handelns, das Macht braucht und sucht, legitimierbare Herrschaft anstrebt, die öffentlichen Angelegenheiten des Gemeinwesens, oft gemäß einem Gesellschaftsmodell, zu steuern und gestalten sucht. In der P. wird von einzelnen oder Gruppen Macht eingesetzt, um Ziele oder Interessen „in geschichtlich-gesellschaftlichen Situationen im öffentlichen Bereich gegen den Willen und die Zielsetzungen anderer Personen und Gruppen im Kampf oder mit Hilfe von Vereinbarungen durchzusetzen" (O. Stammer). P. birgt das Element des Zwanges zum Durchsetzen von bestimmten Ordnungsvorstellungen. Gesellschaft-P. ist der Einsatz politischer Mittel, auch staatlichen Zwanges, dort, wo Überredung, wo allgemeine Kommunikationsvorgänge allein nicht genügen, um eine Beeinflussung der sozial relevanten Vorgänge in Richtung eines dem Politiker vorschwebenden Idealzustandes zu erreichen. Im Gegensatz zu den angelsächsischen Demokratien läßt sich im deutschen Sprachgebiet eine Inflation der Sonder-P. beobachten: Familien-, Bildungs-, Siedlungs-, Verkehrs-, Agrar-, Sozial-, Einkommens-, Vermögens-P. und andere. Diese Flut von „Bindestrich-P." dürfte die P. an sich, das in ihr wirtschaftlich Mögliche und Vernünftige, aber auch das Verständnis der Bevölkerung für P. beeinträchtigen.

H. Schoeck, Was heißt politisch unmöglich? (1959); G. Salomon-Delatour, Politische Soziologie (1959); J. Fijalkowsky, Politologie und Soziologie (1965); K. Mannheim, Ideologie und Utopie ([4]1965); B. Crick, Eine Lanze für die Politik (1966); R. Heberle, Hauptprobleme der politischen Soziologie (1967). Weitere Literatur siehe Demokratie, Parlamentarismus, Opposition.

Politische Parteien ↗Parteien, politische.

Polygamie ↗Familie.

Position, soziale ↗Berufsprestige, ↗Bezugsgruppe, ↗Klasse, ↗Rolle, ↗Schichtung, ↗Status.

Positivismus (nach A. Comtes philosophie positive seit Mitte des 19. Jahrh. das Bekenntnis zur streng empirischen Wissenschaft), die Außerachtlassung jeglicher Information oder Überlegung, die mit den z. Z. verfügbaren erfahrungswissenschaftlichen Methoden nicht bewiesen werden können. Insofern der P. nur das als sicheres Wissen, als Ausgangspunkt für Hypothesen, Theorien und allgemeine Urteile zuläßt, was den empirischen Methoden des Augenblicks zugänglich ist, erschwert er den wissenschaftlichen Fortschritt, der oft von Spekulationen über Zusammenhänge ausgeht, die empirisch noch nicht überprüfbar sind. Der P. überschätzt die Aussagekraft von rohen, ungeordneten Datenmassen und mißtraut den Sinnes- und Verstandesfunktionen des menschlichen Geistes (apriorische Erkenntnis soll auch auf Erfahrung rückführbar sein), soweit sie über Zusammenhänge urteilen, für deren Erkenntnis in der zugänglichen Wirklichkeit nur unvollständige Bezugspunkte ausgemacht werden können (deshalb z. B. die Bedeutung der Ganzheits- bzw. Gestaltpsychologie für die Widerlegung des extremen P.). P. tritt heute in der Sozialwissenschaft als Empirizismus und Neo-P. (in den USA vor allem) auf.

Pragmatismus, eine typisch angelsächsische, insbesondere amerikanische Einstellung zum Leben und seiner Beherrschung, auch durch wissenschaftliche Behandlung seiner Probleme; eine dem europäischen ↗Positivismus ähnliche Geisteshaltung, mit dem Anspruch, eine (Lebens-)Philosophie zu sein, deren Anfänge man schon bei Benjamin Franklin und den Ideologien der amerikanischen Pioniere suchen darf, zur eigenständigen amerikanischen Philosophie um die Jahrhundertwende weiterentwickelt, auch unter dem Namen „Instrumentalismus", von William James und John Dewey: wahr ist, was funktioniert, also die Praktikabilität, der Erfolg in der Praxis eines Erkenntnisverfahrens als letztes Wahrheits- und Wertkriterium. P. ist eine resolute, entscheidungsfreudige, nüchtern-optimistische Einstellung zum menschlichen Dasein, zur Zukunft, die für den Vorsprung der USA auf dem Gebiet der angewandten Wissenschaften, der Technologie mitverantwortlich gewesen ist. Bedenklichere, weil den menschlichen Erkenntnisvorgang einengende Folgen des Pragmatismus sind beispielsweise der Ausschluß aller nicht voll operationalisierbarer Begriffe, insbesondere in den Sozialwissenschaften, und die allgemeinen Mängel der positivistischen Weltauffassung, deshalb wird neuerdings gerade auch von jüngeren amerikanischen Gelehrten der unaufgeklärte P. ebenso in Frage gestellt wie der Positivismus und Empirismus.

Presse. Als die P. bezeichnet man die Gesamtheit der Tageszeitungen (u. U. einschließlich der wöchentlich und monatlich erscheinenden Zeitschriften), insoweit sich die in diesem Kommunikationsmittel tätigen Personen als eine besondere, eigenständige, durch die Verfassung geschützte (P.freiheit) Institution, als die „vierte Macht" oder der „vierte Stand" einer Gesellschaft selbst verstehen und die öffentliche Meinung, den politischen Prozeß der Willensbildung beeinflussen. Hat ein Politiker oder ein Künstler eine „schlechte P.", so heißt dies, er habe sich die berechtigte oder unberechtigte Kritik des Großteils der aktuellen gedruckten Organe auf sich gezogen, die dabei keineswegs eine objektive Spiegelung der überwiegenden Meinung in der Bevölkerung darstellen müssen. Dies zeigt der Erfolg beim Wähler oder Publikum auch solcher Persönlichkeiten, die eine „schlechte P." haben. Aufgrund welcher Kriterien, aufgrund welcher Ermessensfreiheit maßgebende Blätter der P. Politiker, Theaterstücke, geistige Strömungen usw. „machen" oder „verunmöglichen" können, ist eine offene Frage, die an Aktualität nicht dadurch verliert, daß mehr und mehr konkurrierende Medien das Monopol der Presse einschränken (Fernsehen, Hörfunk). Die P.freiheit ist ein Grundrecht, dessen Einschränkung oder Aufhebung für jede nichtdemokratische, ↗autoritäre oder totalitäre Herrschaftsform, für die ↗Diktatur und ihre Vorläufer unerläßlich ist. ↗öffentliche Meinung

U. de Volder, Soziologie der Zeitung (1959); H. K. Platte, Soziologie der Massenkommunikationsmittel (1965). Weitere Literatur siehe Information, Kommunikation, öffentliche Meinung, Meinungsforschung.

Pressure Groups (Druckgruppen) sind unterschiedlich straff organisierte Verbände, die auf das öffentliche Leben oder Teile von ihm sozialen Druck ausüben zur Durchsetzung eigener Interessen. Diese können aus einer partikularen Ethik bestehen, der die gesamte Gesellschaft unterworfen werden soll (Prohibition des Alkohols in den USA) oder aus einfachem wirtschaftlichen Gewinnstreben. P. G. als Begriff in der amerikanischen Lit. seit den 20er Jahren immer häufiger, fast gleichbedeutend (aber weniger abwertend) die Bezeichnung Interessen-Gruppe. Zwecks Unterscheidung von der ↗Lobby, sollte man von P. G. vor allem dann sprechen, wenn die Gruppe(n) keinen direkten Einfluß auf einen bestimmten Gesetzgebungsakt versuchen. Die Lobby arbeitet, u. U. offen und sogar im Einvernehmen mit dem Gesetzgeber, auf ein bestimmtes Gesetz hin, die P. G. sucht eher ein öffentliches Klima zu erzeugen, in dem verschiedene, ihr nicht genehme Maßnahmen, Gesetze usw. als *politisch unmöglich* gelten. P. G.s können die Interessen bestimmter Bevölkerungsgruppen vertreten (z. B. Heimatvertriebene in der BRD, ethnische oder religiöse Minderheiten in den USA). Im Gegensatz zur politischen Partei ist für die P.G.s die Politik nicht Selbstzweck, sondern nur Mittel zum Zweck. Trotzdem sind P. G.s stets politisch wirksam. Die Trennlinie zwischen polit. ↗Partei und P. G. kann undeutlich sein, wenn ↗Minderheiten (auch Religionsgruppen) eine eigene politische Partei gründen, die im Parlament vertreten ist.

Prestige besitzt jeder, dem die Mehrheit einer für ihn bedeutungsvollen ↗Gruppe (von einer kleinen Fachgenossenschaft bis zur Menschheit) Gehör schenkt, obwohl er nicht notwendigerweise ↗Macht, ↗Amt, ↗Charisma oder eine Position hat, die es ihm erlauben würden, seine An- oder Absicht gegen Widerstände durchzusetzen. Wer P. hat, kann manchmal auch Personen für ihre Gefolgschaft durch betonte und selektive Kontaktnahme mit ihnen (Einladungen) belohnen. Bestimmte soziale Stellungen, Ämter, Titel usw. (z. B. Nobelpreise) bringen in der Regel dem Inhaber P. Dieses kann aber auch verscherzt werden, wenn die ↗Rolle, die dem ↗Status, der Position entspricht, unzulänglich gespielt wird. Auch einzelne Gruppen oder Institutionen können P. besitzen. Man kann von einem negativen P. sprechen, doch wird dann der neue Begriff vom ↗Image (das gut oder schlecht sein kann), wertfrei gebraucht, sinnvoller. Das Sozial-P. ist an bestimmte Gruppen gebunden. Im Gegensatz zur Autorität kann P. auch als ein rational nicht begründbares Ansehen definiert werden.

H. Kluth, Sozialprestige und sozialer Status (1957); W. Korff, Ehre, Prestige, Gewissen (1966).

Primärgruppe, ein zunächst für die Familie von C. H. Cooley eingeführter Begriff, der im weiteren Sinne auch jede kleine, meist unspezialisierte Gruppe mit wenigen Mitgliedern meint, deren Beziehungen sich vorwiegend Gesicht zu Gesicht (face-to-face), intim abspielen. R. LaPiere nennt jede kleine G., die das Individuum in erster Linie trägt, deshalb aber auch sozial kontrolliert, eventuell formt, Statusgruppe (↗Sozialisation). Entgegen mancher Theorien des 19. Jahrh. („Gemeinschaft" — „Gesellschaft") sind Menschen, in allen Gesellschaften, in der Gegenwart genauso wie in den ältesten uns bekannten Kulturen oder bei den Naturvölkern, von P. abhängig, stets auf solche eingestellt und hauptsächlich durch solche sozial kontrollierbar. Die Bedingung der „Gesicht-zu-Gesicht"-Beziehung der Mitglieder wird heute nicht mehr als entscheidend angesehen (Faris). ↗Bezugsgruppe. Die P. unterscheidet sich von der Sekundärgruppe vor allem durch Intimität und ein besonders starkes Gruppenbewußtsein, ein „wir-Gefühl". Die Mitglieder einer P. können auch räumlich getrennt die P. weiterhin erleben, etwa durch telefonische Kontakte. Empirische Forschungen haben die Bedeutung der P., ihr spontanes Entstehen innerhalb größerer Organisationen bestätigt. Dort bezeichnet man P. auch oft als informelle Gruppen (informal groups).

Ch. H. Cooley, Social Organization (New York 1909).

Privileg nennt man das den Inhabern bestimmter ↗Status durch Gesetz oder Gewohnheit eingeräumte oder vorbehaltene Vor- oder

Sonderrecht, also jede begünstigende Sonderregelung für eine Person oder Kategorie von Personen. Der Angriff aufs P. kommt meist von solchen, die vom P. ausgeschlossen sind. Das P. bietet als angenehm oder vorteilhaft empfundene Werte, die aber sowohl aus *Freiheit von* (z. B. bei Schöffendienst, Wehrpflicht, Steuern) als auch *Recht zu* etwas (z. B. Monopole, Jagd-P.ien) bestehen können. Jedes soziale System, das eine Rangordnung, eine ↗Hierarchie enthält, wird zwangsläufig unterschiedliche P.ien kennen. P.ien wurden vor allem früher meist in Form von Urkunden verliehen, die nicht selten gefälscht wurden. Ein P.ienstaat (worin bestimmte Rechte durch das P. verliehen und nicht durch allgemeine Gesetze gestaltet werden) bestand bis ins 19. Jahrh.: für einzelne Stände (Adel, Militär, Geistlichkeit) galt das P., sie waren privilegierte Stände. Das P. findet sich jedoch nicht nur bei aristokratischen Herrschaftsverhältnissen, sondern bei allen, auch in heutigen demokratischen und kommunistischen Gesellschaften. Jedes Herrschaftssystem schafft stets wieder neue P.ien. So haben sozialistisch regierte Länder fast immer eine Wirtschaft des Mangels (zumindest auf dem Wohnungsmarkt). Deshalb wird gerade in ihnen das P. derjenigen sichtbar, die der sozialistischen Partei angehören. „Abschaffung aller P.ien" ist eine demagogische Forderung, die gerade in all denjenigen politischen Systemen unverwirklicht geblieben ist, die mit diesem Schlachtruf gegründet worden sind. Ob ein P. für die funktionsgerechte Ausübung eines Status notwendig ist oder nicht, die Unterscheidung also zwischen legitimen und illegitimen P.ien ist sehr schwer und nur im Einzelfall möglich.

G. E. Lenski, Power and Privilege (New York 1966).

Privateigentum ↗Eigentum.

Produktionsmittel ↗Bewußtsein (falsches), ↗Kapitalismus, ↗Klasse (soziale), ↗Konkurrenz, ↗Marxismus.

Prognose nennt man im Gegensatz zur einfachen Vorhersage das wissenschaftlich gesicherte Urteil über einen, meist kurzen Abschnitt einer vor uns liegenden Zeitreihe, deren Einzelglieder von der Gegenwart bis zu dem prognostizierten Zeitpunkt aufgrund von Erfahrungen vorhersehbar sind und deshalb, falls sich Abweichungen während der Hinbewegung auf das Ziel der P. feststellen lassen, zu einer Korrektur der P. Anlaß geben. In diesem Sinne kann man die P. für eine Konjunktur in der Wirtschaft, für einen Trend, für einen politischen oder sozialen Reformprozeß oder für die Erfolgschancen einer einzelnen Firma stellen. Eine Möglichkeit verläßlicher P.n wird heute in der Sozialwissenschaft nur mit Einschränkungen für genau umschriebene Erfolgspunkte unter festgelegten Bedingungen gesehen.
Die P. über künftige Ereignisse, die aus menschlichen Handlungen hervorgehen, ist besonders riskant, weil die P. ihre eigene Dynamik

in die Abläufe bringen kann. K. R. Popper nennt dies den Ödipus-Effekt, R. K. Merton das Phänomen der „self-fulfilling prophecy“ bzw. der „self-defeating p.“. Die P., sofern sie den Personen bekannt gegeben wird, auf deren künftiges Handeln und Verhalten (z. B. als Wähler, Konsumenten usw.) es bei dem vorhergesagten Ereignis ankommt, kann entweder dieses Verhalten in Richtung auf das Vorausgesagte oder in entgegengesetzter Richtung beeinflussen. Die P. einer Wirtschaftskrise kann u. U. die Wirtschaftssubjekte zu einer Welle von Konsumakten und damit zur Abwendung der Rezession veranlassen (weil die Menschen durch die P. „schlechter Zeiten“ wider Erwarten nicht zur sofortigen Sparsamkeit, sondern zu einem — vermeintlich letzten — Gutleben und Sicheindecken motiviert wurden). Theoretisch lassen sich jedoch die Probleme dieser Eigendynamik der P. über soziales Verhalten zum Teil lösen, wenn die Wirkung der P., auch im paradoxen Sinne, auf das Verhalten der Subjekte einkalkuliert werden kann.

E. Topitsch (Hrsg.), Logik der Sozialwissenschaften (1965); A. Schöpf, Das Prognoseproblem in der Nationalökonomie (1966). B. de Jouvenel, Die Kunst der Vorausschau (1967).

Proletariat (↗Arbeiter, ↗Automation, ↗Bewußtsein, ↗Bolschewismus, ↗Kapitalismus, ↗Klasse, ↗Kollektivismus, ↗Kommunismus, ↗Marxismus, ↗Sozialismus, ↗Wissenssoziologie), nach dem Lateinischen *proletarius, proles* (freie, aber wegen ihres unbedeutenden Besitzes von verschiedenen Pflichten dem Staat gegenüber entbundene, meist der fünften Steuerklasse angehörende Bürger im alten Rom), heißen zunächst alle sehr armen Menschen, im 18. Jahrh. das „niedrige“, unbotsame gewöhnliche Volk. Im 19. Jahrh. wird P. im engeren Sinne Bezeichnung für die Lohnarbeiterschaft, insbesondere städtische Fabrikarbeiter, und erlangt als Grundbegriff der Gesellschaftstheorie des Marxismus und Sozialismus seine heutige Bedeutung. Dem P. gehört im 19. Jahrh. an, wer nur seine Arbeitskraft anbieten kann und dafür grundsätzlich so wenig Lohn erhält, daß er mit Mühe gerade sein Leben (und das seiner Familie) bis zum nächsten Zahltag kärglich fristen, weder Reserven ersparen (um sich etwa nach einer besseren Stelle umzusehen) noch selbst je die Produkte seiner Fabrikarbeit erwerben kann. Das P. ist Kernbegriff der marxistischen Verelendungs-(Pauperisierungs-)theorie, die eine Diktatur des P. (in und nach einer Revolution gegen die kapitalistische Eigentumsordnung) als notwendiges Ereignis vorhersagt. Das eigentliche P. ist für Marx nicht etwa der ↗Randseiter, der marginale Gelegenheitsarbeiter, der psychologisch zu einer regelmäßigen Arbeit unfähige Mensch (Persönlichkeitstypen, die es auch heute in allen Gesellschaften gibt), sondern für Marx besteht das P. gerade aus voll leistungsfähigen, regelmäßig beschäftigten Arbeitern. Diese sind im Laufe des 20. Jahrh. aber in allen industrialisierten Ländern durch staatliche und private Systeme „sozialer Sicherheit“, durch Reallohnsteigerungen und Verbreiterung der Konsumbasis für praktisch alle Industriegüter Teil einer

breiten Mittelschicht geworden, die sich weder subjektiv noch objektiv als P. verstehen läßt.
Jedoch nicht allein die Propaganda heutiger kommunistischer Staaten, sondern auch der Spätmarxismus einiger Autoren in den westlichen Demokratien kann auf den Begriff des P. im Sinne von Marx nicht verzichten. Ohne P. würde Marxismus und Kommunismus hinfällig. Am ehesten paßt der Begriff P. heute auf Teile der Bevölkerung in verschiedenen ↗Entwicklungsländern. Dieses „externe P.", dessen Nachkommen an sich gerade innerhalb freier Marktwirtschaften am ehesten einen ähnlichen Aufstieg erleben könnten, wie die Nachkommen des europäischen und nordamerikanischen P. des 19. Jahrh., wird heute symbolisch in die Gesellschaftskritik westlicher Länder eingebaut. Darüber hinaus bezeichnen spätmarxistische Schriftsteller zwecks Revolutionspotential heute sämtliche Arbeitnehmer in den westlichen demokratischen Industriegesellschaften, einschließlich leitender Angestellter (Manager) und Beamter, als P. Einziges Kriterium für die Zugehörigkeit zum P. ist für diese Autoren Erwerbstätigkeit aufgrund eines unselbständigen Arbeitsverhältnisses, unbesehen der Tatsache, daß der Ertrag dieser Arbeit, zusammen mit verschiedenen Rechtsansprüchen für den Versorgungsfall, einen Lebensstil erlaubt, der in keiner Weise dem P., wie es für Marx sichtbar war, entspricht. Die spätmarxistischen Soziologen erhoffen sich u. a. von der Automation einen neuerlichen Pauperisierungsprozeß, der bei den heutigen Arbeitnehmern die „revolutionäre Perspektive" erneut stellen könne.

W. Sombart, Das Proletariat (1906); W. Conze, Vom ‚Pöbel' zum ‚Proletariat', in: H.-U. Wehler (Hrsg.), Moderne deutsche Sozialgeschichte (1966).

Promiskuität wird innerhalb einer Gruppe geübt, wenn der Geschlechtsverkehr zwischen ihren Mitgliedern durch keine Normen begrenzt wird, die sich auf die Partnerwahl erstrecken. Im Zustand reiner P. würde auch das ↗Inzest-Tabu nicht wirksam sein. Dies ist aber in keiner einzigen bekanntgewordenen Gesellschaft der Fall. Kurzlebige Gruppen und Gemeinschaftsgründungen, meist mit utopischen Idealen, haben gelegentlich versucht, nach dem Prinzip der P. zu leben. Die biologistische Entwicklungstheorie, mit der Stufenfolge: P. — Gruppenehe — Monogamie, gilt heute als unzutreffend. Eine unterschiedlich große voreheliche P. wurde bei Naturvölkern (aber nicht nur diesen) beobachtet. Ralph Linton u. a. haben sie aus einer bei solchen Stämmen auftretenden befristeten Sterilität junger Mädchen zu erklären versucht. ↗Prostitution.

Propaganda (in der katholischen Kirche ursprünglich die Fortpflanzung, also Verbreitung des Glaubens) heißt im 20. Jahrh. in zunehmendem Maße diejenige auf Breitenwirkung zielende Mitteilung, deren Wahrhaftigkeitsgehalt oder Absicht mit einer eigennützigen Interessenlage des Mitteilenden verknüpft wird. P. wird von privaten und staatlichen Organen unter weniger ruchbar klingenden Bezeichnungen (Öffentlichkeitsarbeit, ↗public relations, Aufklärung, Information, Kulturaustausch) regelmäßig getrieben. Von der Reklame, ↗Werbung unterscheidet sich P. durch ihr Ziel, das in der Regel nicht Absatzsteigerung, sondern die Veränderung des Bewußtseins der von der P. erreichten Bevölkerung (vorwiegend in politisch oder militärisch belangvollen) Sektoren ist. P. gibt sich im Gegensatz zu anderen Methoden *(subliminal conditioning)* meist als solche zu erkennen und ist in der Wirkung deshalb begrenzt; wie es selbst die perfektionierte Propaganda des Nationalsozialismus nachweislich gewesen ist. Mit den Formen und Wirkungen der P. befaßt sich heute die ↗Kommunikationsforschung.

Prostitution ist teils ein juristischer, teils ein soziologisch beschreibender Begriff für die gewerbs- oder gewohnheitsmäßige Hergabe sexueller Verhaltensformen zur Befriedigung anderer. ↗Promiskuität. P. hat es bei allen Völkern, auch Naturvölkern, gegeben. Nach Ansicht mancher Ethnologen kommt P. bei „genossenschaftlichen" Gruppen, bei einfacheren Naturvölkern nicht vor. Allerdings hat man aber (z. B. von den Siriono-Indianern in Bolivien, A. Holmberg) selbst bei kleinen Horden beobachtet, daß Männer sich den Geschlechtsverkehr von Frauen derselben Gruppe durch Angebot begehrter Naturalien (z. B. Nahrungsmittel) kaufen und darüber feilschen.
Die jeweilige Form der P. kann durch die Gesamtgesellschaft bedingt sein (so hatte die P. im Mittelalter ständische Merkmale). P. wird meistens, aber nicht nur von weiblichen Personen für heterosexuelle Zwecke ausgeübt. P. wird in manchen Ländern (z. B. den USA) strafrechtlich verfolgt, in anderen institutionalisiert und durch Behörden geregelt, mit Erfolg unterdrückt wurde sie noch nirgends. P. im übertragenen Sinn heißt die unerzwungene bzw. allgemein verurteilter Vorteilssucht wegen ausgeführte Preisgabe einer legitimen Position der Unabhängigkeit.

Protestantische Ethik und Kapitalismus ↗Askese, ↗Individualismus, ↗Kapitalismus, ↗Religionssoziologie.

Prozesse, soziale heißen die von Individuen oder Gruppen, in unterschiedlicher Absichtlichkeit, auf ihre Wirkung bei anderen hin unternommenen Handlungsverläufe, sofern sie sich in ähnlicher Weise zwischen der Mehrzahl aller Mitglieder des Kollektivs regelmäßig beobachten lassen. Es gibt vier Haupttypen: solche des ↗Konflikts, der ↗Konkurrenz, der ↗Kooperation und des ↗Consensus (A. W. Green). J. Fichter, für den der s. P. „mehr ist als das Bindeglied zwischen Status und Rolle" (d. h. die Beziehung aufgrund eines s.n P.es liege auf einer anderen soziologischen Abstraktionsebene als die Rollenbeziehung), führt auch den s.n. P. der Kontravention (Obstruktion, des Verhinderns, Verzögerns) auf. Auch Akkomodation (z. B. antagonistische), ↗Assimilation, ↗Anpassung können als s.r P. aufgefaßt werden. In der sozialen Wirklichkeit überlagern und überschneiden sich meist verschiedene s.e P.e. Für L. v. Wiese (seit 1924) sind nur solche P.e für die Soziologie relevant, „die sich in Milliarden ähnlicher Verläufe wiederholen", und zwar im zwischenmenschlichen Geschehen, aus dem sich die Gesellschaft ergibt. L. v. Wiese unterscheidet P. des Zueinanders, des Auseinanders und verschiedene Mischformen. L. v. Wiese leitet auch die sozialen Gebilde nur aus den Vorstellungen der Menschen ab, die sich auf s.e P.e gründen. ↗Integration.

T. Parsons, Structure and Process in Modern Societies (New York 1960); W. Stark, The Fundamental Forms of Social Thought (London 1962).

Psychodrama ist ein Laienspiel ohne künstlerische Ambitionen, dessen Darsteller seelisch erkrankte Personen und dessen Regisseur ein Psychotherapeut ist, zum Zweck einer Selbstheilung durch „acting out", durch Abreagieren und Bewußtmachen, auch im Erlebnis motorischer Handlungen, von zwischenmenschlich verursachten seelischen Problemen; ein P. im kleinen wird im Grunde auch gespielt, wenn, meist Kinder oder Jugendliche (projektiver Test) mit Puppen in einem Puppenhaus spontan Familienszenen arrangieren, durch die sie verdrängte Motive, z. B. Eifersucht und Haß auf ein Familienmitglied, zu erkennen geben, so daß der Psychologe oder Arzt eine gezielte Behandlung einleiten kann.

Public Relations, eine zuerst in den USA entwickelte Form der Propaganda, der „Image-Pflege", die entweder von einem Fachmann, evtl. einer eigenen Abteilung eines Unternehmens (aber auch staatliche Einrichtungen) wahrgenommen wird oder an Spezialfirmen für P. R. in Auftrag gegeben wird. Wer sich die Pflege der P. R. nicht angelegen sein läßt, hat, wie man sagt, „schlechte P. R.".

Publikum ist eine meist größere Zahl von Personen, denen Kollektiveigenschaften, kollektive Reaktionsmöglichkeiten zugeschrieben werden, weil sie als P. auf eine an die Öffentlichkeit gerichtete Äußerung (künstlerische, politische usw.) zu reagieren scheinen oder jedenfalls reagieren könnten. Das P. ist Teil der öffentlichen Meinung, kann auch, wie diese, als negative soziale ↗Kontrolle, als nivellierende ↗Masse (José Ortega y Gasset) verstanden werden; Kierkegaard kritisiert schon 1844 das P. mit Ausführungen, die später der Masse, der ↗öffentlichen Meinung gelten. P. im engeren Sinne ist die Gesamtheit der Anwesenden bei einer Darbietung, die ohne P. zwecklos wäre. Die Eröffnung eines Autosalons hat ein P., ein Autounfall auf der Straße kein P., sondern einen Auflauf, eine Ansammlung. Das P. wirkt durch die Anonymität seiner Mitglieder; die bei einer Premiere anwesenden Kritiker gehören deshalb nicht zum P., formen aber die Meinung des P.s. Zum Begriff des P. gehört

die Möglichkeit kollektiven Verhaltens infolge emotionaler Ansteckung der Anwesenden, aber keine erkennbare Gruppenstruktur.
Im Englischen bezeichnet *audience* sowohl das einem Ereignis direkt, als amorphe „Gruppe", sozusagen in Tuchfühlung beiwohnende P. als auch die Gesamtheit (evtl. durch Stichproben im Umfang erschließbare) aller Hörer, Fernsehenden einer bestimmten Rundfunksendung. Bei der Übersetzung ins Deutsche von *audience* als P. können sich deshalb Mißverständnisse ergeben. Die audience-Forschung arbeitet mit Begriffen wie *audience flow*, die Zu- oder Abnahme der (geschätzten) Hörerzahl am Ende eines Programms. Das P. in einem Theater, einem Stadion, einer Galerie ist überwiegend ohne vorherigen persönlichen Kontakt zustande gekommen, kann aber gemeinsame Interessen entwickeln (z. B. nach Abbruch einer Darbietung), sollte aber nicht mit der Hörerschaft eines elektronisch ausgestrahlten Programms verwechselt werden. Zwar sagt man von einem Autor, er habe sein P., doch wäre es genauer, von seinem Leserstamm zu sprechen.

R. Clausse, Publikum und Information (1962).

Q

Quantifizieren wollen heute, in Nachahmung der exakten Naturwissenschaften, fast alle Sozial- und Verhaltenswissenschaften. Problem- und Hypothesenauswahl, Entscheidung für eine Methode, die Begriffe (Operationalisierbarkeit) werden in Hinsicht auf die Quantifizierbarkeit der Beobachtungseinheiten und der Ergebnisse getroffen. Q. wurde zuerst, z. T. im Zusammenhang mit dem ↗Behaviorismus in den USA in der Psychologie, von da ausgehend in der Soziologie, später auch der Kulturanthropologie (Ethnologie) und Politikwissenschaft bestimmende Forschungsrichtung; wobei die schon früher auftretende Ökonometrie, die statistische Behandlung volkswirtschaftlicher Daten, als Vorbild gewirkt hat. Wenn das Q. jedoch als maßgebende Maxime jeder Sozialwissenschaft verstanden wird, ergibt sich eine Selbstbeschränkung und Einengung der Blickweise, der Ausschluß von wesentlichen und qualitativ morphologisch erforschbaren Problemen, nur weil diese nicht für die Verfahren der quantitativen Arbeitsweise operationalisierbar sind. Wenn das Q. als die einzig zulässige Forschungsweise der Soziologie angesehen wird, weil man es an Wissenschaftlichkeit den Naturwissenschaften gleichtun müsse, vergißt man, daß verschiedene Naturwissenschaften nach wie vor mit gestalthaft erfaßten und verglichenen qualitativen, morphologischen Beobachtungsakten ihre Ergebnisse erzielen, so z. B. die hämatologische Differentialdiagnose, viele Spezialgebiete der Biologie, der mikroskopischen Anatomie, aber auch die Archäologie, Paläontologie und Geographie. Unkritisches Q. verführt auch zum Empirizismus.

G. A. Lundberg, Foundations of Sociology (New York 1964); R. Aron, Les étapes de la pensée sociologique (Paris 1967).

Quotenauswahl ist bei der ↗Meinungsforschung, der Demoskopie, das Verfahren, die repräsentative Stichprobe für eine zu untersuchende Bevölkerung (Population, im Englischen auch universe genannt) durch Zerlegung der Gesamtheit in charakteristische Teile, für die proportionale Quoten ausgerechnet werden, aufzubauen. Die Stichprobe, das Sample, muß dann eine bestimmte Anzahl von Vertretern der Teilgruppen enthalten, wie z. B. Angehörige der wichtigsten Berufsgruppen, Altersgruppen, Religionsgruppen usw. Das Verfahren der Q. erlaubt keine echte Repräsentativität und führt zu erheblichen Fehlern. Es wird in der neueren Meinungsforschung nur mit erheblichen Einschränkungen zusätzlich zur Zufallsstichprobe verwendet. Beim Quotaverfahren werden dem Interviewer nicht (wie bei der Zufallsauswahl) bestimmte Einheiten (Personen) zur Befragung zugewiesen, sondern er bekommt seine „Quote" an Personen mit besonderen Merkmalskombinationen, sucht sich aber die dazu passenden Zielpersonen selbst aus.

G. Schmidtchen, Die repräsentative Quotenauswahl (1962); H. Kellerer, Theorie und Technik des Stichprobenverfahrens ([3]1963); Elisabeth Noelle, Umfragen in der Massengesellschaft (1963); R. König (Hrsg.), Praktische Sozialforschung, Bd. 1 ([4]1965); ders. (Hrsg.), Handbuch der empirischen Sozialforschung, Bd. 1 ([2]1967).

R

Radikalismus liegt vor, wenn das Verhalten, meist einer Gruppe (oder eines einzelnen, der eine radikale Gruppe als ↗Bezugsgruppe hat), vor allem im politischen Bereich alles von der Wurzel her (radikal, lat. *radix*) ändern möchte, im weiteren Sinne immer dann, wenn Gesinnung oder Benehmen eines anderen in bedrohlicher Weise von der als normal angesehenen Variationsbreite abweicht. R. ist somit ein Werturteil, das je nach Standort des Sprechenden lobt oder tadelt.

Randomisierung (englisch at random = zufallsbedingt) ist ein Verfahren der empirischen Sozialforschung, meist zur Auswahl von zählbaren Einheiten oder Datenquellen (Befragte). Damit die Auswahl tatsächlich „dem Zufall" entspricht, muß die Stichprobe als solche sorgfältig geplant und bestimmten methodischen Regeln unterworfen werden. Diese Zufallsstichprobe soll annäherungsweise gewährleisten, daß jede Einheit (Einzelpersonen, Dörfer, Betriebe, Tageszeitung usw.) innerhalb der zu untersuchenden Gesamtheit die gleiche Chance hatte, gewählt zu werden, somit Repräsentativität erreicht wird. ↗Auswahlverfahren.

Randseiter (marginal man) heißt jemand, der gleichzeitig zwei oder mehr Gruppen angehört (auch durch eigene Wahl, Leistung oder nur in seiner Vorstellung), deren soziale Definitionen und kulturelle Normen verschieden sind. Der Grad seiner Marginalität hängt ab von Größe des Unterschiedes zwischen den kulturellen Normen, von dem diesen Unterschieden zugeschriebenen Gewicht und seiner persönlichen Empfindlichkeit für sie. Der Begriff „marginal man" stammt von R. E. Park (1928) und bezog sich auf hybride Gestalten, die als Wanderer (u. U. als ↗Fremder) die ↗Kultur zweier Gruppen teilen. Später verstand er darunter auch Personen mit gemischtem Erbgut (Halbblut, Mestizen usw.). Park betonte die ↗Desorganisationswirkung der Marginalität, des R.tums. E. V. Stonequist beschrieb *(The Marginal Man*, 1937*)* vier Typen: der wandernde Fremde, die zweite Generation von Eingewanderten, der aus dem Getto emanzipierte Jude, das Mischblut. Andere Typen werden von Stonequist erwähnt, wie Parvenus, Deklassierte, der vom Land in die Stadt gewanderte Mensch, Frauen in veränderten Rollen. Anfänglich hat man wohl das ethnische Problem beim R. überbetont. Heute würde man für manche Erscheinungen bei der R.persönlichkeit den Begriff der mangelhaften ↗Status-Kristallisation bzw. Status-Inkonsistenz verwenden. ↗Anomie.

Rang gibt es, wo die Mitglieder eines sozialen Systems R.unterschiede erkennen (dies auch in Tiergruppen), ursprünglich meist aufgrund einer körperlichen Kraftprobe, und diese Unterschiede an Kraft und Macht im Rahmen einer R.ordnung im gegenseitigen sich Verhalten spiegeln. Während heutige (demokratische) Gesellschaften R.-ordnungen und die Symbole sozialer ↗Distanz teilweise abbauen (z. B. Verbot des Papstes an die Bischöfe, einen Bischofsthron oder eine Sänfte zu benutzen), gibt es nach wie vor strenge R.-ordnungen, z. B. die durch Protokoll festgelegte Sitzordnung bei Festessen im diplomatisch-staatlichen Bereich. R.unterschiede können, müssen aber nicht von sozialen ↗Klassen und ↗Schichtung abhängen. Kollektive Handlungssysteme (z. B. militärische Verbände, Feuerwehr, ein Operationssaalteam, Ensemble und Angestellte einer Bühne), die in einer begrenzten, meist knappen Frist festgelegte Ziele erreichen und Leistungen vollbringen müssen, können in jeder Gesellschaft nur optimal wirken, sich vor einer gegenseitigen Lähmung der Mitglieder schützen, wenn eine vor dem Handlungsablauf festgesetzte und allgemein anerkannte R.ordnung, meist als ↗Hierarchie, Richtung und Ausmaß der Weisungsbefugnisse regelt. Die R.ordnung (bei Vögeln auch Hackordnung genannt) bei Tiergruppen sichert die Überlebenschancen des Kollektivs, indem sie zentrale Aufgaben, wie Führung, Warnung und oft auch Zeugung der nächsten Generation, dem Alpha-Tier zuweist.

Rasse (↗Antisemitismus, ↗Kaste, ↗Minderheiten, ↗Paria, ↗Randseiter, ↗Vorurteil) bezeichnet aufgrund äußerlich (u. U. auch innerlich an Blutzellenhäufigkeiten) erkennbarer, z. T. meßbarer physischer Merkmale voneinander unterscheidbare Bevölkerungen. Die Angehö-

rigen einer R. haben mehr Körpermerkmale bestimmende Gene gemeinsam als mit Angehörigen einer anderen R., doch hat jede R. überwiegend am Gesamtgenbestand des Menschen (homo sapiens) teil. Ob alle heutigen Menschen, gleich welcher R., einen gemeinsamen Ursprung haben (oder ob es mehrmals unabhängig von der Primatenstufe aus zur Menschwerdung kam), ist noch offen. Im Fall gemeinsamen Ursprungs können die R.n durch die Inzucht (durch Wanderungen) isolierter Gruppen erklärt werden, deren Erbausstattung, auch in Auseinandersetzung mit einer spezifischen (z. B. tropischen) Umwelt, homogener wurde. Wo immer Menschen verschiedener R.n zusammenkamen, findet Vermischung statt, so daß die Zahl der R.n lange umstritten war: früher vier oder fünf R.n, heute nur mehr drei Haupt-R.n: Kaukasoide, Mongoloide und Negroide.
Aufgrund von Vorurteilen, die zu Diskriminierungen führen, werden in manchen Gesellschaften Individuen einer (Paria-)R. zugerechnet, obwohl sie, als Folge einer oft Generationen währenden Vermischung mit anderen R.n, nur mehr durch schwach ausgeprägte (u. U. nur für Geübte erkennbare) wenige Körpermerkmale (z. B. als Neger) einzuordnen sind. In solchen Fällen ist R. ein soziologischer (sozial definierter und wirksamer) Begriff, kein anthropologisch vertretbarer. Um Verfolgungen (Antisemitismus) und Diskriminierungen von Personen und Bevölkerungskategorien aufgrund von Vorurteilen gegen bestimmte R.n zu verhindern, haben manche Sozialwissenschaftler den Begriff R. (in verschiedenen Resolutionen nach dem Zweiten Weltkrieg) grundsätzlich aufgeben wollen: es gäbe keine R. der Menschheit. Diese, aus der Genetik und physischen Anthropologie wissenschaftlich nicht begründbare, politische Position hat sich nicht allgemein durchsetzen können. Es ist auch nicht einzusehen, wie sie ihr Ziel, die Vermeidung und Ächtung des Rassismus (*racism*, extremes Vorurteil einer R. gegenüber), bei unbelehrbaren Personen erreichen könnte, da diese sich am kulturell definierten Phänotypus (nicht am Genotypus) orientieren.
Stereotypen für Angehörige einer R. schreiben diesen besondere Eigenschaften zu, worauf sich irrationale Vorstellungen über die Minder- oder Höherwertigkeit einer R. gründen können (z. B. der „Mythus“ vom Arier seit A. de Gobineau, H. St. Chamberlain bis hin zu seiner extremsten Form im Antisemitismus des Nationalsozialismus). Eine ethnozentrische Stereotypisierung erstreckt sich aber auch auf ethnische und sprachliche Bevölkerungskategorien (Italiener in den USA), die dann sogar irrtümlich als R. aufgefaßt werden können.

A. L. Kroeber, Anthropology (New York ²1948); P. Aich, Farbige unter Weißen (²1963); W. E. Mühlmann, Rassen, Ethnien, Kulturen (1964); C. S. Coon und E. E. Hunt, Jr., The Living Races of Man (New York 1965); R. Italiaander (Hrsg.), Rassenkonflikte in der Welt (1966). Weitere Literatur siehe Minderheiten.

Rationalisierung nennt man 1. durchgreifende Straffungen, eine zweckmäßigere Gestaltung von Vorgängen in der Unternehmensführung, im Fabrikationsprozeß usw., also die Anwendung vernünftiger, dem Stand der Technik und Wissenschaft entsprechende Verfahren in der Wirtschaft und anderen Arbeitsgebieten; wobei meist auch eine rationelle Verfahrensweise gemeint ist, d. h. Erreichen des gewünschten Zieles mit dem geringsten Mitteleinsatz. R. der Fabrikarbeit („Taylorismus" nach F. W. Taylor [1856–1915]), Zeitstudien und Effizienzforschung in Betrieben, wird von Arbeitnehmervereinigungen manchmal abgelehnt und bekämpft.
2. R. einer menschlichen Handlung oder Einstellung liegt vor, wenn anstelle der eigentlichen irrationalen oder jedenfalls nicht öffentlich vertretbaren Gründe und Motive vernunftgemäße, allgemein begreifbare und zu billigende Motive vorgegeben werden. So in der abwertenden Redewendung: „Du rationalisierst ja bloß . . ." R. in diesem Sinne wird oft zur Rechtfertigung von ↗Vorurteilen versucht.

F. v. Gottl-Ottilienfeld, Vom Sinn der Rationalisierung (1929); AISEC (Hrsg.), Rationalisierung in Europa (1963); W. Guthsmuths, Rationalisierung (1964); Soziale Auswirkungen der Rationalisierung. Schriften zur Industriesoziologie und Arbeitswissenschaft, Bd. 2 (1965); H. Wiedemann, Die Rationalisierung aus der Sicht des Arbeiters. (²1967).

Rationalismus ↗Intellektuelle, ↗Utopie, ↗Wissenssoziologie.

Rationalität ↗zweckrational.

K. R. Popper, Die offene Gesellschaft und ihre Feinde, 2 Bde. (1957–58); M. Oakeshott, Rationalismus in der Politik (1966); G. Hartfiel, Wirtschaftliche und soziale Rationalität. Untersuchungen zum Menschenbild in Ökonomie und Soziologie (1968).

Raum, sozialer ist ein Begriff, u. a. der Soziologie der Stadt (R. E. Dickinson, P. H. Chombart de Lauwe u. a.), der ökologische und kulturelle bzw. psychologische Dimensionen hat. Der s. R. wird nicht nur durch die Verteilung der Menschen (Bevölkerungsdichte, „Lebensraum") an sich, sondern vor allem durch die Verteilung entsprechend einer spezifischen ↗Sozialstruktur, verbunden mit einer Bauweise (Architektur, diese wieder abhängig von Bodenpreisen, Technik, Verkehrsmitteln usw.), auch als subjektives Erlebnis, erzeugt.

G. Simmel, Soziologie (³1923, Nachdruck 1958); K. V. Müller und Elisabeth Pfeil (Hrsg.), Raum und Gesellschaft (1952); L. v. Wiese, System der Allgemeinen Soziologie (³1955); E. Rosenstock-Huessy, Die Übermacht der Räume (1956); H. J. Taubenfeld (Hrsg.), Space and Society (Dobbs Ferry [N. Y.] 1964).

Raumplanung (z. T. eine staatliche Hoheitsaufgabe) bezieht sich auf die Einteilung oder Neuverteilung (Flurbereinigung) von Land, um sowohl wirtschaftliche als auch wohnhygienische Belange in ein optimales Verhältnis zu bringen. Der Raumplaner berücksichtigt künftige Siedlungstendenzen, Bevölkerungswachstum, Entstehen neuer Industrien und Schrumpfen alter Industriegebiete, etwaige Neuerungen bei den Verkehrsmitteln, stößt jedoch oft auf Widerstand bei den durch die Raumplanung in ihrem persönlichen Lebenskreis Betroffenen.

mann, Sozialwissenschaftliche Aspekte der Grünplanung in der Großstadt (1963); K. Meyer, Ordnung im ländlichen Raum. Grundlagen und Probleme der Raumplanung und Landentwicklung (1964); H.-G. Niemeier, Raumplanung als Verwaltungsaufgabe (1964)
N. J. Lenort, Strukturforschung und Gemeindeplanung (1960); Schriftenreihe des Instituts für Städtebau, Landesplanung und Raumordnung an der T. H. in Wien (1962ff.); P. Gleich-

Rechtssoziologie (↗Abweichendes Verhalten, ↗Anomie, ↗Brauch, ↗Kontrolle, ↗Konvention, ↗Norm, ↗Sanktion, ↗Sitte) als empirische (nicht normative) Wissenschaft befaßt sich mit allen Erscheinungen und Zusammenhängen, die es dem Menschen in den meisten größeren Gesellschaften ermöglichen, das Verhalten der anderen, unabhängig von ihrer faktischen Macht (und ihren persönlichen Einstellungen ihm gegenüber), vorherzusehen. Nicht nur das positive, fixierte, vom politischen Gemeinwesen gegebene Recht, sondern auch das lebende Recht (Eugen Ehrlich), die Normen für das Zusammenleben sind Forschungsaufgabe der R., vor allem dort, wo sich verschiedene Rechtstraditionen überlagern (z. B. europäisches Recht und lokales Stammesrecht in afrikanischen und asiatischen Entwicklungsländern). Fast alle positiven Rechtsordnungen sind mit weniger expliziten, informellen Regulationsmechanismen verwoben (Brauch, Moral, Sitte, religiöse Auffassungen, Tabus). Von einer Rechtsordnung spricht man, im Gegensatz zu anderen Systemen und Elementen der sozialen Kontrolle, wenn ein erheblicher Grad der Institutionalisierung erreicht ist und ein Justizwesen das Monopol seiner Überwachung hat. (Auch eine Kirche kann sich eine Rechtsordnung geben.) Für die R. wichtig sind die Grenzen und Lücken im Geltungsgebiet eines Rechts: das Recht erstreckt sich auch heute noch selten auf alle Personen in einer Bevölkerung gleichmäßig (z. B. Immunitäten der Parlamentarier, der fremden Diplomaten). Das Recht, vor allem auch das Gewohnheitsrecht, ist mit den verschiedenen Elementen der sozialen Wirklichkeit (soziale Gebilde, Gruppen, Verbände, Institutionen, soziale Beziehungen und Prozesse) eng verknüpft. Es besteht immer eine funktionale Wechselwirkung zwischen Rechtssystem (dem Grad der Rechtssicherheit) und anderen kulturellen Entwicklungen: wirtschaftliches Wachstum, Neuerungen auf den verschiedenen Gebieten setzen eine verläßliche und unparteiische Rechtsordnung voraus, deren Fehlen in manchen ↗Entwicklungsländern als Hauptursache für die langsame wirtschaftliche Entwicklung gilt.
Die R. kann nicht sagen, was sein soll, was strafbar und straffrei bleiben soll, aber sie kann den Gesetzgeber über die gesellschaftliche Durchsetzbarkeit, die Praktikabilität von Gesetzen und ihre sozialen Nebenkosten beraten (z. B. einen völligen Mißerfolg wie die Prohibition alkoholischer Getränke in den USA nach 1920 voraussagen).
Die R. entstand um die Jahrhundertwende. Ihre Pioniere waren u. a. Eugen Ehrlich, Max Weber, Emile Durkheim, Roscoe Pound *(sociological jurisprudence)*, N. Timasheff, P. A. Sorokin, George Gurvitch.

E. Ehrlich, Grundlegung einer Soziologie des Rechts (1913, Nachdruck 1967); J. Stone, Province and Function of Law (Cambridge [Mass.] 1950); G. Gurvitch, Grundzüge der Soziologie des Rechts (1960); E. Fechner, Rechtsphilosophie ([2]1962); T. Geiger, Vorstudien zu einer Soziologie des Rechts (1964); E. E. Hirsch, Das Recht im sozialen Ordnungsgefüge (1966); J. Stone, Law and the Social Sciences in the Second Half Century (Minneapolis 1966); E. Hirsch und M. Rehbinder (Hrsg.), Studien und Materialien zur Rechtssoziologie (1967); W. Richter, Zur soziologischen Struktur der deutschen Richterschaft (1968).

Reklame ↗Werbung

Relativismus ist eine geistige Strömung, eine allgemeine Einstellung (besonders verbreitet seit dem letzten Drittel des 19. Jahrh., bis etwa zur Mitte des 20. Jahrh.), die absolute Positionen leugnet. In der philosophischen Erkenntnistheorie geht der R. davon aus, daß der Mensch die Gegenstände der Erkenntnis mit seinem Denkvermögen immer nur relativ erreicht, je nach der spezifischen (z. B. geschichtlichen oder kulturellen) ↗Situation (↗Historismus). Auch die jeweilige anatomische, biologische oder psychologische Beschaffenheit des den Erkenntnisakt vollziehenden Subjektes bedinge die Relativität der Erkenntnis (Nietzsche u. a.). Nach dem ↗Pragmatismus, dem R. verwandt, bestimmt die Praktikabilität, die Praxis im Leben die Reichweite unserer Erkenntnis. Auf dem Gebiet der Ethik und Wertphilosophie bestreitet der R. die Möglichkeit, das Vorhandensein von allgemeingültigen Normen und Werten. In der Kulturanthropologie, der (vor allem amerikanischen) ↗Ethnologie hat seit den 30er Jahren der kulturelle R. (cultural relativism) eine große Rolle gespielt: der Forscher dürfe keine ihm fremde Kultur (oder ↗Subkultur in der eigenen Gesellschaft) mit den Maßstäben seiner eigenen Kultur betrachten, untersuchen oder gar beurteilen (z. B. müsse ein Menschenopfer bei einem Naturvolk im Rahmen seiner Kultur als normal und funktionell angesehen werden). Einen R. der Wahrheit gegenüber vertritt auch der Marxismus mit der These vom falschen ↗Bewußtsein. Die ↗Wissenssoziologie (K. Mannheims) konnte sich ebenfalls der Sackgasse des R. nicht entziehen, die sich ergibt, weil jeder R. auch die Wahrheit, die Richtigkeit der Erkenntnis in Frage stellt, die der Relativist zu haben behauptet.

E. May, Der Abgrund des Relativismus ([2]1942); J. Thyssen, Der philosophische Relativismus ([2]1947); F. Philipp, Wahrheit — relativ oder absolut? (1952); H. Schoeck und J. W. Wiggins (Hrsg.), Relativism and the Study of Man (Princeton [N. J.] 1961); W. Rudolph, Der Kulturelle Relativismus (1968).

Religionssoziologie untersucht die gesellschaftlichen Ursachen der Religion, religiöser Haltungen und die Rückwirkungen aus dem religiösen Bereich in die soziale Wirklichkeit (z. B. Wirtschaft, Politik). Die R. verfolgt Entstehung und Wandlung der religiösen Gruppen (Sekten, Kirchen) und Prozesse, wie Schisma, Sezession. Als Spezialwissenschaft reicht die R. etwa bis an die Jahrhundertwende zurück. Das Problemgebiet erstmals fruchtbar bearbeitet, dem Begriff Geltung verschafft zu haben ist das Verdienst von Max Weber, Ernst Troeltsch und Werner Sombart. Weitere wissenschaftstechnische Bedingungen mußten gegeben sein, ehe eine R. auf vergleichender Grundlage die Vielfalt der Erscheinungen religiös-sozialer Art in Angriff nehmen konnte. In früheren Jahrhunderten, vor allem bei Francis

Bacon, gibt es schon eine religionssoziologische Problemstellung, die Beobachtung eines Zusammenhanges (z. B. Bacons Behandlung der Sekte). Berühmt geworden und bis heute fruchtbar geblieben ist die Hypothese Max Webers („Die protestantische Ethik und der Geist des Kapitalismus", 1905) über den Wirkungszusammenhang zwischen Religion und Wirtschaft. Die nötige Kenntnis außerchristlicher Religionen und ethnographischen Materials, verbunden mit der aufklärerischen, gesellschaftskritischen, eher vorwissenschaftlichen, aber doch objektivierenden Betrachtung religiös-sozialer Erscheinungen, bringt zum erstenmal im 18. Jahrh. die Anfänge einer R. G. Vico erkannte die Religion als die stärkste und unmittelbare Integrationsmacht der Gesellschaft. Seine Kenntnisse der Kulturen anderer Lebenskreise, seine soziologisch verallgemeinernde vergleichende Religionskunde verraten bereits ein Verständnis, das später *Hegel* und danach Benjamin Kidd (1858–1916) entwickelten. Herder, Schleiermacher, verschiedene mittlere und späte Romantiker haben ebenfalls für die R. Vorarbeiten geleistet.
Das 19. Jahrh. brachte auf den verschiedensten Gebieten, wie Theologie, Philosophie, Literaturwissenschaft, Jurisprudenz, Archäologie und Anthropologie, ein reiches religionskundliches Material zusammen, so daß es nur mehr der leichten Aufmerksamkeitssteigerung einiger Gesellschaftswissenschaftler zur Zeit der Jahrhundertwende bedurfte, um die verschiedenen wechselseitigen Beziehungen zwischen Religion und politischem Verband, zwischen Religion und Wirtschaftspolitik, zwischen Religion und Familiengliederung, Arbeitsteilung und Bevölkerungsbewegungen zu entdecken. Zugleich wurde man auch auf die soziologischen Sonderformen religiöser Vereinigungen und auf die soziologisch aufschlußreiche Wirksamkeit bestimmter Typen der religiösen Autorität (Stifter, Reformer, Prophet, Seher, Heiliger, kirchliche Hierarchien) aufmerksam. Die deutsche R. näherte sich dem religiösen Problem teils über theologisch-soziale (Ernst Troeltsch), teils über wirtschaftlich-juristische (Max Weber) Forschungen.
Die R. bedient sich zwar der Daten aus Konfessionsstatistik, untersucht u. a. die Kirchendistanz verschiedener Sozialschichten aufgrund der Häufigkeit des Kirchenbesuchs, interessiert sich aber vorwiegend für Vergesellschaftungen und Sozialverhalten, soweit sie religiösen Absichten und Zielen dienen, aus der Religiosität gedeutet werden können. Die R. fragt auch, in welcher Weise der soziale ↗Wandel für die Stellung der Religion und der Kirchen in einer Gesellschaft Konsequenzen hat, ob der Säkularisierungsprozeß in der modernen „entzauberten", verwissenschaftlichten Welt am Ende zur Religionslosigkeit führen muß oder ob im Gegenteil aus bestimmten, zunächst das Religiöse und die Institution der Konfessionen bedrohenden gesellschaftlichen Entwicklungen neue Impulse, neue Aufgaben für die Religion entstehen. Im allgemeinen sind sich Soziologen darin einig, daß der Religion, in welcher spezifischen Form auch immer, in jeder Gesellschaft eine konstituierende Rolle, auch für die Integration und

Kohäsion der Gruppen, zukommt, wobei man allerdings gelegentlich, wie bereits E. Durkheim, den Begriff Religion sehr weit faßt, so daß auch nationale und politische Ideologien die Funktion der transzendent orientierten, ein Numinoses bergenden Religion übernehmen können.

J. Wach, Religionssoziologie (1951); E. Durkheim, Les formes élémentaires de la vie religieuse (Paris [4]1960); D. Goldschmidt und J. Matthes (Hrsg.), Probleme der Religionssoziologie (1962); M. Weber, Gesammelte Aufsätze zur Religionssoziologie, Bd. 1 ([5]1963), Bd. 2 ([3]1963), Bd. 3 ([3]1963); F. Fürstenberg (Hrsg.), Religionssoziologie (1964); G. Mensching, Soziologie der großen Religionen (1966); H. Carrier und E. Pin, Essais de sociologie religieuse (Paris 1967); G. Lenski, Religion und Realität (1967); G. Kehrer, Religionssoziologie (1968).

Repression (↗abweichendes Verhalten, ↗Entfremdung, ↗Kontrolle, ↗Kultur, ↗Norm, ↗Sanktion, ↗System, ↗Zwang) war im Deutschen wie im Englischen eine antiquierte Bezeichnung für den Akt und das Ergebnis „repressiver" Maßnahmen (meist gestützt auf Gesetze oder einen Ausnahmezustand). Die Repressalie z. B. zwischen Nationen ist eine gezielte ↗Sanktion, die einem unfreundlichen Akt der anderen Regierung erfolgt (meist als Warnung). Wilhelm Röpke nannte die nominelle, den schwarzen Markt ignorierende Preisstabilität in Deutschland während des Zweiten Weltkrieges (1939–45) und danach bis zur Währungsreform vom Juni 1948 (und in den Zwangswirtschaften anderer Länder) *repressed inflation:* die zurückgestaute, die unterdrückte Inflation. In den 60er Jahren wird R. zu einem Grundbegriff spätmarxistischer Gesellschaftskritik (H. Marcuse) für jede Art von staatlicher, öffentlicher und privater sozialer Kontrolle, Beeinflussung, Erziehung, für jedes Anzeichen von Zufriedenheit und Zuversicht bei einzelnen oder Gruppen. Ende der 60er Jahre war R. als Modewort in den Wortschatz der allgemeinen Publizistik eingedrungen und konnte z. B. ebenso zur Beschreibung der sowjetischen Invasion der ČSSR wie der Räumung eines amerikanischen Hochschulgebäudes von verschanzten Demonstranten dienen. R., als Modewort und Klischee, bringt teils beabsichtigterweise, teils unbeabsichtigt ganz verschiedene Tatbestände, Rechtslagen und Ereignisse auf einen Nenner und verschleiert damit grundsätzliche Unterschiede.

Residuum (↗Derivation) nennt Vilfredo Pareto, mit einem von ihm aus dem Lateinischen gebildeten Begriff, den im sozialen ↗Wandel konstant bleibenden *irrationalen* Rückstand, das Überbleibsel an Irrationalität in sozialen ↗Handlungen. Das R. ist kein biologisch verankerter ↗Instinkt, sondern ein Faktor (in seinem Wesen unbekannt), dessen Gegenwart aus bestimmten Gleichförmigkeiten in der sozialen Wirklichkeit erschlossen werden kann.

V. Pareto, Traité de sociologie générale, Bd. 1 (1917, Nachdruck 1965); G. Eisermann, Vilfredo Paretos System der Allgemeinen Soziologie (1962).

Resozialisation ↗Sozialisation

Ressentiment (↗Deprivation, ↗Neid) spielt als Begriff seit Nietzsche und Max Scheler eine Rolle, vor allem auch zur Erklärung von ↗Aggression, ↗Konflikt und ↗Revolution. Beim R. handelt es sich um „das wiederholte Durch- und Nachleben einer bestimmten emotionalen Antwortsreaktion gegen einen anderen", die durch ein ausgeprägtes Gefühl der Ohnmacht, der Impotenz dem anderen gegenüber geformt wird (Scheler).

M. Scheler, Der Formalismus in der Ethik und die materielle Wertethik (^{5}1966); H. Schoeck, Der Neid (^{2}1968).

Restauration (↗Revolution) bezeichnet ebenso wie der Begriff „Reaktion", mit dem er Bedeutungen teilt, meist als diffamierendes Werturteil, die tatsächliche oder vermeintliche Wiederherstellung sozialer und politischer Verhältnisse gemäß einem Legitimitätsmodell, das vor einem einschneidenden, als „fortschrittlich" akklamierten Akt galt. „Restaurative Tendenzen" können also nur von einem geschichtlich und ideologisch (bzw. utopisch) definierten Standpunkt aus Personen oder Plänen und Maßnahmen zugeschrieben werden. Meist bezeichnet R. die (teilweise) Wiederherstellung der Rechts-, Eigentums- und Herrschaftsverhältnisse vor einer Revolution durch deren Nutznießer: die Einführung einer echten parlamentarischen Demokratie in einem kommunistischen Land wird als R. bezeichnet, ebenso aber auch die Ablösung einer Demokratie durch eine absolute Monarchie. Von R. sprach man erstmals nach dem Sturz Napoleons und der Wiederherstellung der Verhältnisse vor der Französischen Revolution und Napoleons Herrschaft in Europa (R. = Wiederherstellung der Rechte der Monarchen).

Revolution (↗ Bolschewismus, ↗Klasse, ↗Kommunismus, ↗Konflikt, ↗Konservatismus, ↗Marxismus, ↗Proletariat, ↗Terror, ↗Wandel, ↗Wissenssoziologie) bedeutet eine Umdrehung (Umwälzung) aller bestehenden Dinge oder Verhältnisse, sofern sie gewaltsam, gegen Widerstände und in relativ kurzer Frist absichtlich vorgenommen wird. Allmähliche, auf ↗Consensus und Kompromiß ruhende Veränderungen, in Form eines sozialen Wandels, sind keine R., sondern Reform, Evolution, Entwicklung. Der Begriff R. wird oft falsch verwendet: die „industrielle R." war keine R., ebensowenig darf der Durchbruch (auf dem Markt) eines neuen Verfahrens, eines neuen Materials („R." der Kunststoffe, des Verbrennungsmotors) oder irgendeine Mode R. genannt werden.
R., im Gegensatz zum Staatsstreich (zum einzelnen Machtwechsel in einer Serie von Militärregimen, z. B. in Südamerika), ist eine totale Veränderung in allen Macht- und Herrschaftspositionen einer Gesellschaft, die zur Erhaltung einer unlegitimierten Machtausübung nötig erscheinen, also in der Regel bis hinunter zu örtlichen Verwaltungsstellen. Die modernen R.en, vor allem seit der Französischen, greifen fast nie offen nach der politischen Macht um der politischen

Macht willen, sondern begründen deren gewaltsame und (demokratisch) unkontrollierbare Ergreifung und Ausübung immer mit gemeinnützigen, „sozialen“ Zielen zugunsten symbolträchtiger, bislang als benachteiligt geltender Gruppen oder Bevölkerungskategorien („die Arbeiter“, „die Massen“, „das Proletariat“, „die Bauern“ usw.). Man kann jede echte R. als die dramatische, plötzliche Ersetzung einer Führungsgruppe an der Spitze eines geographisch bestimmbaren politischen Gebietes durch eine andere, nicht durch freie Wahlen legitimierte (sonst wäre jede nach dem Sturz einer Regierung in Großbritannien erfolgende Neuwahl mit dem Sieg der Opposition eine R.) definieren.

Alexis de Tocqueville, Auguste Comte u. a. haben sich, noch unter dem Eindruck der Französischen R., mit der allgemeinen Theorie der R. befaßt. Karl Marx erklärt die R. als das notwendige Ergebnis eines unversöhnlichen Klassenkonflikts, zwischen Eigentümern und Nichteigentümern der Produktionsmittel. Entgegen seiner Theorie brechen R.en aber fast nie in und aus wirklicher, tiefer Not unterdrückter, ausgebeuteter Schichten aus, sondern sind, wie man heute sagt, die Folge eines Erlebnisses der relativen ↗Deprivation, des neidvollen Vergleichs, der Vergleichsmöglichkeiten und auch die Folge der systematischen Agitation und Organisation durch privilegierte (z. B. Intellektuelle aus bürgerlichen, oft reichen Familien) Revolutionäre.

Da sich die geglückte R. des „Proletariats“ (in den Satelliten der UdSSR und in China) seit Jahrzehnten, in der UdSSR seit einem halben Jahrhundert, als ↗Tradition etabliert hat, wird die Abstempelung junger, *nach* der R. geborener Menschen, wenn sie Fragen an das Regime stellen, als „Konterrevolutionäre“ absurd. Wie viele Jahre nach einer R. kann ↗Opposition noch als „Konter-R.“ definiert werden? Zum Teil um diesem Dilemma zu entgehen, ist, ursprünglich von Trotzkij geprägt, neuerdings in Rotchina und bei der spätmarxistischen radikalen westlichen Gesellschaftskritik der Begriff der „permanenten R.“ geläufig geworden: ihre Statthalter möchten sich auf das, wie sie meinen, legitimierende ↗Charisma der einmaligen, „schöpferischen“ R. stützen, können zugleich aber beliebig lange, weil die R. doch „permanent“ ist, jede Konkurrenz für ihr Machtmonopol (u. a. jede „Liberalisierung“) als „Konter-R.“ gegen die R. vernichten, weil die R. doch „permanent“ ihr eigener Hüter sein müsse.

P. Sorokin, Die Soziologie der Revolution (1928); C. Brinkmann, Theorie der Revolution (1948); C. Brinton, Die Revolution und ihre Gesetze (1959); W. E. Mühlmann (Hrsg.), Studien zur Soziologie der Revolution, Bd. 1 (1961); E. J. Hobsbawm, Sozialrebellen (1962); Hannah Arendt, Über die Revolution (1963); K. F. Bertram, Widerstand und Revolution (1964); G. F. Kennan, Rebellen ohne Programm (1968); S. M. Lipset, Revolution and Counterrevolution (New York 1968).

Riten sind zunächst meist religiös motivierte, genau vorgeschriebene Handlungen, oft kollektiv ausgeübt, mit denen für die Gruppe besonders wichtige, meist zu bestimmten Zeiten periodisch sich wiederholende Vorgänge oder Ereignisse begünstigt, herbeigeführt oder abgeschlossen werden, wobei rational und empirisch nicht voll durchschaubare, furchterregende Begleiterscheinungen, Hintergründe oder Folgen unter Kontrolle gebracht werden sollen. So finden sich bei allen Naturvölkern schon bestimmte Riten aus Anlaß der Grundereignisse im Lebenszyklus des einzelnen und der Gruppe (Geburt, Mannbarkeit, Hochzeit, Begräbnis, Erntezeit, Viehauftrieb bei Hirtenvölkern in Berggegenden usw.). Die abergläubische Komponente zeigt sich auch im alltäglichen Verhalten mancher Menschen in heutigen Industriegesellschaften, deren Zwangshandlungen die Psychiatrie als ritualistisch bezeichnet.

Rivalität besteht im Gegensatz zu ↗Konflikt, ↗Konkurrenz und ↗Krieg dann, wenn (meist nur zwei) Gegner sich bei der Erlangung oder Bewahrung eines Wertes wechselseitig auszuschalten streben, wobei jeder von beiden zumindest einen subjektiven Grund zu der Annahme hat, ihm stehe dieser Wert von Rechts wegen zu. Aus diesem Grund kommt es bei echter R. selten zu einer Allianz unter mehreren Partnern. Der Rivale erstrebt immer alles oder nichts, kann Bundesgenossen nichts versprechen. R. nennt man zwar manchmal das Verhalten größerer Kollektive (Athen und Sparta, England und Deutschland vor dem Ersten Weltkrieg), doch sollte der Begriff in erster Linie für das Verhalten von Einzelpersonen reserviert bleiben.

Rolle (↗Abweichendes Verhalten, ↗Arbeitsteilung, ↗Bezugsgruppe, ↗Gruppe, ↗Interaktion, ↗Normen, ↗Prozesse, ↗Sanktion). Die ↗Sozialstruktur, im engeren Sinne, ergibt sich aus Verhaltensformen, die mit dem komplementären Begriffspaar ↗Status und R. bezeichnet werden. Jede Gruppe kennt bei ihren Mitgliedern verschiedene Status, die höheren oder niedrigeren ↗Rang haben. Zu jedem Status gehört eine ihm entsprechende R., d. h. ein bestimmtes Verhalten in Gegenwart anderer. Die R. ist also die Art und Weise, in der ein gegebener Status vom Inhaber eingenommen, gehandhabt, ausgefüllt werden muß. Von der Gruppe her gesehen, ist die R. normiert. Man erwartet vom Statusinhaber ein bestimmtes Verhalten: seine R. Diese ist der „dynamische Aspekt" eines Status (R. Linton). Die R.en der verschiedenen Status unterscheiden sich u. a. nach Überordnung und Unterordnung ihrer „Spieler" beim Zusammentreffen. Wer sich in der R. des Patienten zu einem Arzt begibt, erwartet von diesem (als seine R.) Überlegenheit, Autorität. Nachdruck. Er möchte erfahren, was er tun muß, um geheilt zu werden. Ebenso erwartet der Arzt vom Patienten, weil das zu dessen R. gehört, keine endlosen Fragen, Einwände und Diskussionen, sondern die Akzeptierung seines größeren Wissens in der Angelegenheit, deretwegen der Patient zum Arzt gekommen ist. Beide, Arzt wie Patient, müssen sich, als Teil der R.n beider ↗Vertrauen entgegenbringen: so setzt sinnvolles Handeln des Arztes voraus, daß er dem Patienten vertrauen kann, daß dieser die Anweisungen befolgt, die Therapie nicht sabotiert. Manche Status verleihen dem Inhaber bestimmte Immunitäten beim R.nspiel: der Hofnarr, der Geistesgestörte, der Kabarettist können ungestraft Dinge sagen, die andere nicht aussprechen können. Ebenso haben Parlamentarier oder Diplomaten Immunitäten vor dem Strafrecht, aber der jeweilige Status muß vom Inhaber erworben werden. Die damit erlangten Immunitäten müssen rechtlich fixiert sein. Es gibt aber auch einen Status, den jeder für sich beanspruchen kann, der ihm Immunitäten verleiht: der des Kranken (z. B. bei einem Gerichtstermin). Dieser Status, solange die R. glaubwürdig gespielt wird, schützt den Inhaber, weil aufgrund unserer Kultur (die Summe zahlloser Überlieferungen, Vorstellungen, Werte usw.) dem Kranken eine Sonderstellung zugebilligt wird. R.nkonflikte entstehen oft zwischen den R.n des beruflichen und familiären Status: die Berufs-R. eines Managers, Reporters erwartet, daß er um 17 Uhr nicht einfach nach Hause geht, sondern einsetzbar ist oder sich einsetzt. Die R.n aus dem Status Ehemann oder Vater bringen den Konflikt. R.nkonflikte ergeben sich z. B. auch, wenn ein Arzt oder Rechtsanwalt sich in einen Klienten oder Patienten verliebt. Wenn zwei oder mehr verschiedene R., die eine Person spielen muß (z. B. Gatte und Manager) den Konflikt bringen, heißt es Inter-R.nkonflikt; wenn aber an die Ausübung *einer* R. mehrere Erwartungen gestellt werden, die durch die betreffende Person nicht gleichzeitig angemessen erfüllt werden können, sprechen wir von Intra-R.konflikt. Die wünschenswerte oder obligatorische Handlungsweise in jeder R. ist unterschiedlich kompliziert und ebenso das Risiko, sich Sanktionen auszusetzen, wenn die R. unvollkommen gespielt wird.

R. Dahrendorf, Homo sociologicus ([4]1964); F. Znaniecki, Social Relations and Social Roles (New York 1940, Reprint 1965); H. Popitz, Der Begriff der sozialen Rolle als Element der soziologischen Theorie (1967).

Rundfunk (↗Fernsehen, ↗Film, ↗Inhaltsanalyse, ↗Massenkommunikation) bietet für die Soziologie einen Untersuchungsgegenstand, weil durch dieses Medium grundsätzlich neue Kommunikationsformen zustandekommen, die z. B. in einer Diktatur, neuartige Beeinflussungsmöglichkeiten bringen. Andererseits ist es aber seit der technischen Vervollkommnung der elektronischen Medien wie R. und Fernsehen immer weniger möglich, eine Bevölkerung von Informationen aus anderen Ländern zu isolieren; insofern wirken R. und Fernsehen Machtmonopolen entgegen.

F. Lenz, Einführung in die Soziologie des Rundfunks (1952); A. Silbermann, La Musique, la radio et l'auditeur (Paris 1954); E. Feldmann, Theorie der Massenmedien (1962); H. K. Platte, Soziologie der Massenkommunikationsmittel (1965); R. Wildenmann und W. Kaltefleiter, Funktionen der Massenmedien (1965); B. Sternberg und Evelyne Sullerot, Aspects sociaux de la radio et de la télévision (Paris 1966).

Rückbeeinflussung ↗feed-back

S

Sample ↗Auswahlverfahren

P. Neurath, Statistik für Sozialwissenschaftler (1966); R. König (Hrsg.), Handbuch der empirischen Sozialforschung (²1967).

Sanktion (↗Konformität, ↗Kontrolle (soziale), ↗Norm, ↗Rechtssoziologie, ↗Rolle, ↗Status, ↗Zwang) heißt ursprünglich die Verankerung eines Gesetzes im geltenden Recht (durch „Heiligung"), dann die tatsächliche Einhaltung jeder (gesetzlichen) Norm durch die Androhung einer Strafe (S.). In diesem Sinn spricht man im völkerrechtlichen internationalen Bereich von S. (z. B. die wirkungslosen S.en des Völkerbundes gegen Italien während des Abessinienkrieges). Soziologisch gesehen, kommt Recht als Ordnungsmacht einer Gesellschaft nur durch Zwang (E. Durkheim, M. Weber), durch die S. zustande. Allerdings bezeichnet man auch außergesetzliche, informelle Zwangsmittel (sozialer Kontrolle) als S.: z. B. höhnisches Gelächter, betontes Schweigen (jemanden „schneiden", „wie Luft behandeln"), auch der ↗Boykott ist eine S. Solche S.en sind oft die einzigen, aber sehr wirksamen in kleinen Stammesgruppen der Naturvölker. Insofern werden auch Verhaltensmuster und erwartungsgemäßes Rollenspiel, wenn nicht vom Gesetz geregelt, in allen Gesellschaften durch mehr oder minder deutliche, informelle S.en erzwungen und gewährleistet (z. B. Ausschluß eines Arztes oder Rechtsanwaltes von seinem Berufsverband, selbst wenn sein Verhalten strafrechtlich keine Konsequenzen hatte).

Scientism ↗ Szientifismus

Sekte nennt man eine sehr auf sich selbst bezogene (↗Ethnozentrismus), meist religiöse (im übertragenen Sinn auch politische) Gruppe, die sich in der Regel von einer größeren abgespalten hat. Mit der Soziologie der religiösen S. befaßten sich bereits Francis Bacon und Machiavelli. S., Sektierertum haben einen abschätzigen Klang, weil S.n stets in Opposition zu größeren Gruppen gestanden haben. Für die mehr als 250 religiösen Gruppen in den USA, von denen viele die Merkmale der S. aufweisen, wird der wertfreie Begriff Denomination vorgezogen. Die S., oft unter einem Führer mit ↗Charisma, strebt in der Regel die, aus ihrer Sicht, reinere, eigentlichere, meist also ursprüngliche Auffassung und Ausübung der betreffenden Religion an. Zum Teil schon dadurch bedingt, hat die S. eine begrenzte Mitgliederzahl. In der S. finden sich häufig Menschen zusammen, die gegen die Welt, wie sie ist (und eventuell von der größeren religiösen Gruppe akzeptiert wird), protestieren möchten. Die S. kann versuchen, die Gesellschaft zu ändern, oft zieht sie sich aber auch (u. U. in eine „utopische Kolonie", dies oft in Nordamerika) zurück. Aus einer S. kann auch im Lauf der Jahrzehnte wieder eine ↗Kirche werden (Mormonen). Eine Typologie der religiösen Organisationsformen wird immer problematisch bleiben, doch kann man die S. gegenüber der Kirche durch ihren unausgeprägten Sakramentalismus, ihren Rigorismus und schwache Institutionalisierung (man wird selten in eine S. hineingeboren) abgrenzen (G. Mensching).

Schicht(ung), soziale (↗Kaste, ↗Klasse, ↗Berufsprestige, ↗Mobilität, ↗Stand, ↗Status, ↗strukturell-funktionale Theorie) wird als Begriff oft mit Klasse verwechselt oder gleichbedeutend verwendet. Im allgemeinen gilt heute das S.system *(social stratification)* als Oberbegriff. Klasse, Stand, Kaste können als geschichtliche Erscheinungsformen der S. verstanden werden. Auf jeden Fall ergibt sich für die Angehörigen einer S., aus der S.lage, ein typischer ↗Lebensstil (seltener eine Weltanschauung). Nach R. Lepsius sind S.en „Kategorien von Inhabern privilegierter oder unterprivilegierter Positionen, zwischen denen typischerweise eine nicht aufhebbare Positionsungleichheit besteht." Das Modewort (aus dem Englischen) „unterprivilegiert" sollte man aber vermeiden, da es diesen Zustand definitionsgemäß nicht geben kann und die (meist durch den Soziologen) verschiedenen Schichten zugerechneten Personen in heutigen offenen Gesellschaften keine Privilegien haben, sondern eher verschiedene Präferenzen in der Lebensgestaltung und verschiedene, meist leistungsabhängige Mittel, für ihre Ausführung.
Unter S. kann man auch eine willkürliche schichtenmäßige Gliederung jeder größeren Bevölkerung aufgrund objektiver Positionsmerkmale (Beruf, Wohnung, Bildungsgrad, größere Besitzgegenstände usw.) verstehen, bei der subjektive, vom S.angehörigen erlebbare Aspekte wie ↗Prestige und Klassenbewußtsein keine Rolle spielen müssen.
Für manche Untersuchungen ergibt sich die s. S. aus der unterschiedlichen Verteilung von sozialem Status in einer bestimmten Gesellschaft. In heutigen Industriegesellschaften werden Status im allgemeinen kontinuierlich erlebt und zugeschrieben. Keiner weiß selbst genau, wo er auf diesem Kontinuum steht, wo sein Status aufhört und der „nächsthöhere" beginnt. S. S. faßt man deshalb am besten als gedachte soziale Kategorien auf. Auch sind die einzelnen Klassen einer Gesellschaft (vor allem, wenn man nur drei Klassen annimmt) in sich wieder geschichtet.
Der britische Sozialschichtforscher D. V. Glass arbeitet z. B. mit 7 Schichten:

1. Professional and High Administrative (z. B. Arzt, Amtsarzt, Aufsichtsratsmitglied);
2. Managerial and Executive (Geschäftsführer, selbständiger Farmer);
3. Inspectional, Supervisory and other Non-Manual, Higher Grade (Volksschullehrer, Zeitungsreporter, Handelsreisender);
4. Inspectional, Supervisory and other Non-Manual, Lower Grade (Versicherungsagent, Zeitungsstandinhaber);
5. Skilled Manual, and routine grades of Non-Manual (Polizist, Zimmermann, Installateur);

6. Semi-skilled Manual (Lastwagenfahrer, Träger am Bahnhof);
7. Unskilled Manual (Dockarbeiter, Straßenkehrer).

Die allgemeine Wertschätzung der einzelnen Berufe in einer Gesellschaft enthält verschiedene Annahmen und subjektive Elemente. Fordert man einen Probanden auf, hundert Kärtchen mit verschiedenen Berufsbezeichnungen in eine Rangfolge zu bringen, so kann er sich bemühen, das „nach Gefühl" zu tun. Er geht also von einem im Laufe seines Lebens in einer bestimmten Gesellschaft erworbenen Empfinden von höher und niedriger, wichtiger oder weniger wichtig, angesehen und weniger angesehen aus. Diese Einstellung zu Berufen wird einerseits aus seinen persönlichen Lebensumständen, seiner Schicht bestimmt, aber auch aus dem, was er bei anderen, ihm bekannten Menschen als Einstellungen vermutet. Je entfernter von seinem täglichen Lebenskreis die einzelnen Berufe sind, desto vager wird seine Schätzung sein. Ob es zweckmäßig ist, all diese verschiedenen Wertungen zusammenzunehmen und zu sagen, 75% der Befragten einer Stichprobe haben den Beruf A über den Beruf B gesetzt, ist offen. Sinnvoller wären Befragungen innerhalb von Berufsgruppen, die einander genau kennen. Der Begriff Wertschätzung läßt die Möglichkeit nicht zu, daß sich die meisten Menschen im Abstrakten einander gleichgültig sind, daß man nur für bestimmte konkrete Menschen eine Wertschätzung hat, die sich auf ihren Beruf ausdehnt. Der Arzt steht hoch, weil er für jeden einmal in der Not in Erscheinung getreten ist.

Die Schichtungsforschung, von der amtlichen Statistik im Stich gelassen, stößt bei direkten Umfragen in einer Gemeinde oder bei den mit einer Stichprobe Erfaßten auf besondere Schwierigkeiten. Fragt man: „Welcher Schicht rechnen Sie sich zu?", überreicht man ihm eine gedruckte Skala, aus der er sich die für ihn passende durch einen Buchstaben oder eine Zahl heraussuchen kann, so berührt ihn dies weit mehr, als wenn man fragt: „Wer unterhält Sie besser, das Fernsehen oder der Hörfunk?" Soziologen haben immer wieder beobachtet, wie ungern Menschen sich über Schichtzugehörigkeit und Schichtungsmerkmale befragen lassen. Auffallend sind die Abweichungen zwischen Selbsteinordnung und Fremdeinstufung. So fällt die relativ häufige Selbsteinordnung der Arbeiter und Facharbeiter in den Mittelstand gegenüber der viel selteneren Fremdeinstufung in diese Schicht auf. „Als erste Erklärung bietet sich hier wohl eine allgemein menschliche Neigung zur Selbstüberschätzung in sozialer Hinsicht, zur Erhöhung des Selbstwertgefühls durch eine schmeichelhafte Sicht der eigenen sozialen Stellung an. Gerade, wenn diese Neigung allgemein menschlich sein soll, müßte sie sich jedoch auch bei den höheren Berufsgruppen auswirken. Hier sah man jedoch, daß sie sich selber — genau umgekehrt — seltener zur ausgesprochenen Oberschicht rechneten, als das die übrige Bevölkerung tut" (Renate Mayntz). Vermutlich gibt es eine Art Neidvermeidung dem Interviewer gegenüber, die den Angehörigen einer Oberschicht zögern läßt, sich dieser Schicht einem anderen gegenüber angehörig zu erklären.

Die Debatte über die Funktionalität sozialer Schichtung geht auf die Thesen von Kingsley Davis und Wilbert Moore (seit 1942, meistens im „American Sociological Review") zurück. Da bisher keine „klassenlose" bzw. ungeschichtete Gesellschaft bekannt geworden ist, sucht Davis über die ↗funktionale Theorie die Notwendigkeit einer Schichtung in jedem sozialen System zu zeigen. Bei einer solchen Analyse muß man unterscheiden zwischen dem Vorhandensein von verschiedenen Positionen und dem jeweiligen Einnehmen dieser Positionen durch konkrete, nach Eigenschaften und Herkunft erforschbare Individuen. Es sind verschiedene Fragestellungen, ob man wissen möchte, weshalb verschiedene Positionen in einem sozialen System verschieden großes Ansehen (Prestige) haben oder weshalb bestimmte Individuen in sie gelangt sind. Logisch zuerst zu erklären ist das Vorhandensein unterschiedlich auszeichnender Positionen. Ein Teil der Literatur, die sich mit sozialer Schichtung befaßt, hat beide Fragen vermengt oder hauptsächlich die Frage nach der Schwierigkeit oder Leichtigkeit, mit der einzelne Individuen aus dieser oder jener Schicht in bestimmte Positionen einrücken können, zu beantworten versucht.

Die Funktionalisten betrachten jede Gesellschaft als einen funktionierenden Mechanismus, der es dank einer gewissen Eigendynamik fertigbringt, seine Mitglieder auf verschiedene soziale Positionen zu verteilen und dabei in der Regel die Inhaber der verschiedenen Positionen so zu motivieren, daß sie die Pflichten ihrer Positionen zweckentsprechend erfüllen. Gleichgültig, ob das soziale System auf Konkurrenz unter den einzelnen Mitgliedern oder auf Konkurrenzlosigkeit eingestellt ist; die Aufgabe bleibt, daß laufend Individuen, die die verschiedensten Wege im Leben gehen könnten, in bestimmte Stellungen rekrutiert werden müssen. Nun gibt es in jeder Gesellschaft Positionen, die angenehm sind, verglichen mit anderen, die wenig Vorzüge aufweisen. Ferner gibt es funktional wichtige und weniger wichtige Arbeiten. Ebenso erfordern die einzelnen Positionen in sehr unterschiedlichem Maße eine ihnen gemäße Ausbildung.

Jede Gesellschaft hat nun nach Davis drei Belohnungsmöglichkeiten, um die Einnahme von Positionen für ihre Mitglieder verlockend zu machen: 1. materielle (Dotierung, Lebensstandard, Komfort), 2. die Interessantheit, das Spannende, das Abwechslungsreiche einer bestimmten Arbeit, 3. Eigenschaften einer Position, die dem Inhaber ein, verglichen mit anderen Möglichkeiten, höheres Selbstbewußtsein, eine Ich-Ausdehnung versprechen. Manche der Anreize, der Belohnungen für die Einnahme einer bestimmten Position sind in diese selber, u. U. schon mit der obligatorischen Rolle, dem Aufwand, eingebaut; man kann hier das Ausüben der Position von ihren Annehmlichkeiten funktional nicht mehr trennen (so gehört es zur Ausübung bestimmter Berufe, daß viel gereist wird).

Wenn nun einerseits die Rechte und Annehmlichkeiten der verschie-

denen Positionen in einer Gesellschaft ungleich sind, müsse (nach Davis) die Gesellschaft geschichtet sein. Soziale Ungleichheit sei also ein unbewußt entwickeltes Prinzip, mit dessen Hilfe Gesellschaften es erreichen, daß die wichtigsten Positionen auch immer von den am besten dafür geeigneten Personen eingenommen werden. Davis postuliert dabei, daß diejenigen Positionen die größte Belohnung bieten und deshalb den höchsten Rang verleihen, die für die Gesellschaft einerseits die größte funktionale Bedeutung haben und andererseits vom sie einnehmenden Individuum das größte Talent oder die längste Vorbereitungszeit erfordern. Davis weiß, daß es sehr schwer ist, die funktionale Wichtigkeit einer bestimmten Position festzustellen. Gingen wir von ihrem Prestige aus, so wäre dies ein Zirkelschluß. Es gibt für Davis aber zwei unabhängige Anzeichen: 1. der Grad, in dem die Position funktional einzigartig ist, d. h., wenn es keine andere Position gibt, die dieselbe Funktion zufriedenstellend übernehmen kann, und 2. der Grad, in dem andere Positionen von der zu untersuchenden abhängig sind. In Wirklichkeit braucht keine Gesellschaft alle in ihr vorhandenen Positionen in gleichem Maße entsprechend ihrer funktionalen Wichtigkeit zu belohnen, sondern nur in der Höhe, die gerade ausreicht, um sie von dafür geeigneten Personen besetzt zu bekommen. Wenn sich so ziemlich jeder für eine Position eignet, braucht sie nicht besonders belohnt zu werden, selbst wenn sie funktionell wichtig ist. Die tatsächliche Lage auf dem Arbeitsmarkt ist dadurch kompliziert, daß es einerseits begehrenswerte Positionen gibt, zu denen auch eine noch so lange Ausbildung nicht qualifiziert, sondern in erster Linie ein in der Bevölkerung knappes Talent. Andere Positionen wieder könnten von den meisten ausgefüllt werden, sofern sie die dafür nötige lange Ausbildungszeit durchlaufen. Wenn eine der beiden Bedingungen oder beide zusammen gegeben sind, läßt sich nach Davis die Rekrutierung für diese Positionen nur im Rahmen eines sozial geschichteten Systems denken.
Nach Lepsius reicht allerdings die Ungleichheit in der Bewertung von Positionen nicht aus, um die soziale Schichtung zu erklären: „Aus ungleichen Positionen erwächst dann eine soziale Ungleichheit zwischen den Positionsinhabern, wenn mit der Einnahme einer bestimmten Position und der Konformität zu deren Normen der Zugang zu privilegierteren Positionen ausgeschlossen ist ... Alle Positionen, von denen aus bei bestehender Normkonformität kein Aufstieg zu privilegierteren Positionen möglich ist, zwingen denjenigen, der diese Position innehat, dauerhaft auf privilegierte Positionen zu verzichten. Die Normkonformität, die von der betreffenden Position verlangt wird, zwingt ihren Inhaber dazu, in seinem Bemühen, bestimmte kulturelle Werte zu erreichen, zu scheitern, und begründet damit soziale Ungleichheit zwischen bestimmten Kategorien von Positionsinhabern. Diese soziale Ungleichheit zwischen Kategorien von Inhabern privilegierter und unterprivilegierter Positionen ruht auf strukturellen Mechanismen." Immer dann, wenn für die Positionszuweisung eine

Qualifikation gefordert wird, von der bestimmte Kategorien von Menschen ausgeschlossen sind, kommt soziale Schichtung zustande. Eine strukturell vorgegebene Ungleichheit beim Zugang zu „privilegierten“ Positionen in einer Gesellschaft besteht allerdings gerade auch für Personen, die beruflich und sozial derselben Schicht angehören. Für fast alle freiberuflich Tätigen (Ärzte, Architekten, Steuerberater u. a.), die einen Patienten- oder Klientenstamm zu verlieren haben, ist die Ausübung eines Mandats im Parlament bei weitem nicht so risikolos wie etwa für den Funktionär eines Verbandes.
Die tatsächliche Verteilung der Familien oder erwachsenen Berufstätigen einer Bevölkerung auf drei bis sechs Schichten *(strata)* ist umstritten. Um 1960 ergaben die S.merkmale Beruf, Einkommen und Schulbildung (nach E. K. Scheuch) in der BRD folgende Verteilung: untere Unter-S. 16%, obere Unter-S. 30%, untere Mittel-S. 17%, mittlere Mittel-S. 12%, obere Mittel-S. 5%, Ober-S. 2%. Uneingeordnet blieben 18%. Die Oberschicht der USA wird von verschiedenen Autoren zwischen 1 und 3% angenommen, die Mittelschicht zwischen 40 und 45%.
Am besten hält man (mit R. Mayntz) S. im Sinn von Klassenstruktur und S. im Sinne von gesellschaftlicher Prestigedifferenzierung (durch Kultur, Werte, Tradition, Vorurteile subjektiv bestimmt) auseinander. Die ungenaue Verwendung des Begriffes Status dürfte in den letzten Jahren die Multidimensionalität der s. S. verdeckt haben.

B. Barber, Social Stratification (New York 1957); Renate Mayntz, Soziale Schichtung und sozialer Wandel in einer Industriegemeinde (1958); E. E. Bergel, Social Stratification (New York 1962); D. V. Glass und R. König (Hrsg.), Soziale Schichtung und soziale Mobilität ([2]1965); T. Shibutani und K. M. Kwan, Ethnic Stratification (New York 1965); K. M. Bolte u. a., Soziale Schichtung (1966); E. Wiehn, Theorien der sozialen Schichtung (1968).

Sekundärgruppe ↗Primärgruppe

Selbst ↗Sozialpsychologie

Selbstmord ist ein menschliches Verhalten, dessen Vorkommen bei Tieren äußerst fraglich ist. Einzelne Kulturen unterscheiden sich deutlich über größere Zeiträume hinweg durch die Häufigkeit der S.e. Die S.rate folgt auch einem jahreszeitlichen Rhythmus, mit einem Höhepunkt im Mai und Juni. Wider Erwarten ist S. also nicht in der „deprimierendsten“ Jahreszeit, im Winter oder Herbst, am häufigsten. Durkheim hat als erster die unterschiedliche S.häufigkeit als „soziale Tatsache“ herangezogen, die es erlauben soll, den ↗Integrationszustand einer Gesellschaft zu messen. Er unterscheidet S.typen, z. B. altruistischer, anomischer S. ↗Anomie. Einige Naturvölker, z. B. Eskimos, haben den S. für Stammesmitglieder institutionalisiert, die unter den kargen Lebensbedingungen nicht mehr voll ihren Aufgaben nachkommen können. Es kann Verwandtenpflicht sein, einem S.willigen Hilfestellung zu leisten (etwa beim Erdrosseln). In Japan gilt S. als ehrenhaft, u. U. als Pflicht (Harakiri). Die S.rate ist charakteristisch verschieden je nach Volk (Kultur), für eine gegebene Bevölkerung jedoch recht konstant. Der S. zeigt auch andere Regelmäßigkeiten in seiner Rate, z. B. geht er während eines Krieges zurück (Durkheim, Halbwachs). Man kennt Bevölkerungsgruppen mit unterschiedlichem S.risiko: Männer (vor allem ohne Familie), Menschen in höherem Alter, mit höherem Bildungsstand, Bewohner von Großstädten haben höhere S.wahrscheinlichkeit. Verheiratete neigen weniger zum S. als Unverheiratete.

J. D. Douglas, The Social Meanings of Suicide (Princeton [N. J.] 1967); E. Durkheim, Le Suicide (1897, dt. Der Selbstmord 1968); F. Henry und J. F. Short, Jr., Suicide and Homicide (New York 1954); P. Ghysbrecht, Psychologische Dynamik des Mordes (1967).

Self-fulfilling prophecy ↗Prognose

Sexualsoziologie (↗Familie, ↗Inzestverbot, ↗Promiskuität, ↗Prostitution) untersucht die geschlechtlichen Verhaltensformen beim Menschen, die, weit weniger vom ↗Instinkt abhängig als beim Tier, durch soziale und kulturelle Faktoren mitbedingt, eine große Variationsbreite aufweisen. Die S. versucht aber auch die gegenseitige Beeinflussung von geschlechtsgebundenen Rollen, von sexuellen Verhaltensweisen und anderen Strukturen und Vorgängen in der Gesellschaft zu deuten. Im Gegensatz zum Tier ist das Sexualverhalten beim Menschen nicht an eine bestimmte Brunstzeit gebunden und erscheint in vielen, auch sublimierten, Formen unabhängig vom Fortpflanzungszweck der Art, und führt deshalb zu kultur- (und oft auch schichtspezifischen) Verhaltensmustern für Erotik und Liebe. Die neuere S. untersucht vor allem auch das ↗abweichende Verhalten auf dem Gebiet des Geschlechtslebens.

G. P. Murdock, Social Structure (New York 1949); C. S. Ford und F. A. Beach, Patterns of Sexual Behavior (New York 1951); H. Schelsky, Soziologie der Sexualität (1955); B. Malinowski, Geschlecht und Verdrängung in primitiven Gesellschaften (1962); A. C. Kinsey, Das sexuelle Verhalten der Frau (1966); ders., Das sexuelle Verhalten des Mannes (1966).

Sezession nennt man die durch eine meist kleinere Gruppe von einer größeren vorgenommene Trennung, die dem Wunsch der verbleibenden größeren Gruppe nicht entspricht. S. ist eine Form des Protests, dessen Motiv bei pluralistischen sozialen Systemen oft die Furcht einer Minderheit vor Majorisierung ist. S. kann zum Krieg (Sezessionskrieg in den USA, 1861–1865) oder zu Sanktionen (Südrhodesien, 1965) führen. In verschiedenen, aus früheren Kolonialgebieten hervorgegangenen Entwicklungsländern sind heute sezessionistische Bewegungen zu beobachten (z. B. Nigeria, seit 1967), weil die Staatsgrenzen auf die ursprünglichen Stammesgrenzen keine Rücksicht genommen haben, wobei die Spannungen durch religiöse oder sprachliche Unterschiede oft noch verschärft werden. Man spricht hauptsächlich bei staatlichen und politischen Gruppen von S., aber auch Religionsgruppen können durch S. Anhänger verlieren, die, meist in Form einer ↗Sekte, absplittern.

Der Begriff S. findet seine früheste politische Verwendung als *secessio plebis* in Rom (494, 449, 287 v. Chr.).
S. kann auch das Recht der Mitgliedstaaten bedeuten, sich von einem Bündnis zurückzuziehen. Die staatsrechtliche Problematik haben u. a. M. v. Seydel und K. Welcher behandelt.

Siebung (↗Akkulturation, ↗Auslese, ↗Diffusion, ↗Innovation) ist nicht zu verwechseln mit einer biologischen Auslese (im Sinne von Darwins Selektionstheorie), sondern bezeichnet (seit R. Thurnwald, 1924) die unterschiedliche Zulassung von Personen zu (meist angestrebten) Positionen (in Schulen, Hochschulen, Berufen, Laufbahnen) aufgrund von Zulassungskriterien, die gezielt eine soziale Auslese treffen. Die S. geht über ein S.system vor sich, das durch die ↗Kultur (Tradition, auch ↗Vorurteile, ↗Stereotypen usw.) gegeben wird (z. B. „snobbistische" S. für die Offizierslaufbahn in manchen Gesellschaften). Jede ↗Elite ist Ergebnis einer S.
Siebend wirken sich ↗Einstellungen, Traditionen, Vorurteile, Abneigungen, Aberglauben usw. aus, wenn bei einem Kulturkontakt aus der einen Kultur nur bestimmte Elemente (Geräte, Verfahren, Ideen) übernommen werden, andere nicht: eine S., die den Vorgang der Innovation z. T. steuert.

W. E. Mühlmann, Zur Theorie der sozialen Siebung, in: Jahrbuch für Sozialwissenschaft 1 (1951); K. V. Müller, Begabung und soziale Schichtung in der hochindustrialisierten Gesellschaft (1956); H. Schade, Über soziologische Verhältnisse, Siebungs- und Auslesevorgänge bei Müttern unehelicher Kinder, in: K. G. Specht u. a. (Hrsg.), Studium sociale (1963).

Simulationsverfahren (zuerst in der Technik, z. B. Windkanal) werden neuerdings auch in der Soziologie versucht. Man simuliert z. B. ↗Bürokratie. S. braucht man für seltene Zustände, z. B. wenn die natürliche Variationsbreite einer Variablen zu schmal ist, um ihre Wirkungen zu untersuchen, oder bei der „Kostspieligkeit" eines Zustandes (Krieg, Katastrophen). Besonders wichtig sind S. für den „rare state", d. h., wenn die Wirkung von a auf b verzögert ist, aber der betreffende Prozeß in der sozialen Wirklichkeit meistens erst im fortgeschrittenen Stadium angetroffen wird (Entstehen sozialer Strukturen). S. ersetzen die Wiederholbarkeit: wenn es nur eine einzige Struktur ihrer Art gibt (z. B. eine internationale Organisation wie die UNO). S. arbeiten Kontraste heraus bzw. lassen Verunreinigungsfaktoren ausklammern. Schließlich dienen S. der Vereinfachung. Sie erlauben auch die kontrollierte Beobachtung, z. B. beliebig häufiges Starten eines sozialen Prozesses. Das S. bedient sich oft elektronischer Rechenmaschinen, in denen ein an sich endloser oder in der Natur sehr langer Prozeß zeitlich gerafft abläuft: z. B. Stabilität und Zerfall der Drei-Personen-Gruppe. Verschiedentlich hat man beobachtet, daß diese Gruppe instabil ist. Sie neigt dazu, in eine Zweier-Gruppe (Dyade) und eine isolierte Person zu zerfallen. Man kann nun fragen, ob es einen bestimmten Prozeß in der Dreier-

Gruppe gibt, der ihren Zerfall erklärt. Man läßt den Computer mit einer hypothetischen stabilen Dreier-Gruppe beginnen und beobachtet den Ablauf in der Zeit.
Man darf allerdings nicht so simulieren, daß das organisatorische Phänomen selbst eliminiert wird. ↗Kleingruppenforschung als S. liefert zwar Information, die für die Organisationstheorie relevant ist, aber „diese Theorie befaßt sich doch mit einem deutlich in Erscheinung tretenden Niveau von Prozessen, das man nicht von den Eigenschaften seiner Untereinheiten vorhersagen kann". Man sollte zumindest soweit simulieren, daß das Modell Eigenschaften enthält, die es, als Organisation, von anderen Formen sozialer Systeme unterscheiden: dazu gehören Formalisierung, funktionale Differenzierung (Arbeitsteilung), eingeschränkte Kanäle für Weisungserteilung und Kommunikation und als Folge Komplexität von Einheiten und Rangstufen. Es sei nicht notwendig, daß die Simulation jeden Teil dieser fiktiven Organisation aktiviere, aber die Teilnehmer am Experiment sollten sich als Mitglieder einer Organisation sehen, die solche Eigenschaften aufweist. Die Teilnehmer sollten sich in bestimmten organisatorischem Status erleben.
Je reicher die simulierte Wirklichkeit an Eigenschaften ist, die der Wirklichkeit entsprechen, desto schwieriger ist damit zu arbeiten. Aber ein sehr vereinfachtes „simulate" ist nur sinnvoll, wenn es eine weit entwickelte Theorie für die Wirklichkeit gibt, die es erlaubt, vom „simulate" die Ergebnisse auf sie zu übertragen. Die Theorie der ↗Organisation ist heute nicht so weit; deshalb gilt es als besser, reichhaltige Simulate zu verwenden. (Vergl. J. S. Coleman, M. Zelditch u. a. in: H. Guetzkow, Hrsg., Simulation in Social Science, 1962; ferner R. P. Abelson, Simulation of Social Behavior, in: G. Lindzey u. E. Aronson, Hrsg., Handbook of Social Psychology, Bd. 2, 2. A. 1968.)

Sippe ↗Klan

R. Thurnwald, Die menschliche Gesellschaft in ihren ethnosoziologischen Grundlagen, Bd. 2 (1932); C. Lévi-Strauss, Les structures élémentaires de la parenté (Paris 1949); A. R. Radcliffe-Brown und D. Forde (Hrsg.), African Systems of Kinship and Marriage (New York 1950).

Sitte ↗Brauch, ↗Kontrolle (soziale), ↗Konvention, ↗Kultur, ↗Mode

Situation ist die für das Verständnis und den Ausgang sozialer Handlungen entscheidende raum-zeitliche „Gelegenheit" der mitwirkenden Individuen. Die S. gilt meistens nur für einen begrenzten (kurzen) Zeitraum und kann sich als kurzlebiger Bestimmungsgrund der Handlungsstruktur verbindlich nur dort ergeben, wo die in die S. geratenen oder eingetretenen Personen sie als solche erkennen und in (zumindest weitgehend) ähnlicher Weise aufgrund ihrer kulturellen Erfahrungen deuten, also die Definition der S. so vollziehen, daß ↗zweckrationales Handeln, daß ↗Rollenkongruenz folgt. Beispielsweise wäre es unmöglich, den Angehörigen eines Naturvolks, das noch nie Handfeuerwaffen erlebt hat, mit einer vorgehaltenen Pistole in Schach zu halten, da er die S. nicht so definiert, daß er darin unausweichlich der Unterlegene sein muß. S. als Begriff der Sozialwissenschaften wurde vor allem von W. I. Thomas entwickelt und von Robert MacIver ausgebaut. Thomas illustrierte den Begriff u. a. mit dem unterschiedlichen Verhalten der Völker angesichts des biologischen Ereignisses einer Zwillingsgeburt, die bei manchen Stämmen die Tötung des einen (oder auch beider) Neugeborenen erfordert, weil sie nur so mit der ungewöhnlichen S. seelisch zurechtkommen können. Indem der in eine neue zwischenmenschliche Lage Gekommene die vorliegende S. *definiert*, d. h. u. a. den eigenen ↗Status in den Augen der anderen, verglichen mit den ihrigen, einkalkuliert, wählt er für sich selbst ein ↗Verhaltensmuster, von dem er sich ein optimales Ergebnis seiner freiwilligen oder unfreiwilligen Teilnahme an der S. verspricht.

R. M. MacIver, Social Causation (New York 1942); L. A. Coser und B. Rosenberg (Hrsg.), Sociological Theory (New York ²1964). E. Tierno Galván, Sociologia y situación (Murcia 1955); L. v. Wiese, System der Allgemeinen Soziologie (1955).

Skalierungsverfahren (↗Einstellungen, ↗Sozialpsychologie, ↗Vorurteil) geben (zunehmend verfeinerte) Regeln und Kunstgriffe zur Plazierung von Einheiten (Reizen, Indikatoren für Indikatorfragen) auf einer Skala (Kontinuum) an. S. werden hauptsächlich zur Messung von Einstellungen gebraucht. Sie führen meist zu Skalen mit nicht mehr als elf Punkten (von —5 über 0 zu +5). Es gibt Skalen, auf denen der Befragte Inhalte in seiner Umwelt (Personentypen, Waren usw.) einordnen soll, und Skalen zur Messung von Einstellungen, Schmerzgraden, Präferenzen usw. im Befragten selbst. Für die Messung von Einstellungen werden hauptsächlich die Skala von R. A. Likert und die von L. Guttman verwendet. Nach Likert handelt es sich darum, den Befragten nur mit einzelnen Feststellungen zu konfrontieren, die auf derselben Dimension liegen. Die Likert-Skala ist eine Intervall-Skala ohne natürlichen Nullpunkt. Die Guttman-Skala muß aus sog. monotonen Fragen zusammengesetzt werden, die den Befragten zwingen, sich zu abrupt steigenden Indikatorfragen mit „ja" oder „nein" zu äußern, wobei die Antwort zum höheren Indikator nur „echt", konsequent, „konsistent" sein kann, wenn sie mit den Antworten des Befragten zu den vorangegangenen Fragen übereinstimmt. Die Güte aller dieser Skalen hängt von der psychologischen Vorstellungskraft, dem richtigen Gefühl und Gespür des Forschers für die wahrscheinlichsten, durch Kultur und Sprache geprägten Reaktionsweisen in der betreffenden Bevölkerung ab.

Mathilda White Riley u. a. (Hrsg.), Sociological Studies in Scale Analysis (New Brunswick [N. J.] 1954); W. S. Torgerson, Theory and Methods of Scaling (New York 1958); H. Gulliksen und S. J. Messick (Hrsg.), Psychological Scaling (New York 1960); R. König (Hrsg.), Handbuch der empirischen Sozialforschung, Bd. 1 (²1967); E. K. Scheuch, Skalierungsverfahren als Instrument der Sozialforschung (1967).

Sklaverei ist der u. U. auch rechtlich institutionalisierte Brauch, Menschen, ohne Ansicht ihrer Autonomie als Individuum, zwangsweise als Eigentum (für Arbeitsleistungen) zu haben und als Ware zu betrachten (Sklavenmarkt). Die S. fand sich früher bei zahlreichen Völkern; auch in Hochkulturen. S. wurde von vielen Naturvölkern und Stämmen geübt. Meist wurden Kriegsgefangene der S. unterworfen. Vielfach hatte der Besitzer eines Sklaven das Recht, diesen ebenso willkürlich zu behandeln wie ein Haustier. Der Status des Sklaven schloß aber persönliches Eigentum nicht immer aus. Im antiken Rom konnten z. B. Sklaven kommerziell tätig sein und die zu ihrem Freikauf nötige Summe sich selbst erarbeiten. Ebenso gab es in Rom hochgebildete Sklaven als Hauslehrer. Als soziologisch bedeutsames Problem wirkt die S. in den USA in die Gegenwart hinein, da dort die Negerfrage, als Minderheitenproblem, in ihrer emotionalen und politischen Dynamik aus dem Bewußtsein heutiger Neger genährt wird, daß ihre Vorfahren bis 1865 (Niederlage der Südstaaten im amerikanischen Bürgerkrieg, Emanzipation der dortigen Negersklaven) in S. gehalten worden waren.
Die S. entstand nach Ansicht mancher Forscher im Verlauf kriegerischer Auseinandersetzungen. Sie war zunächst eher eine „Humanisierung" des vorherigen Brauches, die Besiegten ausnahmslos zu töten, wenn es u. U. auch schon in Hinblick auf die Ausnutzung ihrer Arbeitskraft zur Schonung gekommen sein mag. Die S. kann als früheste Form eines sozialen Klassensystems aufgefaßt werden. Die Zahl der Sklaven konnte in manchen Gesellschaften die der Freien gelegentlich weit übersteigen. Milderen Formen der S. unterlagen Hörige, Leibeigene, zum Frondienst Verpflichtete, meist Bauern unter aristokratischer Herrschaft. Totalitäre Herrschaftssysteme des 20. Jahrh. (unter Benutzung von Deportationen, Konzentrationslagern, Sklavenarbeitslagern) haben S. geübt, z. B. die Sowjetunion und in Deutschland das nationalsozialistische Regime. Sklavenhandel und -haltung (meist von Frauen) gibt es auch heute noch in verschiedenen asiatischen Ländern, so in einigen arabischen Königtümern.

R. Pfaff-Giersberg, Die Sklaverei (1932); S. M. Elkins, Slavery (Chicago 1959); M. J. Finley (Hrsg.), Slavery in Classical Antiquity (Cambridge 1960); B. Davidson, Vom Sklavenhandel zur Kolonialisierung (1966).

Slums sind, zunächst im englischen Sprachbereich, sanitär und ästhetisch zurückgebliebene, verfallende Wohnbezirke, in denen die Häuser übervölkert und vorwiegend von Angehörigen der untersten Sozialschicht bewohnt sind. In Gesellschaften mit Minderheiten (Farbige, neu Eingewanderte usw.) sind S.s oft sogenannte ↗Gettos. Die Neubildung von S.s nach Sanierung vorheriger S.gegenden durch staatliche Maßnahmen läßt sich schwer verhindern. Im Gegensatz zu früheren Auffassungen haben neuere Forschungen auch im S. traditionelle und familienorientierte Sozialstrukturen festgestellt. Der Kausalzusammenhang zwischen S. und Kriminalität und anderem abweichenden Verhalten ist umstritten. In Metropolen, deren Mittel- und Oberschichten innerhalb kurzer Frist in die Vororte (Suburbanisation) ziehen, dehnen sich S.s aus (besonders USA). S.s sind somit z. T. die Folge bestimmter Binnenwanderungsvorgänge in multiethnischen Gesellschaften: Neger aus dem Süden, Puertoricaner wandern in die Metropolen des Nordosten der USA ein, gleichzeitig wandert die bisherige weiße, mittelständische Wohnbevölkerung ab.

K. W. Back, Slums, Projects, and People (Durham [N. C.] 1962); M. B. Clinard, Slums and Community Development (New York 1966). G. D. Suttles, The Order of the Slum. Ethnicity and Territory in the Inner City (Chicago 1968).

Soldat ↗Kleingruppenforschung, ↗Militärsoziologie

S. Stouffer u. a., The American Soldier, 2 Bde. (Princeton [N. J.] 1949); H. v. Böckmann, Die Wandlung des deutschen Soldaten (1951); Der deutsche Soldat in der Armee von morgen, in: Veröffentlichungen des Instituts für Staatslehre und Politik e. V. Mainz, Bd. 4 (1954); Vom künftigen deutschen Soldaten (1955); M. Janowitz, The Professional Soldier (New York 1960); R. R. Bigler, Der einsame Soldat (1963).

Solidarität, vornehmlich ein aus den Arbeiterbewegungen im 19. Jahrh. hervorgegangener Begriff, bezeichnet das Gefühl der Gruppen- (und Klassen-)zugehörigkeit, auch von solchen Individuen, die sich der betreffenden Gruppe nur aus eigenem Entschluß zurechnen („sich solidarisch erklären"), ohne ihr formell anzugehören oder mit anderen Gruppenmitgliedern regelmäßig zu verkehren. Während „esprit de corps" beispielsweise durch die häufige Zusammenarbeit der Mitglieder eines Kollektivs stets neu bekräftigt werden muß, ist S. ein Bewußtseinszustand, den einzelne durch einen gefühlsbetonten Akt der Einsicht in eine gemeinsame Sache erreichen. Der Zustand der S. zeigt sich in der Regel an passiven oder aktiven Verhaltensweisen, z. B. gemeinsamen Verweigerungen (↗Boykott) oder Kundgebungen einer Entrüstung. Da der Zustand der S. im Verlauf sozialen Handelns starke interne soziale ↗Kontrolle aller Mitglieder des Kollektivs erfordert, kann S. auch zu einer innovationshemmenden, sich jedem Fortschritt, jeder Änderung verschließenden Trotzhaltung werden. Anstelle unterschiedlicher Grade der S. in einer Gruppe könnte man auch von Gruppenkohäsion sprechen. Eine S. „der Gesinnung" kann, muß aber nicht zu einer S. der Handlungen führen. Im internationalen Bereich ersparen sich zum Beistand moralisch verpflichtete Staaten oft die militärische Unterstützung eines anderen durch rasche S.erklärung im Konfliktfall, der nichts weiteres folgt. Eine gewisse Aushöhlung des Begriffes S., auch im Binnenraum einer Gesellschaft, ist zu beobachten. S.erklärungen erfüllen oft Alibifunktionen. E. Durkheim (etwa analog zur Stufenfolge „Gemeinschaft" — „Gesellschaft" bei F. Tönnies) nimmt eine anfängliche *mechanische* S. (nach wechselseitiger Ähnlichkeit) in segmentären Gesellschaften an, auf die eine *organisierte* S., aufgrund der Verschiedenheit, in komplexen Gesellschaften folge. Einen Solidarismus, im Sinne einer Vergenossenschaftlichung des Wirtschaftslebens haben verschiedene Sozialreformer gefordert.

J. Wössner, Mensch und Gesellschaft (1963).

Souveränität, ursprünglich die Eigenschaft eines Souveräns, eines autonomen, regierenden Staatsoberhauptes, eines Fürsten, ist im zwischenstaatlichen Bereich die von anderen Staaten anerkannte Unabhängigkeit im Handeln desjenigen, der über ein Territorium die Herrschaft ausübt. Der Souverän kann nicht nur ein regierendes Oberhaupt sein, sondern auch das Volk, die Gesamtheit der Bürger eines Gemeinwesens, in dessen Namen z. B. eine neue Verfassung gegeben wird. Machtsoziologische Probleme können sich aus dem Unterschied der S. im Binnenbereich gegenüber dem Außenbereich einer Nation ergeben (äußere und innere S.). Die heutige Theorie der S. wurde im 16. und 17. Jahrh. entwickelt (Althusius, Grotius, Bodin, Hobbes). Nicht jeder „Staat" muß S. besitzen. Sie fehlt z. B. den Glied*staaten* eines Bundesstaates.

B. de Jouvenel, Über Souveränität (1963); J. Dennert, Ursprung und Begriff der Souveränität (1964).

Sozialkritik ↗Gesellschaftskritik

H. L. Lieber, Ideologische Momente in der Sozialkritik der Gegenwart, in: O. Stammer u. a. (Hrsg.), Festgabe für F. Bülow (1960); G. Olzog, Die Gesellschaft und ihre Kritiker, in: Politische Studien 13 (1962); P. C. Ludz, Zur Frage nach den Bedingungen der Möglichkeit einer kritischen Gesellschaftstheorie, in: Archiv für Rechts- und Sozialphilosophie 49 (1963); E. Topitsch, Stadt, Aufklärung und Sozialkritik, in: Sozialwissenschaft und Gesellschaftsgestaltung, Festschrift für G. Weisser (1963).

Soziale Kontrolle ↗Kontrolle, soziale

Sozialisation ist der Vorgang, durch den jedes Mitglied einer Gesellschaft während seines Aufwachsens mit ↗Verhaltensmustern ausgestattet wird, die es ihm erlauben, sich in dieser Gesellschaft als Erwachsener konventions- und normengerecht zu benehmen. Die S. beginnt mit dem Wechselspiel zwischen Kind und seiner Familie. Ihr Abschluß läßt sich nicht festlegen und hängt u. a. auch von der unterschiedlichen Reife und Berufswahl der einzelnen Jugendlichen ab. Man spricht auch von der S. für einen bestimmten Beruf, wenn sich jemand in der Ausbildung zum Arzt oder Geistlichen befindet. Oft kommt es hier zur antizipatorischen S. durch die Vorbildwirkung jener, die den angestrebten Beruf bereits ausüben. S.faktoren können sich auch im Sinne ↗abweichenden Verhaltens geltend machen, wenn z. B. ein Jugendlicher kriminelle Vorbilder wählt. Der moderne Strafvollzug versucht eine Resozialisation in Richtung auf die verbindlichen Normen der Gesellschaft. S. ist nicht dasselbe wie soziale ↗Kontrolle, jedoch setzt die soziale Kontrollierbarkeit des einzelnen durch die Gruppe voraus, daß er im Laufe seiner S. für die Reize und Signale empfindlich gemacht wurde, deren sich die spezifische soziale Kon-

trolle in der jeweiligen ↗ Situation bedient. Wer z. B. nie die Bedeutung der Ironie verstanden hat, kann durch eine solche nicht zur ↗ Konformität mit einer Gruppennorm gebracht werden.
Der S.prozeß enthält teils ausdrückliche Weisungen, Ermahnungen und Unterrichtungen des Individuums durch Ältere und Erfahrenere, teils verläuft er über die Wahrnehmung von Bewertungen bestimmter Verhaltensformen durch die Umweltpersonen, die sich nur an der unteren Schwelle des Bewußtseins durch besonderen Stimmklang, Mienenspiel und dgl. dartun (subliminal conditioning). Der unerläßliche Wert einer primären S. im Rahmen einer normalen Kernfamilie für die ↗ Anpassung des Individuums an seine Gesellschaft ist neuerdings durch die Soziologie des abweichenden Verhaltens bestätigt worden. Sekundäre gesellschaftliche S.einrichtungen können in den seltensten Fällen die Mängel einer fehlenden primären ersetzen oder ausgleichen. ↗ Superego.

P. A. Sorokin, Society, Culture, and Personality (New York 1947); G. Wurzbacher (Hrsg.), Der Mensch als soziales und personales Wesen (1963); Th. Scharmann (Hrsg.), Schule und Beruf als Sozialisationsfaktoren (1966); H.-G. Rolff, Sozialisation und Auslese durch die Schule (1967); K. Lüscher, Der Prozeß der beruflichen Sozialisation (1968); U. Schlottmann, Primäre und sekundäre Individualität (1968).

Sozialismus (↗ Bolschewismus, ↗ Eigentum, ↗ Individualismus, ↗ Kapitalismus, ↗ Kollektivismus, ↗ Kommunismus, ↗ Liberalismus, ↗ Marxismus, ↗ Nationalsozialismus, ↗ Totalitarismus, ↗ Verstaatlichung) kann als ↗ Ideologie oder ↗ Utopie, je nach der geschichtlichen (und parteipolitischen) Situation, und als eine Form des Kollektivismus gelten, die sich seit dem Anfang des 19. Jahrh. immer bewußter als Gegensatz zum Kapitalismus versteht. Von Rousseau und der Französischen Revolution kommen die Leitwerte Gleichheit (Egalitarismus ist zentraler Impuls in jeder Form des S.), Brüderlichkeit (Genossenschaftlichkeit, ↗ Solidarität) und der Glaube an eine allgemeine ↗ Freiheit von jedem ↗ Zwang, den private Eigentümer ausüben können. Erst im 20. Jahrh. spaltet sich der S. deutlich vom Kommunismus ab und erstrebt in den einzelnen Ländern, meist über von ↗ Gewerkschaften abhängigen politischen ↗ Parteien, mehr oder minder radikale bzw. evolutionäre (graduelle) Veränderungen von Wirtschaft und Gesellschaft in der Richtung seiner Ideale.

W. Sombart, Grundlagen und Kritik des Sozialismus (1919); G. Briefs, Untergang des Abendlandes. Christentum und Sozialismus (^{2}1921); L. Mises, Die Gemeinwirtschaft. Untersuchungen über den Sozialismus (1922); H. J. Laski, Socialism and Freedom (London 1925); ders., Socialism as Internationalism (London 1949); S. M. Lipset, Agrarian Socialism (Berkeley [Cal.] 1950); J. A. Schumpeter, Kapitalismus, Sozialismus und Demokratie (1950); E. Heimann, Wirtschafts- und Gesellschaftssysteme (1954).

Sozialpolitik ist der Einsatz politischer Mittel, also meistens staatlicher Machtmittel, zur Erreichung sozialer Ziele. Zu diesen gehören Hebung des Lebensstandards, Sicherstellung eines ausreichenden Einkommens im Falle von Krankheit, Invalidität und im Alter, Umverteilung des Sozialprodukts zugunsten wirtschaftlich schwächerer Personenkreise. Die empirische Sozialwissenschaft kann zu einer rationaleren, weniger durch politische Opportunität oder Emotionen bestimmten S. beitragen, indem sie aufgrund von Erhebungen oder allgemein gesicherten Wissens erfolgversprechende und weniger erfolgversprechende Ansatzpunkte für die S. nennt. Da die Bestimmung dessen, was „sozial" bzw. weniger „sozial" ist, durch wissenschaftliche Methoden allein und wertfrei fast nie möglich ist, sondern immer auch durch politische Absichten (Wahlgeschenke) mitbestimmt wird, ist die S. in zunehmendem Maße einSpielball von parlamentarischen und außerparlamentarischen Kräften, die um die Verteilung begrenzter Etatmittel konkurrieren. Vornehmlichste Aufgabe einer neutralen Sozialwissenschaft wäre es, dem Sozialpolitiker gerade auch die unbeabsichtigten Nebenwirkungen seiner Maßnahmen vorherzusagen. ↗Integration.

L. Preller, Sozialpolitische Orientierungen (1962); H. Achinger, Sozialpolitik und Wissenschaft (1963); H. W. Köllermann, Sozialpolitik in Deutschland ([3]1965); A. Burghardt, Lehrbuch der Allgemeinen Sozialpolitik (1966); L. Heyde, Abriß der Sozialpolitik ([12]1966).

Sozialpsychologie (↗Bezugsgruppe, ↗Einstellungen, ↗Feldtheorie, ↗Ganzheit, ↗Gruppe, ↗Konformität, ↗Mikrosoziologie, ↗Sozialisation, ↗Soziologie, ↗Stereotyp, ↗Vorurteil) kann, auch in den USA, als Spezialgebiet sowohl dem Department der Soziologie als auch der Psychologie angeschlossen sein. Bei den Psychologen gibt es Schulen der S., die mehr von der beschreibenden, phänomenologischen, klinischen oder psychoanalytischen Richtung kommen, und andere, die die S. zur exaktesten, quantifizierenden Sozialwissenschaft machen wollen, in dem sie im wesentlichen Einstellungen mit Hilfe von ↗Skalierungsverfahren und ihrer statistischen Auswertung untersuchen. S. als Ansatz gibt es, seit es eine reflektierende Literatur über das Verhalten des Menschen als Glied von Gruppen gibt: die französischen Moralisten, Nietzsche, Max Scheler, Gustav Le Bon, G. Tarde, George H. Mead haben S. getrieben und vielfach Einsichten geboten, die der neopositivistischen S. verschlossen geblieben sind. „Ich", „Wir", „der andere", „Selbst" (und die *selves* der anderen, die wir, nach G. H. Mead, internalisieren), all dies sind Grundphänomene, die es nur gibt, weil jedes Individuum ständig auf relevante andere bezogen ist. Insofern kann auch das ↗Rollenspiel, die Rollentheorie (Kern der heutigen Soziologie) von der S. her verstanden werden. Die Grenzen sind jedenfalls fließend: S. untersucht vor allem die Beeinflussungen des Individuums durch die Gruppe, während die Soziologie sich den Erscheinungen zwischen Gruppen, Institutionen, Organisationen widmet.

W. Hellpach, Sozialpsychologie ([3]1951); K. Mannheim, Essays on Sociology and Social Psychology (London 1953); M und Carolyn W. Sherif, An Outline of Social Psychology (New York[2]1956); A. Gehlen, Die Seele im technischen Zeitalter (1957); P. R. Hofstätter, Sozialpsychologie ([2]1964); ders., Einführung in die Sozialpsychologie ([4]1966); A. Oldendorff, Grundzüge der Sozialpsychologie (1965); E. E. Jones und H. B. Gerard, Foundations of Social Psychology (New York 1967); C. F. Graumann (Hrsg.), Sozialpsychologie: Theorien u. Methoden, Handbuch der Psychologie, Bd. 7/1 (1969).

Sozialstruktur (oft gleichbedeutend mit Gesellschaftsstruktur) kann als ein fortwährender Prozeß gesellschaftlicher Auseinandersetzungen aufgefaßt werden, wobei gleichzeitig Destruktionen und Umstrukturierungen vor sich gehen. Die S. ist nicht etwa die Gesamtheit aller bestehenden Institutionen einer Gesellschaft, sondern „die besondere Konstellation der innerhalb einer Gesamtgesellschaft gegebenen hauptsächlichen sozialen Gruppen (Kasten, Stände, Klassen) zueinander mitsamt den damit gegebenen spezifischen Formen gesellschaftlicher Auseinandersetzungen zwischen diesen“ (G. Eisermann). Die S. einer Gesellschaft ist der „erkennbare, sich nur allmählich verändernde Wirkungszusammenhang sozialer Kräfte“ (F. Fürstenberg, „Sozialstruktur“ als Schlüsselbegriff der Gesellschaftsanalyse, Köln. Zeitschr. f. Soziologie und Sozialpsychologie, Jg. 18, 1966). Die S. einer heutigen Industriegesellschaft ist vieldimensional: sie wird bestimmt durch Bevölkerungsaufbau (↗Altersgliederung usw.), Berufsgliederung, Wirtschaftstätigkeiten, Organisationen sowie durch institutionalisierte „Verhaltensfelder“ (Fürstenberg) wie Familie, Schule, Betrieb, Verbände, Kirchen mit ihren typischen Rollensystemen, ferner durch Führungsgruppen und Siedlungstypen.

Soziogramm nennt man in der Soziometrie das Ergebnis, in einem Diagramm dargestellt, der in einem schriftlichen Abstimmungsverfahren bekundeten Partnerwahlen, der Präferenzen, der Sympathien bzw. Antipathien zwischen den Mitgliedern einer Gruppe (meist eine Gesicht-zu-Gesicht-, facto-to-face-Gruppe, deren Mitglieder also im täglichen Kontakt stehen). S.e werden vor allem in den USA bei schülersoziologischen Arbeiten benutzt. Es zeigt sich, daß in einer Schulklasse typischerweise einige wenige Schüler von den meisten als Kameraden begehrt werden, andere wieder als isoliert stehende Zweier-Gruppen (Dyade) nur unter sich Kontakte pflegen oder wünschen und wiederum andere als sog. Isolate in der Ecke stehen und von keinem anderen als Partner angestrebt werden. Das S. dient vor allem als Wegweiser sozialtherapeutischer Eingriffe in ein Gruppengeschehen (z. B. ihm entgegenwirkende Sitzordnung), kann aber auch als Kontrollinstrument verwendet werden, um die Wirkung bestimmter Reize auf einzelmenschliches Verhalten innerhalb einer Gruppe zu messen; z. B. eine günstigere Stellung von Schülern, die einer diskriminierten Minderheit angehören, nachdem im Unterricht längere Zeit über das soziale Vorurteil gesprochen worden war. Ein S. kann aber auch zur Erforschung zwischenmenschlicher Beziehungen in Betrieben oder Nachbarschaften dienen.

Soziologie als Name für die Wissenschaft von der ↗Gesellschaft und dem menschlichen ↗Verhalten, einschließlich der Bewußtseinsformen, die teils Gesellschaft ermöglichen, teils durch diese bereits ihr Gepräge erhalten, geht auf Auguste Comte zurück, der um 1833 bei der Suche nach einem Namen für die von ihm beabsichtigte Disziplin die Bezeichnung „soziale Physik" bereits belegt fand und deshalb die hybride Neubildung „sociologie" einführte. S. ist heute ein international verwandter Begriff; aber auch Gesellschaftswissenschaft, Sozialwissenschaft oder empirische Sozialforschung können an seine Stelle treten. Als wissenschaftliche Disziplin ist S. weniger durch ihren eigentlichen Gegenstand bestimmt (da dieser auch durch andere Wissenschaften, wie die Wirtschaftswissenschaft, Geographie, Ethnologie, Politikwissenschaft, untersucht und dargestellt wird), als durch ihre Fragestellungen, Begriffe, Theorien und Verknüpfungen von Daten. Auch ihre Methoden teilt die S. mit anderen Disziplinen, wenngleich man mit Durkheim charakteristische Regeln für die soziologische Methode zugrunde legen kann. Die S. neigt seit jeher auch zur Erforschung von Gebieten, die ihre eigenen Wissenschaften haben: als sog. Bindestrich-S.n gibt es Bildungs-, Kunst-, Literatur-, Musik-, Rechts-, Religions-, Sprach-, Wirtschafts- usw. S.n. Diese Ausdehnungstendenz trägt der S. den Vorwurf des Soziologismus ein. Teils durch übertriebene Ansprüche einiger ihrer Vertreter, teils infolge der Eifersucht älterer Disziplinen, hat sich die S. an den wissenschaftlichen Hochschulen der einzelnen Länder verhältnismäßig spät durchgesetzt, in vielen Fällen erst seit etwa 1950. Selbst in den USA kam es an manchen bedeutenden Universitäten erst spät zur Einrichtung dieses Faches (z. B. Harvard University). Weil der S. eine gesellschaftskritische Intention zu eigen ist, weil sie die spezifischen Bedingungen und Folgen bestimmter Machtpositionen zu untersuchen pflegt, ist sie in nicht-demokratischen, autoritären und totalitären Systemen meist unerwünscht; sie wurde deshalb während des Hitler-Regimes unterdrückt, kam aber auch in der Sowjetunion erst etwa 10 Jahre nach Stalins Tod zur Geltung. Die Schwierigkeiten der S. auf dem Weg zu der Wissenschaft von den allgemeinstmöglichen Aussagen über menschliches Sozialverhalten und soziale Strukturen deuten sich auch darin an, daß man immer noch von der S. der einzelnen Länder (deutsche, französische, amerikanische, polnische S.) spricht, also eine gewisse Standortgebundenheit der S., eine üblicherweise zu erwartende Beschäftigung mit den Eigentümlichkeiten der jeweiligen Kultur und Gesellschaft unterstellt. Der interkulturelle ↗Vergleich soziologischer Daten, Begriffe und Theorien, aber auch bestimmter Forschungsmethoden (z. B. Interviewtypen) stößt auf erhebliche Probleme. Grundbegriffe und Hauptergebnisse z. B. amerikanischer Verstädterungs-S. sind für die meisten europäischen Siedlungsgebiete oft belanglos oder irreführend.

Wer sich als Soziologe wissenschaftlich ausgebildet hat, kann z. Z. noch nicht mit einer bestimmten Berufsausübung, aufgrund eines allgemein anerkannten, rechtlich untermauerten Berufsbildes rechnen. Die überwiegende Zahl aller Soziologen mit abgeschlossenem Hochschulstudium in den meisten Ländern ist in Forschung und Lehre tätig.

Die S. ist diejenige Sozialwissenschaft, die zu den allgemeinsten Aussagen über das wechselseitige Einwirken der Menschen gelangen will.

Ziel ist die möglichst allgemeingültige Erkenntnis sozialer ↗Prozesse, die in ähnlicher Weise auf den verschiedensten Gebieten ablaufen. Eine soziologische Theorie der ↗Innovation möchte z. B. die Hemmungen, die Phasenabfolge, die Verhaltensmuster der beteiligten Menschen bei der allmählichen Übernahme eines neuen Verfahrens so beschreiben und erklären, daß diese Vorgänge vorhersagbar werden, gleichgültig, ob es sich um die Einführung einer neuen Sicherheitsmaßnahme in einem Betrieb, eines neuen landwirtschaftlichen Geräts in einem primitiven Agrargebiet oder eine neue Operationstechnik bei Chirurgen handelt. Gegenstand der S. ist alles, was Menschen, in Hinsicht auf andere Menschen, tun oder nicht tun (soziale Intentionalität). Die ↗Mode, die Bekleidung der Menschen, soweit sie klimaunabhängig sind, lassen sich soziologisch betrachten, nicht aber die Spezialkleidung eines Astronauten. Nicht nur aktives Verhalten, Handlungen, Taten, Bewegung, Sprechen usw. sind dabei zu beobachten, sondern auch Unterlassungen, ausgebliebene Worte, vermiedene Hilfeleistungen oder Benachrichtigungen. Schweigen oder Nichtstun ist sozial ebenso aufschlußreich, weil sozial intentional, wie aktive Verhaltensweisen. Der Soziologe wird fragen: was würde das Mitglied einer anderen Kultur, eines anderen Gesellschaftssystems, eines anderen Berufes, einer anderen sozialen Klasse in dieser ↗Situation getan oder gesagt haben, wo die beobachtete Person passiv geblieben ist? Handelt es sich nur um eine individualpsychologisch zu erklärende (idiosynkratische) Abweichung oder um die Folge eines sozialen Zusammenhanges (soziale ↗Kontrolle, Konformität). Der Unterschied zwischen einer soziologischen und einer psychologischen Fragestellung ist nicht immer eindeutig und hängt auch von der jeweiligen Schule der Psychologie ab, von der sich Soziologen abzusetzen suchen. Für Max Weber liegt eine Frage für die S. nur dann vor, wenn ein Individuum (oder mehrere) in bezug auf andere Menschen handelt. Wenn Touristen sich in der Nähe eines Vulkans befinden, der plötzlich ausbricht, wählt jeder einzelne, sobald er das Naturereignis richtig erkannt hat, den einzigen, geographisch gesehen, sinnvollen Fluchtweg, z. B. über den Landarm einer Halbinsel. Der Strom dieser Menschen würde für den Beobachter in einem Flugzeug wie ein Kollektivphänomen, eine soziale Handlung aussehen, ist es aber so lange nicht, als unter den Fliehenden keine sozial bedingten, vom optimalen Selbsterhaltungsstreben abweichenden Verhaltensformen auftreten, z. B. Rücksichtnahme auf Kinder, Frauen und alte Menschen. Ein soziologisches Phänomen würde auch entstehen, wenn diese Touristen sich, obwohl sie sich einander nicht kennen und keine Verbindung aufnehmen, zu spät zur Flucht entschließen, weil keiner in den Augen der anderen als Feigling gelten möchte. Der Ablauf einer ↗Panik, die Flucht vieler aus einem brennenden Theater, ist nicht ohne weiteres ein soziologisches Problem. Die durch Gestürzte und Ohnmächtige verkeilten Ausgänge, die ihrerseits unzweckmäßiges Verhalten der noch Eingeschlossenen auslösen, sind *nicht* die Folge soziologisch relevanter Vorgänge.

Ein einziger Mensch, der sich bei Ausbruch eines Feuers mit zweihundert Schafen in einem Stall befindet, kann in dieselbe ausweglose Lage geraten. Wenn (wie M. Weber ausführte) bei einem Platzregen Spaziergänger gleichzeitig ihren Schirm aufspannen, liegt ebenfalls kein soziales Handeln vor. Wenn aber, ungeachtet eines drohenden Regens, verschiedene Spaziergänger — ohne Absprache untereinander — bewußt ohne Regenschirm ausgehen, weil jeder es seinem ↗Status schuldig zu sein glaubt, auf ein solches Zeichen der Verweichlichung zu verzichten, hätten wir es wieder mit einem sozialen Verhalten, einem soziologischen Problem zu tun. Die Beobachtung, daß eine Mehrzahl von Menschen sich gleichzeitig ähnlich verhalten, beweist über die soziologische Relevanz noch nichts. Die Neo-Positivisten haben allerdings erklärt, für ihre Wissenschaft stehe ein Mensch, der vor einem Mob fliehe, auf gleicher Ebene wie ein Blatt, das vom Wind davongeweht wird.
Es gibt nicht *die* S., sondern nur verschiedene Richtungen dieses Faches, die ihrerseits wieder durch die Gesellschaft mitgeprägt sind, in der sie wirken, auf die sie Rücksicht nehmen. Der Mensch der amerikanischen S. ist ein Mensch mit durchschnittlichen Verhaltensweisen, die in den USA häufiger sind als in anderen Ländern. Manche Autoren unterstellen ein den Soziologen aller Lager und Länder heute bereits gemeinsames Menschenbild, weil es sich auf Tagungen erwiesen habe, „daß sie alle miteinander reden können". Es müsse also einen Modellmenschen geben, der für den amerikanischen, den deutschen, den polnischen und indischen Soziologen gleich gilt. Heißt diese Entnationalisierung der S. aber vielleicht, die S. könne den Menschen nur mehr auf jener Ebene behandeln, wo sich alle Menschen überall gleich sind?
Die S. ist nicht nur nach Ländern, sondern auch nach ihren Theorien verschieden. P. A. Sorokin betonte 1965, daß die vorhandenen Theorien sich nur in solchen Punkten ausschließen oder einander widersprechen, wo die einzelne Theorie falsch ist. Hingegen seien alle diese Theorien in einer ganzen Reihe von wesentlichen Punkten komplementär: jede enthält neben ihren fragwürdigen Punkten einen Grundbestand korrekter Annahmen, die sich mit den gültigen Teilen anderer Theorien vereinbaren lassen. Infolge der „Multidimensionalität der gesamten sozialkulturellen Wirklichkeit" findet Sorokin, daß die verschiedenen Theorien verschiedene Aspekte dieser komplexen Wirklichkeit hervorheben. Insofern aber diese Aspekte wirklich sind und in den verschiedenen Theorien wirklichkeitsgetreu beschrieben werden, sei jede Theorie gesund. Und diese gesunden Teile der verschiedenen Theorien könnten allmählich in eine vieldimensionale integrierte Theorie zusammenwachsen. Verschiedene weltanschauliche Positionen haben sich der S. bemächtigt. Die christliche, neomarxistische, katholische oder protestantische S. impliziert jeweils eine Anthropologie; es gibt ein Selbstverständnis des Menschen von *ihrem* Standpunkt, aber es ist uns aus anderen Perspektiven bereits bekannt. Man kann über die jeweilige welt-

anschauliche Position etwas erfahren, wenn man untersucht, welche Art von Soziologie sie bevorzugt. Aber es dient nicht zur Erkundung, wie der Mensch beschaffen ist, der vorausgesetzt wird, wenn man S. treibt. Die Soziologie verwendet eine Anzahl von Begriffen, die primär nichts Soziologisches an sich haben, sondern uns nur darauf aufmerksam machen, daß es in der sozialen Wirklichkeit etwas gibt, das für den Soziologen als Forschungsgegenstand lohnend sein könnte: z. B. Askese, Ausbeutung, Aggression, Gerüchte, Bürokratie, Technik, Kriminalität. Ferner gibt es Begriffe, die im eigentlicheren Sinne soziologisch sind, weil mit ihnen bereits eine Struktur, ein sozialer Prozeß, eine soziale Handlung unterstellt wird. Sie bezeichnen also Phänomene, die man ohne diesen Begriff nicht ohne weiteres vermuten würde: z. B. Machtstruktur, Proletarisierung, Geltungskonsum, soziale Siebung, Desorganisation, Eigendynamik, Institutionalisierung, Klassenbewußtsein, Bezugsgruppe. Von diesen Begriffen gibt es nur sehr wenige. Manche sind nur das Ergebnis einer Sozialphilosophie, einer Ideologie und projizieren somit etwas Ungeklärtes in die soziale Wirklichkeit hinein. Weitere Begriffe in der S. bezeichnen bestimmte Befindlichkeiten von Einheiten (Personen, Gruppen) in einem Raum-Zeit-Netz: Verstädterung, Wanderung, z. B. Land-Stadt-Wanderung, Sezession. Andere Begriffe lenken unsere Aufmerksamkeit auf besondere Sektoren des menschlichen Lebens, die soziologischer Durchleuchtung bedürfen, wie z. B. Freizeit, Arbeitswelt, Spiel, Sport.

W. Ziegenfuss (Hrsg.), Handbuch der Soziologie (1956); H. Schelsky, Ortsbestimmung der deutschen Soziologie ([2]1959); P. J. Bouman, Einführung in die Soziologie ([2]1960); P. Honigsheim, Über Objekt, Methode und wissensystematische Stellung der Soziologie (1961); R. F. Behrendt, Der Mensch im Licht der Soziologie ([2]1962); C. W. Mills, Kritik der soziologischen Denkweise (1963); H. Schoeck, Die Soziologie und die Gesellschaften ([2]1964); H. P. Bahrdt, Wege zur Soziologie (1966); D. Barley, Grundzüge und Probleme der Soziologie ([2]1966); E. Bodzenta (Hrsg.), Soziologie und Soziologiestudium (1966); G. Eisermann (Hrsg.), Die gegenwärtige Situation der Soziologie (1967); J. Niezing, Aufgaben und Funktionen der Soziologie (1967); F. Jonas, Geschichte der Soziologie (4 Bde. 1968–69); G. Eisermann (Hrsg.), Die Lehre von der Gesellschaft. Ein Lehrbuch der Soziologie ([2]1969).

Soziometrie (↗Gruppe, ↗Interaktion, ↗Mikrosoziologie) ist zunächst jede messende (quantitative) Untersuchung und Darstellung zwischenmenschlicher Vorgänge. Im engeren Sinne ist S. die (meist durch Befragungen) Feststellung und Analyse von Wahl- oder Vermeidungsakten (Präferenzen) der einzelnen Mitglieder einer Gruppe. Am bekanntesten ist die durch J. L. Moreno entwickelte S. mit dem soziometrischen Test. Vielfach wird sie in der Schülersoziologie (der USA) gebraucht. Die Mitglieder einer Schulklasse müssen Partner für bestimmte Aufgaben oder Situationen wählen bezw. die Chancen anderer, gewählt zu werden, beurteilen. Diese S. dient der Gruppentherapie, aber auch der Auffindung von isolierten Individien in einer Gruppe.

J. L. Moreno, Sociometry, Experimental Method and Science of Society (Boston [Mass.] 1951); ders., Die Grundlagen der Soziometrie ([2]1967); K. M. Evans, Sociometry and Education (London 1962).

Spezialisierung, ↗Arbeitsteilung, ↗Automation, ↗Beruf(e), ↗Differenzierung

Spiel ist das Verhalten einzelner oder von Gruppen, das nach den Auffassungen der ↗Kultur, worin das Verhalten stattfindet, im Gegensatz zu einem vergleichbaren Ernstverhalten steht. Je nach dem kulturellen oder sozialen Rahmen (Definition der ↗Situation) kann derselbe Akt als S. oder ↗Arbeit, Pflicht, als Ernstaufgabe gelten: der Amateur spielt, der professionelle Künstler arbeitet; somit tritt das Kriterium des ↗Berufes, des persönlichen ↗Status entscheidend hinzu. Fast jede denkbare menschliche Handlung kann, je nach dem Bezugsrahmen, in dem sie stattfindet, als S. oder Nicht-S. verstanden werden. Oft treten zwischenmenschliche Schwierigkeiten auf, wenn bei den Partnern eines Aktionszusammenhanges Unklarheit über den S.- oder Ernstcharakter besteht („Spiele der Erwachsenen“, Games People Play). Spielverhalten kann auch vorgetäuscht werden, um die Reaktion der Gegenseite auf geplantes Ernstverhalten abzutasten, ein Fall, der auch bei Konfrontationen von Staaten zunehmend zu beobachten ist. Huizinga hob die Bedeutung des Spielelements im gesamten menschlichen Leben und in der Kulturgeschichte hervor: Homo ludens ist Urheber der Zivilisationen, nicht zuletzt, weil ↗Innovationsverhalten durch den Schein des Spielerischen unverbindliche erste Schritte unternehmen kann, ohne mit den Sanktionen der Schadenfreude bei jenen rechnen zu müssen, die ein Fehlschlagen ernst gemeinter Versuche erwartet haben. Dem S.element verwandt ist das Agonale im menschlichen Verhalten, der Wettstreit, die ↗Konkurrenz, das Einander-Ausstechen-Wollen; hier der Übergang vom Spiel zum ↗Konflikt, zum ↗Krieg, aber auch die Möglichkeit, militärische Auseinandersetzungen in sportliche, wirtschaftliche, technische und wissenschaftliche Wettkämpfe zu sublimieren (Wettlauf zum Mond). Bezeichnenderweise haben kriegführende Parteien es fast immer, vor allem im 19. und 20. Jahrh. verstanden, international verbindliche Mindestregeln für das Verhalten der Kriegführenden zu beachten; eine Tatsache, an der sich im Sinne Huizingas das Spielelement selbst im Krieg erkennen läßt, indem handlungseinschränkende Regeln beachtet werden, damit in der Ernstphase des Zusammenlebens nach Schlichtung des kriegerischen Konflikts auf gegenseitiges Vertrauen gerechnet werden kann.
Spielerisches, nicht ernstgemeintes Verhalten läßt sich auch bei Tieren beobachten. Auch hier schon zum Zweck der Konfliktentschärfung, der Arterhaltung und vermutlich als Ausgangspunkt für Anpassungen an neuartige Umweltbedingungen. Spielverhalten ist nicht durch Mühelosigkeit, durch geringen Einsatz gekennzeichnet, sondern bringt im Gegenteil in vielen Fällen Höchstleistungen hervor, die der Betreffende im Arbeitsverhalten nicht zeigt.

H. Scheuerl, Das Spiel (1954); F. Alexander, Über das Spiel (1956); J. Huizinga, Homo Ludens (1956).

Spieltheorie (Game Theory) erlaubt mittels besonderer mathematischer Verfahren die Untersuchung und Vorhersage von Abläufen, bei denen sich mindestens zwei Partner mit gleichen oder künstlich ungleich verteilten Informationen um die optimale Lösung einer Aufgabe (z. B. Entwicklung und Absatz eines neuen Produktes bei festgelegtem Endpreis und verfügbarem Kapital) konkurrierend gegenüberstehen. Es geht dabei um die Erkennung und Abschätzung der eigenen und gegnerischen Optionen, um den Handlungsspielraum innerhalb gegebener Verhältnisse, unter möglichst erfolgversprechender Mittelzuweisung (Allokation der Resourcen). Spieltheoretische Überlegungen dienen auch dem Studium von Konfliktmodellen (Arbeitnehmer-Arbeitgeber, feindliche Länder). Der S. liegt die Annahme einzuhaltender Regeln zugrunde.

O. Morgenstern und J. v. Neumann, Theory of Games and Economic Behaviour (Princeton [N. J.][2]1955); M. Shubik (Hrsg.), Spieltheorie und Sozialwissenschaften (1965); E. Burger, Einführung in die Theorie der Spiele ([2]1966).

Sprachsoziologie (↗Information, ↗Inhaltsanalyse, ↗Symbol) wird gelegentlich von Sprachwissenschaftlern getrieben, die sich mit unterschiedlicher Konsequenz der Soziologie bedienen. Von Soziologen liegen wenige Ansätze zur S. vor. Kulturanthropologen, bei der Erforschung des ↗Ethos, der Weltanschauung der Naturvölker, ihrer Verwandtschaftssysteme, haben Beiträge zu einer S. geliefert. Manche nehmen an, die Sozialstruktur würde in der Sprachstruktur gespiegelt (Lévi-Strauss). Wortschatz und grammatische Gewandtheit ist in jeder Gesellschaft schicht-(klassen-)spezifisch und deshalb u. U. eine „Bildungssperre", mit der sich die ↗Bildungssoziologie befaßt. Verschiedene Akzente oder Dialekte können mobilitätseinschränkend wirken (ausgeprägt in Großbritannien). Einzelne Berufe und Gruppen haben ihre Sondersprachen, ebenso wie Gauner und Verbrecher. Slang und Jargon können für den Soziologen Aufschlüsse über soziale Wandlungsvorgänge geben.

H. D. Duncan, Language and Literature in Society (New York 1953); ders., Communication and Social Order (New York 1962); J. O. Hertzler, A Sociology of Language (New York 1965); C. Lévi-Strauss, Strukturale Anthropologie (1967).

Staat ↗Autorität, ↗Beamte, ↗Bürokratie, ↗Demokratie, ↗Gesellschaft, ↗Gesellschaftsvertrag, ↗Hegemonie, ↗Herrschaft, ↗Integration, ↗Nationalismus, ↗Partei, ↗Opposition, ↗Parlamentarismus, ↗Patriotismus, ↗Souveränität, ↗Subsidiaritätsprinzip, ↗Totalitarismus, ↗Überlagerung, ↗Verstaatlichung, ↗Verbände, ↗Volk, ↗Wahlen.

H. Triepel, Die Hegemonie (1938, Neudruck 1961); J. Winckelmann, Gesellschaft und Staat in der verstehenden Soziologie Max Webers (1957); R. Bendix, Herrschaft und Industriearbeit (1960); R. M. MacIver, The Web of Government (New York[2]1965); H. Kammler, Der Ursprung des Staates (1966).

Stadt nennt man eine Siedlung, deren Bevölkerung, im Verhältnis zu den Siedlungen in der näheren (und manchmal auch weiteren) Umgebung eine Mindestgröße erreicht hat, die im städtischen Wirtschaftsgebiet Leistungen (Produktion und Dienstleistungen) ermöglicht, die in den kleineren Siedlungen nicht oder nur teilweise möglich sind. Eine S. entstand meist in verkehrsgünstiger Lage (Wasserstraßen, Eisenbahnknotenpunkt, natürlicher Hafen). Statistiker nennen (z. B. bei Volkszählungen) Siedlungen ab einer bestimmten Bevölkerungszahl willkürlich S. (in USA ab 2500 E. „urban area"; in der BRD Land-S. von 2000 bis 5000, Klein-S. von 5000 bis 20000, Mittel-S. von 20000 bis 100000, Groß-S. von 100 000 bis 1 Mill. E.), wobei der soziologisch und psychologisch faßbare Charakter des Städtertums unberücksichtigt bleibt: je nach allgemeiner Lage und Berufsstruktur der Einwohner kann eine Siedlung mit 8000 Einwohnern ländlicheren und dörflicheren Charakter tragen als eine andere mit 4000 Einwohnern. Idealtypische, oft ideologisch gefärbte, wertbetonte Gegenüberstellungen von Stadt und Land finden sich sehr früh (und bis heute) in der Soziologie, aber ihre empirische Brauchbarkeit ist umstritten. Neuere Forschungen haben in verschiedenen Ländern gezeigt, daß vermeintlich in der Großstadt verlorengegangene Gesellungsformen, Verwandschaftsbeziehungen, zwischenmenschliche Einstellungen usw. erhalten geblieben sind. Die Mentalität des Städters ist gelegentlich durch die Beobachtung und Schilderung von Verhaltensformen belegt worden, die für die Mehrheit der S.bewohner nicht repräsentativ sind. Insoweit in der S., proportional mit ihrer Größe, soziale ↗Kontrollen informaler Art eine abnehmende Rolle spielen, bietet die Stadt für exzentrische Verhaltensweisen einen größeren Spielraum als eine kleine Siedlung. Sie rekrutiert deshalb seit jeher solche Menschen, die in ihrem Verhalten von der ↗Tradition abweichen wollen. Die S. ist deshalb auch von Anfang an notwendige Voraussetzung für ↗Innovationen auf sämtlichen Gebieten, auch im gewerblichen, technischen Bereich, nicht zuletzt, weil sie einen direkten ↗Markt für differenziertere Waren und Dienstleistungen bietet. Die S. ist oft auch als die Zentrale für nicht primär wirtschaftliche Aufgaben entstanden wie z. B. sakrale, militärische, administrative (politische). Die pathologischen Erscheinungsformen städtischen Lebens (↗Slums, öffentliche Unsicherheit, Verbrechen, ↗Jugendkriminalität, ↗Selbstmord usw.) sind, soweit sie sich zahlenmäßig erfassen lassen, auch in der Gegenwart bei Großstädten gleicher Bevölkerungszahl (Mordrate pro 100 000 Einwohner in New York und London) so verschieden, daß als Hauptursache weniger die städtische Lebensform, die Siedlungsstruktur, die Bevölkerungsdichte, die Berufsstruktur einer Stadt verantwortlich gemacht werden kann als die in einer gegebenen Stadt mit einem bestimmten kulturellen Normensystem lebenden Bevölkerungsteile (↗Minderheitenproblem). Deshalb muß die Soziologie der S. durch eine Erforschung der jeweiligen vorliegenden Familienstruktur und der verschiedenen

↗Subkulturen der Bevölkerungssegmente ergänzt werden, ehe man über Entwicklungstendenzen einer bestimmten städtischen ↗Zivilisation Vorhersagen machen kann. Der interkulturelle ↗Vergleich von Theorien, Begriffen und Befunden der Stadtsoziologie ist sehr schwierig und oft irreführend, weil das Wohnverhalten, die Standortstabilität sozialer Schichten, die Umzugsbereitschaft durch kulturbedingte Einstellungen, Hemmungen, aber auch durch sozialpolitische Gegebenheiten (Mietstop, subventionierte Wohnungen) beeinflußt sein können: z. B. ist ein Hauptgesetz der amerikanischen S.soziologie die fortwährende soziale und ethnische Umschichtung der Bevölkerung, das Absinken im Prestige einzelner Wohnbezirke in europäischen Städten gar nicht oder nur andeutungsweise zu finden. In Europa verrät die Adresse über den Sozialstatus des einzelnen weit weniger als in den USA. Verstädterung (Urbanisierung) ist ein Prozeß. Der Begriff sagt aber nichts über die Frist, die Endlosigkeit oder die Terminierbarkeit der Verstädterung. Man kann nicht das Gegenteil der Verstädterung nennen. Operationale Definitionen, die den Vorgang der Verstädterung durch zähl- und meßbare Elemente bestimmen, sind nicht befriedigend (z. B. Verstädterung gemessen an der Einwohnerdichte). Umstritten ist auch, worauf sich Verstädterung bezieht: Veränderungen in den Verhaltensweisen, im wirtschaftlichen und kulturellen Leben einzelner Personen oder Veränderungen im Siedlungsbild, im Transportsystem, in der Berufsstruktur der Bevölkerung usw. Kulturanthropologen haben die Frage aufgeworfen, ob der Begriff Verstädterung (Urbanisierung) auf der ganzen Erde brauchbar ist. Ist eine rasches Bevölkerungswachstum aufweisende, asiatische Großsiedlung im gleichen Sinne „verstädtert" wie z. B. Randgebiete einer mitteleuropäischen Stadt? Man kennt auch „parasitäre Urbanisierung", wenn sich z. B. immer weitere Ringe von ↗Slums um eine Stadt legen, ohne Rücksicht auf städtebauliche Vorschriften (Behelfsbehausungen), bewohnt von Menschen, die vom Land kommen, ohne in die Stadt integriert zu werden. Dadurch kann eine Siedlung zwar zur Großstadt anwachsen, stellt jedoch für die Wirtschaft des Landes ein sozialpolitisches und sanitäres Problem dar, keinen Fortschritt. Unter Verstädterung wird in der Regel weniger die Städtebildung verstanden als bestimmte Prozesse, die erst beginnen können, wenn es bereits zu einer eigentlichen Städtebildung gekommen ist. Der Begriff der Verstädterung ist oft beeinflußt von Ideologien, Vorurteilen und Wünschen. „Eine wissenschaftliche Erfassung und Beurteilung des qualitativen Verhältnisses von zentraler und dezentraler Siedlung ist häufig durch entgegengesetztes Wunschdenken auf ‚romantisch' städtegegnerischer und ‚ideologisch' fortschrittsliberaler Seite erschwert" (Carl Brinkmann). Ist Verstädterung vom einzelnen Menschen oder von seiner Gesellschaft her gesehen, etwas Begrüßenswertes oder Bedenkliches? Darüber fehlt Einigkeit. Unklar beim Prozeß der Verstädterung ist auch, ob er irreversibel ist. Es kann im Einzelfall auch bei Städten zu Funktionsverlusten analog der dörflichen Wüstung kommen, also

eine Rückbildung, Verödung, aber es kann auch bewußt eine Siedlungs- und Wirtschaftspolitik betrieben werden, die zu einer „Entstädterung", einer Entballung führt.
Ralph L. Beals (Urbanism, Urbanization, and Acculturation, American Anthropologist, Bd. 53, 1951; deutsche Übersetzung in: Peter Heintz [Hrsg.], Soziologie der Entwicklungsländer, 1962) fand, daß viele Probleme, die bei der Stadtsoziologie, bei der Erforschung von ↗Minderheiten und der ↗Akkulturation von Primitiven und „Volksgruppen" auftauchen, ähnliche Elemente enthalten, die oft nur durch verschiedene Terminologien verdeckt sind. Innerhalb eines Bezugsrahmens, der durch die Begriffe der Urbanisierung und der Akkulturation gebildet wird, könne man es mit Prozessen zu tun haben, die eine Kontinuität von sozialen Phänomenen darstellen. Nach Beals interessieren sich Soziologen für die Verstädterung insoweit, als die Urbanisierung einen neuen Typus der Gesellschaft hervorzubringen scheint. Kulturanthropologen haben mehr Interesse für die Prozesse der Verstädterung durch die es zur ↗Anpassung des Menschen an das städtische Leben kommt. Nach Beals läßt sich Urbanismus und Urbanisierung unterscheiden. Der Urbanismus (nach Louis Wirth, Urbanism as a Way of Life) ist bereits das *Ergebnis* einer Modifizierung von menschlichen Verhaltensformen durch die Sachzwänge der städtischen Lebensweise. Mit dem Begriff der Urbanisierung hingegen meinen wir Prozesse der Modifizierung *noch nicht* städtischer Verhaltensformen. Mit den Begriffen Urbanismus und Urbanisierung zielen wir also auf verschiedene Menschenmodelle. Der Begriff Urbanismus geht von Individuen aus, die ihren städtischen Lebensstil weitgehend bejahen, die sich der Gemeinsamkeiten ihrer Verhaltensweisen bewußt sind, bei einer Urbanisierung hingegen können die betroffenen Menschen passiv sein: ländliche Einwanderer in ein Stadtgebiet, mit Anpassungsschwierigkeiten. Hier sieht Beals die Ähnlichkeit zwischen Akkulturation und Urbanisierung. Mexikanische Farmarbeiter in einer ländlichen Gegend der USA und protestantische Farmerfamilien aus dem mittleren Westen, die in eine Großstadt gezogen sind, könnten denselben Anpassungsschwierigkeiten unterliegen. Beals gibt allerdings zu, daß man es bei den meisten Akkulturationsuntersuchungen mit Wandlungen zu tun habe, die in bereits bestehenden und weiter existierenden *Gruppen* auftreten, während der städtische Zuwanderer meist ein einzelner Mensch ist, der aus seiner ursprünglichen Gruppe und seinem Kulturzusammenhang herausgerissen wurde.
Urbanisierung, nicht zu verwechseln mit einer siedlungsgeographischen Veränderung des Landschaftsbildes, läßt sich also durch Heranziehen des Begriffes der Akkulturation schärfer fassen. Mit diesem können wir aber in einer ethnisch homogenen Gesellschaft nur arbeiten, wenn wir den Begriff der ↗Subkultur dazunehmen, der es — auch unabhängig von ethnographisch faßbaren Kulturunterschieden, gestattet, innerhalb der Gesamtkultur einer Gesellschaft regionale, gruppen-

und schichtspezifische Unterschiede in den Verhaltensmustern zu erkennen.

P. Heintz warnt aber vor dem Fehler, „daß die innergesellschaftlichen Differenzierungen, z. B. die schichtspezifischen Unterschiede, gegenüber den zwischengesellschaftlichen überschätzt werden. Die meisten Soziologen sind wohl eher bereit, die große Bedeutung der innergesellschaftlichen subkulturellen Unterschiede anzuerkennen als die der interkulturellen“. So sei beispielsweise die Oberschicht der Städte in Latein- und Nordamerika sowie Europa in ihrem Verhalten recht ähnlich, aber die Unterschicht der lateinamerikanischen Städte unterscheidet sich sehr von den entsprechenden Schichten in den Städten der anderen Länder. Heintz schließt daraus, „daß die ziemlich einheitliche Subkultur der urbanen Unterschicht in Europa und den USA nicht allein aus dem Prozeß der Verstädterung erklärt werden kann“.

G. Ipsen (Hrsg.), Daseinsformen der Großstadt (1959); N. Anderson, The Urban Community (London 1960); R. Vernon, The Myth and Reality of Our Urban Problems (Cambridge, [Mass.] 1962); J. Jacobs, Tod und Leben großer amerikanischer Städte (1963); E. W. Burgess und D. J. Bogue (Hrsg.), Contributions to Urban Sociology (Chicago [Ill.] 1964); R. D. Dickinson, City and Region (London 1964); Katrin Aschenbrenner und D. Kappe, Großstadt und Dorf als Typen der Gemeinde (1965); P. H. Mann, An Approach to Urban Sociology (London 1965); E. Jones, Towns and Cities (London 1966); Aschenbrenner und D. Kappe, Großstadt und Dorf als Typen der Gemeinde (1965); H. Oswald, Die überschätzte Stadt (1966).

Stamm ↗Ethos, ↗Exogamie, ↗Folk society, ↗Klan

Stand (↗Klasse, ↗Status) ist nicht zu verwechseln mit Status, Position oder ↗Schicht. (Im Englischen entspricht *estate* dem S) S. kann gelegentlich gleichbedeutend mit Klasse gebraucht werden, doch sollte man unter S. allein eine größere (in der betreffenden Gesellschaft politisch oder wirtschaftlich nicht übersehbare) Personenkategorie verstehen, die einen festen Standort in der Gesellschaft hat (oder zu haben glaubt), der meist auch rechtlich geschützt ist. Alle Angehörigen eines S. müssen nicht gleichzeitig (im Sinne der Schicht) auf ungefähr gleich hoher wirtschaftlicher Ebene stehen. Sie müssen auch kein starkes Wir-Gefühl oder Klassenbewußtsein haben. Der S. ist *keine* Gruppe (wie groß auch immer), sondern eine Personenkategorie, der, meist aufgrund ihres gleichen oder ähnlichen Berufes und seiner Funktion in der Gesellschaft, privat und öffentlich eine mehr oder minder rechtlich (eventuell verfassungsmäßig) fixierte Vertretung ihrer Standesinteressen zugebilligt wird (z. B. der S. der Bauern, der Ärzte, der Mittel-S.).

M. Weber, Wirtschaft und Gesellschaft ([4]1956); F. Lütge, Deutsche Sozial- und Wirtschaftsgeschichte ([3]1966).

Status, sozialer Status (im Englischen auch „socio-economic status“, SES oder nur „status“), ist die Position eines Individuums in einer sozialen ↗Gruppe oder einer Kombination von Gruppen. S. bedeutet, in Beziehung zu anderen, die Positionen, die von Individuen in derselben Gruppe — oder Mehrheit von Gruppen — eingenommen werden. S. kann es nur dort geben, wo es mehr als einen gibt, meist sind es viele S. S. als Positionsangabe in einem sozialen System sagt zunächst nichts aus über Höhe und Tiefe, zentral oder peripher. Auch der ↗Randseiter (E. v. Stonequists „marginal man") hat einen S., den der Marginalität. Soziales Absinken bedeutet einen S.verlust, aber auch der ihn erleidende Mensch hat jeweils noch einen S. Es gibt definitionsgemäß in der sozialen Wirklichkeit keinen statuslosen Menschen; auch der völlig entrechtete Zwangsarbeiter in einem totalitären Staat hat einen S., der es erlaubt, ihn so zu behandeln. S. ist also ein wertfreier Begriff für den Platz, den eine Person in einem sozialen ↗System einnimmt, wobei ihr die genaue Lage ihres S. u. U. weniger deutlich bewußt sein kann als anderen Individuen. S. bezieht sich auf die Wertschätzung eines Menschen in jeder Art von Gruppe, sofern es sich um eine ziemlich konstant bleibende Wertschätzung handelt. Jeder Mensch hat, verglichen mit anderen, einen bestimmten S. in jeder Gruppe, der er angehört (zunächst in ↗Primärgruppen, in seiner Familie). Wir können sagen, der Politiker A habe bei der Bevölkerung mehr Prestige als der Politiker B. Es wäre falsch zu sagen, A habe mehr S. als B. S. ist nicht dasselbe wie ↗Prestige. „Sozialprestige" ist ein fragwürdiger Begriff, weil es Prestige nur in einem sozialen Bezug geben kann. Prestige (im Sinne von Prominenz) ist ein wertender Begriff, der das Ansehen in der Öffentlichkeit meint. Man wird nicht vom Prestige einer Person innerhalb der Familie oder Verwandtschaft sprechen. Gruppenspezifischen S. kann man rascher durch eine Folge von Niederlagen in einer gruppeninternen Auseinandersetzung mit anderen verlieren als sein allgemeines Prestige. Ein Politiker kann noch Prestige in der Öffentlichkeit besitzen, wenn er innerhalb eines Parteiausschusses bereits einen niedrigeren S. als vorher einnimmt. Zum S. gehört Konstanz aufgrund kultureller Normen. S. meint also nicht die vorübergehende Über- oder Unterlegenheit eines Menschen bei einer einzelnen Begegnung. Der S. wechselt in der Regel nicht von ↗Situation zu Situation. Zwar können Individuen ihren allgemein bekannten S. in eine Situation mit hineinbringen und versuchen, mit ihm zu operieren. Aber es wäre falsch, von S.unterschieden zu sprechen, wenn wir nur das Die-Oberhand-Behalten oder Den-Kürzeren-Ziehen von Menschen in einer kurzfristigen Begegnung beobachten. Jeder Mensch zu jedem Zeitpunkt seines Lebens hat einen bestimmten S., z. B. als Summe der S., die er in verschiedenen Gruppen, denen er angehört, besitzt. Sein Haupt-(oder Schlüssel-)S. wird meist durch seinen ↗Beruf bestimmt (bei der Frau durch den Beruf ihres Mannes). Zu jedem S. gehört eine ↗Rolle. Man unterscheidet den einer Person zugeschriebenen S. (aufgrund des Geschlechts — ob männlich oder weiblich —, aufgrund einer Familienzugehörigkeit) und den erworbenen S. (z. B. durch Ausbildung und Beruf).

Die schlagwortartigen Begriffe „Statussucher" und „Statussymbol" verengen den Begriff S., weil sie den Eindruck erwecken, S. sei immer

etwas Hohes und Wünschenswertes. Es wäre besser, das ältere Wort „Geltungsdrang“ zu verwenden. Auch der Angehörige eines verfemten Berufes, der Henker, der Bader, in manchen Gesellschaften der Schmied, der Gerber, in Indien der Unberührbahre, hat schließlich einen genau umschriebenen, allgemein bekannten S. Wenn wir sagen, jemand erstrebe S., so ist damit nichts Präzises gesagt. Man muß unterscheiden, ob jemand Geltung, Einfluß, Ansehen, Prestige, Bewunderung, Gefolgschaft usw. sucht.
Ursprünglich verstand man unter S. die Gesamtheit ererbter Rechte und Pflichten; auch heute enthält S. sowohl als strenger Begriff als auch in seinen Nebenbedeutungen noch Momente aus der Rechtsgeschichte. Der Begriff „Stand“ (z. B. in seiner Verwendung durch Max Weber) wird im Englischen immer als S. wiedergegeben. Zu Unsicherheiten führt auch die Gewohnheit mancher Autoren, sozialen S. fast gleichbedeutend mit Position, ja manchmal sogar mit ↗Rolle zu gebrauchen. In den USA neigt man in der Soziologie dazu, sozialen S. mit sozialer ↗Klasse zu verwischen; man spricht z. B. von einer „high status neighbourhood“. S. ist hier einfach die gesamte Lebenslage, die einen bestimmten Lebensstil ermöglicht und erfordert, als Folge der meist beruflich festgelegten Position des Betreffenden im sozialökonomischen System seiner Gesellschaft. In diesem Sinne kann Kluth sagen, der soziale S. des Menschen sei „tragendes Element seines Daseins, seines Selbstverständnisses und seiner Sicherheit“. R. Mayntz schlägt vor, den Begriff „Sozialschichtung“ als Ausdruck für die gesellschaftliche S.verteilung zu nehmen anstelle des älteren Begriffes „soziale Klasse“. In den USA gibt der S. (als sozialökonomischer S.) die Schichtstellung der betreffenden Person oder Gruppe an.

H. Kluth, Sozialprestige und sozialer Status (1957); G. C. Homans, Elementarformen sozialen Verhaltens (1968); D. Claessens, Status als entwicklungssoziologischer Begriff (1965); R. Bendix und S. M. Lipset (Hrsg.), Class, Status, and Power (New York [2]1966).

Statusgruppe ↗Primärgruppe

Statusinkonsistenz liegt bei einer Person (nach G. Lenski) vor, wenn sie eine geringere ↗Statuskristallisation hat als eine Person, bei der alle Dimensionen ihres Status, von der betreffenden Gesellschaft her gesehen, gleich hoch liegen.

Statuskristallisation enthält als Begriff die von Gerhard E. Lenski aufgrund empirischer Studien entwickelte Theorie über den „liberal bias“ bestimmter Gruppen in den USA: Wieso sind in Amerika protestantische Geistliche, jüdische Geschäftsleute und Unternehmer, Filmschauspieler und Hochschulprofessoren linksprogressiv orientiert? Aus dieser Beobachtung entwickelt Lenski den Begriff von der ungenügenden S. („Status Crystallization: A Non-Vertical Dimension of Social Status“, American Sociological Review, Bd. 19, 1954). Danach

geben in Amerika vor allem solche Persönlichkeiten Unterstützung für sozialreformerische Bewegungen, die sich dadurch an dem in der Gesamtgesellschaft erfahrenen „Unrecht" rächen wollen. Diese Haltung entsteht in einer Gesellschaft, die offiziell Gleichheit für alle verspricht, wenn man zwischen zwei oder mehreren Komponenten des eigenen sozialen ↗ Status eine Inkongruenz empfindet: der Pastor hat einen Hungerlohn, aber einen sehr hohen sozialen Status in der Gemeinde. Ähnlich klaffen beim Hochschuldozenten wirtschaftliche und soziale Stellung auseinander. Umgekehrt leiden Filmschauspieler, jüdische Geschäftsleute an der Inkongruenz zwischen erstklassiger wirtschaftlicher Position und ethnischer Diskriminierung, der Schauspieler empfindet oft noch den Mangel an Bildung schmerzlich.
Lenskis Begriff von der S., im Ansatz eine Forschungshypothese, hat in der amerikanischen und neuerdings auch europäischen Soziologie zu fruchtbaren Fragestellungen bei zahlreichen empirischen Untersuchungen geführt, die über die ursprüngliche Beobachtung eines „atypischen" politischen Verhaltens hinausgehen.

Stereotyp, aus der Fachsprache des Druckers übernommen, ist seit Walter Lippmanns Untersuchung (1922) über die öffentliche Meinung jedes, meist ungünstige Vorurteil, das sich in größeren Bevölkerungskreisen über längere Zeit hinweg einer bestimmten Gruppe gegenüber erkennen läßt. Es handelt sich um kritiklose Übernahme *klischeeartigen* Denkens und Beurteilens (gegenüber Personen und Sachen, Parteien usw.), dem in der Regel eine Überbewertung oder -betonung der eigenen Gruppe zugrunde liegt. ↗ Ethnozentrismus, ↗ Vorurteil, ↗ Image. Das S. kann einen Kern von Wahrheit enthalten. Ein Auto-S. ist das Bild, das eine Gruppe von sich selbst, Hetero-S., das sie von einer fremden hat. Mit den S. befaßt sich vor allem die ↗ Meinungsforschung, u. a. die ↗ Inhaltsanalyse.

W. Lippmann, Public Opinion (New York 1922, Neudruck 1949); F. W. Dröge, Publizistik und Vorurteil (1967); W. Manz, Das Stereotyp (1968).

Steuerung, soziale ↗ Feedback

Ph. Herder-Dorneich, Zur Theorie der sozialen Steuerung (1965).

Stichprobe ↗ Auswahlverfahren

H. Kellerer, Statistik im modernen Wirtschafts- und Sozialleben (1960); Statistisches Bundesamt Wiesbaden (Hrsg.), Stichproben in der amtlichen Statistik (1960).

Stil ↗ Generation, ↗ Intellektuelle, ↗ Lebensstil

Streik ist eine absichtliche, als Druckmittel dienende Unterlassung einer bisherigen Arbeitsleistung durch einzelne oder mehrere; im Gegensatz zum ↗ Boykott, der sich auch durch das Fernbleiben lediglich potentieller Kunden bemerkbar machen kann, setzt S. das vorherige Bestehen eines Arbeitsverhältnisses voraus. Die Spielregeln des

S. sind heute meist gesetzlich geregelt, wobei geschlossen ganze Industrien oder einzelne Betriebe durch eine Gewerkschaft bestreikt werden. Eine sozialrevolutionäre Theorie des Generalstreiks, der Niederlegung der Arbeit durch sämtliche Arbeitnehmer einer Gesellschaft wurde von Georges Sorel entworfen, jedoch ist ein wirklich totaler und erfolgreicher Generalstreik bisher noch nie zustande gekommen. Als Begleiterscheinung der Arbeiterbewegung, der Entstehung von Gewerkschaften und einer industriellen Arbeitswelt in der S. heute ein in den meisten Fällen gewissen anerkannten Spielregeln unterworfenes, periodisch benutztes Kampfmittel zur Durchsetzung von Forderungen. Problematisch wird der S. in einem demokratisch-parlamentarischen Staatswesen, wenn er sich nicht gegen einzelne Arbeitgeber (-gruppen) richtet, sondern allgemein zur Nötigung der Regierung und gesetzgebenden Versammlung angedroht wird, falls diese keine Mehrheit für die Befriedigung der Forderungen durch Gesetzgebung aufweist (Beispiel: die „Mitbestimmungsfrage" in der BRD). In der Regel ist mit dem Eintritt in bestimmte, für die Allgemeinheit (lebens)wichtige Beschäftigungs- und Dienstverhältnisse die Aufgabe des S.rechts verknüpft. Beamte oder in Ländern ohne eigentliches Beamtenrecht Berufsgruppen, wie Polizei, Feuerwehr, Lehrer, sollen auf den S. verzichten, jedoch läßt sich in zunehmendem Umfang in den verschiedenen Demokratien eine Durchlöcherung dieser Spielregeln beobachten, wobei die Bediensteten öffentlicher Versorgungsbetriebe dann oft partiell und gezielt streiken, d. h. entscheiden, wer wann wieviel Strom, Wasser, Postdienste, Flugsicherung usw. erhält, so daß eigentlich weniger ein S. als eine systematische Belästigung und Beeinträchtigung der Öffentlichkeit vorliegt, deren Unwillen den Arbeitgeber oder Staat dazu bewegen soll, den Forderungen zu entsprechen. (Bummel-S., „Dienst nach Vorschrift"). Der Protest-S. sucht nur zu warnen oder aufmerksam zu machen, ohne, bei seiner meist kurzen Dauer, eine bestimmte Forderung durchsetzen zu können oder zu wollen. Wilder S. (wildcat strike) liegt vor, wenn lokal, ohne Billigung durch die zuständige Gewerkschaft gestreikt wird, ein chronisches Problem in Großbritannien. Sympathie-S. nennt man den S. durch an der Sachfrage unbeteiligte Gruppen. Der Sitz-S. ist die Weigerung der Arbeitnehmer, ihre Arbeitsplätze, nach Einstellung ihrer Arbeit, zu verlassen. Meist äußert sich der S. durch eine Postenkette der Streikenden um den bestreikten Betrieb. Gegenmittel der Arbeitgeber ist die Aussperrung und die, oft mit blutigen Konflikten verbundene, Anstellung von S.brechern.

W. L. Warner und J. O. Low, The Social System of the Modern Factory (New Haven, [Conn.] 1947); H. Grote, Der Streik (1952); A. W. Gouldner, Wildcat Strike. A Study of Unofficial Strike (Yellow Springs [Ohio] 1954).

Struktur, als Begriff zentral für Soziologie und Kulturanthropologie, bietet Anwendungs- und Verständnisschwierigkeiten, weil der Begriff auf verschiedene Ebenen der sozialen Wirklichkeit zielt: wir sprechen einerseits von der sozialen S., die zwei Menschen, und nur sie, in einer bestimmten Weise verbindet, sich aus ihrem ↗Status und Rollenspiel ergibt (z. B. die S. des Arzt-Patienten-Verhältnisses). Wir sprechen aber auch von der S. einer ganzen Gesellschaft. Eine soziale S. können wir nicht sehen, sondern müssen ihr Vorhandensein lediglich aus ihrer Wirkung auf das Handeln der Individuen erschließen. Ähnlich hat man auch in Chemie, Biologie usw. gelegentlich aus dem beobachtbaren Verhalten irgendwelcher Teile auf eine S. geschlossen, ehe man sie z. B. im Elektronenmikroskop sichtbar machen konnte. Es besteht die Gefahr, daß man auch S. annimmt, über sie Theorien verfaßt, nach ihnen Sozialpolitik treibt, obwohl die S. nur in der Phantasie des Sozialwissenschaftlers besteht. Hans Peter Dreitzel (SOZIALE WELT, Bd. 16, 1965) hält System und S. für Modebegriffe, insbesondere beim System bestünde die Gefahr, die Wirklichkeit zu konstruieren anstatt zu erfassen: „Struktur steht im selben Verhältnis zum Begriff System wie die Vorstellung zur Wirklichkeit." Nach Dreitzel kann das System als ein zu untersuchendes Objekt eine vielleicht auch nur wissenschaftliche Wirklichkeit darstellen und darf deshalb auch als unvollständig gelten. Im Gegensatz dazu muß die S., vor allem, wenn sie eine Anschauungstheorie ist, stets als etwas Vollständiges gelten. Dreitzel ordnet System als Begriff der S. über. Beide Begriffe nehmen eine Ordnung von Elementen an, wobei man wichtigere, strukturell bestimmendere von weniger wichtigen Elementen unterscheiden kann. In der Regel werden die selteneren Elemente in einem System oder in einer S. die wichtigeren sein.

R. K. Merton, Social Theory and Social Action (New York[2]1957); T. Parsons, Structure and Process in Modern Societies (New York 1960); ders., Social Structure and Personality (New York 1964); R. Dahrendorf, Gesellschaft und Freiheit (1961); C. Lévi-Strauss, Strukturale Anthropologie (1967).

Strukturell-funktionale Theorie (↗Gleichgewicht, ↗Klasse, ↗Schichtung, ↗System, ↗Wandel) gilt manchen (z. B. Friedrich Jonas) als die einzige allgemeine Theorie der gegenwärtigen Soziologie. Wenn dies auch zu ausschließlich formuliert sein mag (allein schon, was „Theorie" und „Soziologie" bedeutet, wo die Sozialpsychologie oder Kulturanthropologie beginnt, ist strittig), so ist der funktionalistische Ansatz, das Programm der s.-f.n T. der Versuch, die allgemeinst anwendbare Erklärung des sozialen Verhaltens in Gesellschaften zu bieten. R. K. Merton definiert eine „systematische soziologische Theorie" sehr vorsichtig als die Ansammlung all jener kleinen Teile früherer Theorien, die bislang die Prüfung durch die empirische Forschung überlebt haben. Unter den Vorläufern der s.-f.n T. sind Herbert Spencer und Emile Durkheim zu nennen. Der letztere wieder hat einige britische Sozialanthropologen (Bronislaw Malinowski, A. Radcliffe-Brown u. a.) beeinflußt, die gelegentlich noch eine jeweils volle und optimale ↗Integration jedes sozial-kulturellen Systems annahmen (eine Vorstellung, zu der die Gesellschaften der Naturvölker

verführen können). Die amerikanischen Soziologen Robert K. Merton, Kingsley Davis und vor allem Talcott Parsons haben dann, im wesentlichen seit der Mitte des 20. Jahrh., die s.-f. T. in voller Breite und Differenzierung entwickelt.
Die s.-f. T. versucht, das stets nur annäherungsweise und partiell erklär- und beschreibbare soziale Geschehen, in seiner Abhängigkeit von Strukturen, soweit zu vereinfachen und als Momentaufnahme des pausenlosen Stroms sozialer Prozesse und Wandlungen transparent zu machen, gegebenenfalls auch die anscheinend wichtigsten Punkte eines sozialen Systems für empirische Überprüfungen über einzelne Hypothesen herauszuarbeiten. Nach Parsons sollen sich an der Frage nach der *Funktion* eines Elements im sozialen System die Kriterien sichtbar machen lassen, mit denen man das relative Gewicht der einzelnen (dynamischen) Faktoren und Prozesse bestimmen kann. Die *Struktur* eines sozialen Systems kann man sich nach Parsons als einen mehr oder minder vollständigen Satz (*set*) von relativ stabilen wechselweisen Relationen (Beziehungsformen) von Einheiten (*units*) vorstellen: die soziale Struktur kann wiederum als ein System aller beobachtbaren sozialen Beziehungsformen (↗Rollen) der in ihm Handelnden (*actors*) aufgefaßt werden.
Das einfachste Muster einer funktionalistischen Analyse wäre: das System S erreicht den Zustand des Funktionierens, wenn die Funktionsvoraussetzungen X gegeben sind. X kann auch außerhalb des Systems liegen (z. B. der ausländische Absatzmarkt für Produkte eines Landes und seiner Wirtschaft, die als System aufgefaßt wird). Ist S ein Krankenhaus, kann X auch die Qualität der durchschnittlichen Diagnosen sein, die alle einweisenden Ärzte im Einzugsbereich von S stellen. (S funktioniert optimal, wenn überflüssige Einweisungen unterbleiben.) Die Funktionsvoraussetzung X kann auch — und das ist ein kontroverses Hauptbeispiel seit Jahrzehnten — die Ungleichheit der Kompensationen für Arbeitsleistungen sein. In der Regel muß man vom Zustand S, adäquat oder optimal, ausgehen und dann erst nach X fragen. Der Zielzustand muß zuerst definiert werden. Man darf nicht fragen, ob X zu einem optimalen S führe.
Funktionell sind Elemente, die zum Fortbestand des Systems bei Erfüllung seiner allgemein erwarteten Leistungen beitragen. Nichtfunktionell sind solche, die zwar beobachtbar sind, aber keine nachweislichen Funktionen (mehr) haben. Dysfunktionell sind Elemente, die Dauer und Leistung von S beeinträchtigen. ↗Eufunktionell, selten gebraucht, bedeutet Elemente, die besonders in Richtung der Optimierung des Zieles von S wirksam sind. Mit R. K. Merton unterscheidet man latente und manifeste Funktionen bzw. Strukturen. Ein Faktor in einem System wird latent genannt, wenn die Mitwirkenden (Teilnehmer, *participants*) im S diesen Faktor weder beabsichtigen, noch in seiner Wirkung erkennen. Manifest heißt eine Struktur oder Funktion, wenn die Personen im System sie beabsichtigen oder als solche erkennen. Dabei müssen die Handelnden, von denen aus gesehen

etwas als latent oder manifest gilt, stets genau angegeben werden, da auch unter den Angehörigen desselben Systems darüber Meinungsverschiedenheiten bestehen können.

Die s.-f. T., z. B. bei K. Davis, hat auch zu Mißverständnissen und Einwänden Anlaß gegeben, weil sie funktionelle Zusammenhänge (Beziehungen) als Kausalzusammenhänge darstellte: etwa: „die Funktion von X ist die Aufrechterhaltung von Y". Dore (*American Sociological Review*, Dezember 1961) hat dies zu klären versucht: falls nach K. Davis u. a. das System der sozialen Schichtung die Funktion (Aufgabe) haben soll, die ↗Arbeitsteilung zu ermöglichen, müsse dies nicht unbedingt heißen, die Schichtung (mit ihren ungleichen Belohnungen für verschiedene Leistungen) sei die (allererste) Ursache der Arbeitsteilung gewesen. Richtiger sei es, zu sagen: die Gründe für die Fortdauer des Systems der Arbeitsteilung liegen (u. a.) im Vorhandensein der sozialen Schichtung. Es kommt nach Dore also darauf an, jeweils genau anzugeben, ob man bei einer strukturell-funktionalen Analyse die Ursache (bzw. den Ursprung) einer Struktur, Institution usw. meint oder die Gründe für ihre beobachtbare Fortdauer. Manche Institutionen in der Geschichte hätten die manifesten Funktionen erst allmählich sichtbar werden lassen und seien dann dieser wegen gefördert und gepflegt worden (z. B. hätte es die römischen Zirkusspiele gegeben, ehe die Kaiser ihre politische Nützlichkeit sahen. Radcliffe-Brown wies darauf hin, daß man in China erst im 3. Jahrh. v. Chr. die politische Nützlichkeit der Ahnenverehrung entdeckt habe).

Die s.-f. T. sieht sich von jeher dem Vorwurf eines immanenten implizierten ↗Konservatismus ausgesetzt. Ihre Vertreter sind wiederholt darauf eingegangen (R. K. Merton, *Social Theory and Structure*, 1949): wenn eine Theorie manche Institutionen und Verhaltensmuster in einer Gesellschaft oder bestimmte Vorstellungen in der Kultur (z. B. der Glaube an „Glück" und „Pech", ein Beispiel, womit sich Merton auseinandersetzt) aus ihrer Bedeutung (ihrer Funktion) im Fortbestand (und erfolgreichen, reibungslosen Ineinanderwirken aller Teile des Systems) erklärt, dann sei sie notwendigerweise auch eine Ideologie für den status quo. Zugleich zwinge sie zu einer a-historischen Betrachtungsweise und könne den sozialen Wandel nicht berücksichtigen.

Mit diesem Einwand hat sich u. a. R. Mayntz beschäftigt. Sie hebt hervor, daß eine s.-f. T. ja auch Alternativentwürfe für das Funktionieren eines Systems geben könne. Sie zwinge nicht dazu, den jeweiligen status quo als Ausgangspunkt der Analyse zu wählen. Als dieser könne auch ein vom Betrachter aus gesehen wünschenswerter künftiger Zustand dienen (und das Modell einer sozialen Utopie). Bezugspunkt der strukturell-funktionalen Analyse könnte auch das Modell für eine optimale Funktionsvoraussetzung sein. Die s.-f. T. muß nicht behaupten, daß dieses (dynamische) Optimum bereits (oder nur) im status quo erreicht sei. Die s.-f. T. erlaube auch, im Ist-Zustand die für eine optimale Funktion dysfunktionalen Elemente zu isolieren. R. Mayntz akzeptiert den Vorschlag von M. L. Cadwallader („The Cybernetic Analysis of Change in Complex Social Organizations", *American Journal of Sociology*, Bd. 56, 1959, S. 154ff.), der den Begriff (und die Hypothese) einer Ultrastabilität einführt. Diese ermögliche offene Systeme, die als Systeme weiterbestehen, selbst wenn ihre Struktur und Funktion einem fortwährenden Wandel unterliegen.

Subkultur nennt man die Eigenkultur (kleinerer) Gruppen, die innerhalb einer ↗Gesellschaft mit ihrer Gesamtkultur leben, aber an dieser „Standardkultur" teils infolge ihrer S., teils infolge gruppenspezifischer (sozialer) Besonderheiten nicht voll teilnehmen. Der Begriff S. ist wertfrei zu verwenden. Es handelt sich nicht notwendigerweise um eine Kultur niedrigeren Grades oder fragwürdigen Wertes, sondern um eine Sonderkultur, die unter der Decke einer sie umfassenden Normalkultur lebt und für die von ihr gelenkten Personen und Gruppen Normen setzt. Man spricht von der S. sowohl eines Berufstandes wie auch einzelner ethnischer oder religiöser Minderheiten, aber auch kriminelle Gruppen haben gelegentlich eine S. ↗Kultur, ↗Minderheiten, ↗abweichendes Verhalten, ↗Sozialisation. S.en können ethnisch, regional und/oder sozial bedingt sein. Die S. neigt zu einem eigenen Normensystem, das als sogenannte Gegenkultur (contraculture) von der Hauptkultur meist provozierend abzuweichen sucht. Die Erforschung der S. und ihrer Eigendynamik wurde besonders in der amerikanischen Soziologie vorangetrieben, da die amerikanische Gesellschaft zahlreiche S. enthält, andererseits aber die amerikanische Standardkultur einen erheblichen Druck in Richtung auf ↗Assimilation und ↗Akkulturation ausübt. Die sozialpsychiatrischen Probleme der S. treten in der sozialen Wirklichkeit der USA besonders deutlich in Erscheinung. Neuerdings wird die S. der Jugend(lichen) in vielen (westlichen) Ländern (z. T. auch von Nichtjugendlichen [Massenmedien] stilisiert) deutlich, wobei es sich weniger um eine völlig neue Erscheinung, neue Verhaltensweisen, als um eine neue Form der Sichtbarkeit und Überbetonung von S. handelt.

J. M. Yinger, Contraculture and Subculture, in: American Sociological Review 25 (1960).

Subsidiaritätsprinzip heißt die Regel in der ↗Sozialpolitik, daß die ↗Gemeinschaft, der Staat, das Gemeinwesen, im Sinne der ↗Solidarität, dem kleineren Teil (z. B. dem Individuum, der Familie, dem Dorf) nur dort und soweit eine Hilfe, einen Beistand (und damit meist behördliche Auflagen, Eingriffe) zukommen läßt, wo das Glied des Ganzen nicht in der Lage ist, seine Aufgaben im eigenen Interesse und/oder dem der größeren Gemeinschaft zu erfüllen bzw. zu übernehmen. Das S. wird verletzt, wenn z. B. der Staat der Familie, den Eltern immer weniger Aufgaben bei der Erziehung und Ausbildung der Kinder beläßt. Der moderne Staat, sowohl der totalitäre kommunistische als auch der sozialdemokratische Wohlfahrtsstaat, hat die allgemeine Tendenz, seine Zuständigkeiten immer weiter auszudehnen und das S. einzuschränken. Das S. wird vor allem auch in der katholischen Soziallehre betont. Der ↗Kollektivismus aller Spielarten lehnt das S. ab.

Suburbanisation ↗Slums, ↗Stadt

Sündenbocktheorie sucht feindseliges Verhalten irgendwelcher Gruppenmitglieder gegen Außenseiter als den unbewußten Drang zu erklären, für eigene Frustrationen, Enttäuschungen, Widrigkeiten, Rückschläge Schuldige zu finden und zu verfolgen (z. B. ↗Antisemitismus bei sich wirtschaftlich benachteiligt fühlenden Schichten, etwa während einer wirtschaftlichen Rezession). Jemanden zum S. machen (*scapegoating*, als Zeitwort Fachausdruck der amerikanischen Sozialpsychologie) spielt als destruktiver, aus dem Unbewußten genährter Vorgang in erster Linie Minderheiten gegenüber eine Rolle.

Superego (neben den beiden anderen Grundelementen der Persönlichkeit: „Es" und „Ich") nennt S. Freud, und nach ihm die Psychoanalyse aller Richtungen, den über dem wollenden Ich des einzelnen stehenden Zensor, den Vertreter der Gesellschaft, auf die hin das betreffende Individuum sozialisiert wurde. Das S. läßt den Menschen nur diejenigen in seinem Unbewußtsein vorhandenen Antriebsmomente, Wünsche und Begierden in seine bewußte Antriebsstruktur einschleusen, die mit den Normen der betreffenden Gesellschaft nicht zu offensichtlich in Konflikt stehen. S. ist „Stimme des Gewissens". Durch das S. hält der Mensch seine Bedürfnisse auf einem Niveau, das unterhalb der Grenze liegt, bei der die Gesellschaft Anstoß zu nehmen pflegt. Das S. wird von Kindheit an im Menschen durch die (nicht immer freiwillige) Verinnerlichung der Normen seiner Gesellschaft und Kultur angelegt, es wird ins Ich „introjiziert". Exakte (z. T. faktorenanalytische) Untersuchungen des S. haben R. B. Cattell u. a. versucht.

Symbol ist ein wichtiger Begriff der heutigen Verhaltenswissenschaften (z. B. als *symbolic interaction)*, vor allem auch der Kulturanthropologie für alle wahrnehmbaren Einheiten (Dinge, Laute, Gesten, Gesichtsausdrücke, Farben, Muster usw.), denen im Rahmen einer ↗Kultur ein bestimmter, mindestens von einigen Personen gleich aufgefaßter Sinn zugeschrieben wird. Man hat den Menschen das S.-schaffende Wesen genannt. Die Kultur ist zum überwiegenden Teil ein komplexes System von zahllosen Symbolen: die Sprache ist ein Satz von S., Papiergeld ist ein S. für Werte, Gebrauchsgegenstände dienen oft nicht nur ihrem manifesten Zweck, sondern sind S. eines sozialen Status (Statussymbole).

G. H. Mead, Mind, Self, and Society (Chicago 1934); H. D. Duncan, Communication and Social Order (New York 1962).

Syndikalismus (↗Anarchismus, Streik) heißt eine Form des ↗Sozialismus, die seit der Jahrhundertwende vor allem in romanischen Ländern anzutreffen ist. Der S. erstrebt über die ↗Gewerkschaften (in romanischen Ländern „Syndikate") und eine revolutionäre Tat wie den Generalstreik, in direkter Aktion (Georges Sorel) die Macht. Der S. richtet sich gegen die parlamentarische Demokratie und hat, z. T. zurückgehend auf Proudhon, Neigungen zum Anarchismus.

G. Briefs, Zwischen Kapitalismus und Syndikalismus (1952).

Synthese ↗Intellektuelle, ↗Wissenssoziologie

System, soziales unterstellt als Begriff, daß jede Mehrzahl von Menschen in strukturierter Weise zusammenzuleben pflegt. Es gibt immer eine Mindest- und damit eine Über- und Unterordnung. Die ↗Tradition der ↗Gruppe normiert bestimmte Interaktionsweisen durch ↗Status und ihnen entsprechende Rollenerwartungen. In diesem Sinne handeln und verhalten sich Menschen fast immer im Rahmen eines s.n S.s, das ihnen in unterschiedlichem Grade deutlich und gegenwärtig ist. Dieses s. S. kann eine einzelne Familie sein, ein Berufsstand (z. B. Ärzte, insoweit sie sich als Ärzte in einem Tätigkeitsbereich verhalten). Zweckmäßigerweise setzt man eine räumliche Assoziation voraus: das s. S. eines Krankenhauses (Personal und Patienten), eines Schiffes (Mannschaft und Passagiere), einer Schule; aber man kann auch von einer Gesellschaft, von einer Nation als dem s.n S. insgesamt sprechen (das s. S. Englands, der Schweiz usw.). Die einzelne sozialwissenschaftliche Fragestellung muß also jeweils angeben, bis zu welchem Umfang, bis zu welcher Abstraktionsebene des denkbaren s.n S.s sie gehen will: sind es die s.n S.e der fünfhundert einzelnen Familien, die erforscht werden, oder ist es das s. S. der (meist verwandtschaftlich verbundenen) Aristokratie eines Landes (die ihrerseits auch die s.n Sub-S.e einzelner Familien hat). Bei der Unterscheidung von ↗Kultur und ↗Gesellschaft sind die Grenzen zwischen den tatsächlichen Erscheinungen und Gebilden nicht so wichtig. Es handelt sich um die grundsätzliche theoretische Unterscheidung kultureller und sozialer Phänomene. Das s. S. umfaßt immer diese beiden. Ein s. S. besteht, wenn eine Mehrzahl von Individuen (Personen) aufgrund gegenseitiger gesellschaftlicher Erwartungen, fast immer orientiert an kulturellen Normen, regelmäßig aufeinander einwirkt, mit wenigstens einigen gemeinsamen Zielen. Der Begriff s. S. ist wertfrei. Wir können immer vom s.n S. eines Naturvolkes sprechen, während Begriffe, wie Gesellschaft, Gruppe, Stamm, Volk, dafür vage sind. Das heißt: jede einigermaßen deutlich von ihrer Umwelt als homogenes Gebilde abhebbare Mehrzahl von Menschen kann als s. S. bezeichnet und untersucht werden. Ebenso eindeutig läßt sich der Wechsel eines Individuums von einem s.n S. in ein anderes (aus der Klinik kommt der Patient geheilt ins s. S. seiner Familie zurück) angeben. Der Begriff s. S. vermeidet auch das immer noch in den Begriffen Gesellschaft und Gemeinschaft anklingende Werturteil. Auch der Begriff Gruppe — der spezifischer ist als der Begriff s. S. und

auch etwas anderes bedeuten kann — ist wertfrei; im Zweifelsfall ist die Bezeichnung s. S. aber der allgemeinste Begriff. Im s.n S. wickeln also — geregelt durch Status und Rollen — Menschen ihre sozialen Beziehungen ab. Die Qualität dieser Beziehungen kann untersucht und bezeichnet werden. Das s. S. wird meist im Hinblick auf einen Gleichgewichtszustand untersucht.
Man nimmt ferner eine ziemlich weitgehende ↗Integration aller Teile oder Elemente des s.n S.s an, wodurch sich eine allgemeine Interdependenz, eine Beeinflussung eines jeden Teils durch eine Veränderung eines jeden anderen ergibt. Allerdings haben sowohl kleinere als auch größere s.e S.e die Eigenschaft, ausgleichendes, kompensatorisches Verhalten ihrer Glieder zuzulassen. Es gibt fast nie reine Kettenreaktionen. Teile eines s.n S.s können sich, sowohl als Personen als auch als Gruppen, von der Beeinflussung durch Vorgänge in anderen Teilen des Systems abschirmen (nicht jedes Mitglied einer Familie, eines Arbeitsteams, einer Schiffsmannschaft usw. muß z. B. durch das neurotische Verhalten eines anderen Mitgliedes notwendigerweise „neurotisiert" werden; nicht jede Unzufriedenheit in einer Abteilung pflanzt sich notwendigerweise ins ganze Krankenhaus, in den ganzen Betrieb, die gesamte Truppe fort usw.).

Ch. P. Loomis, Social Systems. Essays on Their Persistence and Change (Princeton [N. J.] 1960); J. E. Bergmann, Die Theorie des sozialen Systems von T. Parsons (1967). K. H. Tjaden, Soziales System und sozialer Wandel (1969).

Szientifismus nannte Max Scheler die Pseudowissenschaftlichkeit jener, die wissenschaftliche Methoden, meist der Naturwissenschaften, in eine andere Disziplin übernehmen, wo sie der Natur der Beobachtungsobjekte gegenüber unangemessen sind. Im S. vereinigen sich wissenschaftsgeschichtliche Strömungen und Geisteshaltungen, die auch im ↗Behaviorismus, ↗Positivismus, Operationalismus, in geringerem Grade im ↗Pragmatismus eine Rolle spielen. Während S. in der deutschen sozialwissenschaftlichen Diskussion unter diesem Namen fast nie mehr erwähnt wird, ist im englischen Sprachbereich *scientism* nach wie vor als Problem akut und wird vor allem von F. A. Hayek kritisiert. Der S. ist für Scheler „eine geistige Richtung, die bei der Frage, was Erkenntnis und Wahrheit seien, die Tatsache der positiven Wissenschaft, ihre Methoden und Aufgaben bereits voraussetzt und die Frage dann in der Richtung beantwortet, es sei Wahrheit und Erkenntnis eben das, ‚wozu' die Methoden der Wissenschaft führen." (Die Wissensformen und die Gesellschaft, 1926, S. 271).

H. Schoeck und J. W. Wiggins (Hrsg.), Scientism and Values (Princeton [N. J.] 1960); F. A. Hayek, The Counter-Revolution of Science (New York 1964).

T

Tabu, zuerst bei polynesischen Naturvölkern (tapu, das Ungewöhnliche, das Verbotene) beobachtet, ein Sichern, ein Unberührbar- und Unraubbarmachen irgendwelcher Wertgegenstände, Orte, Geräte usw. durch die persönliche Magie des Besitzers, wobei die Abwehrkraft seines Tabus in der Regel mit seiner sozialen Stellung in der Gemeinschaft wächst. Ein T. kann meist durch ein stärkeres „Mana" gebrochen werden. Ein dem Tabuieren ähnliches Verhalten läßt sich bei Kindern beobachten, die etwa eine Süßigkeit durch Anspucken vor den Geschwistern sicherstellen; aber auch die Tierforschung kennt Verhaltensformen, die als Vorstufe des menschlichen Tabuierens einer Privat- und Eigentumssphäre aufgefaßt werden könnten. T.vorschriften können sich auf zahlreiche und höchst verschiedene Lebensbereiche erstrecken. Bei Naturvölkern können sie die Funktion gesellschaftlicher ↗Integration haben, führen aber durch ihren Zwangscharakter auch zu Übertretungen, zu Konfliktsituationen.
↗Inzest-T. Bei manchen Völkern kommt es auch zur Tabuierung von bestimmten Berufen (die „verfemten Berufe"). Im übertragenen Sinne spricht man heute von T. und Tabuierungen, wenn die geltende öffentliche Meinung, die Erörterung, Diskussion, In-Frage-Stellung irgendwelcher spezifischer Bereiche, Gesetze, Maßnahmen usw. dadurch stillschweigend verhindert, daß selbst der schon als Feind des Gemeinwohles gilt, der nur die Aufmerksamkeit auf sie lenkt. Mit dem T. haben sich vor allem Freud, Frazer, Radcliffe-Brown und Durkheim beschäftigt.

Tausch (↗Gegenseitigkeit) ist die freiwillige, einer unterschiedlichen Nutzbarkeit entsprechende Übergabe eines (wirtschaftlichen) Gutes für die Überlassung eines anderen. Bereits die einfachste Sammeltätigkeit (von Kindern oder von Wildbeutern eines Naturvolks) in einer beliebigen Umwelt (z. B. Muscheln am Meeresstrand) führt zu einem über die Bedürfnisse des Individuums hinausgehenden Besitz, der gegen den anderer getauscht wird. Wenn eine ↗Arbeitsteilung besteht (in der Familie, im Stamm, zwischen Stämmen) setzt reger T. ein. Die ersten Handelsbeziehungen vermuten Ethnologen an der Grenze, wo sich Inlandbewohner ohne Kochsalzquellen mit Stämmen treffen, die Zugang zum Meeressalz haben, das gegen Felle, Fleisch usw. getauscht wird. Dieser sog. stumme Handel bahnt sich an, indem der eine Stamm an einem zugänglichen Ort seine Güter hinterlegt, dann sich zurückzieht bis der andere Stamm seine Auswahl getroffen und die Gegenleistung hinterlassen hat. Solcher T. kann selbst zwischen Stämmen und Gruppen stattfinden, die eine Furcht vor direkter Begegnung noch nicht überwinden können. Man sieht hier, wie der wirtschaftliche T.vorgang, der Ansatz zu einem ↗Markt, die ersten Keime für gegenseitiges Vertrauen setzt, dem dann komplexere Kulturberührungen und Verbindungen folgen können. Fällt das ↗Geld als universales T.mittel ganz oder teilweise aus (Inflation), setzt sofort wieder eine T.-(Natural-)wirtschaft ein. T. spielt auch heute noch eine Rolle zwischen nationalen Wirtschaftsgebieten mit starkem politischen oder wirtschaftlichem Gefälle (unter Ostblockstaaten, zwischen Entwicklungsländern).

R. Thurnwald, Werden, Wandel und Gestaltung der Wirtschaft im Lichte der Völkerforschung (1932); B. Laum, Kinder tauschen/teilen/schenken (1966).

Technik, eine Dimension des modernen Menschen, seines Selbst- und Weltverständnisses, ist Verfahren, Methode, Gesinnung. Man kann nicht im positiven oder negativen Sinn von *der* T. sprechen. Diese gibt es nur als geistigen Entwurf, als die Zuversicht des Menschen, jedes denkbare Problem durch *eine* bestimmte T. bewältigen zu können. T. ist kein Objekt oder dämonisiertes Subjekt, das dem Menschen gegenübertritt, ihn lenkt, überwältigt oder verführt. Anstatt vom technischen Zeitalter, der technischen Umwelt oder der T. zu sprechen, sollte man hervorheben, wie regelmäßig wir, oft unbewußt, meist freiwillig und zustimmend, an unzähligen Handlungen teilnehmen, deren Summe das darstellt, was man die T. nennt. Diese ist Realität geworden und nicht Möglichkeit auf Zeichentischen geblieben, weil fast jeder von uns die Scheu vor dem Gebrauch und der Gegenwart technischer Lösungen in seinem Leben verloren hat. Nur wo sie für die meisten Menschen selbstverständlich ist, kann die T. sich zu dem entfalten, was wir heute darunter verstehen. Spezial-T. wie die Elektro-T. integrieren die Lebensbereiche jedes einzelnen zu einem Gefühl der Freizügigkeit, der Entlastung. Massenfertigung (Großindustrie, Automatisierung, Fließband) und Technologie als Ergebnis stetiger Grundlagenforschung schaffen einen All-(und Ferien-)tag, der mehr *ent-* als *be*lastet. Es handelt sich dabei nicht allein um die Entlastungen *während der Arbeit*, sei es auf einem Verladeplatz für schwere Güter, beim Straßenbau, im Walzwerk oder in einer modernen Buchhaltung, sondern auch um Entlastungen während derjenigen Stunden unseres Tages, da wir für unsere eigenen, unmittelbaren Bedürfnisse sorgen müssen.

Sowohl für die optimistische Fortschrittsdoktrin als auch die zivilisationskritische pessimistische Kulturphilosophie ist die T. etwas Einheitliches, „monolithisch" dem Menschen Gegenüberstehendes. Die T. werde dies oder jenes möglich machen, die T. sei verantwortlich für die verschiedensten Mißstände, Probleme, Ängste, die den Menschen plagen. Es ist aber keineswegs zwingend oder durch unsere Erfahrung nahegelegt, die T. als ein notwendigerweise voll integriertes System mit über- oder unmenschlicher Eigendynamik dem glücklichen Menschen einer vortechnischen Welt gegenüberzustellen. Die Frage ändert sich nicht nur quantitativ, sondern auch qualitativ, wenn wir Teilbereiche der technisierten Umwelt mit Teilbereichen des menschlichen Lebens konfrontieren. Man braucht nicht bei jeder

Betrachtung der T. ihre Rolle in einem kriegerischen Konflikt einzubeziehen oder die Manifestation der T. im Straßenverkehr dicht besiedelter Gegenden, die Folgen bestimmter technischer Verfahren in Industriegebieten. Vielmehr kann man sie auch nur auf ihre Auswirkungen in der Freizeitsphäre des Menschen oder in der Heilkunde untersuchen.

Philosophische und anthropologische Betrachtungen der T. haben das Neuartige, Fremde, das Nichtmenschliche an ihr dramatisiert und behauptet, die T. habe den Menschen seiner selbst entfremdet, von seinem geistigen und seelischen Mittelpunkt weggeführt. Tatsächlich hat sie ihm nicht nur die berufliche und häusliche Arbeit so leicht gemacht, daß er mehr Zeit für sich hat als je zuvor, sondern sie hat ihm zugleich in eben dieser neu verfügbaren Zeit Möglichkeiten erschlossen, mit jedem Zeitgenossen, auch mit Künstlern, die nicht mehr leben, mit mehr Trägern individueller Werte zu kommunizieren, als es der Reichste seines Landes vor zweihundert Jahren im Laufe seines Lebens je vermochte. Es kann nicht an der T. liegen, wenn nicht alle von uns sie so empfinden, sondern Wunschträumen und Wunschzeiten ohne T. nachtrauern. Die Auffassung, daß die T. in der Menschheitsgeschichte „ein völlig neuartiger Einbruch eines Fremden" sei, findet sich z. B. bei Helmut Thielicke. Er beruft sich auf Konrad Lorenz und Robert Jungk und erläutert seine Behauptung von der „Unvertrautheit der T." mit dem Vergleich des früheren Handwerkzeuges, das in der Verfügung der menschlichen Hände gelegen habe, während in der T. durch die Verfügbarmachung von Naturkräften (wie der Elektrizität und der Atomkraft) eine „völlig andere Welt entstanden" sei, die nicht mehr in der Hand des Menschen liege. Aber hat der Indianer vor einigen hundert Jahren in der nordamerikanischen Prärie, der absichtlich einem Kriegs- oder Jagdzug zuliebe ein Präriefeuer entfacht, das ihn und seinen Stamm verschlingt, T. ausgelöst oder nur eines der ältesten Handwerkszeuge des Menschen, das Feuer, benutzt? Liegt T. im heutigen Sinne nicht immer bereits dann vor, wenn Menschen — und sei es in vorchristlichen Zivilisationen oder nur im Rahmen des Naturverständnisses eines primitiven Stammes — die einem natürlichen Vorgang innewohnenden Kräfte zu einem bestimmten Zweck lenken möchten? So haben Indianerstämme in Mittelamerika es vor einem halben Jahrtausend verstanden, eindrucksvolle Steindenkmäler zu errichten, indem sie es so einzurichten wußten, daß die Schwerkraft der Erde für sie das bewirkte, wozu ihre natürlichen Energiequellen nicht ausgereicht hätten. Wurden bei einem solchen Unternehmen, das mißlang, einige Indianer zermalmt, so unterscheidet sich das nicht vom heutigen Opfer eines Starkstromunfalls oder einer vorzeitig ausgelösten Explosion. Wenn Menschen früher eine Tierherde in Panik versetzten, um sie als Waffe gegen einen Feind einzusetzen, wenn man auf ein Hochwasser wartete oder als Eskimo das Kalben eines Eisbergs für irgendwelche Zwecke einkalkulierte, haben Menschen, um mit Thielicke zu reden, Naturkräfte in einer Weise in ihr Leben eingeschaltet, die oft genug der planenden Hand des Menschen katastrophenartig entglitten sein werden. Wenn man die Heranziehung von außerhalb des menschlichen Körpers liegenden Energiequellen als gefährlichen Einbruch von etwas Fremdem in die Normalwelt des Menschen ansehen möchte, muß der Zeitpunkt dieses Einbruchs um einige tausend Jahre zurückverlegt werden.

Zu den Standardklischees der Kultur- und Gesellschaftskritik (z. B. bei Herbert Marcuse) gehört die Behauptung, die T. habe ihre eigenen Gesetze, zwinge die Menschen, vor allem in der Produktion und im Verkehr, in ihre eigenen Funktionsbedingungen, sie entfremde den Menschen seiner selbst, sie vergewaltige ihn, sie lauge ihn aus. Dies kann in Einzelfällen zutreffen, aber nie für die T. und den Menschen insgesamt gelten. So übersieht diese Kritik die außermenschlichen, aber auch die sozialen Zwänge, denen Menschen im vortechnischen Zeitalter ausgesetzt waren. Wer hat mehr Verfügbarkeit über seine Zeit und damit über sein Leben: wer an jedem Ort und in jedem Augenblick so viel oder so wenig Licht verfügbar hat, wie er will oder jener, der von teueren und unzureichenden Lichtquellen abhängig ist und im wesentlichen seine Tätigkeiten danach einrichten muß, wieviel Sonnenlicht ihm die Jahreszeit und die jeweilige Wolkendecke zukommen lassen? Vielleicht hat keine Erfindung und ihre Verbreitung soviel für das Selbstbewußtsein des Menschen, unabhängig von sozialen Klassen, getan, wie die elektrische Lichtquelle: wenn er nicht gerade geizig ist, kann heute praktisch der Ärmste zu jedem Zeitpunkt der Nacht soviel Licht um sich haben wie der reichste Zeitgenosse, beide sind dank der Elektrotechnik in einer Weise Herr ihrer Stunden, ihrer Lebenszeit geworden, wie es für den Menschen zur Zeit vortechnischer Lichtquellen nicht vorstellbar gewesen ist. Und wie sehr sich der Mensch die Fähigkeit erhalten hat, auch bei einem plötzlichen und völligen Ausfall der Elektrizitätsversorgung im wesentlichen Herr der Situation zu bleiben, bewies der fast 24 Stunden dauernde Ausfall der Stromversorgung von New York City im Herbst 1965. Es geschah weit weniger Unheil, als sich die größten Optimisten in einem Gedankenexperiment ausgemalt hätten.

Konfrontationen wie Mensch und T., T. und Kultur, Religion und T. entstammen einer antiquierten Phase unseres Nachdenkens über die T., etwa der Zeit von 1890 bis 1930. Die T. ist keine aussonderbare Institution. Wir neigen in allen Gebieten zur Technisierung, und was wir unter Technisierung verstehen wollen, läßt sich besser definieren als die T. Als einzelne und als Gruppen oder Kollektive existieren wir in einer Vielzahl von Prozessen verschiedener Ordnung. Wenn mehr und mehr dieser Prozesse sich technischer Mittel und Lösungen bedienen, geht es darum, regelmäßig in unserem Leben auszuführende Aufgaben zeitsparender, müheloser, sicherer und für eine vergleichende Qualitätskontrolle verfügbar zu machen.

Nun gibt es immer noch und immer wieder im Verlauf der technischen Massenproduktion von Konsumgütern optimale Lösungen, deren Endergebnis einmal ausgesprochen assoziierend wirkt und dann wieder isolierend. Die Darbietung über ein Fernsehgerät kann nicht nur die ganze Familie, sondern auch noch weitere Verwandte und Freunde zusammenführen. Das im selben Haus befindliche Telefon, wenn nicht sehr selten benutzte technische Ergänzungseinrichtungen vorhanden sind, führt jedoch während seiner Benutzung durch ein Familienmitglied zu dessen Isolierung vom Rest der Gruppe. In der Regel ist die T. gesellschaftsneutral. Sie bietet in einer Konsumgesellschaft grundsätzlich jedem zahlreiche Gelegenheiten an, sich besonders stark sozial zu integrieren oder mit Hilfe eben dieser T. zum Zweck der Einsamkeit oder ausschließlichen Hinwendung auf einen Menschen von der Gruppe zu isolieren. Auch sagt die Möglichkeit, innerhalb von Sekunden — ohne Inanspruchnahme eines Vermittlers — jeden beliebigen Fernsprechteilnehmer in einer Gesamtbevölkerung von etwa 400 Millionen Menschen erreichen zu können, über die soziale Integration dieser internationalen Bevölkerung nichts aus. Die heutige Fernmeldetechnik, zusammen mit dem Flugwesen — das seinerseits wieder ohne diese T. in der jetzigen Form nicht möglich wäre — bringt zwar mehr Menschen als je zuvor in wechselseitigen Bezug. Ob dadurch jedoch eine konfliktfreie Erdbevölkerung entstehen wird, ist sehr fraglich. Wir brauchen uns nur zu überlegen, wie gut sich die Menschen auf begrenzten Gebieten schon vor Jahrhunderten kannten, wie oft sie sich sahen und sprachen: kriegerische Zusammenstöße innerhalb dieser kleinen Territorien gab es aber immer wieder. Zwar sind aus Furcht vor dem Einsatz der Kernwaffen bestimmte Konfrontationen ausgeblieben, aber die heute geführten „konventionellen“ Kriege bedienen sich doch jeweils der letzten Entwicklungen der T. Die Aussicht, daß das Böse im Menschen durch die T. schachmatt gesetzt wird, ist nicht groß. Gerade weil es nicht die T. als eine in sich geschlossene, eine integrierte, mit einer durchgreifenden Eigendynamik versehene, von uns gemachte Sonderwelt gibt, sondern nur eine sich stetig vermehrende Vielzahl von Teilarsenalen technischer Lösungen für jeden ersinnbaren Zweck, wird der technische Fortschritt immer auch neue Mittel verfügbar machen, mit denen gekämpft, gedroht und erpreßt werden kann, ohne damit zuvor geschlossene Verträge über den Ausschluß bestimmter Waffentechniken zu brechen. Der totale Mißbrauch der in Kernwaffen entfesselbaren Energie ist allein der politischen Spitze eines Machtsystems möglich, die dazu die Arglosigkeit oder den Gehorsam ihrer Techniker und Physiker braucht. Der Mißbrauch technischer Mittel ist nicht die Prärogative des Naturwissenschaftlers und Technikers, sondern abhängig von den menschlichen Gemütern und Charakteren an der Spitze eines sozialen Machtsystems. Endgültige Lösungen für die meisten sozialen Probleme kann keine der T. und ihrer denkbaren Entwicklung bringen. Man kann für keinen gegebenen Zeitpunkt eine Bilanz der positiven und negativen Auswirkungen der T. aufstellen; man müßte sich willkürlich entscheiden, ob die Auswirkungen für konkrete Individuen gemeint sind oder für große Gesamtbevölkerungen, mit allen Altersgruppen. Was kümmern den heute 60jährigen Leidenden die Fernwirkungen technischer Vorgänge auf die Güte der Umwelt in dreißig oder fünfzig Jahren, wenn für ihn zunächst nur dank der Erleichterungen technischer, meist elektrisch betriebener Hilfen, das Dasein noch lebenswert ist, wenn ihm die Heilkunde nur dank hochentwickelter technischer Geräte das Leben verlängern konnte. Die Stunde Null, von der an die T. insgesamt für die Erdbevölkerung mehr Schaden als Nutzen bringt, läßt sich zwar theoretisch und spekulativ ausmalen, aber doch nur, indem man den einen oder anderen Vorgang tendenziös in den Mittelpunkt der Betrachtung stellt, sei es die Anreicherung der Atmosphäre mit CO_2 oder die Sättigung unserer Umwelt mit Insektiziden oder organisch nicht abbaubaren Detergentien. Zwar läßt sich ein circulus vitiosus nicht bestreiten: erst die technischen Verfahren haben unsere natürliche Umwelt so harmlos gemacht, daß die rapide Vermehrung der Bevölkerung stattfinden konnte; zugleich aber war es unvermeidlich, daß sich eben diese Menschen technischer Annehmlichkeiten bedienen und damit auf andere Weise die Qualität ihrer Umwelt wieder verringern. Besonders deutlich wird das Dilemma auf der Autostraße. Autofahrer freuen sich über die hochkomplexen technischen Systeme, deren Zusammenspiel ein heutiges Automobil ergibt. Seine Abhängigkeit von einem kompetenten Wartungsdienst und entsprechenden Reparaturmöglichkeiten macht die Benutzung eines Wagens nur in einer Umwelt sinnvoll, deren allgemeine Motorisierung des Verkehrs eine gleichmäßige Streuung dieser Dienste wirtschaftlich sein läßt. Von wenigen geographischen Ausnahmen abgesehen, kann man sich also eines solchen Wagens nur in einer Umwelt erfreuen, deren Verkehrsdichte unserem Genuß zunehmend Grenzen setzt. Das Problem verschärft sich, weil die Produzenten der technischen Dinge wirtschaftlichen Überlegungen folgen müssen. Die hohen Entwicklungskosten technischer Produkte können nur durch einen entsprechend großen Markt getragen werden. Ob dieser schon vorliegt oder durch ↗Werbung für ein bestimmtes neues Produkt erst geschaffen werden muß: die Tatsache bleibt bestehen, daß die vom Verbraucher so begrüßte Perfektion der für ihn erschwinglichen technischen Produkte unter anderem auch eine Folge der Bevölkerungsexplosion der letzten 200 Jahre gewesen ist. Die Technisierung und damit auch Sanierung unserer Umwelt, die Anwendung der Wissenschaft und T. auf biologische Vorgänge hat einerseits überhaupt erst die heute lebenden Menschenzahlen ermöglicht. Diese ihrerseits jedoch haben es der einmal in Gang gekommenen T. erst möglich gemacht, Konsumbedürfnisse mit äußerst komplexen technischen Systemen, die der einzelne erwerben kann, zu befriedigen. Nun sind nicht alle Erzeugnisse der T. in gleicher Weise diesem Dilemma unterworfen. Das Gesetz, wonach die Perfektion technischer Geräte zur Verengung der Umwelt führt, in der sie der Verbraucher überhaupt erst sinnvoll und genußreich benutzen kann, betrifft eigentlich nur solche technischen Dinge, die der räumlichen Bewegung dienen oder Schallwellen abgeben. Ein vollkommenes Sicherheitstürschloß, die ideale Leselampe, ein elektronischer Küchenherd, die optimale Lösung der technischen Voraussetzungen für eine chirurgische Operation und viele ähnliche Fortschritte erscheinen zunächst nur als Segnungen und können höchstens mittelbar in den Kreis derjenigen technischen Vorgänge treten, die soziale und psychologische Probleme in dem Grade aufwerfen, in dem sie sich vervollkommnen.

A. Gehlen, Die Seele im technischen Zeitalter (1957); H. Freyer u. a. (Hrsg.), Technik im technischen Zeitalter (1965); Görres-Gesellschaft (Hrsg.), Mensch und Technik, in: Naturwissenschaft und Technik 9 (1967); K. Tuchel, Herausforderung der Technik (1967).

Terror ist ein Mittel zur Machtausübung in solchen Herrschaftssystemen, die sich in den Augen der Beherrschten nicht legitimieren können oder wollen. Der T. besteht aus einem Dauerzustand weitverbreiteter Furcht in der betroffenen Bevölkerung, wobei diese Furcht sich auf eine allgemeine Rechtsunsicherheit (Inhaftierung ohne Gerichtsurteil auf unbestimmte Zeit; Konzentrationslager u. ä.), ja geradezu auf die Institutionalisierung der T.maßnahmen (Geheimpolizei, Gestapo, Tscheka, GPU u. ä.) richten kann. Während früher T. (Französische Revolution) meist von kurzer Dauer und eher das spontan sich summierende Resultat vieler kaum organisierter Handlungen waren, haben die totalitären Systeme im 20. Jahrh., in besonders extremer Form die nationalsozialistische Herrschaft unter Hitler und die kommunistische unter Stalin in Rußland, den T. zielbewußt perfektioniert und zum Hauptmittel der Machterhaltung eingesetzt. T., in Form von gewaltsamen Einzelaktionen (Sprengstoffanschläge, Entführungen, Attentate), als Mittel einzelner oder organisierter Terroristen kann auch eine Erscheinungsform der politischen oder „gesellschaftskritischen" ↗Opposition, vor allem durch ↗Anarchisten sein, u. U. in Vorbereitung einer ↗Revolution, eines Staatsstreichs, eines „Umsturzes", wobei die daraus hervorgegangenen neuen Machthaber auf den T., nun als Instrument der neuen Staatsgewalt, oft nicht verzichten können.

Verhandlungen des neunten deutschen Soziologentages 1948 (1949); R. Aron, Démocratie et totalitarisme (Paris 1965); A. Yarmolinsky, Zaren und Terroristen (1957); R. Gaucher, The Terrorists from Tsarist Russia to the O. A. S. (London 1968).

Test heißt jedes Verfahren zur Herbeiführung einer kontrollierbaren Beobachtung von Eigenschaften, Verhaltensweisen, die sich meist auf eine größere Anzahl von Einheiten (miteinander zu vergleichende Personen) erstreckt und deren Ergebnis in Zahlen ausgedrückt werden kann. ↗Experiment. Der Begriff T. stammt von dem Psychologen Cattell (1860–1944), Begründer des T.verfahrens war F. Galton (1822–1911). Ausgehend von den USA, herrscht heute eine übermäßige T.gläubigkeit, z. B. Entscheidungen über Anstellung oder Beförderung in Betrieben, bei den Streitkräften, bei der Zulassung von Schülern zu bestimmten Ausbildungsmöglichkeiten. In solchen Fällen wird der T. u. U. mißbraucht (durch Überbewertung seiner Aussagekraft) zwecks Vermeidung oder Tarnung von persönlichen Entscheidungen über das (Berufs-)schicksal anderer Menschen. Diese Tendenz ist bereits Gegenstand einer (sozial)kritischen Literatur geworden. Der T. (z. B. Intelligenz-T.) erlaubt zwar ein für alle Probanden identisches Prüfverfahren, vermag aber gerade deshalb nicht die unterschiedlichen persönlichkeitsgebundenen Voraussetzungen abwägend im Gesamtergebnis zu berücksichtigen.

Theorie ↗Anthropologie und Soziologie, ↗Hypothese, ↗Idealtypus, ↗Soziologie, ↗Strukturell-funktionale Theorie, ↗Wissenssoziologie

Tierische Verhaltensforschung ↗Instinkt

F. E. Lehmann, Gestaltungen sozialen Lebens bei Tier und Mensch (1958); A. Portmann, Das Tier als soziales Wesen ([2]1962); K. Lorenz, Über tierisches und menschliches Verhalten, 2 Bde. (1965); R. Ardrey, The Territorial Imperative (New York 1966); W. Fischel, Vom Leben zum Erleben (1967); I. Eibl-Eibesfeldt, Grundriß der vergleichenden Verhaltensforschung, Ethologie (1967).

Totalitarismus (↗Bolschewismus, ↗Demokratie, ↗Diktatur, ↗Faschismus, ↗Freiheit, ↗Herrschaft, ↗Kommunismus, ↗Nationalsozialismus, ↗Terror) heißt die lückenlose, meist aus einer sozialen ↗Revolution (oder einem von ihr induzierten Staatsstreich) hervorgegangene Herrschaftsausübung durch eine vom Volk unkontrollierbare und unabsetzbare Minderheitenpartei, die dabei eine ↗Ideologie der völligen Verschmelzung von Gesellschaft, Staat, Wirtschaft und Kulturleben praktiziert. Diese Ideologie hat den Charakter eines Religionsersatzes und sichert sich gegen Kritik durch utopische Elemente ab. T. bedeutet den Totalanspruch auf Durchdringung und ausnahmslose Gestaltung des Lebens und Bewußtseins der einzelnen Individuen wie aller Gruppen durch die herrschende politische Partei, die einen bis zum letzten Wohngebäude hin durchorganisierten Kontrollapparat einrichtet. Dieser totale Staat, der eine totale Loyalität (Unterwerfung) aller Einwohner verlangt und durch Kontrolle aller Massenmedien und des Bildungswesens, durch Geheimpolizei und obligatorisches Denunziantentum absichert, findet sich in der Gegenwart in erster Linie in den kommunistischen Staaten. Ihr T. ist systematisch von einer rational erscheinenden dogmatischen Theorie (Marxismus) gesteuert und hat zu den einzigen größeren Gesellschaften der Neuzeit geführt, die eine Abwanderung ihrer Einwohner nur mehr durch totales Ausreiseverbot für den größten Teil der Bevölkerung verhindern können. Der faschistische und nationalsozialistische T. (zwischen 1922 und 1945), von irrationalen, dilettantischen Ideologien getragen, blieb im Vergleich mit dem T. der kommunistischen Länder noch lückenhaft und konnte die Konkurrenz zwischen seinen verschiedenen Kontrollapparaten und den Widerstand der traditionellen Einrichtungen (Justiz, Militär, Kirchen) noch nicht voll ausschalten.

N. Cohn, Das Ringen um das tausendjährige Reich (1961); J. L. Talmon, Die Ursprünge der totalitären Herrschaft (1961); R. Aron, Démocratie et totalitarisme (Paris 1965); H. Buchheim, Totalitäre Herrschaft ([4]1965).

Totemismus bezeichnet den bei Naturvölkern verbreiteten, für ihre Sozialstruktur wichtigen Glauben an eine bestimmte Abstammung von (oder Verwandtschaft mit) Tieren oder Pflanzen. Vereinzelt können auch anorganische Dinge (Himmelskörper, z. B. der Mond oder ein See) als Totem gelten. *Totem* heißt in einer nordamerikanischen Indianersprache eine Gruppe von Verwandten, unter Einschluß des nichtmenschlichen Lebewesens oder Dinges. Der T. führt zu bestimmten Verhaltensformen, meist Vermeidungen (Heiratsverbote für Angehörige desselben Totems; Eßverbot des Totemtiers). Ursprung, Ausdehnung und Vergleichbarkeit der dem T. zugerechneten Bräuche sind noch umstritten. Jedenfalls spielen beim T. verschiedene in die Magie der Naturvölker verwobene Vorstellungen und Emotionen mit.

Tradition (↗Autorität, ↗Brauch, ↗Consensus, ↗Entwicklungsländer, ↗Innovation, ↗Kontrolle, ↗Kultur, ↗Norm, ↗Wandel) heißt der von einer ↗Generation an die nächste überlieferbare (tradierbare) Bestand an Wissen, Vorstellungen, Vorurteilen, Werten und Verfahrensweisen, also die nichtmaterielle Kultur im weitesten Sinn, jedoch auch oft symbolisiert oder gebunden an bestimmte Dinge der materiellen Kultur. Die T. entlastet den Menschen, weil er bei der Umweltmeisterung (soziale und physische ↗Umwelt) sich auf vorhandene Verhaltensmuster, Verfahren und Lösungen verlassen kann, dadurch Zeit und Kraft gewinnt, um für bestimmte Aufgaben, auch Neuerungen, also Abweichungen von der T., Erfindungen, Verbesserungen zu versuchen. Im engeren Sinne versteht man unter T. oft auch nur die seit vielen Generationen geltenden Anschauungen über wesentliche, z. B. sakrale oder politische Angelegenheiten einer Gesellschaft. Einzelne ihrer Institutionen (Familie, Recht, Religion, Politik) unterliegen in der Regel mehr der T. als andere (Wissenschaft, Kunst). Die T. reguliert und verlangsamt den sozialen Wandel, kann u. U. vor utopischen Experimenten schützen, aber auch diese haben heute immer schon eine T.

Trend bezeichnet eine als solche erkannte Entwicklung, deren Richtung bekannt ist. Als T. werden meist mehrere Abläufe zusammengefaßt, die einen Aspekt der sozialen Wirklichkeit in charakteristischer Weise darstellen, z. B. der T. zum „Wohlfahrtsstaat", zum Großbetrieb, zur „Arbeitnehmergesellschaft". Der T. hat besondere Bedeutung in der Konjunkturforschung (wirtschaftliche T.s). Der T. ist

nicht der soziale ↗Prozeß oder ↗Wandel an sich, sondern bezeichnet die Ablaufform, die Dynamik eines näher zu bestimmenden sozialen Prozesses. In der Regel nennt man nur umfassendere, wesentliche Abläufe T. Ein T. liegt meist dann vor, wenn der Beginn der Veränderung nicht genau bekannt ist. T. deutet manchmal das Schicksalhafte einer sozialen Veränderung an, einen objektiven Sachzwang oder das Ergebnis einer unausweichlichen biologischen Veränderung des Bevölkerungsaufbaus. T. in der Statistik bezeichnet also die Grundrichtung, d. h. die langfristigere Entwicklungstendenz einer Zeitreihe, z. B. der T. einer Geburtenrate in einer Bevölkerung.
Aus der überwiegenden Verwendung des Begriffs T. könnte man u. U. schließen, daß darunter vor allem solche Entwicklungstendenzen verstanden werden, die als Summe individueller Verhaltensweisen manifest werden, die selbst aber von Entscheidungen der beteiligten Individuen (Familien, Wirtschaftssubjekte) abhängen: z. B. der T. des Konsumentenverhaltens, der T. der durchschnittlichen Kinderzahl in jeder Ehe. T. darf nicht mit ↗Mode verwechselt werden. Ein T. ist im Gange, wenn die für ihn maßgeblichen Anzeichen über längere Zeit hinweg, meist einige Jahre, in gleicher Stärke oder zunehmend zu beobachten sind. Im Gegensatz zur Tendenz, die latent sein kann oder im Ausgang noch ungewiß, sollte der T. auch meßbar sein.

Trieb ↗Instinkt

A. Görres, Methode und Erfahrungen der Psychoanalyse ([2]1961); K. Foppa, Lernen, Gedächtnis, Verhalten ([2]1966); H. Schoeck, Der Neid ([2]1968); D. Wyss, Die tiefenpsychologischen Schulen von den Anfängen bis zur Gegenwart ([2]1966); R. Ardrey, The Territorial Imperative (New York 1966); H. Thomae (Hrsg.), Die Motivation menschlichen Handelns ([3]1966); E. E. Jones und H. B. Gerard, Foundations of Social Psychology (New York 1967); W. Toman, Motivation, Persönlichkeit, Umwelt (1968).

Typenbegriff, Typus ↗Idealtypus

L. Gross (Hrsg.), Symposium on Sociological Theory (New York 1959); E. Topitsch (Hrsg.) Logik der Sozialwissenschaften (1965). A. Seiffert, Die kategoriale Stellung des Typus (1953).

U

Überlagerung (Überschichtung) findet statt (oder liegt, geschichtlich gesehen, vor), wenn mindestens (und meist) zwei verschiedene Stämme (Völker, Gruppen) im selben Territorium leben, wobei der später dorthin Gekommene (abgeleitet vom Recht des Siegers, des Eroberers) die ↗Herrschaft ausübt, die sich dann im Lauf der Jahrhunderte auch in einem Klassen- oder Kastensystem verfestigt. Eine Ü. der Ureinwohner fand z. Z. statt bei der Eroberung Süd- und Nordamerikas durch Europäer, des Indischen Subkontinents durch nördliche Arierstämme. Hingegen kann man bei den nach Amerika gebrachten Negersklaven und ihren Nachkommen nicht von einer Ü. sprechen.
Zahlreichen Staaten (politischen Herrschaftssystemen) liegt eine Ü. zugrunde. Sämtliche Staatgründungen, alle Rechtsinstitutionen aber

als (unlegitimierbare) Ü. zu erklären, wie manche sozialistische Autoren versuchen, ist jedoch nicht möglich. Die Ü. erklärt z. B. nicht, wie es zum Staat, zum Normensystem, zur Befehlshierarchie derjenigen Gruppe gekommen ist, die eine Ü. vornimmt. Und es gibt verschiedene Fälle einer Staatenbildung aufgrund freiwilligen Zusammenschlusses (Bündnisse, Konföderationen). So sind die Irokesenbünde (nordamerikanischer Indianer) ohne Ü. entstanden, ebensowenig die Eidgenossenschaften (Schweiz), Bünde aller Art im Mittelalter, die „Ligen" protestantischer Länder nach der Reformation, die Konföderation der 13 Kolonien zu den USA.
Die Ü.theorie findet sich zuerst ausgeprägt bei dem arabischen Geschichtssoziologen Ibn Chaldun (1332–1406), dann bei Franz Oppenheimer, Ludwig Gumplowicz, L. F. Ward, Richard Thurnwald, und zuletzt als Grundlage einer Universalgeschichte bei Alexander Rüstow.

A. Rüstow, Ortsbestimmung der Gegenwart, Bd. 1 (1950, Bd. 2 (²1963), Bd. 3 (1957); W. E. Mühlmann, Rassen, Ethnien, Kulturen (1964); H. Kammler, Der Ursprung des Staates (1966).

Umschichtung ist eine Erscheinung im Bereich der sozialen Mobilität. Es handelt sich um Verschiebungen, Verlagerungen im Schichtgefüge, in der Sozialstruktur einer Bevölkerung, wenn etwa die Bevölkerung in bestimmten Berufsgruppen im Lauf der Zeit in ihrem sozialökonomischen Status nach oben steigt, z. B. aus der oberen Unterklasse in die untere Oberklasse. Bei der U. handelt es sich meist um die Mobilität sozialer Kategorien. Bei dem Begriff U. müßte genauer unterschieden werden, ob es sich um die Ausbildung einer neuen Schicht, den Ein- oder Austritt einer Berufsgruppe (z. B. Industriearbeiterschaft) bei vorhandenen Schichten oder Veränderungen im prozentualen Anteil einzelner Schichten an der Gesamtbevölkerung handelt. Zur U. kann es kommen, wenn die volkswirtschaftliche Bedeutung einer berufsgebundenen Schicht (Handwerk, Einzelhandel, Militär, Geistlichkeit) sich verändert. So kann Mittelstandspolitik als ein Versuch aufgefaßt werden, die Angehörigen bestimmter Berufe vor den Folgen einer U. zu schützen. Auch die ↗Nivellierung, etwa die Angleichung der Einkommen in dem Status nach weit auseinanderliegenden Berufen gehört zur U.

Th. Geiger, Über dynamische Analyse sozialer Umschichtungen, in: K. G. Specht (Hrsg.), Soziologische Forschung in unserer Zeit (1951); H. Moeller, Soziale Umschichtung, in: Kölner Zeitschrift für Soziologie 5 (1952/53); L. Neundörfer, Umschichtungen und Wandlungen in der modernen Gesellschaft, in: Freiheit und Verantwortung (1957).

Umwelt bezeichnet die Gesamtheit der Seinsbereiche, die einem Organismus gegenübertreten. Für eine biologisch-anthropologische Betrachtungsweise kann man auch von der inneren U. einer Persönlichkeit sprechen, z. B. ihrem endokrinen System (internal and external environment). Meist versteht man unter U. in der Soz. die soziale Umgebung (Milieu) eines Individuums. Die Frage nach der Wirkung und Bedeutung der jeweiligen Umwelt für einen Organismus erhält besondere Bedeutung im Zusammenhang mit den für seine Entwicklung ausschlaggebenden Faktoren: Wieviel an der Intelligenz eines Individuums ist durch Erbanlage, wieviel durch seine sukzessiv erlebte Umwelt verursacht? Ein weitgehender U.determinismus liegt für die soziologische Denkweise nahe und hat in verschiedenen Schulen dieser Wissenschaft zu sehr umstrittenen Einseitigkeiten geführt. Erbanlagen und physische Umwelt (Klima, geographische Faktoren) erklären nach heutiger Auffassung weder menschliches Verhalten noch bestimmen sie in erkennbarer Weise die Inhalte der normativen Kultur. Der U.begriff verdankt dem Biologen v. Uexküll eine Schärfung, gewonnen allerdings durch die Untersuchung artspezifischer Umwelten im Tierreich. Der Mensch unterscheidet sich vom Tier nicht zuletzt durch seine weit geringere Umweltbindung. Die relevante U. für einen Organismus ist nur derjenige Ausschnitt aus der Gesamtheit der Seinsbereiche, in denen er sich befindet, die er über seine Sinnesorgane wahrnehmen und auf die er als Mensch, über sein durch die jeweilige Kultur geformtes Bewußtsein reagieren kann (die U. des Menschen enthält weit weniger Gerüche als dieselbe Umwelt für einen Hund). Naturvölker entwickeln je nach der für sie lebenswichtigen U. umweltorientierte Wortschätze, mit denen sie Unterschiede in ihrer U. bezeichnen können, die ein Städter überhaupt nicht wahrnimmt. In Wüsten lebende Völker haben Hunderte von Worten für unterschiedliche Sandbeschaffenheit, Eskimos für verschiedene Zustände von Eis und Schnee. Die U. eines Menschen besteht auch aus den sozialen Verhältnissen, von den Primärgruppen, z. B. seiner Familie, in denen er sich befindet, bis zu der Siedlungsform (Dorf oder Großstadt), aber auch der Berufswelt, der sozialen Schicht. ↗Anlage, ↗Kriminalität

J. v. Uexküll, Streifzüge durch die Umwelten von Tieren und Menschen. Bedeutungslehre (1956); G. Burckhardt, Charakter und Umwelt (1956). Weitere Literatur siehe Anlage.

Umweltverschlechterung ↗Technik

Unterentwickelte Gebiete, Länder ↗Entwicklungsländer, ↗Wandel, sozialer

Unternehmer ist, wer für Erzeugnisse oder Dienstleistungen in größerem Umfang ein vorhandenes Bedürfnis auf dem ↗Markt entdeckt (oder durch Werbung als weckbar erkennt) und durch eine zweckentsprechende Bereitstellung (u. U. mittels Kreditbeschaffung) und Einsatz von geeigneten Produktionsmitteln zu befriedigen sucht. Dabei dient der (keineswegs sichere) Gewinn aus dieser wirtschaftlichen Tätigkeit als Anzeichen dafür, ob die Einschätzung des Marktes durch den U. richtig gewesen ist. Die unternehmerische Funktion in einer Wirtschaft ist in erster Linie die gedankliche Vorwegnahme künftiger Wirtschafts- und Marktverhältnisse, verbunden mit der Bereitschaft, im Hinblick auf eine Marktchance den Einsatz von Mitteln

(Investition) zu riskieren; der faktische Besitz von Produktionsmitteln ist von zweitrangiger Bedeutung. In heutigen Industriegesellschaften ist die Unternehmerfunktion meist nicht mehr mit dem Eigentum an Produktionsmitteln verbunden. ↗Manager, ↗Klasse (soziale).

A. Schöpke, Die Unternehmerfunktion als sozialethisches Problem (1952).

Urbanisierung, Urbanismus ↗Stadt

Utopien sind zunächst Versuche, einen idealen Gesellschaftszustand — als Spiegel für die Gegenwart — zu schildern. „Utopia", das Nirgendsheim (nach Thomas Morus' 1516 veröffentlichter *Utopia*), wird als abgelegenes Gemeinwesen vorgestellt, wo ein von der Außenwelt wenig beeinflußtes Gesellschaftssystem funktioniert. Morus übte ätzende Kritik am England des 16. Jahrh., ist aber noch nicht prophetischer Künder einer neuen Gesellschaftsordnung, die unweigerlich kommen müsse. Jedoch nehmen einige seiner Sätze Karl Marx voraus. So spricht er von Taglöhnen, die nicht über eines Tages Bedürfnisse hinausreichen, zu schweigen von einer Rücklage fürs Alter. Er sieht ferner die Ausbeutung der Armen unter dem Deckmantel eines Gewohnheitsrechts vollzogen, das sich bewußt gegen die unteren Schichten auswirkt. Morus spricht von einer „Konspiration der Reichen" (Klassenjustiz). Weitere frühe Utopien waren: Campanella, *Sonnenstaat* (1623); *New Atlantis* von Francis Bacon (1627); James Harrington, *Oceana* (1656). Im 19. Jahrh. treten literarische Utopien auf: Ch. Fouriers Idee der „Phalanges", in: „Nouveau monde industriel" (1829); E. Cabet: „Voyage en Icarie" (1840); E. Bellamy: „Looking Backward" (1888); Th. Hertzka: „Freiland" (1890). Religiöse Schwärmer und Gruppen haben einige Ansätze zu rigoros „geplanten" Gemeinwesen gemacht (die Gemeinwesen mancher Sekten oder die südamerikanischen Indianersiedlungen des Jesuitenordens). Die Unterschiede zwischen solchen Versuchen und den zugrunde liegenden Vorstellungen mögen groß sein, soziologisch geht es immer um etwas Ähnliches: man glaubt sich im Besitz eines vorher nicht dagewesenen besseren Wissens um die bestmögliche Organisationsform der Gesellschaft. Dieses Wissen wird bewußt angewandt, um eine neue Gesellschaftsform einzurichten; sei damit nun der Idealstaat schon erreicht oder nur vorbereitet. Der sozialrevolutionäre Gedanke des 19. Jahrh. stammt aus diesen Quellen. Auch die Soziologie hängt immer wieder diesem Glauben an die Möglichkeit einer vorausschauenden Gesellschaftsplanung an. Fast alle sozialen U.n unterstellen ein bestimmtes abgekapseltes Verhältnis der utopischen Gemeinde zu ihrer Umwelt. Im Endeffekt müssen alle U.n den geglückten Übergang zu einer homogenen Weltgesellschaft annehmen. Innerhalb dieser homogenen Weltgesellschaft darf es keine konkurrierenden sozialen Systeme mehr geben, die das Gleichgewicht der einmal optimal eingependelten Lösung für soziale und wirtschaftliche Probleme stören könnten. Wenn im Kibbuz, in der Sowjetunion, in China oder auf Kuba etwas nicht funktioniert, ist

nach Ansicht heutiger Utopisten nicht die solchen sozialen Systemen immanente Struktur schuld, sondern das Vorhandensein konkurrierender Systeme in der Außenwelt, die die U. denaturieren.
Bei Beschreibungen künftiger Gesellschaftsformen in literarischen U.n oder politischen Konzeptionen fällt auf, daß die Phantasie ihrer Verfasser eine wirklich neue Form der Gesellschaft nicht zu beschreiben erlaubt. Fast alle diese Versuche begnügen sich mit einer Beschreibung partieller Veränderungen in den überschaubaren zwischenmenschlichen Beziehungen (Verhältnis von Arbeitgeber/Arbeitnehmer, Eltern/Kindern, Schülern/Lehrern, Mann/Frau in der Ehe usw.). Alle erhofften Veränderungen zielen auf eines ab: es soll möglichst egalitär, strukturlos, hierarchie- und autoritätslos zugehen. Man hat also nicht das Modell einer wirklich qualitativ neuen Zukunft, sondern nur das Modell der ursprünglichen zwischenmenschlichen Verhaltensweisen, die wir in einigen, keineswegs allen, einfachen Naturvölkern längst vor uns sehen (vgl. Christian Sigrist, Regulierte Anarchie, 1967). Diese Interaktionen im Kleingruppenbereich, aber auch die zwischenmenschlichen Beziehungen außerhalb der Primärgruppen, sind nicht sehr wandlungsfähig. Wenn auf einem Sektor dieser zwischenmenschlichen Beziehungen legislativ (oder revolutionär) eine radikale Veränderung vorgenommen wurde, so hat sich mittlerweile gezeigt, daß in einigen Jahrzehnten die alten Verhaltensmuster zurückkehren und oft sogar erneut gesetzlich geschützt werden (nur vorübergehende Änderungen des Familienrechts in der Sowjetunion während der 20er Jahre). Versuche, für ein bestimmtes soziales System einen charakteristischen zwischenmenschlichen Verhaltensmodus abzuschaffen, weil er nicht zur U. paßte, sind bis jetzt weitgehend gescheitert. Die alten Muster erwiesen sich als praktikabler, den menschlichen Bedürfnissen adäquater. Soweit sich die U. auf diese elementaren zwischenmenschlichen Beziehungen erstreckt, können wir sehr wenige wirklich qualitativ durchgreifende und bleibende Veränderungen in der für uns überschaubaren Zukunft erwarten.
Hinter Schlagworten (wie das von der „falsch programmierten Gesellschaft") verstecken sich Annahmen, etwa das Gefühl heutiger Menschen, ihr Leben und das Leben ihrer Kinder würde ohne weiteres persönliches Zutun vorausberechenbar reibungslos und „optimal", wenn höhere Instanzen unsere Gesellschaft „richtig programmiert" hätten. Eine Gesellschaft kann aber nicht programmiert werden wie die Bahn eines Mondschiffes. In der futurologischen Literatur der letzten Jahre, betreffend die sozialen Veränderungen in der künftigen Gesellschaft, zeigt sich, daß Futurologen außer vagen Vermutungen über Verhaltensveränderungen letzten Endes sich immer nur über technische Vorgänge und ihre etwaige, auch nicht überzeugend beschriebene Auswirkung auf den sozialen Bereich beziehen. Die „Futurologie" ist technophil/technokratisch und hat geringe soziologische Phantasie.
Seit der Renaissance hängen U.n z. T. von der gedanklichen Vor-

wegnahme technischer Möglichkeiten ab. In dem Maße also, in dem sich das, was früher, ja selbst noch um 1900 oder 1950 technisch als utopisch gelten mußte, heute verwirklichen läßt, findet in den Augen mancher eine Aufwertung, eine Legitimierung auch der sozialen U. statt. Die Realisierung der wissenschaftlich-technischen U.n kann bei der Öffentlichkeit eine größere Vertrauensseligkeit gegenüber der sozialen U. mit sich bringen. Je weniger wir über das technisch Erreichbare staunen, je weniger sich die meisten Zeitgenossen die Vorbedingungen für Projekte wie eine Mondlandung in den einzelnen Schritten vergegenwärtigen können, desto mehr scheint der Fortschritt der ↗Technik auch den sozialen Utopisten eine Zukunft zu geben. Dies ist abwegig, da die beiden Grundformen des utopischen Denkens und Sehnens, die technische und soziale, grundsätzlich nicht vermengt werden können. Die Mondlandung war möglich, weil dieses Projekt in völliger Harmonie mit der Natur des Menschen, mit seinen Anlagen, seinen Neigungen und Motiven ist, so wie sie sich in seiner ganzen bisherigen Geschichte dokumentiert haben. Die Mondexpedition ist vergleichbar mit der Fahrt des Columbus oder Maggellan, mit der Überquerung der Alpen durch Hannibal, mit dem Bau einer Flotte oder Festung in der Antike. Bedingungsloser Einsatz zur höchsten Leistung auf jeder Stufe, fraglose Akzeptierung der Disziplin und Aufgabenzuweisung innerhalb eines hierarchischen Funktionssystems, in dem weder egalitäre Entlohnung für die einzelnen möglich ist noch erwartet würde. Das Streben der Menschen nach Prestige, Gewinn, Überlegenheit machen heute eigentlich jede technische „U." von einst realisierbar. Die Leistungsgesellschaft beruht auf genau vorhersehbaren Verhaltensweisen und Motivationsstrukturen des Menschen, mit denen er im Lauf der letzten Jahrtausende seine Kultur und Zivilisation entwickelt hat, ohne sich in diesem Zeitraum in seiner Natur auch nur ein einziges Mal qualitativ zu ändern. Im Gegensatz dazu setzen alle sozialen U.n eine durchgreifende qualitative Änderung des menschlichen Verhaltens, der menschlichen Natur voraus. Sie hängen vom Verschwinden desjenigen Menschentyps ab, der die technische „U." verwirklicht hat. Die Möglichkeit eines Mondfluges beweist die Problematik der sozialen U., nicht ihre Realisierbarkeit. Soziale U.n haben fast immer eine nicht hierarchische, eine autoritätslose, eine egalitäre Gesellschaft als Endziel. Ein Weltraumunternehmen hingegen ist Ergebnis eines sozialen und wirtschaftlichen Systems, in dem alle Merkmale unseres Daseins, die man in der sozialen U. beseitigen möchte, zur Spitze getrieben wurden. Ein Mondflug hat mehr mit der Organisation zum Bau eines antiken Tempels oder einer ägyptischen Pyramide gemeinsam als mit einem Kibbuz. Das Kameradschaftliche amerikanischer Teamarbeit darf nicht darüber hinwegtäuschen, daß das Apollo-Projekt glückte, weil es eine Kopie des sozialen Systems einer jeden großen amerikanischen Firma darstellt und jeder sozialen U. denkbar *un*ähnlich ist. Insofern Stil und Organisation heutiger Weltraumunternehmen, der USA wie der UdSSR, „das 21. Jahrh. vorwegnehmen", dürften dies auch die menschlichen Verhaltensweisen und Motive, die sie gelingen lassen. Die Verwirklichung technischer „U." in der Gegenwart spricht also für die individualistische, gewinn- und prestigeorientierte Leistungsgesellschaft, mit ihrem Wettbewerb, ihrem Markt für höchst unterschiedliche Talente, für Ehrgeizige und weniger Ehrgeizige, für Kühne und weniger Kühne, nicht für die Realisierbarkeit der sozialen U. Seit Karl Mannheim kennt die Soziologie einen vom üblichen Gebrauch abweichenden Begriff der U. Die U. als reale Gegebenheit ist bei ihm Ersatz für die in der abendländischen Geschichte vorangegangenen Formen des Transzendenten. U. heißt bei ihm jede Orientierung des menschlichen Bewußtseins an einem Gehalt, der dem konkret verwirklichten Bild der Welt zuwiderläuft.

Ein „utopisches Bewußtsein" orientiert sich also im Erleben, Denken und Handeln an Begriffen und allgemeinen Vorstellungen, die im gegenwärtigen Lebensbereich des betreffenden Bewußtseins (z. B. einer Schicht, Klasse, Gruppe, eines Individuums) noch nicht realisiert sind. Aber nur eine „wirklichkeitstranszendente" Orientierung ist utopisch, „die, in das Handeln übergehend, die jeweils bestehende Seinsordnung zugleich teilweise oder ganz sprengt". Diese Beschränkung des Utopischen auf Orientierungsschemata mit faktisch revolutionierender Kraft „*unterscheidet* das utopische vom ideologischen Bewußtsein". Mannheim sieht den Menschen (der Neuzeit) fast immer an U.n gefesselt. Die kommunistische ist nur *ein* Fall von vielen gewesen. Die U.n sind jene „Irrtümer", denen die Fortbewegung der menschlichen Geschichte zu verdanken ist. Eine Bewertung der U. vermeidet Mannheim, weil er sich sonst den gesamten Ablauf der Geschichte — nach Hegel — als ein *sinnvolles*, mehr oder minder begreifbares Geschehen denken müßte. Die U. soll aber jenseits von Gut und Böse sein. Die verschiedenen U.n stammen aus der Geschichte. Die von einer der verschiedenen miteinander um die Herrschaft ringenden Parteien als ausschlaggebend durchgesetzte U. sprengt die bestehende Seinsordnung in Richtung auf die Ordnung von morgen.

„U.n", die im Kampf unterliegen, werden zu „Ideologien" gestempelt. U.n spiegeln somit die erfolgreichen Zukunftstendenzen des Menschen. U. ist alles, was im menschlichen Bewußtsein nach Zukunft fragt und drängt. Allerdings: „Von einem utopischen Bewußtsein kann man mit Recht nur sprechen, wenn die jeweilige Gestalt der Utopie nicht nur ein lebendiger ‚Inhalt' des betreffenden Bewußtseins ist, sondern zumindest der Tendenz nach in der gesamten Breite das Bewußtsein erfaßt" (Mannheim). Das „utopische Element" einer Epoche finde man sowohl im „utopischen Zentrum" eines einzelnen Bewußtseins als auch — verbreitert — im Bewußtsein einer Gruppe, einer sozialen Schicht. Zwischen ideologischen und utopischen Elementen besteht ein gradueller Übergang. Sie können gemischt auftreten. Ihre Trennung wird mit der Methode des Idealtypus vorgenommen.

In Karl Mannheims zeitkritisch gemeintem Buch „Ideologie und Utopie“ (1929) findet sich eine Kritik an dem Anarchisten G. Landauer, der in seinem Buch „Die Revolution“ jeden Wert in die Revolution und U. verlegt und in jeder Seinsordnung das Böse selbst sieht. Mannheim wendete ein, daß diese Geisteshaltung nicht weniger absurd sei als die des Feindes der U.: „Wie vorher in den Augen des Vertreters der jeweiligen Seinsordnung dies Utopische sich weiter nicht differenzierte (man also bei ihm von einer Utopieblindheit reden könnte), so könnte man bei dem Anarchisten von einer Seinsblindheit sprechen. Es bricht nämlich bei Landauer die bei allen Anarchisten dominierende, alle Teildifferenzen verschüttende, alles vereinfachende Antithese des ‚Autoritärs‘ und ‚Kämpfers für die Freiheit‘ durch — ein Gegensatz, bei dem vom Polizeistaat über die demokratisch-republikanische bis zur sozialistischen Staatsorganisation alles in gleicher Weise als ‚autoritär‘ und nur der Anarchismus als freiheitlich erscheint.“ Durch diese Seinsblindheit, diese Simplifizierung, durch das Verlegen alles Wertvollen auf die U. und die Revolution werde aber, so Mannheim, „die Möglichkeit des Sichtbarwerdens irgendwelcher evolutiver Momente im Gebiete des Historisch-institutionellen verbaut.“ Genau diese Seinsblindheit dürfte bei den heutigen utopischen Anarchisten vorliegen, die jene schon vor 40 Jahren von Mannheim geschilderte Gegenüberstellung von „autoritär“ und „Freiheit“ mittlerweile durch den psychoanalytischen Begriff der „autoritären Persönlichkeit“ unterbauten.

A. Neusüß (1968) wirft Mannheim vor, er habe das Problem der U. eher „zu annullieren als zu reflektieren vermocht“. Er habe die Marxsche Ideologienlehre soziologisch entschärft, er habe ihr den kritischen Stachel genommen. Tatsächlich hat Mannheim, in seinem Ansatz durchaus Marxist, mit der Kritik am Anarchisten Landauer genau die Seinsblindheit heutiger U.n beschrieben.

Auch ein Wunschbild vom *homo sapiens* in einer Gesellschaft kann ein utopisches Element enthalten. Es wird nicht gleichgültig sein, ob eine Soziologie sich mit der Gesellschaft, die sie vorfindet, in der Annahme beschäftigt, der Mensch, wie wir ihn zu kennen glauben, sei als Typ fertig und nicht weiter vervollkommnungsfähig, oder ob eine Soziologie von einer durchgreifenden Wandelbarkeit der menschlichen Natur und Verhaltensweisen abhängig ist, um dadurch ihre Aussagen über die projektierte Veränderung der Gesellschaft sinnvoll zu machen. Sowohl die marxistische Soziologie als auch die hedonistische, instrumentalistische und optimistische amerikanische enthalten ein Menschenbild, dessen Prüfung an der sozialen Wirklichkeit bis heute noch aussteht. Die empirische Soziologie sollte eine universale Kernnatur des Menschen voraussetzen, deren limitierende Konsequenzen für die soziale Umwelt durch keine kulturelle oder politische Gegenforderung aufgehoben werden können. Während das Menschenbild der Soziologie also einerseits dieser menschlichen Natur gerecht werden muß, muß es andererseits doch auch Aspekte enthalten, die in bestimmten Kulturen, Epochen und Gesellschaften besonders betont werden. Unter Menschenbild kann allerdings auch etwas Normatives im Sinne der Sozialtechnik begriffen werden, d. h. man setzt mit ihm Mindestmaßstäbe für ein menschenwürdiges Verhalten sowohl von seiten des Handelnden als auch seiner menschlichen Umwelt. Dem Menschenbild des Abendländers entspricht es z. B., daß gelegentlich spontan echte, altruistische Akte vorkommen können, die vom Begünstigten als solche aufgefaßt und, wenn schon nicht durch Dankbarkeit, so doch durch Vernunft und Gleichmut erwidert werden. Dies gilt keineswegs in allen Kulturen. Das Menschenbild ist auch von institutionellen Eigenheiten bestimmt, die für uns selbstverständlich, die aber keineswegs universal gültig sind, z. B. die Monogamie. Das Menschenbild besteht auch aus gesellschaftlich relevanten Übereinkünften. Weil wir einerseits fast bei jeder Handlung von einem unausgesprochenen Menschenbild bestimmt werden, ist es nicht belanglos, wenn über bestimmte Ideen und Ideologien, die auf ihrem Sektor berechtigt sein mögen, z. B. im Bereich des Rechts, das allgemeine Menschenbild mit Forderungen an die soziale Wirklichkeit ausgestattet wird, die diese nun einmal nicht überall erfüllen kann. Man kann von einem theologischen Menschenbild noch zu einem grundsätzlich verstandenen juristisch-politischen schreiten. In gerade jeder empirischen Sozialforschung widersprechende Äußerungen verfallen Soziologen, sobald sie die Idee der Gleichheit absolut setzen. Man darf zwar, soziologischer Erkenntnis halber, von der Individualität der Menschen absehen. Daraus folgt aber keineswegs, der Soziologe dürfe das Modell einer Gesellschaft als verbindlich entwerfen, die davon ausgeht, ihre einzelnen Mitglieder würden stets Gleichheit mit allen anderen auf sämtlichen Daseinsgebieten als Zentralwert haben. Ein realistisches und für den Soziologen brauchbares Menschenbild muß dem Ehrgeiz, dem Bedürfnis jedes einzelnen Raum lassen, sich täglich seiner Individualität erneut zu versichern, und auch an Werten, die andere ihm neiden werden.

H.-J. Krysmanski, Die utopische Methode (1963); K. Mannheim, Ideologie und Utopie ([4]1965); Säkularisation und Utopie, in: Ebracher Studien (1967); A. Neusüss (Hrsg.), Utopie. Begriff und Phänomen des Utopischen (1968).

V

Vandalismus bezeichnet mutwillige Beschädigung oder Zerstörung von Sachwerten privater oder öffentlicher Art, heute meist durch jugendliche Täter. V. bezeichnet ein bestimmtes Delikt in der angelsächsischen Rechtssprache. Im Deutschen wird V. bisher zögernd verwendet. Ob Vandalenakte in der heutigen Industriegesellschaft häufiger sind als in früheren Zeiten, läßt sich schwer entscheiden. Ein Lustgewinn durch demonstratives Vernichten und Zerstören von

Werten, die man aus irgendeinem Grund sich nicht aneignen will oder kann, scheint zur triebmäßigen Ausstattung des Menschen zu gehören. Vermutlich bietet die städtische Umwelt heutiger Industriegesellschaften mehr Möglichkeiten für die Betätigung dieses Triebes (es stehen nachts mehr geparkte Autos auf den Straßen als früher, wenn überhaupt, Pferde). Der Grundantrieb hinter Vandalenakten ist der Neid. V. als Begriff zuerst von H. Grégoire, Bischof von Blois 1794 eingeführt. Der Germanenstamm der Vandalen habe unter Geiserich bei der Besetzung Roms (455 n. Chr.) u. a. Kunstwerke sinnlos zerstört. Der international üblichen Verwendung des Begriffes V. in der Kriminalsoziologie werden im deutschen Sprachraum immer noch Bedenken entgegengebracht, weil, wie einige Historiker nachgewiesen zu haben meinen, die Vandalen in Rom gerade nicht V. verübt hätten. Ungeachtet dessen, dürfte der Begriff V. heute für die Bezeichnung eines bestimmten, recht häufigen und klar abgrenzbaren Delikts unentbehrlich sein.

H. Schoeck, Der Neid (^{2}1968); H. v. Hentig, Der jugendliche Vandalismus (1967).

Verband heißt im Unterschied zu Vielzweckgruppen die aus dem Zusammenschluß meist einer größeren Zahl von Personen entstehende ↗Organisation oder ↗Assoziation, die sich bestimmten Aufgaben widmet. Max Weber definierte den V. als eine „nach außen regulierend beschränkte oder geschlossene soziale Beziehung, wenn die Innehaltung ihrer Ordnung garantiert wird durch das eigens auf deren Durchführung eingestellte Verhalten bestimmter Menschen." Die letzteren nennt man oft auch ↗Funktionäre. ↗Verbände

Verbände, juristisch gesehen, bloße ↗Vereine, haben jedoch als formale soziale ↗Organisationen meist eine Größe, eine Mitgliederzahl oder eine strategische volkswirtschaftliche Bedeutung, die ihnen in der Politik Gewicht verleiht: (berufs- und standes-)politisch wirksame V.e sind nur solche, deren Belange so ausgerichtet sind, daß sie auf Bundes- oder Landesebene bei Entscheidungen gehört werden müssen (Ärzteverbände, Industriegewerkschaften usw.). V.e spielen in den Industriegesellschaften eine zunehmend größere Rolle. Sie können auch als ↗Lobby auftreten. Manchmal räumt der Staat den V.en ein besonderes Wirkungsfeld ein, das sie nicht in allen Demokratien haben. (1966 wurde z. B. einem Interessen-V. [Gewerkschaft] der Zugang zu den Kasernen der Bundeswehr zum Zweck der Werbetätigkeit gewährt. Die BRD praktiziert hier einen strengeren Gleichheitsgrundsatz als etwa die USA, wo Versuche von Gewerkschaften, z. B. die Organisierbarkeit der Polizei der Stadt New York zu erzwingen, in der Regel zurückgewiesen wurden.) Aus der Sicht der Wähler ähneln die politischen ↗Parteien Interessen-V.en. Die V.e wieder werden in der öffentlichen Meinung oft mit Argwohn betrachtet, weil sie sich in die Politik mischen. Politik ist aber meist ein Wechselspiel zwischen Parteien, für die man seine Stimme abgeben kann, und

V.e. die gegen eine „Bestrafung" (durch Abwählen ihrer Funktionäre) durch die Öffentlichkeit immun sind. Der Eindruck, daß sich die Parteien in den Parlamenten selber wie V.e benehmen, ergibt sich, weil sie trotz politischer Gegensätze als Parteien für sich selbst zu sorgen wissen (Parteienfinanzierung aus Steuergeldern). Tatsächlich kommt es in jeder Demokratie zu einer Verquickung von Parteien und V.en. Oft schon deshalb, weil die Abgeordneten auch irgendwelchen V.en angehören und deren Belange vertreten. Im Landtag von Bayern z. B. sitzen so viele Beamte, daß sie, ungeachtet ihrer verschiedenen Parteizugehörigkeit, jederzeit über eine große Mehrheit verfügten, wenn sie als Beamte abstimmen würden.
In einer modernen industriellen Großgesellschaft ist es nicht möglich, die Interessen und Wünsche jedes einzelnen Bürgers ohne jede Filterung und Bündelung über V.e und Parteien im Parlament zu registrieren und zu berücksichtigen. Eine Zusammenfassung der Wünsche, Vorstellungen und Bedürfnisse bestimmter Bevölkerungsgruppen in Interessen-V.en ist unvermeidbar, denn nur über V.e können divergierende Belange (Landwirtschaft, Verbraucher, mittelständische Industrie usw.) so in der Öffentlichkeit artikuliert und formuliert werden, daß Parlamentarier und Regierung sich bei ihren Entscheidungen auf sachkundige Urteile von Fachleuten der Betroffenen stützen können. Der Einfluß der V.e sollte aber beschränkt bleiben. Regierung und Parlament dürfen sie nur als fachkundige Berater heranziehen und sollen sich nicht dem Druck des einen oder anderen aussetzen oder beugen. Einrichtung und Aufgabe der Parteien, nicht aber der V.e ist im Grundgesetz der BRD verankert: Artikel 21, Abs. 1, legt fest, daß die Parteien bei der politischen Willensbildung des Volkes mitwirken. Interessengruppen und -V.e werden nicht erwähnt.

K. O. Hondrich, Die Ideologie von Interessenverbänden (1963); A. Holtzmann, Interest Groups and Lobbying (New York 1966); H. Schmitt, Entstehung und Wandlungen der Zielsetzungen, der Struktur und der Wirkungen der Berufsverbände (1966).

Verbrauch(er) ↗Existenzminimum, ↗Geltungskonsum, ↗Lebensstandard, ↗Lebensstil, ↗Luxus, ↗Markt, ↗Werbung

Verbrechen ↗Kriminalität

Verein nennt man eine Gruppe mit freiwilliger Mitgliedschaft, auf die jedoch in der Regel niemand einen Rechtsanspruch hat. Es sind meistens Zweckverbände zur durch eine Verfassung (Satzung) geregelten Ausübung bestimmter Tätigkeiten (Sport-V.e) oder zur Wahrung von Interessen nach außen hin (Berufs-V.e). V.e können funktionieren ohne physisches Beisammensein ihrer Mitglieder, die in manchen Fällen weit verstreut leben. ↗Klub, ↗Verband, ↗Gruppe. Der V. bleibt auch bei erheblichem Mitgliederwechsel bestehen. In das V.register amtlich eingetragene V.e nennen sich e.V.e. Die unterschiedliche Neigung in den einzelnen Gesellschaften, sich in V.e zusammenzuschließen, die (u. U. schichtspezifische) Mitgliedschaft in V.en verschiedener Typen, die für manche Gesellschaften (USA) auffallende Häufigkeit von Frauen-V.en, die Bedeutung des V. in der Freizeitgestaltung beschäftigen den Soziologen, der aus der V.mitgliedschaft (unterschiedlich häufig z. B. bei den Einwohnern verschiedener Siedlungstypen) auch auf andere Eigenschaften der untersuchten Bevölkerung schließen kann.

Vergleich, interkultureller (als Forschungsaufgabe an sich oder zwecks Erhellung eines Problems in einer bestimmten Gesellschaft und ihrer Kultur), arbeitet Ähnlichkeiten oder aufschlußreiche Unterschiede zwischen zwei oder mehr Kulturen (heute meist aufgrund ihrer Manifestation in bestimmten Gesellschaften) für einzelne Strukturen, Verhaltensmuster, demographische Fakten usw. heraus. Die in der 2. Hälfte des 20. Jahrh. vor allem auch im Hinblick auf die ↗Entwicklungsländer zentral gewordene Frage nach den kulturellen und sozialen Determinanten für unterschiedliches wirtschaftliches Wachstum, verschiedene Innovationsraten usw., hat dem i.n V. und seinen Methoden zusätzliche Bedeutung verliehen. Man darf bei ihm nicht von einem hohen Grad der Integration und Komplettheit der einzelnen Kulturen ausgehen, d. h., auch auf fast gleicher industrieller und politischer Entwicklungsstufe stehende Gesellschaften können in ihrer Kultur eigentümliche Inhalte aufweisen, denen in der zu vergleichenden Gesellschaft nichts auch nur einigermaßen Analoges entspricht. Der i. V. muß auch berücksichtigen, daß die einzelnen Schichten, Klassen, Berufsgruppen, die Bevölkerung bestimmter Landesteile infolge selektiver Kulturberührungen mit den ihnen entsprechenden Personengruppen in der anderen Kultur mehr Gemeinsames haben als mit den ihnen sozial ferner stehenden Gruppen in der eigenen Gesellschaft (z. B. die auffallende Affinität lateinamerikanischer städtischer Oberschichten zur europäischen Oberschichtkultur). Der i. V. beschränkt sich nicht auf die vorwiegend von Soziologen ausgeführten Vergleiche zwischen Industriegesellschaften (z. B. Ähnlichkeiten zwischen USA und UdSSR, evtl. im Sinne der Konvergenztheorie), sondern auch oft von Ethnologen und Kulturanthropologen vorgenommene Vergleiche bestimmter Vorstellungen und Verhaltensweisen bei Naturvölkern mit den entsprechenden Inhalten in einer hochentwickelten westlichen Industriegesellschaft. In den 30er Jahren (Margaret Mead, Ruth Benedict u. a.) beschäftigte man sich besonders mit dem Vergleich konkurrierenden bzw. kooperierenden Verhaltens sowie des Sexualverhaltens in einfachen Stammesgesellschaften auf der einen Seite und Großgesellschaften — wie die USA — auf der anderen Seite. Die vor dem Zweiten Weltkrieg recht häufige Neigung, dabei das Leben in den einfachen Stammesgesellschaften zu idealisieren, ist heute meist einer realistischeren Betrachtungsweise gewichen.

R. König (Hrsg.), Handbuch der empirischen Sozialforschung, Bd. 1 ([2]1967). R. M. Marsh, Comparative Sociology (New York 1967).

Verhalten (im Anschluß an engl. behaviour, V. und beeinflußt vom ↗Behaviourismus) ist heute ein allgemeiner Begriff für sämtliche beobachtbaren Handlungen und Unterlassungen eines Lebewesens. Während man früher das V. verschiedener Menschenkategorien in globale Idealtypen faßte (z. B. Homo œconomicus), wendet sich die moderne Verhaltenswissenschaft den einzelnen Formen des V., bezeichnet nach seinen Zielen, zu: z. B. Arbeitsv., Freizeitv., Konsumv., Sparv., Unternehmerv.; die soziologische Erforschung des menschlichen Sozialv. berücksichtigt aber auch die V.forschung an Tieren (Ethologie), die V.elemente zu isolieren sucht, die bei allen Angehörigen einer Art identisch ablaufen und sie mit V.elementen verwandter Arten vergleicht.

J. C. Coleman, Personality Dynamics and Effective Behavior (Glenview [Ill.] 1960); G. C. Homans, Social Behavior. Its Elementary Forms (London 1961); K. Lorenz, Über tierisches und menschliches Verhalten, 2 Bde. (1965); K. Foppa, Lernen, Gedächtnis, Verhalten ([2]1966); F. Keiter, Verhaltensbiologie des Menschen auf kulturanthropologischer Grundlage (1966).

Verhaltensmuster (↗Abweichendes Verhalten, ↗Behaviourismus, ↗Einstellungen, ↗Interaktion, ↗Konformität, ↗Kultur, ↗Rolle, ↗Status), die Übersetzung aus dem Eng. von *behaviour pattern*, bewirken die Regelmäßigkeiten, die Gleichförmigkeiten im Sozialverhalten, z. B. Grußgebärden, Eßsitten, der räumliche Abstand, den zwei Gesprächspartner voneinander einhalten (Lateinamerikaner stehen weit näher als Nordamerikaner); letztlich kann ein V. in der betreffenden Kultur für Verhalten immer dann angenommen werden, wenn Verhaltenserwartungen durch ein Individuum bei einer größeren Anzahl von anderen enttäuscht werden. ↗Gewohnheit

Verhaltensphysiologie ↗Instinkt.
Lit. siehe unter Tierische Verhaltensforschung.

Versäulung (holländisch *verzuiling*), in den 50er Jahren von J. P. Kruijt und W. Goddijn geprägt, ist die Tendenz in städtischen, von religiösen und weltanschaulichen Minderheiten bevölkerten Gesellschaften, verschiedene parallele (sich z. T. auch überlagernde) Klassen- oder Schichtsäulen zu bilden. V., wie fast alle der Architektonik entnommenen Begriffe der Soziologie, deutet eine gesamtgesellschaftliche „Verkrustung“, „Erstarrung“, aber auch eine gegenseitige Abkapselung von Bevölkerungsteilen an. Diese Versteifung der Gesellschaft in vertikal organisierte, konfessionsgebundene Blöcke ist gesellschaftskritisch gemeint: die V. wirkt sich als Hemmnis im sozialen ↗Wandel aus, die einzelnen Säulen können zu ↗Veto-Gruppen werden.

Wenn eine Person, je nach Beruf, Konfession, Parteipolitik usw. verschiedenen Säulen gleichzeitig angehört, kann sie je nach Säule sozial verschieden hoch gelagert sein und damit Querspannungen in ihrem mehrdimensionalen ↗Status erleben. Hier berührt sich V. mit dem Begriff der Statusinkonsistenz (unzulängliche ↗Statuskristallisation).

Verstaatlichung, die Überführung, in der Regel durch Gesetzgebung, von Privateigentum, meist Produktionsanlagen und Versorgungsbetrieben, in *Staats*eigentum, „Kollektiveigentum." V., Hauptprogrammpunkt sozialistischer Parteien seit dem 19. Jahrh. soll den Gewinn der Betriebe der Allgemeinheit gleichmäßig zufließen lassen, die sozialen Beziehungen zwischen Arbeitnehmern und Management verbessern, die Selbsteinschätzung des Arbeiters erhöhen, größere Produktivität erlauben, zentrale Wirtschaftsplanung im Dienste nationaler langfristiger Ziele ermöglichen oder erleichtern, soziale Gerechtigkeit herbeiführen. Tatsächlich nachweisbare Leistungen der V. sind umstritten. Eine Verbesserung der sozialen Beziehungen zwischen Arbeitern und Betriebsleitung in verstaatlichten Betrieben (z. B. Großbritannien seit 1945) blieb meistens aus. Wirtschaftlichkeit, Produktivitätssteigerung, Entbürokratisierung, erfolgreiche Planung und Koordinierung sind ebenfalls durch V. nicht in dem Umfang erreichbar, wie man glaubte. Am doktrinärsten auf V. festgelegt ist die britische Labourparty (z. B. britische Stahlindustrie seit 1945 zuerst verstaatlicht, dann unter Tory-Regierung wieder privatisiert, neuerdings unter Labour wieder verstaatlicht). Die SPD in der BRD ist im Godesberger Programm von V. als Allgemeinprinzip abgerückt; aber die sozialistische Partei Schwedens beispielsweise beschloß 1969 die V. aller Apotheken und der Arzneimittelindustrie.
Verstaatlichte Betriebe und Industrien sind in der Offenlegung ihrer Finanzstruktur fast nie vorbildlich (Publizitätspflicht), so daß Vergleiche mit Leistung dieser Betriebe vor der V. bezw. mit ähnlichen Betrieben in Nachbarländern oder im Privatsektor schwer möglich sind. Laufende Kontrolle, Abwählbarkeit der Inhaber von Führungspositionen in verstaatlichten Industrien, meist besetzt von Politikern der die V. betreibenden Partei, sind in der Regel weniger leicht erreichbar als im privaten Sektor. Enthierarchisierung der Arbeitswelt durch V. bleibt nachweislich aus. V. (Kollektivierung) der Landwirtschaft (Agrarsektor) von Anfang an in der Sowjetunion, von ihr beeinflußt in anderen kommunistischen Ländern dogmatisches Erfordernis aus der marxistischen Theorie, in der Praxis von über 50 Jahren als grundsätzlicher Fehlansatz dadurch erwiesen, daß bisher kein Land mit verstaatlichter Landwirtschaft die Lebensmittelversorgung seiner Bevölkerung auf den Stand der Länder mit privatwirtschaftlicher Agrarstruktur bringen konnte. Dies gilt auch für Länder, die vor der Verstaatlichung der Landwirtschaft Agrarprodukte exportieren konnten. Durch Duldung einer privaten, über das Gewinnstreben des einzelnen in der Landwirtschaft Tätigen bewirtschafteten privaten Anbaufläche werden in der Sowjetunion von einigen landwirtschaftlichen Produkten zwischen 50 und 80% der Gesamtproduktion erzeugt. Im Unterschied zur Sozialisierung allgemeiner Art, kann die V. als ein Mittel interventionistischer

Wirtschaftspolitik verwendet werden, wobei die Privatwirtschaft an sich nicht generell abgebaut werden muß (mixed economies, gemischte Wirtschaftssysteme). Als Gründe solcher partieller, gezielter V. gelten die überragende Bedeutung eines Wirtschaftssektors (z. B. Bahn, Fernmeldewesen, Bankwesen, Bergwerke) oder die unzulänglichen Leistungen eines Industriezweiges in privater Hand. V. manchmal „Nationalisierung" genannt, hat als Ziel auch die „Überwindung privater Monopolmacht". Karl Marx wollte *alle* Produktionsmittel dem Privateigentum entzogen sehen, aber eine tatsächliche Überführung auf „die Gesellschaft" ist unvollziehbar. Unterscheiden muß man auch die Überführung von Produktionsmitteln in Gemeineigentum von anderen Verfahren einer Überführung in Gemeinwirtschaft, bei denen das Eigentum als solches bestehen bleibt.

Verstädterung ↗Stadt

Verstehen (↗Ganzheit, ↗Handeln, ↗Historismus, ↗Idealtypus, ↗Kausalität, ↗Zweckrational) wird seit dem letzten Drittel des 19. Jahrh. im deutschen Sprachraum als eine besondere Erkenntnisweise der Geisteswissenschaften dem (kausalen) Erklären der Naturwissenschaften gegenübergestellt. Im V. vollziehe sich ein Nacherleben, ein Einfühlen (*empathy*) in die Motive, die den Untersuchungsgegenstand (eine Person, eine Gruppe) bewegen, aufgrund der dem Forscher möglichen Introspektion. Die soziale Wirklichkeit, in ihrer geschichtlichen Ausformung, sei nicht nur ein kausal begreifbarer Wirkungs-, sondern auch ein Sinnzusammenhang. Max Weber war Hauptvertreter einer verstehenden Soziologie, vor allem mit der Anwendung der idealtypischen Methode auf soziale Handlungen. Auch Karl Mannheims ↗Wissenssoziologie ging vom V. aus (auch Einflüsse von Wilhelm Dilthey und Edmund Husserl). Der Gegensatz einer verstehenden und einer naturwissenschaftlich kausal erklärenden Soziologie gilt heute, insbesondere in den USA, für überholt.
H. Albert u. a. heben hervor, daß Erklären und V. auf verschiedenen Ebenen liegen. Man müsse (mit Reichenbach) stets zwischen einem Entdeckungszusammenhang (*context of discovery*) und einem Begründungszusammenhang (*context of justification*) unterscheiden. Das V., als heuristisches, Hypothesen produzierendes Verfahren gehöre zum ersteren.

J. Wach, Das Verstehen, 3 Bde. (1926–30); A. v. Schelting, M. Webers Wissenschaftslehre (1934); E. Rothacker, Logik und Systematik der Geisteswissenschaften (1926,[3]1948); A. Schütz, Der sinnhafte Aufbau der sozialen Welt (1932,[2]1960); E. Betti, Die Hermeneutik als allgemeine Methodik der Geisteswissenschaften (1962); W. Dilthey, Der Aufbau der geschichtlichen Welt in den Geisteswissenschaften ([4]1965).

Vertrauen muß, wie Luhmann gezeigt hat, als ein Grundphänomen im sozialen Zusammenleben in seiner Bedeutung verstanden werden; ähnlich wie das, ihm an sich entgegengesetzte ↗Vorurteil bestimmten Personen, Berufen, Gruppen und Institutionen gegenüber, hilft das

V. zu einem möglichst reibungslosen, zeitsparenden Ablauf, indem es komplexe Situationen vereinfacht, Komplexheit reduziert. Auch das ↗Geld braucht V. Wie sehr das soziale Leben, vor allem in wirtschaftlicher Hinsicht, von einem hohen und allgemeinen Grad gegenseitigen V.s in seinem Funktionieren abhängt, zeigt sich z. B. immer dann, wenn bestimmte Berufe (Post-, Zoll-, Bahn- oder Flugsicherungsbeamte) „genau nach Vorschriften" ihre Tätigkeit ausüben. Vor allem verglichen mit dem bei fast allen zwischenmenschlichen Berührungen überwiegenden tiefen und selbstverständlichen Mißtrauen, selbst innerhalb der ↗Primärgruppe, bei Naturvölkern, aber auch Dorfbewohnern in entwickelteren Gebieten, ist das gegenseitige V., routinehaft entgegengebracht, selbst bei über große Entfernungen international nur mündlich getroffenen Vereinbarungen (Handels- und Bankwesen) ein viel zu wenig gewürdigtes Merkmal der Industriegesellschaften, wobei jüngste technische Möglichkeiten (elektronische Datenverarbeitung, fälschungssichere Ausweisfotografien usw.) die Einführung von Instrumenten für die Vertrauensgewährung selbst in Situationen ermöglichen, die in der ↗Anonymität der Massengesellschaften ein solches V. vorher nicht (mehr) zuließen (Kreditkarte, Scheckkarte). Eine wesentliche Bedingung für institutionalisiertes V. ist das Bestehen eines freien ↗Marktes für Güter und Dienstleistungen (z. B. auch Kreditgewährungen), an dem weiterhin teilzuhaben als entscheidendes Motiv bei demjenigen vorausgesetzt werden kann, dem Vertrauen gewährt wird.

N. Luhmann, Vertrauen. Ein Mechanismus der Reduktion sozialer Komplexität (1968).

Veto-Gruppen nennt David Riesman, in den USA besonders deutlich beobachtbare konfessionelle Verbände (die immer Organisationen, Vereine oder Assoziationen, keine eigentlichen Gruppen sind), die wegen ihres potentiellen Echo-Effekts in der Wählerschaft gleicher Religionen, und damit in der öffentlichen Meinung, bei politischen Entscheidungen in ihrer Größe unangemessener Weise berücksichtigt werden. Manche Entscheidungen (Gesetze, diplomatische Akte usw.) sind dann ein Kompromiß mit den verschiedenen V.-G.n. Das relative Gleichgewicht der Haupt-V.-G. kann zur Neutralisierung eines sozialen Bereichs in der Gesellschaft führen. (Die eine V.-G. verhindert z. B. die Entsendung eines Botschafters der USA an den Vatikan, die andere V.-G. den Einbezug von Empfängnisverhütungsmitteln in die amerikanische Entwicklungshilfe). Im Gegensatz zur ↗Lobby, die Gesetze erwirkt oder modifiziert und als legitimer Teil des politischen Systems registriert ist, begnügt sich die V.-G. mit der Verhinderung ihr unliebsamer Gesetze und Maßnahmen.

Volk (↗Gruppe, ↗Nationalcharakter, ↗Nationalismus) ist in der deutschen Sprache (u. a. seit Herder, J. Möser, der Romantik, durch die Übersteigerung des Begriffes bei „völkischen" Schriftstellern und seinen Mißbrauch im ↗Nationalsozialismus) ein stark emotional

wertender Begriff, der die Einstellungen des ↗Ethnozentrismus und Nationalismus deckt (u. U. auch weckt). Die Bedeutung des Urtümlichen, „Unverfälschten", der echten ↗Gemeinschaft bäuerlichen Lebens hat allerdings auch im Englischen der Begriff *folk*. Er wird in diesem Sinne als Fachausdruck noch heute gebraucht: *folkways* (W. G. Sumner, für das normative Brauchtum) und ↗*folk society*. Andererseits kann im Englischen *people* sowohl (im Sinne der bejahten Nation, z. B. der USA) ein politisch definierbares Millionenvolk als auch einen winzigen Stamm eines Naturvolks (*the Hopi people*, häufiger dann jedoch *tribe*) bezeichnen. Die Ethnologie bezeichnet aber als *people* auch eine Gruppe von Stämmen (*tribes*) gleicher Sprache. Seit dem Ende des zweiten Weltkrieges sagt man im Deutschen vielfach „die Gesellschaft", in Zusammenhängen, wo es bis 1945 „das Volk" hieß. („Wissenschaft muß sich vor der Gesellschaft" rechtfertigen usw.).
Wertfrei bezeichnet V. eine Bevölkerung von mindestens einigen Millionen, mit gleicher Sprache und Kultur, die einen Flächenstaat bewohnen und politische Autonomie haben (oder beanspruchen). Staaten, deren Bevölkerung aus verschiedenen Sprachgruppen (mit eigenem ethnischen Selbstverständnis) besteht (z. B. Schweiz, Kanada) sollten nicht V., sondern Nation genannt werden. Auch die USA (*the American people*) ist eher eine Nation mit einer weitgehend ähnlichen Gesellschaftsstruktur (und einer Standardkultur über zahlreichen Subkulturen) und kein V.

W. E. Mühlmann, Rassen, Ethnien, Kulturen (1964); E. Francis, Ethnos und Demos (1965).

Völkerpsychologie ↗Nationalcharakter

W. Hellpach, Einführung in die Völkerpsychologie ([3]1954).

Voraussage ↗Prognose

Vorbild kann ein wertender Begriff sein („vorbildlich"), doch kennt die Soziologie Vorbildwirkungen aller Art, auch in Richtung gesellschaftsfeindlicher Verhaltensformen. Im Gegensatz zum ↗Leitbild, das für eine größere Anzahl der Mitglieder einer Gesellschaft gültig sein muß, können V.er individuell und partikular sein, also in der Wechselbeziehung auch nur zweier Individuen eine Rolle spielen. Das heranwachsende Individuum wird durch seine Gesellschaft sozialisiert, durchläuft den Sozialisationsprozeß, unter anderem mit Hilfe verschiedener Vorbilder in seiner Umwelt, die ihm teils unausweichlich angeboten werden oder die es sich freiwillig wählt. Der Identifikationsvorgang knüpft sich in der Regel an ein V.

Vorurteil ist meist eine negative (abwertende, überkritische, stereotypisierende, soziale ↗Distanz implizierende) Einstellung, aufgrund einer Gruppenzugehörigkeit, gegenüber anderen (oft einer Gruppe, Religion, ethnischen Minderheit, Rasse, Beruf), wobei die dem V.

entsprechenden Verhaltensweisen (auch in Form von Unterlassungen) Individuen treffen und benachteiligen, denen kategorisch schlechte Eigenschaften aufgrund ihrer Zugehörigkeit zu einer Gruppe oder sozialen Kategorie zugeschrieben werden. Entgegen Versuchen, die Neigung zum V. seinerseits einer bestimmten politisch definierten gruppenspezifischen Persönlichkeitsstruktur zuzuschreiben, läßt sich nachweisen, daß V.e im zwischenmenschlichen Verkehr immer und überall mitspielen und nur sehr schwer durch Bewußtmachung, Aufklärung, Erziehung abgebaut werden können. Das V. kann auch eine nur persönliche, beim V.-träger, also nicht gruppenspezifische unsachliche Einstellung gegenüber anderen Individuen oder Gruppen sein, die teils durch unkritische Verallgemeinerung von Einzelerlebnissen in jeder Lebensphase, teils als Folge der ↗Sozialisation erworben werden. Durch die letztere vermittelte V.e können zwar zu den V.en der Gruppe, Schicht, Religionsgemeinschaft usw. gehören, auf deren Wertsystem hin das betreffende Individuum sozialisiert wird, aber es läßt sich auch eine Vermittlung von V.en über die Sozialisation denken, die beim einzelnen Sozialisationsfaktor selbst idiosynkratisch und nicht gruppenspezifisch sind. Vor allem die Meinungs- und Attitüdenforschung (besonders in den USA) hat sich mit den V.en befaßt. Die Abgrenzung zum Phänomen des ↗Stereotyps ist nicht einfach. Das V. kann auch die Reaktion auf eine Verhaltenserwartung, also Teil einer ↗Rolle sein, z. B. die Rolle der Schwiegermutter der Schwiegertochter gegenüber. Insbesondere dann, wenn eine Rolle Vermeidungshaltungen, soziale Distanz verlangt, können dahinter V.e vermutet werden. Eine völlige Befreiung einer Gesellschaft und ihrer Kultur von V.en im zwischenmenschlichen Verkehr ist sehr unwahrscheinlich, da die Gefühle des ↗Ethnozentrismus, die Konsensusherstellung in (besonders in ad hoc entstandenen) Gruppen durch das V., die Funktion des V. als Orientierungsmittel bei raschen Verhaltensentschlüssen in jeder Gesellschaft bisher unvermindert zu beobachten sind, und neue oder erneut verstärkte V.e nicht zuletzt auch gleichzeitig mit Modernisierungstrends beobachtbar sind. Das V. muß übrigens nicht immer zum Schaden des Betroffenen sein. Es gibt auch positive V.e, z. B. beim Phänomen der Vorschußsympathie für bestimmte Gruppen.

G. W. Allport, The Nature of Prejudice (Cambridge [Mass.] 1954); P. Heintz, Soziale Vorurteile (1957); M. Horkheimer, Über das Vorurteil (1963); W. Strzelewicz (Hrsg.)), Das Vorurteil als Bildungsbarriere (1965); F. W. Dröge, Publizistik und Vorurteil (1967). Weitere Literatur siehe Minderheiten.

W

Wahlen, politische Willensbekundungen der wahlberechtigten Bevölkerung, sind nach Zeitpunkt und Verfahrensweise meist durch die Verfassung festgelegt. Durch W. soll die legislative und exekutive Gewalt eines Gemeinwesens (von der kommunalen Ebene bis zur nationalen)

durch den Souverain der Demokratie, das Wahlvolk, kontrollierbar und ggf. von der Macht ablösbar gemacht werden. Die der W. (bei geheimer Stimmabgabe) beigemessene Bedeutung für die periodische Legitimierung der Herrschenden in der heutigen Welt zeigt sich an ihrer regelmäßigen Veranstaltung auch in solchen Ländern, bei denen auf dem Stimmzettel keine Alternative zu dem Kandidaten der herrschenden (z. B. kommunistischen) Partei angeboten wird, und auch die Wahlergebnisse keiner unparteiischen Überprüfung zugänglich sind. W. unter internationaler Kontrolle werden gelegentlich bei strittigen Territorialfragen abgehalten, um festzustellen, zu welcher Nation die Einwohner eines Gebietes gehören wollen. Die Neigung, sich solchen international kontrollierten Abstimmungen auszusetzen und ihrem Ergebnis zu unterwerfen, ist in der 2. Hälfte des 20. Jahrh. zurückgegangen. Bei den W. in einer Demokratie werden heute fast immer Kandidaten und Programme einzelner politischer Parteien vom Wähler angenommen oder verworfen. Unabhängige einzelne Kandidaten können sich in der Regel nach einem festgelegten Verfahren (Unterschriften sammeln) auf die Abstimmungslisten setzen lassen.
In manchen Ländern (z. B. Schweiz, Österreich) besteht die verfassungsmäßige Möglichkeit, über ein Volksbegehren, eine Initiative, auch entgegen dem Wunsch der bestehenden politischen Parteien, eine allgemeine Abstimmung (Referendum) über eine strittige Frage, bei Beibringung einer genügenden Anzahl von Unterschriften für das Begehren zu erzwingen (z. B. die erfolgreiche Initiative in Österreich, Rundfunk und Fernsehen zu entpolitisieren, 1966/67). Die empirische Sozialforschung untersucht sowohl das Wählerverhalten (z. B. auch durch Interviews *nach* einer Wahl) in seiner Korrelation zu bestimmten Merkmalen (Wohnort, Beruf, Religion, Alter usw.) als auch den ↗Trend zu einem bestimmten Wahlergebnis in der Zeit vor der Abstimmung (↗Meinungsforschung). Aufgrund einer sorgfältig aufgebauten Stichprobe kann heute in der Regel die Verteilung der abgegebenen Stimmen auf Kandidaten oder Parteien selbst mehrere Monate vor der Wahl bei einer Fehlergrenze innerhalb weniger Prozent vorhergesagt werden. Ein entgegen solcher Vorhersagen ausfallendes Wahlergebnis konnte in einigen Fällen auf den zu großen (über eine Woche) Abstand zwischen letzter Befragung der Stichprobe und Abstimmungstag zurückgeführt werden. Heute wird, vor allem in den USA, bis kurz vor der Abstimmung befragt. Einen erheblichen Unsicherheitsfaktor bildet der Block der sog. Unentschiedenen, die *floating vote*, d. h. Wähler, die gewohnheitsmäßig keine bestimmte Partei wählen und sich die Entscheidung bis zuletzt vorbehalten oder vorzubehalten behaupten.

G. Schmidtchen, Die befragte Nation (1959); B. Vogel u. P. Haungs, Wahlkampf und Wählertradition (1961); N. Diederich, Empirische Wahlforschung (1965); E. K. Scheuch und R. Wildenmann (Hrsg.), Zur Soziologie der Wahl (1965).

Wahrscheinlichkeit ↗Auswahlverfahren, ↗Hypothese, ↗Kausalität

Wandel, sozialer ist nicht gleichbedeutend mit sozialem ↗Fortschritt. Dieser wird aufgrund von ↗Werturteilen festgestellt, während s. W. in wertfreien Aussagen registriert werden soll. Für keinen Teil des s.n W.s läßt sich mit Sicherheit Unumkehrbarkeit (Irreversibilität) annehmen. Lediglich eine mehr oder weniger wahrscheinliche Irreversibilität darf angenommen werden. Reversibler s.W. als „Rückschritt" verstanden, wäre wieder ein Werturteil. Ein Element des s.n W.s kann beispielsweise völlig verschwinden. Ins „Vakuum" tritt etwas Altes *oder* etwas ganz Neues. Ein s.W. kann aber auch durch in den Vordergrund getretene ältere Verhaltensweisen selbst — als s. W. — modifiziert werden. Zwischen diesen verschiedenen Möglichkeiten des s.n. W.s, seiner Umkehrbarkeit oder Unumkehrbarkeit zu unterscheiden, ist äußerst schwer. Symptome des s.n.W.s sind schon in einem so gut überschaubaren sozialen ↗System wie dem der ↗Familie nicht eindeutig abgrenzbar. Wie viele in einer Bevölkerung vom s.n W. ergriffen sein müssen, ehe man von s.m W. sprechen darf, hängt auch von ihrer Bedeutung, der sozialen Kategorie, der Berufsgruppe ab: Wandlungen im Musikerberuf durch elektronische Tontechnik und Tonträger sind z. B. für die Gesamtbevölkerung weniger erkennbar und relevant als Wandlungen im Lehrerberuf.

Es ist sehr schwer, den Prozeß des s.n W.s, die Tatsache seines Auftretens zwischen konkreten Menschen auf der einen Seite und den ↗Institutionen, in denen sie leben, zu unterscheiden bezw. je nach Anteil zuzuschreiben. Man kann kaum feststellen, ob in einem sozialen System in den letzten 50 Jahren auf bestimmten Gebieten die jeweils in diesem sozialen System wirkenden Menschen den s.n W. verursacht (oder nur ausgeführt) haben oder ob die bereits vor ihnen eingerichteten Institutionen, etwa durch Technisierung, Rationalisierung, das eigentliche Moment am s.n W. gewesen sind. Für die meisten Menschen ist es nicht leicht, den selbst erlebten s.n W. zu registrieren, gegen einen Fixpunkt abzusetzen. Wie soll man sich in einem Modell, einer Hypothese, den tatsächlichen Vorgang des s.n W.s vorstellen? Der Mensch hat Geschichte und somit s.n W. Dieser ist kumulativ, er stört in der Regel irgendein ↗Gleichgewicht; falls induziert, verläuft s. W. eher disharmonisch als harmonisch, er verursacht stets soziale Kosten. S. W. wird nie sämtliche Mitglieder einer Bevölkerung gleichmäßig und gleichzeitig erfassen, bewegen und betreffen. Es wird immer einige geben, die den s.n W. auch bewußt sabotieren, verlangsamen; andere wieder neigen zur Forcierung des s.n W.s. Einige Sozialwissenschaftler empfehlen, möglichst die gesamte Bevölkerung in einen s.n W. zu stoßen (wie man einen ängstlichen Schwimmer ins kalte Wasser wirft). Je rascher der Schock des s.n. W.s komme und vorübergehe, desto besser sei es. Diese Methode hat sich seit Mitte der 50er Jahre bei der Änderung der Rassenbeziehungen in den USA nicht bewährt. Auch als „Strategie" für s.n W. in ↗Entwicklungsländern ist sie problematisch.

Es ist allerdings unwahrscheinlich, daß je eine ausreichende Anzahl von Zeitgenossen in einem sozialen System spontan, ohne Verabredung, nur aus einem jeweils persönlichen Motiv, die Verhaltensformen so zu verändern beginnt, daß ↗Innovation vor sich geht. Bei einer plötzlichen Umweltänderung, bei einer Katastrophe, die jeden zu einer Verhaltensänderung zwingt, ist es sogar wahrscheinlicher, daß die meisten Betroffenen auf ältere Verhaltensmuster, auch primitivere, jedenfalls bewährte, zurückgreifen. Fast immer wird s. W., welcher Art auch (Wirtschaft, Religion, Erziehungsmethoden), von einem Innovator, einem Neuerer, eingeleitet oder ausgelöst. Aufschlußreich ist hier die ↗Religionssoziologie (Sezessionen, Neugründungen). Eine Grundfrage ist: wann und wie gelingt es einem potentiellen Innovator, sich selbst genügend aus der ↗Tradition zu befreien und eine Gefolgschaft zu bekommen? Woher stammen die Lücken der sozialen ↗Kontrolle? Weshalb gibt es Traditionslenkung und nicht dauernden s.n. W.? Oder umgekehrt: weshalb kommt es zur Ambivalenz beiden gegenüber? Auch in den „modernsten" Gesellschaften finden wir Traditionalisten und Progressive, oft beide Haltungen in derselben Person, nur jeweils verschiedenen Werten gegenüber. Wenn dies schon in modernisierten, dynamischen Gesellschaften zu beobachten ist, so erwarten uns um so größere Schwierigkeiten in den statischeren Gesellschaften der ↗Entwicklungsländer, wo die Kosten (Nachteile, Opfer) des s.n W.s für den einzelnen noch viel weniger kalkulierbar sind. Das bloße Annehmen einer kleinen technischen Änderung kann weitere Änderungen mit sich bringen, die für den Menschen in traditionellen Gesellschaften sehr schmerzhaft sind. Wechselt ein Bauer das Saatgut, so ändert sich die Zeit für die Aussaat, Bodenvorbereitung, Bewässerung usw. Dies setzt ein Verhalten — abweichend von dem bisher eingeübten und praktizierten — voraus. Oft wird der Rat, ein Verfahren zu verbessern, von einem Mitglied der Elite gegeben und stößt deshalb auf Mißtrauen.

In der Regel beginnt ein Teil der Bevölkerung, etwa die jüngere Generation, u.U. aus exogenen Gründen, ihr soziales Verhalten zu ändern. Dadurch fangen die von ihnen bedienten, bevölkerten sozialen Institutionen sich zu verändern an. Eine betriebliche Organisation, ein Werk, eine Armee, deren soziale Strukturen und offizielle Formen noch unverändert sind, bekommt mehr und mehr Arbeiter, Angestellte, Rekruten, die — durch Vorbildwirkung, durch neue Sozialisationsvorgänge in der Schule usw. — sozial bereits anders eingestellt sind. Nach Konflikten wird es zum s.n W. kommen. Ein bestimmter Beruf war z. B. bisher fast nur von Männern ausgeübt worden, wird aber zu einer Domäne weiblicher Berufstätigkeit. Der s. W. bringt also die Frauen in diesen Beruf. Seine Organisationsformen (z. B. Krankenhaushierarchien, das Verhältnis Arzt-Krankenschwester) waren bisher darauf eingestellt, daß jeder Arzt auch ein Mann ist. Man kann nun beobachten, wie der Wandel im Geschlecht der Belegschaft des Betriebs diesen auch als Institution zu verändern beginnt, wie es zu Störungen kommt.

Wie W. F. Ogburn hervorgehoben hat, wandeln sich verschiedene Kulturbereiche nicht immer gleichzeitig: „Changes in material culture precede changes in adaptive culture.“ Wenn sich die technisch-materielle Basis einer Gesellschaft verändert (falls z. B. in einem anderen Land eine Nachfrage für ein bestimmtes Produkt auftritt, das in dieser Gesellschaft bis dahin unbeachtet geblieben war, fängt man an, es für den Export zu fördern oder zu produzieren, so verändert sich durch die damit notwendig gewordene ↗Technik und ↗Wirtschaft auch die eigene Lebensweise. Anpassungsvorgänge auf die neue, materiell bedingte Situation können erst in Gang kommen, wenn sie notwendig geworden sind. Die Diskrepanz zwischen bisherigen Gewohnheiten, Vorstellungen, Glaubensinhalten, Familientradition und der neuen, materiell geformten Lage muß zuerst unübersehbar geworden sein, ehe Anpassungsvorgänge beginnen. Deshalb sind diese mit Schwierigkeiten verbunden. Derjenige Teil der zu adaptierenden Kultur, der den alten Bräuchen verhaftet bleibt, hemmt oder verunstaltet nun den Anpassungsvorgang; es kommt also zu dem ↗*cultural lag* bzw. *lags*. Ob, wie Ogburn meinte, im Lauf der Zeit das Ausmaß dieses *lag* und der Fehlanpassung gemessen werden kann, ist sehr fraglich. Ogburn nimmt eine totale Interdependenz, den Zusammenhang eines jeden Teils und Vorgangs mit jedem anderen innerhalb der Kultur einer Gesellschaft an. Wenn also in dem Teil der ↗Kultur, der sich einer neuen technisch oder wirtschaftlich bedingten Lage anzupassen sucht, diese *lags* (Reibungen) auftreten (oder falls die Anpassung nicht glückt, weil sie zu spät kommt, obwohl sie prinzipiell angemessen und zweckentsprechend gewesen wäre), wenn es also zu Diskrepanzen zwischen nicht materieller und materieller Kultur kommt, pflanzen sich diese Störungen auch in andere Gebiete einer Kultur (und damit Gesellschaft) fort, die zunächst direkt von dem Problem nicht berührt wurden. Wenn z. B. von außen einem Stamm ein technisches Mittel, ein neues Werkzeug zur Verfügung gestellt wird, damit er seinen Lebensunterhalt besser verdienen kann, wird oft als unbeabsichtigte und unvorhergesehene Nebenwirkung dieser Umstellung (beim Fischfang in einem See, beim Ackerbau, Jagen usw.) ein Element in der Umwelt oder Kultur dieses Stammes vernichtet oder verändert, um das sich bis dahin beispielsweise ein wichtiges religiöses Ritual, eine religiöse Vorstellung gerankt hatte. Die Glaubenswelt dieser Gruppe wird durch eine wirtschaftliche Neuerung gestört. Insofern ihr System der sozialen Kontrolle oder die soziale Organisation auf eben dieser Religion beruht hatte, entstehen nun soziale ↗Desorganisationserscheinungen (die jungen Leute z. B. ziehen weg in Nachbarländer), so daß die erhoffte Verbesserung in der Wirtschaft dieses Stammes ausbleibt.

Heute versucht man vor allem die psycho-sozialen Faktoren und Aspekte des s.n. W.s zu erforschen. S. W. kann auch nur eine „Tatsache“ im Bewußtsein von Menschen sein, während sich in ihrer Umwelt relativ wenig ändert; andere wieder glauben, es ändere sich

wenig, während ihre Welt sich rapide wandelt. Auf den Bewußtseinsaspekt im s.n W. hat B. Malinowski hingewiesen.
S. W. betrifft die Beziehungen der Menschen untereinander — sowohl in lokalen, kleinen Gruppen als auch global. Wenn z. B. Einwohner von Entwicklungsländern glauben, die Einwohner der Industrieländer — 10 000 km entfernt — seien ihnen etwas schuldig, stünden mit ihnen in einem Bezug, so ist das ein s. W. Die Tatsache, daß sich Erwartungen, Hoffnungen, Forderungen auf im einzelnen unbekannte, anonyme Menschen in der Ferne richten, bedeutet bereits eine sozial relevante Veränderung potentieller Beziehungen.
Ein besonders markantes Gebiet für s.n W. stellt der Strafvollzug, das praktizierte Strafrecht dar. Wenn seit einigen Jahren in den USA keine zum Tode verurteilten Personen mehr hingerichtet wurden, so spiegelt das s.n W. Die Beziehung der Gesellschaft gegenüber dem Verbrecher änderte sich. Ende des 18. Jahrh. wurden in England Diebstähle usw. oft nicht gemeldet, weil Bürger es nicht mehr übers Herz brachten, dem Täter die Strafe verabreicht zu sehen, die das geltende Gesetz unausweichlich machte: Gefühle, das Gewissen der Bevölkerung und das Strafrecht stimmten nicht mehr überein.
Die ↗Entwicklungsländer bieten heute ein Laboratorium, in dem Prozesse in räumlicher Distanz untersucht werden, die uns an sich aus zeitlicher Distanz interessieren würden, die aber so weit in der Vergangenheit liegen, daß wir sie selbst nicht mehr erforschen können. (Die Erforschung z. B. des Rückgangs des Analphabetismus in einem Entwicklungsland ließe rekonstruieren, wie dieser Prozeß in Europa vor Jahrhunderten abgelaufen ist.).
Über den Zeitraum, der erst erlaubt, von s.m W. zu sprechen (d. h. über welche Mindestfrist irgendwelche Phänomene Zeit genug hatten, sich zu entfalten und sich qualitativ in einer signifikanten Weise zu verändern, so daß ein s. W. stattgefunden hat), geben die Spezialisten des s.n W.s unbefriedigende Auskunft. Die ↗Demographie, wenn sie von „kurzfristigen" und „langfristigen" Wandlungsvorgängen spricht, meint etwas anderes als der Wirtschaftswissenschaftler oder Soziologe. Es gibt keine Einigkeit über die Mindestfristen irgendeines sozialen Prozesses, auf den der Begriff s. W. anwendbar ist. Unter s.m W. wird in erster Linie eine wesentliche Veränderung in den überwiegenden Verhaltensmustern für zwischenmenschliche Vorgänge (Interaktionen) verstanden. Diese Veränderung in den Verhaltensweisen zwischen den Menschen, also Veränderungen bei sozialen Handlungen und Beziehungen, müssen zudem für die Gesamtgesellschaft von einiger Bedeutung sein. Eine nur vorübergehende, vielleicht sehr auffallende, störende oder belustigende Änderung in der ↗Mode oder eine Novität im Verhalten einer ↗Subkultur, einer Teilgruppe der Bevölkerung (obwohl vielleicht im Fernsehen, in der Presse eben wegen ihrer Novität geschildert) ist nicht dem s.n W. zuzurechnen. Dieser betrifft Änderungen, die

gesamtgesellschaftliche Konsequenzen und eine Mindeststabilität haben, also nicht aus einer Laune der Mode oder der Verhaltensform eines sehr kleinen Teils der Bevölkerung stammen und wieder spurlos verschwinden können.

Die empirische Soziologie ist nicht auf Erscheinungen begrenzt, die sich in so gleichwertigen Einheiten darbieten, daß sie immer einer statistischen Behandlung zugänglich sind. Jede Erfahrungswissenschaft fängt mit der Beobachtung durch Sinnesorgane an, und kein Computer kann die Ergebnisse ungenauer, schlechter oder naiver Beobachtungen verbessern. Bei den für die Erforschung des s.n W.s über längere Zeiträume hinweg wesentlichen Erscheinungen müssen wir uns oft auf Beobachtungen verlassen, die nicht von Soziologen, sondern z. B. von Historikern gemacht worden waren. Andere Erscheinungen wurden zwar vor einigen Jahrzehnten von Soziologen beschrieben, aber aufgrund von Methoden und Verfahren, die heute nicht mehr als ausreichend gelten. Wir können nachträglich die Methoden nicht verbessern. Dies ist eine Hauptschwierigkeit beim Erforschen des s.n W.s. Um Zeiträume von 30, 40 oder 100 Jahren überschaubar zu machen, müssen wir uns meistens auf sporadische, fragwürdige, umstrittene Daten aus der Vergangenheit stützen. Es gibt manche Daten, z. B. im Bereich der Demographie, bei denen es eher zulässig ist, Zahlenangaben, die aus Erhebungen vor Jahrzehnten herrühren, mit Zahlenangaben von heute in Beziehung zu setzen. Aber auch dabei sind manche für den s.n W. wichtige Daten problematisch (Kinder- oder Säuglingssterblichkeit, Ehescheidungsrate, Verbrechensrate); es gibt Ungenauigkeiten, Dunkelziffern, deren Größe wir rückgreifend nicht mehr feststellen können. Wir wissen nicht, ob vor 20, 30, 40 Jahren die entsprechenden Erhebungen mit derselben Akribie vorgenommen wurden wie heute. Ein Beispiel: zu einer Zeit und in einem Land, wo die meisten Kinder durch Hebammen im Haus entbunden werden, dürften Neugeborene, die kurze Zeit nach der Entbindung sterben, in den amtlichen Statistiken meist als Totgeburten verzeichnet werden. Wenn aber die meisten Kinder in Kliniken auf die Welt kommen, werden Neugeborene, die innerhalb der ersten Stunden noch lebten, der Gesamtrate der Kindersterblichkeit für die betreffende Bevölkerung hinzugezählt. Sinnvolle Vergleiche zwischen der Kindersterblichkeit verschiedener Länder sind also nicht immer möglich.

Manchmal wird die Untersuchung eines s.n W.s sowohl die Situation zu Beginn der Zeitreihe als auch die Situation in der Gegenwart eher morphologisch vergleichen als in Zahlwerten (Wirtschafts- oder Kulturstilwandel). Die heutige Soziologie des s.n W.s kann wissenschaftlich begründbar über künftige andersartige Gesellschaftsformen wenig sagen. Fast alle sozialen Utopien setzen heute den geglückten Übergang zu einer homogenen Weltgesellschaft voraus, innerhalb dieser es keine konkurrierenden sozialen Systeme mehr gäbe, die das Gleichgewicht der einmal eingependelten Lösung für alle erdenklichen sozialen und wirtschaftlichen Probleme stören könnten. Mit Ausnahme einiger unkritischer ↗Futurologen wird man nicht einmal die Umrisse einer solchen Weltgesellschaft erkennen. Das Hauptmerkmal des s.n W.s in den vor uns liegenden Jahrzehnten wird aus zwei paradoxen Prozessen bestehen: auf bestimmten Gebieten unseres Lebens (z. B. bei Verhaltensweisen als Wirtschaftssubjekte: als Konsumenten und Produzenten) wird es, ungeachtet der bleibenden politischen Grenzen, zunehmende Austauschbarkeit und Interdependenz aller Vorgänge, immer größere Gleichheit und Ähnlichkeit der Abläufe auf allen Plätzen der Erde geben (multinationale Großfirmen lassen den Trend erkennen). Parallel aber zu dieser Homogenisierung, der wechselweisen Nachahmung aller Neuerungen, der raschen Zugänglichkeit immer weiterer Gebiete der Welt, wird die politische Abkapselung, die regionale, oft lokalpatriotische Autonomiebestrebung eher zunehmen. Der Separatismus der Französisch-Kanadier wurde umso gesellschaftsfähiger, je mehr Kanada sich in die Weltwirtschaft integrierte. Das Verhalten der Schotten in Großbritannien, der Welschschweizer in der Schweiz, zahllose ethnische und religiöse Konflikte in den Entwicklungsländern: dies alles spricht dafür, daß Lokal- und Regionalpatriotismen (↗Ethnozentrismus) eher zu- als abnehmen werden. Je mehr der Prozeß der Angleichung im Konsumsektor und im technischen Produktionsprozeß, je mehr die ↗Integration der Gesellschaften in den wissenschaftlich-technisch steuerbaren Prozessen voranschreitet, desto wichtiger dürfte für einzelne Menschen und Gruppen die Betonung, oft die Überbetonung der ethnozentrischen Gesinnungen sein. Es sind zwei gegenläufige Prozesse: je mehr die Erdbewohner auf bestimmten Gebieten gemeinsam haben, je international austauschbarer sie als Funktionsträger werden, desto störender werden Selbstbehauptungstendenzen auf politischem, religiösem, linguistischem, ethnischem Gebiet (z. B. Sprachenstreit in Belgien). Man darf kein gesetzmäßiges Sich-Durchsetzen der „fortschrittlichen“ sozialen Wandlungsvorgänge gegenüber allen anderen Aspekten der sozialen Wirklichkeit erwarten. Sie können sich sogar im gegenläufigen Sinn verstärken. Verhaltensmuster, die für den Rationalisten anachronistisch, hemmend und überflüssig sind, können durch eine bestimmte Phase des technischen, wissenschaftlichen und produktionsmäßigen ↗Fortschritts eher reaktiviert werden und können für unabsehbare Zeit parallel als Störungsfaktor weiterbestehen. Ein Beispiel für diese Umschlagmöglichkeit sozialer Prozesse bietet das Minderheitenproblem in den USA. Hier zeigt sich auch die Schwierigkeit der Vorhersagen kollektiver Verhaltensweisen mittels empirischer Meinungsforschung. Amerikanische Soziologen (auch aufgrund von Interviews und repräsentativen Stichproben) waren Mitte der fünfziger Jahre überzeugt, daß die Neger die volle Integration in die weiße Standardkultur wünschten. Kein Befund der Minderheitenforschung hätte bis etwa Ende der 50er Jahre erkennen lassen, daß ab Mitte der 60er Jahre eine neue Gesinnung, ein neues Zukunftsziel gerade bei einem erheblichen Prozentsatz der jungen Generation der Neger auftauchen würde: Autonomie, Ausklammerung aus der amerikanischen Gesellschaft (Black-Power-Bewegung), Aufkommen von Kulten und Konsumgewohnheiten, mit denen das afrikanische Erbe in Negerfamilien und Negergruppen betont wird. Das zeigt, wie wenig man aufgrund einer repräsentativen Stichprobe die Grundeinstellungen einer Bevölkerungsgruppe zu einem wesentlichen Problem auch nur über 10 Jahre des s.n W.s hinweg voraussagen kann. Amerikanische College-Studenten waren das beliebteste Untersuchungsobjekt amerikanischer Soziologen, weil es einfach war, sie zu interviewen. Zwischen 1953 und 1963 erschienen mehrere Untersuchungen der Wertvorstellungen amerikanischer Studenten. Sie gaben kein Anzeichen, das auf die Studentenunruhen, auf Ausbrüche von Vandalismus an den nordamerikanischen Hochschulen hingewiesen hätte. Auch hier ist Mitte der 60er Jahre plötzlich ein Kollektivphänomen eingetreten, das sich in den empirischen Untersuchungen der Bevölkerungsgruppe, aus der es 10 Jahre später springt, nicht angedeutet hat.

W. F. Ogburn, Social Change (1922, Neudruck New York 1950); B. Malinowski, Die Dynamik des Kulturwandels (1951); J. H. Steward, Theory of Culture Change (Urbana [Ill.] 1955); C. M. Arensberg und A. N. Niehoff, Introducing Social Change (Chicago 1964); R. T. LaPiere, Social Change (New York 1965); S. N. Eisenstadt, Modernization: Protest and Change (Englewood Cliffs [N. J.] 1966); A. Etzioni, Studies in Social Change (New York 1966); H. P. Dreitzel (Hrsg.), Sozialer Wandel (1967); W. E. Moore, Strukturwandel der Gesellschaft (1967).

Wanderungen (↗ Mobilität, ↗ Stadt) sind freiwillige oder unfreiwillige Wohnsitzverlegungen, meist über größere geographische Entfernungen hinweg, die gleichzeitig oder in Wellen, sukkessiv von Bevölkerungsteilen vorgenommen werden, die groß genug sind, um, als Folge der W., eine Veränderung des siedlungsgeographischen bzw. demographischen Gesamtbildes herbeizuführen. Solche Migrationen sind für die Geschichte der Menschheit, in allen Abschnitten und auf allen Kontinenten, charakteristisch und oft von großer historischer Bedeutung gewesen (Völkerwanderung).

Bei internationalen W. wird die Grenze des Geburtslandes überschritten (wobei, für statistische Zwecke, beachtet werden muß, daß diese Grenzen sich nach Kriegen plötzlich geändert haben können und Definitionsprobleme aufwerfen). Man unterscheidet überseeische und W. innerhalb desselben Erdteils. Für den Soziologen und Wirtschaftswissenschaftler wichtig ist die Erforschung der Binnen-W. (Landflucht, Verstädterung, Besiedelung bislang schwach bevölkerter Gebiete in Ländern wie USA, Kanada und Brasilien durch die eigene Bevölkerung). Eine solche Binnen-W. wird manchmal aus wirtschaftspolitischen Gründen durch willkürliche Verlegung der Hauptstadt forciert: Brasilia in Brasilien. Eine besondere Art der W. ist die Zwangs-W. (Flüchtlinge, Vertriebene, Umsiedlungen nach Annektionen, z. B. Finnen aus den an die UdSSR abgetretenen Gebieten;

Ende der 60er Jahre Flucht der Asiaten aus autonom gewordenen Staaten in Ostafrika).
Die W. können, je nach dem Standort, als Ein- oder Aus-W.en registriert und auf ihre Konsequenzen hin betrachtet werden: Ein-W. in die USA, Kanada, Australien, Neuseeland, entsprechende Aus-W. aus den europäischen Ländern. Solche Aus-W. können selektiv sein und Verluste an Talent einer Bevölkerung bedeuten. Vergleichbar damit ist der „brain-drain" aus den ↗Entwicklungsländern, die seit 1950 zahlreiche akademisch ausgebildete (oder ausbildbare) Menschen, z. B. Ärzte, an die Industrieländer verlieren.

P. George, Étude sur les migrations de population (Paris 1952); P. H. Rossi, Why Families Move (1955); D. R. Taft und R. Robbins, International Migrations (1955); Milbank Memorial Fund (Hrsg.), Selected Studies of Migrations Since World War II (1958).

Werbung ist ↗Propaganda für Waren und Dienstleistungen. W. hat den Begriff Reklame weitgehend verdrängt. Man nennt es auch W., wenn von der Öffentlichkeit Gaben oder Verhaltensweisen verlangt werden (Werbefeldzug für Entwicklungshilfe, für Teilnahme an einer Röntgenreihenuntersuchung usw.). Die W. bedient sich immer mehr der Erkenntnisse und Methoden der empirischen Sozialforschung. Durch Motivforschung, Umfragen, Berücksichtigung von demographischen Daten über Änderungen im Bevölkerungsaufbau (Anteil der Jugendlichen am Gesamtkäuferpotential usw.) versucht die W. Zielgruppen und ihre optimale Ansprechbarkeit durch bestimmte Reize festzustellen, bevor die meist sehr erheblichen Ausgaben für eine bestimmte W. investiert werden. Die Wirksamkeit der W. beruht auf allgemeinen Erscheinungen der sozialen ↗Kontrolle, der Nachahmung, des ↗Geltungskonsums; doch kann keine einzelne W. in der Regel ein Produkt oder eine Dienstleistung auf dem ↗Markt durchsetzen, wenn keine günstigen Vorbedingungen bestehen. Es muß eine latente Bereitschaft beim Käufer vorliegen. In der Gesellschafts- und Sozialkritik wird die W. seit jeher in ihrer Wirksamkeit überschätzt und in ihrer Bedeutung unzureichend verstanden. Ohne W. kann kein Wettbewerb, kein Marktgeschehen zustande kommen. W. kürzt auch Zeit und Wege für den Käufer ab, der ein bestimmtes Produkt sucht. Ein großer Teil der W. wird auch ihres Informationsgehalts wegen „konsumiert", ohne Kaufabsichten und ohne zu Kaufentschlüssen zu führen. W. kann zwar ein Produkt verteuern, gelegentlich auch den Absatz eines schlechteren Produkts erhöhen und ein besseres aus dem Markt verdrängen. Unrealistisch sind jedoch Forderungen, die Gesamtaufwendungen für W. in einer Wirtschaft durch Gesetze zu drosseln, um die Mittel „sinnvolleren Zwecken" zuzuführen. Die W. selbst bildet einen Markt für Produkte und Dienstleistungen, ist so vielfältig in die Volkswirtschaft verflochten, daß eine Herauslösung unmöglich ist. Es läßt sich nicht feststellen, ob insgesamt mehr Produkte, von größerer Bedeutung für die Mehrheit der Verbraucher, durch W. billiger oder teurer werden. Allgemein hat die Industriewerbung in diesem Jahrhundert sämtliche auf dem Markt erscheinenden „Luxusgüter" durch Erzielen eines Massenmarktes, eines großen Absatzes verbilligt, zugleich aber auch die Nachfrage erzeugt, die Vollbeschäftigung bei steigenden Löhnen ermöglichte. W. richtet sich nicht nur an den „privaten" Endverbraucher, den Familienhaushalt usw., sondern spielt auch unter den Produzenten eine Rolle (W. für Werkzeugmaschinen, Kunststoffe usw.). Die W. ist Hauptansatzpunkt für jede heutige „Gesellschaftskritik": wer wirbt, „manipuliert". Wie relativ gut es auch den meisten gehen mag, ihr Dasein sei inhuman, weil die W. falsche Bedürfnisse wecke (Herbert Marcuse, Vance Packard, John K. Galbraith). Industriewerbung sei eine Erscheinung des „Spätkapitalismus". In dieser Eigenschaft erscheint W. meistens in der heutigen soziologischen Literatur. Steht diese der W. zugeschriebene Wirkung im Einklang mit unserer Erfahrung? Wer sich im eigenen Gemüt und dem anderer auskennt, weiß natürlich, daß es leichter ist, seine Brieftasche vor einem noch so lockenden Inserat in der Zeitung, einem Werbe-Spot im Fernsehen verschlossen zu halten als vor einem drängenden Einzelhändler alten Stils, der uns nicht aus dem Laden läßt, ehe wir etwas gekauft oder bestellt haben, das wir eigentlich nicht brauchen. Noch schlimmer war der Hausierer an der Wohnungstür. Es sind fast nie ↗Technik und Reklame im modernen Massenmedium, die uns verführen, sondern meist ein anderer Mensch, beim unmittelbaren Kontakt. Und seine Macht über uns wird eher verdünnt, wenn uns nicht der Händler zu einem Kauf auffordert, sondern die sachliche Beschreibung im modernen Werbemedium. Die meisten Menschen werfen ungerührt aufwendige Prospekte, die ins Haus flattern, nach Sekunden in den Papierkorb. Aber jeder kennt Einzelhändler, deren Läden er allmählich meiden lernte, weil der Inhaber seinen „Verbrauch manipulieren" wollte. Wer die W. für Verbrauchsgüter beklagt und als Hauptbeweis für die Sinnlosigkeit der Industriegesellschaft ins Feld führt, sei es im Gewand einer Pseudowirtschaftslehre wie Galbraith, sei es mit eschatologischem Pathos wie Herbert Marcuse, beweist Kenntnislosigkeit als Sozialwissenschaftler.

Bereits vor Galbraith, H. Marcuse, gleichzeitig mit Vance Packard, entwickelte z. B. der deutsche Philosoph Kurt Schilling (Geschichte der sozialen Ideen, 1957, S. 348ff.) diese grundsätzliche Kritik der W.: „Die Art und Weise, wie die Industrie heute künstlich Bedürfnisse im Menschen weckt, die sie zum Absatz ihrer Produkte braucht, ist die Reklame oder Werbung. Man nennt die künstliche Weckung unbeschränkter Bedürfnisse bekanntlich ‚Erhöhung des Lebensstandards'. Keine der politischen Parteien ausnahmslos — weder die sogenannten christlichen noch die sozialistischen, die doch beide Gegenspieler des Liberalismus zu sein vorgeben — wagen, diese ‚Erhöhung des Lebensstandards' einmal in ihrem Programm wirklich unter die Lupe zu nehmen . . . Niemand kann die Grenze zwischen der objektiven Beschreibung eines Produkts, seiner sprachlichen Verschönerung und der Anpreisung als unbedingt nötigen Gebrauchsgegenstand wirklich einhalten. Die Sprache selber gerät also ins Gleiten von der Wahrheit zur Übertreibung und Lüge. Lüge und Übertreibung zerfressen von der täglichen und stündlichen Werbung der Industrie aus das ganze Leben, sie vernichten die Sprache als Material der Dichtung und dringen als sogenannte ‚Sprachregelungen' in Politik und Alltag ein."

Schilling betont, daß dieser „unermeßliche Schaden, der den Menschen durch die unwahre Reklame (und jede Reklame ist ihrem Begriff nach grundsätzlich unwahr) zugefügt wird", erstmals von dem *vor*-marxistischen Sozialisten Charles Fourier (1772–1835) gesehen worden sei. Für Fourier ist bereits die Industrie als solche notwendig händlerisch und von Natur verlogen. Reklamefeindschaft findet sich also seit langem bei den meisten ↗Intellektuellen. Autoren, die in der W. das zentrale Übel unserer Zeit erblicken, sind z. B. W. H. Whyte, jr., Ludwig von Bertalanffy, Aldous Huxley, Erich Fromm. Ideologisch haben diese oft wenig, manchmal nichts gemeinsam, doch üben sie an der wirtschaftlichen Umwelt eine konforme Kritik. Diese ist für eine freie Initiativwirtschaft so gefährlich, weil der scheinbare Ansatz zur Kritik, die Kritikwürdigkeit der Phänomene, um so markanter wird, je mehr die Marktwirtschaft leistet, wozu sie fähig ist und was von ihr erwartet wird.

Die emotionale Ablehnung der W. wendet sich gegen die Initiativwirtschaft, bei der ja jedem einzelnen Mitspieler der Einbruch in den Markt potentiell nur deshalb in freier Konkurrenz möglich bleibt, weil er für ein originelles Produkt uneingeschränkt werben darf. Intensive W. ist nicht notwendigerweise Teil nur einer kapitalistischen Wirtschaft. Im Gegenteil, gerade eine Planwirtschaft (wie in der UdSSR seit 1957 deutlich geworden ist) wird manchmal zu W. greifen müssen, um die Ausschußware ihrer Fehlkalkulationen loszuwerden. In der Sowjetunion wird jetzt auch Marktforschung getrieben. So befragte man 1967 über 10 000 Bürger, welche Waschmittel sie bevorzugen. In Einzelfällen wird auch in der Sowjetunion Kino-, Rundfunk-, Fernseh- und Schaufenster-W. kombiniert, um stagnierenden Absatz zu heben (z. B. bei Textilwaren); meist handelt es sich dabei um lokale Geschäfte. Aber auch überregionale Gesellschaften für W. werden gegründet. Sie werben z. B. für neue Produkte (Gefäße aus feuerfestem Glas) oder für Geräte, die man, laut Plan, überproduziert hatte (z. B. Elektrobohner).

In der Rolle des potentiellen Käufers ist der Mensch aller Zeiten und Völker zunächst immer mißtrauisch und zögert, den ihm bekannten Wert in der Hand gegen einen neuen einzutauschen. Wer immer es also durch Feilbieten einer Ware fertig gebracht hat, daß ein Mensch seinen Beutel mit Salz, seine Münze oder sein Guthaben auf der Bank dagegen eintauschte, hat diesen Menschen, wenn wir so sagen wollen, „manipuliert". Wenn dies schädlich oder überflüssig sein soll, ist die Wirtschaftsgeschichte des Menschen von Anbeginn die Geschichte seiner ↗„Entfremdung" durch „Manipulierung" gewesen. Es waren ja nicht erst die heutige Industrie und Wirtschaftsform, die Ärgernisse unserer Gesellschaftskritiker, die den Verbraucher zum Geltungskonsum, zur Unklugheit verleitet haben: die fast überall, zu den frühesten Zeiten, auch bei Naturvölkern, anzutreffende Luxusgesetzgebung beweist dies. Die zahlreichen Verbote, lange vor dem technischen Zeitalter verhängt von allen möglichen Obrigkeiten, in denkbar verschiedenen Gesellschafts- und Wirtschaftssystemen, dies oder jenes, das der jeweilige Markt anbot, zu ge- und verbrauchen, beweisen, daß es lange vor „Madison Avenue" verführbare Verbraucher gab. Der von außen „manipulierte" Verbrauchsakt beim einzelnen ist nichts Neues, sondern tritt in dem Augenblick auf, da ein Markt, und sei er noch so primitiv, die Freiheit der Wahl bietet. Von dem Zeitpunkt an, da der Mensch nicht mehr mit einem Existenzminimum dahinvegetiert, sondern ausreichende Mittel hat — sei es Geld, seien es Güter für eine Tauschwirtschaft — um nach der Stillung seiner lebenswichtigen Bedürfnisse zu entscheiden, ob er verbrauchen oder nicht verbrauchen möchte, tritt der Konsumdiktator auf, der ihm sagen will, was angemessener und was unnützer Verbrauch ist. Einst galt sein Groll dem Manne, der vom Esel auf ein Pferd, heute dem Mann, der vom VW auf den Mercedes umsteigen will: reiten kannst du auf dem Esel, fahren kannst du im VW. Wenn du damit unzufrieden bist, kann nur ein Manipulator deiner Bedürfnisse dich verführt haben. Der Jäger eines Naturvolks, der einem Stammesgenossen seine beste selbstgefertigte Pfeilspitze gibt, um für die Lieblingsfrau ein zweites Fell einzutauschen, obwohl sie schon eines hat, erliegt demselben Zwang wie ein heutiger Ehemann, der sein Sparbuch opfert, damit die Gattin den zweiten oder dritten Wintermantel bekommt. Ob diese das Stück auf dem Pflock vor dem Zelt des Nachbarn oder im Schaufenster eines Luxusgeschäftes sah, spielt keine Rolle. Der Mensch wurde ein „manipulierter" Verbraucher, als er die Autarkie des primitiven Daseins aufgab und sich zur Arbeitsteilung entschloß.

In Wirklichkeit ist der heutige Verbraucher weniger manipulierbar als frühere Menschen, weil die Werbereize einander in Schach halten. Wenn es auf dem Markt nur ganz wenige begehrenswerte Dinge gibt, wird der Trieb, sie um jeden Preis zu besitzen, unwiderstehlicher als heute, angesichts eines unüberschaubar großen Angebots. Ein Konsumakt wird oft gerade deshalb verschoben, weil man sich nicht für das eine oder das andere auf dem Markt entscheiden kann. Je mehr wir vom Gesamtangebot aller Warentypen und Marken kennen — und gerade dies erreicht ja die W. aller Firmen in allen Medien — und je mehr wir vom künftigen Angebot ahnen, desto wählerischer werden wir, desto eher sparen wir für künftige Konsumakte. Langfristiges Sparen, Konsumvertagung, Abwägen der Güter ist ja erst dann für den Verbraucher naheliegend, wenn er seiner Wirtschaft, ihrer Technologie und seiner Währung vertrauen kann, wenn er weiß:

was ich heute nicht voreilig kaufe, steht mir in einem halben Jahr ebenso sicher zur Verfügung wie in drei oder fünf Jahren, meist in verbesserter Ausführung, gelegentlich auch billiger, wenn es inzwischen der W. gelungen ist, den Artikel zum Gegenstand des Massenkonsums zu machen. Die Ford Motor Company konnte 1957/58 nach einer Investition von einer Milliarde DM dem Verbraucher nicht ihren „Edsel"-Wagen aufzwingen. Die Verleger der Stalintochter, in den USA wie in Europa, nach einer Reklame ohnegleichen, hatten Mühe, die „Briefe an einen Freund" zu verkaufen. Immer wieder gibt es aber auch Neuerungen, deren Hersteller nach minimaler Werbung von einer Nachfrage überrascht werden, die sie erst nach Jahren voll befriedigen können.

Als Grenze der Macht eines Hypnotiseurs gilt: was der Hypnotisierte im wachen Zustand als unmoralisch nicht tun würde, wird er sich auch unter Hypnose nicht befehlen lassen. Man kann jemand mit Erfolg den posthypnotischen Befehl erteilen, seinem Chef eine Ohrfeige zu geben, weil er es längst vorhatte, aber nie den Mut dazu fand. Man kann ihm jedoch nicht mit Erfolg befehlen, seinen Freund zu töten. In allen Menschen gibt es diese Strukturhemmung als Grenze ihrer „Manipulierbarkeit". Ähnlich ist es bei der „unterschwelligen" Beeinflussung (subliminal conditioning), die in den 50er Jahren in den USA zunächst Befürchtungen auslöste. Das Experiment ging so vor sich: auf einer Kinoleinwand oder dem Fernsehschirm, während einer Vorführung, ließ man Reizworte so kurz auftauchen, daß sie der Zuschauer bewußt nicht mehr wahrnahm. Er „sah" also etwa in einem Spielfilm in gewissen Abständen für Bruchteile einer Sekunde das Wort „Coke" auf dem Schirm. Wenn der Zuschauer am Schluß der Vorführung durstig war und an eine Bar ging, wo es Coke und Pepsi gab, war die Wahrscheinlichkeit größer, daß er seinen Durst mit Coke stillte als mit einem Pepsi. Aber der Entschluß, den Durst zu löschen, mußte unabhängig davon vorliegen. Die Experimente blieben im Endeffekt umstritten. Eine nennenswerte Manipulierbarkeit der Menschen durch diese Methode gilt heute für unwahrscheinlich.

Wie wenig wir durch W. „manipulierbar" sind, läßt sich beweisen. Es gibt Menschen, die seit jeher oder seit Jahrzehnten Nichtraucher sind. Sie waren einer intensiven W. für Tabakwaren ausgesetzt, ganz abgesehen vom gesellschaftlichen Druck ihrer rauchenden Bekannten, dem Vorbild anderer. Und doch sind sie Nichtraucher geblieben. Die Markentreue des Verbrauchers, ein Hauptziel der W. für Markenartikel jeder Größe, beweist ebenfalls durch ihre Erzielbarkeit, wie schwer es ist, den Verbraucher zu „manipulieren". Wäre er leicht manipulierbar, müßte fast jeder bei seinem Konsum häufigere Fluktuationen zeigen. Weil aber jeder von uns auf wenigstens einem Verbrauchsgebiet, sei es eine Zahnpaste, Seife, Spirituose, Taschenlampenbatterie oder Automobil, über Jahre und Jahrzehnte hinweg Stammkunde einer bestimmten Firma bleibt, unbeeinflußbar von Millionen von Versuchen, ihn „abzuwerben", muß es um unsere

Willensfreiheit viel besser bestellt sein als manche Gesellschaftskritiker behaupten. Und auch die 50 vH der Westdeutschen, die man noch nicht zur regelmäßigen Benutzung einer Zahnbürste „verführen" konnte, beweisen, negativ, dasselbe, allerdings auch zugleich, wieviel auf dem Gebiet der Hygiene, der Gesundheitsvorsorge durch W. noch zu tun wäre.

V. Packard, Die geheimen Verführer (1958); H. F. Kropff, Motivforschung (1960); A. Bauer, Der freie und unberechenbare Mensch (1961); G. Bergler, Werbung und Gesellschaft (1965).

Werte sind für den Soziologen der Mehrheit der Mitglieder einer ↗Gruppe gemeinsame, meist in Begriffe gefaßte Lebensinhalte, die bewahrt, gepflegt oder erstrebt werden und auf diese Weise als ↗Leitbilder, u. U. als feste ↗Normen unser Handeln bestimmen, in der Motivstruktur unseres Verhaltens maßgebend sind. So verstanden ist der Begriff W. für den Verhaltenswissenschaftler wertfrei zu gebrauchen. Dieser sucht die entscheidenden, die wichtigsten W.e der untersuchten Gruppe oder ↗Kultur darzustellen. Er weiß, daß die W.e der einen Gruppe (Gesellschaft, Kultur) die Un-W.e einer anderen sein können (kultureller Relativismus). Innerhalb einer Gesellschaft und ihrer Kultur gibt es in der Regel soziale Teilgebilde mit für sie eigentümlichen ↗Subkulturen, also partiellen W.systemen, z. B. das W.system krimineller Gruppen, bestimmter Berufsgruppen, ethnische oder religiöse Minderheiten usw. Es kann sich hierbei um importierte W.e (z. B. bei einer revolutionären Gruppe) oder um der Vergangenheit entnommene W.e handeln, öfters jedoch stellt das W.system in der Subkultur eine Weiterentwicklung, eine Vereinfachung oder selbst eine Karikatur der Zentral-W.e in der Gesamtgesellschaft dar. Der einzelne Mensch übernimmt die wichtigsten W.e seiner Gruppe während der Sozialisation. ↗Abweichendes Verhalten erklärt sich z. T. aus einer lückenhaften Vermittlung solcher W.e. Die heutige Soziologie betrachtet die Erforschung der W.systeme, ihrer Vermittlung und ihres Wandels als eine Hauptaufgabe. ↗Intellektuelle.

P. A. Sorokin, Social and Cultural Dynamics, Bd. 2 (New York 1937); G. Myrdal, Value in Social Theory (London 1958); H. Schoeck und J. W. Wiggins (Hrsg.), Scientism and Values (Princeton [N. J.] 1960); G. Weigand, Die Berechtigung sittlicher Werturteile in den Sozialwissenschaften (1960); E. A. Tiryakian (Hrsg.), Sociological Theory, Values, and Sociocultural Change (New York 1963); M. Scheler, Der Formalismus in der Ethik und die materielle Wertethik ([5]1966); V. J. Willi, Grundlagen einer empirischen Soziologie der Werte und Wertsysteme (1966).

Werturteil ist eine (sozialwissenschaftliche) Aussage, bei der man die Variablen im Erkenntnisobjekt nicht oder nicht allein auf den wahrscheinlichsten Ursachenzusammenhang zurückführt, sondern an einem Sollzustand mißt, den man aufgrund irgendwelcher ↗Werte (sittlicher, religiöser, politischer usw. Art) voraussetzt.

Kein W. ist z. B. die Feststellung: „Art und Häufigkeit diskriminierenden Verhaltens einer ↗Minderheit gegenüber hängt u. a. auch von dem Prozentsatz ab, den die Minderheit in der Gesamtbevölkerung einnimmt." Ein W. hingegen wäre: „Eine Gesellschaft ist um so moderner, je weniger ihre Bürger in sozial homogenen Wohngebieten leben."

Z. T. im Anschluß an eine mißverstandene Forderung Max Webers, z. T. im Zuge des Neopositivismus, war vor allem die amerikanische Soziologie zwischen 1930 und 1960 dem Prinzip möglichster Vermeidung jeglichen W.s verpflichtet; manche Autoren, z. B. Gunnar Myrdal, glaubten im Gegensatz dazu das Problem des W.s in der Sozialwissenschaft gelöst zu haben, wenn sie die eigenen Vorurteile, Wertentscheidungen usw. am Anfang einer Untersuchung offen bekannten. Neuerdings wird wieder eine offen engagierte, Wertpositionen zugrundelegende Soziologie, als eine Art Grundwissenschaft der Gesellschaftskritik, propagiert. Ungeachtet solcher Schwankungen ist die völlige Ausklammerung von W. bei der soziologischen Forschung und der Darstellung ihrer Ergebnisse stets umstritten geblieben und kaum rein ausführbar; so liegt schon ein W. in der Entscheidung für die Inangriffnahme der Forschungsaufgabe a anstelle von b oder c. Wer völlig wertfrei forschen will, müßte sich bereits die Fragestellungen durch ein Zufallsverfahren unabhängig von eigenen Neigungen aussuchen lassen.

A. v. Schelting, M. Webers Wissenschaftslehre (1934); E. Baumgarten (Hrs.), Max Weber. Werk und Person (1964); M. Weber, Soziologie-weltgeschichtliche Analysen-Politik ([3]1964). K. Lenk (Hrsg.), Ideologie, Ideologiekritik und Wissenssoziologie ([2]1964); E. Topitsch (Hrsg.), Logik der Sozialwissenschaften (1965).

Wettbewerb ↗Konkurrenz

White Collar bezeichnet, vor allem in USA, diejenigen Arbeitnehmer, die zur Arbeit ein weißes Hemd tragen, also die Angestelltenschicht, im Gegensatz zu *Blue Collar*, der Arbeiterschicht. Manchmal meint man mit W. C. auch die „neue Mittelklasse“. C. Wright Mills hat in seinem gleichnamigen Buch die Lage der White Collar — Schicht in USA gesellschaftskritisch geschildert. Eine Beschreibung der Sozialstruktur nach der Farbe des Hemdkragens der Beschäftigten ist in USA eher möglich infolge des dort üblichen größeren sozialen Zwanges bezüglich der in den einzelnen Berufen zu tragenden Kleidung.
White-collar-crime (E. H. Sutherland) ist das für gehobene Klassen und Berufe typische Verbrechen, vor allem sog. Wirtschaftsverbrechen (z. B. Aktienmanipulationen).

C. W. Mills, White Collar (New York 1951).

Wirklichkeit, soziale ist derjenige außerhalb des erkennenden Subjekts liegende Teil der erfahrbaren Wirklichkeit, dessen charakteristische Formen durch soziale Handlungen, durch zwischenmenschliche Geschehnisse, das Aufeinanderbezogensein der Menschen entstehen. Die s. W. enthält aber nicht nur unmittelbar beobachtbare soziale Verhaltensformen, kollektive Ereignisse oder objektivierte, tradierte, institutionalisierte Niederschläge solchen Verhaltens, sondern auch die Folgen, die unbeabsichtigten Nebenwirkungen vergangener menschlicher Betätigungen in der physischen Umwelt, z. B. die Erosion eines Gebietes und die damit verbundenen Schwierigkeiten für die Landwirtschaft.

Wirtschaft ist die Gesamtheit der Einrichtungen und Prozesse, aus denen sich laufend eine Bedürfnisbefriedigung durch Produktion und Verteilung von Gütern und durch das Angebot von Dienstleistungen für eine Bevölkerung ergibt. Man kann jeweils von der W. eines Gebietes, Landes, Raumes (EWG) oder der Welt sprechen. Wie der Wirt mit den gegebenen Mitteln seine Gäste zufriedenzustellen sucht, ist der Sinn des Wirtschaftens die bestmögliche (optimale) Nutzung von Mitteln jeder Art unter dem Gesichtspunkt der Sparsamkeit, der Schonung und Bereitstellung von Reserven, der Kostensenkung, wo immer sich diese ohne Qualitätsverlust erreichen läßt. Wie insgesamt im ökonomischen Sektor eines Landes, so kann auch auf einzelnen Gebieten gewirtschaftet, d. h. rational gehandelt werden (Energiewirtschaft, Wasserwirtschaft). Jede, auch noch so kleine menschliche Gruppe (auch Naturvölker) haben eine W. bestimmten Gepräges. Zunächst ist es immer eine Natural- und Tauschwirtschaft, erst mit dem Entstehen einer Geldwirtschaft werden die Austauschvorgänge innerhalb der W. eigentlich sicht- und kontrollierbar.
Richtungsweisende Impulse, die der W. ein bestimmtes Gepräge geben, charakteristische Wirtschaftsformen und W.stile, können vom Zentrum der politischen Macht (Merkantilismus, Planwirtschaft, Sowjetwirtschaft) ausgehen, doch kann sich ein bestimmter, durch ein allgemeines Wirtschaftsverhalten kennzeichnender Wirtschaftsstil auch aus dem überwiegenden Verhalten, z. B. durch kulturelle und religiöse Normen veranlaßt, der Mehrheit der Wirtschaftssubjekte herauskristallisieren. (Max Webers Protestantismus-, Kapitalismus-Hypothese). W. bezeichnet manchmal auch den Gesichtspunkt der Unternehmerseite („von seiten der Wirtschaft wird ausgeführt ...“), also eine Interessenlage, etwa im Gegensatz zur Arbeitnehmerseite, die von Gewerkschaften vertreten wird. ↗Arbeitsteilung, ↗Betriebssoziologie, ↗Eigentum, ↗Geld, ↗Kapitalismus, ↗Konkurrenz, ↗Lebensstandard, ↗Markt, ↗Monopol, ↗Unternehmer, ↗Werbung.

D. M. Goodfellow, Grundzüge der ökonomischen Soziologie (1954); W. Koch, Die Bedeutung der theoretischen Ökonomik für die allgemeine Soziologie (1955); T. Parsons und N. J. Smelser, Economy and Society (London 1956); M. Weber, Wirtschaft und Gesellschaft ([4]1956); F. Fürstenberg, Wirtschaftssoziologie (1961); G. Eisermann, Wirtschaft und Gesellschaft (1964); W. Röpke, Die Lehre von der Wirtschaft ([10]1965).

Wissen als Forschungsgegenstand der Soziologie, als gesellschaftliche Institution, als Vorbedingung bestimmter anderer gesellschaftlicher Einrichtungen und als Hintergrund menschlicher Verhaltensweisen darf nicht erst im wissenschaftlichen Zeitalter gesucht werden, sondern kann selbst bei schriftlosen Kulturen der Naturvölker, in ihrer mündlichen Überlieferung (Sprichwörter), ja schon im Vorhandensein einer Sprache gesehen werden. Menschen haben immer ein W. über sich, über die Bedingungen ihres Zusammenlebens und die zweckmäßige

Auseinandersetzung mit der außermenschlichen Umwelt. Für die gesellschaftliche Wirksamkeit ist die Rationalität, die Tatsachenbezogenheit, die empirische Überprüfbarkeit eines Wissensbestandes in einer Gruppe nicht ausschlaggebend. So hat Bronislaw Malinowski betont, daß für das soziale Handeln ehemaliger Kolonialvölker (in Afrika) ausschlaggebend sei, wie sie sich die eigene Geschichte heute vorstellen, nicht wie sie vielleicht tatsächlich gewesen ist. Parallelen zum Kollektivverhalten europäischer Nationen liegen nahe. Die soziologischen Untersuchungen, in deren Mittelpunkt W. (bestimmte Informationsmöglichkeiten) stehen, sollten immer auch die Funktion des Nicht-W. berücksichtigen. Die soziale Funktion der Ignoranz haben z. B. verschiedene amerikanische Soziologen neuerdings erforscht. Der optimale W.stand für einen W.träger braucht nicht das maximale und jüngst verfügbare W. zu sein: z. B. kann für die freiwillige und regelmäßige Teilnahme weiter Bevölkerungskreise an einer vorbeugenden Gesundheitsmaßnahme (Krebsfrüherkennung, Reihenuntersuchungen, Schutzimpfungen) eine Aufklärung, die bestimmte angsterregende medizinische Erkenntnisse ausklammert, erfolgreicher sein als eine Popularisierung selbst der noch offenen Fragen der medizinischen Forschung auf dem betreffenden Gebiet, W. ist nicht nur Macht, sondern immer auch Last, Hemmung, Einschränkung des Handlungsspielraums und der Spontaneität. Verzicht auf Vollständigkeit der an sich möglichen Information ist in vielen Fällen des täglichen Lebens Voraussetzung für Wirtschaftlichkeit und Praktikabilität eines Ablaufes.
Unter W. verstehen wir die intersubjektiv verifizierbare, mitteilbare Information, die das handelnde Subjekt in der Regel berücksichtigt, ehe die Handlung den Punkt überschritten hat, von dem an sie nicht mehr zurückgenommen werden kann.

F. Machlup, The Production and Distribution of Knowledge in the United States (Princeton [N. J.] 1962); G. A. Lundberg, Can Science Save Us? (New York [2]1961); B. Barber und W. Hirsch (Hrsg.), The Sociology of Science (New York 1962); F. Wagner, Die Wissenschaft und die gefährdete Welt (1964); Th. S. Kuhn, Die Struktur wissenschaftlicher Revolutionen (1967); M. Weber, Wissenschaft als Beruf ([5]1967); D. Henrich, Die Einheit der Wissenschaftslehre M. Webers (1952); M. Scheler, Die Wissensformen und die Gesellschaft ([2]1960); S. Strasser, Phänomenologie und Erfahrungswissenschaft vom Menschen (1964); K. R. Popper, Logik der Forschung ([2]1966); J. Habermas, Zur Logik der Sozialwissenschaften (1967); A. Wellmer, Methodologie als Erkenntnistheorie (1967).

Wissenssoziologie ist nicht nur die Soziologie von „Wissen“. Gesicherte Kenntnis, Wissen, kann zwar Gegenstand soziologischer Betrachtung werden; z. B. ließen sich die sozialen Verhältnisse der Mönchsorden im Zusammenhang mit der Bearbeitung von Wissensgehalten im Mittelalter erforschen. M. Scheler untersuchte z. B. die Entstehung der abendländischen Wissenschaft aus bestimmten soziologisch faßbaren Bedingungen. Ebenso könnte man die Veränderung selbst naturwissenschaftlichen Wissens unter dem Druck einer Diktatur untersuchen. W. hat sich heute als Begriff durchgesetzt (auch im Englischen, Sociology of knowledge), doch könnte man auch von der Soziologie der Denkgebilde oder der Bewußtseinssphäre sprechen. Auf jeden Fall ist „Wissen" in der W. denkbar weit gefaßt zu verstehen. Kurt H. Wolff schlug einmal „Sociology of Intellectual Behavior" vor. Dieser Terminus sollte „Sociology of Knowledge" ablösen. Bis heute hat sich jedoch keine Ersatzbezeichnung für W. eingebürgert.

Zunächst geht es der W. um den Aufweis des Zusammenhangs von Teilwissen mit bestimmten sozialen Gruppen oder soziologischen Konstellationen. Jeder Wissenschaftshistoriker wird heute solche Faktoren berücksichtigen. Wissenschaft wird z. B. selten auf dem flachen Land getrieben, es müssen finanzielle Mittel aus einem wirtschaftlichen Vorgang, eine Ansammlung von Menschen (Städte) vorliegen, um Bibliotheken und Institute zu schaffen. Universitäten können nicht zu jeder Zeit und an jedem Ort entstehen.

Ein soziales, der Wissenschaft gewidmetes Gebilde — eine Universität, ein geistliches Seminar o. ä. — wird eine tradierbare Form von Wissen ausbilden, der die einzelnen Mitglieder folgen. All das liegt aber nur im Vorgelände der W. Man könnte von einer gemäßigten wissenssoziologischen Betrachtungsweise sprechen. Seit Karl Mannheim versteht man unter W. meist nur die *radikale* W. Diese behandelt nicht mehr allein einen Teil des Wissens, sondern erklärt das gesamte Bewußtsein, die ganze „Aspektstruktur" eines Menschen von seiner Position im sozialen Raum abhängig. Es handelt sich nicht nur um stärkere oder schwächere Zusammenhänge, sondern das Bewußtsein ist für die W. auswegslos an die von der sozialen Struktur vorgeschriebene Form gebunden und erhält auch seinen Inhalt vorwiegend von hier aus. Der Student einer (mittelalterlichen) Universität mag durch seinen freiwilligen Eintritt in diese Institution bestimmte Denkformen und Wissensgehalte übernommen haben, in denen sich die Spuren einer an dieser Universität herrschenden sozialen Situation nachweisen lassen. Das Urteilsvermögen dieses Studenten außerhalb seiner Disziplin konnte aber von jener Prägung durch die Universität unberührt bleiben. Nach der radikalen W. ist aber der Proletarier wie der Bourgeois des 19. Jahrh. in eine bestimmte Bewußtseinslage ausweglos hineingestellt. Der Mensch hinter der Maschine, dem nie mehr zu eigen ist, als er für eine Woche zum Leben braucht, habe nur ein seiner Klasse von Schicksalsgenossen gleichendes Bewußtsein. Dessen Inhalte mögen in persönlichsten Dingen ein wenig variieren; im wesentlichen sei das Bewußtsein (das jegliches Wissen einschließt) dieses Menschen völlig an seine soziale Klasse gebunden. Diese ist nicht auf einen Ort beschränkt. Den Proletarier gäbe es überall. Und überall denke er nur so, wie es ihm dank seiner Stelle innerhalb der sozialökonomischen Verhältnisse zukomme. Mit dieser These wurde Karl Marx Urheber der radikalen W. Bei dieser kommt es auf zwei Hauptsphären an: die Sphäre der Bewußtseinsinhalte, also der Denkgebilde, und die Sphäre des sozialen Seins. Zwischen beiden Sphären besteht ein fester Zusammenhang. Marx behauptet, das Denken des Menschen werde von diesem, ihn tragenden, Boden der Wirklichkeit her bestimmt. Das geht über bloße Milieutheorie hinaus. Ein Kennzeichen der W. ist die Verengerung der Sachlage. Nicht das gesamte Feld der sozialen Umwelt, nicht das Milieu soll die Bewußtseinsstruktur beeinflussen, sondern jeweils nur ein charakteristischer Ausschnitt aus der Umwelt des Menschen, nämlich das in der Politik entscheidende Gebiet der sozialökonomischen Verhältnisse. Obgleich dieses „soziale Sein" also nur der um die Wirtschaft zentrierte Teil der menschlichen Interessen ist, soll es die gesamte Struktur des Bewußtseins, sogar die geltende Logik mitkonstituieren. Auf der Seite der außergeistigen Faktoren also eine Einengung auf die sozialökonomische Lagerung, auf der geistigen Ebene aber eine Ausdehnung des Anspruchs auf außergeistige Determination auf sämtliche Bewußtseinsinhalte und -vorgänge, das ist der Anspruch der radikalen W.

Karl Mannheims W. ist zur Darstellung des Problems am geeignetsten, weil er bis heute unbestreitbar ihr Hauptvertreter geblieben ist. Zum Teil ist seine W. auch eine Soziologie der ↗Intellektuellen.

In der radikalen W. bekämpfen sich Logik und lebensphilosophischer Aktivismus. Jeder Kritiker der W., der ihr formallogische Trugschlüsse nachweist, braucht einen absoluten Standort, den die W. zu relativieren beansprucht. Mannheim selbst glaubte an Wissenschaft an sich und damit an einen festen Standpunkt. Die Kritik der W. kommt aber nicht mit dem Hinweis auf den antiken Zirkelschluß aus, wonach die Behauptung, jedes Urteil sei sozial seinsgebunden und daher „falsch", sich selbst aufhebe, da sie entweder nicht zutrifft oder eben auch als Behauptung selbst sozial gebunden und deshalb „falsch" sein könnte. Nun behauptete Mannheim nicht, alles Denken sei seinsverbunden. Vielmehr sind sehr verschiedene Teile des Denkgegenstandes (des Objektes wie der Erkenntnisbeziehung) in verschiedenem Grade *sozial* seinsgebunden. Wichtig für jede wissenssoziologische Zurechnung ist die Unterscheidung von Urteil, Urteilsmaterial, Erkenntnisbeziehung. Das „soziale Sein" darf man sich nicht als eine statische Schicht, sondern eher als einen Komplex von dynamischen Impulsen vorstellen, die am jeweiligen Erkenntnisakt verschiedene Phasen und Strukturen treffen. Manche, oft sehr verschieden gelagerte Teile des Denkgegenstandes werden sich bei zwar polaren politisch-gesellschaftlichen Standorten noch entsprechen, andere nicht. Die Bewußtseinsinhalte der Menschen, als Stoff und als logische Form, haben unterschiedliche Affinität zum sozialen Sein des Standortes. Gibt es vielleicht neben einer unwandelbaren Schicht der logischen Erkenntnisformen eine andere, die sozial und historisch wandelbar ist? Ferner muß man sich auch das „soziale Sein" nicht unbedingt homogen vorstellen, denn das urteilende Subjekt — das Individuum — steht, wie Mannheim meint, „existentiell in einer Mehrzahl von Schichten, die als Absoluta gesetzt werden können: es ist Angehöriger einer Klasse, einer Nation, eines Zeitalters". Damit ist die Frage gestellt, welche sozialen Momente, sozialen

Prozesse bzw. Strukturen eigentlich (vorwiegend) das Bewußtsein beeinflussen. Die Typologie der Determinanten in der W. steckt in den Anfängen. Doch wäre für diese Frage die Soziologie zuständiger als für die Frage, welche Teile des Erkenntnisaktes im Individuum determinierbar sein sollen. Von Mannheim wird als „Ort der Wirksamkeit der Seinsverbundenheit" eine Art „subkategoriale Sphäre", also ein nicht logisch funktionierender Teil der Psyche (im Endothymen) als Angriffspunkt für die sozialen Faktoren im Subjekt angenommen. Vermutlich fallen gerade die vortheoretischen Entscheidungen für *metaphysische Setzungen* in diesem gefühlsverbundenen Bereich. Solche Setzungen durchdringen „den auf ihnen fundierten Erkenntniskosmos derart, daß sie aus jedem Urteil mit mehr oder weniger großer Deutlichkeit abgelesen werden können". Wüßte man, bei welchen Erkenntnisobjekten diese subkategoriale Schicht im Individuum mitwirkt, ließe sich mehr über die „soziale Anfälligkeit" bestimmter Urteilskategorien sagen. Diese nicht kategoriale Sphäre ist für soziale Beeinflussung zugänglich, weil sie selbst ein soziales Gebilde darstellt, im Sinne der Person, die sich — wie wir heute annehmen — im ↗Sozialisationsprozeß aus der Verinnerlichung der „Selbste" anderer Menschen ergibt (G. H. Mead). Für diese subkategoriale Sphäre, die das eigentliche logische Urteil vorbereitet und lenkt, sind nach der W. zwei zeitlich und strukturell verschiedene Felder sozialer Wirkung verantwortlich:
1. die aktuelle politische Situation, in der sich ein Mensch befindet,
2. der soziale Raum im biographischen Sinne: die Entwicklung des Menschen innerhalb bestimmter sozialer Konventionen. Die (Wissens)-soziologie der Sprache steht zwischen diesen beiden Feldern sozialer Prägung des Einzelbewußtseins. Sowohl die politische Situation (und Tradition) als auch die persönliche Entwicklung arbeiten an den Sprachmitteln, die einem Urteilenden zu einem bestimmten Zeitpunkt zur Verfügung stehen. Die Sprache ist eine sozial intendierende kommunikative Wirklichkeitsstruktur für die gesellschaftliche Beeinflussung des Einzel- und Gruppenbewußtseins. Die Entwicklung (u. a. als ↗Sozialisation) eines Menschen ist für die (spätere) wissenssoziologische Beeinflußbarkeit durch aktuelle (politische) Situationen von Bedeutung. Das ist der individualpsychologische Ansatz der W. Wert- und Formgefühl eines Menschen werden dem aufwachsenden Kind von außen gegeben und schaffen den Raum, in dem sich sein Denken bewegen wird. Letztlich begrenzen die sozialen Erfahrungen am Anfang des Lebens späteres Denken.

Die Kritik an der W. zielt in erster Linie auf den Anspruch der W., daß auch die *Struktur des theoretischen Urteils*, und damit die Wahrheitssphäre, gesellschaftlich bestimmt sein soll. Nach Mannheim soll die soziale Seinslage der Menschen nicht nur das historische Entstehen der Gedanken steuern, sondern konstitutiv in das Denkergebnis hineinragen, in dessen Inhalt und Form selbst erscheinen. Somit ließe sich fragen, ob nicht unsere am naturwissenschaftlichen

Gegenstandsgebiet orientierte Erkenntnistheorie selbst in ihren Fundamenten wissenssoziologisch enthüllbare Abhängigkeiten enthält. Das von der griechischen Antike bis Kant eindeutig gebliebene Ziel aller philosophischen und einzelwissenschaftlichen Forschung, die Wahrheit, die adaequatio rerum et intellectum, wird in der W. auf eine konkrete historische Erscheinung hin reduziert und relativiert. Nicht anders als jede sonstige ↗Ideologie steige „auch das utopische Richtigkeitsbild, die Idee der Wahrheit auf aus den konkreten Modi des Erkennenkönnens in einer Zeit. So ist auch der Wahrheitsbegriff nicht eindeutig für alle Zeiten festgelegt, sondern auch er ist in den historischen Wandel einbezogen" (Mannheim). Genauso, wie es im politisch-weltanschaulichen Feld verschiedene Standorte geben soll, die sich ohne einwandfreies Kriterium für Wahrheit untereinander die Wahrheit streitig machen, so wird selbst die für den Wissenschaftsbetrieb bisher scheinbar eindeutige Logik auf dynamische Momente hin „relationiert". Die Verwandtschaft zum Biologismus Nietzsches zeigt sich, wenn nach Mannheim die W. den Erkenntnisakt sowohl in seiner Seins- als auch in seiner Sinnqualität nicht als eine einem rein theoretisch-kontemplativen Bedürfnis entspringende Anschau der „Ewigen Wahrheiten" oder als eine irgendwie geartete Partizipation an ihnen betrachtet. An diese Möglichkeit glaubte noch die W. Max Schelers. Es fragt sich aber, ob mit der „Faktizitätsbetrachtung" in der W. über die Geltungssphäre etwas ausgesagt werden kann. Mannheim hielt den „Sprung aus der Faktizitätsbetrachtung in die Geltungssphäre" für möglich. A. v. Schelting (1934) kritisierte diese Annahme scharf: „Selbst wenn faktisch die formale Struktur des menschlichen Denkens sich im Laufe der Entwicklung fortgesetzt änderte und sich je nach sozialen ‚Lagerungen' verschieden gestaltete — was übrigens zweifelhaft ist . . . — so wäre dadurch die erkenntnistheoretische und methodologische Fragestellung nicht im mindesten erschüttert . . . Denn die formale Struktur der Geltungsgrundlage hängt nicht an diesen äußeren Veranlassungen des Denkens von einem bestimmten logischen Sinn, sondern an diesem selbst, wodurch es auch hervorgerufen sein mag." Denknotwendige, „einer bestimmten Denkintentionalität sinnimmanente formale Strukturen als Geltungsgrundlagen der Erkenntnis bestimmter Art" sucht v. Schelting am Problem der kausalen Zurechnung, im Anschluß an Max Weber, nachzuweisen. An diese Fragestellung sei, wie er meint, Mannheim gar nicht herangekommen, denn alles, was dieser über die sozialstrukturelle Bedingtheit der „Aspektstrukturen" und über „Seinsrelationalität", „Funktionalität" und „Partikularität" des Denkens ausführe, alle seine Beispiele könnten nur erklären und verständlich machen, „wie und warum Denkgebilde bestimmter Art hic et nunc faktisch entstehen, und welche verschiedenartige Rolle sie in der sozialen Realität spielen und gespielt haben". Die meisten Kritiker der W. würden v. Schelting zustimmen: „Aus welchen psychologisch oder soziologisch bedingten Motiven heraus sich Max

Weber oder Eduard Meyer für ihre kausalen Fragestellungen auch interessiert haben mögen, die Geltung der Antworten, die sie darauf geben, ist an die logische Struktur der kausalen Zurechnung gebunden, und diese logische Struktur ist erwiesenermaßen in dem immanenten Sinn jeglicher kausalen Zurechnung überhaupt begründet und nicht in den möglicherweise wechselnden außerwissenschaftlichen Impulsen, aus welchen heraus einzelne Forscher eine bestimmte konkrete Kausalerkenntnis betreiben mögen". Wenn außerwissenschaftliche (psychologische, soziale, ökonomische, politische) Motive einen Erkenntnisvorgang beeinflussen, so ist dieser doch nach wie vor Teil einer kontinuierlichen wissenschaftlichen Entwicklung, die über kurzfristige politisch-gesellschaftliche Konstellationen hinwegreicht. „Wer Wissenschaft treibt, strebt nach Wahrheit. Nur durch diesen Bezug auf die Idee der Wahrheit ist es möglich, die wissenschaftliche Betätigung anderen gegenüber abzugrenzen. Ist aber dieses Streben nach Wahrheit gegeben, so ist auch die Selbsteinordnung jedes neuen Forschungsstrebens in den ideellen Zusammenhang des tradierten Erkenntniskosmos unvermeidlich" (v. Schelting).
Mannheim würde dieser Position allerdings erstens die Hypothese des fortschreitenden Erkenntniskontinuums, zweitens den konstitutiven Zusammenhang des Erkenntnis-Kosmos bestreiten und beide als abhängige Ideologiensysteme zu enthüllen suchen. Herbert Marcuse (Der eindimensionale Mensch, 1967) hat diese Relativierung der gesamten westlichen Wissenschaftstradition seit der Antike als eine Ideologie der Leistungsgesellschaft Herrschender sogar versucht. Eine methodologische Kritik der radikalen W. nahm Felix Kaufmann (Methodenlehre der Sozialwissenschaft, Wien 1936) vor. Seine Kritik an der W. geht vom Standpunkt der Wissenschaftstheorie aus. Kaufmann zerlegt die Grundthese von der Standortbestimmtheit des Denkens in zwei Teilthesen: 1. „Das Denken und insbesondere das Denken der gesellschaftlich-geschichtlichen Wirklichkeit enthält eine Anzahl von impliziten, seine Struktur wesentlich bestimmenden Aussagen, welche einer kognitiven Rechtfertigung nicht fähig sind. 2. Diese impliziten Voraussetzungen sind dem Denken von Menschen, die sich in konformer Seinslage befinden, gemeinsam und lassen sich durch Rekurs auf diese Lage bzw. auf das durch sie hervorgerufene ‚Weltwollen' verstehen." Für Kaufmann schließt aber die erste Teilthese bereits zur Gänze den wissenschaftstheoretischen Gehalt der Grundthese ein: „Denn die Frage, woher bestimmte implizite Voraussetzungen stammen, ist . . . ebensowenig ein Problem der Methodenlehre wie die Frage, woher ein Rechenfehler stammt, ein Problem der Arithmetik ist." Die Frage nach den Ansatzpunkten der Ideologien „führt uns direkt zur Analyse der Rolle, die den *konventionellen* Elementen in der Erkenntnis der gesellschaftlich-geschichtlichen Wirklichkeit zukommt und damit zu dem bedeutsamsten Berührungspunkte der wissenssoziologischen Problematik mit der im engeren Sinne methodologischen Problematik." Befaßt sich die W. letztlich mit Irrtum

zufolge bloßer falscher Option oder mit einer faktischen Entstellung der Wirklichkeit? Damit fragt man nach den Wahrheitsbedingungen für Behauptungen über die geschichtliche Wirklichkeit. Zunächst hat man die Wahrheitsbedingungen festzulegen, danach ist nach den invarianten Momenten zu forschen, denn die Implizitheit einer Voraussetzung besage nichts gegen ihre Adäquatheit. Das ist auch das Argument A. v. Scheltings. Die von Mannheim ungenügend berücksichtigte Vielheit der sozialen Determinanten des Denkens wird von Kaufmann mit „Konventionen verschiedener Ordnung" angedeutet. Diese Konventionen sind weder einander gleichzusetzen noch dürfen sie verabsolutiert werden. Die sozial determinierende Bedeutung dieser konventionellen Momente bei einem Erkenntnisvorgang ist nach Kaufmann in folgenden Gruppen verschieden groß: 1. Tatsachenfeststellungen, 2. Tatsachendeutungen, 3. Zurechnungen. Bei 1. besteht die geringste, bei 3. größte (soziale) „Seinsgebundenheit". Für alle drei Gruppen gelte jedoch, „daß es dem Methodologen prinzipiell möglich ist, in rein wissenschaftstheoretischer Problemstellung zu verharren". In einem wissenschaftstheoretischen Zusammenhang kann man also über die politisch-sozial bedingten partiellen Bewußtseinspositionen hinaus gelangen. Was Mannheim nur der „freischwebenden ↗Intelligenz" vorbehalten wissen wollte, gilt für die wissenschaftliche Wahrheitsforschung schlechthin: „Die im Vollzuge dieser wissenschaftstheoretischen Einstellung durchgeführten Explikationen (rationalen Nachkonstruktionen) machen es dann möglich, sich verschiedene Forschungsaspekte ‚zu eigen zu machen' und damit die Schranken des ‚Aspektpartikularismus', die im sozialen Sein wurzeln, zu überwinden. Nun ist aber jeder Forscher, sobald er sich sein wissenschaftliches Tun, seine Erkenntnisziele und Erkenntniswege verdeutlicht, Wissenschaftstheoretiker, weshalb es auch nicht möglich ist, ihn in Schranken zu bannen, die zweifellos für den Philosophen geöffnet sind" (F. Kaufmann).

Mannheims W. hat nicht hinreichend unterschieden zwischen selbständiger Themen- und Methodenaus*wahl* und der *Übernahme* einer durch andere klar umrissenen Problematik. Schrittweise wird jeder wissenschaftlichen Denkens fähige Mensch sich auch die Wahrheitskriterien einer ihm zunächst fremden Ansicht (eines anderen Standortes) zu eigen machen und sie ebenso schrittweise überprüfen können. Im zeitlichen Nacheinander wird die soziale Bestimmung der einzelnen Standorte überwindbar.

K. Mannheim, Ideologie und Utopie ([1]1929, [3]1952); A. v. Schelting, Max Webers Wissenschaftslehre (1934); E. Grünwald, Das Problem der Soziologie des Wissens (1934); F. Znaniecki, The Social Role of the Man of Knowledge (New York 1940); L. Wilson, The Academic Man (New York 1942); B. Barber, Science and the Social Order (London 1953); J. Schaaf, Grundprinzipien der Wissenssoziologie (1956); W. Stark, Die Wissenssoziologie (1960); K. Lenk (Hrsg.), Ideologie, Ideologiekritik und Wissenssoziologie ([2]1964); K. Mannheim, Wissenssoziologie, Auswahl aus dem Werk, hrsg. von K. H. Wolff (1964); M. Halbwachs, Das Gedächtnis und seine sozialen Bedingungen (1966); ders., Das kollektive Gedächtnis (1967); A. Neusüss, Utopisches Bewußtsein und freischwebende Intelligenz. Zur Struktur der Wissenssoziologie Karl Mannheims (1968); G. W. Remmling, Wissenssoziologie und Gesellschaftsplanung (1969).

Z

Zeit, nicht nur als objektiv meßbarer Regulator unzähliger Vorgänge in einer Gesellschaft, sondern als subjektive Erlebnisdimension, vor allem als unterschiedliche, unter Umständen klassen- oder schichtspezifische Zukunftserwartung, muß vom Soziologen als wichtiger Faktor berücksichtigt werden. Zwar gehört zur richtigen Beurteilung eines sozialen Phänomens auch die Kenntnis der Z., in der es steht. Wie die Situation einen zwischenmenschlichen Interaktionsvorgang mit einer bestimmten Bedeutung versieht, so versteht man unter Z. in diesem allgemeineren Sinn die Gesamtheit der Bestimmungsstücke, die über einen, meist längeren Z.verlauf hinweg Einzelerscheinungen prägen helfen, aber nicht notwendigerweise bestimmen; während der eine Mensch als Kind seiner Z. gilt, kann dem nächsten bescheinigt werden, daß er sich mit Erfolg seiner Z. widersetzte. Anstelle von Z.geist spricht man jetzt lieber von der ↗öffentlichen Meinung zu einer gegebenen Z. Obwohl z. T. von den eben genannten Z.formen beeinflußt, handelt es sich bei der subjektiven Z.dimension um eine Erscheinung, die erst während der ersten Hälfte des 20. Jahrh., teils durch Philosophen, teils durch Dichter deutlich gemacht wurde. Im Anschluß an Husserl und Heidegger bietet der Soziologe Karl Mannheim eine Analyse politisch bedeutsamer Wunsch-Z.en. P. A. Sorokin zeigt, wie man das unterschiedliche Haushalten, Planen mit der eigenen Z. bei Versuchspersonen erforschen kann, um daraus Schlüsse zu ziehen, inwieweit menschliches Verhalten planbar ist. Der französische Soziologe Georges Gurvitch verfeinert die Erforschung der verschiedenen Formen der sozial bedeutsamen Z.vorstellungen, wie sie politischen Parteien, Schichten usw. als Antriebsmoment zu eigen ist. ↗Generation.

G. Simmel, Das Problem der historischen Zeit (1916); M. Heidegger, Sein und Zeit (⁹1960); G. Gurvitch, The Spectrum of Social Time (Dordrecht 1964); P. A. Sorokin, Sociocultural Causality, Space, Time (Durham [N. C.] 1943); M. Halbwachs, Das Gedächtnis und seine sozialen Bedingungen (1966); E. Husserl, Zur Phänomenologie des inneren Zeitbewußtseins (Haag 1966).

Zeitbudgetforschung untersucht, neuerdings auch international vergleichend, aufgrund identischer Befragungen von Bevölkerungsstichproben in verschiedenen Ländern, wie Menschen heutiger Industriegesellschaften ihre Zeit ausfüllen. Die Z., als Teil der Freizeitforschung, fragt vor allem nach der Nutzung der durch Verringerung der Arbeitszeit freigesetzten Zeit. Allerdings ist der Begriff, die Abgrenzung der Freizeit umstritten, da man entweder die gesamte nach Arbeit und Schlaf übrigbleibende Zeit zugrunde legen kann oder nur die wirklich für das Individuum frei und persönlich verfügbare Zeit, nach Erfüllung seiner Pflichten (Rollenerwartungen) in der Primärgruppe bzw. anderen Personen außerhalb seiner Arbeitswelt gegenüber.

Zeitgeist nennt man (seit Herder 1769; bei Goethe noch „Geist der

Zeiten") die bei der Mehrzahl der Zeitgenossen in einer Epoche oder Phase der Geistesgeschichte anzutreffende Einstellung, den gleichartigen Denkstil. Z. wird gelegentlich mit der ↗öffentlichen Meinung verwechselt, doch kann die Erscheinung des Z.s. Teil der öffentlichen Meinung sein bzw. sie in bestimmte Richtung drängen.

Zeitstudien ↗Rationalisierung.

Zeitvertiefung (time deepening) bedeutet in der ↗Freizeitforschung die Erscheinung, daß je nach ↗Lebensstil in den heutigen Industriegesellschaften (aber nicht nur in diesen) manche Menschen zwei oder auch mehr Dinge gleichzeitig tun können und tun. Man kann also nicht mehr sagen, es gäbe für alle Menschen stets gleich viel Zeit. Z. vollzieht sich z. B., wenn jemand bei einer Tätigkeit (Lesen, Lernen, Schreiben) gleichzeitig eine (anspruchsvolle) musikalische Komposition von einem Tonträger hört. Auch wer die Fahrt zur Arbeitsstätte, eine notwendige Tätigkeit, regelmäßig mit Lektüre ausnützt, treibt Z.

Zelle nennt man in der sozialen Wirklichkeit in Analogie zur organischen Natur die kleinste funktionsfähige Gruppe einer (meist politischen) Organisation, vor allem dann, wenn diese auf Geheimhaltung ihrer Mitglieder und Tätigkeit Wert legt; z. B. Spionageapparate, Untergrundbewegungen, Geheimgesellschaften. Kommunistische Parteien verwenden die Z. als kleinste Organisationseinheit, nicht selten innerhalb von anderen sozialen Gebilden, die damit unterwandert werden. Somit kann Z. sowohl aus der Sicht der von ihr bedrohten Gruppe als auch der Z.mitglieder ein wertender Begriff sein: bei den einen verbindet sich mit Z. die Vorstellung von etwas Feindlichem, Zerstörerischem, bei den anderen das Gefühl der Erwähltheit, der Mission infolge der Aufnahme in eine Z. Mitglieder einer Z. kennen sich oft nicht unter ihrem richtigen Namen. Zweck der Organisation eines Apparates in Z.n ist auch Sicherung gegen Aufgerolltwerden von einer schwachen Stelle her. Die einzelnen Z. untereinander sollen keinen oder möglichst wenigen Kontakt haben.

Zensus, lateinisch Volkszählung, in der Antike während der römischen Kaiserzeit geübt, eine möglichst genaue, an einem angekündigten Stichtag vorgenommene amtliche Erhebung über die Gesamtbevölkerung, ihren Familienstand, Berufe und wirtschaftliche Verhältnisse, entsprang dem Wunsch politischer Zentralbehörden, Unterlagen für die Besteuerung der Bevölkerung zu erhalten. Das Mißtrauen der Gezählten dem Z. gegenüber, die Neigung, in den Angaben zu untertreiben, spielt immer noch eine Rolle; z. B. kalkuliert der Z. der USA ein, daß Familieneinkommen um etwa 20% zu niedrig angegeben werden. Methoden für Volkszählungen wurden verhältnismäßig spät wissenschaftlich entwickelt; frühe, einfallsreiche Versuche dieser Art z. B. bei dem Engländer William Petty (1623-1687). Aber noch gegen Ende des 18. Jahrh. konnte in England die

Frage nicht entschieden werden, ob die Gesamtbevölkerung im Wachsen oder Abnehmen begriffen ist. Auch im 19. Jahrh. sind Volkszählungen für europäische Länder noch fragmentarisch und ungenau. Wegweisend war der belgische Z. von 1846 unter Leitung von Quetelet. In der Verfassung der USA wurde ein alle zehn Jahre vorzunehmender Z. der Gesamtbevölkerung vorgeschrieben, 1790 erstmals vorgenommen und seither regelmäßig wiederholt. Das Z.amt der USA bietet heute für den Soziologen unersetzliche, neuerdings schon computergerechte Datensammlungen. Z.ämter führen zwischen den Hauptvolkszählungen mittels Stichprobenverfahren Mikro-Z. aus, womit Einzelheiten erhoben werden können, die in der Gesamtvolkszählung unberücksichtigt bleiben müssen, die aber für die Sozialforschung von großer Bedeutung sein können.

Stat. Office of the U. N. (Hrsg.), Population Census Methods (Lake Success [N. Y.] 1949); ders. (Hrsg.), Handbook of Population Census Methods (New York 1954); Norma MacArthur, Introducing Population Statistics (Melbourne 1961).

Zentralisation kann Prozeß oder Zustand sein, bedeutet die organisatorische Zusammenfassung durch Weisungen und Planungen von Funktionen, braucht nicht immer geographische Zusammenlegung zu bedeuten. Z. kann, muß aber nicht, Machtkonzentration bedeuten; wird etwa eine Datensammlung (z. B. eine Zentralbibliothek) von verstreuten Informationssuchenden in Anspruch genommen, können deren Wünsche gegenüber denen der Zentrale u. U. sogar den Vorrang haben. Z. darf nicht mit Konzentration verwechselt werden, die sich meist auf Fusionen wirtschaftlicher Unternehmungen bezieht und auch dann vorliegen kann, wenn das wirtschaftliche Verhalten der einzelnen Glieder wenig koordiniert, also unzentralisiert bleibt. Der Begriff Z. sollte wertfrei verwendet werden. Oft ist er jedoch gesellschaftskritisch, wenn damit ↗Bürokratisierung, Dirigismus, Planwirtschaft und Machtkonzentration bezeichnet werden; günstige Folgen verspricht man sich von einer Z., wenn sie föderalistische Ordnungsprinzipien ablöst, z. B. Kritik am „Bildungsföderalismus“. ↗Rationalisierung, Standardisierung von Produktionseinheiten und Dienstleistungen, maximale und wirtschaftliche Auswertung von Großanlagen (elektronische Datenverarbeitung), die spezifische Wirtschaftlichkeit von Prozessen in großem Maßstab (economy of scale) sind Vorteile für eine rationale Umweltgestaltung, die Z. in der Regel erfordern.

H. Peters, Zentralisation und Dezentralisation (1928).

Ziele, Zielsetzungen, Zielfelder (targets) spielen in der Wirtschaftsplanung, im Nationalbudget von autoritären und totalitären Staaten eine große Rolle, mehr und mehr aber auch in den gemischten (privat und staatlich) pluralistischen Wirtschaftssystemen. Die bisherigen Erfolge zentraler Wirtschaftsplanung nach festgesetzten Z. sind wenig überzeugend. Die Z. in der UdSSR z. B. legten Quantitäten fest, ohne Rücksicht auf die Qualität, Brauchbarkeit oder Absetzbarkeit der Güter.

Auch die Rangskala der Z. kann sich fortwährend, meist aus politischen Gründen, während des Planzeitraums verschieben. In der Soziologie der ↗Organisation ist das Z. ein wesentliches Merkmal. Nur solche sozialen Systeme heißen Organisation, die Z. haben. Ein Z. ist die Vorstellung von einem zukünftigen Zustand (Leistungsniveau oder Verhältnis der Organisation zu ihrer Umwelt), den die Organisation zu verwirklichen sucht. Die offiziellen Z. einer Organisation sind jedoch nicht immer die eigentlich angestrebten. Diese müssen oft indirekt ermittelt werden.

Zirkulation der Eliten bedeutet in der Soziologie Vilfredo Paretos (1848–1923) die fortwährende Wachablösung in den Positionen der ↗Führungsschicht. Jede Gesellschaft habe mehrere und der Art nach verschiedene ↗Eliten, die in ständiger ↗Konkurrenz um die ↗Macht stehen. Die ↗Derivationen (z. B. soziale Theorien) sind nur Mittel im Kampf dieser Eliten gegeneinander. Der Kreislauf der Eliten ist die treibende Kraft im sozialen ↗Wandel. Er bringt immer wieder neue Personengruppen (und mit ihnen neue Gesichtspunkte für die Gestaltung der Politik) in Führungspositionen. Die Eliten in einer Gesellschaft setzen sich nach Pareto aus den Spitzenkönnern der jeweiligen Gebiete zusammen; als Hauptklassen der Eliten unterscheidet er jedoch die jeweils direkt oder indirekt regierende und die zur Regierung fähige, aber zur Zeit nicht an der Macht befindliche Elite. Je nach der Art der Derivation, die eine Personenkategorie bestimmt, unterscheidet Pareto zwei Menschentypen: die Spekulanten und die *Rentiers* (Leute, die sichergehen wollen und ihre Ersparnisse in staatlichen Schuldverschreibungen anlegen). Die Geschwindigkeit des sozialen Wandels hängt davon ab, welcher Menschentyp die regierende Elite jeweils stellt. Pareto hält es für eine Art Naturgesetz, daß die herrschende Elite im Lauf der Zeit minderwertige Elemente ansammelt und deshalb die Macht wieder verliert.

G. Zauels, Paretos Theorie der sozialen Heterogenität und Zirkulation der Eliten (1968).

Zivilisation ist, wie schon die Herkunft des Wortes (civis, civitas) sagt, ein Zustand menschlichen Zusammenlebens, der dank allgemeinverbindlicher Normen für die Bürger, zunächst vorwiegend in größeren Siedlungen soviel Rechtssicherheit bietet, daß sich die ↗Innovationstätigkeit einzelner über längere Zeit hinweg zur Hervorbringung von Werken und Institutionen wirtschaftlicher, künstlerischer, wissenschaftlicher, erzieherischer Art verdichten kann. Die Summe dieser Leistungen, vor allem, wenn sie genormt sind und sich zur Verbreitung über ethnische und politische Grenzen hinweg eignen, nennen wir die Z. eines geographischen Gebietes oder einer Epoche. Während man die materielle und ideelle ↗Kultur eines Naturvolks nie als Z. bezeichnet, herrscht bezüglich der Kultur heutiger Industrienationen Uneinigkeit über den Gebrauch der Begriffe Z. und Kultur. Angelsächsische Autoren, insbesondere Amerikaner, verstehen unter

Z., ohne jede abwertende Nebenbedeutung, die Gesamtheit des sich aus einzelmenschlichem, regelmäßigem Verhalten und Institutionen ergebenden Leistungsgefüges, das die moderne Gesellschaft mit all ihren Erscheinungen ermöglicht. Die Geschichte der abendländischen Z. ist im englischen Sprachgebrauch gleichbedeutend mit der Geschichte der abendländischen Kultur. Ähnlich drücken sich romanische Autoren aus. Im deutschen Sprachraum bezeichnet Z. gelegentlich immer noch einen qualitativ fragwürdigen, u. U. sich dem Untergang nähernden Zustand, die Spätphase einer Hochkultur, deren eigentliche Werte sich erschöpfen, während sie in nichtigen, antihumanen, technischen Werken noch floriert. Die Kulturromantik verschiedener deutscher Autoren, vor allem Oswald Spengler, Alfred Weber, Wilhelm Röpke, hat in dieser Weise den Begriff Z. zu einem Werturteil verengt. Auch der russisch-amerikanische Soziologe P. A. Sorokin neigte zu einer ähnlichen Unterscheidung zwischen echter Kultur und bloßer Z., wobei sich die letztere durch ihre Sinnlichkeit im kognitiven und emotionalen Verhalten der Individuen und durch konglomerathafte Anhäufungen beziehungsloser, unverträglicher Kulturelemente auszeichnet.

Z. ist am besten als ein sozialer ↗Prozeß zu begreifen, dessen, geschichtlich gesehen, spätere Inhalte und Formen die Eigenschaft haben, bei ↗Diffusionen und ↗Imitationen, kulturgeschichtlich gesehen, frühere Erscheinungen zu überfremden, zu modifizieren und zu prägen. So hat Arnold Toynbee hervorgehoben, daß bei dem Kontakt, der Berührung zweier Kulturen die einzelnen Hauptmerkmale sich in unterschiedlicher Schnelligkeit und Tiefe in der empfangenden Kultur wiederfinden. Technisch instrumentale Kulturinhalte können sich in der aufnehmenden Kultur rascher durchsetzen als z. B. religiöse und allgemein-sittliche Normen.

↗Technik, ↗Diffusion, ↗Assimilation, ↗Individualismus.

N. Elias, Über den Prozeß der Zivilisation, 2 Bde. ([2]1969).

Zufallsstichprobe ↗Auswahlverfahren, ↗Quotenauswahl, ↗Randomisierung.

Zufallszahlentafeln ↗Auswahlverfahren.

Zukunftsforschung, auch ↗Futurologie (1943 von O. K. Flechtheim als Begriff geprägt) genannt, ist im engeren Sinne nur die (oft interdisziplinäre, von einem Team vorgenommene) Erstellung von ↗Prognosen und Projektionen. Welche Zeiträume für die kurz-, mittel- und langfristige Z. als zweckmäßig gelten dürfen, ist umstritten. Seit Mitte der 60er Jahre wurden auch in europäischen Ländern, früher schon in den USA, Spezialinstitute für Z. gegründet, in denen vorwiegend mit Hilfe von ↗Kybernetik, ↗Spieltheorie, statistischen Verfahren und Computern gearbeitet wird. Nach dem 2. Weltkrieg entstanden solche Institute zunächst als private Einrichtungen für Auftragsforschung der amerikanischen Streitkräfte. Neuerdings sind sie in USA und Europa nicht selten die Gründung eigenwilliger Persönlichkeiten, die sich und der Z. das richtige ↗Image zu geben verstehen (u. a. Herman Kahn, R. Jungk). Die eigenständigen Leistungen dieser Z. sind noch nicht erwiesen. Es besteht die Gefahr, daß Politiker und die Öffentlichkeit durch die Z. zur Annahme verführt werden, neuerdings ließe sich jedes erdenkliche Problem durch rechtzeitige und richtige „Programmierung" lösen.

Zurechnung ↗Wissenssoziologie, ↗zweckrational.

Zuschauerforschung ↗Fernsehen, ↗Film, Publikum.

Zuverlässigkeit (Reliabilität, nach dem Engl. *reliability*), stets zu unterscheiden von der Gültigkeit *(*validity*)* bedeutet in der sozialwissenschaftlichen Methodologie die Konstanz, die Stabilität der Befunde bei wiederholten Anwendungen eines Instruments, z. B. bei wiederholten Einstellungsmessungen mit demselben Fragebogen, derselben Skala (↗Skalierungsverfahren). Die Z. kann z. B. eingeschränkt werden, wenn durch die wiederholte Benutzung des Instruments bei den Befragten, bei den Versuchspersonen Änderungen (Erinnerungen an frühere Messungen) auftreten. Die Z. eines Befragungsinstruments bezieht sich also auf die formale Meßgenauigkeit. Die Gültigkeit hingegen ist um so größer, je mehr die Fragen sachlich an das herankommen, was eigentlich erforscht werden soll: inwieweit können wir von einem gemessenen Merkmal auf das uns eigentlich Interessierende schließen? Meist hängt dies auch von den Hypothesen oder Theorien ab, die dem Forschungsentwurf zugrundeliegen.

Zwang, sozialer, liegt vor, wenn jemand durch Drohungen (oder Versprechungen) — sie können versteckt oder ausgesprochen sein — zu einem Verhalten veranlaßt wird, das von seiner anfänglichen Absicht, seinem eigentlichen Interesse abweicht. Entscheidend für das Vorliegen sozialen Zwanges (sozialer ↗Kontrolle, sozialen Druckes) ist die Abwesenheit physischer Zwangsmittel. Gesellschaftliches Zusammensein auf jeder Kulturstufe hängt von der Möglichkeit sozialen Zwanges ab, dessen Gegenwart aber in unterschiedlichem Grade als Last empfunden wird. Jeder Staat braucht Mittel des s.n Z.s., um seinen Gesetzen Geltung zu verschaffen.

Zwangswanderungen ↗Wanderungen.

Zweckrational ist (nach Max Weber) ein menschliches Handeln, wenn es nach Maßgabe der für den Handelnden und den Beobachter einsichtigen Logik und verfügbaren Technik, bei wirtschaftlichem (sparsamem) Einsatz der Mittel, unter Gewährleistung von Sicherheit nach fristgerechtem Verlauf das Handlungsziel erreichbar erscheinen läßt. Die verstehende Methode in der Sozialwissenschaft muß zunächst jeder Beobachtung fremden Verhaltens unterstellen, daß es Z. ist. Da in den meisten Fällen das geschichtlich oder soziologisch bedeutsame Handeln „von qualitativ *heterogenen* Motiven beeinflußt" ist, die die Zurechnung eines „durchschnittlichen" Motivs gar nicht zulassen, baut Weber seine idealtypische Konstruktion sozialen Handelns auf seiner unterstellbaren Zweckrationalität auf. Man erklärt z. B. den Verlauf einer militärischen Operation zunächst durch eine „konkrete kausale Zurechnung von Einzelgeschehnissen", indem man zu ermitteln sucht, wie jeder der beiden Gegner „bei voller Erkenntnis der eigenen und der Lage des Gegners im Fall idealer Zweckrationalität disponiert haben würde." Dann erst wird verglichen, inwieweit jeder, durch falsche Informationen, Denkfehler, außerstrategische Motive vom ↗Idealtypus abgewichen ist. Die Soziologie muß nach M. Weber aber auch von den verschiedenen nicht z. Motiven des Handelns Notiz nehmen. Der z. Handlungstyp ist bei Weber nur einer von vier Typen des Handelns. Es gibt daneben noch wertrationales (ohne Rücksicht auf voraussehbare Folgen), affektuelles (emotionales) und traditionales Handeln.

M. Weber, Wirtschaft und Gesellschaft ([4]1956); N. Luhmann, Zweckbegriff und Systemrationalität (1968).

PERSONENREGISTER

SACHREGISTER